제2판

거시금융경제학

윤택

박영사

제2판 머리말

거시금융경제학의 초판이 나온 지 약 6년의 기간이 지나면서 COVID-19의 경제위기와 2022년 초부터 글로벌 고금리기조를 겪게 된다. 글로벌 금융위기가 발생한 2008년 하반기부터 시작된 저금리와 저인플레이션의 시대가 2020년대 초반을 거치면서 고금리와 고인플레이션의 시대로 급격히 전환하게 된다. 6년의 기간이라면 주요 거시금융현상이 크게 변화하지 않는다고 생각하는 것이 일반적이다. 그러나 앞에서 언급한 사건들은 비전통적인 통화정책의 시대에서 전통적인 통화정책의 시대로 급격히 전환되면 어떠한 이슈들이 거시금융의 분야에서 나타나는지를 보여주는 계기가 되었다고 할 수 있다. 이런 상황변화를 거치면서 거시금융경제학의 초판에 담겨있는 내용에 대해서도 보완이 필요하다는 생각을 어렴풋이 가지고 있던 차에 박영사로부터 개정판의 권유를 받아 기본적인 구조는 그대로 유지하지만 새로운 내용을 추가하는 형식으로 다음과 같이 내용을 보강하여 개정판을 발간한다.

본서는 화폐시장과 금융시장의 거시경제적인 측면을 거시금융현상으로 규정하고 이와 관련된 다양한 이슈들을 분석한 거시금융이론을 실제자료와 같이 소개한다. 화폐시장과 금융시장의 거시경제적인 측면으로 규정된 거시금융현상의 의미를 다음과 같이 풀어볼 수 있다. 거시경제학의 전통적인 주요 연구주제의 하나는 화폐시장의 균형이 형성되는 과정에서 중앙은행과 금융기관의 역할에 대한 이론적인 분석과 이를 토대로 물가의 장기적 결정에 관한 함의를 도출하는 것이었다. 전통적인 의미의 화폐가 경제생활에서 차지하는 비중이 감소하는 현상과 많은 국가의 중앙은행이 인플레이션타기팅을 채택하는 현상이 나타나면서 화폐시장의 거시경제적 측면을 어떻게 해석해야 할 것인지에 관한 새로운 견해도 같이 나타나기 시작한다. 미리 결정된 인플레이션율목표를 중앙은행이 단기명목금리를 적절하게 조정해서 달성한다는 것으로 요약될 수 있는 인플레이션타기팅의 채택은 통화공급량을 적정하게 조절하여 바람직한 물가수준을 달성한다는 것으로 요약되는 통화량타기팅이 실행되었던 시대와는 다른 시각이 필요하게 된다. 요약한다면 단순히 화폐시장과 실물시장의 구조와 상호연결만 정확하게 이해하는 것으로 다양한 거시경제현상을 이해하는 것이 부족할 수 있다는 것이다. 그 이유는 중앙은행이 결정하는 단기명목금리목표는 채권시장과 주식시장을 포함하는 다양한 증권시장과 금융기관의 금융중개기능에 영향을 미치고 이런 영향이 실물경제에 영향을 미치게 되기 때문이다. 따라서 화폐시장의 현상을 현실적으로 이해하기 위해 금융경제학 또는 재무경재학의 이론들을 과거에 비해 더 적극적으로 활용해야 한다는 당위적인 주장을 제기해볼 수 있다. 이런 맥락에서 본서에서 다루고 있는 거시금융현상은 화폐시장과 금융시장의 상호연결이 반영된 거시경제적인 금융현상이라고 요약할 수 있다.

이익을 추구하는 자금의 이동에 의하여 서로 다른 증권시장이 긴밀하게 연결되어 있다는 점과 중앙은행이 금융시장의 가격변수를 조정하는 방식으로 통화정책을 운용하고 있다는 점을 반영하는 것을 목표로 본서의 내용을 두 개의 부분으로 나눈다. 첫째 부분에서는 채권과 주식 등의 전통적인 금융자산, 부동산과 같은 전통적인 실물자산, 암호화폐와 같은 새로운 화폐자산의 가격이 어떻게 결정되는지를 분석한다. 구체적인 주제를 설명한다면 자산가격버블의 생성과 소멸, 수익률곡선의 균형결정 및 거시경제와 수익률곡선의 상호영향, 암호화폐의 가격결정, 경제뉴스의 증권가격효과, 투자금융회사의 금융설득, 투자자의 제한적 합리성 등을 반영한 증권투자모형 등이 포함된다. 둘째 부분에서는 증권시장에서 균형가격의 결정과정과 균형가격의 결정에 영향을 미치는 다양한 요인들을

분석한다. 구체적인 주제를 설명한다면 시장유동성과 조달유동성의 차이, 조달
유동성에 영향을 미치는 마진대출의 결정과 관련규제, 헤지펀드모형, 차익거래
자의 역할이 반영된 슐라이퍼와 비쉬니의 차익거래자모형, 다이아몬드와 디빅의
은행모형, 자산유동화모형, 글로벌 금융위기의 전개과정과 정책대응 등이 포함
된다. 첫째 부분과 둘째 부분의 연관성을 설명한다면 첫째 부분과 둘째 부분을
서로 독립적으로 다룰 수 있지만, 첫째 부분이 둘째 부분을 더 쉽게 이해하기
위한 기초적인 이론지식들을 제공하는 역할을 할 수 있도록 한다는 목적으로 내
용의 순서를 결정하였다고 할 수 있다.

　본서의 내용을 다섯 개의 부분으로 요약해 볼 수 있다. 첫째 부분의 주된 목
적은 투자자의 합리적인 기대형성과 무차익거래이득의 제약조건이 반영된 증권
가격결정모형을 사용하여 다양한 증권의 균형가격결정을 분석할 수 있다는 점을
보이는 것이다. 그러나 투자자의 합리적인 기대형성과 무차익거래이득의 가정이
완화되는 경우 발생할 수 있는 자산가격버블에 대한 분석도 같이 포함하여 합리
적인 기대형성과 무차익거래이득의 균형가격효과를 살펴본다. 전통적인 증권가
격분석모형을 사용하여 암호화폐의 투자수익률과 채권시장의 수익률곡선을 분
석할 수 있다는 점도 다룬다. 둘째 부분에서는 최근 행동주의 경제학 또는 재무
학의 트렌드와 관련하여 투자자들의 제한적 합리성을 인정하는 다양한 분석들이
나오고 있어서 이를 반영한 금융시장모형을 소개하는 것이 바람직한 것으로 보
인다는 견해를 반영한다. 현실의 금융시장 참가자들이 가지고 있는 정보처리능
력은 투자자의 합리적인 기대형성의 가정과는 다르다는 점을 반영한 금융시장모
형을 분석한다. 제6장과 제7장에서 강조하는 차이점을 요약하면 다음과 같다.
합리적인 기대를 형성할 수 있는 투자자는 경제뉴스를 자신의 증권수요에 반영
할 필요가 없다. 그러나 유한한 정보처리능력을 가진 투자자의 증권수요는 불완
전한 다양한 뉴스에 의해서 영향을 받는다. 유한한 정보처리능력을 가진 투자자
로 구성된 증권시장에서는 불완전한 뉴스일지라도 경제뉴스의 증권가격효과가
발생한다는 차이점이 있다. 또한 투자금융회사의 투자권유도 투자자의 증권수요

에 영향을 미친다는 점을 반영하여 투자금융회사는 자신의 투자권유가 투자자들을 설득할 수 있도록 증권시장분석을 적절하게 이용한다는 점을 설명한다. 셋째 부분에서는 중앙은행의 통화정책전략, 통화정책의 운용, 통화정책의 실물효과 등을 다룬다. 많은 국가에서 인플레이션타기팅을 채택하고 있는 통화정책제도의 현실적인 측면을 반영하여 제8장부터 제10장까지는 통화정책의 운용과정, 인플레이션타기팅이 반영된 거시경제모형, 금융위기를 극복하는 과정에서 실시되는 비전통적인 통화정책 등을 다룬다. 또한 제16장과 제17장에서는 통화정책이 금융중개시장에 미치는 효과와 금융안정책무가 반영된 중앙은행모형을 소개하고 있다.

넷째 부분에서는 현실경제에서는 차익거래이득의 가능성이 있음에도 불구하고 신속하게 조정되지 않는다는 견해를 반영한다. 증권의 내재가치보다 더 낮은 가격으로 오랫동안 거래되는 상황이 나타나는 이유는 차익거래이득의 실현을 목표로 증권시장에서 참여하는 차익거래자도 일정한 수준의 자기자본을 가져야 한다는 제약을 받기 때문이다. 따라서 서로 다른 증권시장들 사이에서 투자자금의 이동이 효율적시장가설에서 주장하는 전광석화의 속도로 이루어지지 않을 수 있다는 것이다. 금융위기를 겪으면서 손상된 금융시장의 금융중개기능이 정상적으로 회복하는 데에는 일정한 시간이 걸릴 수도 있다는 이론적인 함의가 있다. 이런 견해를 반영하여 제12장과 제13장에서는 시장유동성과 조달유동성의 상호작용이 있다는 점을 강조하는 이론모형들을 소개한다. 또한 헤지펀드모형을 이용하여 차익거래이득의 실현을 목표로 증권시장에 참가하는 전문투자자의 투자과정을 설명한다. 다섯째 부분에서는 금융경제와 실물경제의 긴밀한 연계를 강조하는 이론모형들을 소개하고 이를 기초로 금융안정과 물가안정의 조화로운 달성을 위한 금융감독당국과 중앙은행의 바람직한 정책대응을 생각해본다. 제11장에서는 은행제도의 도입이 그렇지 않은 경우와 비교하여 사회후생을 증가시킨다는 점을 강조한 모형을 소개한다. 그러나 최적의 결과를 얻기 위해서는 예금인출사태로 인해 은행제도의 안정성이 파괴되지 않아야 한다는 조건을 만족해야 한다.

제14장과 제15장에서는 통화정책의 변화가 실물경제에 전달되는 과정에서 금융중개시장이 중요한 역할을 한다는 거시경제학의 전통적인 견해와 자산유동화와 RP거래에 의거한 자금조달을 기반으로 팽창하던 그림자은행산업의 몰락으로 인해 발생한 글로벌 금융위기에 대하여 설명한다. 제18장에서는 금융경제와 실물경제의 긴밀한 연계를 중장기적인 측면에서 설명하기 위해 과도한 금융보조금이 기업구조조정을 지연시켜 잠재성장률을 낮추는 결과를 가져다줄 수 있다는 점을 강조하는 모형을 소개한다.

본서의 출판에 필요한 다양한 업무를 진행해주신 박영사의 최동인 대리님과 여러 차례 반복된 교정 및 편집 작업을 도맡아 진행해주신 배근하 차장님께 감사드린다. 끝으로 수년간 강의노트의 형태로 남아있던 본 책의 내용을 다듬고 아울러 초판과 개정판의 교정본을 여러 번 꼼꼼하게 읽으면서 수정을 도와준 호미영 박사의 노고에 깊은 감사를 드린다.

머리말

　본 책에서는 화폐 및 금융의 거시경제적 측면을 거시금융현상으로 규정하고 이와 관련된 다양한 이슈들을 분석하고 있는 거시금융모형을 소개한다. 앞에서 언급한 화폐 및 금융의 거시경제적 측면은 다음과 같이 분리할 수 있다. 화폐의 거시경제적 측면은 중앙은행이 담당하고 있는 통화정책과 관련된 이슈들을 의미한다. 금융의 거시경제적 측면은 주식의 가격지수 및 채권의 수익률곡선에 대한 분석을 포함한다. 따라서 본 책의 전반부에는 통화정책의 거시경제적 효과를 설명하는 거시경제의 모형과 위험 증권을 포함하는 포트폴리오의 구성과 가격결정 및 이자율의 만기구조를 설명하는 매크로 파이낸스의 모형에 관한 내용을 담았다. 아울러 본 책의 후반부에는 최근 금융위기의 발생과 중앙은행의 대응을 이해하는 데 도움이 되는 금융시장모형들이 추가되었다.

　본 책의 내용은 크게 다섯 개의 부분으로 나누어진다. 첫째 부분의 주된 목적은 균형에서 차익거래 이득이 없다는 조건이 만족될 때 증권의 시장가격이 어떻게 결정되는지를 분석하는 것이다. 증권가격결정모형은 증권의 시장가격이 미래 시점에서 실현되는 소득의 예상 현재가치와 같다는 등식을 의미한다. 이는 차익거래 이득이 없는 균형에서 성립하는 균형조건으로 해석할 수 있다. 제1장부터 제4장까지는 차익거래 이득이 없는 균형에서 성립하는 증권의 가격결정모형과 채권의 수익률곡선을 설명하는 이론들을 포함한다.

　둘째 부분은 현실의 금융시장 참가자들이 가지고 있는 정보처리능력은 합리적 기대의 가정과는 다르다는 점을 반영한 금융시장모형을 분석한다. 첫째 부분에서 설명하고 있는 차익거래 이득이 없는 균형에서 성립하는 증권의 가격결정모형에서는 합리적 기대의 투자자들을 가정하고 있다. 그러나 최근 투자자들의 제한적 합리성을 인정하는 다양한 분석들이 나오고 있어서 이를 반영한 금융시장모형을 소개하는 것이 바람직한 것으로 보인다. 이러한 맥락에서 제5장과 제6장에서는 투자자의 정보에 대한 개념을 보다 자세히 설명하고 아울러 투자자가 보유하고 있는 정보의 크기를 어떻게 측정할 것인가를 설명한다. 본 책의 모형에서는 투자자의 정보처리능력이 유한하기 때문에 투자자의 제한적 합리성이 발생하는 것으로 가정하고 있다. 이러한 제한적인 합리성을 가진 투자자들의 증권에 대한 수요는 다양한 뉴스에 의해서 영향을 받기 때문에 뉴스가 증권가격에 미치는 효과를 설명한다.

셋째 부분에서는 통화정책의 거시경제적 측면에 대하여 다룬다. 이 부분의 주된 내용은 우리나라에서 채택하고 있는 물가안정제도 및 통화정책의 운용에 대한 소개와 통화정책의 거시경제적 효과에 대한 분석이다. 최근 중앙은행에서는 물가안정뿐만 아니라 금융안정도 동시에 고려하여 통화정책을 실시하고 있다. 이를 반영하여 본 책에서는 통화정책이 금융시장에 미치는 효과를 소개하고 아울러 물가안정과 금융안정을 동시에 고려한 중앙은행의 최적 선택에 대한 모형분석도 다루고 있다. 제7장부터 제9장까지의 내용은 우리나라의 중앙은행제도, 인플레이션 타기팅을 반영한 통화정책의 거시경제모형, 최근 금융위기를 극복하는 과정에서 실시된 비전통적인 통화정책 등을 포함한다. 또한 제15장과 제16장에서는 통화정책이 금융중개시장에 미치는 효과와 금융안정이 고려된 중앙은행 모형을 소개하고 있다.

넷째 부분에서는 증권시장 또는 자산시장의 균형에서 차익거래 이득이 존재할 수 있는 가능성을 인정하는 가격결정모형들을 설명한다. 수요와 공급이 일치하는 상황에서 결정되는 증권의 시장가격이 증권의 내재가치보다 더 낮아질 수 있으며 그러한 상황이 지속적으로 유지될 수 있는 경우를 분석한다. 이와 같은 모형들을 다루는 이유는 실제의 증권시장에서 차익거래 이득이 존재하는 것으로 평가해야하는 상황들이 빈번하게 관측되기 때문이다. 제10장과 제11장에서는 금융위기가 진행되는 과정에서 증권의 시장가격이 내재가치에 비해 저평가되어 있더라도 이러한 현상이 신속하게 해소되지 않고 오히려 지속될 수 있는 이유는 차익거래 이득을 실현하는 차익 거래자들이 보유한 자본이 부족하기 때문이라는 견해를 설명한다.

다섯째 부분은 거시경제적 측면에서 본 금융의 실물 효과를 반영한 다양한 거시금융모형들을 소개한다. 은행제도의 도입은 그렇지 않은 경우에 비해 사회 후생이 증가한다는 점을 강조한 모형을 소개한다. 그러나 이러한 결과를 얻기 위해서는 예금인출사태로 인해 은행제도의 안정성이 파괴되지 않아야 한다는 조건이 만족되어야 한다는 점이 강조된다. 또한 최근의 금융위기도 전통적인 예금에 대한 예금인출사태는 아니지만 금융기관 간 자금거래에서 금융기관의 예금에 대한 예금인출사태로부터 확대되었다고 볼 수 있다는 견해들을 설명한다. 제12장에서는 은행제도의 도입은 결국 자원배분의 효율성을 제고한다는 점을 강조한다. 제13장과 제14장에서는 통화정책의 변화가 거시경제에 전달되는 과정에서 금융중개시장이 중요한 역할을 한다는 점과 금융위기의 발생에 직접적인 원인을 제공한 그림자은행산업에 대하여 설명한다. 제17장에서는 금융과 기업구조조정 간의 관계에 대하여 설명한다. 제18장에서는 금융시장의 차익 거래자로 볼 수 있는 헤지 펀드에 대하여 설명한다.

본 책의 출판에 필요한 다양한 업무를 진행해주신 박영사의 손준호 과장님과 여러 차례 반복된 교정 및 편집 작업을 도맡아 진행해주신 배근하 대리님에게 감사드린다. 끝으로 수년간 강의노트의 형태로 남아있던 본 책의 내용을 다듬고 아울러 본 책의 교정본을 여러 번 꼼꼼하게 읽으면서 수정을 도와준 호미영 박사의 노고에 깊은 감사를 드린다.

차 례

제1장

자산가격결정을 설명하는 단순모형

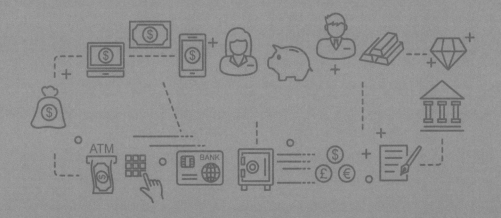

제1장

자산가격결정을 설명하는 단순모형

자산(asset)은 금융시장에서 거래되는 증권과 가계의 의식주와 기업의 생산을 위해 필요한 실물자산으로 나누어 볼 수 있다. 제1장에서는 단순한 분석의 틀을 이용하여 금융증권과 실물자산의 가격이 어떻게 결정되는지를 설명한다. 어떤 상황에서 서로 다른 목적으로 보유되는 두 개의 서로 다른 자산의 가격이 결정되는 방식을 하나의 틀로 설명할 수 있다고 주장하는지 궁금할 수 있다. 어느 자산이든 그 자산을 보유하여 미래시점에서 발생할 소득흐름을 현재시점에서 평가한 가치에 대하여 모든 투자자들이 동일한 수준으로 평가한다는 조건과 자산거래를 통한 차익거래이득의 실현이 불가능하다는 조건이 성립하는 상황에서 가능하다는 점을 설명한다. 차익거래이득은 동일한 증권(또는 재화)에 대하여 두 개의 서로 다른 가격이 존재할 때 싼 가격에 매수하여 비싼 가격으로 매도하면 발생하는 이득을 말한다. 특히 이런 균형자산가격의 결정모형은 단순한 수식을 사용하여 금융증권과 실물자산에 모두에게 적용될 수 있는 균형가격의 결정방식을 설명할 수 있다는 이점이 있어서 제1장에서 소개한다.

또한 차익거래이득이 없다는 조건을 두 개의 서로 다른 관점에서 설명해 볼 수 있다. 첫째 관점은 정태적인 의미에서 차익거래이득이 없다는 것이다. 이 경우 차익거래이득이 없다는 것은 자산의 예상보유기간 동안 미래시점에서 발생할 소득흐름의 현재가치와 현재시점의 자산시장에서 결정되는 시장가격 간의 괴리가 없어야 한다는 조건이다. 둘째 관점은 자산을 보유하는 기간이 단기적일 수도 있고 보다 장기적일 수도 있다는 가능성을 인정하여 만기가 다른 다양한 투자전략에 대해서도 차익거래이득이 발생하지 않아야 한다는 조건이다. 첫째 관점에서는 현재시점에서 차익거래이득이 없어야 한다는 것을 강조하지만 둘째 관점에서는 투자자들이 현재시점과 미래시점에서 모두 차익거래이득이 없다고 예상해야 한다는 것을 강조한다.

투자자의 자산에 대한 가치평가는 미래지향적이라는 점을 지적한다. 일반적으로 투자자들이 자산을 매수하는 이유는 자산을 보유하면 미래시점에서 예상되는 소득이 있기 때문이다. 따라서 투자자는 미래지향적으로 투자선택을 결정하게 된다. 그 결과 미래시점에서 발생할 것으로 투자자가 예상하는 다양한 변화들이 현재시점의 자산가격에 반영된다. 현실경제에서는 투자자들의 미래에 대한 기대가 항상 합리적이라고 하기 어렵다. 따라서 제1장에서는 투자자의 미래에 대한 기대가 일시적으로 비합리적으로 형성되는 경우 현재시점의 자산가격에 미치는 효과를 생각해본다. 미래의 상황에 대한 낙관적 기대와 비관적인 기대가 미치는 효과를 분석하기 위해 두 가지의 경우를 생각해 본다. 첫째 경우는 실물자산시장에서 비록 현재시점에서는 시장균형이 유지된다고 할지라도 미래시점에서 차익거래이득이 가능하다고 투자자들이 예측하는 상황이다. 둘째 경우는 자산을 보유하면 미래시점에서 아주 높은 가격으로 판매할 수 있다고 투자자들이 예측하는 상황을 분석한다.

마지막으로 제1장에서는 다음과 같은 이슈들을 생각해본다. 차익거래이득이 없다는 조건과 버블이 없는 상황은 어떤 관계가 있는가? 차익거래이득이 없다면 자산가격버블은 존재하지 않는지에 대하여 궁금할 수 있다. 또한 자산가격버블이 거시경제에서 총수요증가의 효과를 발생시킬 수 있는가? 많은 경우 자산가격버블이 존재한다고 생각되는 시점에서 거시경제도 어느 정도 과열되는 상황이 발생하는 것을 볼 수 있다. 자산가격버블은 어떠한 경로를 거쳐서 거시경제의 총수요에 영향을 미치는가에 대하여 궁금할 수 있다. 만약 실효적인 경로가 있다는 믿음이 널리 퍼지고 정책담당자들이 이런 믿음에 의존하려 한다면 자산가격버블을 완화시키려는 정책적인 의지와 노력이 사라지고, 오히려 경기부양을 위한 수단으로 이용하려는 시도가 암묵적으로 진행될 수도 있다. 이런 상황을 가리켜서 버블의 거시경제적 유혹에 조종되고 있는 것으로 간주할 수 있다.

현재가치와 자산가격

증권가격이 어떻게 결정되는가에 대하여 궁금해하는 사람들이 많이 있다. 증권가격이 어떻게 결정되는지를 설명해달라는 요청을 받은 사람들이 많은 경우 머뭇거리는 모습을 보인다. 증권가격은 증권시장의 수요와 공급이 반영되어 결정된다는 대답을 예상해볼 수 있다. 누가 증권시장의 공급자가 될 것이고 누가 증권시장의 수요자가 될 것인가라는 질문이 뒤이어 나올 수 있다. 이렇게 계속 이어지는 질문에 어떻게 답해야 하는가를 잠시 생각해보면 아마도 다음과 같은 답변을 떠올릴 것이다. 자신이 평가한 증권가치와 비교하여 시장에서 결정된 증권가격이 더 높다면 증권시장에서 수요자가 될 것이고 증권가격보다 더 낮으면 공급자가 될 것이다. 따라서 증권시장에서 수요와 공급이 일치하는 점에서 결정된 시장가격은 증권시장에 참가한 금융투자자의 증권에 대한 가치평가를 반영한다는 점을 강조하는 답변을 제시해볼 수 있다.

이제 금융투자자의 증권에 대한 가치평가는 어떻게 이루어지는지를 질문해보자. 이 질문에 대한 답변을 제시하기 위해 먼저 증권을 왜 보유하려는지를 생각해야 할 것이다. 일반적으로 사람들은 미래시점에서 발생할 소득을 목표로 증권을 보유한다고 정리할 수 있다. 어떤 방식으로 미래소득이 발생하는지를 <그림 1-1>에서 보여주고 있다. 이 그림에서는 과거시점, 현재시점, 미래시점 등으로 구분하고 난 후에 각각의 시점에서도 배당지급이 이루어지는 시점과 증권가격이 결정되는 시점이 다르다. 배당지급과 증권가격이 서로 다른 시점에서 결

그림 1-1 균형자산가격의 결정

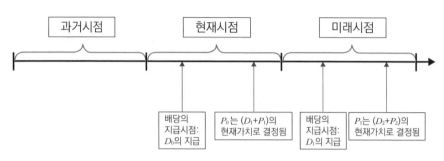

정되는 이유는 무엇인가? 상장된 주식의 경우를 예로 들어 배당지급은 매일 이루어지지 않지만, 증권은 일반적으로 시장에서는 매일 거래되고 있다는 점을 반영했다고 주장할 수 있다. 현실경제에서는 배당지급이 가격결정에 앞서서 이루어질 수도 있고 뒤에서 이루어질 수도 있지만, 이 그림에서는 가격결정이 뒤에 오는 것으로 가정하여 분석을 진행한다. 이런 가정이 부여되면 각 시점에서 결정되는 증권가격에는 증권을 매수하는 시점의 배당수입은 반영되지 않는다.

<그림 1-1>에는 여러 개의 기호가 포함되어 있음을 발견할 수 있다. 각각의 기호는 다음과 같이 정의된다. 현재시점에서 지급되는 배당은 D_0이고, 현재시점의 증권가격은 P_0이다. 또한 다음시점에서 예상되는 배당은 D_1이고, 다음시점에서 예상되는 증권가격을 P_1이다. 이렇게 정의된 기호를 사용하여 미래시점의 투자소득을 간단히 표기할 수 있다. 예를 들어 현재시점에서 증권을 구매하여 다음시점에서 매도하면 다음시점에서 예상되는 총투자소득은 $(D_1 + P_1)$이 된다. 이 그림에서 설명하고 있는 모형을 이용하여 다음의 두 질문을 던져본다. 첫째, 다음시점에서 매도하여 발생할 총투자소득을 현재시점의 가치로 어떻게 환산하는가? 둘째, 다음시점의 총투자소득이 현재시점의 가치로 환산된 크기와 시장에서 결정된 증권가격은 어떠한 관계가 있는가?

첫째 질문에 답하기 위해 먼저 미래시점에서 발생할 한 단위 소득을 현재시점에서 평가한 가치는 어떻게 결정되는지를 생각해본다. 제1장에서는 미래시점에서

한 단위 소득의 현재가치를 상수인 β로 표시한다. 제1장에서는 β를 상수로 가정하여 할인인자(discount factor)라고 부른다. 그러나 제2장에서는 할인인자가 확률변수가 되는 상황을 다루기 때문에 확률변수인 확률적 할인인자(stochastic discount factor)로 대체한다. 이런 가정을 이용하여 계산하면 미래시점의 총투자수입의 현재가치는 $\beta(D_1 + P_1)$이다. 둘째 질문에 답하기 이전에 두 개의 조건을 먼저 부여한다. 미래시점에서 한 단위 소득이 현재시점에서는 한 단위보다 작다는 점에 대하여 대부분 동의할 것이라는 점을 반영하여 첫째 조건은 $(0 < \beta < 1)$의 부등호 조건이다. 둘째 조건은 투자자들은 미래시점에서 결정될 배당지급액과 증권가격이 하나의 값으로 실현되고 어떤 값으로 실현되는지를 정확하게 알고 있다.

둘째 질문의 답을 말로 정리하면 '증권가격＝총투자수입의 현재가치'의 등식이다. 이런 등식이 균형식이 되기 위해서 "균형에서는 차익거래이득이 없다"는 제약조건이 부과되어야 한다. 이를 '차익거래이득(absence of arbitrage profit)'의 제약조건이라고 부르고 이런 제약조건이 성립하는 결과로 '균형가격＝총투자소득의 현재가치'의 등식이 증권시장의 균형에서 성립한다.[1] 이런 등식이 성립하는 이유를 등식이 성립하지 않는 경우 어떠한 상황이 나타날 것인지에 대하여 분석하여 이해할 수 있다. 다음의 두 포인트를 이해하는 것이 중요하다. 첫째 포인트는 등식이 성립하지 않는다면 '증권가격＞총투자수입의 현재가치'와 '증권가격＜총투자수입의 현재가치'의 두 경우 중 하나가 되어야 한다. 둘째 포인트는 위의 두 경우에서는 모두 부등식이 성립하고 있지만, 어떠한 경우이든 현재시점의 시장가격이 등식이 성립하는 방향으로 조정된다. 두 포인트를 요약하면 어느 방향이든지 균형조건이 성립하지 않는다면 시장가격의 조정을 거쳐서 등식이 성립하게 된다는 것이다.

---

[1] 이런 조건이 성립할 때 도출되는 증권시장의 균형조건은 증권가격의 차분방정식(difference equation)으로 나타난다. 본 책에서는 차분방정식의 해를 도출하는 과정에 관한 설명을 생략하기로 한다. 관심이 있는 독자들을 위하여 무차익거래이득과 증권가격의 차분방정식 간의 관계에 대한 자세한 설명은 블랜샤드(Olivier Blanchard)와 피셔(Stanley Fischer)의 저서인 『Lectures on Macroeconomics』(MIT Press, 1989년)에서 찾아볼 수 있다.

독자의 이해를 돕기 위해 조정과정을 자세히 설명한다. 첫째 경우에는 총투자 수입을 기준으로 투자자들이 산정한 증권가치에 비해 증권가격이 더 높다. 증권을 이미 보유하고 있는 사람들은 증권이 시장에서 고평가되어 있어서 증권을 매도하면 이득이 발생한다고 판단할 것이다. 그 결과로 증권시장에서 공급이 증가하면 현재시점의 증권가격이 낮아진다. 따라서 균형조건이 복원되는 방향으로 시장가격이 조정된다. 둘째 경우에는 투자자들이 산정한 증권가치에 비해 증권가격이 더 낮다. 증권을 보유하지 않은 사람들은 증권이 시장에서 저평가되어 있어서 지금 증권을 매수하면 이득이 발생한다고 판단할 것이다. 그 결과로 증권시장에서 수요가 증가하면 현재시점의 증권가격이 높아진다. 따라서 앞의 경우와 마찬가지로 균형조건이 복원되는 방향으로 시장가격이 조정된다.

위에서 균형에서 성립하는 등식을 도출할 때 차익거래이득에 대하여 명시적으로 설명하지 않았다. 따라서 균형에서 성립하는 등식을 만족하는 시장가격에서 차익거래이득이 없어야 한다는 제약조건을 어떻게 만족하는지를 확인하기 어렵다. 따라서 다음의 예를 소개한다. 첫째, $P_0 > Q_0 > \beta(D_1 + P_1)$의 부등식을 만족하는 Q_0의 가격을 증권을 보유한 사람들에게 제시하는 투기적 투자자가 있는 것으로 가정한다. 증권을 보유한 사람들이 Q_0의 가격에도 팔려고 한다면 실제로 자금이 없더라도 다른 사람에게 돈을 빌려서 금전적인 이득을 얻을 기회가 있다. 그 이유는 Q_0의 가격을 지불하여 증권을 매수하고 P_0의 가격에 팔면 $(P_0 - Q_0)$의 이득이 발생하기 때문이다. 따라서 $P_0 = Q_0$이 성립하면 차익거래이득은 없다. 둘째, $P_0 < Q_0 < \beta(D_1 + P_1)$의 부등식을 만족하는 Q_0의 가격에서도 증권을 매수하려는 투자자가 있다고 가정하자. Q_0의 가격에도 기꺼이 매수하려는 투자자들이 있다면 실제로 자신에게는 자금이 없더라도 다른 사람에게 돈을 빌려서 금전적인 이득을 얻을 기회가 있다. 그 이유는 P_0의 가격에 매수하여 Q_0의 가격에 매도한다면 $(Q_0 - P_0)$의 이득이 발생하기 때문이다. 따라서 $P_0 = Q_0$의 등식이 성립할 때 차익거래이득은 없다.

지금까지 설명한 분석의 틀은 다양한 종류의 증권에 적용된다. 기업이 발행하

는 주식뿐만 아니라 만기가 고정되어 있는 장단기 채권의 시장가격을 설명하는
데에도 사용될 수 있다. 만기가 단기인 채권은 만기 이전에 정기적으로 이자를
지급하지 않으므로 배당소득이 없는 증권으로 볼 수 있다. 이러한 채권을 할인
채(discount bond)라고 하는데 앞에서 설명한 모형으로 이들의 가격이 어떻게
결정되는지를 설명할 수 있다. 채권시장에서 결정되는 이자율도 위에서 설명한
방식으로 설명할 수 있는가? 이 질문에 답변하기 위해 우선 채권이 무엇인가를
설명해야 한다. 제1장에서는 미래시점에서 제공될 소득의 크기가 현재시점에서
미리 고정되는 증권을 채권으로 정의한다. 이런 맥락에서 채권을 고정소득증권
(fixed income securities)으로 간주할 수 있다. 현재시점에서 발행되어 다음시
점에서 채권보유자에게 항상 소비재 한 단위를 제공하고 난 뒤에 소멸하는 단기
채권이 있다고 하자. 이런 단기채권의 시장가격이 앞에서 설명한 방식으로 결정
된다면 다음과 같은 수식을 사용하는 것이 유용하다.

$$P_0 = \beta \quad \rightarrow \quad \beta = 1/(1+r)$$

화살표 왼쪽에 있는 등식은 앞에서 설명한 가격결정모형을 단기채권에 그대
로 적용한 결과로 간주할 수 있다. 화살표 오른쪽은 다음과 같이 설명할 수 있
다. 채권투자로부터 발생할 미래시점의 원리금은 소비재 한 단위이다. 현재시점
의 투자원금은 β이다. 따라서 순이자율을 r로 표시하면 화살표 오른쪽의 등식
이 성립해야 한다. 앞에서 설명한 등식은 할인인자의 결정에 관한 다음과 같은
함의가 있다. 앞에서 설명한 증권가격결정모형의 중요한 가정 중의 하나인 투자
자들이 모두 동의하는 할인인자의 값이 어떻게 존재할 수 있는지에 대하여 의문
이 있을 수 있다. 이런 의문에 대한 하나의 답변이 위의 등식이라고 주장할 수
있다. 증권시장에서 앞에서 설명한 형태의 단기채권이 거래된다면 이런 채권의
시장가격이 바로 투자자 모두 동의하는 할인인자라는 것을 바로 위의 등식에서
확인할 수 있다. 따라서 미래시점의 상황에 대한 완전예견이 가능한 경제의 할
인인자는 미래시점의 소득이 항상 소비재 한 단위로 고정된 단기채권의 가격과

표 1-1 예상투자기간과 현재가치

예상투자기간의 수	투자결정시점에서 평가한 현재가치	투자결정시점의 증권가격
1	$\beta(D_1 + P_1)$	P_0
2	$(\beta D_1 + \beta^2 D_2) + \beta^2 P_2$	P_0
3	$(\beta D_1 + \beta^2 D_2 + \beta^3 D_3) + \beta^3 P_3$	P_0
$\vdots$	$\vdots$	$\vdots$
T	$(\sum_{k=1}^{T} \beta^k D_k) + \beta^T P_T$	P_0
∞	$(\sum_{k=1}^{\infty} \beta^k D_k) + \lim_{T\to\infty} \beta^T P_T$	P_0
만기보유	$\sum_{k=1}^{\infty} \beta^k D_k$	P_0

주: $T=\infty$의 줄에 해당하는 투자자는 무한개의 시점이 지난 후에 매도하지만, 만기보유의 투자자는 매도하지 않는다는 차이가 있다.

같다고 정리할 수 있다.

　지금까지 한 시점만 증권을 보유하는 것으로 가정하여 투자수입의 현재가치를 계산하였다. 이를 확장하여 두 시점에 걸쳐서 증권을 보유하는 것으로 가정하여 투자소득의 현재가치를 계산할 수도 있다. 한 시점만 투자하는 경우와 두 시점 동안 투자하는 경우 어떠한 차이가 있는지를 살펴보기 위해서 후자의 경우를 가정한다. 한 시점이 지난 이후 지급되는 배당소득을 받은 후에 두 시점이 지난 이후에도 지급되는 배당소득이 있다. 두 번의 배당소득이 지급된 이후 증권매도수입이 들어온다. 여기서 주의해야 할 점은 두 시점 이후에 발생하는 배당소득에 대해서는 '할인인자를 두 번 연속으로 곱해서' 현재가치를 계산한다는 것이다. 위에서 설명한 점들을 모두 반영하여 두 시점 동안 투자하는 경우 투자소득의 현재가치를 정리하여 <표 1-1>의 (예상투자기간의 수=2)에 해당하는 줄에 정리하였다. 이 줄에 있는 수식에서 괄호를 사용하여 구분한 부분이 앞으로 발생할 배당소득들의 현재가치에 해당한다. 셋째 열에서는 한 시점만 보유하는 투자자들에게 적용되는 증권가격을 보여주고 있다.

투자예상기간이 두 시점으로 확장될 수 있다면 차익거래이득이 없다는 제약조건의 의미는 앞의 설명과 비교하여 보다 복잡해진다는 점을 강조한다. 이를 설명하기 위해 같은 증권에 대해서 두 개의 서로 다른 투자방식이 적용될 때 서로 다른 현재가치의 값이 산정된다면 어떤 일이 벌어지겠는지를 생각해 볼 수 있다. 첫째 방식은 현재시점에서 매수한 후에 두 시점 이후에 매도하는 것이다. 첫째 방법은 위의 표에서 둘째 줄에 해당한다. 둘째 방식은 현재시점에서 같은 증권을 매수한 후에 한 시점 이후에 매도하는 것이다. 둘째 방법은 위의 표에서 첫째 줄에 해당한다. 첫째 방식과 둘째 방식의 현재가치가 다르다면 투자자들이 "차익거래이득이 없어야 한다"는 제약조건이 미래시점에서는 성립하지 못할 것으로 예상한다. 그 이유는 (첫째 줄의 현재가치=둘째 줄의 현재가치)의 조건이 성립하려면 (미래시점의 증권가격=미래시점에서 평가한 현재가치)의 등식이 성립할 것으로 예상해야 하기 때문이다. 또한 이 등식은 바로 '미래시점에서도 차익거래이득이 없다'는 제약조건이라는 것을 앞의 설명으로부터 유추할 수 있다. 앞에서 두 개의 투자방식이 제공할 소득흐름의 현재가치가 서로 같아야 한다는 점을 확인할 수 있었다. 차익거래이득이 없다는 조건이 성립한다면 두 개의 투자방식을 실행하는 비용도 같아져야 한다. 그렇지 않다면 같은 크기의 효용을 주는 재화들에 대하여 두 개의 서로 다른 가격이 존재하는 것과 같은 상황으로 간주할 수 있기 때문이다. 따라서 첫째 줄과 둘째 줄의 셋째 열에서는 현재시점에서 지불하는 비용은 서로 같다고 표시되어 있다.

앞에서 설명한 내용을 요약하면 같은 증권에 대해서 장기투자자와 단기투자자의 가치평가가 다르면 미래시점에서 차익거래이득의 발생을 예상한다는 것이다. 이런 상황을 배제하기 위해 '동태적 의미에서 차익거래이득의 부재'의 제약조건이 필요하다. '동태적 의미에서 차익거래이득의 부재'는 현재시점과 미래시점에서 동시에 차익거래이득이 없다는 조건이 성립되어야 한다는 제약조건을 말한다. 어느 상황에서 '동태적 의미에서 차익거래이득의 부재'가 성립하는가? 이 질문에 대한 답은 장기투자자와 단기투자자가 산정한 현재가치가 같은 동시에 같은 증권을 매수하는 비용도 같을 때 위의 제약조건이 성립한다는 것이다. <표 1-1>에서는 현재시점에서 매수한 증권을 두 시점보다 더 길게 보유하는 경우가 포함되어 있다. 둘째 열을 보면 세 개의 시점이 지난 후에 매도하여 얻을 것으로 예상되는 총투자수입의 현재가치가 포함되어 있다. 두 개의 시점이 지난 후에 매도하여 얻을 것으로 예상되는 총투자수입의 현재가치가 위 줄에 정리되어 있다. 두 개의 수식을 비교하면 서로 같은 수식이 아니라는 것이 확인된다. 여기에서도 앞에서 설명한 '동태적 의미에서 차익거래이득의 부재'의 제약조건의 성립이 필요하다. 투자자가 앞으로 두 개의 시점이 지난 이후에도 차익거래이득의 부재가 성립된다고 예측해야 한다. 구체적으로 설명하면 (둘째 줄의 현재가치＝셋째 줄의 현재가치)의 조건이 성립하려면 두 개의 시점이 지난 이후에도 (미래시점의 증권가격＝미래시점에서 평가한 현재가치)의 등식이 성립할 것으로 예상해야 한다는 것이다.

바로 위에서 설명한 제약조건을 둘째 열의 둘째 줄에 있는 수식에 대입하여 두 개의 시점이 지난 이후의 증권가격을 소거하면 셋째 줄에 있는 수식이 도출된다는 것을 확인할 수 있다. 이런 작업은 미래시점에서 성립하는 균형조건을 현재시점에서 성립하는 균형조건에 대입하는 작업으로 간주할 수 있다. 이런 작업을 미래시점은 현재시점과 비교하여 앞에 위치하는 것으로 간주하여 미래시점의 균형조건을 현재시점에 대입하는 행위라는 의미에서 '선행대입(forward substitution)'이라고 부른다. 이런 맥락에서 첫째 줄의 식에 '선행대입'하여 둘째 줄의 식을 도출하고, 그 후에 둘째 줄의 식에 '선행대입'하여 셋째 줄의 식을 도출한 것이 된다. 선행대입의 작업을 일반화하여 앞으로 T개의 시점이 지나서 매도하려는 투자자가 산정한 현재가치를 계산하면 둘째 열의 다섯째 줄에 있는 수식이 도출된다. 바로 아래의 줄은 $T = \infty$의 줄이고, 현재가치를 나타내는 수식은 선행대입을 무한히 반복해서 얻은 결과로 해석할 수 있다. 이는 무한개의 시점이 지난 후에 매도할 의사가 있는 투자자에 대해서도 동일한 방식을 적용할 수 있다는 것을 의미한다. 여기서 주의할 점은 무한개의 시점이 지난 후에 매도할 의사가 있는 투자자와 자산을 매도할 의사가 없는 투자자를 구분해야 한다는 것이다. 구분하는 이유는 무엇인가? 그 이유는 무한개의 시점이 지난 후에 발생할 자산 매도수입이 현재가치의 계산에 포함될지에 따라서 현재가치의 계산이 달라지기 때문이다.

　무한번의 시점이 지난 후에 매도할 것인지의 차이는 현재가치의 값에 영향을 미칠 수도 있고, 그렇지 않을 수도 있다. 어떠한 조건이 성립할 때 현재가치의 값에 영향을 미치지 못하는가? 이 질문에 대한 답변은 투자자들이 무한번의 시점이 지난 후에도 자산가격이 유한값을 가지거나, 또는 자산가격이 실질이자율보다 느린 속도로 증가할 것을 예상하는 조건이다. 이 조건을 아래와 수식으로 표시한다.

$$\lim_{T \to \infty} \beta^T P_T = 0$$

　이 수식은 먼 미래시점에서 벌어질 상황에 대하여 투자자가 형성하는 예측에 부여되는 하나의 제약조건이다. 이런 제약조건이 성립하면 <표 1-1>의 마지막 줄에서 자산가격은 미래시점에서 제공될 것으로 예상되는 배당소득의 현재가치를 모두 합한 값이 된다. <표 1-1>의 마지막에 두 줄의 수식과 관련된 두 개의 포인트를 정리한다. 첫째 포인트는 배당소득이 각각의 시점마다 같다면 등비급수가 되지만, 배당소득이 같지 않다면 수정된 형태의 등비급수로 생각할 수 있다는 것이다. 둘째 포인트는 현재시점으로부터 멀리 떨어진 미래시점에서도 증권가격은 유한값을 가질 것으로 예상한다면 이를 할인하여 계산한 현재가치의 극한값은 0이 된다는 점이다.[2]

---

2) 무한번의 시점이 지난 후에 결정되는 변수의 예상현재가치가 제로가 된다는 조건을 횡단성조건 (transversality condition)이라고 부른다. 이런 조건은 투자자가 앞으로 무한번 지속된 미래시점까지 고려하여 설계하는 미래에 대한 계획의 최종시점에서 해당변수의 예측치가 만족해야 하는 제약이다.

차익거래이득과 자산가격버블

자산가격버블은 자산가격이 자산의 근본가치(fundamental value)와 다른 경우를 말한다. 또한 자산의 근본가치는 자산을 만기까지 보유하는 합리적 기대의 투자자가 산정한 자산의 현재가치를 말한다. 만기까지 보유하는 투자자를 이용하여 자산의 근본가치를 정의하는 이유는 무엇인가? 그 이유는 앞으로 버블이 예상될지라도 만기까지 자산을 매도할 의사가 전혀 없는 투자자가 산정한 자산의 현재가치에는 영향을 미치지 않기 때문이다. 자산가격버블은 자산시장의 균형에서 발생하는 것인가? 앞에서 '차익거래이득이 없다'는 제약조건은 균형에서 성립해야 하는 제약조건이라고 설명했다. 자산가격버블은 균형에서 발생하지 않는다는 선입관이 있다면 '차익거래이득이 없다'는 조건이 성립될 때 자산가격버블의 부재가 달성되는지 궁금할 수 있다. 이런 궁금증에 대한 답변은 차익거래이득이 없다는 조건만으로 자산가격의 버블을 제거할 수 없다는 것이다. 그 이유는 차익거래이득의 부재조건에서는 투자자가 자산을 보유하는 기간에 대한 제약이 없기 때문이다. 버블이 없다면 투자자의 예상보유기간에 따라 자산의 현재가치가 달라지지 않는다. 그러나 버블이 있다면 자산의 만기이전에 자산을 매도하려는 투자자와 만기까지 보유하려는 투자자가 산정한 자산의 현재가치가 달라질 수 있다. 이런 차이가 차익거래이득의 부재조건에는 반영되어 있지 않다는 것이다.

<표 1-2>에서 첫째 수식은 차익거래이득이 없다는 제약조건이 성립할 때 자산시장의 균형조건이다. 이 조건에 대하여 이미 앞에서 설명하였기 때문에 자세한 설명을 추가하지 않고 다시 쓰기로 한다. 여기서 강조할 점은 첫째 수식에서 나타내고 있는 균형조건이 성립하더라도 버블이 존재할 수 있다는 것이다. 그 이유는 이 조건이 성립한다고 하더라도 미래시점에서 발생하는 버블이 현재시점의 자산가격에 미치는 효과는 차단되지 않기 때문이다. 둘째 수식에서는 차익거래이득이 없다는 제약조건은 자산의 근본가치에도 적용된다는 점을 반영하

표 1-2 장기적 버블의 생성과 소멸

내용	수식
버블이 있는 시장의 균형조건	$P_0 = \beta(D_1 + P_1)$
근본가치의 균형조건	$P_0^F = \beta(D_1 + P_1^F)$
버블의 기간간 변동	$B_0 = \beta B_1 \ \rightarrow\ \dfrac{B_1 - B_0}{B_0} = r$
장기예상버블과 현재버블의 관계	$\lim\limits_{T \to \infty} \beta^T B_T = B_0$
장기예상가격의 안정화와 버블의 소멸	$\lim\limits_{T \to \infty} \beta^T P_T = 0 \ \rightarrow\ B_0 = 0$

주: P_0^F과 P_1^F는 각각 현재시점과 미래시점의 근본가치를 나타내고, B_0과 B_1는 각각 현재시점과 미래시점의 버블을 나타낸다. (버블＝시장가격－근본가치)의 등식을 적용하면 현재시점의 버블은 $(B_0 = P_0 - P_0^F)$의 등식이고, 다음시점의 버블은 $(B_1 = P_1 - P_1^F)$의 등식이 된다.

여 자산의 근본가치에 대해서도 첫째 수식과 같은 형태의 균형조건을 보여주고 있다. 버블의 크기는 항상 하나의 값으로 고정되지 않고, 시간이 지나면서 계속 달라질 수 있다. 버블의 이런 특성은 수식을 사용하여 확인할 수 있다. <표 1-2>의 첫째 수식에서 둘째 수식을 빼는 작업을 실시하여 도출된 식에 (버블 ＝시장가격 － 근본가치)의 등식을 적용하면 셋째 수식이 도출된다. 셋째 수식은 버블의 크기가 시간이 지나면서 어떻게 변화하는지를 보여주고 있다. 셋째 수식 을 도출하기 위해 사용한 두 개의 식이 모두 차익거래이득이 없다는 제약조건을 만족하기 때문에 차익거래이득이 없다는 제약조건이 버블을 제거하는 조건이 아 니라는 점을 알 수 있다.

셋째 수식은 버블의 생성과 소멸에 대한 어떤 함의가 있는가? 셋째 수식의 우 변이 제로가 아닐 때 좌변도 제로가 아니라는 점을 알 수 있다. 이는 투자자들 이 미래시점에서 버블의 존재를 예상하면 현재시점에서 버블이 존재한다는 것을 의미한다. 따라서 셋째 수식은 버블의 생성과 소멸은 투자자의 미래상황에 대한 예측에 달려있을 가능성을 제시한다. 버블의 크기가 시간이 지나면서 계속 달라 진다면 시간이 지나면서 증가하는 경향이 있는지 아니면 감소하는 경향이 있는 지 궁금할 수 있다. 위의 식에서 화살표 오른편이 의미하는 것은 버블은 실질이자율과 같은 비율로 증가한다는 것이다. 실질이자율이 양수이면 버블은 계속 증가하지만, 실질이자율이 음수이면 그렇지 않다는 것이다. 또한 실질이자율과 같은 비율로 증가하는 자산가격버블이 관측된다면 이런 버블은 차익거래이득이 없다는 조건만으로는 제거되지 않는다는 것을 함의한다.

어떠한 상황에서 버블이 사라지는가? 이 질문에 대한 답을 얻기 위해서 셋째 수식으로부터 넷째 수식을 도출한다. 셋째 수식에 계속해서 선행대입을 하면 넷째 수식이 도출된다. 넷째 수식의 내용을 말로 정리하면 무한 번의 시점이 지난 후에 발생하는 버블의 현재가치와 현재시점의 버블이 같다는 것이다. 넷째 수식은 현재시점에서 버블의 존재여부는 먼 미래의 상황에 대한 투자자의 예측에 의존한다는 점을 알려주고 있다. 버블은 자산가격에 포함되는 것이라는 점을 반영하면 넷째 수식이 함의하는 점은 결국 현재시점에서 버블이 생성되지 않으려면 먼 미래시점에서 자산을 매도하여 얻는 수입에 대한 현재가치가 0으로 수렴하는 제약조건이 요구된다는 것이다. 그 이유는 먼 미래시점에서 형성되는 근본가치의 현재가치는 0으로 수렴하기 때문이다. 이런 조건이 성립하면 <표 1-2>의 마지막 줄에서 확인할 수 있듯이 먼 미래시점에서 자산가격에 대한 현재가치가 제로가 될 때 현재시점의 버블은 사라진다.

독자들의 이해를 돕기 위해 앞에서 설명한 버블모형의 구체적인 사례를 생각해보기로 한다. 생산비용을 추가적으로 투입하지 않더라도 매년 양수의 유한값인 D개의 과일을 산출하는 나무의 시장가격을 계산한다. 실질이자율 r은 양의 상수로 고정되어 있다. 할인인자와 (1+실질이자율)의 역수의 관계는 그대로 성립한다. 매년 동일한 크기의 산출이 있고 실질이자율도 양의 상수로 고정되어 있으므로 나무의 근본가치는 항상 $P^F = D/r$의 값으로 고정되어야 한다. 버블이 발생하면 나무의 근본가치는 항상 고정되어 있지만, 나무가격은 지속적으로 상승한다. 수식을 사용하여 설명하면 버블이 있는 경우 임의의 T시점에서 시장가격은 다음과 같이 결정된다.

$$P_T = \frac{D}{r} + (1+r)^T B_0$$

위의 식이 함의하는 것은 최초시점에서 양의 버블이 있었다면 시장가격은 시간이 지나면서 무한히 증가하는 모습을 보인다는 것이다. 그러나 음의 버블이 있다면 시장가격은 시간이 흐르면서 계속해서 감소하는 모습을 보인다.[3]

투기적 투자와 주택가격버블

금융증권과 실물자산은 서로 다른 방식으로 가격이 결정되는지에 대하여 궁금할 수 있다. 실물자산은 가계 및 기업이 보유한 부동산 또는 생산을 위해 필요한 기계설비 및 운송장비 등을 포함하므로 금융시장에서 거래되는 채권 및 주식 등을 포함하는 유가증권과 다르다. 그러나 실물자산의 경우도 차익거래이득이 없는 균형에서 그 자산을 보유하면 미래에 발생시킬 것으로 예상되는 소득흐름의 현재가치와 가격이 같아짐을 보일 수 있다. 이런 이유로 자산의 효용이 다르더라도 같은 분석의 틀을 사용하여 균형가격의 결정을 설명할 수 있다고 주장할 수 있다.

주택가격의 예를 보기로 한다. 현재시점에서 주택을 매입하면 매입하는 즉시 편익이 발생하지 않는다. 현재시점에서 새로운 거주지로 이주하려면 시간 및 비용이 필요하다. 이런 점을 고려하여 다음시점부터 주택보유의 편익이 발생하는 것으로 가정한다. 주택매수의 이득을 어떻게 측정할 것인가? 소비재(비내구재)의 단위로 자산가치를 측정하기 때문에 주택 한 단위의 한계효용을 소비재의 한계효용으로 나눈 비율로 정의한다. 다음시점에서 제공될 주택서비스의 한계효용을 소비재의 한계효용으로 나눈 비율을 앞에서 사용한 기호와 맞추기 위해 D_1으로 표기한다. 미래시점에서 발생할 소득 한 단위의 현재가치를 계산하기 위해

---

3) 이 부분에서 설명하고 있는 차익거래이득이 없는 상황에서 발생하는 자산가격버블은 블랜샤드와 피셔가 공저한 저서의 합리적 버블(rational bubble)에 해당한다. 다음 부분에서는 차익거래이득이 존재하는 것을 인정하면 먼 미래시점의 버블에 대한 예상이 없을지라도 자산가격버블이 발생할 수 있다는 것을 보인다.

사용되는 할인인자를 β로 표시한다. β의 값이 1보다 작은 양수라는 가정도 계속 유지한다. 이러한 가정에 의하면 현재시점에서 평가한 주택 한 단위의 가치는 <표 1−1>에서 둘째 열에 있는 현재가치의 수식들과 같아진다. 주택시장의 균형에서도 '차익거래이득이 없다'는 제약이 성립하면 '가격＝현재가치'의 등식이 성립하기 때문에 <표 1−1>의 모형과 차이가 없다.

차익거래이득이 존재하면 앞에서 설명한 결과가 어떻게 달라지는가? 자산시장에서 차익거래이득이 존재한다면 자산가격이 어떤 방식으로 결정되는지를 분석한다. 이를 위해 다음과 같은 세 개의 조건이 새로 부여된다. 첫째, 앞절과 본절의 모형을 쉽게 비교할 수 있도록 차익거래이득부재의 조건이 단기적으로만 성립하지 않는다. 둘째, 주택시장의 참가자들은 주택보유자, 투기적 투자자, 실수요자로 구분된다. 투기적 투자자는 주택보유의 목적이 아니라 차익거래이득을 위해서 주택시장에 참가하는 투자자를 말한다. 셋째, 자산보유자가 자산매도를 선택하는 가격과 투기적 투자자가 예상하는 매도가능가격이 같지 않다.

<그림 1−2>에서는 앞에서 설명한 조건들이 반영된 단기적 버블의 생성과 소멸을 요약하고 있다. 버블이 발생하는 이유는 투기적 투자자가 주택시장에 진입하기 때문이다. 투기적 투자자의 시장진입을 결정하는 요인은 무엇인가? 이 질문에 답하기 위해 주택보유자가 주택매도를 선택할 최저가격과 투기적 투자자가 추정한 「예상매도가능가격」의 차이가 발생하는 상황을 생각해 본다. 주택보유자가 주택매도를 선택할 최저가격은 투기적 투자자의 주택매수가 가능한 최적가격이므로 「매수가능가격」으로 부르기로 한다. (예상매도가격 > 매수가능가격)의 부등식이 성립하면 시장진입을 위한 추가적인 비용이 없는 상황에서 투기적 투자자는 주택시장에 진입하면 양의 예상이윤을 발생한다는 것을 인지하게 된다. 분석의 단순화를 위해 이처럼 양의 예상이윤이 있다면 투기적 투자자가 주택시장에 진입하는 것으로 가정한다. 매수가능가격은 주택보유자가 산정한 주택의 현재가치로 정의된다. 주택보유자는 어떻게 주택의 현재가치를 계산하는가? 주택보유자가 산정한 주택의 현재가치는 현재시점에서 주택을 매도하지 않고 다

그림 1-2 주택가격버블의 일시적 생성과 소멸

0시점: 버블의 발생	1시점: 버블의 지속	2시점: 버블의 소멸
주택매도가능가격의 형성 $Q_0 = \beta(D_1 + Q_1^e)$ 투기적 투자자의 수요발생 $P_0^e > Q_0$	주택매도가능가격의 형성 $Q_1^e = \beta(D_1 + Q_2^e)$ 투기적 투자자의 주택수요지속 $P_1^e > Q_1^e$	투기적 투자자의 주택수요소멸 $P_2^e = Q_2^e = P_2^F$

0시점 ──────── 1시점 ──────── 2시점 ──────▶

| 초과수요와 버블의 발생 $P_0 = Q_0 + a^{-1}(M_0 + N_0 - S_0)$ 버블의 크기 $B_0 = a^{-1}(M_0 + N_0 - S_0) + \beta B_1$ | 초과수요와 버블의 지속 $P_1 = Q_1 + a^{-1}(M_1 + N_1 - S_1)$ 버블의 크기 $B_1 = a^{-1}(M_1 + N_1 - S_1)$ | 버블의 소멸 $P_2 = P_2^F$ 버블의 크기 $B_2 = 0$ |

음시점에서 주택을 매도할 때 발생할 총이득의 현재가치로 정의된다. 다음시점에서 발생할 총이득은 주택서비스가 제공할 효용을 실질소득단위로 평가한 가치와 다음시점의 주택가격에 대한 기대값의 합이다. 여기에 할인인자를 곱하여 산출한 값이 현재시점에서 산정한 주택의 현재가치이다.

<그림 1-2>에서는 0시점에 해당하는 검은색 박스의 첫째 수식이 주택의 현재가치를 계산하는 공식이다. 주택서비스로부터 얻는 효용을 실질소득단위로 평가한 가치를 D_1으로 표시하고, 다음시점에서 예상되는 주택의 현재가치를 Q_1^e로 표시하면 현재시점의 현재가치는 $Q_0 = \beta(D_1 + Q_1^e)$의 등식을 만족시킨다. 앞으로 주택시장이 어떻게 달라지는지에 대한 주택보유자의 예상에 따라 Q_1^e의 값이 달라진다. 이는 Q_1^e의 결정에 대한 정확한 이해가 있어야 현재시점에서 주택의 현재가치를 계산할 수 있다는 것을 의미한다. 현재시점과 미래시점에서 서로 다른 값일지라도, 주택의 현재가치를 계산하는 방식은 같다. 이는 $Q_1^e = \beta(D_2 + Q_2^e)$의 등식이 성립한다는 것을 의미한다.

투기적 투자자는 자신의 정보를 사용하여 매도가능가격을 예측한다. 투기적 투자자의 예상매도가능가격을 P_0^e로 표시한다. 투기적 투자자는 $Q_0 < P_0^e$의 조건이 성립하면 차익거래이득을 얻을 목적으로 현재 주택보유자의 주택을 매수하

여 실수요자에게 매도하는 거래를 실행한다. 이런 투기적 행위의 예상이득은 $(P_0^e - Q_0)$이다. 제1장에서 분석하고 있는 투기적 투자자는 적극적인 투자자로 볼 수 있다. 그 이유는 현재시점의 주택가격이 근본가치보다 낮은 상황에서 주택을 매수하여 금전적인 이득을 보려는 투기적 투자자와는 다르기 때문이다. 특히 제1장에서는 (예상매도가능가격 > 근본가치)의 부등식이 성립하는 상황에서도 주택을 매수한다는 점이 (실제가격 < 근본가치)의 상황에서만 시장에 진입하는 투기적 투자자와 다르다. 어떻게 더 높은 가격에 자산을 매도할 수 있을 것이라는 예상을 가지게 되는지 의문이 들 수 있다. 정상적으로 거래가 진행되고 있어서 현재시점에서 주택가격이 근본가치와 동일할지라도 사람들의 미래에 대한 예상에 영향을 주는 사건이 발생하면 앞으로 일시적으로나마 높은 가격에 매도할 수 있다는 낙관적인 전망이 발생할 수 있다. 예를 들어 특정한 지역을 중심으로 대규모 개발계획이 발표되거나 다른 지역이 제공할 수 없는 특수한 요인을 가지고 있다는 인식이 퍼진다. 그러나 이런 변화들은 확정되거나 증명되지 않았기 때문에 주택의 근본가치에 영향을 미치지 않는 것으로 볼 수 있다.

앞에서 분석한 모형과 다른 점은 일시적으로 주택실수요자를 기준으로 (시장수요 = 시장공급)의 등식이 성립하지 않는다는 것이다. 주택시장에서 수요와 공급이 일치하지 않을 때 차익거래이득의 부재조건이 성립하지 않을 수 있다는 점을 강조한다. 투기적 투자자의 시장진입이 일시적인 주택수요에 미치는 효과가 알려져야 시장수요와 시장공급의 괴리를 분석할 수 있다. 이와 관련하여 다음의 상황들이 추가된다. 투기적 투자자가 없는 주택시장에서는 주택실수요자의 수요($= N_0$)와 주택보유자의 공급($= S_0$)이 일치한다. 그러나 투기적 투자자의 주택수요가 발생하면 총주택수요는 주택실수요자의 수요($= N_0$)와 투기적 투자자의 수요($= M_0$)의 합이 된다. 또한 어느 사람이 주택실수요자인지 투기적 투자자인지 정확히 구분할 수 없다고 가정한다. 투기적 투자자의 주택수요가 발생하면 총주택수요과 총주택공급의 크기만 정확히 알 수 있다. 이런 상황에서 주택시장의 초과수요는 $(M_0 + N_0 - S_0)$이다. 여기서 강조해야 하는 것은 M_0, N_0, S_0 등의 변수들은 주택수량으로 측정되는 것이 아니라 주택수요의 명목가치를 물가로 나눈 비율인 실질가치로 측정된다. 주택가격도 실질가격을 의미하기 때문에 원화 또는 달러화 단위로 측정한 것이 아니라 모두 명목가격을 물가로 나눈 비율로 정의된다. 주택시장의 초과수요와 차익거래이득은 어떠한 관계를 보이는가? 투기적 투자자가 주택시장에서 활동하는 상황에서 발생하는 초과수요는 투기적 투자자들의 예상차익거래이득에 비례하는 것으로 가정한다. 기호로 표시하면 초과수요는 $(P_0^e - Q_0)$에 비례하고 비례상수는 a라는 양수로 표기한다. 또한 a는 투기적 투자자가 차익거래이득에 대하여 어느 정도 반응하는가를 나타내는 척도로서 단기적으로 변하지 않는 것으로 가정한다.

<그림 1-2>에 있는 수평선을 기준으로 아래의 검은색 박스에서 첫째 수식은 시장가격의 결정을 설명하는 식으로 간주할 수 있다. 이 식이 어떻게 도출되는지를 설명하기 이전에 실수요자가 매수하는 가격을 「시장가격」으로 부르기로 한다. 시장가격이 어떻게 결정되는지를 설명하기 위해 투기적 투자자가 예상하는 가격에 주택매도가 가능한 상황을 생각해 볼 수 있다. 일반인들은 주택가격이 앞으로 상승하지 않는다고 판단하여 자기가 보유한 주택을 매도했지만 얼마 안 지나서 거래가격이 상승하는 상황을 생각해 볼 수 있다. 이런 상황을 어떻게 해석할 것인가? 주택가격이 더 올라갈 것이라고 예상한 사람들이 있었고, 이들의 예상이 그대로 실현된 것으로 해석할 수 있다. 수식으로 표현하면 $P_0^e = P_0$의 등식이 성립한다. 이 조건을 초과수요의 결정식에 대입한 결과로 도출되는 수식은 주택가격의 결정식으로 해석할 수 있다. 그 이유는 초과수요의 크기만 알 수 있을 뿐 투기적 투자자와 실수요자의 주택수요를 정확하게 구분할 수 없는 상황에서 실수요자에게 거래되는 시장가격이 어떻게 결정되는지를 알려주기 때문이다.

<그림 1-2>의 수식을 보면 현재시점의 시장가격에 두 개의 서로 다른 요인이 영향을 미치고 있음을 알 수 있다. 첫째 요인은 주택보유자가 산정한 주택의 현재가치이고, 둘째 요인은 초과수요이다. 첫째 요인은 주택보유자의 매도가능가격이 높아지면 시장가격도 같이 높아진다는 점을 반영한다. 이런 특성으로

인해 주택보유자가 산정하는 현재가치에 포함되는 주택가격버블의 효과는 시장가격에도 반영된다. 둘째 요인은 초과수요이다. 이는 초과수요가 커질수록 실수요자의 주택매수가격이 높아진다는 점을 반영한 것이다. 이런 초과수요의 시장가격효과는 현재시점에서 발생하는 버블에 영향을 미친다. <그림 1-2>에 있는 수평선을 기준으로 아래의 검은색 박스에서 둘째 수식은 현재시점에서 발생하는 버블의 결정요인들을 설명하는 식으로 간주할 수 있다. 이 수식의 우변에서 첫째 항은 초과수요의 시장가격효과가 버블에 반영된다는 것을 보여주고 있다. 둘째 항은 미래시점에서 발생할 것으로 예상되는 주택가격버블이 현재시점에서 주택보유자가 산정하는 주택의 현재가치에 미치는 효과가 현재시점의 버블에 반영된다는 것을 보여주고 있다.

앞의 식이 함의하는 점에 대하여 좀 더 자세히 설명한다. 첫째 포인트는 미래시점에서 초과수요가 발생하는 기간이 더욱 길 것으로 예상될수록 현재시점의 주택가격이 더 높아진다는 것이다. 여기서 설명하고 있는 모형에서는 현재시점이든 미래시점이든 단 하나의 시점에서만 초과수요가 발생하면 '초과수요의 일시적인 발생'이고, 현재시점과 미래시점에서 모두 초과수요가 발생할 것으로 예상되는 경우는 '초과수요의 지속적인 발생'으로 정의한다. 이렇게 두 개의 경우로 나누어 보면 초과수요의 지속성이 높을수록 주택가격버블은 더욱 커진다. 둘째 포인트는 시장참가자의 시장수급에 대한 예상이 같을지라도 단기이자율이 낮을수록 현재시점의 주택가격이 높아진다는 것이다. 그 이유를 설명하기 위해 앞에서 이미 설명한 $\beta = 1/(1+r)$의 등식을 이용할 수 있다. 이자율이 낮으면 할인인자의 값이 커지기 때문에 미래소득의 현재가치가 높아진다. 이를 반영하여 이자율이 낮아지면 현재시점의 주택가격이 높아진다.

다음에서는 <그림 1-2>의 모형에서 발생하는 주택가격버블에 대한 함의를 간단히 정리한다. 이 모형에서는 현재시점과 다음시점에서 예상되는 초과수요로 인해 차익거래이득의 부재조건이 일시적으로 성립하지 않을 때 시장가격이 주택의 근본가치보다 더 높게 형성될 수 있음을 보였다. 따라서 <그림 1-2>의 모형에서는 차익거래이득의 부재조건이 성립하는 상황에서 발생하는 합리적 버블과는 다른 이유로 주택가격버블이 발생한다. 두 모형의 버블은 어떠한 차이가 있는가? <그림 1−2>의 모형에서는 현재시점의 버블이 다음시점의 버블보다 더 클 수 있다는 함의가 있다는 것이 앞의 모형에서 발생하는 버블과 다른 점이다. 이를 부연하면 앞에서는 실질이자율이 양수일 때 $B_1 > B_0$의 부등식이 항상 성립하지만, 여기에서는 $B_0 > B_1$의 부등식이 성립할 가능성을 열어 놓고 있다는 것이 다른 점이다.

비동질적 기대와 주택가격버블

앞에서 분석한 모형에서는 모든 시장참가자들은 미래시점에서 발생하는 상황에 대하여 같은 예상을 하는 것으로 가정하였다. 모든 사람들이 하나의 예상을 공유하고 있다면 누가 주택매도자이고 누가 주택매수자가 되는지를 설명하기 어려운 모형이라는 비판을 면하기 어렵다. 그 이유는 자산이 직접 거래가 되지 않는 자산시장의 균형가격을 분석하는 모형으로 간주할 수 있기 때문이다. 루카스(Robert E. Lucas)는 부존자원경제에서 모두 동일한 사람들만 거주하더라도 자산가격이 결정될 수 있음을 보였다. 따라서 모든 사람들이 하나의 기대를 공유한다는 것이 이론적으로 전혀 이상한 것은 아니다.[4] 하지만 투자자들의 미래에 대한 기대가 서로 다를 수 있음을 고려하는 모형이 보다 더 현실적이라고 볼 수 있다. 이런 맥락에서 다음에서는 미래상황에 대한 서로 다른 기대를 가진 투자자들 중에서 내생적으로 매수자와 매도자가 결정되는 모형을 분석한다.

분석의 단순화를 위해 미래시점에서 두 개의 상황만 발생하는 것으로 가정한다. 하나는 버블이 발생하는 상황이고 다른 하나는 정상적인 상황이다. 또한 사람들은 버블의 상황이 발생하는 확률에 대한 평가를 달리하는 것으로 가정한다. 특정한 사람이 다른 사람과 비교하여 버블의 상황이 발생할 것을 더 믿는다는

---

4) 루카스가 제시한 자산가격설정모형은 자세한 설명은 제2장에 포함된다.

표 1-3 투자자의 비동질적 믿음과 주택버블

내용		수식
투자자의 선택조건	주택매도	$\beta(D+qP_1+(1-q)P^F) < P_0$
	주택매수	$\beta(D+qP_1+(1-q)P^F) > P_0$
	무차별	$\beta(D+qP_1+(1-q)P^F) = P_0$
균형조건	시장가격	$P_0 = \beta(D+\theta_0 P_1 + (1-\theta_0)P^F)$
	청산조건	$I_0 + \theta_0 S_0 = (1-\theta_0)S_0 + N_0$
버블의 기간간 변동	버블의 기간간 변동	$B_0 = \beta\theta_0 B_1$
	임계확률의 결정	$\theta_0 = 0.5(1+S_0^{-1}(N_0 - I_0))$

주: P^F는 주택의 근본가치를 나타낸다. 이 표에서는 주택서비스의 편익과 할인인자로 가정하고 있
   어서 주택의 근본가치도 양의 상수값으로 고정된다.

것을 어떻게 객관적으로 측정할 것인가? 버블의 발생을 확신하는 투자자는 미래
시점에서 버블의 상황이 발생할 확률을 높게 책정한다고 볼 수 있다. 이처럼 투
자자들이 미래의 특정한 상황이 발생할 가능성을 믿는 정도가 서로 다르다는 가
정은 서로 다른 다양한 자산거래에 적용할 수 있지만, 주택가격에 미치는 효과
만 분석하기로 한다. 특히 특정한 지역 내에서 결정되는 주택가격을 설명하는
모형을 소개하기 위해 아래와 같은 가정을 도입한다. 첫째, 주택시장에서 거래
가 가능한 신규주택의 규모는 I_0이다. 둘째, 현재시점 이전에 건축되어 주택시장
에서 거래할 수 있었던 기존주택의 규모는 S_0이다. 셋째, 현재시점의 초기에 거
래가 가능한 주택 중에서 일부는 감가상각되어 더 이상 시장에서 거래할 수 없
는 것으로 가정한다. 감가상각되는 주택의 비율은 δ이다. 감가상각율은 1보다
작은 양수이다. 넷째, 현재시점에서 새로 유입되는 가계로 인해 새로 발생하는
주택수요는 N_0이다. 또한 각각의 시점에서 주택이 제공할 서비스의 편익은 상
수로 고정되어 있고, D로 표기한다.

<표 1-3>의 모형에서는 가계의 수는 시간이 흐르면서 계속 달라질 수 있
고, 하나의 가계가 여러 채의 주택을 보유하거나 주택을 보유하지 않을 수도 있

그림 1-3 매도자와 매수자의 결정

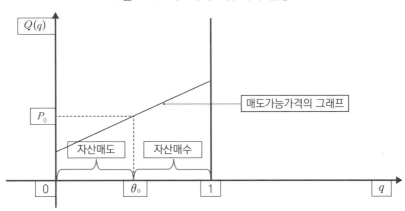

다. 그 결과 가계의 수와 주택총량은 서로 일대일 대응의 관계가 없다. 누가 주택시장에서 매도자이고 누가 매수자가 될 것인가? 이를 설명하기 위해 시장참가자의 기대가 어떻게 형성되는지를 설명해야 한다. 주택을 보유하고 있는 모든 가계들은 근본가치의 가격에 매도하거나 최고매도가능가격에 매도하는 두 경우만 고려한다. 근본가치는 분석의 단순화를 위해 항상 P^F의 가격에 고정되어 있다고 가정한다. 또한 미래시점에서 최고매도가능가격은 P_1이고 주택보유자들이 모두 같은 수준으로 예상한다. 근본가치로 매도할 확률은 $(1-q)$이고, 최고매도가능가격으로 매도할 확률은 q이다. q는 미래시점에서 낙관적인 상황이 발생할 가능성을 나타내고, 사람마다 q에 대한 서로 다른 값을 가진다.

<표 1-3>의 모형에서 중요한 점은 시장참가자들의 미래시점에서 펼쳐질 상황에 대한 확률적 평가가 서로 다르다는 것이다. 비동질적인 믿음을 분석하기 위해 다음과 같은 가정을 도입한다. q는 [0, 1]사이의 한 점의 값을 가질 수 있다. 따라서 $q=1$인 사람이 가장 낙관적으로 평가하는 사람이고 $q=0$인 사람이 가장 비관적으로 평가하는 사람이다. 각각의 q값에 대해 동일한 기대를 가진 사람의 크기는 어떻게 계산하는가? 현재시점에서는 각각의 q값에 대해 $1/S_0$의 사람들이 있고, 다음시점에서는 각각의 q값에 대해 $1/S_1$의 사람들이 있다. 이들은 모두 위험중립선호를 가지고 있다. q의 확률로 다음시점에서 높은 가격으로 판매할 수 있다고 믿는

사람이 현재시점에서 평가한 주택의 현재가치는 $Q(q) = \beta(D + qP_1 + (1-q)P^F)$ 이다. $Q(q)$는 q의 확률로 다음시점에서 높은 가격으로 판매할 수 있다고 믿는 사람의 매도가능가격으로 해석할 수 있다.

시장참가자들의 매수와 매도의 결정은 다음과 같다. 시장가격이 자신이 산정한 현재가치(매도가능가격)보다 더 높으면 주택을 매도한다. 시장가격이 자신이 평가한 주택의 현재가치(매도가능가격)보다 더 낮다면 주택을 매수한다. <표 1-3>에서 매도자가 될 조건은 첫째 부등식이고, 매수자가 될 조건은 둘째 부등식에 해당한다. 매도와 매수의 선택에 대하여 무차별하게 될 조건은 셋째 줄의 등식에 해당한다. 무차별한 사람에 대한 조건을 만족하는 q의 값을 θ_0로 나타난다. θ_0의 정의를 적용하여 매수조건과 매도조건을 쓰면 매수조건은 $q > \theta_0$이고, 매도조건은 $q < \theta_0$이다. <그림 1-3>에서는 매도가능가격의 그래프를 사용하여 위에서 설명한 내용을 그래프로 보여주고 있다. 넷째 줄은 <그림 1-3>의 그래프에서 $q = Q_0$에 해당하는 조건이다.

이제 매수자와 매도자의 비중을 알면 주택시장의 총수요와 총공급을 계산할 수 있다. 이를 반영하여 <표 1-3>의 다섯째 수식에 정리한다. 이 수식의 왼편은 주택시장의 총공급이고, 오른편은 총수요가 된다. 왼편의 첫째 항은 신규주택공급이고, 둘째 항은 기존주택의 공급이다. 오른편의 첫째 항은 낙관적인 투자자의 총수요이고, 둘째 항은 신규 유입인구의 주택수요에 해당한다. 위의 설명을 정리하면 주택시장균형조건은 넷째 줄과 다섯째 줄에 있는 두 개의 수식으로 구성되어 있다. 첫째 수식은 현재시점에서 주택가격의 결정을 설명한다. 이는 주택시장에서 차익거래이득이 없다는 제약조건으로부터 도출되는 식이다. 둘째 수식은 매수자와 매도자의 비중이 어떻게 결정되는지를 설명하고 있다. 이는 매수자와 매수자의 비중은 주택시장의 청산조건으로부터 도출된다.

시장가격의 결정식은 주택가격버블이 존재할 때 버블의 기간간 변동이 어떻게 진행되는지에 대한 정보를 제공한다. <그림 1-2>의 모형과 달리 <표 1-3>의 모형은 차익거래이득이 없다는 제약조건을 만족시킨다. 차익거래이득의 부재조건이 성립하는 모형에서 버블의 기간간 변동을 설명하는 식을 어떻게 도출하는지를 이미 설명하였으므로 여기서는 생략하고 도출된 결과만 <표 1-3>의 여섯째 수식으로 정리한다. <표 1-2>의 버블과 <표 1-3>의 버블은 서로 다르지만, <표 1-3>에서 $\theta_0 = 1$을 대입하면 서로 같아진다. 이런 특성을 반영하여 제1장의 앞부분에서 설명한 <표 1-2>의 모형은 다음시점에서 1의 확률로 버블이 발생한다고 믿는 것을 암묵적으로 가정하였고, 여기에서는 1보다 작은 확률로 버블이 발생한다고 믿는 상황을 반영한 것으로 해석할 수 있다. 또한 <표 1-3>의 일곱째 수식은 버블의 지속가능성에 대한 투자자들의 믿음이 어떻게 결정되는지를 보여주고 있다. <표 1-3>의 다섯째 수식인 청산조건을 이용하여 도출되는 이 식의 함의는 다음과 같다. 현재시점에서 새로 추가되는 주택수요가 신규주택공급을 초과하면 투자자들이 평가하는 버블의 지속가능성이 높아지고, 반대로 추가되는 주택수요가 신규주택공급보다 상대적으로 작으면 버블의 지속가능성이 낮아진다.

신규주택공급과 현재시점에서 결정되는 주택시장가격의 관계를 보기로 한다. <표 1-3>의 일곱째 수식에서 신규주택공급이 증가하면 θ_0가 감소한다. 이제 θ_0가 낮아지면 미래시점에서 주택이 높은 가격으로 판매될 가능성이 감소하여 주택의 현재가치도 낮아진다. 차익거래이득의 부재조건이 만족되면 (주택가격=주택의 현재가치)의 등식으로 주택가격이 결정되기 때문에 신규주택의 공급이 증가할 때 현재시점의 주택가격이 낮아진다. 일인가구가 증가하면서 전체인구수의 증가가 없는 상황에서도 주택수요가 새로 창출될 수 있다. 이런 상황이 발생하면 <표 1-3>의 모형에서 N_0가 증가하여 θ_0의 값이 커진다. 이제 θ_0의 값이 커지면 미래시점에서 주택이 높은 가격으로 판매될 가능성이 증가하여 주택의 현재가치가 높아진다. 앞에서 이미 설명한 바와 같이 차익거래이득의 부재조건이 만족되면 (주택가격=주택의 현재가치)의 등식으로 주택가격이 결정된다. 따라서 주택수요가 새롭게 창출되면 현재시점의 주택가격이 높아진다.

<그림 1-4>에서는 <표 1-3>에서 정리한 버블조건을 이용하여 현재시

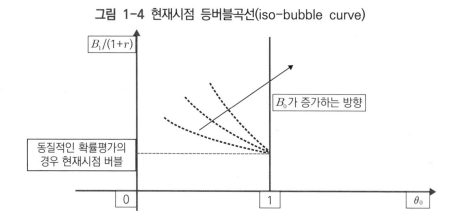

그림 1-4 현재시점 등버블곡선(iso-bubble curve)

점의 등버블곡선을 보여주고 있다. 등버블곡선의 도출과정을 구체적으로 설명하면 다음과 같다. <표 1-3>을 보면 현재시점에서 발생하는 버블의 크기는 미래시점에서 발생할 버블의 크기를 이자율을 사용하여 현재가치로 환산한 크기와 임계확률의 곱과 같다는 것을 알 수 있다. 따라서 현재시점에서 발생하는 버블의 크기를 결정하는 두 개의 요인이 있다고 할 수 있다. 이런 관계를 그림으로 나타내기 위해 <그림 1-4>의 수평축은 임계확률을 나타내고, 수직축은 미래시점에서 발생할 버블의 크기를 이자율을 사용하여 현재가치로 환산한 크기를 나타낸다. <그림 1-4>는 등버블곡선이 임계확률이 1인 점을 중심으로 위로 회전이동하는 것을 보여주고 있다. 어떠한 요인들이 등버블곡선을 위로 이동시키는가? 두 개의 상황을 생각해 볼 수 있다. 첫째, 실질이자율의 변화가 현재시점의 버블에 미치는 효과를 다음과 같이 설명할 수 있다. 미래시점에서 발생할 버블의 크기가 그대로 있는 상황에서 실질이자율이 낮아지면 주어진 임계확률의 값에 대하여 등버블곡선이 위로 이동하게 된다. 따라서 현재시점에서 발생하는 버블이 커진다. 둘째, <표 1-3>의 마지막 줄을 보면 임계확률에 영향을 미치는 요인들이 있다. 예를 들어 새로 유입되는 인구의 수가 새로 건설되는 주택의 수보다 더 크면 임계확률이 증가한다. 이런 경우 미래시점에서 발생할 버블의 크기와 이자율의 변동이 없다면 임계확률의 값이 상승하여 등버블곡선이 위로 이동하게 된다. 따라서 현재시점에서 발생하는 버블이 증가한다.

앞에서 설명한 두 개의 상황이 제공하는 현실적인 함의가 있다. 첫째, 통화정책이 현재시점의 주택가격버블에 미치는 효과에 대한 함의이다. 예를 들어, 중앙은행이 경기부양을 위해 명목이자율을 낮춘 결과로 실질이자율까지 낮아지는 상황이 가능할 수 있다. 이런 경우를 <표 1-3>의 모형에 대입하여 분석하면 중앙은행의 금리인하는 현재시점의 주택가격버블을 증가시키는 효과를 발생시킬 것이라는 예측이 가능하다. 이런 측면에서 <표 1-3>의 모형은 통화정책의 변화가 현재시점의 주택가격버블에 어떠한 영향을 미치는지에 대한 함의가 있다. 둘째, 주택시장의 수요와 공급의 변화가 현재시점의 주택가격버블에 미치는 효과에 대한 함의이다. 예를 들어, 신규주택공급이 새로 창출되는 주택수요를 따라가지 못한다면 임계확률이 증가한다. 따라서 <표 1-3>의 넷째 수식에 있는 임계확률이 증가하면 현재시점의 주택가격이 증가한다는 결과를 인용하면 현재시점의 주택가격버블이 증가하게 된다.

이런 해석에 대하여 다음과 같이 질문할 수 있다. <그림 1-3>에 따르면 임계확률이 증가하면 자산매도자의 비중이 증가하게 되어 오히려 주택가격이 하락해야 맞는 것이 아닌지의 질문이다. 이 질문에 대하여 다음과 같이 답할 수 있다. <그림 1-3>은 이전시점에서 건축된 주택을 보유한 사람들 가운데 매도를 결정하는 사람의 비중이 어떻게 결정되는 지를 보여주고 있다. <그림 1-3>에는 새로이 창출되는 주택수요가 주택가격에 미치는 효과가 반영되어 있지 않아서 이를 반영하면 결과가 달라질 수 있다는 것이다. 예를 들어, 이전시점에서 이미 건축된 기존주택을 팔려는 사람이 증가할지라도 신규주택공급이 신규로 창출되는 주택수요를 크게 따라가지 못하는 상황이 발생하면 주택가격버블이 증가하게 되는 결과가 발생할 수 있다.

버블의 소비효과와 경기순환

가계가 생애 전체의 예산제약을 반영하여 소비를 결정한다면 자산가격변화가 소비에 미치는 부의 효과(wealth effect)가 발생한다. 이런 효과가 존재한다는 사실의 함의는 자산가격버블이 소비에 미치는 효과가 있다는 것이다. <표 1−4>에서는 자산가격버블과 소비가 어떤 관계가 있는지를 소비자의 예산제약 식을 이용하여 구체적으로 분석하기로 한다. 소비자의 예산제약을 두 개의 서로 다른 개념으로 접근할 수 있다. 첫째, 한 시점만 놓고 보았을 때 (소득=지출)의 등식이 성립해야 한다는 의미에서 예산제약이 있다. 둘째, 일생동안에 걸쳐 만 족시켜야 하는 예산제약이 있다. 이는 (일생동안 진행될 소비흐름의 현재가치= 일생동안 예상되는 소득흐름의 현재가치+최초 보유자산)의 등식으로 표현할 수 있다. 둘째의 예산제약은 생애 전체의 지출흐름과 소득흐름의 현재가치에 적 용되는 개념이라는 점이 중요 포인트가 된다. 주택가격버블의 소비효과를 분석 하기 위해 모든 가계는 최초시점 이전에 이미 각각 한 단위의 주택을 보유하고 있었던 것으로 가정한다. 개별가계는 보유하고 있는 주택을 매도한 후에 임대주 택으로 입주하는 선택과 보유하고 있는 주택에서 그대로 거주하는 선택이 가능 하다. 요약하면 다음의 세 개의 옵션 중 하나를 선택할 수 있다.

(1) 첫째 대안: 보유한 주택을 매도하고, 다음시점부터 임대주택으로 입주한다.
(2) 둘째 대안: 추가로 주택을 매수하여 임대주택사업자가 된다.
(3) 셋째 대안: 보유한 주택에 그대로 거주한다.

첫째 대안은 0시점에서 주택을 P_0의 가격에 매도하는 것이다. <표 1−4>의 둘째 열의 첫째 수식이 첫째 대안을 선택하는 경우 만족되어야 하는 0시점의 예 산제약이다. 이 식에서 C_0는 현재시점에서 소비, S_0는 현재시점에서 저축, Y_0는

표 1-4 주택가격버블의 소비효과

	첫째 대안	둘째 대안	셋째 대안
0시점 예산제약	$C_0 + S_0 = Y_0 + P_0$	$C_0 + S_0 = Y_0 - P_0$	$C_0 + S_0 = Y_0 + P_0$
1시점 예산제약	$C_1 + S_1 + D_1 = (1+r)S_0 + Y_1$	$C_1 + S_1 - D_1 = (1+r)S_0 + Y_1$	$C_1 + S_1 = (1+r)S_0 + Y_1$
⋮	⋮	⋮	⋮
생애 전체 예산제약	$\sum_{t=0}^{\infty} \beta^t C_t = \sum_{t=0}^{\infty} \beta^t Y_t + B_0$	$\sum_{t=0}^{\infty} \beta^t C_t = \sum_{t=0}^{\infty} \beta^t Y_t - B_0$	$\sum_{t=0}^{\infty} \beta^t C_t = \sum_{t=0}^{\infty} \beta^t Y_t$
소비함수	$C_0 = (1-\beta)(Y_0^* + B_0)$	$C_0 = (1-\beta)(Y_0^* - B_0)$	$C_0 = (1-\beta)Y_0^*$

주: 마지막 줄에 있는 소비함수는 소비평탄화의 제약을 생애 전체의 예산제약에 대입하여 도출된다.
　　항상소득($= Y_0^*$)은 현재시점과 미래시점에서 발생할 모든 소득의 현재가치들을 합한 값으로
　　정의된다. 현재시점에서 발생하는 버블은 $B_0 = P_0 - \sum_{t=1}^{\infty} \beta^t D_t$의 수식으로 정의된다.

현재시점에서 소득이다. 첫째 대안을 선택하면 1시점부터 임대주택에 입주하기 때문에 임대료의 지불이 지출항목으로 포함된다. 둘째 열의 둘째 수식이 임대료의 지불이 반영된 1시점의 예산제약이다. 이 식에서 D_1은 1시점에서 지불하는 임대료를 나타낸다. 앞에서 설명한 선행대입의 방법을 적용하여 생애 전체 예산제약을 도출한다. 생애 전체의 예산제약은 둘째 열의 셋째 수식에 해당한다. 셋째 수식의 도출방법을 간단히 요약하면 다음과 같다. 0시점과 1시점의 예산제약을 나타내는 두 개의 수식에서 S_0가 공통으로 포함되어 있어서 1시점의 식을 0시점의 식에 대입하여 0시점의 식에서 S_0를 소거한다. 이런 방식은 미래시점에서 성립하는 수식을 현재시점에서 성립하는 수식에 대입하는 것이므로 「선행대입」이라고 한다. 선행대입을 0시점부터 시작하여 무한기간 동안 반복하여 생애 전체의 예산제약을 도출한다.[5]

　<표 1-4>에서 0시점과 1시점에 대응하는 두 개의 수식은 모두 하나의 시점에만 적용되는 「유량예산제약식」이다.[6] 그러면 소비자의 생애 전체에 걸쳐서

---

5) 생애 전체의 예산제약을 평생예산제약으로 부를 수 있다. 개별소비자가 일생동안 걸쳐서 실행될 소비지출계획을 태어나는 시점에 결정하는 상황에서 적용되는 예산제약식이라는 의미이다. 평생 예산제약에서는 모든 미래시점의 지출과 수입이 현재가치로 평가된다.

적용되는 예산제약식이 있다면 앞에서 설명한 유량예산제약식과 어떤 차이가 있
는지 궁금하다. 일반적으로 합리적인 소비자들은 현재시점에서 소비와 저축을
결정할 때 현재로부터 멀리 떨어진 미래시점의 소비지출도 포함하는 장기에 걸
친 소비계획과 정확하게 예상된 소득흐름을 반영하려고 할 것이다. 이런 맥락에
서 장기계획을 수립할 때 반영해야 하는 예산제약과 하나의 시점에만 적용되는
예산제약이 서로 다르다. 생애 전체의 예산제약이 이론적으로는 성립하지만 현
실적으로 생애 전체의 예산제약을 존중하여 의사결정을 내리는 사례는 없을 것
이라는 주장도 가능하다. 그러나 주택의 매수 또는 매도는 장기적인 시계를 가
지고 판단하기 때문에 생애 전체의 예산제약이 적용되는 사례라고 생각해 볼 수
있다.

항상소득가설과 소비자의 합리적 기대를 결합하면 소비는 임의보행의 확률과
정을 따른다는 결과가 홀(Robert Hall)의 연구 또는 맨큐(Gregory Mankiw)의
거시경제학 교과서를 통해서 널리 알려져 있다.[7] 소비가 '임의보행의 확률과정
을 따른다'는 것은 미래시점에서 지출될 것으로 예상되는 소비의 크기는 현재시
점의 소비수준과 같다는 것이다. 소비자들이 「합리적 기대」를 형성한다면 과거
시점에서 예상되지 않은 소득변화에 대해서만 현재소비를 변화시킨다. 그 이유
는 과거시점에서 예상된 변화에 대해서는 이미 과거소비에 반영되었기 때문이
다. 따라서 예측되지 않은 소비변화는 과거시점에서 예상되지 않은 소득변화에
의해서만 발생한다. 이런 맥락에서 예상된 소비변화는 항상 제로가 된다. 제1장
에서는 확률적으로 변동하지 않고 미래상황에 대한 완전 예견이 가능하기 때문
에 소비가 임의보행의 확률과정을 따른다는 조건은 모든 시점에서 소비수준이
같다는 조건이 된다. 이 조건을 생애 전체의 예산제약에 대입하면 「항상소득가
설」과 일치하는 소비함수를 도출할 수 있다. <표 1-4>에서는 둘째 열의 넷

---

6) 유량변수(flow variable)들의 입출금을 기록한다는 의미에서 유량예산제약식으로 부른다.

7) 홀(Robert Hall)의 연구내용에 대한 자세한 설명은 다음의 논문에서 찾아볼 수 있다. 「Stochastic
   Implication of the Life Cycle Permanent Income Hypothesis」, Journal of Political Economy,
   1978, 86(6), pp. 971-987. 또한 맨큐의 거시경제학 교과서는 2009년 Worth Publishers에서 출
   간된 「Macroeconomics」를 말한다.

째 수식이 첫째 대안을 선택하는 경우의 소비함수에 해당한다. 이 경우 현재시점에서 결정되는 소비수준은 항상소득과 주택가격버블의 합에 비례함을 알 수 있다. 둘째 대안을 따르는 경우로 넘어가자. 앞에서 설명한 방식을 그대로 적용하여 항상소득가설과 일치하는 소비함수를 도출할 수 있다. <표 1-4>에서는 셋째 열의 넷째 수식이 둘째 대안을 선택하는 경우의 소비함수이다. 이 경우 현재시점에서 결정되는 소비수준은 「항상소득」과 주택가격버블의 차이에 비례함을 알 수 있다. 다음에서는 셋째 대안을 먼저 생각해본다. 0시점에서 보유하고 있던 주택에 그대로 사는 경우 주택을 처분하여 얻는 이득이 없다. 따라서 셋째 대안의 경우 현재시점에서 결정되는 소비수준은 항상소득에 비례한다.

결론적으로 양의 부호를 가진 주택가격버블이 있다면 소비자는 주택매도를 선택하고, 임대주택으로 입주하는 것이 자신의 소비를 영구적으로 증가시키는 선택이 된다. 이는 주택가격버블이 있다면 소비에 대한 부의 효과가 발생하여 소비증가를 발생시킬 수 있음을 의미한다. 앞에서 자산가격버블이 거시경제의 총수요를 증가시키는 효과를 주는가에 대한 질문이 있었다. 모든 경우에 총수요를 증가시키는 효과가 있다고 단정적으로 말하기는 어렵다. 그러나 <표 1-4>의 단순모형에서는 현재시점에서 소비자가 보유하는 부를 증가시켜서 소비를 증가시키는 효과가 발생할 가능성이 있음을 보였다. 이런 경로가 있는 것을 믿는다면 거시경제정책을 사용하여 자산가격버블을 완화하려는 정책적인 노력보다는 「버블의 거시경제적 유혹」이 발생할 가능성이 더 클 수 있음을 생각해 볼 수 있다.

연습문제

01 아래의 주장이 맞는지 또는 틀리는지를 선택하고 그 이유를 설명하시오.

(1) 경기불황으로 인해 중앙은행이 단기명목이자율을 낮추면 그 결과 실질이자율이 낮아져서 반드시 주택가격을 상승시킨다.

(2) 중앙은행이 저금리기조를 장기간에 걸쳐 유지하면 부동산시장의 과열이 발생할 가능성이 높다.

02 제1장의 자산가격모형을 사용하여 다음의 문제를 답하시오. 투자자들은 모두 동질적인 예상을 형성하는 것으로 가정하시오.

(1) 현재시점에서 자산을 매수하여 세 개의 시점 동안 보유하고 매도할 계획인 투자자가 평가하는 자산의 현재가치를 수식으로 도출하시오.

(2) 현재시점에서 자산을 매수하여 네 개의 시점 동안 보유하고 매도할 계획인 투자자가 평가하는 자산의 현재가치를 수식으로 도출하시오.

(3) 차익거래이득의 부재조건이 성립하면 자산의 보유예정기간이 다른 투자자들이 평가한 자산의 현재가치는 모두 같아져야 한다는 것을 보이시오. (1)과 (2)의 답을 이용하시오.

03 제1장의 자산가격모형을 사용하여 다음의 문제를 답하시오. 투자자들은 모두 동질적인 예상을 형성하는 것으로 가정하시오.

(1) 실질이자율이 0.25일 때 β의 값을 계산한 후 계산과정을 설명하시오.

(2) 문제 (1)의 답을 사용하여 현재시점부터 앞으로 각각의 시점마다 각각 1의 편익을 무한히 반복하여 제공하는 자산의 현재시점에서 균형가격을 계산하시오.

(3) 자산보유기간에 관계없이 다음시점부터 모든 거래에 대하여 10%의 양도소득세를 지속적으로 부과한다는 정부의 발표가 있었다. 문제 (2)에서 분석한 자산에 이런 상황을 반영하여 현재시점의 균형가격을 계산하시오. 문제 (2)의 답과 비교하여 양도소득세의 부과가 현재시점의 자산가격에 미치는 효과를 설명하시오

(4) 자산보유기간에 관계없이 0.1의 보유세를 부과된다고 가정하시오. 보유세는 앞으로 계속

해서 부과되는 것으로 가정하시오. 문제 (2)에서 분석한 자산에 이런 상황을 반영하여 현재시점의 자산가격을 계산하시오. 문제 (2)에서 계산한 답과 비교하여 보유세의 부과가 현재시점의 자산가격에 미치는 효과를 설명하시오.

04 양도소득세란 개인이 토지, 건물 등 부동산이나 주식의 양도 또는 분양권과 같은 부동산에 관한 권리를 양도함으로 인하여 발생하는 이익(소득)을 과세대상으로 하여 부과하는 세금으로 정의된다. 종합부동산세는 과세기준일(매년 6월 1일) 현재 국내에 소재한 재산세 과세대상인 주택 및 토지를 유형별로 구분하여 개인별로 합산한 결과, 그 공시가격 합계액이 각 유형별 공제액을 초과하는 경우 그 초과분에 대하여 과세되는 세금으로 정의된다. 어느 세금이 주택가격을 안정화시키는 데 상대적으로 더 효과적인지를 제1장의 자산가격모형을 사용하여 분석하시오.

05 미국의 '서브프라임 모기지 위기'를 발생시킨 중요한 원인이 중앙은행의 저금리정책이라고 주장하는 사람들이 있다. 이들의 주장을 간단히 요약하여 인용하면 다음과 같다. "1990년대 후반과 2000년대 초반에 걸쳐 진행되었던 닷컴 버블의 붕괴로 제조업과 서비스업의 투자수익률이 하락하여 이들 산업에 투자를 쉽게 실행하기 어려운 상황에서 연준의 금리인하로 인해 금융시장에 풀린 돈이 고스란히 부동산으로 몰리게 되는 현상이 발생했다." 이런 주장을 제1장의 자산가격모형을 사용하여 평가하시오.

06 실질이자율은 0.25, 주택서비스의 편익이 0.2, 기존주택스톡 대비 신규수요의 비율이 0.1 이다. 장기균형에서 주택가격을 계산하시오. 투자자들이 미래상황의 발생가능성에 대한 서로 다른 믿음을 반영한 제1장의 자산가격모형을 사용하시오.

07 부동산 보유세를 설명하고, 제1장의 자산가격모형을 사용하여 보유세율의 상승이 주택가격버블과 근본가치에 미치는 효과를 각각 분석하시오. 부동산 거래세를 설명하고, 제1장의 자산가격모형을 사용하여 거래세율의 증가가 주택가격버블과 근본가치에 미치는 효과를 분석하시오.

08 어느 경제학자가 차익거래이득의 부재조건이 성립하는 주택시장에서 발생하는 버블의 증가율은 이자율과 같아서 주택매수자금을 모두 금융기관의 차입으로 마련하는 투기적 투자자들이 금전적인 이득을 얻는 것은 불가능할 것이라고 주장한다. 이런 주장을 제1장의 자산가격모형을 사용하여 평가하시오.

09 주택시장에서 차익거래이득이 없더라도 주택가격버블이 발생했다면 버블이 일시적으로 진

행될 것으로 예상하는 것이 아니라 먼 미래에서도 주택가격버블이 계속 발생할 것으로 투자자들이 예상하기 때문이라는 주장이 있다. 이런 주장을 제1장의 자산가격모형을 사용하여 평가하시오.

10 합리적 기대의 투자자들만 참가하는 자산시장에서 차익거래이득이 불가능하고, 미래상황에 대한 확률적인 변동이 없는 상황에서 버블이 발생하였다면 실질가치로 평가한 버블의 증가율은 실질이자율과 같아져야 한다는 주장을 평가하시오.

11 (버블증가율=실질이자율)의 조건이 성립하는 경우 실질이자율이 매우 높은 수준에 도달하는 상황이 발생하면 고(실질)금리수준과 일치하는 자산가격의 증가율을 합리화할 수 있는 투자자들이 납득할 수 있는 근거가 사라져서 버블이 없어질 수도 있다는 주장을 평가하시오.

12 투자자의 일부만 버블이 발생할 가능성을 있다고 믿는 자산시장에서는 차익거래이득을 실현할 수 없는 상황에서도 은행대출로 조달한 자금으로 갭투자하면 이득을 얻을 수 있다는 주장을 평가하시오.

13 버블에 관한 설명 중 옳지 않은 항목들을 선택하고, 그 이유를 설명하시오.
  ① 차익거래이득이 존재하면 항상 장기적인 버블만 발생한다.
  ② 차익거래이득부재의 조건이 성립하면 단기적인 버블만 발생한다.
  ③ 차익거래이득이 존재하면 항상 기간간 버블확대현상이 나타난다.
  ④ 차익거래이득부재의 조건이 성립하면 장기적인 버블이 제거된다.

14 투기적 또는 합리적 버블의 설명 중 옳지 않은 항목들을 선택하고, 그 이유를 설명하시오.
  ① 예상투자이득에 반응하는 투기적 수요의 민감도가 높다면 초과수요의 버블효과도 커진다.
  ② 투기적 투자자의 예상투자이득이 정확하게 실현되면 버블이 발생할 수 없다.
  ③ 투기적 투자자의 투자이득에 대한 세금조정은 항상 투기적 버블의 억제효력이 크다.
  ④ 투기적 버블과 합리적 버블은 서로 동시에 실현되는 특성이 있다.

15 자산가격 버블에 대한 다음의 설명 중 옳지 않은 항목들을 선택하고, 그 이유를 설명하시오
  ① 차익거래이득이 없는 자산시장에서는 버블이 발생할 수 없기 때문에 차익거래이득의 발생을 억제할 수 있는 정책적인 노력이 중요하다.
  ② 차익거래이득이 존재하는 자산시장에서 발생하는 버블은 시간이 지나면서 감소하는 모습이 나타날 수 있다.

③ 버블의 크기는 이자율의 크기와 관련이 없이 결정된다.

④ 현재 매우 높은 가격일지라도 앞으로 더 높은 가격에 매도할 수 있다는 믿음이 있다면 버블이 발생할 가능성이 없다고 하기 어렵다.

16 자산가격결정모형이 함의하는 자산보유자와 자산거래자에게 부과되는 세금의 효과에 대한 설명 중 옳지 않은 항목들을 선택하고, 그 이유를 설명하시오.

① 자산보유세의 도입이 실질이자율에 미치는 효과가 없는 상황에서 보유세가 부과된 이후에도 버블이 사라지지 않는다면 버블의 상승률은 더욱 커질 수 있다.

② 자산보유세는 자산의 근본가치를 낮추는 경향이 있다.

③ 양도세가 도입된 이후 미래 자산가격에 대한 기대에 미치는 효과가 없다면 양도세의 예상 가격변화에 대한 효과가 없다.

④ 양도소득세는 자산의 근본가치를 낮추기 때문에 자산가격에 미치는 효과가 크다.

17 주택시장모형을 사용하여 도출한 주택가격의 버블에 관한 내용 중 옳은 항목들을 선택하고, 그 이유를 설명하시오.

① 주택가격버블은 미래시점의 주택시장에서 발생할 상황에 대한 소비자의 예상이 주택 시장 수요에 미치는 경로를 통해서 발생할 수 있다.

② 주택공급의 가격탄력성이 주택가격버블이 진행되고 있는 상황에서 버블증가율에 영향을 미칠 수 있다.

③ 주택공급이 주택가격변화에 무한히 신축적으로 반응하더라도 주택가격버블은 발생할 수 있다.

④ 주택의 근본가치는 거래가격의 안정성, 예상가격의 안정성, 주택공급의 안정성 등의 항목들을 반영하여 측정하는 것이 바람직하다.

18 차익거래이득에 관한 설명 중 옳지 않은 항목들을 선택하고, 그 이유를 설명하시오.

① (현재가격=미래소득의 예상 현재가치합)의 등식을 증권가격의 결정에 적용하기 위해 투자자의 예상 보유기간에 관계없이 증권의 현재가치가 동일하게 결정되어야 한다.

② (현재가격=미래소득의 예상 현재가치합)의 등식을 증권가격의 결정에 적용하기 위해 먼 미래에 차익거래이득의 존재여부와 가까운 시점에서 차익거래이득의 존재여부가 서로 독립적으로 결정되어야 한다.

③ 차익거래이득가 없는 증권시장에서는 단기투자자와 장기투자자가 예상하는 증권의 현재가치는 서로 다를 수 있다.

④ 정보가 효율적으로 유통되기 때문에 차익거래이득이 없는 금융시장에서는 버블이 전혀 발생할 수 없다.

19 주택가격버블의 특성을 틀리게 설명한 항목을 선택한 후 이유를 설명하시오.

① 부동산보유세의 부과 이후 실질이자율의 변화와 버블의 소멸이 없다면 버블의 증가율은 더 높아질 가능성이 있다.

② 미래상황의 확률적 변동이 없고 위험중립적인 투자자로 구성된 경제의 차익거래이득이 없는 균형에서 부동산보유세가 부과되면 (버블의 세후수익률=무위험채권총투자수익률)의 등식이 성립한다.

③ 투자자들이 미래시점에서 버블발생의 확률에 대하여 서로 다르게 평가하면 그렇지 않은 경우와 비교하여 버블의 예상증가율이 더 커질 수 있다.

④ 신규주택의 공급에 일정한 시간이 소요된다면 버블은 존재하지 않는다.

20 버블소멸을 목표로 시행되는 정책대응에 대한 설명 중 옳은 항목들을 선택하고 이유를 설명하시오.

① 발생시점의 버블이 가장 크게 나타나고 이후로 점점 작아지면서 없어지는 상황이 반복되면 투기적 투자자의 차익거래이득을 차단하는 정책이 유효할 수 있다.

② 버블의 크기가 줄지 않고 지속적으로 확대되는 상황이 발생하면 모든 사람이 자산가격이 먼 미래에서 결국 유한값을 가진다는 믿음을 가지게 하는 기대관리정책이 유효할 수 있다.

③ 정부가 기대관리정책을 통해서 버블의 영구지속을 모든 투자자가 믿는 상황에서 일부 투자자들만 믿는 상황으로 완화할지라도 버블의 예상증가율은 오히려 더 높아질 수 있다.

④ 주택가격버블지속의 확률에 대한 투자자의 평가가 서로 다른 경우 인구유입억제정책은 현재버블을 완화하는 효과가 있지만, 버블의 예상증가율은 오히려 높아질 수 있다.

제2장

확률적 할인인자와 자산가격

제2장

확률적 할인인자와 자산가격

제2장의 목표는 균형자산가격의 결정을 설명하는 균형조건의 이해를 위해 필요한 개념들을 정리하는 것이다. 특히 제1장에서는 미래상황의 확률적 변동이 없는 단순모형을 분석하였으나, 제2장에서는 미래시점에서 제공되는 투자수익이 확률변수라는 점을 반영하여 제1장의 분석을 보다 더 현실적인 방향으로 확장한다. 혹시 복잡한 수식으로 확장되는 것인지에 대한 불안감이 있을 수 있지만, 확률적 할인인자의 개념을 이해하면 균형자산가격의 결정을 쉽게 설명할 수 있다는 점을 강조하고자 한다. 구체적으로 설명하여 제2장에서 강조하는 균형식의 내용을 정리하면 다음의 한 문장으로 가능하다. "임의의 자산에 대하여 확률적 할인인자와 다음시점에서 실현될 총수익률(gross rate of return)을 곱한 결과의 기대값은 균형에서 1이 된다." 이 문장을 수식으로 표시하면 다음과 같다.

$$E[m'R'] = 1$$

이 식에서 m'은 확률적 할인인자(stochastic discount factor), R'은 현재시점부터 다음시점까지 자산을 보유할 때 얻는 총수익률, E는 기대값을 나타낸다. 확률적 할인인자는 미래시점에서 실현될 투자수입 한 단위의 현재가치로 정의된다. 실현될 투자수입의 크기는 미래상황에 따라 달라질 수 있다. 마찬가지로 확률적 할인인자의 크기도 미래상황에 따라 달라질 수 있다. 이런 변수들처럼 현재시점에서 정확하게 값을 알지 못하고 다음시점에서 정확한 값이 알려지는 변수는 따옴표를 사용하여 표시한다.

위의 식은 차익거래이득의 부재조건이 성립하는 자산시장의 균형조건이다. 이 식의 다른 표현은 총수익률의 정의를 사용하여 도출할 수 있다. 총수익률의 정의를 앞 장에서 이미 사용한 기호를 이용하여 수식으로 나타내면 다음과 같다.

$$R' = \frac{D' + P'}{P}$$

이 식을 위에서 설명한 균형조건에 대입하여 정리하면 다음과 같다.

$$P = E\left[m'(D' + P')\right]$$

이 식의 의미를 다음과 같이 설명할 수 있다. 현재시점의 자산가격은 한 시점 동안 보유할 때 미래시점에서 발생할 총투자수입을 확률적 할인인자로 할인하여 계산한 현재가치와 같다. 위에서 소개한 세 개의 식이 자산시장의 균형에서 가격결정을 설명하는 중요한 수식이라는 점을 강조하기 위해 제2장의 앞부분에 단순형태로 소개한다.[1]

앞의 설명을 읽으면 확률적 할인인자는 자산가격의 유용한 분석도구이지만 추상적인 개념이라서 실체에 대한 의문이 들 수 있다. 이런 맥락에서 확률적 할인인자가 어떻게 결정되는지를 설명하는 것이 도움이 된다. 확률적 할인인자가 어떻게 결정되는지를 설명하기 위해 제2장에서는 '조건부청구권(contingent claim)'이라는 특별한 증권을 이용한다. 그러나 조건부청구권은 그 자체로 중요한 역할이 있고, 확률적 할인인자를 설명하기 위한 보조개념으로 발생한 것이 아니라는 것도 밝힌다. 조건부청구권은 무엇인가? 조건부청구권의 이름에서 조건부라는 수식어로부터 짐작할 수 있듯이 미래시점의 상황에 따라 제공되는 투자수입이 달라진

---

1) 확률적 할인인자의 개념은 코크레인(John Cochrane)의 「Asset Pricing, Princeton University Press, 2000년」과 룽크비스트(Lars Ljungqvist)와 사전트(Thomas Sargent)의 「Recursive Macroeconomic Theory, MIT Press, 2012년」 등에서 찾아볼 수 있다.

다. 따라서 조건부의 의미는 '상황조건(state-contingent)'으로 이해해야 한다. 조건부청구권을 보다 더 정확하게 설명하면 다음과 같다. 조건부청구권은 서로 다른 상황 중에서 단 하나의 상황에서만 회계단위로 간주할 수 있는 소비재 또는 화폐 한 단위를 제공하고 다른 상황들에서는 아무것도 제공하지 않는 증권을 말한다. 따라서 미래시점에서 발생할 서로 다른 상황이 다수인 경제에서 증권의 역할 또는 증권의 기능을 분석하는 데 유용하다. 사실 조건부청구권은 현실에서 쉽게 찾아볼 수 있는 주식이나 채권 등과는 거리가 멀지만, 조건부청구권을 사용하면 미래시점의 상황이 확률적으로 변동하는 상황에서 증권의 역할을 설명하는데 도움이 된다. 제2장에서 강조하는 증권의 역할은 다음과 같다. 증권투자는 일반적으로 투자자의 재산축적을 위한 중요수단으로 인식되지만, 미래시점의 서로 다른 상황에서 발생할 투자자의 소득차이를 완화시키는 역할도 수행한다. 증권의 이런 역할을 설명하는 데 조건부청구권의 개념이 도움이 된다. 또한 제2장에서 강조하는 결론 중의 하나는 완전한 세트의 조건부청구권이 있는 경제에서는 자산시장에서 거래되는 모든 자산의 균형가격을 조건부청구권만으로 구성된 포트폴리오의 가치로 표현할 수 있다는 점이다. 조건부청구권의 완전한 세트가 존재하는 경우는 발생가능한 상황의 수와 조건부청구권의 개수가 같은 경우를 말한다. 이런 결론을 앞에서 설명한 자산가격의 균형조건과 결합하면 조건부청구권의 가격과 확률적 할인인자는 서로 일대일 대응의 관계가 있음을 보일 수 있다.[2]

조건부청구권의 가격과 확률적 할인인자

먼저 제1장과 제2장의 차이에 대하여 간단히 정리한다. 제1장에서는 투자자들

---

[2] 증권이 미래시점에서 발생할 하나의 상황에서 다른 상황으로 소득을 이전시키는 데 도움이 된다는 점을 강조한 논문은 애로우(Kenneth Arrow)의 「The Role of Securities in the Optimal Allocation of Risk-Bearing, Review of Economic Studies, 1965, Vol. 31, No.2, pp. 91–96」이다.

이 미래상황이 어떻게 될 것인지를 정확히 알고 있다고 가정하였다. 제2장에서는 제1장의 가정과 달리 투자자들은 미래시점에서 발생하는 상황을 완전예견(perfect foresight)할 수 없다고 가정한다. 이런 완전예견의 능력은 없지만 '합리적기대'의 능력이 있는 것으로 가정한다. 이를 위해서 투자자들은 미래시점에서 어떠한 상황들이 발생할 수 있고, 또한 각각의 상황이 발생할 가능성을 정확히 안다고 가정한다. 따라서 투자자들은 미래시점에서 발생하는 상황이 확률적으로 어떻게 결정되는지를 설명하는 확률모형을 정확히 알고 있다. 또한 알고 있는 정보를 효율적으로 사용하여 미래상황을 예측한다. 하지만 실현되는 특정한 하나의 상황을 정확하게 미리 알 수가 없다. 요약하면 투자자들은 미래시점에 대한 상당한 수준의 지식이 있지만, 미래시점에서 어떤 상황이 실제상황이 될지는 미리 정확하게 모른다.

미래상황이 확률적으로 변동하면 '상황조건(state-contingent)'의 개념을 물리적 재화와 결합하여 하나의 계약을 만들 수 있다. 예를 들어 '비옴'과 '맑음' 등으로 구성된 두 개의 상황조건과 우산이라는 물리적 재화를 결합한다. 또한 우산은 비가 내리는 경우만 유용하다고 가정한다. 이제 내일 비가 내리면 하나의 우산이 소비자에게 직접 배달되고, 비가 내리지 않으면 배달되지 않는 계약과 내일 비가 내리지 않으면 하나의 우산이 소비자에게 직접 배달되고 비가 내리면 배달하지 않는 계약을 생각해 볼 수 있다. 이런 두 개의 계약을 두 개의 서로 다른 '조건부청구권(contigent claim)'으로 볼 수 있다. 여기서 '조건부(contingent)'라는 수식어는 '상황조건(state-contingent)'의 뜻으로 해석할 수 있다. 미래시점에서 발생할 다양한 상황에 대하여 서로 다른 조건부청구권을 만들 수 있다는 점에 대하여 아직도 의문이 있는 사람이 있다면 화재가 발생한 주택과 화재가 발생하지 않은 주택을 생각하면 더 쉽게 수긍할 것으로 짐작된다. 미래시점에서 주택을 제대로 사용할 수 있을지의 여부는 어떤 상황이 발생하는지에 따라 달라지기 때문에 화재보험계약의 수요가 발생한다. 단순 형태로 예를 든다면 미래시점에서 '화재발생의 상황'에서는 주택 한 단위를 구매할 수 있는 금액이 지급되지만, '화재없음

그림 2-1 조건부청구권과 확률적 할인인자

조건부청구권   확률적 할인인자와 조건부청구권

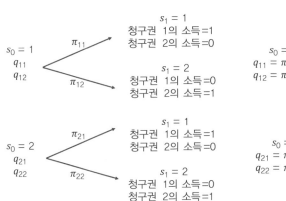
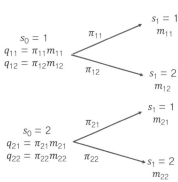

의 상황'에서는 제로보상이 되는 계약이 가능하다. 이런 계약도 일종의 조건부청구권이다.

　　<그림 2-1>의 도표는 각각의 시점에서 두 개의 상황만 발생하는 경우를 보여주고 있다. 현재시점에서 두 개의 상황이 발생할 수 있지만, 실제로 단 하나의 상황만 실현된다. 마찬가지로 미래시점에서도 두 개의 상황이 발생할 수 있지만, 단 하나의 상황만 실현될 것이다. 이런 특성을 반영하여 각 시점에서 발생할 상황을 1 또는 2의 값을 가지는 확률변수로 나타낼 수 있다. 또한 0시점의 상황과 1시점의 상황은 서로 다른 확률변수이다. 따라서 두 개의 확률변수를 정의하여 0시점의 상황과 1시점의 상황을 구분한다. <그림 2-1>에서는 0시점과 1시점에서 발생하는 상황을 구분하기 위해 '상황변수(state variable)'가 명시적으로 포함된다. s_0과 s_1는 각각 0시점의 상황과 1시점의 상황을 나타내는 변수이다. 또한 현재시점에서 상황1이 발생하는 경우와 상황2가 발생하는 경우로 분리한 후에 각각의 상황에 대하여 화살표를 사용하여 미래시점의 상황전개를 표시한다. 예를 들어 왼편의 위쪽 패널에서 화살표는 현재시점에서 상황1이 실현된 후 다음시점에서 상황1과 상황2가 실현될 가능성을 나타낸다. 왼쪽의 아래

패널에서 화살표는 현재시점에서 상황2가 실현된 후 다음시점에서 상황1과 상황2가 실현될 가능성을 나타낸다. 이런 가능성은 '전이확률(transition probability)'로 정의되는 조건부확률로 평가된다. <그림 2-1>에서는 네 개의 '전이확률'이 포함되어 있다. π_{11}과 π_{12}는 각각 현재시점에서 상황1이 발생한 후에 다음시점에서 상황1이 발생할 확률과 상황2가 발생할 확률이다. 여기서 π_{21}과 π_{22}는 각각 현재시점에서 상황2가 발생한 후 다음시점에서 상황1이 발생할 확률과 상황2가 발생할 확률을 의미한다.

<그림 2-1>의 왼편은 각각의 시점에서 두 개의 상황이 존재하는 경우 발생할 수 있는 두 개의 조건부청구권을 보여주고 있다. 청구권 1은 상황1이 발생하는 경우에만 재화 한 단위를 제공한다. 상황2가 발생하면 제공되는 배당소득이 전혀 없다. 반대로 청구권 2는 상황2가 발생하는 경우에만 재화 한 단위를 제공한다. 상황1이 발생하면 제공되는 배당소득이 전혀 없다. 현재시점에서 이미 특정한 상황이 실현되었다는 조건이 부과되면 두 개의 조건부청구권만 만들 수 있다. 그러나 현재시점에서 두 개의 상황이 발생할 수 있다는 점을 반영하면 원칙적으로는 네 개의 서로 다른 조건부청구권을 창출할 수 있다. 이들의 가격은 각각 q_{11}, q_{12}, q_{21}, q_{22} 등으로 표시된다.

<그림 2-1>의 오른편은 조건부청구권과 확률적 할인인자는 서로 어떤 관계가 있는지의 질문에 대한 답을 제시하고 있다. 이 질문에 답하기 위해 앞에서 확률적 할인인자는 미래시점에서 실현되는 특정한 상황에서 한 단위 재화에 대한 현재시점의 가치로 정의되었다는 점을 떠올린다. 결국 확률적 할인인자는 현재시점과 미래시점의 상황을 연결하는 역할을 수행하기 때문에 두 인접시점의 상황이 어떻게 실현되는지에 따라서 달라져야 한다. 이런 특성을 반영하여 <그림 2-1>의 오른편에서도 확률적 할인인자의 값은 현재시점과 미래시점의 상황에 따라 달라진다는 것을 표시하고 있다. 예를 들어 m_{11}은 현재시점에서 상황1이고 다음시점에서 상황1인 경우의 확률적 할인인자이고, m_{12}는 현재시점에서 상황1이고 다음시점에서 상황2인 경우의 확률적 할인인자이다. 또한 m_{21}은 현

재시점에서 상황2이고 다음시점에서 상황1인 경우의 확률적 할인인자이고, m_{22} 는 현재시점에서 상황2이고 다음시점에서 상황2인 경우의 확률적 할인인자이다.

확률적 할인인자를 알면 조건부청구권의 가격도 결정할 수 있다. 제1장에서 이미 설명한 바와 같이 할인인자를 이용하면 증권가격을 쉽게 계산할 수 있다. 모든 증권에 대하여 미래시점의 총투자소득에 할인인자를 곱하여 증권가격이 계 산된다. 제2장에서는 미래시점의 상황에 대한 확률적 변동이 있어서 제1장과 달 리 '예상현재가치'를 계산해야 한다는 것을 염두에 두어야 한다. 이런 설명이 무 슨 의미인지를 아래에서 부연한다. 하나의 조건부청구권은 그 청구권에 대응하 는 단 하나의 상황에서만 1의 투자소득을 제공하므로 여기에 대응하는 확률적 할인인자를 곱하여 현재가치를 계산할 수 있다. 그러나 이런 하나의 작업으로 조건부청구권의 현재가치를 계산하는 작업이 다 끝난 것이 아니다. 그 이유는 각각의 상황이 발생하는 확률이 반영되지 않았기 때문이다. 앞에서 계산한 값에 각각의 상황이 발생하는 확률이 곱해져야 한다. 이런 원칙을 적용한 구체적인 예를 <그림 2-1>에서 찾아볼 수 있다. 예를 들어 청구권 1의 경우 미래시점 에서 첫째 상황이 발생하는 경우에만 수익이 있다는 점을 반영하면 현재시점에 서 첫째 상황이 실현되는 경우의 조건부청구권의 가격은 $q_{11} = \pi_{11} m_{11}$이 된다. 청구권 2의 경우에 대해서도 미래시점에서 둘째 상황이 발생하는 경우에만 수익 이 있다는 점을 반영하면 현재시점에서 첫째 상황이 실현되는 경우의 조건부청 구권의 가격은 $q_{12} = \pi_{12} m_{12}$가 된다.

위의 설명에서는 두 개의 상황에서 두 개의 조건부청구권이 존재함을 보였다. 여러 개의 서로 다른 재화가 존재한다면 각각의 재화에 대하여 조건부청구권을 만들 수 있어서 재화의 개수가 많을수록 복잡해진다. 각각의 재화에 대하여 조 건부청구권이 적용되는 기본적인 원리가 같다. 따라서 여러 개의 재화가 존재하 는 것을 가정하지 않고 하나의 재화만 존재하는 것으로 가정한다. 하나의 재화 를 소비재로 부르기로 한다. 조건부청구권을 추상적인 하나의 기본증권으로서 분석하는 것이므로 조건부청구권의 몇 가지 특징을 정리한다. 첫째, 조건부청구권은 다음시점까지만 유효하다. 둘째, 하나의 조건부청구권이 제공할 투자수입은 재화 한 단위이다. 따라서 현재시점에서 발행된 조건부청구권이 미래시점에서 제공할 투자수익은 배당수입만 포함한다. 조건부청구권은 현실경제에서 존재하지 않기 때문에 조건부청구권을 설명하는 이유에 대하여 궁금할 수도 있다. 이런 궁금증에 대하여 추상적인 가상의 증권이지만 자산시장의 균형가격결정을 분석하는 데 도움이 된다고 답할 수 있다. 또한 조건부청구권의 개념은 미래시점에서 발생할 상황이 확률적으로 변동하는 경우에서만 유용성이 있다는 점을 반영하여 조건부청구권의 개념은 증권의 역할을 이해하는 데 도움이 된다고 할 수 있다. 증권의 역할을 이해하기 위해 저축의 역할 또는 저축의 기능에 대하여 먼저 생각해 볼 필요가 있다. 미래시점의 상황에 대한 확률적인 변동이 없을지라도 소비자는 저축한다는 점을 고려하면 소비자의 입장에서 저축은 '기간간 소비평탄화(intertemporal consumption smoothing)'를 위한 금융적 행위라고 정의할 수 있다.

미래시점의 상황이 확률적으로 변동하는 상황에서는 앞에서 설명한 '기간간 소비평탄화'에 추가하여 소비자들이 금융증권을 보유하려는 이유가 있다는 것이 제2장에서 강조하는 증권의 역할 또는 증권의 기능이다. 이를 설명하기 위해 앞에서 이미 설명한 주택의 조건부청구권의 사례로 다시 돌아간다. 화재가 발생하면 주택이 제공하는 서비스를 누릴 수 없게 되는 것을 방지하기 위해 주택을 소유한 사람은 화재보험에 가입한다. 화재보험도 일종의 금융증권이라는 점을 염두에 두고, 금융증권들의 포트폴리오를 적절하게 구성하면 화재보험을 대체할 수 있는지의 질문이 가능하다. 이런 질문의 의미는 무엇인가? 만약 보험을 대체할 수 있는 증권포트폴리오를 구성할 수 있다면 증권투자는 자산증식의 수단이라는 측면과 달리 소비자에게 보험의 역할을 할 수 있는 가능성이 제기된다. 소비자 개인의 노동소득도 거시경제 또는 산업별 경기순환에 자유롭지 않다면 미래시점에서 발생할 상황에 따라서 높거나 낮아진다. 자신의 노동소득이 낮은 상황에서 높은 투자수입이 실현되는 금융증권은 미래시점의 서로 다른 상황에 관계없이 일정한 소비수준의 유지에 도움이 된다. 이런 맥락에서 소비자의 증권투자에는 미래시점의 상황이 확률적으로 변동하는 상황에서는 앞에서 설명한 '기간간 소비평탄화'에 추가하여 '상황간 소비평탄화'를 달성하기 위한 의도가 포함되어 있는 것으로 볼 수 있다.

다음에서는 자료가 있는 상황에서 앞에서 설명한 $P = E[m'(D' + P')]$의 공식을 사용하여 증권가격을 어떻게 계산하는지를 설명한다. 실제로 계산해야 하는 경우 D와 P를 벡터로 간주하는 것이 편리하다. 여기서 미리 지적해야 하는 것은 제2장에서는 시점이 다르더라도 같은 상황이 실현되면 자산가격이 같다는 조건을 부여한다. 이런 조건은 각각의 시점에서 상황별 자산가격의 분포가 같다는 것을 의미하기 때문에 「정상상태」의 조건을 부여한 것이다. 정상상태란 시점이 변화할지라도 확률변수의 분포가 같다는 조건을 만족시키는 경우를 말한다. 이런 정상상태가 되기 위해 두 개의 조건이 필요하다. 첫째, 각각의 상황발생에 대한 조건부확률로 정의되는 「전이확률」이 시점에 상관없이 상수로 고정되어 있다. 둘째, 현재시점의 상황과 미래시점의 상황이 고정되면 여기에 대응하는 배당수입과 확률적 할인인자의 값이 결정된다. 이들은 시점에 따라 다른 값으로 바뀌지 않는다.

위에서 설명한 두 개의 조건이 성립하면 모든 시점에서 상황별 자산가격분포는 같다. 이런 결과에 대한 하나의 단순사례가 <그림 2-2>에 정리되어 있다. <그림 2-2>에서는 현재시점에서 두 개의 서로 다른 상황만 발생할 수 있고, 정상상태의 조건을 반영하여 현재시점에서 발생할 수 있는 두 개의 상황 중에서 하나의 상황으로 결정이 난 후에 미래시점에서 결정될 배당수입과 자산가격은 모두 미래시점에서 발생할 상황에만 영향을 받는다. <그림 2-2>의 단순사례에 대하여 자산가격모형을 적용하여 상황별 자산가격을 계산한다. 상황별 자산가격을 계산할 때 벡터의 개념을 이용하면 편리한 이점이 있다는 것을 <표 2-1>에서 보여주고 있다. 그 이유는 정상상태의 조건이 성립하면 실현가능한 자산가격의 값들을 하나의 열벡터로 묶어서 표시할 수 있기 때문이다. 자산가격

그림 2-2 미래시점의 상황별 소득

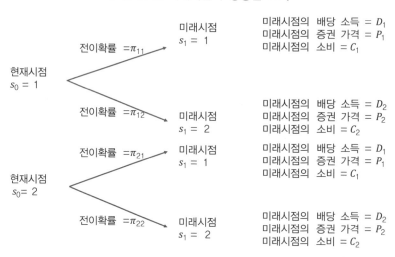

현재시점
$s_0 = 1$

전이확률 $= \pi_{11}$

미래시점
$s_1 = 1$

미래시점의 배당 소득 $= D_1$
미래시점의 증권 가격 $= P_1$
미래시점의 소비 $= C_1$

전이확률 $= \pi_{12}$

미래시점
$s_1 = 2$

미래시점의 배당 소득 $= D_2$
미래시점의 증권 가격 $= P_2$
미래시점의 소비 $= C_2$

전이확률 $= \pi_{21}$

미래시점
$s_1 = 1$

미래시점의 배당 소득 $= D_1$
미래시점의 증권 가격 $= P_1$
미래시점의 소비 $= C_1$

현재시점
$s_0 = 2$

전이확률 $= \pi_{22}$

미래시점
$s_1 = 2$

미래시점의 배당 소득 $= D_2$
미래시점의 증권 가격 $= P_2$
미래시점의 소비 $= C_2$

벡터 P는 이차원의 열벡터이다. 첫째 원소는 P_1이고 둘째 원소는 P_2이다. 마찬가지로 배당수입벡터 D도 이차원의 열벡터이다. 첫째 원소는 D_1이고 둘째 원소는 D_2이다.

<표 2-1>의 첫째 줄에서 화살표 왼편에 있는 균형조건에서는 동일한 변수를 나타내지만 P와 P'을 구분하고 있다. P는 현재시점의 자산가격이고 P'은 미래시점의 자산가격이다. 화살표의 오른편에 있는 수식에서는 같은 방식의 구분을 발견할 수 없다. 이런 차이가 발생하는 이유를 다음과 같이 설명할 수 있다. 화살표 왼편에 있는 수식에서 P는 함수이다. 오른편에 있는 수식에서 P는 실현가능한 자산가격의 값들을 원소로 하는 벡터이다. 정상상태의 조건이 만족되면 현재시점의 자산가격집합과 미래시점의 자산가격집합이 같아야 한다. 따라서 현재시점과 미래시점의 자산가격벡터는 서로 같다.

<표 2-1>의 첫째 줄은 확률적 할인인자를 이용한 자산가격모형이다. 확률적 할인인자와 조건부청구권가격 사이에 서로 일대일 대응의 관계가 존재한다면 <표 2-1>의 첫째 줄에 있는 수식이 함의하는 점은 조건부청구권을 사용하여 자산가격을 계산할 수도 있다는 점이다. 이 점을 명확하게 확인하기 위해 확률

표 2-1 자산가격모형의 응용

확률적 할인인자와 자산가격공식	$P = E[m'(D' + P')] \rightarrow \begin{pmatrix} P_1 \\ P_2 \end{pmatrix} = \begin{bmatrix} \pi_{11}m_{11} & \pi_{12}m_{12} \\ \pi_{21}m_{21} & \pi_{22}m_{22} \end{bmatrix} \begin{pmatrix} D_1 + P_1 \\ D_2 + P_2 \end{pmatrix}$
조건부청구권과 자산가격공식	$P = E[m'(D' + P')] \rightarrow \begin{pmatrix} P_1 \\ P_2 \end{pmatrix} = \begin{bmatrix} q_{11} & q_{12} \\ q_{21} & q_{22} \end{bmatrix} \begin{pmatrix} D_1 + P_1 \\ D_2 + P_2 \end{pmatrix}$

주: $q_{ij} = \pi_{ij}m_{ij}$의 조건을 첫째 수식에 대입하여 둘째 수식을 도출한다.

적 할인인자와 조건부청구권가격의 일대일 대응의 관계를 첫째 줄의 화살표 오른쪽에 있는 수식에 대입하여 도출된 수식을 <표 2-1>의 둘째 줄에 정리한다. 첫째 줄에 있는 벡터의 식과 둘째 줄에 있는 벡터의 식을 비교하면 중간에 있는 행렬만 차이가 있고 다른 부분은 모두 같다. 확률적 할인인자를 이용한 자산가격모형에서 행렬의 원소는 확률적 할인인자이고, 조건부청구권을 이용한 자산가격모형에서 행렬의 원소는 조건부청구권가격이다. 따라서 <표 2-1>의 둘째 줄은 조건부청구권을 이용한 자산가격모형으로 해석할 수 있다. <표 2-1>의 둘째 줄에서 보여주고 있는 수식이 균형자산가격의 결정에 대하여 함의하는 바를 다음과 같이 정리할 수 있다. 먼저 두 개의 조건을 부과한다. 첫째, 완전한 세트의 조건부청구권이 거래되는 시장이 존재한다. 둘째, 자산시장의 균형에서 차익거래가 없다. 위의 두 조건이 성립하면 모든 자산의 균형가격은 조건부청구권가격의 함수로 표시된다. 구체적으로 설명하면 다음과 같은 두 개의 단계를 거쳐서 균형자산가격이 계산될 수 있다. 첫째 단계에서는 미래시점에서 발생할 수 있는 각각의 상황에 대하여 (배당소득＋매도수입)×(조건부청구권가격)의 값을 계산한다. 둘째 단계에서는 첫째 단계에서 계산된 값들을 총합하면 균형자산가격이 산출된다.

표 2-2 조건부청구권의 완전시장과 생애효용의 극대화

정의	수식
생애효용	$u(c_k) + \beta(\pi_{k1}u(c_1') + \pi_{k2}u(c_2'))$
생애 전체의 예산제약	$W = c_k + q_{k1}c_1' + q_{k2}c_2'$
기간간 한계대체율	$\Delta c_k / \Delta c_i' = -\beta\pi_{ki}u'(c_i')/u'(c_k)$
예산제약선의 기울기	$\Delta c_k / \Delta c_i' = -q_{ki}$
효용극대화조건	$q_{k,i} = \beta\pi_{k,i}u'(c_i')/u'(c_k)$
확률적 할인인자와 기간간 한계대체율	$m_{k,i} = \beta u(c_i')/u(c_k)$

주: 첫째 수식에 있는 $u(x)$는 미분가능한 오목함수로 정의된다. W는 일생에 걸쳐 벌어들일 소득
의 현재가치와 태어나는 시점에서 보유한 자산의 합으로 정의된다. Δ는 미분을 나타내는 기호
이다.

소비자 효용극대화와 조건부청구권가격

다음에서는 조건부청구권을 거래하는 시장에 소비자들이 참가하면 조건부청
구권의 균형가격이 어떻게 결정되는지를 분석한다. 이를 위해 <그림 2-1>의
상황에서 '조건부청구권의 완전시장'이 존재하는 경우 소비자의 '생애효용극대
화'를 설명한다. 분석의 단순화를 위해 소비자는 두 시점 동안 생존한다. 태어나
는 시점에서 앞으로 일생에 걸쳐 그대로 실현될 소비계획을 미리 작성해야 한다
는 제약이 모든 소비자들에게 주어진다. 이런 제약에 순응하여 소비자들은 '생애
전체 예산제약'이 반영된 생애효용의 극대화를 통해서 자신들의 소비계획을 결
정한다. '생애 전체 예산제약'은 현재시점과 미래시점에서 실행될 소비를 현재시
점에서 평가하여 모두 합한 금액이 일정한 액수보다 작아야 한다는 제약이다.
<그림 2-1>에서 보여주고 있는 상황전개와 일치시키기 위해 각각의 시점에
서 두 개의 상황만 존재한다. 현재시점의 상황을 미래시점의 상황과 구분하기
위해 k로 표시한다. 조건부청구권의 완전한 세트가 존재하고, 소비자들은 자신
의 생애효용극대화를 위해 조건부청구권을 거래한다.

앞에서 설명한 방식으로 진행되는 생애효용극대화를 <표 2-2>에서는 수식

을 사용하여 정리한다. 첫째 수식은 생애효용함수이다. 생애효용은 현재시점의
소비로부터 발생하는 효용수준과 미래시점에서 발생할 효용수준의 합이다. 현재
시점과 미래시점의 각 상황에서 발생하는 효용수준은 각 상황의 소비수준에만
의존하는 것으로 가정한다. 따라서 상황1의 효용수준은 c_1'의 함수, 상황2의 효
용수준은 c_2'의 함수, 현재시점의 효용은 c_k의 함수로 표시된다. 소문자 u로 표
시된 효용함수는 모두 미분가능한 오목함수로 가정한다. 미래시점의 효용은 현
재시점의 효용과 단위를 맞추기 위해서 '시간할인인자(time discount factor)'를
사용하여 할인한다. <표 2-2>의 첫째 수식에서 시간할인인자는 β로 표시되
고, 1보다 작은 양수로 가정한다. 미래시점의 효용은 기대효용이기 때문에 기대
값으로 표시된다. 그 이유는 미래시점에서 상황1이 실현될 수도 있고, 상황2가
실현될 수도 있기 때문이다. 기대효용을 계산할 때 '전이확률'을 사용한다. 구체
적으로 쓰면 π_{k1}는 현재시점에서 실현된 상황의 번호가 k일 때 미래시점에서
상황1이 발생할 확률이고, π_{k2}는 현재시점에서 실현된 상황이 k일 때 미래시점
에서 상황2가 발생할 확률을 나타낸다. 둘째 수식은 생애 전체의 예산제약식이다.
소비계획이 실제로 실현되도록 하기 위한 수단이 조건부청구권이기 때문에 생애
전체 예산제약식의 우변에는 조건부청구권의 가격이 나타난다. 조건부청구권의 수
요량은 미래시점의 각 상황에서 발생할 소비수준과 같아야 한다. 따라서 둘째 수식
의 우변은 현재시점과 미래시점에서 실행될 소비를 현재시점에서 평가하여 모두
합한 금액이다. 둘째 수식의 좌변에 있는 W는 소비자가 일생에 걸쳐 벌어들일 생
애 전체의 소득과 태어나는 시점에서 가지고 있는 자산의 합으로 정의된다.

셋째 수식은 무차별곡선의 기울기를 나타내는 식이다. 미래시점의 상황1 또는
상황2에서 소비 한 단위를 증가시키면 동일한 생애효용수준을 유지하기 위해 현
재시점의 소비를 몇 단위 감소시켜야 하는지를 나타낸다. 생애효용을 사용하여
도출하기 때문에 미래시점과 현재시점에서 실행되는 소비지출의 주관적인 교환
비율이다. 셋째 수식이 나타내는 무차별곡선의 기울기는 한 시점 안에서 소비의
교환비율을 나타내는 것이 아니라 '소비의 기간간 한계대체율(inter-temporal

marginal rate of substitution)'에 비례한다는 것이다. 소비의 기간간 한계대체율은 생애효용을 일정한 수준에 고정시킨 채로 미래시점에서 소비를 한 단위 증가시키기 위해 현재시점에서 포기되어야 하는 소비의 크기로 정의된다. 넷째 수식은 예산선의 기울기를 나타내는 식이다. 미래시점의 상황1 또는 상황2에서 소비 한 단위를 증가시키면 동일한 예산선 상에 있기 위해서 현재시점의 소비를 몇 단위 감소시켜야 하는지를 나타낸다. 미래시점에서 실행될 소비지출은 조건부청구권의 가격으로 평가되기 때문에 예산선의 기울기는 미래시점과 현재시점에서 실행되는 소비지출에 대한 객관적인 교환비율이다.

무차별곡선을 사용하여 도출되는 효용극대화의 조건은 (무차별곡선의 기울기 ＝예산선의 기울기)의 조건이다. 동일한 내용의 조건이 ＜표 2-2＞의 생애효용극대화에 대해서도 성립한다. 구체적으로 설명하면 다섯째 줄에서 볼 수 있듯이 셋째 수식과 넷째 수식의 우변이 서로 같아야 한다. 다섯째 줄에 있는 수식을 말로 표현하면 조건부청구권의 가격은 소비의 기간간 대체율에 각각의 상황이 발생할 확률을 소비의 한계대체율에 곱한 값과 같다는 것이다. 조건부청구권과 확률적 할인인자의 일대일 대응관계를 ＜표 2-2＞의 다섯째 수식에 적용하면 (확률적 할인인자＝소비의 기간간 한계대체율)의 등식이 된다. 따라서 여섯째 수식은 소비자들이 참가하는 자산시장에서 확률적 할인인자는 소비의 기간간 한계대체율에 의해서 결정된다는 것을 의미한다. 또한 여섯째 수식이 미래재화의 현재가치계산에 대하여 함의하는 점은 소비자는 미래시점에서 발생할 소득을 현재시점의 가치로 환산할 때 현재시점에서 한계효용 대비 미래시점에서 한계효용의 비율을 사용한다는 점이다. 결국 소비자들은 자신의 효용함수를 사용하여 미래시점의 재화를 할인한다는 의미이다.

다음에서는 조건부청구권을 이용하여 금융시장의 사회적 기능에 대하여 분석한다. 조건부청구권의 완전한 세트가 존재하는 경제에서 소비자가 조건부청구권을 거래하게 되면 어떤 이득이 발생하는지를 알아보기 위해서 소비자가 조건부청구권시장에 참가할 때 어떤 결과가 발생할 수 있는지를 분석한다. 미리 결론부터 요약하면 다음과 같다. "조건부청구권의 완전시장이 존재하면 미래시점의 서로 다른 상황에서 노동소득이 다를지라도 소비자는 항상 일정하게 같은 수준의 소비지출을 유지할 수 있다." 하나의 고정된 시점에서 노동소득이 다른 상황이 발생할지라도 소비지출은 같게 유지할 수 있고, 아울러 서로 다른 시점에서 소비지출도 서로 같아진다면 이런 상황을 가리켜서 '완전소비평탄화(perfect consumption smoothing)'가 달성된 것으로 정의한다. <표 2-2>의 단순모형에서는 조건부청구권의 완전시장이 존재할 때 '완전소비평탄화'가 가능하다는 것을 보일 수 있다. 이를 위해 완전소비평탄화와 일치하는 조건부청구권의 시장가격을 찾아야 하므로 조건부청구권의 시장가격이 $q_{k1} = \beta\pi_{k1}$와 $q_{k2} = \beta\pi_{k2}$의 등식을 만족시키는 상황을 가정한다. 두 개의 등식을 <표 2-2>의 다섯째 줄에 있는 생애효용극대화조건에 대입하면 $u(c_1') = u(c_2') = u(c_k)$의 등식이 성립하므로 소비자의 균형소비수준을 c로 표시할 때 $c = c_k = c_1' = c_2'$의 조건이 성립한다. 이렇게 도출된 완전소비평탄화의 조건을 <표 2-2>의 생애 전체 예산제약식에 대입하여 정리하면 $c = W/(1+\beta)$의 등식이 도출되고, 이에 대응하는 생애효용함수의 값은 $(1+\beta)u(c)$이다. 요약하면 <표 2-2>의 단순모형에서는 무위험채권의 실질이자율을 r로 표기할 때 아래에서 정리한 세 개의 조건이 만족되면 '완전소비평탄화'가 달성된다.[3)]

(1) 실질이자율이 $\beta(1+r) = 1$의 등식에 의해서 결정된다.

(2) 두 개의 서로 다른 조건부청구권이 존재한다.

(3) W의 값이 현재시점에서 실현된 상황에 따라 달라지지 않는다.

---

3) <표 2-2>의 모형에서 완전소비평탄화는 앞에서 설명한 기간간 소비평탄화와 상황간 소비평탄화가 모두 달성되는 경우로 정의하였다. 그러나 연구자와 연구내용에 따라서 기간간 소비평탄화 또는 상황간 소비평탄화 중 하나의 개념만으로 완전소비평탄화를 정의할 수도 있다.

조건부청구권의 완전시장과 불완전시장

조건부청구권의 완전시장(complete market)이 존재하여 발생하는 사회적 이득은 무엇인가? 앞에서 분석한 결과를 인용하여 이런 질문에 대한 답변을 제시하면 "완전소비평탄화의 달성으로 사회후생(social welfare)이 증가한다." 조건부청구권의 완전시장은 결국 완전금융시장(complete financial market)이다. 실제경제에서는 불완전 금융시장이 존재할 수 있다. 이런 점을 반영하여 금융발전(financial development)을 불완전금융시장(incomplete financial market)이 존재하는 경제에서 완전금융시장이 존재하는 경제를 달성하는 것으로 정의할 수 있다. 앞의 정의를 받아들인다면 제2장의 앞부분이 제공하는 함의는 "금융발전의 사회이득은 소비평탄화의 결과로 발생하는 소비자후생증가에 기인하는 사회후생증가이다." 이런 주장을 접하면 불완전금융시장은 구체적으로 어떤 형태인지가 궁금해질 수 있다. 궁금증을 해소하기 위해 두 개의 경우를 제시한다. 첫째 경우는 금융시장이 전혀 존재하지 않는 경제이다. 금융기관을 통한 저축과 차입이 불가능하고, 극단적으로 타인과의 대차거래도 불가능하다. 이런 경제를 금융부재경제(financial autarchy)로 정의한다. 비내구재는 산출된 시점에서 모두 소비되어야 한다는 제약이 부과되면 금융부재경제에서는 (생산변동성＝소비변동성)의 등식이 성립한다. 따라서 국지적으로 또는 개인적으로 발생하는 외생적인 생산감소가 그대로 소비에 반영된다. 그러나 조건부청구권의 완전시장이 존재하면 다른 시점으로 또는 같은 시점의 다른 상황으로 소득이전의 가능성이 열리기 때문에 소비평탄화가 가능해진다. 그 결과로 사회후생이 증가한다. 둘째 경우는 금융시장에서 거래할 수 있는 유일한 금융증권이 단기 무위험채권인 경제이다. 이런 경제를 가리켜서 본드경제(bond economy)라고 한다. 채권의 만기는 한 시점이기 때문에 현재시점부터 다음시점까지 보유한 투자자에게 지급되는 총투자수입은 발생상황에 관계없이 소비재 한 단위이다. 채권이자율은 $(1+r)\beta=1$ 의 조건을 만족하는 것으로 가정한다. 둘째 경우가 왜 불완전금융시장이 되는

표 2-3 불완전금융시장과 생애효용극대화

금융부재경제		$u(y_k) + \beta(\pi_{k1}u(y_1') + \pi_{k2}u(y_2'))$
본드경제	예산제약 현재시점	$c_k + s = y_k$
	예산제약 상황1	$c_1' = y_1' + s(1+r)$
	예산제약 상황2	$c_2' = y_2' + s(1+r)$
	효용극대화문제	$\max_s u(y_k - s) + \beta(\pi_{k1}u(y_1' + s(1+r))$ $+ \pi_{k2}u(y_2' + s(1+r))$
	효용극대화조건	$u'(c_k) = \beta(1+r)(\pi_{k1}u'(c_1') + \pi_{k2}u'(c_2'))$
	이차방정식	$am^2 + cm - e^2 = 0$
	저축	$s = \dfrac{\beta}{2}(\sqrt{c^2 + 4ae^2} - c)$
	생애효용	$u(c(1+\dfrac{\beta}{2}) - \beta h) + \beta(\pi_{k1}u(h+e+\dfrac{c}{2}) + \pi_{k2}u(h-e+\dfrac{c}{2}))$

주: 노동소득의 경우 $y_k = c$, $y_1' = c+e$, $y_2' = c-e$ 등의 조건과 $c \geq e > 0$의 부등식이 성립한다. 또한 이차방정식에서는 $m = s(2+r)$과 $a = (1+r)/(2+r)$이고, 생애효용에서는 $h = 0.5\sqrt{c^2 + 4ae^2}$ 이다. s는 저축을 나타낸다.

것인가? 그 이유는 미래시점에서 발생가능한 서로 다른 상황의 개수보다 금융시장에서 거래가능한 금융증권의 수가 더 작기 때문이다. 이처럼 (상황의 개수> 증권의 개수)의 조건이 성립한다면 상황간 소비평탄화를 달성할 수 없다는 것을 보일 수 있다.

금융발전의 후생효과는 어떻게 측정하는가? <표 2-2>에서 분석한 모형을 그대로 사용하여 금융발전의 후생효과를 측정한다. 이를 위해 먼저 소비자의 노동소득이 어떻게 결정되는지를 설명한다. 한 단위의 노동서비스를 기업에게 공급한 금전적인 대가로 소비자에게 비내구소비재의 형태로 노동소득이 주어진다. 외생적으로 결정되는 노동소득은 확률적으로 변동하여 미래시점에서 노동소득이 상대적으로 높게 실현될 상황과 상대적으로 낮게 실현될 상황이 존재한다. 구체적으로 설명하면 (미래시점의 상황1에서 노동소득>현재시점의 노동소득> 미래시점의 상황2에서 노동소득)의 부등식이 성립한다. <표 2-3>에서는 앞에서 설명한 노동소득의 결정이 반영된 금융부재경제와 본드경제에서 소비자의 생애효용이 어떻게 결정되는지를 수식으로 보여주고 있다. <표 2−3>의 첫째 수식은 금융부재경제에서 달성되는 소비자의 생애효용이다. 첫째 수식은 (소비=소득)의 등식을 생애효용에 대입하여 도출된다.

<표 2−3>의 둘째 수식부터는 본드경제의 생애효용극대화에 해당한다. 둘째 수식부터 넷째 수식까지는 각각 현재시점과 미래시점의 각 상황에서 예산제약식이다. 세 개의 예산제약식을 생애효용에 대입하여 현재시점과 미래시점의 각 상황에서 소비를 소거하면 생애효용은 현재시점에서 결정되는 저축의 함수가 된다. 따라서 다섯째 수식에서 볼 수 있듯이 생애효용극대화문제는 생애효용을 극대화하는 저축을 계산하는 문제가 된다. 여섯째 수식은 생애효용극대화조건이다. 일곱째 수식부터 시작하여 아홉째 수식에 이르는 세 개의 수식은 구체적인 효용함수의 형태를 가정한 이후 여섯째 수식이 함의하는 생애효용의 값을 계산하는 과정을 세 단계로 나누어서 보여주고 있다. 첫째 단계는 $u(x) = \ln x$과 $\pi_{k1} = \pi_{k2} = 0.5$의 조건을 여섯째 수식에 대입한다. 둘째 단계는 첫째 단계의 결과를 일곱째 수식에 해당하는 이차방정식으로 정리한 후에 근의 공식을 적용하여 여덟째 수식을 도출한다. 셋째 단계는 여덟째 줄에 있는 저축의 결정식을 생애효용에 대입하여 아홉째 수식을 도출한다. 여기서 지적해야 할 점은 모든 상황에서 노동소득이 같아지면 금융부재경제에서도 소비평탄화가 달성되므로 저축할 이유가 없어진다는 것이다. 예를 들어 $e = 0$이면 $s = 0$이 된다.

다음에서는 조건부청구권의 완전시장이 존재할 때 소비자들은 어떻게 소비평탄화를 달성하는지를 설명한다. 미래시점의 노동소득이 확률적으로 변동한다면 조건부청구권의 완전시장에 참가할 때 소비자의 생애효용수준이 불참할 때 생애효용수준보다 더 높다. <표 2−3>의 소비자는 위험기피(risk-aversion)의 선호를 가진 소비자이기 때문에 조건부청구권의 거래를 적절히 이용하여 소비평탄화를 달성하려고 한다.[4] 소비평탄화의 목표를 가진 소비자는 소비평탄화를 위

---

4) 완전소비평탄화의 달성을 위해서 조건부청구권의 완전시장이 존재해야 한다는 조건에 덧붙여서 추가적으로 성립해야 하는 조건들이 앞절의 마지막 부분에 정리되어 있다.

그림 2-3 금융발전의 후생효과 생애효용의 비교

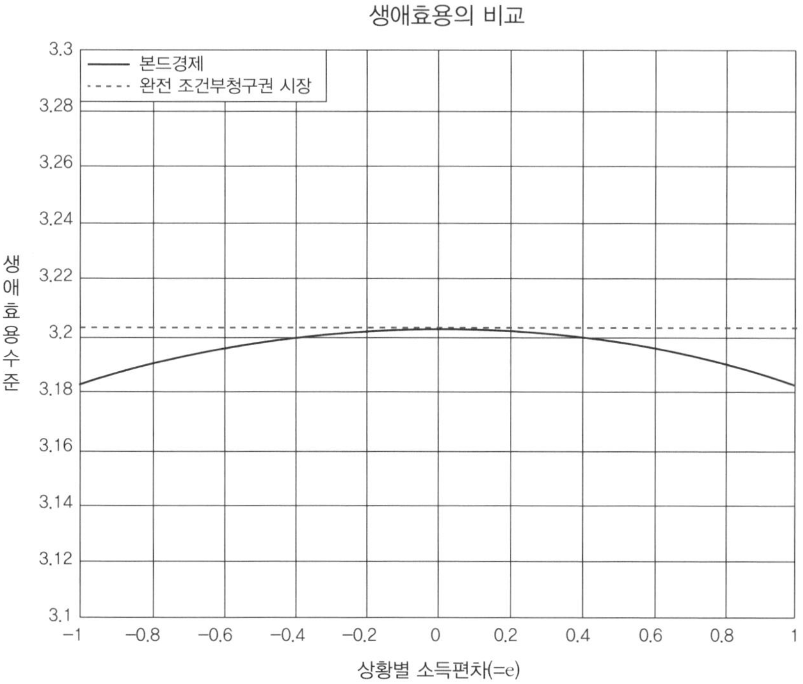

생애효용의 비교

해 매수해야 하는 조건부청구권의 크기를 어떻게 결정하는지를 살펴보기로 한다. 이를 위해서 미래시점의 상황1과 상황2에서 소비재 한 단위를 지급하는 조건부청구권의 수요와 공급을 분석해야 한다. <표 2-3>의 모형에서는 상황1에서 발생하는 소비자의 노동소득이 소비평탄화를 위해 필요한 소득보다 많다. 따라서 소비자는 상황1에서 소비재 한 단위를 제공하는 조건부청구권을 매수하지 않고 오히려 시장에서 판매하기 때문에 조건부청구권의 공급은 $x_{k1} = e$이다. 또한 상황2에서 발생하는 소비자의 노동소득은 소비평탄화를 위해 필요한 소득보다 작다. 따라서 소비자는 상황2에서 소비재 한 단위를 제공하는 조건부청구권을 매수하기 때문에 조건부청구권의 수요는 $x_{k2} = e$이다.[5]

---

5) 각각의 상황에서 소비자가 동일한 소득을 받는다면 모든 소비자가 동일한 크기로 조건부청구권의 수요와 공급을 결정하게 된다. 모든 소비자가 동일하면 공급자와 수요자가 동시에 있는 상황이 발생하지 않아서 거래가 발생하지 않을 수 있다. 관련된 이슈에 대한 보다 자세한 분석은 본 책의 범위를 넘기 때문에 제2장에서는 조건부청구권시장에 소비자 이외의 다른 참가자가 있다고 가정

<표 2-3>의 수식들을 이용하여 금융발전의 후생효과를 측정한다. 본드경제의 생애효용은 <표 2-3>의 마지막 수식이다. 조건부청구권의 완전시장이 존재하는 경제에서 생애효용은 $(1+\beta)u(c)$이다. 조건부청구권의 완전시장이 존재하는 경제의 생애효용이 본드경제의 생애효용보다 높다는 점을 확인함으로써 금융발전의 후생효과를 확인할 수 있다. 본드경제의 생애효용은 e의 변화에 의존하지만, 조건부청구권의 완전시장이 존재하는 경제의 생애효용은 그렇지 않다. <그림 2-3>은 앞에서 설명한 두 경제에서 달성되는 생애효용을 비교하고 있다. 파란색 점선이 조건부청구권의 완전시장이 존재하는 경제에서 달성되는 생애효용이다. 검은색 실선은 본드경제에서 달성되는 생애효용이다. 본드경제의 생애효용은 e의 값이 변화하면서 효용수준이 달라진다. $e=0$인 경우를 제외하면 항상 조건부청구권의 완전시장이 존재하는 경제의 생애효용보다 낮다. 따라서 두 곡선의 차이는 금융발전의 후생효과를 나타내는 것으로 볼 수 있다.[6]

선도거래

조건부청구권과 유사한 거래가 현실경제에 실제로 사용되는 사례가 있는가? 조건부청구권이라는 증권이 하나의 추상적인 개념으로만 의미가 있는 것이 아니라 실제의 경제생활에서도 쉽게 찾아볼 수 있는지 궁금할 것이다. 조건부청구권에서 중요한 포인트는 미래시점에서 이루어질 상품교환의 조건을 미리 결정하는 것이다. 상품교환의 조건을 미리 결정하는 거래방식은 예전부터 현실경제에서 적용된 사례들이 있다. 우리나라의 농산물의 거래에 적용된 하나의 사례가 '포전거래'이다. 포전거래 또는 포전매매는 농작물의 파종 직후 또는 파종 후 수확기 전에 작물이 밭에 심긴 채로 그 밭 전체 농작물을 통째로 거래하는 방법을 말한

한다.
6) 루카스(Robert E. Lucas)는 1978년에 발표한 다음의 논문에서 서로 동일한 소비자들이 거주하는 교환경제에서 결정되는 균형 자산가격을 분석하였다. 「Asset Prices in an Exchange Economy」, Econometrica, Vol.46, No.6, pp. 1429-1445.

다. 일명 『밭떼기 계약』이라고도 한다. 농산물을 수확하기 이전에 농산물의 인도가격을 미리 결정한다는 점에서 앞에서 설명한 조건부청구권과 유사하지만, 조건부청구권은 어느 특정한 상황에서만 상품에 대한 청구권이 있기 때문에 포전거래와는 완전히 일치하지 않는다.

　포전거래에서 볼 수 있듯이 거래당사자들이 미래시점의 거래가격을 미리 결정하는 이유는 무엇인가? 미래시점에서 상품을 팔아야 하는 사람들은 미래시점에서 상품가격이 폭락하여 손해를 보게 되는 상황을 미리 제거하기를 원한다. 미래시점에서 실행될 상품의 판매에 대하여 적정한 수준이라고 판단되는 가격을 현재시점에서 미리 결정하여 계약을 맺으면 미래시점에서 발생할 가격폭락으로 인한 손해의 가능성을 미리 차단할 수 있다. 미래시점에서 상품을 구매해야 하는 사람들에게는 어떠한 이득이 있는가? 이들은 가능하면 낮은 가격으로 구매하기를 원한다. 미래시점에서 실행될 상품의 구매에 대하여 적정한 수준이라고 판단되는 가격을 현재시점에서 미리 결정한다면 미래시점에서 발생할 가격폭등으로 인한 손해의 가능성을 미리 차단할 수 있다. 미래시점의 판매자와 구매자 모두 거래가격을 미리 결정하면 손실의 가능성을 제거할 수 있지만, 아울러 이득의 가능성도 포기해야 한다. 상품을 판매하는 사람들은 미래시점에서 가격이 높게 형성되어 이득을 많이 볼 상황을 포기해야 한다. 상품을 구매하는 사람들은 미래시점에서 가격이 아주 낮게 형성되어 매우 값싸게 상품을 구매할 수 있는 상황을 포기해야 한다. 어느 가능성을 포기하고 어느 가능성을 차단할 것인지를 선택할 때 각각의 선택에 따른 이득과 비용을 따져서 결정할 것이다. 이러한 과정을 거쳐서 거래자들이 서로 동의하는 미래시점에서 실행될 거래가격이 발견되면 현재시점에서 계약이 성사될 것이다. 이처럼 거래당사자들의 합의에 의해서 결정되는 가격을 '선도가격(forward price)'이라고 부른다. 이처럼 투자자들은 헤지(hedge)를 하기 위해 선도계약(forward contract)을 체결한다. 헤지는 미래시점에서 불리한 사건이 발생할 가능성을 완화하거나 제거하기 위해 자신에게 유리한 가능성을 포기하는 내용의 금융계약이나 증권투자를 선택하는 행위를 말한다. 미래시점에서 판매상품의 가격이 낮아져서 손해를 볼 가능성 또는 구매상품의 가격이 높아져서 손해를 볼 가능성을 차단하려고 선도계약을 통해 미리 거래가격을 결정할 수 있다. 선도계약을 체결할 때 이들은 미래시점에서 자신들에게 유리한 상황이 전개될 가능성을 포기한다.

현재시점에서 소비재 한 단위의 시장가격(현물가격)과 선도가격은 서로 어떠한 관계가 있는가? 위의 질문에 답하기 위해 현재시점에서 소비재 한 단위를 가지고 있는 투자자가 다음시점까지 온전하게 저장이 가능한 상황을 가정한다. 이런 상황에서 투자자는 현재시점에서 다음시점의 소득을 미리 결정하려고 한다. 이런 목표를 달성할 수 있는 두 개의 대안이 있다. 첫째 대안은 선도거래를 통해서 미리 약정된 가격에 매도한다. 첫째 대안을 선택하면 다음시점에서 선도가격과 동일한 크기로 소득이 발생한다. 둘째 대안은 현재시점에서 한 단위 소비재를 판매하여 얻은 수입을 무위험채권에 투자한다. 둘째 대안을 선택하면 다음시점에서 (1+이자율)×(현물가격)의 소득이 발생한다. 현재시점에서 가지고 있는 소비재 한 단위를 추가적인 비용없이 다음시점까지 온전하게 저장하여 현재시점과 같은 품질로 판매할 수 있다면 차익거래이득이 없는 균형에서 두 개의 대안이 제공하는 미래시점의 소득은 같다. 두 개의 대안이 제공하는 총투자소득이 서로 다른 경우 선도가격의 변화 아니면 현물가격의 변화가 발생하여 총투자소득이 같아지도록 조정된다. 어떻게 조정이 이루어지는지 보기 위해 다음과 같이 두 개의 경우를 분석한다. 첫째 경우는 첫째 대안의 총투자소득이 둘째 대안의 총투자소득보다 많은 경우이다. 이 경우 현재시점에서 판매하려는 사람보다 선도계약을 통해서 판매하려는 사람들이 더 늘어나게 되어 선도가격이 하락하고, 현물가격은 상승한다. 둘째 경우는 둘째 대안의 총투자소득이 더 많은 경우이다. 이 경우 선도계약을 선택하는 사람보다 현재시점에서 판매하려는 사람들이 더 늘어나게 되어 현물가격이 하락하고, 선도가격은 상승한다. 두 개의 경우를 종합해서 보면 균형에서는 첫째 대안과 둘째 대안의 총투자소득이 같아져야 한다. 따라서 차익거래이득이 없는 균형에서는 『선도가격=(1+이자율)×현물

표 2-4 조건부청구권거래와 선도계약

	조건부청구권 거래	선도계약
현재시점	증권발행과 인수 증권거래의 대금지불	선도계약체결 (계약조건의 결정)
미래시점	증권인도와 인수 상품인도와 인수	거래대금지불 상품인도 및 인수
미래시점 소비재가격	$v_k = q_{k1} Y_1 + q_{k2} Y_2$	$F_k = (1+r)v_k$

가격』의 등식이 성립한다.

소비재 한 단위를 한 시점 동안 저장하기 위해 필요한 저장비용을 다음시점에서 지불하는 경우 위의 균형조건은 어떻게 달라질 것인가? 선도거래를 통해서 다음시점에서 소비재를 판매하려는 사람들은 다음시점에서 저장비용을 지불해야 한다. 저장비용을 감해야 한다면 첫째 대안의 수입은 (선도가격-저장비용)이다. 위에서 설명한 것은 균형에서는 첫째 대안과 둘째 대안의 투자수입이 같아져야 한다는 것이므로 수정된 균형조건은『선도가격＝(1＋이자율)×현물가격＋저장비용』의 등식이다.

선도계약은 특정한 상품에 대하여 미래시점에서 일정한 수량을 미리 결정된 가격으로 매매하기로 현재시점에서 맺는 계약을 말한다. 선도계약은 장외에서 거래 상대방의 합의에 의해서 계약이 체결되지만 선물계약은 거래소에서 표준화된 대상에 대하여 계약이 이루어진다는 점에서 차이가 있다. 그러나 제2장에서는 선도계약과 선물계약의 구분없이 분석을 진행하기로 한다. 다음에서는 조건부청구권과 비교하기 위해서 일반적인 소비재에 대한 선도계약을 생각해 보기로 한다. 예를 들어 소비자들이 미래시점에서 소비할 소비재 한 단위의 가격을 현재시점에서 미리 약정해야 하는 경우 선도가격은 얼마인가? 어느 상황이 발생하든 관계없이 거래는 성사된다는 조건이 붙어 있다는 점이 반영되어야 한다. 앞에서 설명한 조건부청구권과 연결시키기 위해 구체적인 사례를 들어서 설명한다. 미래시점에서 상황1이 실현되면 Y_1의 재화를 구매하고, 상황2가 실현되면

Y_2를 구매해야 한다. <표 2-4>에서는 미래시점에서 필요한 재화를 현재시점에서 미리 구매비용을 확정시키는 효과를 발생시키는 서로 다른 두 개의 방법을 비교하고 있다. 첫째 방법은 조건부청구권시장에서 구매한다. 현재시점에서 실현된 상황이 k인 경우로 가정한다. 미래시점의 상황1에서 소비재 한 단위에 대한 조건부청구권의 가격은 q_{k1}, 상황2에서 소비재 한 단위에 대한 조건부청구권의 가격은 q_{k2}이다. 두 개의 상황 중에서 실제로 어느 상황이 발생할지는 현재시점에서 정확하게 알려지지 않기 때문에 두 개의 조건부청구권을 모두 매수해야 확실하게 앞에서 설명한 구매계획을 그대로 다음시점에서 실행할 수 있다. 조건부청구권을 매수하기 위해 현재시점에서 지불해야하는 총비용은 <표 2-4>의 첫째 열의 마지막 줄에 있는 v_k이다. 둘째 방법은 선도계약을 체결하는 것이다. 현재시점에서 선도계약을 체결하고 다음시점에서 F_k에 해당하는 선도가격을 지불하면 앞에서 설명한 구매계획을 그대로 실행할 수 있다. 소비자는 선도계약을 매수한 이후 다음시점에서 선도가격을 지불하기 위해 현재시점에서 저축한다. 이 경우 다음시점의 원리금이 F_k와 같게 되어야 선도가격을 지불할 수 있다. 따라서 이자율이 r일 때 저축의 원금은 $F_k/(1+r)$이다. 두 개의 방법이 다음시점에서 동일한 소득을 발생시키므로 현재시점의 비용도 같아야 한다. 차익거래이득이 없다면 $v_k = F_k/(1+r)$의 등식이 성립해야 한다. 이 등식을 이용하면 조건부청구권의 완전시장이 존재하는 경우 조건부청구권의 시장가격을 이용하여 선도가격을 계산할 수 있다. <표 2-4>에 요약된 설명을 보면 조건부청구권시장을 이용하여 미래시점에서 효력이 있는 상품청구권을 미리 현재시점에서 매수하는 것은 매수비용을 현재시점에서 미리 지불하기 때문에 현물시장에서 구매하는 것과 같은 의미가 된다는 것을 알 수 있다. 이런 점을 반영하여 <표 2-4>에서는 앞에서 도출한 선도가격과 현물가격의 관계식에서 현물가격에 해당하는 부분이 v_k의 합이 된다.[7]

---

[7] 다음시점에서 회계단위로 사용되는 소비재에 대한 선도계약의 선도가격은 다음시점에서 항상 1이 된다. 그 이유는 선도가격을 다음시점에서 지불하기 때문이다. 또한 동일한 소비재를 현재시점에서 회계단위로 사용하면 현재시점을 기준으로 현물가격은 항상 1이 된다. 따라서 회계단위로 사

옵션거래

다음에서 옵션거래에 대하여 설명하는 목적을 두 가지로 요약할 수 있다. 첫째 목적은 조건부청구권이 실제로 존재하지 않더라도 충분한 개수의 서로 다른 증권이 금융시장에서 거래된다면 이들의 가격을 사용하여 조건부청구권의 가격을 추정해 볼 수 있다는 것이다. 제2장에서 분석하는 모형들의 공통점은 미래시점의 상황이 확률적으로 변동할지라도 두 개의 서로 다른 상황만 발생한다는 것이다. 이처럼 두 개의 서로 다른 상황만 발생하는 경제에서는 같은 크기의 행사가격을 가진 콜옵션과 풋옵션의 시장가격을 안다면 이를 이용하여 두 개의 서로 다른 조건부청구권의 가격을 계산할 수 있음을 보인다. 따라서 완전한 금융시장의 존재를 위해 반드시 조건부청구권의 형태로 증권거래가 이루어져야 하는 것은 아니다. 둘째 목적은 제2장에서 설명하고 있는 자산가격모형을 사용하여 앞에서 설명한 포전매매의 계약금과 잔금이 어떻게 결정되는지를 설명하는 것이다.

앞에서 설명한 선도계약에서는 일단 선도계약을 맺으면 나중에 자신에게 불리하거나 유리한 상황이 실현되는 여부와 상관없이 선도계약의 내용을 약속대로 실행해야 한다. 그러나 옵션거래는 미래시점에서 미리 결정된 가격에 상품을 살 수 있는 권리 또는 팔 수 있는 권리를 현재시점에서 거래하는 것이다. 현재시점에서 미리 결정된 가격을 K로 표기하기로 한다. 이는 권리를 행사할 때 적용되는 가격이므로 '행사가격' 또는 '실행가격'으로 부를 수 있다. 다음에서는 이런 권리의 가격이 포전매매의 사례를 이용하여 어떻게 결정되는지를 설명한다. 농부와 중간상인이 농부가 소유하고 있는 밭에 대하여 포전매매를 합의한 것으로 가정한다. 농부의 밭에서 다음시점의 산출량은 두 개의 서로 다른 값으로 실현된다. 상황1에서 산출량은 Y_1이고, 상황2에서 산출량은 Y_2이다. 또한 $Y_1 > K > Y_2$의 부등

용되는 소비재의 경우 (선도가격)＝(1＋이자율)×(현물가격)의 공식이 성립하지 않는 것처럼 오해할 수 있다. 현재시점에서 회계단위 소비재와 다음시점에서 회계단위 소비재가 물리적으로 서로 같은 재화일지라도 기준시점에 따라서 평가되는 가치가 서로 다르다는 점이 반영되어야 한다. 따라서 현재시점과 다음시점에서 모두 회계단위 소비재에 위의 공식을 적용하려면 현물가격은 $v_k = q_{k1} + q_{k2}$의 등식으로 결정되어야 한다.

그림 2-4 콜옵션과 풋옵션의 미래소득

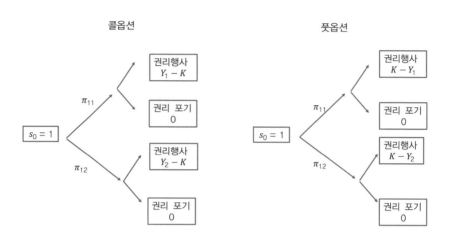

식이 만족되는 것으로 가정한다.

농부가 소유하고 있는 밭의 산출에 대한 현재시점의 가치는 v_k로 표시하고, 이를 조건부청구권의 시장가격을 사용하여 결정한다. 현재시점에서 실현된 상황을 k로 가정하자. 다음시점에서 상황1이 실현될 경우 농부의 밭에서 나오는 작물 한 단위에 대한 조건부청구권의 가격은 q_{k1}, 다음시점에서 상황2가 실현될 경우 농부의 밭에서 나오는 작물 한 단위에 대한 조건부청구권의 가격은 q_{k2}이다. 이제 차익거래이득이 없다는 조건이 부과되면 포전매매의 현재가치는 $v_k = q_{k1}Y_1 + q_{k2}Y_2$의 등식으로 결정된다.[8]

다음에서는 <그림 2-4>에서 보여주고 있는 미래시점에서 산출되는 작물에 대한 콜옵션과 풋옵션에 대하여 설명한다. 농부가 콜옵션을 중간상인에게 판매한다면 이는 농부가 소유한 밭에서 다음시점에서 생산되는 모든 산출을 K의 가격에 살 수 있는 권리를 판매하는 것을 말한다. 현재시점에서 판매하는 콜옵션

---

[8] <표 2-4>의 내용에 따르면 v_k는 포전매매의 거래대상인 미래시점에서 수확된 작물에 대한 현물가격으로 해석할 수 있다. 현실경제의 포전매매에서는 계약금과 잔금이 나뉘어져 있어서 포전매매의 현재가치와 같은 금액이 미리 농부에게 지불되지 않는다. 계약금과 잔금의 결정은 뒷부분에서 설명된다.

표 2-5　중간상인 투자전략의 비용과 미래수입

	좌변			우변		
	콜옵션 매수	풋옵션 매도	합계	조건부청구권 거래	무위험채권 발행	합계
상황1	$Y_1 - K$	0	$Y_1 - K$	Y_1	$-K$	$Y_1 - K$
상황2	0	$Y_2 - K$	$Y_2 - K$	Y_2	$-K$	$Y_2 - K$
현재 비용	c_k	$-p_k$	$c_k - p_k$	v_k	$\dfrac{-K}{1+r}$	$v_k - \dfrac{K}{1+r}$

주: 『현재비용』은 현재시점의 소비재 단위로 평가한 중간상인의 순지불비용을 말한다.

의 가격을 c_k로 표기한다. 상황1에서 구매권리를 사용한다면 K의 비용을 지불하고 Y_1의 작물을 받기 때문에 $(Y_1 - K) > 0$의 부등식이 성립한다. 따라서 중간상인은 구매권리를 사용한다. 상황2에서 권리행사하면 행사가격에 해당하는 비용을 지불하고 Y_2의 작물을 받기 때문에 $(Y_2 - K) < 0$의 부등식이 성립한다. 따라서 중간상인은 매수권리를 행사하지 않는다. 농부의 밭에서 나온 산출을 행사가격을 지불한 후에 살 수 있는 권리의 가격은 옵션시장의 균형에서 차익거래이득이 없다는 조건을 부과하여 $c_k = q_{k1}(Y_1 - K)$의 등식으로 결정된다. 이 등식에서 우변은 콜옵션이 미래시점에서 제공할 예상투자소득의 현재가치이다. 풋옵션은 농부가 소유한 밭에서 다음시점에서 생산될 모든 산출을 K의 가격에 팔 수 있는 권리를 말한다. 중간상인이 풋옵션을 농부에게 매도하고 농부가 이를 구매하면 자신의 산출을 미리 정해진 가격에 판매할 수 있는 권리를 가지게 된다. 현재시점에서 판매하는 풋옵션의 가격을 p_k로 표기한다. 상황1에서 농부가 판매권리를 사용한다면 행사가격에 해당하는 소득을 얻는 대신 Y_1의 가치에 해당하는 작물을 포기하기 때문에 $(K - Y_1) < 0$의 등식이 성립한다. 따라서 상황1에서 농부는 판매권리를 사용하지 않는다. 상황2에서 농부가 판매권리를 사용한다면 행사가격에 해당하는 소득을 얻는 대신 Y_2의 가치에 해당하는 작물을 포기하기 때문에 $(K - Y_2) > 0$의 부등식이 성립한다. 따라서 상황2에서 농부는 판매권리를 사용한다. 농부가 미래시점에서 수확될 작물을 행사가격으로 판매할 수 있는 권리의 가격은 옵션시장에서 차익거래이득이 없다는 조건을 부과하면 $p_k = q_{k2}(K - Y_2)$의 등식으로 결정된다. 이 등식에서 우변은 풋옵션이 미래시점에서 제공할 예상투자소득의 현재가치이다.

앞에서 설명한 내용은 <표 2-5>에 정리되어 있다. <표 2-5>의 '좌변'이라고 표시된 부분의 '콜옵션매수'와 '풋옵션매도'라는 제목의 첫째 열과 둘째 열이 각각 콜옵션과 풋옵션의 미래시점의 투자수익을 보여주고 있다. <표 2-5>을 사용하여 (콜옵션가격-풋옵션가격)=(포전매매의 현재가치-행사가격의 현재가치)의 등식이 성립한다는 것을 보일 수 있다. 위의 등식은 '풋-콜 패리티(put-call parity)'라고 부른다. 먼저 <표 2-5>의 좌변을 설명한다. 좌변의 첫째 줄과 둘째 줄은 중간상인이 현재시점에서 농부로부터 콜옵션을 매수하고, 동일한 행사가격의 풋옵션을 매도하는 경우 다음시점의 각 상황에서 중간상인에게 제공될 소득을 보여주고 있다. '현재비용'이라는 제목의 줄은 중간상인이 콜옵션을 매수하기 위해 지불하는 비용과 풋옵션을 매도하여 얻는 수입을 포함하고 있다. 중간상인이 <표 2-5>의 좌변에서 보여주고 있는 투자전략을 선택한다면 중간상인이 현재시점에서 지불하는 순비용은 (콜옵션가격-풋옵션가격)이다.

<표 2-5>의 우변은 중간상인이 좌변과 같은 미래소득을 얻기 위해서 실행할 수 있는 다른 투자전략의 비용을 보여주고 있다. 첫째 열은 중간상인이 조건부청구권시장에서 농부의 다음시점 수확과 동일한 크기로 농산물을 확보하기 위해 지불해야 하는 비용이다. 둘째 열은 중간상인이 미래시점에서 상황에 관계없이 K의 소득을 제공하는 무위험채권을 발행할 때 들어오는 소득이다. 이제 우변의 셋째 열의 첫째 줄과 둘째 줄은 좌변의 셋째 열의 첫째 줄과 둘째 줄하고 서로 같다는 것을 확인할 수 있다.

<표 2-5>의 좌변에서 현재비용의 마지막 열은 (콜옵션가격-풋옵션가격)이고, 우변에서 현재비용의 마지막 열은 (포전매매의 현재가치-행사가격의 현재가치)이다. 또한 좌변의 투자전략이 제공할 미래시점의 소득과 우변의 투자전

략이 제공할 미래시점의 소득이 같다는 점을 확인할 수 있다. 따라서 <표 2-5>는 차익거래이득이 없다는 제약조건이 성립하기 위해 (콜옵션가격-풋옵 션가격)=(포전매매의 현재가치-행사가격의 현재가치)의 등식이 성립해야 한 다는 것을 보여주고 있다. 아울러 앞에서 설명한 포전매매의 계약금의 결정조건 과 위의 등식을 비교하면 (포전매매의 계약금=콜옵션가격-풋옵션가격)의 등 식이 성립해야 한다는 것을 알 수 있다.

　<표 2-5>의 분석이 함의하는 중요한 포인트는 콜옵션과 풋옵션을 적절하 게 합성하면 미래시점에서 수확될 작물에 대한 선도계약을 맺는 것과 같은 효과 를 볼 수 있다는 것이다. <표 2-5>의 모형과 일치하는 선도계약은 다음과 같이 방식으로 진행될 것이다. 첫째 단계는 농부가 미래시점에서 수확할 작물을 인수하기 위해 중간상인이 미래시점에서 지불할 금액을 현재시점에서 결정하는 것이다. 둘째 단계는 작물이 미래시점에서 수확된 이후 중간상인은 미리 결정된 금액을 농부에게 지불하고 농부는 작물을 중간상인에게 인도하는 것이다. 앞에서 이미 설명한 선도가격과 현물가격의 관계를 이용하여 선도가격을 결정할 수 있 다. 현재 설명하고 있는 모형에서 미래시점에서 수확될 작물의 현재가치는 v_k이 다. 또한 작물의 저장비용도 추가적으로 필요하지 않다. 따라서 선도가격을 F_k로 표시하면 차익거래이득이 없다는 제약조건을 부과하여 선도가격은 $F_k = (1+r)v_k$ 의 등식으로 결정된다.[9] 이 식을 앞에서 도출한 '풋-콜 패리티'에 대입하여 정리 하면 아래의 식으로 쓸 수 있다.

$$c_k - p_k = \frac{F_k - K}{1+r}$$

　위의 식에서 우변은 어떤 의미를 가지고 있는가? 우변은 미래시점에서 산출될 작물에 대한 선도가격에서 미래시점에서 옵션을 행사하여 작물의 산출을 얻기 위해 지불해야 하는 행사가격을 뺀 차이를 이자율로 할인하여 계산한 '선도계약 을 선택하여 발생한 이득의 현재가치'를 나타낸다. 미래시점에서 작물의 시장가

---

9) 앞에서 정리한 <표 2-4>에 수록된 선도가격의 결정식과 동일한 식이므로 자세한 도출과정은 생략한다.

격이 K로 결정된다는 사실이 현재시점에서 미리 알려지는 경우를 생각해보자. 미래시점에서 K의 가격으로 작물을 매도하지 않고, 선도계약을 통해 미리 상품을 매도한다면 발생하는 이득이 있는가? 이득이 있다면 얼마인가? 미래시점에서 발생할 이득은 (선도가격 − 미래시점의 현물가격)이므로 이를 현재가치로 환산하여 $(F_k - K)/(1 + r)$이다. 따라서 우변은 선도계약을 통해 판매하여 얻는 이득의 현재가치가 된다. 우변의 값이 제로가 된다면 미래시점의 가격이 미리 알려져 있을 때 선도계약을 체결하여 상품을 미리 매도할 이유가 없다. 그러면 우변의 부호가 플러스이거나 마이너스가 되는 것은 무엇을 의미하는가? 매수하는 경우를 롱포지션(long position)이라고 정의하고 매도하는 경우를 쇼트포지션(short position)이라고 정의한다. 이런 정의를 위 식에 적용하면 우변은 선도계약에 대하여 쇼트포지션을 취할 때 얻는 미래시점에서 발생할 이득의 현재가치로 해석할 수 있다. 우변의 부호가 음수이면 선도 계약의 롱포지션을 취할 때 양의 수입이 발생한다. 우변의 부호가 양수이면 선도계약의 쇼트포지션을 취할 때 양의 수입이 발생한다는 것이다.

앞에서는 위의 식에서 우변에 대하여 설명하였으므로 다음에서는 위의 식에서 좌변에 대하여 설명한다. 이 식의 좌변은 동일한 크기의 행사가격을 가진 콜옵션과 풋옵션이 있을 때 콜옵션을 매수하고 풋옵션을 매도하는 투자전략을 실행하는 경우에 미래시점에서 발생할 투자소득의 현재가치이다. 좌변과 같이 투자하는 경우 미래시점의 각 상황에서 발생할 소득은 <표 2−5>의 좌변에 요약되어 있다. <표 2−5>를 보면 우변과 좌변의 투자 선택은 미래시점에서 동일한 소득흐름을 제공한다는 것을 알 수 있다. 미래시점에서 발생하는 소득흐름이 같다면 차익거래이득이 없는 균형에서는 현재시점에서 지불해야 하는 비용도 같아야 한다. 이제 위의 식이 의미하는 것을 정리하면 다음과 같다. 동일한 행사가격을 가진 콜옵션을 매수하는 동시에 풋옵션을 매도하는 것의 이득은 다음과 같은 투자행위가 제공하는 이득과 동일하다는 것이다. 선도계약을 체결하여 다음시점에서 상품을 인도하고 F_k의 대가를 미래시점에서 받을 것으로 현재시점

표 2-6 노동비용과 포전매매의 현재가치

포전매매의 현재가치	$v_k = q_{k1}(Y_1 - L) + q_{k2}(Y_2 - L)$
콜옵션의 가격	$c_k = q_{k1}(Y_1 - L - K)$
풋옵션의 가격	$p_k = q_{k2}(K + L - Y_2)$

주: L은 노동비용을 나타낸다.

에서 결정한다. 또한 미래시점에서 K의 가격에 상품을 매수하고 이를 선도계약에서 약속한 상품인도에 사용한다. 이와 같은 일련의 투자행위로부터 얻는 미래시점의 소득은 $(F_k - K)$이다. 이를 현재시점의 가치로 환산하기 위해 $(1+r)$로 할인하면 위의 식의 우변과 같아진다.

농부들이 포전매매를 선택하는 이유는 무엇인가? 앞에서 이미 설명한 바와 같이 미래시점에서 작물가격이 하락하여 발생할 손해의 가능성을 차단할 수 있기 때문이다. 또한 포전매매를 하면 매수인이 직접 수확하기 때문에 농민들은 자신의 노동을 절약하는 이득이 있다. 그러나 거래상대방인 중간상인들은 농산물의 가격이 폭락하거나 태풍과 같은 천재지변으로 인해 작물의 품질이 좋지 않을 때에는 계약금만 지급한 상태에서 더 이상 잔금을 지급하지 않거나 수확 자체를 아예 하지 않는 것으로 알려져 있다. 이와 같은 포전매매의 현실적인 이슈를 반영한 모형을 수식으로 설명하기 위해 농부가 소유한 밭의 작물을 수확하기 위해 소요되는 노동비용을 L로 표기한다. 이 경우 조건부청구권의 완전시장이 존재하면 포전매매를 통해 농부가 다음시점에서 중간상인에게 제공하는 소득의 현재가치는 <표 2-6>의 첫째 수식으로 주어진다. 이 식에서 사용한 v_k는 앞에서 정의한 것과 동일한 의미이지만 노동비용을 고려한 것이 차이점이다. 노동비용을 반영하면 콜옵션의 가격도 <표 2-6>의 둘째 수식으로 주어진다. 둘째 수식에서 우변의 괄호부분은 미래시점에서 발생할 콜옵션의 이득이 된다. 괄호로 정리된 이득은 미래시점에서 산출되는 작물에 대하여 행사가격과 노동비용을 같이 지불해야 한다는 것을 반영한 것이다. 노동비용을 반영하면 풋옵션의 가격도 <표

2-6>의 셋째 수식으로 주어진다. 셋째 수식에서 우변의 괄호부분은 미래시점에서 발생할 풋옵션의 이득이 된다. 괄호로 정리된 풋옵션의 이득은 농부가 미래시점에서 산출되는 작물을 미리 결정된 행사가격에 판매하고 동시에 작물의 수확을 위해 투입되어야 하는 노동비용을 절약하게 된다는 것을 반영한 것이다.

포전매매에서는 계약시점에서 계약금을 지불하고, 작물의 수확시점에서 잔금을 치르는 방식으로 거래대금이 지불된다. 앞에서 포전매매를 설명할 때 작물의 수확시점에서 반드시 잔금이 지불된다는 제약을 부여한 후에 계약금과 잔금을 계산하였다. 잔금지불의 보장과 관련된 이슈를 이해하기 위해 두 개의 서로 다른 계약을 분석한다. 첫째 계약에서는 어느 상황에서든 중간상인이 잔금을 지불한다. 둘째 계약에서는 이득이 발생하는 상황에서만 중간상인이 반드시 잔금을 지불한다. 둘째 계약은 중간상인에게 유리할 때만 수확하므로 포전매매가 일종의 옵션계약과 유사하다. 다음에서 설명할 포인트는 앞에서 설명한 풋-콜 패리티 조건을 사용하면 중간상인은 둘째 계약을 염두에 두고 있으면서 농부와의 계약을 첫째 계약인 것으로 위장하려는 유인이 있다는 것이다. 첫째 계약의 계약금과 둘째 계약의 계약금은 서로 다르다. 첫째 계약의 계약금은 앞에서 이미 설명한 바와 같이 $(v_k - K/(1+r))$이다. 둘째 계약의 계약금은 c_k이다. 두 개의 계약에서 계약금은 서로 다르지만 잔금은 서로 같다.

첫째 계약의 계약금과 둘째 계약의 계약금을 비교하여 둘째 계약의 계약금이 더 크다. 이런 특성으로 인해 발생하는 문제점은 중간상인의 약속을 강제할 수단이 없다면 중간상인은 농부와 첫째 계약을 할지라도 다음시점에서 둘째 계약에 해당하는 행동을 선택할 수 있다는 것이다. 균형에서 둘째 계약의 계약금이 첫째 계약의 계약금보다 더 높다는 것을 어떻게 증명할 것인가? 이를 증명하기 위해 앞에서 설명한 '풋-콜 패리티'를 이용한다. 이 조건을 적용하면 (p_k =둘째 계약의 계약금-첫째 계약의 계약금)의 등식을 만족한다. 풋옵션에 대한 보상이 $K - Y_2 + L > 0$의 부등식을 만족하도록 풋옵션이 설계된다면 풋옵션의 가치는 비음수이다. 이 부등식 조건이 만족된다는 것은 포전매매의 잔금이 흉작인 상황에서 중간상인이 얻는 이윤보다 더 크다는 것을 의미한다. 포전매매를 할 때 잔금의 크기를 어느 정도 이상 크게 하여 위의 강부등호가 만족되도록 설정한다면 풋옵션의 가치는 양수가 된다. 잔금이 위에서 설명한 조건을 만족한다면 둘째 계약의 계약금이 첫째 계약의 계약금보다 더 높다. 중간상인이 현재시점에서 계약을 체결하면서 농부와 합의한 약속을 이행할 제도적 장치가 없다면 중간상인은 현재시점에서 더 비용이 작은 계약의 형태를 선택하고 다음시점에서 불리한 상황이 발생하면 과거의 약속을 이행하지 않으려는 유인이 있다. 이런 결과는 포전매매에서 표준계약서의 작성이 중요하다는 것을 뒷받침하는 것으로 해석할 수 있다.

앞에서 조건부청구권시장이 실제로 존재하지 않더라도 충분한 개수의 서로 다른 증권이 금융시장에서 거래된다면 이들의 가격을 사용하여 조건부청구권의 가격을 추정할 수 있다는 점을 지적하였다. 위에서 분석하고 있는 모형은 단순히 두 개의 서로 다른 상황만 발생하는 것으로 가정하고 있기 때문에 동일한 행사가격을 가진 콜옵션과 풋옵션의 시장가격을 안다면 이를 이용하여 두 개의 서로 다른 조건부청구권의 가격을 계산할 수 있다. 콜옵션의 경우 다음시점의 첫째 상황에서 소비재 한 단위에 대한 조건부청구권의 가격을 계산하는 데 사용할 수 있다. 이를 수식으로 표현하면 아래와 같다.

$$q_{k1} = \frac{c_k}{Y_1 - L - K}$$

또한 풋옵션의 경우 다음시점의 둘째 상황에서 소비재 한 단위에 대한 조건부청구권의 가격을 계산하는 데 사용할 수 있다. 이를 수식으로 표현하면 아래와 같다.

$$q_{k2} = \frac{p_k}{K + L - Y_2}$$

통화정책과 조건부청구권의 가격

중앙은행은 단기명목이자율(기준금리)을 조정하는 방식의 통화정책을 실시하여 조건부청구권의 시장가격에 영향을 미칠 수 있는가? 명목이자율의 변화가 실

물단위로 측정한 조건부청구권의 시장가격에 영향을 미칠 수 있는 경로의 존재
는 통화정책의 실물경제변수에 대한 효과가 존재할 가능성을 의미하기 때문에
위의 질문은 적어도 이론적으로 중요한 의미가 있다. 그러나 이런 점을 확인하
기 위해 선행되어야 할 작업이 있다. 완전한 조건부청구권시장이 존재하는 경제
에서 명목이자율을 조건부청구권가격의 함수로 나타낼 수 있음을 보여야 한다는
것이다. 이를 위해 균형에서는 차익거래이득부재의 조건이 소비자의 예산제약식
에서도 성립해야 한다는 점을 이용한다. 왜 이런 조건이 충족되어야 하는지에
대하여 궁금할 수 있다. 그 이유는 소비자들이 증권거래를 통해 차익거래이득을
얻는 것이 가능하다면 소비자들은 적절한 증권거래를 통해서 소비자 자신이 직
접 비용을 들이지 않고 일종의 공짜 이득을 막대한 크기로 창출할 수 있기 때문
이다. 앞에서 설명한 내용들을 구체적인 수식을 사용하여 설명하기 위해 증권시
장에 대하여 다음과 같이 가정한다. 첫째, 각각의 소비자들은 조건부청구권시장
에서 미래시점의 재화를 자유롭게 거래할 수 있다. 둘째, 조건부청구권의 가격
은 모두 실물단위로 표시된다. 셋째, 만기가 다음시점인 무위험순수명목할인채
권을 매수할 수 있다. 넷째, 현재시점에서 저축한 명목잔고에 대하여 다음시점
에서 원금과 이자를 포함한 원리금이 부도위험이 없이 지급된다.

<표 2-7>을 사용하면 차익거래이득이 가능하다면 소비자에게 어떤 일이
벌어지겠는가를 짐작할 수 있다. 먼저 생애전체예산제약식을 도출하기 위해 1시
점과 1시점의 예산제약식을 정의해야 한다. 첫째 줄은 현재시점의 예산제약식이
다. 좌변은 소비지출, 조건부청구권의 매수비용, 무위험단기채권의 매수비용의
합이고, 우변은 명목(노동)소득이다. 둘째 줄은 다음시점에서 상황1의 예산제약
식이다. 좌변은 소비지출이고, 우변은 명목(노동)소득, 조건부청구권1에서 실현
된 투자수익, 무위험단기채권의 원리금의 합이다. 셋째 줄은 다음시점에서 상황
2의 예산제약식이다. 좌변은 소비지출이고, 우변은 명목(노동)소득, 조건부청구
권2에서 실현된 투자수익, 무위험단기채권의 원리금의 합이다. 소비자는 두 기
간 동안 생존하기 때문에 다음시점에서 소비자는 가용한 자원을 모두 소비한다.

표 2-7 조건부청구권과 가계의 예산제약식

현재시점	$P(C_k + q_{k1}x_{k1} + q_{k2}x_{k2}) + B = PY_k$
미래시점의 상황 1	$P_1' C_{k1} = (Y_{k1} + x_{k1})P_1' + B(1+i)$
미래시점의 상황 2	$P_2' C_{k2} = (Y_{k2} + x_{k2})P_2' + B(1+i)$
(생애소득−생애소비)의 차이	$B((1/P) - (q_{k1}/P_1' + q_{k2}/P_2')(1+i))$
차익거래이득의 발생	$(1/P) > (q_{k1}/P_1' + q_{k2}/P_2')(1+i)$
차익거래이득의 발생	$(1/P) < (q_{k1}/P_1' + q_{k2}/P_2')(1+i)$
차익거래이득의 부재	$(1/P) = (q_{k1}/P_1' + q_{k2}/P_2')(1+i)$
명목이자율의 결정	$i = (q_{k1}/\Pi_1' + q_{k2}/\Pi_2')^{-1} - 1$
미래상황간 소비평탄화의 가정	$q_{k2} = (\pi_{k2}/\pi_{k1})q_{k1}$

주: 현재시점의 물가지수는 P, 무위험채권에 대한 투자금액은 B, 실질소득은 Y_k, 실질소비는 C_k, 청구권1의 가격은 q_{k1}, 청구권2의 가격은 q_{k2}, 청구권1의 수요는 x_{k1}, 청구권2의 수요는 x_{k2}, 상황1의 발생확률은 π_{k1}, 상황 2의 발생확률은 π_{k2}, 다음시점의 상황 1에서 실질소득은 Y_{k1}, 실질소비는 C_{k1}, 물가지수는 P_1', 상황 2에서 실질소득은 Y_{k2}, 실질소비는 C_{k2}, 물가지수는 P_2' 이다. 명목이자율은 i로 표기하고, $\Pi_1' = P_1'/P$, $\Pi_2' = P_2'/P$으로 정의된다.

생애전체예산제약식은 둘째 줄과 셋째 줄의 예산제약식들을 첫째 줄의 예산제약에 대입하여 조건부청구권의 수요를 소거하여 도출할 수 있다. 넷째 줄은 생애전체예산제약식 중에서 (생애소득−생애소비)로 정의된 부분만 보여주고 있다. 일반적으로 생애전체예산제약식에서는 (생애소득＝생애소비)의 등식이 성립한다. 그러나 <표 2−7>의 경우 첫째 줄부터 셋째 줄까지의 예산제약을 사용하여 생애전체예산제약식을 도출하면 (생애소득−생애소비)＝0의 등식이 성립하지 않는다. 따라서 넷째 줄에서는 (생애소득−생애소비)의 부분을 보여주고 있다.

이제 차익거래이득이 없다면 (생애소득−생애소비)의 부분이 제로가 되어야 한다는 것으로 보일 수 있다. 이 부분은 차익거래이득이 있다면 제로가 되지 않는다. 차익거래이득이 발생할지라도 두 개의 서로 다른 경우가 있다. 두 개의 서로 다른 경우는 다섯째 줄과 여섯째 줄을 말한다. 다섯째 줄과 여섯째 줄을 보면 부등호의 방향이 다르다. 무위험채권의 공매도가 가능하다면 두 경우 모두 차익거래이득을 실현할 수 있다. 다섯째 줄의 경우에는 무위험채권을 공매도하는 전략을 선택하고, 여섯째 줄의 경우에는 무위험채권을 매수하는 전략을 선택하면 된다. 구체적으로 설명하면 다섯째 줄의 상황에서는 $B < 0$의 부등식을 만족시키도록 무위험채권투자를 결정하고, 여섯째 줄의 상황에서는 $B > 0$의 부등식을 만족시키도록 무위험채권투자를 결정한다면 (생애소비 > 생애소득)의 상황을 실현할 수 있다. 이 부등호가 성립하면 자신이 평생 벌어들이는 소득과 태어날 때 받은 자산소득의 합보다 더 크게 소비할 수 있다는 것이다. 따라서 생애전체의 예산제약이 성립하지 않는 상황이라고 할 수 있다. 이는 결국 예산제약이 만족되는 균형에서는 결국 일곱째 줄의 조건이 성립해야 한다는 것을 의미한다. 일곱째 줄의 조건을 어떻게 해석해야 하는가? 이 조건을 균형명목이자율의 결정조건으로 해석할 수 있다. 명목이자율은 조건부청구권의 가격과 물가지수의 함수가 된다는 것을 말한다. 또한 균형명목이자율의 결정조건이 성립하면 (생애소비 = 생애소득)의 등식이 성립한다.

여덟째 줄의 조건은 균형명목이자율은 미래시점의 개별 상황에서 실현될 인플레이션율들과 조건부청구권의 가격들의 함수가 된다는 것을 보여주고 있다. 여덟째 줄에 있는 조건을 이용하여 통화정책의 변화가 조건부청구권의 가격에 미치는 효과가 어떻게 발생하는지를 이해하기로 한다. 이를 위해 먼저 다음과 같이 가정한다. 첫째, 중앙은행은 균형명목이자율을 중앙은행이 원하는 값으로 언제든지 조정할 수 있다. 둘째, 미래시점의 개별 상황에서 실현될 인플레이션율의 값이 조건부청구권의 가격과 명목이자율의 값과 무관하게 결정된다. 이런 가정이 성립한다면 중앙은행이 명목이자율을 변화시키면 조건부청구권의 가격은 여덟째 줄의 식이 만족되도록 적절하게 변화해야 한다는 것이다. 여덟째 줄의 식 하나만으로는 두 개의 서로 다른 조건부청구권의 가격이 각각 어떻게 영향을 받는지에 대하여 구체적인 해를 제공하지 않는다. 그 이유를 직관적으로 간단히 설명하면 다음과 같다. 여덟째 줄의 식만 있다면 비유하여 두 개의 미지수에 대하여 하나의 방정식만 존재하는 상황으로 간주할 수 있다. 따라서 여덟

그림 2-5 명목이자율의 변화와 조건부청구권의 가격

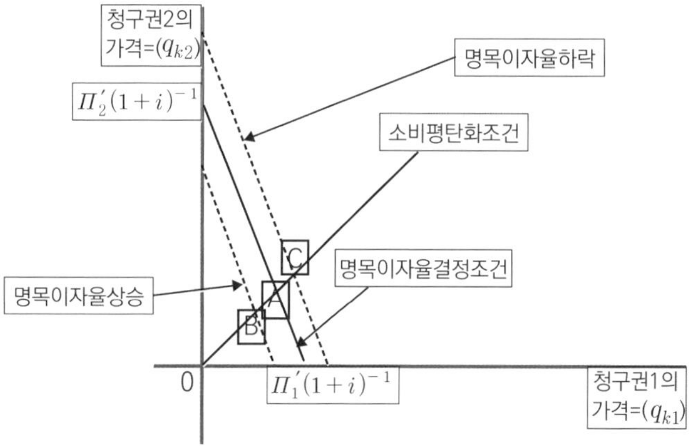

째 줄의 식만 있다면 수없이 많은 가능성이 존재한다. 하나의 식을 더 보충하기 위해 <표 2-2>의 결과를 이용할 수 있다. 예를 들어 분석의 단순화를 위해 조건부 소비평탄화가 가능한 것으로 가정한다. 이런 가정이 함의하는 것은 완전 조건부청구권시장이 존재하여 미래시점에서 발생할 두 개의 서로 다른 상황에서 소비가 같아진다는 것이다. 이런 조건이 만족된다면 조건부청구권의 가격은 서로 비례해야 한다. 이 조건의 수식은 아홉째 줄에 정리되어 있다.

　다음에서는 주어진 명목이자율의 수준에서 조건부청구권의 가격이 어떻게 결정되는지를 여덟째 줄과 아홉째 줄에 있는 수식들의 그래프를 이용하여 설명한다. <그림 2-5>에서는 수평축이 청구권1의 가격이고 수직축이 청구권2의 가격을 나타내는 평면을 정의한다. 여덟째 줄에 있는 수식의 그래프는 절편이 양수이고, 기울기가 음수인 직선으로 나타난다. 아홉째 줄에 있는 수식의 그래프는 원점을 지나는 직선으로 나타난다. 따라서 두 개의 직선이 서로 교차하는 점이 존재한다. 두 개의 직선이 교차하는 점은 명목이자율이 상승하면 어떻게 달라지는가? 명목이자율이 상승하면 기울기가 음수인 직선의 절편이 증가하여 이 직선은 위로 이동한다. 여덟째 줄에 있는 수식의 그래프가 위로 이동한다는 의미이다. 그 결과 두 직선의 교차점도 위로 이동하여 조건부청구권의 가격은 증가한다. 반대로 명목이자율이 하락하면 어떻게 달라지는가? 명목이자율이 하락하면 기울기가 음수인 직선의 절편이 하락하여 이 직선은 아래로 이동한다. 여덟째 줄에 있는 수식의 그래프가 아래로 이동한다는 의미이다. 그 결과 두 직선의 교차점도 아래로 이동하여 조건부청구권의 가격이 하락한다.

오일러 방정식과 IS곡선

거시경제학에서 널리 사용되고 있는 IS-LM모형에서 IS곡선의 내용을 한마디로 요약하라고 한다면 총수요와 실질이자율이 서로 반대로 움직인다는 말로 답할 수 있다. 이런 IS곡선의 특성은 많은 경우 기업투자와 실질이자율이 서로 반대로 움직인다는 투자수요함수의 특성을 반영한 것이다. 따라서 총수요에서 민간소비의 비중이 매우 높게 차지하는 경제에서 효용극대화에 의해서 민간소비가 결정되는 경우에도 총수요와 실질이자율이 서로 반대로 움직인다는 특성이 성립하는지 궁금할 수 있다. 이런 의문에 대한 답은 소비자들이 효용극대화의 문제를 풀어서 소비와 저축을 결정하는 경우에도 총수요와 실질이자율이 서로 반대로 움직인다는 결론이 성립한다는 것이다. 그 이유를 간단히 다음과 같이 요약할 수 있다. 이자율상승은 현재시점에서 결정한 저축을 미래시점에서 제공할 금전적인 보상의 증가를 의미한다. 따라서 이자율상승은 저축을 증가시키고 소비를 감소시킬 수 있다. 물론 이자율상승이 소비자가 축적하는 부를 증가시키면, 부의 효과(wealth effect)로 인해서 현재시점에서 소비증가로 이어질 가능성도 배제할 수 없다. 그러나 대체효과가 부의 효과에 비해 충분히 크면 이자율상승은 소비감소로 이어진다. 따라서 소비자들이 효용극대화를 통해서 자신들의 소비와 저축을 결정하는 거시경제모형에서도 대체효과가 부의 효과에 비해 충분히 크면 총수요와 실질이자율은 서로 반대로 움직인다.

<표 2-8>에서는 제2장의 앞부분에서 설명한 소비자들이 참가하는 자산시장의 자산가격모형을 사용하여 IS곡선을 도출한다. 이를 위해 이자율과 소비증

표 2-8 무위험채권투자에 대한 효용극대화조건

효용함수의 형태	$u(C) = \dfrac{C^{1-\delta^{-1}} - 1}{1 - \delta^{-1}}$
확률적 할인인자와 소비의 기간간 대체율	$m' = \beta(\dfrac{C'}{C})^{-\delta^{-1}}$
완전예견과 효용극대화조건	$\beta(\dfrac{C'}{C})^{-\delta^{-1}}(1+r) = 1$
명목무위험채권투자과 무차익거래이득의 균형조건	$(1+i)E[m'/\Pi'] = 1$
실질투자수익률의 확률적 변동과 효용극대화조건	$C^{-1/\delta} = \beta(1+i)E\left[\dfrac{(C')^{-1/\delta}}{\Pi'}\right]$

주: 넷째 수식에서 i는 명목이자율이고, Π'는 다음시점의 물가수준을 현재시점의 물가수준으로 나눈 비율이다.

가율의 관계를 측정하는 탄력성의 개념을 먼저 소개한다. '소비의 기간간 대체탄력성(elasticity of intertemporal substitution)'은 실질이자율이 1퍼센트 변화할 때 소비증가율이 몇 퍼센트 변화하는지를 측정하는 척도이다. 소비의 기간간 대체탄력성을 δ로 표기하고, 이를 수식으로 정의하면 $\delta = \Delta\log(C'/C)/\Delta\log(1+r)$이다. 이 수식에서 분자는 현재시점부터 미래시점까지 소비증가이고 분모는 이자율의 변화이다. <표 2-8>의 첫째 줄은 소비의 기간간 대체탄력성이 상수인 효용함수이다. 둘째 줄은 첫째 줄의 효용함수를 가진 소비자들이 참가하는 자산시장의 확률적 할인인자를 나타낸다. 셋째 줄은 첫째 줄의 효용함수를 가진 소비자들의 무위험저축에 대한 효용극대화조건이다. 또한 <표 2-8>에서는 다음시점에서 어느 상황이 발생할지라도 항상 1원을 제공하는 (명목)무위험채권이 존재하는 경제를 가정한다. 이런 채권을 화폐단위로 평가하면 무위험증권으로 간주할 수 있지만, 물가수준이 미래시점에서 확률적으로 결정되는 경제에서 실물단위로 평가하는 경우에는 위험채권으로 간주할 수 있다. <표 2-7>에서 설명한 명목이자율의 균형결정을 일반화하면 <표 2-8>의 넷째 줄에 있는 조건이 성립한다. 이제 둘째 수식을 넷째 수식에 대입하여 확률적 할인인자를 소비의 기간간 대체율로 대체하면 다섯째 수식이 도출된다. 다섯째 수식이 함의하

표 2-9 IS곡선의 도출과정

완전예견과 효용극대화조건	$C^{-1/\delta} = \beta(1+i)(C')^{-\frac{1}{\delta}}/\Pi'$
1단계: 현재시점의 균형조건	$\ln Y = \ln Y' - \delta(\ln\beta + \ln(1+i) - \ln\Pi')$
2단계: 자연율경제의 균형조건	$\ln Y^* = \ln Y'^* - \delta(\ln\beta + \ln(1+r^*))$
3단계: 생산갭에 대한 균형조건의 도출	$x = x' - \delta(i - \pi' - r^*)$
4단계: 미래상황의 확률적 변동을 반영함.	$x = x^e - \delta(i - \pi^e - r^*)$

주: $C = Y$의 조건을 대입하여 정리한 수식을 사용하여 IS곡선을 설명한다. x는 생산갭, r^*는 자연이자율, π는 인플레이션율을 나타낸다. 넷째 수식을 도출하는 과정에서 매우 작은 m의 값에 대하여 성립하는 $(1+x) \approx m$의 근사식을 명목이자율과 자연이자율에 적용하였다. 다섯째 수식에서 $x^e = E[x']$는 예상생산갭, $\pi^e = E[\pi']$는 예상인플레이션율이다.

는 것은 중앙은행이 명목이자율을 조정하여 실물경제에 영향을 미칠 수 있다는 것이다. 예를 들어서 물가상승률이 완만하게 움직이는 경제에서는 중앙은행의 명목이자율조정이 실질이자율에 영향을 미치기 때문에 명목이자율조정을 통해서 소비증가율에 영향을 미친다.

다음에서는 이 주장을 보다 자세히 설명한다. 모든 소비자가 동일하다면 다섯째 수식은 모든 소비자에게 동일한 형태로 성립하기 때문에 다섯째 수식에 포함된 소비를 총소비로 해석할 수 있다. 또한 다섯째 수식은 현재시점의 총소비가 미래시점의 예상총소비와 예상실질이자율에 의해서 결정된다는 것을 의미한다. 구체적으로 설명하면 예상소비수준이 하나의 값으로 고정된 상황에서 예상실질이자율이 높아지면 현재시점의 총소비가 낮아지고 예상실질이자율이 낮아지면 현재시점의 총소비가 높아진다. 이런 맥락에서 다섯째 수식을 총소비수요의 결정식으로 해석할 수 있다. 이 식과 관련된 첫째 포인트는 소비의 기간간 대체탄력성이 높을수록 동일한 크기의 명목이자율변화가 총소비에 미치는 효과가 커진다는 것이다. 그 이유는 소비의 기간간 대체탄력성이 클수록 같은 크기의 이자율의 변동에 대하여 소비변화가 더욱 크게 반응하기 때문이다. 둘째 포인트는 $E[m'R'] = 1$의 조건에서 m'은 '소비의 기간간 한계대체율'과 같다는 조건을 대입하여 도출되는 수식은 특정한 증권투자에 대한 효용극대화의 조건이 된다는 것이다. 따라서 <표 2-8>의 다섯째 줄에 있는 조건은 명목무위험채권의 보유를 효용극대화를 통해서 결정하는 소비자에게 적용되는 조건으로 해석할 수 있다. 그 이유를 다음과 같이 설명할 수 있다. 첫째, 채권을 한 시점 동안 보유하여 다음시점에서 얻을 한계이득을 현재시점의 효용단위로 측정한 것이 우변이다. 둘째, 채권을 보유하기 위해 희생해야 하는 한계비용을 현재시점의 효용단위로 측정한 것이 좌변이다. 따라서 이 조건은 효용단위로 평가한 채권투자로부터 얻는 한계이득의 기대값과 채권투자를 위해 현재시점에서 지불해야 하는 한계비용이 같다는 것이다.

앞에서 언급한 첫째 포인트에 의미를 보다 명확하게 전달하기 위해 미래상황에 대한 완전예견이 가능한 상황을 가정한다. 미래상황에 대한 완전예견이 가능하지 않더라도 동일한 결과를 도출할 수 있지만 이 때에는 선형근사식을 사용해야 한다. 미래상황에 대한 완전예견이 가능한 경우 오일러방정식은 <표 2-9>의 첫째 수식과 같이 쓸 수 있다. <표 2-9>의 둘째 수식부터 다섯째 수식은 오일러방정식을 사용하여 IS곡선을 도출하는 과정을 나타낸다. 여기서 중요한 단순화의 가정은 실물투자가 없는 단순한 경제를 상정하는 것이다. 이런 단순화의 가정으로 인해 (생산=소비)의 등식이 성립한다. 오일러방정식의 양변에 로그를 취하고 나서 (생산=소비)의 등식을 부과하면 <표 2-9>의 둘째 수식이 도출된다. 생산수준이 잠재GDP를 실현하는 상황에서 인플레이션도 안정화되는 경제를 '자연율경제'라고 정의한다. 인플레이션율이 안정화된다는 의미를 $\Pi = 1$인 상황이라고 하자. 자연율경제에 대해서도 앞에서 이미 적용한 방식을 그대로 적용하면 <표 2-9>의 셋째 수식이 도출된다. 둘째 수식에서 셋째 수식을 빼면 넷째 수식에 정리되어 있는 생산갭(output gap)에 대한 식이 도출된다. 넷째 수식에서는 생산갭은 현재시점의 생산수준의 로그값에서 잠재GDP의 로그값을 뺀 차이로 정의한다. 앞에서 IS곡선의 식을 도출할 때 미래시점에 대한 불확실성이 없는 것으로 가정하였다. 그러나 미래시점에서 어떠한 상황이 실현되는지를 정확히 알 수 없는 경우 넷째 수식은 다섯째 수식으로 수정된다.
<표 2-9>에서 도출된 IS곡선이 정태적 IS-LM모형에서 IS곡선과 다른 점을
다음과 같이 두 가지로 요약할 수 있다. 첫째, 미래상황의 확률적 변동성을 반영
한 효용극대화조건을 사용하여 IS곡선이 도출된다. 따라서 (저축=투자)의 등식
을 사용하여 도출된 IS곡선과는 다른 이론적 틀을 사용하였다는 것을 의미한다.
둘째, 미래시점의 상황에 대한 예측이 현재시점의 총수요에 영향을 미친다는 것
이다. <표 2-9>의 다섯째 수식을 보면 미래시점에 대한 예상을 반영하는 두
개의 변수가 포함된다. 하나는 미래시점에서 예상되는 생산갭이다. 미래시점에
서 경기가 좋을 것으로 예상되면 이는 현재시점의 생산갭을 늘리는 효과가 있
다. 다른 하나는 미래시점에서 예상되는 인플레이션율이다. 이는 소비자가 예상
실질이자율을 계산하는 데 사용된다.

연습문제

01 미래시점에서 발생가능한 두 개의 상황이 존재하는 것으로 가정하시오. 두 시점 동안 생존하는 소비자의 생애효용함수는 다음과 같다.

$$u(c_k, c_1', c_2') = \ln c_k + \beta(\pi_{k1} \ln c_1' + \pi_{k2} \ln c_2')$$

전이확률은 $\pi_{k1} + \pi_{k2} = 1$의 조건을 만족하지만, 제2장의 본문과 달리 $\beta(1+r) = 1$의 조건이 부과되지 않는다.

(1) $D_{k1} = \ln c_k + \beta \pi_{k1} \ln c_1'$의 무차별곡선을 x축이 c_k이고, y축이 c_1'인 평면에 표시하시오. 앞에서 표시한 무차별곡선에 대응하는 예산제약식의 선을 어떻게 도출할 수 있는지 설명하고 동일한 평면에 표시하시오.

(2) $D_{k2} = \ln c_k + \beta \pi_{k1} \ln c_2'$의 무차별곡선을 x축이 c_k이고, y축이 c_2'인 평면에 표시하시오. 앞에서 표시한 무차별곡선에 대응하는 예산제약식의 선을 어떻게 도출할 수 있는지 설명하고 동일한 평면에 표시하시오.

(3) 위의 문제들에 대한 답을 이용하여 효용극대화의 조건을 설명하시오.

02 미래시점에서 발생가능한 두 개의 상황이 존재하는 것으로 가정하시오. 두 시점 동안 생존하는 소비자의 생애효용함수는 다음과 같다.

$$u(c_k, c_{k1}', c_{k2}') = \ln c_k + \beta(\pi_{k1} \ln c_{k1}' + \pi_{k2} \ln c_{k2}')$$

전이확률은 $\pi_{k1} + \pi_{k2} = 1$을 만족하고, $k = 1, 2$이다. 소비자의 일생에 걸친 소득흐름의 현재가치가 현재시점의 상황에 따라 달라지는 경우를 생각해보자. 현재시점에서 상황1이 실현되면 생애 전체의 소득흐름의 현재가치는 다음과 같다.

$$W_1 = c + q_{11}(c+e) + q_{12}(c-e)$$

현재시점에서 상황2가 실현되면 생애 전체의 소득흐름의 현재가치는 다음과 같다.

$$W_2 = c + q_{21}(c+e) + q_{22}(c-e)$$

(1) 효용극대화에 의해서 미래시점의 소비는 다음과 같이 결정됨을 보이시오.

$$c'_{k1} = \beta \frac{\pi_{k1}}{q_{k1}} c_k; \quad c'_{k2} = \beta \frac{\pi_{k2}}{q_{k2}} c_k$$

(2) 효용극대화의 조건과 생애 전체 예산제약을 사용하여 현재시점의 소비가 다음의 식과 같이 결정되기 위한 조건을 도출하시오.

$$C_k = W_k / (1+\beta)$$

(3) 위의 문제에서 제시한 답을 사용하여 $C_1 = C_2$의 등식이 성립하기 위한 조건을 도출하시오.

(4) 문제 (2)에서는 현재시점의 상황이 결정된 이후 현재와 미래의 모든 상황에서 소비가 같다. 문제 (3)에서는 현재시점에서 실현된 상황에 관계없이 현재와 미래의 모든 상황에서 소비가 같다. 전자의 경우를 '조건부 소비평탄화'라고 정의하고 후자의 경우를 '비조건부 소비평탄화'라고 정의한다면 두 경우의 생애 효용 함수를 비교하시오.

03 현재시점에서 조건부청구권의 완전시장이 존재하지 않고, 소비자들은 다음시점이 만기가 되는 단기 무위험채권만 보유할 수 있다. 조건부청구권의 완전시장을 도입하기 위해 비용이 소요된다고 가정하시오. 정부는 소비자들에게 정액세를 부과하고 거두어들인 수입을 사용하여 조건부청구권의 완전시장을 도입하려고 한다. 정부가 거두어 들일 수 있는 세수의 최대치를 어떻게 계산할 수 있는지를 설명하시오. 필요하다면 제2장의 사례를 이용하여 설명하시오.

04 A국에서 미래에 발생하는 상황은 단순하게 두 개의 상황만 존재한다. 상황1은 정상적인 상황이다. 상황2는 천재지변이 발생하는 상황이다. 현재시점에서 농부와 최종소비자는 앞으로 1년 후에 수확될 예정인 농산품에 대하여 미리 직거래계약을 체결하였다. 직거래계약에는

농산품의 가격과 수량이 포함된다. 최종소비자는 이 농산품 하나만 소비한다. 정상적인 상황에서는 농산품 한 단위를 소비자에게 배송한다. 천재지변이 발생하여 농산물을 제대로 소비할 수 없을 정도로 품질이 낮아지면 소비자에게 농산물을 인도하지 않는다.

(1) 국내에서 천재지변이 발생하면 해외에서 같은 농산품을 수입해야 한다. 이러한 경우를 대비하여 국내소비자는 국내농부와 같은 방식으로 해외농부와 직거래한다. 국내농부와 직거래를 하는 경우의 농산품 한 단위 가격은 0.35이다. 해외농부와 직거래하는 경우의 농산품 한 단위 가격은 0.55이다. 직거래의 대금결제에는 두 가지 방법이 가능하다. 첫째 방법은 물건을 인도받는 시점에서 대금을 지불한다. 둘째 방법은 물건을 받기 이전 계약하는 시점에서 대금을 지불한다. 국내소비자는 직거래를 하기 위해 미리 가격을 지불한다. 조건부청구권의 정의를 쓰고 농부와 소비자 간의 직거래가 조건부청구권의 거래인지의 여부를 설명하시오.

(2) 각각의 상황이 발생할 확률이 1/2이다. 위의 문제에서 함의되는 이자율을 계산하시오.

(3) 위의 문제에서 함의되는 확률적 할인인자를 계산하시오.

(4) A국의 경우 해외농부와의 직거래가 허용되지 않으면 조건부청구권에 대한 완전시장이 존재하지 않으므로 소비자의 후생이 낮아진다는 주장이 있다. 이러한 주장이 타당한지의 여부를 설명하시오.

05 문제 4에서 설명한 A국의 상황을 그대로 유효한 것으로 가정하고 다음에서 설명하는 새로운 계약의 형태를 분석하시오.

(1) 미래의 상황에 관계없이 농부가 산출한 농산품을 소비자에게 인도하고 소비자는 미리 약정한 가격을 농산물이 인도되는 시점에서 지불한다. 현재시점에서 농산품 한 단위의 가격이 0.90이다. 현재시점에서 약정한 1년 후의 가격을 계산하시오. 문제 4의 (2)에서 계산한 이자율을 사용하시오.

(2) 위의 문제에서 설명한 계약이 1년 후의 농산품시장에서 구매하는 것과 비교하여 어떠한 이점이 있는지를 설명하시오.

(3) 우리나라에서 행해지고 있는 포전매매를 설명하시오. 또한 앞에서 설명한 방식과 비교하여 어떤 차이가 있는지를 설명하시오.

06 다음의 문장을 읽고 'true', 'false', 'uncertain' 중의 하나를 선택하고 선택한 이유를 자세히 설명하시오.

① 차익거래이득이 없는 균형에서 미래시점의 초과수익률을 할인하여 예상한 값은 0이다.

② 각각의 증권이 지니고 있는 위험 중 증권가격에 반영되는 위험 단위당 초과수익률이 같은 상황에서 이 값을 위험의 시장가격이라고 할 수 있다.

③ 장기이표채의 가격은 여러 할인채가격의 함수로 표현할 수 있다. 따라서 다양한 만기의 이 표채가격들을 충분히 알면 실제로 시장에서 거래되지 않는 장기할인채의 가격도 추정할 수 있다.

07 문제 1과 2에서 분석한 모형을 사용하여 답하시오. 조건부청구권의 완전시장을 도입할 수 없지만 단 하나의 조건부청구권을 만들 수 있다고 가정하시오. 두 개의 조건부청구권 중 어느 청구권이 더욱 바람직한 증권인가를 판단하기 위해 어떠한 분석이 필요한지를 설명하시오. 본문에서 설명한 그래프와 유사한 방식으로 설명하시오. 조건부청구권 대신 단기 무위험채권을 발행할 수 있는 방안이 추가된다면 이 방안이 조건부청구권을 하나만 발행하는 것보다 더 나은 대안인지의 여부를 분석하시오.

08 농부가 소유하고 있는 밭의 다음시점에서 산출을 두 가지 상황으로 나타낸다. 풍작이 1/2의 확률로 발생하고, 풍작일 경우 산출량은 100포기이다. 흉작이 1/2의 확률로 발생하고, 흉작일 경우 산출량은 50포기이다. 배추수확을 위해 풍작이거나 흉작인 것과 관계없이 배추 10포기에 해당하는 비용을 지불해야 한다. 현재시점에서 결정된 조건부청구권의 가격은 다음과 같다. 다음시점에서 풍작이 발생할 경우 배추 한 포기에 대한 조건부청구권의 가격은 0.4이다. 다음시점에서 흉작이 발생할 경우 배추 한 포기에 대한 조건부청구권의 가격은 0.5이다. 현재시점과 미래시점에서 배추 한 포기의 가치는 회계단위로 사용되는 재화 한 단위와 동일하다.

 (1) 다음시점에서 농부가 소유한 밭에서 산출된 배추를 60의 가격으로 구매할 수 있는 권리를 현재시점에서 거래한다면 그 권리의 가격을 계산하시오.

 (2) 다음시점에서 농부가 소유한 밭에서 산출된 배추를 60의 가격으로 판매할 수 있는 권리를 현재시점에서 거래한다면 그 권리의 가격을 계산하시오.

 (3) 다음시점에서 어느 상황이 발생하든 반드시 60의 가격으로 배추를 인도하는 포전 매매계약의 계약금을 계산하시오.

09 제2장의 자산가격모형을 사용하여 다음의 문제에 답하시오. 실질이자율을 0.25로 가정하시오. 현재시점부터 앞으로 무한기간에 걸쳐 각각의 시점에서 1/2의 확률로 1.5의 편익을 주고 1/2의 확률로 1의 편익을 제공하는 증권의 현재시점에서 균형가격을 계산하시오.

10 가상화폐는 볼록체인기술에 의존하는 자산이기 때문에 조건부청구권의 시장이 완전할지라도 가상화폐의 가격을 조건부청구권가격의 함수로 표시할 수 없다는 주장을 평가하시오.

11 조건부청구권은 위험증권이기 때문에 위험증권인 주식의 가격을 계산하는데 유용하지만, 무위험채권의 가격을 계산하는데는 유용하지 않다는 주장을 평가하시오.

12 조건부청구권의 완전시장이 존재하는 경제에서 중앙은행의 단기명목이자율조정에 관한 설명 중 옳지 않은 항목들을 선택하고 그 이유를 반드시 설명하시오.
   ① 중앙은행의 단기명목이자율조정이 무차익거래이득의 균형에서 실시되면 개별 조건부청구권 가격에 영향을 미치지 못한다.
   ② 중앙은행의 단기명목이자율조정이 무차익거래이득의 균형에서 실시되면 조건부청구권가격의 총합에만 영향을 미친다.
   ③ 중앙은행의 제로금리정책은 무차익거래이득의 균형에서 선제적지침의 효과를 약화시킨다.
   ④ 모든 미래상황의 인플레이션율이 동일한 값을 가질 것으로 예상되면 중앙은행의 제로금리 정책이 실시될 때 무위험실질이자율과 예상인플레이션율은 서로 반대방향으로 변화한다.

13 조건부청구권과 확률적 할인인자의 관계에 관한 설명 중 옳은 항목들을 선택하고 그 이유를 반드시 설명하시오.
   ① 조건부청구권가격을 확률적 할인인자로 나눈 비율은 각 상황의 발생확률이 된다.
   ② 완전한 조건부청구권시장에서 조건부청구권가격의 총합은 확률적 할인인자의 기대값이다.
   ③ (조건부청구권가격=확률적 할인인자/실질이자율)의 등식에서 통화정책효과가 발생한다.
   ④ 상수의 「기간간대체탄력성」이면 조건부청구권가격과 미래소비변화는 반대로 변화한다.

14 미래시점의 재화가 거래대상인 계약에 관한 설명 중 옳지 않은 항목들을 선택하고 그 이유를 반드시 설명하시오.
   ① 매수권리만 보장하는 계약의 현재가치는 매수권리와 매수의무를 동시에 보장하는 계약의 계약금보다 더 크다.
   ② 매수자가 평가하는 매수의무의 현재비용은 매도권리(동일품목과 동일가격)에 대한 매도자의 현재가치평가와 같다.
   ③ 매수권리와 매수의무를 모두 포함한 계약의 계약금은 재화의 현재가치에서 잔금의 현재가치를 뺀 차이와 같다.
   ④ 재화의 미래실질가치가 미래상황변화에 관계없이 양의 상수로 고정되는 경우 매수권리와 매수의무를 동시에 포함한 계약의 계약금은 통화정책의 영향을 받지 않아야 한다.

15 양수의 소비한계효용이 체감하는 효용함수를 가진 소비자에 관한 설명 중 옳지 않은 항목들을 선택하고 그 이유를 반드시 설명하시오.

① 무위험저축의 미래소비효과는 모든 상황에서 동일한 크기의 소득증가를 통해서 나타난다.

② 조건부청구권의 미래소비효과는 상황별로 소득변화크기를 조정하기 때문에 나타난다.

③ 저축의 미래소비효과가 조건부청구권의 미래소비효과보다 더 크게 효용을 증가시킨다.

④ 조건부청구권이 실제로 거래되지 않는 증권시장은 소비평탄화에 도움이 되지 않는다.

16 차익거래이득에 관한 설명 중 옳은 항목들을 선택하고 그 이유를 설명하시오.

① 조건부청구권의 완전시장에서 차익거래이득부재가 만족되면 효용극대화와 일치하는 명목무위험이자율의 결정조건을 도출할 수 있다.

② 차익거래이득이 가능하면 동일한 노동소득흐름과 동일한 생애효용함수를 가지고 있을 지라도 단기투자자와 장기투자자는 서로 다른 소비수준을 선택할 수도 있다.

③ 완전한 조건부청구권시장에서 차익거래이득부재가 만족되면 위험중립적인 소비자만 존재할 지라도 버블이 발생하지 않는다.

④ 확률적 할인인자의 증권가격모형에서 차익거래이득부재는 버블의 제거조건이 된다.

17 조건부청구권과 확률적 할인인자와 관련된 다음의 설명 중 옳은 항목들을 있는 대로 고르시오. 그 이유를 반드시 설명하시오.

① 각각의 상황에서 정의되는 조건부청구권의 가격은 대응되는 확률적 할인인자에 비례한다.

② 완전한 조건부청구권시장에서 조건부청구권가격들의 총합은 확률적 할인인자의 기대값이 된다.

③ 조건부청구권의 가격은 실물변수이기 때문에 통화정책의 영향을 받지 않는다.

④ 각각의 상황에서 정의되는 조건부청구권의 가격과 기간간 한계대체율은 관계가 없다.

18 소비자의 효용극대화와 증권투자와 관련된 설명 중 옳은 항목들을 있는 대로 고르시오. 그 이유를 반드시 설명하시오.

① 소비의 기간간 대체탄력성이 상수이면 이자율의 변화가 소비의 변화에 영향을 미치지 못한다.

② 소비의 기간간 대체탄력성이 상수이면 확률적 할인인자와 소비의 변화는 서로 반대방향으로 변화한다.

③ 미래에 대한 완전예견이 가능하다면 이자율의 변화가 현재소비에 영향을 미치지 못한다

④ 오일러 방정식을 사용하여 IS곡선을 도출할 수 없다.

19 조건부청구권시장에 관한 설명 중 옳은 항목들을 있는 대로 고르시오. 그 이유를 반드시 설명하시오.
  ① 시장에서 거래할 수 있는 조건부청구권의 개수와 관계없이 조건부청구권시장이 존재한다면 소비자들은 소비의 완전평탄화가 가능하다.
  ② 완전한 조건부청구권시장이 존재한다면 모든 증권의 가격을 조건부청구권의 시장가격의 선형 함수로 표시할 수 있다.
  ③ 조건부청구권을 적절하게 사용하면 미래시점에서 발생할 서로 다른 상황 간 소득의 이전이 가능해진다.
  ④ 주식시장과 조건부청구권시장은 서로 다른 시장이기 때문에 주식의 시장가격을 조건부청구권가격의 함수로 표시할 수 없다.

20 계약금, 중도금, 잔금으로 나누어서 대금을 지급하는 매매계약에 관한 설명 중 옳은 항목들을 있는 대로 고르시오. 그 이유를 반드시 설명하시오.
  ① 매도인이 계약금의 두 배를 지급하고 계약을 파기할 수 있다면 계약금을 매수인의 중도금과 잔금을 지불하여 매수할 수 있는 권리의 가격으로 보기 어렵다.
  ② 계약금, 중도금, 잔금으로 나누어서 지급하는 방식을 채택하면 매도인에게 제공하는 이득은 없다.
  ③ 계약금, 중도금, 잔금으로 나누어서 지급하는 방식을 채택하면 매수인에게 제공하는 이득은 없다.
  ④ 계약금, 중도금, 잔금으로 나누어서 지급하는 방식을 채택하면 거래당사자 모두에게 제공하는 이득이 있다.

21 (증권의 시장가격=미래에 발생할 소득흐름의 예상 현재가치합)의 등식을 사용하여 증권의 가격결정을 맞게 설명한 항목을 선택한 후 이유를 설명하시오.
  ① 버블과 실질GDP가 확률적으로 변동하면서 같은 방향으로 변화할지라도 (버블의 예상증가율=실질이자율)의 등식이 성립한다.
  ② 위험중립적인 성향의 투자자들만 참가하는 증권시장에서만 성립하는 균형조건이다.
  ③ 미래시점에서 발생할 서로 다른 상황에서 소비재 한 단위의 현재가치가 모두 같아야 한다.
  ④ 미래에서 발생할 상황에 대하여 같게 평가한다면 장기투자자와 단기투자자들은 증권투자의 계획기간이 다를지라도 증권의 현재가치는 서로 같게 평가한다.

22 완전한 조건부청구권시장이 존재하는 경제에서 이자율의 결정을 맞게 설명한 항목을 선택한 후 이유를 설명하시오.

① 위험중립적인 투자자만 시장에 참가하고 차익거래이득이 없는 경우에만 (단기무위험)명목이자율이 양수의 값을 가질 수 있다.

② 차익거래이득이 없다면 (단기무위험)명목이자율은 미래시점에서 발생할 각각의 상황에서 결정되는 인플레이션율의 크기와 관계없이 결정된다.

③ 무위험단기채권의 자유로운 발행이나 공매도가 금지되면 차익거래이득이 발생할 수 있어서 (단기무위험)명목이자율과 조건부청구권의 가격의 관계에 영향을 미칠 수 있다.

④ 위험중립적인 투자자만 시장에 참가할 때 (무위험 단기)실질이자율은 차익거래이득이 없다는 조건에 의해서 결정된다.

23 조건부청구권에 관한 설명 중 틀리게 설명한 항목을 선택한 후 이유를 설명하시오.

① 조건부청구권은 위험증권이기 때문에 주가결정의 이해에 유용하지만, (무위험)실질이자율결정의 이해에는 유용하지 않다.

② 조건부청구권은 미래의 수익발생여부가 투자자의 선택사항이 아니기 때문에 옵션가격의 결정을 이해하는데 유용하지 않다.

③ 조건부청구권의 가격은 확률적 할인인자를 사용하여 계산되기 때문에 기간간 한계대체율(IMRS)과는 상관없이 결정되어야 한다.

④ 조건부청구권의 가격은 수익이 실제로 실현되는 미래시점에서 지불되는 특성이 있다.

24 모두 같은 위험중립의 소비자들로 구성된 경제에서 내년에 호황과 불황이 발생할 확률은 각각 1/2이고, 실질이자율이 10%이다. 완전한 조건부청구권시장이 존재한다면 조건부청구권가격의 비율은?

① 0.5

② 1

③ 1.5

④ 2

제3장

포트폴리오의 선택모형과 확률적 할인인자

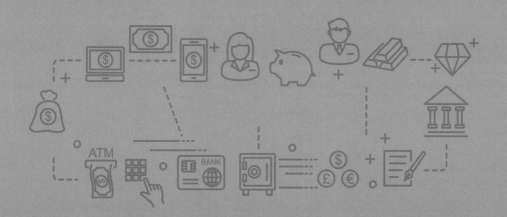

제3장

포트폴리오의 선택모형과 확률적 할인인자

'매크로파이낸스'라는 용어의 의미는 두 가지로 해석할 수 있다. 첫째, 현실경제에는 수많은 증권들이 다양하게 있지만 증권시장의 대표적인 증권들에 보다 더 초점을 맞춘다는 것이다. 예를 들면 하나의 위험증권과 하나의 무위험채권이 있는 증권시장에서 균형증권가격이 어떻게 결정되는지를 분석하는 모형이다. 둘째, 대표적인 증권들의 균형시장가격이 거시경제의 주요변수들과 어떠한 관련이 있는지를 분석한다는 것이다. 물론 개별증권가격도 거시경제의 변동에 항상 자유롭게 결정될 수 있다는 것은 아니다.[1]

첫째 포인트와 관련하여 두 개의 대표적인 증권만 존재하는 증권시장모형을 분석하여 위험증권의 예상수익률과 무위험채권수익률의 차이를 분석할 수 있다. 위험증권은 미래시점에서 실현되는 투자수익률을 미리 확정할 수 없고 수익률이 매우 낮아질 수 있는 가능성이 있다. 항상 수익률이 낮다면 무위험채권과 비교하여 증권을 보유할 이유가 없다. 수익률이 높게 나타나는 가능성도 충분히 있어서 낮게 나타나는 경우에 대한 충분한 보상이 있어야 한다. 이처럼 수익률이 낮게 실현이 되어 투자에 대한 적절한 보상이 없을 위험을 부담하는 대가로 높

---

1) 코크레인(John Cochrane)은 매크로 파이낸스를 자산가격과 거시경제변동의 연결을 분석하는 분야라고 정의한다. 이런 견해의 자세한 설명은 『Macro-Finance (Review of Finance, Vol. 21 (3), 2017, pp. 945－985)』에서 찾아볼 수 있다.

은 수익률의 가능성도 충분히 있어야 한다는 것이다. 따라서 높은 수익률의 기회와 낮은 수익률의 가능성이 미치는 효과가 모두 반영되어 위험증권의 예상수익률이 결정된다. 따라서 위험증권의 예상수익률이 무위험채권의 수익률보다 더 높다면 그 차이는 투자자가 위험증권이 가지고 있는 위험부담에 대한 금전적인 보상이라고 말할 수 있다.

한편 투자수익률의 변동성이 존재하기 때문에 증권투자위험이 발생한다. 따라서 일반적으로 투자자의 입장에서는 투자수익률의 변동성이 낮으면서 예상초과수익률이 높은 증권을 선택하는 것이 더 바람직하다. 예상초과수익률은 위험증권의 예상투자수익률에서 무위험채권의 투자수익률을 뺀 차이를 말한다. 이런 점들을 종합하면 위험증권보유에 대한 금전적인 보상의 상대적 크기를 측정할 때 예상초과수익률을 수익률의 표준편차로 나눈 비율을 사용하는 것이 바람직하다는 주장이 가능하다. 이런 주장의 이유는 예상수익률과 수익률의 변동성이 동시에 동일한 비율로 높아지면 보상비율의 값은 높아지지 않고, 낮은 변동성과 높은 예상수익률이 결합되어야만 보상비율이 높은 값으로 나타나기 때문이다.

앞에서 설명한 증권시장에 참가하는 투자자의 위험부담을 반영하여 "증권시장에서는 서로 다른 증권투자위험들이 거래된다"는 견해를 제시할 수 있다. 이와 같은 추상적인 견해에 대하여 증권투자위험의 구체적인 설명을 요청할 수 있다. 이런 요청에 대하여 미래시점에서 발생할 상황에 의존하여 증권투자수익의 크기가 달라지기 때문에 증권투자위험이 발생한다는 것을 강조할 수 있다. 따라서 증권시장에서 실행되는 위험거래(risk trade)는 '상황조건부투자수익(state-contingent return of securities investment)'을 거래하는 것으로 정의할 수 있다.

증권시장은 자금수요자와 자금공급자를 연결하는 기능을 수행한다. 자금공급자는 자신이 발행한 증권에 담겨있는 위험을 자금수요자가 자발적으로 감내할 수 있도록 위험에 대한 금전적인 보상을 제공해야 한다. 이런 측면을 반영하여 앞에서 설명한 위험의 개념을 사용하여 증권시장의 역할을 설명할 수 있다. 한마디로 요약하면 증권시장에서 위험에 대한 합의된 가치가 결정된다는 것이다.

표 3-1 제2장의 효용극대화모형과 제3장의 효용극대화모형

	제2장의 모형	제3장의 모형
시장참가자의 증권투자목적	소비평탄화	미래실질구매력의 안정적인 확대
분석방법	소비의 기간간대체를 반영한 무차별곡선과 예산제약을 이용함.	증권투자의 예상수익률과 수익률 변동성의 트레이드오프를 반영한 무차별곡선과 증권시장의 투자제약을 이용함.
주요개념	확률적 할인인자	위험의 시장가격

「위험에 대한 가격발견」으로 요약해볼 수 있다. 증권시장에 참가하는 사람들이 증권시장에 참가하여 얻는 이득이 무엇인가? 제대로 작동하는 증권시장이 존재하면 다양한 증권의 적절한 결합을 통해 달성할 수 있는 가장 높은 위험보상비율을 보장하는 수익률이 실현된다.

그러나 가장 높은 위험보상비율을 실현하는 것은 단 하나의 개별증권을 보유하는 것만으로 가능하지 않을 수 있다. 다양한 위험증권들이 효율적으로 결합된 「시장포트폴리오」를 형성하여 위험증권을 보유한다면 위험의 단위 당 (증권시장에서 제공하는) 가장 높은 수준의 금전적 보상을 실현할 수 있다. 이런 의미를 반영하여 증권시장에서 달성할 수 있는 가장 높은 위험보상비율을 「위험의 시장가격(market price of risk)」으로 간주할 수 있다. 위험의 시장가격은 제3장의 최적포트폴리오선택모형에서 중요한 개념이다. 최적포트폴리오선택모형에서 투자자는 「미래실질구매력의 안정적인 확대」가 증권거래의 목적이기 때문에 소비평탄화의 달성을 위해 소비자가 증권투자를 결정하는 상황을 분석하는 제2장의 모형과는 차이가 있다. 제2장과 제3장에서 모두 '효용극대화'라는 단어를 사용하여 발생할 수 있는 독자들의 혼동을 줄이기 위해 앞에서 언급한 제2장의 효용극대화모형과 제3장의 효용극대화모형의 차이를 <표 3-1>에서 요약하고 있다.

둘째 포인트와 관련하여 확률적 할인인자는 거시경제변화와 균형증권가격을 연결하는 역할을 수행한다고 볼 수 있다. 이런 견해를 인정한다면 1990년대 초반 이후 매크로파이낸스 분야의 핵심은 확률적 할인인자를 이용한 균형증권가격 결정이라는 주장도 가능하다. 확률적 할인인자를 사용하는 장점 중의 하나는 모든 개별증권에 대하여 동일한 형태로 적용되는 증권가격결정모형이라는 점이다. 이런 점을 반영하여 확률적 할인인자를 상품을 생산하기 위해 사용되는 일종의 제품 생산기계와 같은 역할을 하는 변수로 이해할 수도 있다. 어느 증권이든 그 증권이 미래시점에서 제공할 수익을 확률적 할인인자라고 하는 '증권가격산출기계'에 투입하면 자동적으로 현재시장가격이 산출된다는 뜻이다.

확률적 할인인자는 증권시장의 내부에서 결정되는지 아니면 증권시장의 외부에서 결정되는지의 의문이 가능하다. 제2장에서 이미 확률적 할인인자와 조건부청구권가격의 관계와 아울러 확률적 할인인자와 '기간간 한계대체율(inter-temporal marginal rate of substitution)'의 관계에 대해서도 설명하였다. 제2장의 내용을 반복하면 확률적 할인인자는 조건부청구권가격에 비례하고, 소비자들이 참가하는 '완전한 금융시장(complete financial market)'이 존재하면 확률적 할인인자는 기간간 한계대체율과 같아진다. 전자의 경우 확률적 할인인자는 증권시장의 내부에서 결정된다는 견해, 후자의 경우에는 증권시장의 외부에서 결정된다는 견해와 일치하는 것으로 해석할 수 있다. 따라서 확률적 할인인자가 증권시장의 내부 또는 외부에서 결정되는지의 질문에 대하여 합의된 답변을 제시하기는 어렵다. 그러나 앞에서 설명한 이슈와 관련하여 확률적 할인인자의 증권시장모형이 함의하는 확률적 할인인자와 시장포트폴리오 수익률의 관계를 분석할 수도 있다. 예를 들어 확률적 할인인자는 시장포트폴리오 수익률의 선형함수로 나타낼 수 있다고 하자. 이런 맥락에서는 확률적 할인인자는 증권시장의 균형결정을 반영하고 있으므로 증권시장의 외부에서 결정되는 것이 아니라 증권시장의 내부에서 결정되는 것으로 볼 수 있다.

그림 3-1 확률적 할인인자와 증권수익률변화

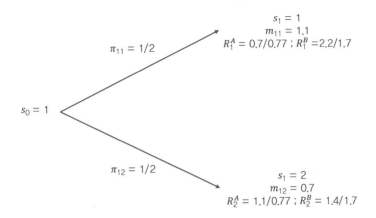

$s_0 = 1$

$\pi_{11} = 1/2$

$s_1 = 1$
$m_{11} = 1.1$
$R_1^A = 0.7/0.77$; $R_1^B = 2.2/1.7$

$\pi_{12} = 1/2$

$s_1 = 2$
$m_{12} = 0.7$
$R_2^A = 1.1/0.77$; $R_2^B = 1.4/1.7$

확률적 할인인자와 위험프리미엄

투자자가 위험기피적(risk-averse)일지라도 위험중립적인 투자자의 증권시장과 유사한 방식으로 가격결정을 설명할 수 있다는 점이 확률적 할인인자를 이용한 자산가격모형의 이점이다. 확률적 할인인자는 위에서 설명한 이점을 제공하지만, 투자자의 위험부담에 대한 금전적인 보상이 결정되는 과정이 균형조건에서 명시적으로 드러나 있지 않다는 특성이 있어서 확률적 할인인자의 자산가격모형을 위험중립적인 투자자만을 상정한 모형으로 혼동할 수 있다. 이런 맥락에서 제3장의 앞부분에서는 제2장의 확률적 할인인자를 이용한 증권가격모형에서 위험프리미엄이 어떻게 결정되는지를 설명한다.

앞에서 언급한 발생가능한 혼동을 구체적으로 다음과 같이 설명할 수 있다. 증권시장에서 거래되는 임의의 증권을 선택하여 그 증권을 하나의 시점이 지나는 동안 보유할 때 어느 정도의 금전적인 보상이 제공되는가를 알고 싶다면 그 증권의 예상수익률에서 무위험증권의 수익률을 뺀 차이로 측정할 수 있다. 이런 방식으로 증권투자위험에 대한 금전적인 보상을 정의한다면 확률적 할인인자의 개념을 사용하여 체계적인 측정이 가능한지의 의문이 있을 수 있다. 이런 의문

표 3-2 확률적 할인인자의 편차와 증권수익률의 편차

	확률적 할인인자의 편차	증권 A의 편차	증권 B의 편차
상황1	0.2	$-20/77$	$4/17$
상황2	-0.2	$20/77$	$-4/17$

에 대한 답변은 자산가격결정의 균형조건에 내재되어 있다고 답할 수 있다.

<그림 3-1>은 두 개의 서로 다른 증권의 투자수익률을 요약하고 있다. 두 개의 증권을 각각 증권 A와 증권 B로 표시한다. 이 그림에서 두 개의 증권이 제 공하는 수익률은 모두 $E[m'R'] = 1$의 조건을 만족한다. 제2장에서 사용하였던 단순한 예를 그대로 사용하기 위해 다음시점에서 두 개의 상황만 실현되는 것으로 가정한다. 현재시점에서 첫째 상황이 실현된다는 조건에서 다음시점에서 첫째 상황이 발생할 확률은 1/2이고 둘째 상황이 발생할 확률도 1/2이다. 미래시점의 첫째 상황에서 소비재 한 단위의 현재가치는 $m_{11} = 1.1$이다. 미래시점의 둘째 상황에서 소비재 한 단위의 현재가치는 $m_{12} = 0.7$이다. 두 증권의 수익률은 확률적 할인인자와 비교하면 서로 반대되는 특성이 있다. 증권 A의 수익률은 확률적 할인인자와 서로 반대방향으로 변화하는 경향이 있다. 예를 들면 확률적 할인인자의 값이 평균보다 더 높은 상황에서 증권 A의 수익률은 평균보다 더 낮다. 반대로 확률적 할인인자의 값이 평균보다 더 낮은 상황에서 증권 A의 수익률은 평균보다 더 높다. 증권 B의 수익률은 확률적 할인인자와 서로 같은 방향으로 변화하는 경향이 있다. 예를 들면 확률적 할인인자의 값이 평균보다 더 높은 상황에서 증권 B의 수익률은 평균보다 더 높다. 반대로 확률적 할인인자의 값이 평균보다 더 낮은 상황에서 증권 B의 수익률은 평균보다 더 낮다. 구체적인 수치는 <표 3-2>에 정리되어 있다. 상황1에서 확률적 할인인자의 편차는 0.2이고 상황2에서 확률적 할인인자의 편차는 -0.2이다. 증권 A의 수익률은 상황1에서 편차는 $-20/77$이고 상황2에서의 편차는 20/77이다. 증권 B의 수익률은 상황1에서 편차가 4/17이고 상황2에서 편차는 -4/7이다.

이처럼 서로 다른 특성이 있다면 두 개의 증권투자수익률은 어떠한 차이가 있

는가? 이 질문에 대한 답변은 두 개의 증권에 대한 예상초과수익률의 부호가 서로 다르다는 것이다. 증권 A의 예상초과수익률은 증권 A의 평균수익률에서 무위험채권의 수익률을 뺀 차이이다. 마찬가지로 증권 B의 예상초과수익률은 증권 B의 평균수익률에서 무위험채권의 수익률을 뺀 차이이다. <그림 3-1>의 모형을 사용하여 예상초과수익률을 계산하면 증권 A의 예상초과수익률은 양수이고, 증권 B의 예상초과수익률은 음의 부호를 보인다. 구체적인 수치를 제시하면 증권 A의 경우 평균 총수익률이 1.1688이다. 무위험채권의 총수익률은 확률적 할인인자의 평균에 대한 역수이다. <그림 3-1>의 모형에 이 정의를 적용하면 무위험채권의 총수익률은 1.1111이다. 따라서 증권 A의 예상초과수익률은 0.0577이 된다. 증권 B의 경우 평균 총수익률이 1.0588이다. 따라서 증권 B의 예상초과수익률은 -0.0523이 된다. 증권 B의 경우 두 개의 서로 다른 상황에서 수익률이 서로 다르게 실현되기 때문에 위험증권이라고 할 수 있다. 투자자들이 위험증권을 보유할 때 무위험채권의 수익률보다 더 높은 예상수익률을 보장받기를 요구하는 것이 일반적인 상식과 일치한다. 그런데 <그림 3-1>의 모형을 보면 증권 B의 예상수익률은 무위험채권의 수익률보다 낮다.

이런 결과로부터 투자자들이 감당할 투자위험에 대한 금전적인 보상이 전혀 반영되지 않는 증권가격모형이라고 착각할 수도 있지만, 다음과 같은 설명이 가능하다. 확률적 할인인자의 자산가격모형에서 증권투자위험은 단순히 수익률의 표준편차로 측정되지 않고, 증권투자수익률과 확률적 할인인자의 공분산으로 결정된다. 예를 들어 증권 B의 수익률과 확률적 할인인자의 상관계수의 부호는 양수이다. 이처럼 확률적 할인인자와의 상관계수가 양수인 수익률을 가진 증권이 보험의 성격을 가진 증권이라면 예상수익률이 무위험채권의 수익률에 비해 더 낮게 책정되더라도 이상하지 않은 것으로 볼 수 있다. 요약하여 확률적 할인인자의 자산가격모형은 투자수익률과 확률적 할인인자의 공분산이 양수인 증권은 보험적인 특성을 가진 증권, 투자수익률과 확률적 할인인자의 공분산이 음수인 증권은 위험증권이 된다는 것이다.

표 3-3 위험프리미엄의 결정과 증권투자수익률의 분해

위험프리미엄의 결정	1단계	$E[m'R'] = 1 \rightarrow \mathrm{cov}(m', R') = 1 - E[m']E[R']$
	2단계	$E[R'] = \dfrac{1}{E[m']} - \mathrm{cov}(\dfrac{m'}{E[m']}, R')$
	3단계	$E[R'] - F = -\mathrm{cov}(\dfrac{m'}{E[m']}, R')$
증권투자수익률의 분해		$R' = R'' + e \rightarrow R^e - F = -\mathrm{cov}(m'/E(m'),\ R'')$

주: 위의 수식에서 F는 무위험채권의 총수익률을 의미한다.

<표 3-3>에서는 앞에서 설명한 내용을 수식을 사용하여 확인하는 과정을 요약하고 있다. 첫째 단계에서는 차익거래이득이 없는 자산시장에서 투자수익률에 대하여 성립하는 균형조건을 임의의 증권에 대한 투자수익률과 확률적 할인인자의 공분산을 정의하는 수식에 대입한다. 둘째 단계에서는 첫째 단계의 식에서 양변을 $E[m']$로 나눈 후 좌변에 예상투자수익률이 위치하도록 수식을 정리한다. 셋째 단계에서는 $F = 1/E[m']$의 식을 대입하여 둘째 단계의 수식에 대입한다. 여기서 F는 무위험채권의 총수익률을 의미한다.

<표 3-3>의 셋째 수식에서 좌변은 증권투자의 예상초과수익률이고, 우변은 투자수익률과 확률적 할인인자의 공분산을 확률적 할인인자의 기대값으로 나눈 후에 마이너스 부호를 붙인 값이다. 이 식이 함의하는 것은 확률적 할인인자와 수익률 간 서로 양의 상관 관계가 있으면 음의 예상초과수익률이 된다. 예상초과수익률을 위험부담에 대한 금전적인 보상으로 해석한다면 위의 결과는 확률적 할인인자와 수익률 간 서로 양의 상관관계가 있는 증권은 보험의 성격이 있는 증권으로 간주할 수 있다는 것이다. 위의 식이 실제로 성립하는지를 확인하기 위해 <그림 3-1>의 모형을 사용하여 예상초과수익률을 계산한다. 확률적 할인인자와 수익률 간의 공분산을 계산하여 이를 확률적 할인인자의 평균으로 나눈 뒤 마이너스 부호를 붙여서 계산한 값이 앞에서 이미 계산한 예상초과수익률과 같은지를 보이면 된다. <표 3-3>에 정리되어 있는 편차의 값들을 이용

하면 쉽게 공분산을 계산할 수 있다. 계산한 결과를 정리하면 먼저 증권 A의 수익률과 확률적 할인인자의 공분산은 $\mathrm{cov}(R^A, m') = -0.0519$이다. 증권 B의 수익률과 확률적 할인인자의 공분산은 $\mathrm{cov}(R^B, m') = 0.0471$이다. $E[m'] = 0.9$이므로 앞에서 정리한 공분산을 이 수치로 나누어서 계산한 값에 마이너스 부호를 붙이면 각각의 예상초과수익률과 같음을 확인할 수 있다.

<표 3-3>의 넷째 수식은 투자수익률의 모든 확률적 변동이 위험부담에 대한 금전적인 보상을 결정하는 데 반영되지는 않는다는 것을 보여주고 있다. 투자수익률을 확률적 할인인자를 기준으로 확률적 할인인자와 관계가 있는 부분과 확률적 할인인자와 독립적으로 결정되는 부분으로 분리할 수 있다. 후자에 해당하는 부분은 증권시장의 가격에 반영되지 않는다. 그 이유는 예상초과수익률은 확률적 할인인자와 수익률의 공분산이 제로가 아닌 경우에만 발생하기 때문이다. 결국 <표 3-3>의 넷째 수식이 함의하는 것은 위험증권의 수익률을 확률적 할인인자와 관련이 있는 부분과 독립적인 부분의 합으로 분리할 수 있다면 예상초과수익률은 확률적 할인인자와 관련이 있는 부분과 확률적 할인인자의 공분산의 크기에 마이너스부호를 붙인 값에 비례한다는 것이다.

포트폴리오선택과 위험의 시장가격

제2장의 소비자와 제3장의 투자자는 서로 다른 효용함수를 가지고 있지만, 제3장에서도 예산제약을 반영하여 자신의 효용을 극대화하는 투자자들이 참가하는 증권시장에서 결정되는 증권가격을 설명한다. 제3장에서 투자자의 효용은 자신이 결정한 증권투자의 결과로 형성되는 부(wealth)의 크기에 대한 증가함수이지만, 부(wealth)의 변동성에 대해서는 감소함수이다. 따라서 제3장에서 투자자의 효용은 투자자가 선택한 위험증권투자의 함수가 된다. 예를 들어 투자자가 선택한 증권투자의 수익률이 평균적으로 높아지면서 자신이 보유할 것으로 예상되는 자산가치의 크기가 늘어나면 투자자의 효용이 증가한다. 투자자가 선택한

증권투자의 수익률이 크게 변동할 수도 있다. 이 경우 자산가치의 변동성이 증가하면서 투자자의 효용은 감소한다.

투자자가 앞에서 설명한 형태의 효용함수를 가지고 있다면, 이는 결국 투자자의 효용수준은 자신이 선택하는 위험증권투자가 제공할 위험과 보상으로 결정된다는 것이다. 이렇게 주장할 때 위험과 보상은 어떤 의미인가? 이 질문에 대한 간단한 답변은 위험은 증권투자수익률의 변동성이고, 보상은 예상수익률이다. 투자자의 효용함수는 어떻게 표현되는가? 같은 크기의 위험에 대하여 보상이 높을수록 투자자의 효용이 높아지고, 같은 크기의 보상에 대하여 위험이 낮아질수록 효용이 높아진다. 투자자의 효용함수를 이렇게 표현할 수 있다면 투자자의 효용함수가 함의하는 무차별곡선을 쉽게 그릴 수 있다. 먼저 무차별곡선이 위치하는 평면의 수평축은 수익률의 표준편차이고, 수직축은 예상수익률로 정의한다. 무차별곡선의 형태는 어떻게 결정되는가? 수익률의 표준편차과 효용은 서로 반대방향으로 움직이고, 예상수익률과 효용은 서로 같은 방향으로 움직인다는 점을 반영하면 무차별곡선의 기울기는 앞에서 정의한 평면에서 양수가 된다.

또한 투자자의 예산제약도 앞에서 정의한 평면에 나타낼 수 있다. 투자자는 자신에게 가용한 투자자금을 위험증권과 무위험증권으로 나누어 투자한다. 투자자는 무위험채권을 발행하여 들어오는 수입을 사용하여 위험증권에 투자하는 자금의 크기를 늘릴 수 있지만, 무한히 차입하는 것으로 방지하기 위해 위험증권에 투자하는 총투자자금에 대하여 일정한 상한이 부과되는 것으로 가정한다. 그러나 증권시장에서 거래되는 위험증권은 일반투자자가 발행할 수 없는 것으로 가정한다. 따라서 투자자는 예산제약을 고려하여 위험증권 또는 무위험채권에 대한 투자 또는 발행을 결정해야 한다.

위험증권투자가 결정되는 과정을 두 개의 단계로 나누어서 설명할 수 있다. 첫째 단계에서는 위험증권에 대한 총투자금액을 선택한다. 둘째 단계에서는 앞에서 결정한 위험증권에 대한 총투자금액을 개별위험증권에 어떻게 배분할 것인지를 결정한다. 이런 방식으로 진행되는 위험증권에 대한 투자결정은 투자자가 다음시점에서 보유할 자산가치에 영향을 미친다. 먼저 첫째 단계부터 설명한다. 투자자가 보유한 위험증권들로 구성된 포트폴리오의 예상수익률이 무위험이자율보다 더 높다고 가정한다. 일반적으로 투자자는 위험증권투자에 대한 보상이 필요하므로 이와 같은 가정이 무리한 가정은 아니다. 이 경우 투자자의 위험증권에 대한 투자액이 더 커질수록 다음시점에서 투자자가 보유할 부에 대한 기대값과 변동성이 동시에 증가한다. 따라서 투자자가 다음시점에서 예상되는 자산가치의 값이 커지는 방향으로 위험증권투자를 조정한다면 이는 다음시점에서 투자자가 소유할 부에 대한 표준편차가 증가하는 것을 의미한다. 둘째 단계에서는 투자자가 처한 제약을 설명하는 식의 기울기를 결정한다. 예산선의 위치는 무위험이자율의 크기에 의해서 결정된다. 투자자는 개별위험증권을 선택할 때 '효율적변경'이라는 개념의 포트폴리오를 형성한다. 효율적인 포트폴리오를 어떻게 찾아내는지를 설명하기 위해 단순한 예를 사용한다. 설명의 단순화를 위해 무위험증권 하나와 두 개의 서로 다른 위험증권이 존재하는 상황에서 예산제약을 도출하고, 이를 반영하여 효용극대화를 설명한다.

'효율적변경(efficient frontier)'의 개념을 소개한다. '효율적변경'은 하나의 숫자로 고정된 예상수익률을 달성할 수 있는 포트폴리오 중에서 수익률의 분산이 최소인 포트폴리오를 계산하는 작업을 각각의 예상수익률에 대하여 반복하여 도출된 예상수익률과 수익률의 표준편차의 집합을 말한다. 효율적변경은 수평축이 수익률표준편차이고 수직축이 예상수익률인 평면에서 곡선의 형태로 도출된다.

무위험이자율로부터 시작하는 효율적변경의 접선 중에서 기울기가 가장 큰 접선이 예산제약을 나타내는 직선이다. 접선을 '자본시장선', 접선의 기울기를 '위험의 시장가격', 접점의 예상수익률과 수익률표준편차를 달성하는 위험포트폴리오를 '시장포트폴리오(market portfolio)'로 정의한다. 따라서 시장포트폴리오는 하나의 무위험이자율 수준을 주어진 조건으로 가정하고 난 후 가장 높은 위험보상 비율을 달성하는 위험증권의 포트폴리오가 된다. 자본시장선(capital market line)은 투자자의 효용극대화문제에서 투자자가 직면한 제약식이 된다.

표 3-4 효율적변경과 시장포트폴리오의 수익률

두 위험증권 포트폴리오의 수익률	$R^{'} = \omega R_1^{'} + (1-\omega)R_2^{'}$
두 위험증권 포트폴리오의 분산	$\sigma^2 = \omega^2\sigma_1^2 + (1-\omega)^2\sigma_2^2 + 2\omega(1-\omega)\sigma_{12}$
최소분산포트폴리오에서 증권1의 비중	$\omega^* = (\sigma_2^2 - \sigma_{12})/(\sigma_1^2 + \sigma_2^2 - 2\sigma_{12})$
효율적변경의 식(음함수 형태)	$\sigma^2 = a_0\left(\dfrac{R^e - R_2^e}{R_1^e - R_2^e} - \omega^*\right)^2 + a_1$ $a_0 = \sigma_1^2 + \sigma_2^2 - 2\sigma_{12};\ a_1 = (\sigma_1^2\sigma_2^2 - \sigma_{12}^2)/a_0$
시장포트폴리오에서 증권1의 비중	$\omega_m = (a\sigma_2^2 - \sigma_{12})/(\sigma_1^2 + a\sigma_2^2 - (1+a)\sigma_{12})$ $a = (R_1^e - F)/(R_2^e - F)$
자본시장선의 식	$R^e = \lambda\sigma + F$

주: 증권1의 기대수익률은 R_1^e, 수익률의 표준편차는 σ_1, 증권2의 기대수익률은 R_2^e, 수익률의 표준편차는 σ_2이다. 또한 F는 무위험채권의 수익률이다. a의 정의는 $a = (R_1^e - F)/(R_2^e - F)$이므로 a는 증권1의 예상초과수익률을 증권 2의 예상초과수익률로 나눈 비율을 나타낸다. 시장포트폴리오의 기대수익률은 $R_m^e = \omega_m R_1^e + (1-\omega_m)R_2^e$, 위험보상비율은 $\lambda = (R_m^e - F)/\sigma_m$이다. 따라서 λ는 위험의 시장가격을 나타낸다. 제3장의 뒷부분에 있는 개별증권의 수익률과 시장포트폴리오의 수익률의 관계를 설명하는 부분에서 ω_m의 계산과정을 찾아볼 수 있다.

투자자가 풀어야 하는 효용극대화문제를 '무차별곡선분석'에 의거하여 설명하면 다음과 같다. 투자자의 무차별곡선은 수평축이 수익률의 표준편차이고 수직축이 수익률의 기대값으로 정의되는 평면에서 기울기가 양수이다. 투자자의 제약을 나타내는 선은 자본시장선이다. 자본시장선은 무차별 곡선이 정의되는 평면과 동일한 평면에서 수직축의 절편이 무위험채권의 수익률과 같으며 기울기가 위험의 시장가격이다. 투자자의 효용을 극대화하는 위험증권의 총투자액과 무위험채권에 대한 총투자액은 무차별곡선과 자본시장선이 접하는 점에서 결정된다.

앞에서 설명한 내용들을 구체적인 모형을 사용하여 설명한다. 모형분석의 단순화를 위해 두 개의 위험증권과 하나의 무위험증권이 존재하는 증권시장을 가정한다. 위험증권1의 수익률은 $R_1^{'}$로 표시하고, 확률변수인 위험증권1의 수익률의 값은 다음시점에서 알려진다. 위험증권1의 수익률의 평균은 R_1^e이고 표준편차는 σ_1이다. 수익률분포에 대한 정보는 투자결정시점에서 정확하게 알려진다.

위험증권2의 수익률은 R_2'로 표시하고, 확률변수인 위험증권2의 수익률의 값도 다음시점에서 알려진다. 위험증권2의 수익률의 평균은 R_2^e이고 표준편차는 σ_2이다. 위험증권수익률의 공분산은 σ_{12}이다. 앞에서 설명한 바와 같이 첫째 단계에서는 위험증권의 포트폴리오를 구성한다. 위험증권1의 투자비중은 ω이고 위험증권2의 투자비중은 $1-\omega$이다. 다음시점에서 위험증권의 포트폴리오로부터 예상되는 수익률의 기대값과 표준편차의 식은 <표 3−4>의 첫째 줄과 둘째 줄에 있다. 위험증권 포트폴리오의 수익률은 두 개의 서로 다른 증권이 제공하는 수익률의 선형결합이지만, 포트폴리오의 수익률의 표준편차는 개별증권이 제공하는 수익률의 표준편차들의 비선형결합이다. 포트폴리오의 수익률을 R'로 표기하고, 수익률의 표준편차는 σ로 표기한다. <표 3−4>의 첫째 줄에 있는 수식은 포트폴리오의 수익률이 위험증권들의 수익률의 가중평균이라는 의미이다. <표 3−4>의 둘째 줄에 있는 수식은 두 개의 확률변수의 가중평균에 대한 분산의 공식을 사용하여 포트폴리오의 수익률분산을 계산한다는 것이다. 두 개의 가용한 증권을 적절히 조합하여 형성한 포트폴리오 중에서 수익률의 변동성이 가장 낮은 포트폴리오는 어떻게 만들 수 있는가? <표 3−4>의 둘째 줄에 있는 식을 ω에 대하여 미분한 식을 제로로 하여 ω의 값을 계산하면 수익률의 분산을 최소로 하는 포트폴리오에서 위험증권1이 차지하는 비중을 계산할 수 있다. 이렇게 해서 달성되는 포트폴리오를 '최소분산포트폴리오'로 정의한다. 최소분산포트폴리오에서 위험증권1의 비중은 <표 3−4>의 셋째 줄에 정리되어 있다.

최소분산포트폴리오를 달성하면 위험보상비율을 극대화할 수 있는가? 위의 비중으로 결합하는 것이 위험증권투자에 대한 '위험보상비율'을 가장 높이는 방안인지를 생각해야 한다. 그 이유는 단순히 투자수익률의 위험최소화를 달성할지라도 위험보상비율이 최대화되지 않기 때문이다. 특히 최소분산포트폴리오를 계산하는 문제는 예상수익률이 고정된 상태에서 수익률의 변동성이 가장 낮은 포트폴리오를 선택하는 문제와 구분이 되어야 한다. 예를 들어서 R'의 평균을 R^e로 고정한다면 두 개의 위험증권의 수익률평균이 주어진 상태에서 위험증권 1에

그림 3-2 효율적변경과 최적포트폴리오의 결정

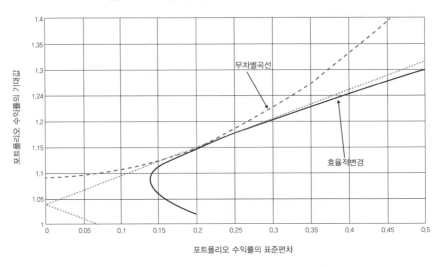

대한 비중이 고정된다. 구체적인 수식으로 표현하면 위험증권1에 대한 비중은 $\omega^* = (R^e - R_2^e)/(R_1^e - R_2^e)$이다. 이를 <표 3-4>의 둘째 줄에 있는 수식에 대입하여 정리한 결과가 <표 3-4>의 넷째 줄에 있다. 이는 음함수의 형태로 정의된 '효율적변경'의 수식이므로 무차별곡선이 정의된 평면에서 그래프로 나타내면 '효율적변경'이 된다.

<그림 3-2>는 두 개의 위험증권이 있는 경우 도출되는 효율적변경의 그래프를 보여주고 있다. 검은색 실선은 두 개의 위험증권으로 구성된 포트폴리오에 대한 효율적변경의 그래프이다. 검은색 실선의 포트폴리오는 위험증권1에 대한 투자비중이 $\omega^* = (R^e - R_2^e)/(R_1^e - R_2^e)$인 포트폴리오이다. 이 곡선의 가장 왼쪽의 점은 앞에서 설명한 최소분산포트폴리오의 점이다. 위의 그림에서 최소분산포트폴리오의 점과 효율적변경에 위치한 다른 점들의 차이는 무엇인가? 최소분산포트폴리오의 점은 아무런 제약 없이 단순히 위험포트폴리오수익률의 변동성을 최소화하는 포트폴리오이다. 이에 반하여 효율적변경에 속하는 포트폴리오는 포트폴리오의 수익률평균을 하나의 값으로 고정시키고 나서 위험포트폴리오수익률의 변동성을 최소화하는 포트폴리오이다. <그림 3-2>에 있는 효율적변

경의 그래프가 효율적변경의 정의와 일치하는지에 대해 의문을 가지는 사람이 있을 수 있다. 효율적변경의 정의를 다시 요약하면 예상수익률을 고정시키고, 고정된 예상수익률을 달성할 수 있는 포트폴리오 중에서 수익률분산이 최소인 포트폴리오를 계산하는 작업을 각각의 예상수익률에 대하여 반복하여 도출한 포트폴리오들의 예상수익률과 수익률의 표준편차의 궤적이다. 그런데 위의 그래프를 도출할 때 최소화의 작업이 없었기 때문에 의문점이 있을 수 있다. 여기서 지적할 점은 두 개의 위험증권이 있는 경우는 포트폴리오의 예상수익률을 고정시키면 위험증권1의 비중이 고정되므로 위험증권2의 투자비중도 고정된다. 두 개의 위험증권만 고려하는 경우 위에서 설명한 예와 같이 효율적변경을 찾는 일은 간단하다. 그러나 위험증권의 수가 3개 이상이 되면 효율적변경을 찾기 위한 계산이 복잡하다. 그 이유는 세 개 이상의 위험증권이 있는 경우 포트폴리오의 예상수익률을 고정시키더라도 수익률의 표준편차를 최소화하는 증권2 또는 증권3의 비중을 선택해야 하기 때문이다. 제3장에서는 위험증권이 3개 이상인 경우에 대한 분석은 생략한다.

효율적변경은 위험증권만 존재하는 경우에만 적용되는 개념인가? 아니면 무위험증권과 위험증권이 같이 존재하는 경우에도 적용되는 개념인가? 효율적변경을 포트폴리오의 예상수익률을 고정시킨 채 수익률분산을 최소화하는 포트폴리오들이 제공하는 수익률 표준편차와 평균의 궤적이라고 정의한다면 무위험증권이 포함된 경우에도 적용할 수 있는 개념이다. 당연한 것과 같은 질문을 왜 하는지에 대한 의문이 있을 수 있다. 이런 의문의 합리적인 근거는 무엇인가? 그 이유는 무위험증권이 포함되는 경우와 그렇지 않은 경우 효율적변경의 형태가 달라지기 때문이다. 위험증권으로만 구성되는 경우 효율적변경은 최소분산포트폴리오의 점에서 시작하여 변동성이 커지면서 수익률의 평균도 증가하는 곡선의 형태를 보인다. 그러나 무위험증권이 포함되면 무위험증권의 점에서 시작하여 위험증권만으로 구성된 기존의 효율적변경에 접하는 직선을 새로운 효율적변경으로 해석할 수 있다. 그러나 이 직선을 효율적변경이라는 용어 대신에 자본시장선(capital market line)이라는 용어를 사용하여 정의한다. 또한 자본시장선과 효율적변경이 접하는 점을 시장포트폴리오(market portfolio)라고 부른다. 시장포트폴리오에서 '시장'이라는 수식어가 붙은 이유가 무엇인지에 대하여 궁금해할 수 있다. '시장'이라는 수식어의 의미를 두 가지로 생각해 볼 수 있다. 첫째, 시장포트폴리오는 증권시장에서 거래되는 모든 증권들이 포함되어 형성된 포트폴리오이기 때문에 포트폴리오 안에 포함되는 증권들의 비중이 적절하게 부여된다면 시장상황을 대표할 수 있는 하나의 포트폴리오로 간주될 수 있다는 것이다. 둘째, 균형에서 수요와 공급이 일치해야 한다는 시장청산조건을 반영하는의미가 있다는 것이다. 투자자가 효용극대화의 결과로 매수하는 위험증권은 시장포트폴리오의 형태를 따른다. 투자자에 의해서 결정되는 증권시장의 위험증권들에 대한 총수요는 시장포트폴리오에 대한 수요로 나타난다. 다양한 증권이 증권시장에서 거래되지만 균형에서 증권시장의 공급과 수요를 동시에 반영하는 시장청산은 시장포트폴리오에 대한 시장청산이 된다.[2]

다음에서는 앞에서 설명한 내용 중에서 시장포트폴리오와 관련된 부분을 네개의 항목으로 정리한다.

(1) 시장포트폴리오는 증권시장에서 얻을 수 있는 가장 높은 위험보상비율을 제공한다. 위험의 시장가격을 증권시장에서 제공하는 가장 높은 위험보상비율이라고 정의하면 시장포트폴리오의 위험보상비율이 위험의 시장가격이다.

(2) 자본시장선은 투자자의 효용극대화에서 증권시장이 주는 제약을 나타낸다.

---

[2] 매우 많은 재무학의 교과서와 논문에서 시장포트폴리오의 개념을 설명하고 있다. 따라서 시장포트폴리오에 대하여 특정한 참고문헌을 소개하지 않아도 보다 자세한 내용이 수록된 문헌을 쉽게 찾을 수 있다. 증권시장을 『위험거래시장』으로 정의하여 자산가격결정의 시장균형이론을 제시한 연구논문 중 하나는 샤프(William F. Sharpe)가 1964년 Journal of Finance (Vol. 19(3), pp. 425-442)에 발표한 『Capital Asset Price: A Theory of Market Equilibrium under Conditions of Risk』이다.

(3) 투자자는 증권시장에서 공급되는 위험증권들을 시장포트폴리오의
    형태로 매수한다.
(4) 모든 증권의 초과수익률을 서로 독립인 시장포트폴리오의 초과수
    익률과 개별증권의 특수요인의 합으로 나타낼 수 있다.

 첫째 결과인 위험보상비율과 위험의 시장가격에 대하여 먼저 설명한다. 먼저
위험증권투자가 가지고 있는 위험의 크기에 대한 척도는 위험증권수익률의 표준
편차이다. 위험증권을 보유하여 위험을 부담하는 것을 보상하기위해 위험증권의
예상수익률은 일반적으로 무위험증권의 수익률에 비해 더 높다. 이를 반영하여
위험증권의 예상수익률에서 무위험증권의 수익률을 뺀 차이를 위험을 부담하는
것에 대한 보상의 크기를 측정하는 척도로 사용한다. 위험보상비율은 위험 단위
당 위험에 대한 보상으로 정의된다. 따라서 위험보상비율은 앞에서 소개한 두
척도의 비율로 정의된다. 효율적변경이 결정되면 이를 시장에서 결정된 제약으
로 간주하고 투자자들은 위험보상비율을 가장 높게 하는 포트폴리오를 구성할
수 있다. 그러면 위험보상비율이 가장 높은 포트폴리오는 어떻게 구성할 것인
가? 단순히 최소분산포트폴리오를 유지하면 위험보상비율을 최대로 높이는 것인
가? 최소분산포트폴리오는 위험보상비율이 가장 높지 않다는 것이다. 그 이유는
분자인 예상초과수익률이 적절하게 높지 않기 때문이다. 분모가 조금 더 높아지
더라도 분자인 예상초과수익률을 상대적으로 더 많이 높여서 더 높은 위험보상
비율을 달성할 수 있기 때문이다. 위험의 시장가격(market price of risk)을 증
권시장에서 거래되는 증권들로부터 계산할 수 있는 위험보상비율 중에서 가장
높은 값으로 정의한다. 자본시장선의 정의에 의해서 자본시장선의 기울기는 시
장포트폴리오의 위험보상비율이고 자본시장선의 위치는 효율적변경보다 낮지
않다. 자본시장선의 기울기가 위험의 시장가격이 된다. 그 이유는 자본시장선의
기울기는 효율적변경을 구성하는 모든 증권 또는 모든 포트폴리오의 위험보상비
율 중 최대값이기 때문이다.

  둘째 결과를 설명한다. 두 개의 위험증권이 있는 모형에서 도출한 자본시장선
의 그림을 소개한다. <그림 3-2>에서 시장포트폴리오는 무위험증권의 점에서
나오는 직선의 효율적변경에 대한 접점이다. 회색 점선은 무위험 수익률의 점과
시장포트폴리오의 점을 잇는 직선이다. 이 그림에서 회색 점선이 자본시장선이
다. 이 직선의 기울기가 증권시장에서 거래되는 증권들로 구성된 포트폴리오의
위험보상비율 중 가장 높은 값이 된다. 이 기울기는 주어진 무위험증권의 점에서
시작하여 효율적변경의 어느 점을 잇는 직선의 기울기보다 더 높다. 또한 위험의
시장가격이 회색점선의 기울기로 정의된다. 따라서 위험의 시장가격은 증권시장
에서 가능한 위험보상비율의 모든 값 중에서 가장 큰 값이 된다는 것을 확인할
수 있다. <그림 3-2>의 그래프에서 시장포트폴리오를 형성하기 위한 증권1의
투자비중은 <표 3-4>의 다섯째 줄에 정리되어 있다. 자본시장선 위에 있는
임의의 한 점을 (σ, R^e)로 표기하면 자본시장선의 수식은 <표 3-4>의 여섯
째 줄에 있는 수식이 된다. 위험증권들만으로 구성된 포트폴리오에 대한 효율적
변경이 무위험증권이 추가되어 구성된 포트폴리오에 대한 효율적변경보다 더 낮
은 곳에 있는 이유를 <표 3-4>에서 사용한 기호를 이용하여 설명하면 다음과
같다. λ는 증권시장에서 달성할 수 있는 가장 높은 위험보상비이기 때문에 $\lambda\sigma$는
수익률 표준편차가 σ인 포트폴리오들이 달성할 수 있는 예상초과수익률 중에서
가장 큰 예상초과수익률이다. 여기에 공통적으로 적용되는 무위험증권의 수익률
을 더하면 수익률표준편차가 σ인 포트폴리오들이 달성할 수 있는 예상수익률 중
에서 가장 높은 예상수익률이 된다.
  셋째 결과를 확인하기 위해 현재시점에서 W의 재산을 가지고 있는 소비자의
투자결정을 설명한다. 투자자는 위험증권과 무위험증권에 나누어 투자한다. 또한
위험증권에 할당하는 투자자금을 결정한 후에 두 개의 서로 다른 위험증권에 분
산투자한다. 따라서 현재시점에서 투자자의 결정을 다음과 같이 요약할 수 있다.

표 3-5 투자자의 효용극대화와 위험증권투자

다음시점의 자산과 현재시점의 증권투자	$W' = R'D + F(W-D)$
투자자의 효용함수	$U = E[W'] - \left(\dfrac{\tau}{2}\right) VAR(W')$
증권투자와 투자자의 효용	$U = (W-D)F + DR^e - \left(\dfrac{\tau}{2}\right)D^2\sigma^2$
무차별곡선의 식	$R^e = \kappa\sigma^2 + \nu$ $\kappa = \tau D/2, \ \nu = (U - F(W-D))/D$
효용극대화의 조건	$2\kappa\sigma = \lambda \rightarrow \ D^* = \lambda/(\tau\sigma_m)$

주: D는 위험증권에 총투자금액이고 D^*는 효용극대화조건을 만족하는 D의 값이다. W'는 미래시점
에서 투자자가 보유하는 자산가치를 나타낸다. 첫째 줄에서 $R' = wR_1' + (1-10)R_2'$로 정의된다.
둘째 줄에서 T는 투자자가 자산변동을 싫어하는 정도를 나타낸다. u는 효용수준을 나타낸다.

(a) 투자자는 W를 D와 $(W-D)$로 나누어 D를 위험증권에 투자한다.
그리고 나머지는 무위험증권에 투자한다.

(b) 위험증권에 할당된 투자자금을 w의 비중으로 위험증권1에 투자하
고, $(1-w)$의 비중으로 위험증권2에 투자한다.

<표 3-5>는 투자자의 효용극대화를 통해서 위험증권에 대한 투자액이 결
정되는 과정을 수식을 사용하여 보여주고 있다. 먼저 다음시점에서 투자자가 보
유하게 될 자산은 다음과 같이 결정된다. 위험증권에 투자하여 얻는 총소득은
첫째 줄의 수식에서 우변의 첫째 항이다. 무위험증권에 투자하여 얻는 총소득은
둘째 항이다. 따라서 다음시점에 투자자가 보유한 자산은 <표 3-5>의 첫째
줄에 정리되어 있다. <표 3-5>의 둘째 줄에는 투자자의 효용함수가 정리되
어 있다. 투자자의 효용은 미래시점의 자산이 커질수록 높아진다. 그러나 자산
의 변동성이 높아질수록 효용이 낮아진다. 첫째 줄과 둘째 줄을 결합하여 도출
한 수식을 셋째 줄에 정리한다. 셋째 줄에 있는 수식을 보면 투자자의 효용은
위험증권 포트폴리오의 수익률에 대한 평균과 분산의 함수임을 보여주고 있다.
효용극대화를 위해 투자자가 결정해야 하는 변수는 D와 w이다. 투자자는 동시

에 두 변수를 모두 결정할 수 있지만 <그림 3-2>에서 보여주고 있는 무차별곡선을 도출하기 위해 일단 D의 값이 고정된 것으로 가정한다. 이 경우<표 3-5>의 셋째 줄에 있는 수식을 사용하여 위험증권으로 구성된 포트폴리오의 수익률의 평균과 표준편차에 대한 무차별곡선을 도출할 수 있다. <표 3-5>의 셋째 줄이 함의하는 무차별곡선의 식은 넷째 줄에 정리되어 있다. 넷째 줄에 있는 수식에서 κ의 부호는 양수이고, 효용수준이 증가하면 ν의 값이 증가한다. 따라서 무차별곡선은 효용수준이 높아지면 위로 수평이동한다. 또한 무차별곡선의 기울기도 양수이고 표준편차가 증가하면서 기울기도 증가한다. 따라서 무차별곡선은 볼록함수의 형태를 보인다.

<그림 3-2>에서 파란색점선은 무차별곡선의 그래프이다. 이 곡선은 자본시장선에 접하는 무차별곡선이다. <그림 3-2>에서 회색점선이 효율적변경에 접하는 점과 무차별곡선에 접하는 점이 서로 다르다. 회색점선이 효율적변경과 접하는 점은 시장포트폴리오의 점이다. 무차별곡선과 접하는 점은 최적포트폴리오의 점이다. 두 개의 점이 모두 자본시장선 위에 놓여 있지만 의미는 다르다. (무차별곡선의 기울기=자본시장선의 기울기)의 조건을 사용하여 도출되는 효용극대화의 조건은 <표 3-5>의 다섯째 줄의 화살표 왼쪽에 정리되어 있다. 효용극대화조건에서 무차별곡선의 기울기가 고정된다면 최적포트폴리오의 수익률표준편차는 $\sigma^* = \lambda/(2\kappa)$의 조건을 만족한다. 이 조건을 <표 3-4>의 여섯째 줄에 있는 자본시장선의 수식에 대입하면 최적포트폴리오의 평균수익률은 $R^* = \lambda^2/(2\kappa) + F$의 등식을 만족한다.

위험증권투자의 투자금액은 어떻게 계산되는가? 무차별곡선의 기울기가 어떻게 결정되는지를 나타내는 식을 효용극대화의 조건에 대입하여 계산할 수 있다. <표 3-5>의 넷째 줄을 보면 무차별곡선의 기울기의 결정식이 있다. 이 식을 <표 3-5>의 다섯째 줄에서 화살표 왼편에 있는 효용극대화의 조건에 대입하여 도출된 수식을 위험증권투자의 투자금액에 대하여 풀어서 정리하면 답이 나온다. 이렇게 도출된 수식이 <표 3-5>의 다섯째 줄에서 화살표의 오른쪽에

표 3-6 개별증권의 수익률과 시장포트폴리오의 수익률

증권1 수익률 분해	$R_1^{'} = F + \beta_1(R_m^{'} - F) + \varepsilon_1 \rightarrow R_1^e - F = \beta_1(R_m^e - F)$
증권2 수익률 분해	$R_2^{'} = F + \beta_2(R_m^{'} - F) + \varepsilon_2 \rightarrow R_2^e - F = \beta_2(R_m^e - F)$
예상초과수익률과 균형조건	$(R_1^e - F)/\sigma_{1m} = (R_2^e - F)/\sigma_{2m}$
시장포트폴리오수익률과 개별증권수익률 간의 공분산	$\sigma_{1m} = \omega_m(\sigma_1^2 - \sigma_{12}) + \sigma_{12}$ $\sigma_{2m} = -\omega_m(\sigma_2^2 - \sigma_{12}) + \sigma_2^2$

주: ε_1은 위험증권1의 수익률에서 시장포트폴리오의 수익률에 의해서 설명되지 않는 부분이고, ε_2는 위험증권2의 수익률에서 시장포트폴리오의 수익률에 의해서 설명되지 않는 부분이다. 첫째 줄에 있는 수식에서 위험증권1의 수익률의 시장포트폴리오의 초과수익률에 대한 반응계수의 정의는 $\beta_1 = \sigma_{1m}/\sigma_m^2$이다. 위험증권2의 수익률의 시장포트폴리오의 초과수익률에 대한 반응계수의 정의는 $\beta_2 = \sigma_{2m}/\sigma_m^2$이다.

있다. 또한 (시장포트폴리오의 위험증권1의 비중＝투자자의 위험증권1에 대한 투자비중)과 (시장포트폴리오의 위험증권2의 비중＝투자자의 위험증권2에 대한 투자비중)의 두 조건이 만족되어야 한다. 그 결과 투자자가 보유한 위험증권포트폴리오와 시장포트폴리오의 수익률분포는 서로 같다.

넷째 결과를 설명한다. 개별증권의 수익률은 시장포트폴리오의 수익률과 어떠한 관계가 있는지를 설명한다. 증권시장에서 거래되는 모든 개별증권이 제공하는 초과수익률을 서로 독립적으로 결정되는 두 개의 부분으로 분리할 수 있다. 하나는 시장포트폴리오의 초과수익률에 의해서 설명되는 부분이다. 다른 하나는 시장포트폴리오와 무관한 부분이다. 이와 같은 분해방식을 위험증권1의 수익률에 적용하면 <표 3-6>의 첫째 줄에 있는 수식과 같이 정리된다. 첫째 줄에 있는 수식에서 반응계수는 위험증권1의 수익률의 시장포트폴리오의 수익률에 대한 회귀방정식의 계수이다. 위험증권1의 수익률에 적용한 것과 동일한 분해방식을 위험증권2의 수익률에 적용한 결과가 둘째 줄에 정리되어 있다. 앞에서와 동일하게 둘째 줄에 있는 수식에서 반응계수도 위험증권2 수익률의 시장포트폴리오 수익률에 대한 회귀방정식의 계수이다.

개별증권의 수익률 위험 중에서 시장포트폴리오의 수익률에 의해서 설명되는 부분을 '체계적인 위험'이라고 하고 그렇지 않은 부분을 '비체계적인 위험'으로 정의할 수 있다. 개별증권의 체계적인 위험은 시장포트폴리오의 수익률변화에 대하여 반응하는 부분이다. 앞에서 정의한 증권1과 증권2의 반응계수는 각 증권의 수익률이 시장포트폴리오의 수익률에 반응하는 정도를 나타낸다. β_1은 시장포트폴리오의 초과수익률이 한 단위 변화할 때 증권1의 초과수익률이 반응하는 정도를 측정한다. β_2는 시장포트폴리오의 초과수익률이 한 단위 변화할 때 증권2의 초과수익률이 반응하는 정도를 측정한다. 비체계적 위험을 나타내는 부분의 기대값은 모두 제로가 된다. 따라서 증권1의 예상초과수익률은 시장포트폴리오의 예상초과수익률에 비례하고 비례상수는 반응계수가 된다. 증권2의 경우에도 증권1의 경우와 같은 내용의 비례관계가 성립한다.

다음에서는 증권시장선이 시장포트폴리오에 대하여 함의하는 점을 설명한다. 결론부터 요약하면 개별증권의 베타가 증권시장선 위에 위치한다는 결과를 이용하여 개별증권들이 시장포트폴리오에서 차지하는 비중을 계산할 수 있다는 것이다. 바로 위에서 설명한 증권1과 증권2의 예상초과수익률에 대한 두 개의 비례조건을 결합하면 <표 3-6>의 셋째 줄에서 볼 수 있듯이 개별증권들의 예상초과수익률을 개별증권의 수익률과 시장포트폴리오의 수익률의 공분산으로 나눈 비율이 같다는 것을 보일 수 있다. 증권시장에서 거래되는 증권의 수가 더 많은 경우에도 동일한 결과가 성립한다. 따라서 증권시장선이 함의하는 점은 개별증권의 예상초과수익률을 개별증권수익률과 시장포트폴리오수익률의 공분산으로 나눈 비율이 모두 동일하다는 것이다. 이 조건은 효율적변경 위에 있는 시장포트폴리오가 만족해야 하는 균형조건이다. 이를 수식으로 보이기 위해서 다음과 같은 2단계의 작업을 진행해야 한다. 첫째 단계에서는 증권1과 증권2의 수익률과 시장포트폴리오수익률의 공분산은 시장포트폴리오의 정의를 사용하여 <표 3-6>의 넷째 줄과 같이 쓸 수 있다는 것을 보인다. 둘째 단계에서는 <표 3-6>의 넷째 줄에 있는 식을 셋째 줄에 있는 균형조건에 대입하면 ω_m에 대한 방정식이 되므로 이를 ω_m에 대하여 풀어서 정리한다. 그 결과 도출되

그림 3-3 증권시장선

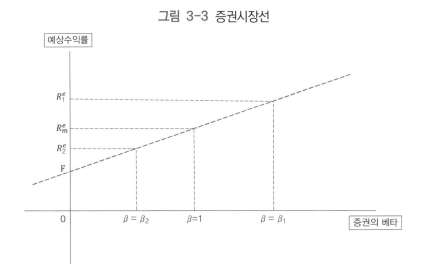

는 식이 앞에서 계산한 시장포트폴리오의 비중과 같다는 것을 확인할 수 있다. 따라서 개별증권의 예상초과수익률이 시장포트폴리오의 예상초과수익률과 비례한다는 것은 시장포트폴리오가 형성될 때 만족해야 하는 하나의 균형조건이라고 할 수 있다.

앞에서 설명한 개별증권의 예상초과수익률과 시장포트폴리오의 예상초과수익률의 관계를 요약하여 정리하면 다음과 같다. 먼저 시장포트폴리오의 예상초과수익률이 주어진 상태에서 개별 증권의 반응계수가 알려지면 그 증권의 예상초과수익률을 계산할 수 있다. 이러한 관계는 증권시장의 균형에서 성립하는 조건으로 간주할 수 있다. 개별증권의 반응계수를 수평축에 표시하고 수직축에 예상수익률을 표시하면 앞에서 설명한 결과는 하나의 직선으로 요약된다. 이것을 증권시장선(security market line)이라고 한다.[3]

<그림 3-3>에서 볼 수 있듯이 증권시장선은 원점을 지나는 점선으로 표시

---

3) 2000년 Prentice Hall에서 출판한 보디(Zvi Bodie)와 머튼(Robert Merton)의 「Finance」에서 「자본자산가격결정모형(Capital Asset Pricing Model)」을 위험증권시장의 균형가격을 설명하는 이론으로 정의하고 있다. 또한 「자본자산가격 결정모형」의 중요한 개념으로서 자본시장선과 증권시장선을 설명하고 있다.

된다. <그림 3-3>에서 수평축은 증권의 베타로 표시되어 있는데 이는 앞에서 설명한 베타계수를 의미한다. 증권시장선의 절편은 무위험채권의 수익률이된다. <그림 3-3>에서 수평축의 값이 1을 가질 때 수직축의 값은 시장포트폴리오의 예상수익률에 해당한다. 따라서 효율적변경에 위치하는 증권의 예상수익률도 증권시장선에 포함되지만 시장포트폴리오의 수익률도 증권시장선에 포함된다. 증권시장선이 함의하는 점은 개별증권의 위험보상비율을 계산할 때 수익률의 표준편차가 아니라 시장포트폴리오의 수익률과의 공분산이 사용된다는것이다. 따라서 개별증권의 수익률에 포함되어 있는 모든 위험이 시장에서 평가되는 것이 아니라 시장포트폴리오의 수익률에 의해서 설명되는 부분만 증권시장에서 거래된다.

확률적 할인인자와 위험의 시장가격

앞에서 설명한 <표 3-6>의 모형과 제2장의 자산가격모형이 어떤 관계가있는지 알아보기 위해 확률적 할인인자를 사용하여 도출한 자산가격결정의 기본공식이 샤프비율(Sharpe ratio)에 대하여 제공하는 함의에 대하여 설명한다. 이를 위해 한센(Lars Hansen)과 자가나단(Ravi Jaganathan)이 1991년 발표한 연구에서 분석한 한센-자가나단의 경계(Hansen-Jaganathan bound)를 사용하여설명한다.[4] 여기서 샤프비율은 수익률의 표준편차 한 단위당 예상초과수익률(또는 위험프리미엄)이므로 위험보상비율로 간주할 수 있다. 따라서 투자자가임의의 증권을 보유할 때 투자자가 부담하는 위험을 그 증권의 수익률이 얼마나잘 보상하는가를 나타낸다. 또한 제2장에서 설명한 자산가격결정의 기본공식은모든 증권에 대하여 확률적 할인인자와 그 증권의 수익률의 곱으로 정의된 확률변수의 기대값이 1이 됨을 의미한다. 위의 표현을 초과수익률에 적용한다면 어

---

4) 이들이 발표한 논문의 제목과 학술지명은 다음과 같다. 「Implications of Security Market Data for Models of Dynamic Economies, Journal of Political Economy, Vol. 99 (2), pp. 225-262」

표 3-7 확률적 할인인자와 위험의 시장가격

임의의 증권에 대한 초과수익률과 샤프비율	$\lambda_i = E[z_i^{'}]/\sigma_i$
초과수익률의 가격	$E[m^{'}z_i^{'}] = 0$
초과수익률과 확률적 할인인자의 공분산	$\text{cov}(m^{'}, z_i^{'}) = -E[m^{'}]E[z_i^{'}]$
초과수익률과 확률적 할인인자의 상관계수	$\rho(m^{'}, z_i^{'}) = -\lambda_i E[m^{'}]/\sigma_{m^{'}}$
상관계수의 절대값에 대한 제약	$\sigma_{m^{'}}/E[m^{'}] \geq |\lambda_i|$
위험의 시장가격의 결정	$\lambda = \max_i |\lambda_i| \rightarrow \lambda = \sigma_{m^{'}}/E[m^{'}]$

주: $z_i^{'} = R_i^{'} - F$를 위험증권 i의 초과수익률, σ_i는 표준편차, λ_i는 샤프비율이다. $\sigma_{m^{'}}$는 확률적 할인인자의 표준편차이다.

떠한 형태의 공식이 되는가? 이 질문에 대한 답은 확률적 할인인자와 그 증권의 초과수익률의 곱으로 정의된 확률변수의 기대값은 0이라는 것이다. 위의 설명내용을 간단히 정리하면 차익거래이득이 없다는 조건을 부여할 때 임의의 증권에 대한 수익률의 가격은 1이고, 임의의 증권에 대한 초과수익률의 가격은 0이 된다는 것이다.

다음에서는 초과수익률의 가격이 제로라는 점이 개별증권의 샤프비율에 대하여 어떠한 함의를 가지는가를 설명한다. 먼저 임의의 증권에 대하여 그 증권의 샤프비율은 <표 3-7>의 첫째 줄과 같이 정의한다. 둘째 줄은 확률적 할인인자로 평가한 초과수익률의 가격이 0이라는 것을 보여주고 있다. 확률적 할인인자와 개별증권의 초과수익률의 공분산의 정의식에 초과수익률의 가격이 제로라는 조건을 대입하여 정리하면 셋째 줄이 도출된다. 셋째 줄에 있는 수식의 양변을 확률적 할인인자의 표준편차와 초과수익률의 표준편차의 곱으로 나누면 넷째 줄에 있는 확률적 할인인자와 초과수익률의 상관계수의 결정식을 도출할 수 있다. 상관계수의 절대값은 1보다 작다는 조건을 넷째 줄에 부과하면 모든 증권에 대하여 다섯째 줄에 있는 부등식이 성립한다. 다섯째 줄의 부등식은 모든 개별증권에 대하여 성립한다. 또한 위험의 시장가격이 증권시장에서 거래되는 모든 증권의 λ_i 중에서 가장 큰 수치라는 조건을 다섯째 줄에 부과한다. 이에 덧붙여서 확률적 할인인자는 증권들의 수익률들이 형성하는 공간에 포함된다는 가정을 적용한다. 그 결과 확률적 할인인자에 대한 변동계수가 위험의 시장가격과 같아진다. 여섯째줄은 이런 과정을 수식으로 정리하고 있다.[5] 여섯째 줄의 문제점은 왜 위험의 시장가격이 이런 조건을 만족시키는지에 대한 직관적인 설명이 쉽지 않다는 것이다. 다만 여섯째 줄의 조건은 어느 상황에서나 항상 성립하는 항등식이 아니라 균형에서만 성립하는 조건이라는 점을 지적한다. 균형존재를 위한 다음과 같은 두 개의 조건도 만족되어야 한다. 투자자들은 확률적 할인인자가 증권시장에 존재하는 동시에 확률적 할인인자에 의해서 증권시장에서 거래되는 모든 증권의 시장가격이 결정되고 있다는 점을 정확히 이해하고 있어야 한다. 또한 개별증권의 시장수요와 시장공급이 일치하는 상황에서 차익거래이득이 없어야 한다. 이런 일련의 조건들이 만족되면 확률적인 할인인자의 변동계수와 위험의 시장가격이 같다는 조건이 성립한다. <표 3-7>의 조건에 대한 직관적인 설명이 쉽지 않다는 점을 인정하여 다음에서는 위험의 시장가격이 어떻게 결정되는지에 대한 보다 직관적인 설명이 가능한 모형을 설명한다.

확률적 할인인자의 모형

<표 3-3>에서는 확률적 할인인자를 사용하여 개별증권의 수익률을 분해할 수 있음을 보였다. 여기서 개별증권의 수익률과 확률적 할인인자의 상관관계가 있는 부분이 개별증권의 예상초과수익률을 결정하게 됨을 보였다. 시장포트폴리오를 사용하여 개별증권의 수익률을 분해하는 경우에도 증권시장선에서 볼 수 있듯이 개별증권의 수익률과 시장포트폴리오의 수익률의 상관관계에 의해서 개별증권의 예상초과수익률이 결정된다. 두 개의 이론은 서로 다른 이론적인 틀이

---

5) 임의의 확률변수에 대하여 정의되는 변동계수(coefficient of variation)는 그 확률변수의 표준편차를 산술평균으로 나눈 비율을 말한다. <표 3-7>에서는 변동계수의 개념을 확률적 할인인자에 적용하여 위험의 시장가격과 비교하고 있다.

더라도 확률적 할인인자가 증권시장에서 거래되는 증권들의 수익률이 만들어내는 공간에 위치하고 있다고 가정해볼 수 있다. 그러면 확률적 할인인자를 시장포트폴리오의 함수로 표현할 수 있는가? 이와 같은 질문에 답변하는 과정에서 확률적 할인인자가 시장포트폴리오에 대한 위험보상비율로 정의되는 위험의 시장가격에 대한 함수임을 알게 된다. 이렇게 도출된 함수를 확률적 할인인자의 결정을 설명하는 하나의 모형으로 간주할 수 있다는 의미에서 확률적 할인인자의 모형으로 부르기로 한다.[6]

　두 가지의 가정을 부과한다. 첫째 가정은 확률적 할인인자의 로그값은 시장포트폴리오수익률의 로그값의 선형함수라는 것이다. 둘째 가정은 시장포트폴리오 수익률의 로그 값은 정규분포라는 것이다. 이런 두 개의 가정이 만족되는 경우 자산시장의 균형조건이 함의하는 확률적 할인인자의 모형을 도출한다. <표 3-8>은 확률적 할인인자의 모형을 도출하는 과정을 보여주고 있다. <표 3-8>의 첫째 줄에 있는 식은 확률적 할인인자와 시장포트폴리오 수익률의 로그선형 관계를 나타내는 식이다. 앞에서 설명한 첫째 가정에 의해서 <표 3-8>의 첫째 줄에 있는 식은 두 변수의 로그값에 대한 선형식이다. 첫째 줄에서는 함수의 형태만 가정했을 뿐 (a, b)의 값에 대한 정보가 없지만 <표 3-8>의 둘째 줄에서는 두 개의 균형조건을 사용하여 (a, b)에 대한 연립방정식을 도출한다. 첫째 균형조건은 확률적 할인인자와 시장포트폴리오의 수익률의 곱에 대한 기대값이 1이다. 둘째 균형조건은 확률적 할인인자의 기대값은 무위험채권의 총수익률의 역수이다. <표 3-8>의 셋째 줄은 정규분포를 따르는 확률변수의 지수함수에 대한 기대값과 분산을 계산할 때 사용하는 공식을 보여주고 있다. <표 3-8>의 셋째 줄에 정리되어 있는 공식을 <표 3-8>의 둘

---

6) 차익거래이득이 없다는 조건이 만족되는 균형에서 성립하는 조건을 이용하면 확률적 할인인자가 위험의 시장가격, 시장포트폴리오의 예상치 못한 변화, 무위험이자율 등의 함수로 표현할 수 있음을 보일 수 있다. 이런 함수를 가리켜서 확률적 할인인자의 모형이라고 부르기로 한다. <표 3-8>의 확률적 할인인자 모형은 제4장에서 설명하는 이자율기간구조의 분석을 위한 거시금융 모형에서 사용된다. 따라서 제4장에서 사용하는 확률적 할인인자가 어떻게 도출되는지를 미리 설명하고 있다.

표 3-8 확률적 할인인자의 모형: 도출과정

1단계: 확률적 할인인자와 시장포트폴리오수익률의 관계를 나타내는 식을 설정함.	$\ln m' = a\, r'_m + b$
2단계: 자산시장의 균형조건을 사용하여 계수에 대한 방정식을 도출함.	$E[m'R'_m] = 1 \rightarrow E\left[\exp\left((a+1)r'_m + b\right)\right] = 1$ $E[m'] = \exp(-r) \rightarrow E\left[\exp\left(ar'_m + b + r\right)\right] = 1$
3단계: 로그정규분포를 따르는 확률변수의 평균과 분산을 계산하는 공식을 적용함.	$E[\exp(x)] = \exp(\mu + \sigma^2/2)$ $VAR(\exp(x)) = E[\exp(x)]^2(\exp(\sigma^2)-1) \quad x \sim N(\mu,\sigma^2)$
4단계: 위의 공식을 사용하여 계수의 해를 계산함.	$a = -\left(\hat{\lambda}_m/\sigma_{r_m} + \dfrac{1}{2}\right) \qquad b = -\left(ar^e_m + \dfrac{\left(a\sigma_{r_m}\right)^2}{2} + r\right)$ $\hat{\lambda}_m = (r^e_m - r)/\sigma_{r_m}$
5단계: 4단계의 결과를 1단계의 식에 대입하여 정리함.	$m' = \exp\left(-r - \dfrac{\hat{\lambda}^2}{2} - \hat{\lambda}\,\varepsilon\right)$ $\hat{\lambda} = 0.5\sigma_{r_m} + \hat{\lambda}_m$
6단계: 확률적 할인인자와 위험의 시장가격의 관계를 분석함.	$\lambda = \dfrac{R^e_m - F}{\sigma_m} = \left(\dfrac{\sigma_{r_m}}{\sigma_m}\right)\left(0.5\sigma_{r_m} + \hat{\lambda}_m\right) = \left(\dfrac{\sigma_{r_m}}{\sigma_m}\right)\hat{\lambda}$
7단계: 확률적 할인인자의 변동계수와 위험의 시장가격의 관계	$\dfrac{\sigma_{m'}}{E[m']} = \left(\exp(\hat{\lambda}^2)-1\right)^{1/2}$

주: 소문자로 표시된 기호는 $r'_m = \ln R'_m$ 과 $r = \ln F$ 이다. 또한 $\sigma^2_{r_m} = VAR(r'_m)$ 와 $r^e_m = E[\ln R'_m]$ 를 의미한다. ε 은 r'_m 의 예상되지 않은 변화의 표준화된 확률변수이다. $\sigma^2_{R_m} = VAR(R'_m)$ 이 표의 다섯째 줄에 있는 ε 은 r'_m 의 예상되지 않은 변화를 표준화한 확률변수이다. 이를 수식으로 표시하면 $\varepsilon = (r'_m - r^e_m)/\sigma_{r_m}$ 이고, 표준정규분포를 따르는 확률변수이다.

째 줄에 있는 (a, b)의 연립방정식에 적용하여 정리한 후 두 계수에 대한 해를 계산한 결과가 넷째 줄에 정리되어 있다. 이제 4단계의 결과를 1단계의 식에 대입하여 정리하면 할인인자의 로그값은 미래시점에서 발생하는 시장포트폴리오의 예상되지 않은 변동, 위험의 시장가격, 무위험이자율 등의 함수임을 확인할 수 있다. <표 3−8>의 다섯째 줄은 확률적 할인인자의 모형을 보여주고 있다. 확률적 할인인자의 모형이 가지고 있는 유용성은 무엇인가? 첫째, 제4장에서 설명할 이자율의 기간구조를 분석하는 모형에서 유용하게 사용된다. 둘째, 확률적 할인인자를 미래소비와 현재소비의 한계효용의 비율이 아닌 다른 변수를 사용하여 표시할 수 있다는 점이다. 첫째 포인트에 대해서는 제4장에서 이자율기간구조의 모형을 다룰 때 설명하기 때문에 제3장에서는 더 이상의 설명을 생략한다. 둘째 포인트는 <표 3-8>의 다섯째 줄에 있는 확률적 할인인자의 모형에서 $\hat{\lambda}$는 여섯째 줄에서 볼 수 있듯이 $\sigma_m \approx \sigma_{r_m}$의 근사식이 만족되면 위험의 시장가격으로 해석할 수 있다. 따라서 <표 3-8>에서 분석하고 있는 확률적 할인인자의 모형은 확률적 할인인자를 위험의 시장가격의 함수로 설명하는 것으로 볼 수 있다.

확률적 할인인자가 위험의 시장가격의 함수라면 <표 3-7>을 이용하여 설명한 자산시장의 균형에서 확률적 할인인자의 변동계수가 위험의 시장가격과 같다는 결과와 어떻게 연결이 되는지가 궁금해질 수 있다. <표 3-8>의 셋째 줄에서 소개한 로그정규분포의 표준편차에 대한 공식을 다섯째 줄에 있는 확률적 할인인자의 모형에 적용하면 확률적 할인인자의 변동계수는 여섯째 줄에 있는 식과 같이 쓸 수 있다. 이 식의 함의는 <표 3-8>에서 도출한 확률적 할인인자의 모형은 자산시장의 균형에서 확률적 할인인자의 변동계수가 위험의 시장가격과 같다는 결과를 근사적으로 만족시킨다는 것이다.

<표 3-8>에서 정리한 확률적 할인인자의 모형과 제2장에서 설명한 확률적 할인인자를 「소비의 기간간 한계대체율」로 정의하는 모형은 어떠한 관계가 있는지 궁금해진다. 「상대적 위험기피계수」가 상수로 고정되어 있는 특성을 가진 효용함수의 경우를 보기로 한다. 「상대적 위험기피계수」는 효용함수의 이차미분을 일차미분으로 나눈 비율에 소비를 곱한 변수의 절대값으로 정의된다. 수식을 사용하여 설명하기 위해 상대적 위험기피계수를 γ로 표기한다. 「상대적 위험기피계수」의 정의식은 $\gamma = -cu(c)''/u'(c)$이다. <표 3-9>의 첫째 줄에 있는 효용함수는 「상대적 위험기피계수」가 소비의 수준에 따라 변화하지 않고 양의 상수로 고정되는 특성을 가지고 있다. <표 3-9>의 둘째 줄에는 모든 소비자가

표 3-9 확률적 할인인자의 소비 기간간 한계대체율모형

효용함수	$u(c) = (c^{1-\gamma} - 1)/(1 - \gamma)$
확률적 할인인자의 소비 기간간 한계대체율 모형	$m' = \beta \left(\dfrac{c'}{c} \right)^{-r}$
소비의 로그정규분포와 확률적 할인인자의 소비 기간간 한계대체율 모형	$\dfrac{m'}{E[m']} = \exp\left(-\gamma\varepsilon_c - \left(\dfrac{\gamma^2}{2} \right)\sigma_c^2 \right)$ $E[m'] = \exp(-r)$

주: σ_c는 $(\log c')$의 표준편차를 나타내고 ε_c는 $(\log c')$의 과거시점에서 예상하지 못한 부분을 나타낸다.

「상대적 위험기피계수」가 상수인 효용함수를 가지고 있을 때 소비의 효용함수를 사용하여 정의한 확률적 할인인자를 보여주고 있다. 제2장에서 설명한 확률적 할인인자와 「소비의 기간간 한계대체율」이 같다는 결과를 반영한 것이다. <표 3-9>의 셋째 줄에서는 소비의 로그값이 정규분포를 따른다는 가정을 둘째 줄의 수식에 적용하여 계산한 결과를 정리하고 있다.

<표 3-8>와 <표 3-9>을 비교하면 동일한 변수인 확률적 할인인자에 대하여 서로 다른 두 개의 모형이 있음을 알 수 있다. 확률적 할인인자의 서로 다른 두 개의 모형이 반드시 서로 같아야 할 이유는 없지만 어느 때 같아지는가를 생각해본다. 두 조건을 제시할 수 있다. 첫째 조건은 위험의 시장가격과 소비의 변동성은 $\lambda = \gamma\sigma_c$의 식을 만족해야 한다는 것이다. 첫째 조건의 의미는 무엇인가? 소비의 변동성을 소비의 표준편차로 측정한다면 첫째 조건은 소비의 변동성과 위험의 시장가격은 서로 비례해야 한다는 것이다. 여기서 비례상수는 「상대적 위험기피계수」가 된다. 둘째 조건은 과거시점에서 예측되지 않은 소비부분과 확률적 할인인자의 예측되지 않은 부분 간의 관계는 $\varepsilon = \varepsilon_c/\sigma_c$의 관계를 만족해야 한다는 것이다.

위에서 도출한 두 개의 조건이 만족되는 경우는 증권시장의 투자자들이 모두 소비자들로 채워지는 상황이다. 이 경우 증권시장에서 결정되는 위험의 시장가격은 소비자들의 위험에 대한 선호를 반영할 것으로 추측할 수 있다. 앞에서 설명한 첫째 조건을 보면 보다 확실해진다. 첫째 조건의 함의는 동일한 소비의 변

동성에 대하여 위험을 부담하기 싫어하는 투자자로 구성된 증권시장에서 위험의
시장가격이 더 높다는 것이다. 또한 동일한 위험기피계수에 대하여 소비의 변동
성이 높을수록 위험의 시장가격이 더 높다는 것이다. 왜 이런 결과가 발생하는
가? 이 질문에 대한 답변은 다음과 같이 할 수 있다. 소비변동성이 높으면 확률
적 할인인자의 변동성이 높아진다. 또한 확률적 할인인자의 변동성이 높으면 위
험의 시장가격이 증가한다. 위의 두 문장을 연결하면 소비변동성이 높아지면 위
험의 시장가격이 커진다.

연습문제

01 위험보상비율을 예상초과수익률을 수익률의 표준편차로 나눈 비율로 정의하시오. 증권시장에서 거래되는 증권 중에서 시장포트폴리오의 위험보상비율이 가장 크다는 것을 증권시장선을 사용하여 수식으로 보이시오.

02 증권시장선보다 더 높은 곳에 위치한 증권이 존재한다면 그 증권의 예상수익률과 증권시장선의 수직거리를 『증권의 알파』로 정의하시오. 증권의 알파가 양수이거나 음수이면 차익거래의 이득이 있을 수 있음을 보이시오.

03 제3장에서 설명한 모형과 같이 두 개의 위험증권만 존재하는 경우를 사용하여 다음의 문제에 답하시오. 증권1의 예상수익률은 1.05이고 증권2의 예상수익률은 1.3으로 가정하시오. 증권1의 수익률의 표준편차는 0.20이고 증권2의 수익률의 표준편차는 0.3으로 설정하시오. 무위험채권의 수익률은 1.025로 설정하시오.
  - (1) 위험증권수익률의 상관계수가 0일 때의 시장포트폴리오에서 증권1의 비중을 계산하시오. 효율적변경과 자본시장선의 그래프를 작성하시오.
  - (2) 위험증권수익률의 상관계수가 −0.05일 때의 시장포트폴리오에서 증권1의 비중을 계산하시오. 효율적변경과 자본시장선의 그래프를 작성하시오.
  - (3) 위험증권수익률의 상관계수가 0.05일 때의 시장포트폴리오에서 증권1의 비중을 계산하시오. 효율적변경과 자본시장선의 그래프를 작성하시오.

04 위의 문제를 사용하여 투자자가 풀어야 하는 효용극대화문제의 답을 구하시오. 본문에서 가정한 투자자의 효용함수와 동일한 것으로 가정하시오.
  - (1) 위험증권수익률의 상관계수가 0일 때 시장포트폴리오에 대한 투자자수요를 계산하시오.
  - (2) 위험증권수익률의 상관계수가 −0.05일 때 시장포트폴리오에 대한 투자자수요를 계산하시오.
  - (3) 위험증권수익률의 상관계수가 0.05일 때 시장포트폴리오에 대한 투자자수요를 계산하시오.

05 위의 문제를 사용하여 다음의 문제에 답하시오.

　(1) 위험증권수익률의 상관계수가 0일 때 증권1과 증권2의 베타를 계산하시오.

　(2) 위험증권수익률의 상관계수가 -0.05일 때 증권1과 증권2의 베타를 계산하시오.

　(3) 위험증권수익률의 상관계수가 0.05일 때 증권1과 증권2의 베타를 계산하시오.

06 위의 문제를 사용하여 다음의 문제에 답하시오.

　(1) 위험증권수익률의 상관계수가 0일 때 확률적 할인인자의 모형을 도출하시오.

　(2) 위험증권수익률의 상관계수가 -0.05일 때 확률적 할인인자의 모형을 도출하시오.

　(3) 위험증권수익률의 상관계수가 0.05일 때 확률적 할인인자의 모형을 도출하시오.

07 위험증권이 3개 존재하는 경우를 가정하시오. 이 경우 효율적변경과 자본시장선을 어떻게 도출하는지를 수식을 사용하여 설명하시오.

08 단기실질이자율은 중앙은행의 경기역행적인 통화정책에 의해서 결정된다. 예를 들어 불황에는 실질이자율이 낮고 호황에는 실질이자율이 높다. 증권을 보유한 대가로 지불되는 수익은 경기순응적인 경우와 경기역행적인 경우가 있다. 경기순응적인 증권을 증권1이라고 하자. 경기역행적인 증권을 증권2라고 하자. 각각의 증권에 대한 예상수익률에서 무위험이 자율을 뺀 차이를 초과수익률로 정의한다. 앞에서 설명한 증권가격모형을 사용하여 각 증권의 초과수익률의 부호가 어떻게 결정되는지를 설명하시오.

09 미래에서 실현될 상황이 확률적으로 변동하는 경제의 차익거래이득이 없는 자산시장에서 발생하는 버블과 확률적 할인인자의 상관계수의 부호에 따라서 버블의 예상증가율이 (실질)무위험채권의 이자율보다 더 클 수 있다는 주장을 평가하시오.

10 금융투자소득세를 도입하여 시장포트폴리오에 투자하는 뮤추얼펀드와 무위험채권투자로부터 얻는 투자소득에 대하여 같은 세율을 부과하는 경우 자본시장선과 투자자의 효용극대화에 미치는 효과를 분석하시오. 뮤추얼펀드의 투자소득에 적용되는 세율이 무위험채권투자의 이자소득에 적용되는 세율보다 더 높은 경우 자본시장선과 투자자의 효용극대화에 미치는 효과를 분석하시오.

11 확률적 할인인자를 시장포트폴리오의 총수익률의 선형함수로 표시할 수 있는 경제에서 성립하지 않는 설명의 항목들을 있는 대로 선택하고 이유를 설명하시오.

　① 투자자들이 균형에서 차익거래이득을 얻을 수 있어야 한다.

② 시장포트폴리오의 총수익률에 대한 반응계수의 값은 음수일 가능성이 높다.

③ 위험의 시장가격을 알 수 없어도 선형함수를 도출할 수 있기 때문에 편리한 이점이 있다.

④ 실질 무위험채권이 존재하지 않는 경제에서 가능하다.

12 확률적 할인인자와 위험의 시장가격에 관한 다음의 설명 중 옳지 않은 항목들을 있는 대로 선택하고 이유를 반드시 설명하시오.

① 초과수익률의 가격이 제로이면 확률적 할인인자와 위험의 시장가격은 서로 관계가 없다.

② 확률적 할인인자의 기대값이 상수이면 확률적 할인인자의 변동성은 위험의 시장가격에 비례한다.

③ 실질이자율이 음수이면 위험의 시장가격이 확률적 할인인자의 표준편차보다 더 크다.

④ 위험의 시장가격은 확률적 할인인자의 변동계수와 같다.

13 개별증권의 수익률 결정에 관한 설명 중 옳지 않은 항목들을 있는 대로 선택한 후 이유를 반드시 설명하시오.

① 확률적 할인인자를 이용하면 위험중립의 투자자를 가정하기 때문에 예상 초과수익률이 없다.

② 개별증권과 시장포트폴리오의 예상초과수익률은 항상 비례해야 한다.

③ 차익거래이득이 없다면 개별증권 총수익률의 가격은 1이다.

④ 차익거래이득이 없다면 확률적 할인인자의 기대값의 역수는 무위험채권의 총수익률이다.

14 다음의 문장 중에서 옳은 항목들을 있는 대로 선택한 후 이유를 반드시 설명하시오.

① 자본시장선의 기울기는 위험의 시장가격, 증권시장선의 기울기는 시장포트폴리오의 예상초과수익률이다.

② 자본시장선의 절편과 증권시장선의 절편의 값은 같다.

③ 확률적 할인인자와 수익률의 상관관계가 제로인 증권의 예상초과수익률은 제로이다.

④ 투자자의 위험부담을 고려하면 음수의 예상초과수익률을 가진 위험증권은 이론적으로 불가능하다.

15 CAPM에서 투자자의 위험에 대한 민감도에 관한 설명 중 옳지 않은 항목들을 있는 대로 선택한 후 이유를 반드시 설명하시오.

① 위험에 대한 민감도의 크기에 따라 무차별곡선의 위치가 달라질 수 있다.

② 위험에 대한 민감도의 크기에 따라 위험증권에 투자하는 금액의 크기가 다르다.

③ 위험에 대한 민감도의 크기에 따라 위험채권 대비 주식의 투자비중이 다르다.

④ 위험에 대한 민감도의 크기가 커질수록 동일한 점에서 무차별곡선의 기울기가 커지면서 무차별곡선의 위치는 아래로 이동하는 경향이 있다.

16 실질구매력의 안정적인 확대를 위해서 증권시장에 참가하는 투자자는 증권시장의 투자제약식이 반영된 효용극대화를 통해서 위험증권투자의 총액을 결정한다. 이런 투자자의 위험증권투자에 관한 설명 중 옳은 항목들을 선택하고 이유를 반드시 설명하시오.
　① 투자자는 항상 자신에게 가용한 총투자자금에 비례하여 위험증권투자의 총액을 결정한다.
　② 투자자는 어떤 경우에도 무위험채권에 투자하지 않고 위험증권들만 선택하여 투자한다.
　③ 투자자는 위험의 시장가격을 반영하여 위험증권투자의 총액을 결정한다.
　④ 투자자는 시장포트폴리오를 형성하여 위험증권에 투자하지만 위험증권투자의 총액은 위험포트폴리오 수익률의 변동성과 무관하게 결정된다.

17 실질구매력의 안정적인 확대를 위해서 증권시장에 참가하는 투자자는 증권시장의 투자제약식이 반영된 효용극대화를 통해서 위험증권투자의 총액을 결정한다. 이런 투자자의 무차별곡선에 관한 설명 중 옳지 않은 항목을 선택하고 이유를 반드시 설명하시오.
　① 무차별곡선은 동일한 효용의 위험증권투자총액 수익률의 표준편차와 기대값의 궤적이다.
　② 무차별곡선의 기울기는 위험증권투자총액과 위험에 대한 투자자의 민감도에 의존한다.
　③ 동일한 곡선에 있는 각각의 점에서 위험증권투자총액은 서로 다르다.
　④ 동일한 곡선에 있는 각각의 점에서 기울기는 서로 다르다.

18 확률적 할인인자의 증권가격모형이 성립하는 증권시장에서 실질무위험채권의 실질이자율이 10%이고 확률적 할인인자의 표준편차는 0.1이다. 이런 특성을 가진 증권시장의 균형에서 결정되는 위험의 시장가격을 선택하고 이유를 반드시 설명하시오.
　① 0.11
　② 1.1
　③ 11
　④ 0.011

19 증권투자수익률과 확률적 할인인자의 공분산이 -0.1인 위험증권의 위험프리미엄을 증권투자수익률과 확률적 할인인자의 공분산이 0.2인 위험증권의 위험프리미엄으로 나눈 비율을 선택하고 이유를 설명하시오.
　① -0.5
　② 0.5
　③ -2
　④ 2

20 확률적 할인인자가 시장포트폴리오의 총투자수익률의 선형함수로 표시되는 증권시장에 관한 설명 중 옳은 항목들을 선택하고 그 이유를 반드시 설명하시오.
  ① 두 변수는 서로 반대방향으로 변화한다.
  ② 이자율변동이 큰 시기에는 두 변수의 관계가 안정적으로 나타나지 않을 수 있다.
  ③ 위험의 시장가격은 두 변수의 관계에 영향을 미치지 않는다.
  ④ 차익거래이득부재의 조건이 두 변수의 관계를 도출하는 데 중요한 역할을 한다.

21 두 개의 위험증권만 거래되는 증권시장의 효율적 변경을 틀리게 설명한 항목을 선택하고 이유를 설명하시오.
  ① 두 위험증권의 공매도가 금지되는 것은 효율적 변경의 형태에 영향이 없다.
  ② 분산과 평균의 변화가 없을 때 두 증권의 투자수익률의 상관계수가 양수가 되면 음수인 경우보다 항상 효율적 변경이 더 커진다.
  ③ 분산과 평균의 변화가 없을 때 두 증권의 투자수익률의 상관계수가 제로가 되면 다른 경우와 비교하여 효율적 변경의 크기가 가장 작아진다.
  ④ 주요 거시경제변수의 상관계수는 효율적 변경의 형태에 영향을 미치지 못한다.

22 차익거래이득이 없는 경제에서 확률적 할인인자의 역할이 정상적으로 작동하는 경제의 차익거래이득이 없는 균형에 관하여 맞게 설명한 항목을 선택한 후 이유를 설명하시오.
  ① 위험증권의 알파가 제로가 되어야 한다.
  ② 개별주식과 시장포트폴리오의 예상초과수익률의 차이는 가치주의 투자수익률이 성장주의 투자수익률보다 더 높다는 것과 관련이 있다.
  ③ 개별주식과 시장포트폴리오의 예상초과수익률의 차이는 중소기업의 주식투자수익률이 대기업의 주식투자수익률보다 더 높다는 것과 관련이 있다.
  ④ 개별주식의 예상초과수익률은 시장포트폴리오의 예상초과수익률과 같다.

23 증권시장의 역할을 틀리게 설명한 항목을 선택한 후 이유를 설명하시오.
  ① 위험기피의 선호를 가진 투자자들이 위험부담에 대하여 최대의 금전적인 보상을 받을 수 있도록 한다.
  ② 미래에서 노동소득이 높게 실현될 상황보다 낮게 실현될 상황에 상대적으로 더 높은 금융소득을 이전하여 가계의 소비평탄화를 증진시킨다.
  ③ 차익거래이득이 없는 증권거래를 보장하여 버블의 발생을 방지한다.
  ④ 보험상품과 은행예금을 완전히 대체하여 사회후생을 증진시킨다.

24 증권시장에 관한 설명 중 틀리게 설명한 항목들을 선택하고 이유를 설명하시오.

① 시장포트폴리오의 예상초과수익률의 변화에 대한 개별증권의 예상초과수익률의 반응계수는 개별증권의 위험보상을 시장포트폴리오의 위험보상으로 나눈 비율과 같다.

② 금융투자소득세를 도입할지라도 시장포트폴리오에 투자하는 뮤츄얼펀드와 무위험채권의 투자소득에 같은 세율을 부과하면 자본시장선과 투자자의 효용극대화에 영향이 없다.

③ 경기역행적인 투자수익률을 가진 증권과 경기순응적인 투자수익률을 가진 증권의 예상초과수익률의 비율은 음의 부호를 보인다.

④ 위험의 시장가격은 확률적 할인인자의 변동계수의 역수이다.

25 위험의 시장가격과 확률적 할인인자에 관한 설명 중 맞게 설명한 항목을 선택한 후 이유를 설명하시오.

① 다른 변수들의 값이 모두 같을 때 소비자가 가지고 있는 효용함수의 위험기피도가 클수록 위험의 시장가격이 증가한다.

② 다른 변수들의 값이 모두 같을 때 경기순환의 변동성이 더 높을수록 위험의 시장가격이 커진다.

③ 차익거래이득이 없는 균형에서는 개별증권의 위험보상비율은 확률적 할인인자의 변동계수와 확률적 할인인자와 초과수익률의 상관계수의 곱에 마이너스부호를 붙인 값과 같다.

④ 위험의 시장가격은 증권시장에서 가능한 위험보상확률 중 최대값으로 정의된다.

제4장

이자율의 기간구조

제4장
이자율의 기간구조

　제4장에서는 제3장에서 설명한 확률적 할인인자를 사용한 증권가격모형을 채권의 가격분석에 적용한다. 채권가격과 만기수익률의 분석은 증권가격모형의 단순한 응용이 아니라는 점을 밝힌다. 그 이유는 이자율의 기간구조를 설명하는 기존의 다양한 가설들이 제3장에서 설명한 증권가격모형과 관계없이 독립적으로 제시된 점을 고려하면 제4장의 내용에는 제3장의 내용과 독립적으로 중요한 이슈들이 많이 있기 때문이다. 이런 특성을 반영하여 제4장에서는 이자율 기간구조에 대한 다양한 이슈들을 정리한다. 이자율의 기간구조는 간단히 설명하면 서로 다른 만기를 가진 채권들을 대상으로 나타나는 만기수익률과 만기의 체계적인 관계를 말한다. 따라서 이자율의 기간구조는 장기이자율과 단기이자율이 어떻게 연결되는지를 분석하는 것도 포함한다. 아울러 채권투자자들의 개별채권의 투자수익성에 대한 전망에 덧붙여서 거시경제에 대한 예측도 반영되기 때문에 이자율의 기간구조는 거시경제예측 및 통화정책의 실물효과를 분석하는 데 유용하다. 이자율의 기간구조에 대한 정보는 수익률곡선에 요약되어 있다. 수익률곡선은 각각의 만기에 대응하는 만기수익률의 그래프를 말한다. 수익률곡선의 왼쪽 끝은 만기가 가장 짧은 채권수익률을 표시하기 때문에 오른쪽으로 이동하면 만기가 늘어나면서 만기수익률이 어떻게 달라지는지를 반영한다.

통화정책과 관련하여 강조해야 하는 점은 이자율의 기간구조에 대한 정확한 이해가 통화정책의 이자율 경로를 파악하기 위해 중요한 지식이라는 점이다. 위에서 설명한 수익률곡선에서 왼쪽 끝은 중앙은행이 결정하는 기준금리에 의해서 결정된다. 통화정책의 실물경제에 대한 효과가 발생하기 위해 중앙은행이 조정하는 단기이자율의 변화가 장기이자율의 변화로 이어져야 한다. 이는 수익률곡선의 오른편에 위치한 부분이 왼쪽 끝에서 발생한 변화를 어떻게 수용하는지에 달려 있다. 이러한 이유로 수익률곡선의 움직임과 변화의 원인을 정확히 파악하는 것이 통화정책을 담당하는 중앙은행의 중요한 일이라고 할 수 있다. 또한 이자율 기간구조는 거시경제변화에 의해서 영향을 받는 것으로 알려져 왔다. 예를 들어서 장단기금리 차이가 미래시점의 인플레이션 또는 경기상황을 예측하는 데 도움이 되는지의 여부에 대한 논의는 오래전부터 진행되었다. 따라서 만기가 늘어나면서 채권가격과 만기수익률이 달라지는 정도를 보다 정확히 이해하고 싶다면 단순히 채권시장의 거래상황만 파악하는 것이 아니라 이자율 기간구조가 거시경제의 주요 변수들과 어떻게 상호작용하는지를 이해하는 것이 필요하다는 점이 강조되고 있다.

제4장에서는 확률적 할인인자가 존재하는 경우 차익거래이득이 없다는 조건을 만족하는 균형에서 채권가격이 어떻게 결정되는지를 설명한다. 이는 앞에서 설명한 이론들이 채권시장에서 어떻게 적용되는지를 설명하는 부분이다. 차익거래이득이 없어야 한다는 조건을 강조하는 모형이 실증적으로 유용한지에 대하여 의문이 들 수 있다. 이런 의문에 대하여 다음과 같이 설명할 수 있다. 이자율의 기간구조를 실증적으로 이해하기 위해서 이자율의 기간구조를 변동시키는 몇 개의 주요한 요인을 찾아내어 이들의 움직임을 정확히 이해하려는 일련의 연구가 진행되어 왔다. 이런 방식의 실증분석을 진행하는 연구를 하나로 묶어서 이자율의 기간구조를 실증분석하기 위한 무차익거래이득의 선형모형이라고 할 수 있다. 몇 개의 주요한 요인을 정확히 파악할 수 있다면 수익률곡선도 비교적 정확하게 분석하고 예측할 수 있다는 주장이 출발점이라고 할 수 있다. 실증적 유용

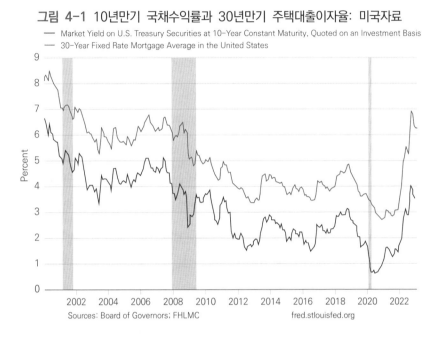

그림 4-1 10년만기 국채수익률과 30년만기 주택대출이자율: 미국자료

— Market Yield on U.S. Treasury Securities at 10-Year Constant Maturity, Quoted on an Investment Basis
— 30-Year Fixed Rate Mortgage Average in the United States

Sources: Board of Governors; FHLMC   fred.stlouisfed.org

성에 중점을 둔 이자율의 기간구조분석에서 다루고 있는 요인들은 채권시장의 거래자료로부터 직접 관측되는 것이 아니라, 수집된 자료에 통계분석을 적용하여 추출되는 경우가 많이 있다. 제4장에서는 수익률곡선의 이동을 결정하는 기본요인이 존재하고, 이들의 변화는 증권시장에서 차익거래이득이 없다는 균형조건을 반영하여 결정된다는 것을 전제로 수익률곡선 분석을 소개한다. 보다 자세한 내용은 이자율 기간구조의 거시금융모형에서 다루고 있다.

실제자료의 소개

제4장의 앞부분에서는 이자율 기간구조의 현실적인 중요성을 이해하기 위해 실제자료에서 관측되는 관련변수들의 행태를 발췌하여 보여주고자 한다. 다음과 같은 세 개의 내용으로 요약할 수 있다. 첫째, 미국 장기국채수익률과 대출이자율의 공행변화이다. 둘째, 미국 통화정책이 장기채권수익률에 미치는 효과이다.

셋째, 미국 최근 장단기수익률 차이이다.

<그림 4-1>에서 검정색곡선은 10년만기 미국 재무성 증권의 만기수익률을 나타낸다. 청색곡선은 미국의 30년만기 주택대출 고정이자율의 평균값을 나타낸다. 2000년부터 2023년의 기간 중 두 개의 곡선은 일정한 간격을 두고 평행하게 이동하는 모습을 볼 수 있다. 두 개의 곡선의 수직거리는 30년만기 주택대출이 10년만기 국채투자에 비해 만기가 길면서 동시에 더 많은 위험을 가지고 있기 때문에 발생하는 위험프리미엄을 반영하는 것으로 간주할 수 있다. 이 부분은 주택대출이자율과 장기국채 만기수익률의 차이를 나타내는 것이지만 비교적 일정하게 유지되고 있다. 주택대출 고정이자율이 올라가고 내려가는 변화의 추세는 장기국채 만기수익률과 같이 간다는 점은 장기국채 만기수익률의 결정을 이해하면 주택대출의 고정이자율이 상승하는지 하락하는지를 예측하거나 배경의 이해에 도움이 된다는 것을 미루어 짐작해 볼 수 있다.[1] 또한 이자율 기간구조는 장기국채의 만기수익률이 어떻게 결정되는지를 설명하는 분야라는 점에서 현실적인 중요성을 가늠해 볼 수 있다.

<그림 4-1>을 보고 난 후 떠오르는 질문 중의 하나를 아래와 같이 요약할 수 있다. 『중앙은행이 초단기금리를 조정하여 10년만기 국채수익률에 영향을 미치는 것이 가능한가?』 이런 질문에 대하여 <그림 4-2>를 보면서 다음과 같이 답할 수 있다. 『중앙은행의 금리목표결정이 10년만기 국채수익률에 유의적인 영향을 미칠 수 있다는 점을 부인하기는 어렵지만, 중앙은행의 정책적인 의도가 10년만기 국채수익률에 그대로 전달되지 않는 상황이 빈번하게 관측된다.』 이런 현상을 가리켜서 『Greenspan's Conundrum』이라고 한다. 『Greenspan's Conundrum』의 용어가 나오게 된 당시 상황을 다음과 같이 요약할 수 있다. 2004년 7월부터

---

1) 2022년 4월 25일 CNBC의 기사(제목: The 10-year Treasury yield is getting closer to 3%. Here's what that means for your money)에서 장기국채의 만기수익률과 주택대출의 이자율의 관계를 다음과 같이 설명하고 있다. 『Last week, the 10-year rate hit 2.94%, its highest point in more than three years. That's also a big jump from where the 10-year started the year, at around 1.6%. It's significant because it is considered the benchmark for rates on all sorts of mortgages and loans.』

그림 4-2 『Greenspan's Conundrum』현상: 미국자료

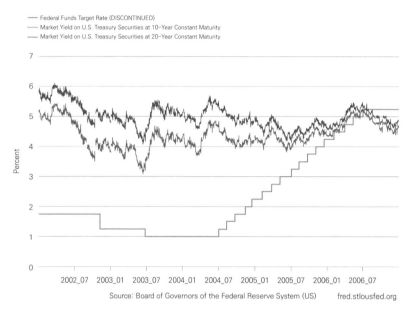

Source: Board of Governors of the Federal Reserve System (US)   fred.stlousfed.org

2006년 7월까지 기간 중 미국 중앙은행이 결정하는 연방기금금리의 목표값은 1%의 수준에서 시작하여 지속적으로 상승하여 5.25%의 수준에 도달한다. 같은 기간 중 연방기금금리는 약 3%의 상승을 보였음에도 불구하고, 10년만기 국채 수익률은 약 4% 수준에 가까운 범위 안에서 머물러 있으면서 거의 변동을 보이지 않는 현상이 나타난다.

2000년부터 2023년의 기간 중 연방기금금리의 변화추이를 살펴보면 두 개의 연방기금금리의 급속상승기간과 세 개의 연방기금금리의 급속하락기간이 관측된다. 이런 변화는 중앙은행이 인플레이션과 경기순환에 대응하는 통화정책을 실시했기 때문이다. 그 결과 세 개의 불황기간 이전에 연방기금금리가 급속하게 하락하였다. 반면에 2004년 중반부터 2006년 중반까지와 2022년 초부터 2023년 중반까지의 기간 중 연방기금금리는 급속하게 상승한다. 특히 2022년 초부터 2023년 중반까지의 기간 중에는 『수익률곡선 역전현상』이 나타난다. 『수익률곡선 역전현상』은 잔존만기가 더 작게 남은 국채의 수익률이 잔존만기가 더 길게

그림 4-3 수익률곡선의 역전: 미국자료

남은 국채의 수익률보다 더 높아지는 상황이 발생하여 수익률곡선에서 기울기가 음수가 되는 부분이 나타나는 경우를 말한다. (10년만기국채수익률－2년만기국채수익률)의 값을 측정하여 이 값이 음수인지의 여부로 수익률곡선의 역전현상이 나타나고 있는지의 여부를 확인해볼 수 있다. <그림 4-3>에서 볼 수 있듯이 미국의 자료에서는 2022년 초부터 큰 폭의 음수값을 보이고 있다.

만기수익률의 개념

만기가 n기 남은 채권의 만기수익률을 $y^{(n)}$으로 표기한다. 만기수익률은 일종의 할인율의 개념이다. 그러나 아래와 같은 특별한 조건을 만족해야 한다. 만기수익률의 정의에서 지적해야 할 두 개의 요점은 아래와 같다.

(1) 만기까지 동일한 할인율이 사용된다.
(2) 만기까지 채권을 보유하여 얻는 총수입의 현재가치와 현재시점에

서 채권가격이 같다.

간단한 예를 들어 현재시점에서 만기시점이 두 시점 남아 있는 순수할인채를 생각해 보자. 이 채권의 현재시점의 가격을 $P^{(2)}$로 표기한다. 순수할인채의 경우 만기까지 지불되는 이자가 없고 만기에서 액면에 정해진 금액을 지급한다. 액면을 실물로 1이라고 가정하면 두 시점 동안 동일한 크기의 할인율을 사용하여 두 시점 이후 제공되는 보상을 할인하여 현재가치를 계산하면 $1/(1+y^{(2)})^2$이 된다. 이는 위의 첫째 조건을 부과한 것이다. 둘째 조건을 부과하면 $P^{(2)} = 1/(1+y^{(2)})^2$ 이다. 이 식에서 만기까지 두 시점이 남은 할인채권의 가격을 대문자를 사용하여 표시하고 만기수익률은 소문자를 사용하여 표기한다. 위의 식은 만기시점이 앞으로 두 시점 남은 할인채권의 가격과 만기수익률이 서로 반대방향으로 변화하는 것을 의미한다. 만기까지 아직 남아 있는 기간의 수가 다르면 채권을 만기까지 보유하여 얻을 수 있는 보상을 측정하는 만기수익률도 달라진다. 그러나 만기수익률과 채권가격이 서로 반대방향으로 움직인다는 점은 계속해서 성립한다. 소문자와 대문자를 구분하여 소문자는 채권가격의 로그함수로 정의한다. 소문자로 표시하는 경우의 식은 다음과 같다.

$$p^{(2)} = -2 \, \log(1+y^{(2)}) \; \rightarrow \;\; p^{(2)} = -2y^{(2)}$$

위의 화살표로 가리키는 식은 근사식을 의미한다. 원래의 식에 대하여 양변에 로그를 취한 식에 대한 근사식을 계산한다. 근사식을 보면 할인 채권가격의 로그 값은 만기수익률을 만기까지 남은 기간 수를 곱하여 나온 값에 마이너스를 취한 값과 같다.

할인기간이 매우 짧은 연속시간모형(continuous time model)을 사용하면 위에서 설명한 근사식을 사용하지 않고 채권가격과 만기수익률의 선형식을 직접 도출할 수 있다. 두 개의 경우를 다음과 같이 구분한다. 할인되는 시간거리가 하나의 단위시간으로 정의되는 이산시간모형(discrete time model)에서는 이산할인(discrete discounting)을 사용하지만, 시간거리가 매우 짧은 연속시간모형에서는

그림 4-4 채권의 소득흐름과 만기수익률

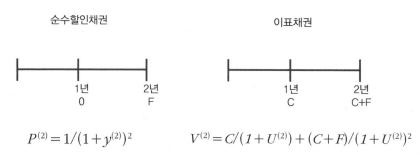

순수할인채권

1년 2년
0 F

$$P^{(2)} = 1/(1+y^{(2)})^2$$

이표채권

1년 2년
C C+F

$$V^{(2)} = C/(1+U^{(2)}) + (C+F)/(1+U^{(2)})^2$$

연속할인(continuous discounting)을 사용한다. 이산할인과 연속할인의 구분은 이산복리(discrete compounding)와 연속복리(continuous compounding)의 차이와 유사하다. 연속으로 할인한다면 어떻게 되는지를 간단히 설명한다. 만기가 두 시점 이후인 할인채권의 가격과 이에 대응하는 만기수익률의 관계는 $P^{(2)} = \exp(-2y^{(2)})$이고, 양변에 로그를 취하면 $p^{(2)} = -2y^{(2)}$이다. 이를 앞의 식과 비교하면 서로 같다는 것을 확인할 수 있지만, 연속시간모형에서는 위의 식이 근사식이 아니라는 것이 다른 점이다. 임의의 n에 대하여 일반화하면 할인채권의 만기수익률과 채권가격의 관계는 $y^{(n)} = -p^{(n)}/n$이다.

　다음에서는 수익률곡선(yield curve)을 설명한다. 수익률곡선은 임의의 시점에서 수평축은 만기이고, 수직축은 할인채권의 만기수익률로 정의되는 평면에서 만기와 만기수익률의 관계를 나타내는 그래프를 말한다. 시점이 달라지면서 만기와 만기수익률의 관계가 달라지는 특성을 반영하여 임의의 시점에 대응하는 하나의 수익률곡선이 존재한다. 통상 이자율의 기간구조를 설명하는 이론이 있다면 그 이론이 함의하는 수익률곡선의 형태가 있다. 따라서 수익률곡선은 이자율의 기간구조에 대한 다양한 가설들의 차이를 설명하기 위한 중요한 도구이다. 또한 수익률곡선을 이용한 실증분석이 가능하다. 현실의 채권시장에서 거래되는 다양한 채권들에 대한 가격자료가 있다면 이를 사용하여 수익률곡선의 형태를 추정할 수 있다. 수익률곡선을 현실의 자료를 사용하여 추정하기 위해 해결해야 하는 문제가 있다. 현실의 금융시장에서는 수익률곡선을 작성하는 데 필요한 모든 만기에 대하여 순수할인채권이 직접 거래되지 않는다. 특히 장기채권은 이표채권의 형식으로 발행되므로 만기가 일정기간이 넘는 장기할인채권의 수익률을 직접 관측할 수 없다. 현실 금융시장에서 장기할인채권이 거래되지 않기 때문에 장기할인채권의 만기수익률은 이표채권의 실제거래가격을 사용하여 추정한다. 이표채권은 채권이 발행된 이후 만기까지 일정한 기간마다 1회씩 이표(coupon)에 나타나 있는 이율에 의해서 결정된 이자를 지급하는 채권이다. 반면에 할인채권에는 만기까지 지급되는 이자가 없다. <그림 4-4>에서는 순수할인채권과 이표채권의 차이를 보여주고 있다. 이 그림에서 F는 채권의 액면가치를 의미한다. 그리고 C는 이표이자를 의미한다. 또한 $V^{(2)}$는 만기가 두 기간 남은 이표채권의 가격이고 $U^{(2)}$는 동일한 이표채권의 만기수익률을 나타낸다. 이표채권은 만기가 되기 이전에 이표이자 C를 지급하고 있음을 보여주고 있다.

  다음에서는 어떻게 이표채권의 가격자료를 사용하여 할인채권의 수익률 자료를 추계할 수 있는지에 대하여 설명한다. 여기서 주요한 포인트는 이표채권은 여러 종류의 할인채권들로 구성된 포트폴리오로 간주할 수 있다는 것이다. 따라서 장기채권의 경우 이표채권의 가격만 관측할 수 있더라도 충분히 다양한 만기의 이표채권의 가격자료가 있다면 만기가 장기인 할인채권의 가격을 추정할 수 있다. 이를 설명하기 위해 만기수익률의 개념은 이표채권과 할인채권에 대하여 동일하게 적용할 수 있다는 점을 지적한다. 특정한 시점에서 특정한 채권의 만기수익률은 그 채권을 그 시점부터 만기시점까지 보유할 때 투자자에게 제공될 모든 소득흐름의 현재가치 합과 현재시점의 채권가격이 같아지도록 하는 할인율로 정의된다. 앞에서 설명한 만기수익률의 정의를 이표채권에 적용한다. 앞으로 n기후 만기가 되는 것으로 가정하자. 다음시점부터 각각의 시점마다 지급되는 이자를 C라고 한다. 채권의 액면은 F로 표시한다. 만기시점에서 지급되는 소득은 $(F+C)$이다. 이표채권의 가격은 $V^{(n)}$으로 표시하고 이표채권의 만기수익률은 $U^{(n)}$로 표시한다. 임의의 n에 대하여 성립하는 이표채권의 만기수익률 정의

표 4-1 이표채권의 가격자료와 할인채권의 만기수익률의 추계: 순차적 방식

만기가 2기 남은 이표채권의 균형조건	$V^{(2)} = \dfrac{C}{1+y^{(1)}} + \dfrac{F+C}{(1+y^{(2)})^2}$
만기가 2기 남은 할인채권의 만기수익률의 추계	$y^{(2)} = \sqrt{(F+C)\Big/\left(V^{(2)} - \dfrac{C}{1+y^{(1)}}\right)} \; - 1$
만기가 3기 남은 이표채권의 균형 조건	$V^{(3)} = \dfrac{C}{1+y^{(1)}} + \dfrac{C}{(1+y^{(2)})^2} + \dfrac{F+C}{(1+y^{(3)})^3}$
만기가 3기 남은 할인채권의 만기수익률의 추계	$y^{(3)} = \sqrt{(F+C)\Big/\left(V^{(3)} - \dfrac{C}{1+y^{(1)}} - \dfrac{C}{(1+y^{(2)})^2}\right)} \; - 1$
만기가 n기 남은 이표채권의 균형 조건	$V^{(n)} = \dfrac{C}{1+y^{(1)}} + \dfrac{C}{(1+y^{(2)})^2} + \cdots + \dfrac{F+C}{(1+y^{(n)})^n}$
만기가 n기 남은 이표채권의 만기수익률의 정의식	$V^{(n)} = \dfrac{C}{1+U^{(n)}} + \dfrac{C}{(1+U^{(n)})^2} + \dfrac{C}{(1+U^{(n)})^3} + \cdots + \dfrac{F+C}{(1+U^{(n)})^n}$

주: 이 표에서 균형조건은 차익거래이득이 없다는 조건이 성립하는 경우를 말한다. F는 채권의 액면가치(face value)를 나타낸다.

식은 <표 4-1>의 여섯째 줄에 정리되어 있다. <표 4-1>의 정의식은 이표채권의 실질가격을 계산하거나 명목가격을 계산하는 경우 모두 성립한다. 한편, 할인채권은 만기이전에 이자가 지급되지 않고 만기에 액면에 해당하는 금액만 지불된다.

다음에서는 차익거래이득이 없는 경우 성립해야 하는 이표채권의 가격과 할인채권의 가격 간의 관계를 사용하여 장기할인채권이 실제로 채권시장에서 거래되지 않더라도 이표채권의 가격을 사용하여 할인 채권의 가격을 추정할 수 있다는 것을 보인다. 할인채권을 제로쿠폰본드라고 부르기도 하므로 앞에서 설명한 방식을 사용하여 생성한 수익률곡선을 제로쿠폰본드(zero coupon bond)의 수익률곡선이라고 할 수 있다. 먼저 간단한 예를 들기 위해 현재시점에서 두 시점 이후가 만기시점인 이표채권의 가격을 알고 있다고 가정한다. 순수할인채권은 만기가 한 시점인 단기채권만 존재하는 것으로 가정한다. 이처럼 만기시점이 두 시점 남은 할인채권이 채권시장에서 실제로 거래되지 않는 경우, 어떻게 할인채권의 만기수익률을 계산할 수 있는지를 설명한다.

차익거래이득이 없다는 조건을 이용하기 위해 두 개의 투자전략을 고려한다.

첫째 투자전략은 만기가 두 기인 이표채권을 하나 구매하는 것이다. 둘째 투자전략은 단기할인채권을 C개 구입하고 만기가 두 기인 할인채권을 $(C+F)$개 구입하는 것이다. 둘째 전략은 장기할인채권이 실제로 존재하지 않기 때문에 시장에서 직접 사용할 수 없지만, 두 개의 투자전략은 앞으로 두 기 시점 동안 동일한 미래소득을 발생시킨다는 점을 이용하여 차익거래이득이 없는 경우 성립해야 하는 장기할인채권의 이론가격을 계산한다. 첫째 전략을 실행하기 위해 현재시점에서 지불하는 비용은 $V^{(2)}$이다. 둘째 전략을 실행하기 위해 지불하는 비용을 계산한다. 다음시점에서 한 단위의 액면금액을 지불하는 할인채권의 가격과 이자율은 시장에서 거래되어 알고 있는 자료이다. 만기가 앞으로 한 시점 남은 할인채권을 현재시점에서 구매하여 다음시점에서 C의 소득을 얻는 것을 목표로 한다. 이 경우 차익거래이득이 없다면 현재시점에서 지불하는 비용은 $C/(1+y^{(1)})$이다. 동일한 방식을 적용하여 만기가 두 기인 할인채권을 매수하는 비용은 $(C+F)/(1+y^{(2)})^2$이 된다. 차익거래이득이 없다는 조건은 <표 4-1>의 첫째 줄에 정리되어 있다. <표 4-1>의 균형조건은 $y^{(2)}$가 미지수인 방정식으로 간주할 수 있다. 이 방정식을 풀어서 미지수를 알고 있는 자료의 함수로 정리하면 <표 4-1>의 둘째 줄에 있는 수식과 같다. 이를 이용하여 만기가 두 기간 남은 할인채권의 만기수익률을 계산한 이후 앞에서 설명한 방식을 동일하게 적용하여 만기가 세 기간 남은 할인채권의 만기수익률을 계산할 수 있다. 만기가 세 기간 남은 이표채권의 가격에 대하여 성립해야 하는 차익거래이득이 없다는 조건은 <표 4-1>의 셋째 줄에 정리되어 있다. 이제 $y^{(1)}$과 $y^{(2)}$는 알고 있고, 시장에서 거래된 $V^{(3)}$의 자료가 있다면 셋째 줄에 있는 수식을 사용하여 $y^{(3)}$를 계산할 수 있다. 넷째 줄에 있는 수식을 이용하면 만기가 3기 남은 순수할인채권의 만기수익률을 계산할 수 있다는 것을 확인할 수 있다. 이러한 방식을 순차적으로 반복하면 만기가 네 기간 또는 그 이상 긴 기간인 할인채권이 실제로 시장에서 거래되지 않더라도 이들의 만기수익률을 이표채권의 시장가격을 사용하여 알아낼 수 있다. 이 경우 순차적으로 사용하는 식은 <표 4-1>의 다섯째 줄에 정리되어 있다.

이표채권의 거래자료가 있는 최장기간에 해당하는 n의 값을 n^*로 표기하면 n = 1, 2, 3,$\cdots$,n^*이다. 이런 방식으로 제로쿠폰본드의 수익률곡선을 추계하는 것을 부트스트랩 방식(bootstrap method)이라고 한다.

앞에서 설명한 방식을 사용하더라도 모든 만기시점에 대하여 수익률곡선의 값을 추정할 수 없다. 모든 만기시점에 대하여 연속적인 곡선의 형태를 추정하기 위해 추정된 자료 사이를 매끄러운 곡선으로 잇는 작업이 필요하다. 문헌에서는 넬슨-시겔의 방법과 스벤슨의 방법 등이 많이 인용된다.[2] 이들이 사용한 절차를 요약하면 다음과 같다.

(1) 선도이자율을 만기에 대한 비선형함수라고 가정한다. 비선형함수의 형태를 결정하는 몇 개의 계수들이 있으며 채권의 가격자료에 의해서 결정된다.

(2) 할인채권의 만기수익률과 선도이자율의 관계를 이용한다. 그 결과 만기수익률도 만기에 대한 비선형함수로 쓸 수 있다.

(3) <표 4-1>에서 설명한 이표채권의 가격과 할인채권의 만기수익률의 관계를 사용하여 이표채권의 가격을 만기의 함수로 표시한다.

(4) 이표채권의 실제가격에 대한 자료가 있는 만기시점에 대하여 위의 함수의 값과 이표채권의 실제가격의 거리를 측정하는 척도를 선택하여 이를 최소화하는 계수들의 값을 추정한다.

앞에서 요약한 방식의 이점은 무엇인가? 채권가격의 관측된 자료를 사용하여 몇 개의 계수들의 값을 추정해 수익률곡선을 비교적 작은 수의 파라미터를 가진 연속적이고 부드러운 곡선의 함수로 설명할 수 있다는 것이다. 이에 추가하여 실제자료에 의해서 관측되지 않는 금융시장 참가자의 미래에 대한 예측정보를 담고 있는 선도이자율을 동시에 추정할 수 있다. 구체적인 함수의 형태는 선도

---

2) 넬슨-시겔 방법과 스벤슨의 방법에 대하여 수익률곡선의 추정을 설명하는 절에서 자세하게 설명한다.

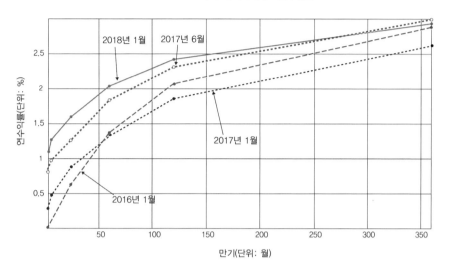

그림 4-5 미국의 만기수익률곡선

이자율을 설명하는 부분에서 소개하기로 한다.

수익률곡선의 변동과 예측

<그림 4-5>는 최근 미국의 수익률곡선을 보여주고 있다. 회색 실선은 2018년 1월의 자료를 사용하여 작성한 수익률곡선을 나타내고 있다. 수익률곡선은 만기가 낮은 쪽에서 오른편으로 이동하면서 위로 증가하는 모습을 보여주고 있다. 수익률곡선의 위치와 형태는 측정하는 시점에 따라 달라질 수 있다. 예를 들어 <그림 4-5>에서 볼 수 있듯이 2016년 1월부터 2018년 1월까지 2년 동안 수익률곡선의 형태는 지속적으로 더욱 완만한 모습으로 변화한다. 2015년 12월 미국의 연방기금금리가 제로금리로부터 정상화된 시점에서 단기금리가 가장 낮은 수준을 유지하고 있다. 그 이후 미국 중앙은행이 연방기금금리를 올리면서 단기금리도 상승한다. 그 결과 수익률곡선의 위치는 왼편 끝에서 점점 위로 이동하는 모습을 보인다. <그림 4-5>에서 왼쪽 끝은 이동 폭이 상대적으

로 크지만 오른쪽으로 이동할수록 이동폭이 작다. 따라서 오른쪽 끝의 크기에서 왼쪽 끝의 크기를 뺀 차이를 보면 곡선의 전반적인 기울기가 낮아지고 있음을 볼 수 있다. 또한 왼쪽 끝에서 만기시점이 60개월 남은 채권의 만기수익률과 만기시점이 30년 남은 채권의 만기수익률과의 차이를 비교하면 전자의 변화 폭이 더 커진 것을 알 수 있다. 이는 수익률곡선을 전반부와 후반부로 나누고, 전반부와 후반부의 기울기가 어느 정도 차이가 나는지를 측정한 것이므로 수익률곡선의 곡률을 파악한 것으로 볼 수 있다.

수익률곡선이 변화하는 원인을 이해하고 앞으로의 변화를 예측하기 위해 단순한 몇 개의 요인을 사용하는 요인분석을 적용해왔다. 이러한 시도에서 가장 단순한 방법은 수준요인(level factor), 기울기요인(slope factor), 곡률요인(curvature factor) 등의 세 요인으로 구성된 하나의 수익률곡선모형을 분석하고 예측하는 것이다.[3] 앞에서도 이미 언급한 바와 같이 <그림 4-5>의 서로 다른 수익률곡선들을 비교하면 앞에서 언급한 수준요인(level factor), 기울기요인(slope factor), 곡률요인(curvature factor) 등의 세 요인의 변화가 어떻게 수익률곡선에 영향을 미치는지를 어느 정도 짐작할 수 있게 한다. 통화정책으로 조절하는 초단기이자율의 변화는 수익률곡선의 위치를 변동시킨다. 이는 수준요인의 변동에 따른 수익률곡선의 변화로 볼 수 있다. 만기가 30년인 미국 국채의 만기수익률은 수익률곡선의 오른편 끝에 위치한다. 단기금리는 지난 2년간 상당한 변동이 있었지만 장기채권의 수익률은 상대적으로 변동폭이 작다. 그 결과 곡선의 전반적인 기울기는 낮아진다. 수익률곡선의 곡률도 2016년 1월의 곡선과 비교하면 낮아진 것을 알 수 있다. 따라서 기울기요인과 곡률요인도 수익률곡선의 모습에 영향을 미치고 있음을 알 수 있다. 수익률곡선을 앞에서 설명한 방식으로 이해하는 것은 어떠한 변수들이 어떠한 과정을 거쳐서 수익률곡선의 변화를 발생시키는가에 대한 의문에 명확한 답변을 제시한다고 보기 어렵다. 수

---

3) 채권수익률에 대한 요인별 분석의 효시로 인용되는 논문은 리터만(Litterman)과 쉐인크만(Scheinkman)이 1991년 Journal of Fixed Income(1권, pp. 54-61)에 발표한 「Common Factors Affecting Bond Returns」이다.

준요인, 기울기요인, 곡률요인은 경제적 의미를 가지고 있는 변수라고 보기 어렵기 때문이다. 이에 덧붙여서 이자율의 기간구조는 거시경제변수의 변화에 의해서 영향을 받는 것으로 지적되어 왔다. 장·단기금리차이가 미래시점의 인플레이션 또는 경기상황에 대한 투자자들의 예측을 반영하는지에 대한 실증적 논쟁이 오래전부터 진행되어 왔다. 또한 앞에서 이미 통화정책은 수익률곡선의 변동을 발생시키는 하나의 요인임을 설명하였다. 이런 점을 반영하여 거시경제변수와 금융변수의 사이에 존재하는 실제의 관계를 보다 정확히 이해하기 위한 시도로서 이자율 기간구조에 대한 거시금융모형을 사용할 수 있다. 관련 문헌에서는 거시경제요인과 자료에 직접적으로 관측되지 않지만, 수익률의 변동에 영향을 미치는 요인들이 어떻게 수익률곡선을 변화시키는지를 분석해왔다. 이런 분석방법은 제4장의 후반부에서 다시 소개한다.

다음과 같은 두 가지 사항을 덧붙이고자 한다. 첫째, 실제로 관측될 수 있는 만기수익률의 자료는 유한하다. 수익률곡선 위에 있는 수많은 점 가운데 단지 몇 개의 점만 시장에서 거래된 자료를 기반으로 추계된 것이다. 그 결과 시장에서 거래되지 않은 만기에 대해서도 만기수익률을 이해할 수 있게 된다. 이를 위해서 다양한 비선형보간법이 사용되어 왔는데, 앞에서는 그 중에서도 『넬슨-시겔과 스벤슨모형』을 소개하였다. 이외에도 다른 방법을 사용할 수 있지만 본 책의 범위를 넘는 것으로 간주하여 더 이상의 자세한 설명은 생략하기로 한다.

둘째, <그림 4-5>에서는 위로 올라가는 모습의 수익률곡선을 보여주고 있다. 그러나 수익률곡선을 추정한 시점에 따라 서로 다른 모습을 보일 수 있다. 예를 들어 기울기가 플러스인 곡선, 평평한 수평선, 기울기가 마이너스인 곡선 등으로 나타날 수 있다. 현재시점에서 기준금리가 상당히 높은 수준이고 앞으로 지속적으로 기준금리가 내려갈 것으로 예상되는 경우 기울기가 마이너스인 수익률곡선이 가능하다. 따라서 앞에서 설명한 수익률곡선의 자료를 보면 다음과 같은 세 개의 실증적 사실이 성립할 수 있음을 짐작할 수 있다.

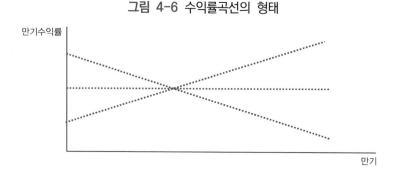

그림 4-6 수익률곡선의 형태

(1) 서로 다른 만기를 가진 채권의 만기수익률이 서로 같이 움직인다.

(2) 단기이자율이 낮으면 양의 기울기를 가진 수익률곡선이 나타나고 단기이자율이 높으면 음의 기울기를 가진 수익률곡선이 나타나는 경향이 있다.

(3) 장기적으로 평균적인 모습을 추정하면 양의 기울기를 가진 수익률 곡선이 된다.

이자율의 기간구조에 관한 여러 가설

<그림 4-6>은 수익률곡선이 취할 수 있는 세 개의 서로 다른 형태를 보여 주고 있다. 위의 설명에서 둘째 항목은 단기이자율이 상대적으로 높은 시기와 상대적으로 낮은 시기에는 서로 다른 모습의 수익률곡선을 관측할 수 있음을 의미한다. 그러나 위의 셋째 항목은 평균적으로 수익률곡선의 기울기가 양수라는 것을 지적하고 있다.

수익률곡선의 형태가 어떻게 결정되는지에 관한 다양한 가설들이 제시되었다. 이자율의 기간구조를 설명하는 네 개의 가설을 요약할 수 있다. 첫째, 기대가설 (expectations hypothesis)이다. 이는 장기이자율은 현재시점의 단기이자율과 미래시점의 단기이자율의 가중평균으로 결정된다는 것이다. 이런 관계가 성립하려면 만기가 서로 다른 채권들의 시장 간 투자자금이 자유롭게 이동할 수 있어

야 한다. 따라서 차익거래이득이 발생한다면 투자자는 장기채권시장 또는 단기
채권시장 중 어느 곳이든 비용없이 자금이동이 가능하다는 가정이 부여된다. 기
대가설에 따른 수익률곡선의 형태는 어떠한가? 기대가설에 따르면 미래시점에서
이자율이 현재보다 더 높아질 것으로 예상하면 수익률곡선의 기울기가 양수가
된다. 미래시점에서 이자율이 현재보다 더 낮아질 것으로 예상하면 수익률곡선
의 기울기가 음수가 된다. 기대가설은 미래시점과 현재시점의 이자율이 모두 같
아지는 장기에서는 수익률곡선이 수평선이 되어야 함을 의미한다. 이러한 함의
는 앞에서 설명한 셋째 사실을 설명하지 못한다는 비판을 받아왔다. 둘째, 유동
성선호가설이다. 앞에서와 같이 만기가 서로 다른 시장 간 자금 이동은 자유롭
게 이루어진다. 그러나 장기채권을 매수하여 장기간 보유하는 것은 투자자금을
하나의 증권투자에 오랫동안 묶어 두는 것이므로 단기채권을 보유하여 얻는 수
익보다 더 높은 보상이 투자자에게 부여되어야 한다는 것이다. 이런 투자자가
채권시장의 투자자라면 수익률곡선은 평균적으로 양수의 기울기를 가지는 곡선
이어야 한다. 둘째 가설의 포인트는 투자수익뿐만 아니라 증권의 유동성도 같이
고려하는 투자자가 채권시장의 투자자라는 것이다. 채권시장의 투자자가 유동성
에 대한 선호를 가진 투자자라면 수익률곡선은 평균적으로 양의 기울기를 가진
곡선이 된다는 것이다. 셋째, 시장분할가설(market segmentation hypothesis)
이다. 시장분할의 의미는 서로 다른 만기를 가진 채권의 시장 사이에는 일종의
칸막이가 있어서 이들은 서로 연결성이 없다는 것이다. 서로 다른 만기를 가진
채권 시장들이 서로 독립적으로 움직인다면 어떻게 앞에서 설명한 수익률곡선에
대한 실증적 사실을 설명할 수 있는가에 대하여 궁금하다. 미쉬킨(Mishkin)은
시장분할가설(market segmentation hypothesis)은 평균으로 양의 기울기를
가진 수익률곡선이 된다는 점을 보일 수 있으나 서로 다른 만기의 수익률들이
서로 같이 움직이고 단기이자율과 수익률곡선의 기울기의 관계를 설명할 수 없
다고 지적한다.[4] 넷째, 선호서식지가설이다. 선호서식지가설에서는 각각의 만기

---

4) 미쉬킨(Frederic S. Mishkin)의 교과서인 「The Economics of Money, Banking, and Financial

표 4-2 확률적 할인인자의 모형과 채권가격

	채권가격의 결정	할인인자의 결정
제1장의 모형과 채권가격	$P^{(1)} = \beta$ $P^{(2)} = \beta^2$	$(1+r)\beta = 1$
제2장의 모형과 채권가격	$P^{(1)} = E[m']$ $P^{(2)} = E[m'(P^{(1)})']$	$(1+r)E[m'] = 1$
제3장의 모형과 채권가격	$P^{(1)} = E[m']$ $P^{(2)} = E[m'(P^{(1)})']$	$m' = \exp\left(-r - \dfrac{\lambda^2}{2} - \lambda\varepsilon\right)$ $\lambda = \lambda_0 + \lambda_1 x$ $x' = \mu + Ax + B\varepsilon$ $\varepsilon \sim N(0,1)$

주: $P^{(1)}$은 만기가 1시점 남은 순수할인채권의 가격이고, $P^{(2)}$는 만기가 2시점 남은 순수할인채권의 가격이다.

에 대하여 이를 선호하는 투자자 그룹이 있다고 주장한다. 예를 들어 연금을 주로 취급하는 금융기관은 자신의 부채는 주로 장기부채이므로 만기가 장기인 자산을 보유하려는 유인이 강하게 있다. 또한 단기투자를 위주로 자신의 투자자금을 운용하는 투자자는 단기채권을 보다 더 선호한다. 이처럼 투자자의 개별적인 특성에 따라 채권의 만기에 대한 선호가 있을 수 있기 때문에 자신이 선호하는 만기 이외의 다른 만기를 가진 채권을 보유하기 위해서는 더 높은 수익률 보상이 있어야 한다는 것이다. 선호서식지가설에서는 모든 투자자가 단기채권보유를 선호하는 것은 아니라는 점을 지적하고 만기가 다른 채권시장은 각각의 시장에 터줏대감처럼 선호하는 투자자들이 있을 수 있다는 점을 강조한다. 그럼에도 투자수익이 있다면 다른 만기의 채권시장에 진입하여 채권을 보유할 수 있다는 것을 지적한다는 점에서 유동성선호가설과 대비된다.

Markets」에서는 이자율의 기간구조에 관한 다양한 견해를 설명하고 있다. 제4장에서 인용하고 있는 미쉬킨의 교과서는 2013년 피어슨(Pearson) 출판사에서 발간한 10판을 말한다.

확률적 할인인자와 채권가격

제4장의 목표 중의 하나는 확률적 할인인자를 사용한 증권가격모형을 순수할인채권의 균형가격을 분석하는 데 적용하는 것이다. <표 4-2>에서는 확률적 할인인자의 모형을 순수할인채권에 적용하는 경우 어떻게 채권가격이 결정되는 지를 보여주고 있다. 제1장의 경우 수익률위험이 없는 상황을 가정하였기 때문에 만기가 늘어나면서 단순히 동일한 할인인자를 곱하는 횟수를 늘려주면 순수할인채권가격을 계산할 수 있다는 것이다. 제2장 이후에는 미래시점에서 실현되는 수익률에 대한 위험이 있는 상황을 고려하고 있기 때문에 더 이상 단순하게 계산되지 않는다. 그러나 주요 포인트는 복잡한 상황을 가정할지라도 순수할인채권의 현재시점에서 가격은 만기가 한 기 감소된 채권의 미래시점에서 가격의 현재가치와 같다는 것이다.

<표 4-2>에서 정리한 채권가격모형은 앞에서 설명한 만기수익률의 결정에 대한 다양한 가설과 어떠한 관계가 있는가에 대하여 궁금할 수 있다. 서로 다른 만기의 채권시장들 사이로 투자자금이 자유롭게 이동할 수 있음을 인정한다. 따라서 균형에서는 차익거래이득이 없다. 이러한 측면에서 기대가설과 일맥상통한다. 그러나 기대가설에서는 만기프리미엄의 존재에 대하여 설명이 없다. <표 4-2>의 채권가격모형에서는 만기프리미엄이 채권가격과 확률적 할인인자의 관계에 의해서 결정된다. 이를 설명하기 위해 기대가설에 대하여 먼저 설명한다. 단순한 예를 들기 위해 잠시 투자자들이 모두 위험중립적인 투자자들이라고 가정한다. 각각의 투자자들은 만기가 두 시점 이후인 채권에 투자하여 만기까지 기다리는 방식과 만기가 한 기인 할인채권을 구매하고 다음시점에서 원금을 받으면 이를 다시 만기가 한 기인 할인채권에 투자하는 방식 중 하나를 선택할 수 있다. 두 개의 투자전략 중에서 하나를 선택할 때 각각의 투자전략으로부터 예상되는 기대수익률을 기준으로 결정한다. 투자자가 기대수익률을 계산할 때 차익거래이득이 없는 균형이 달성될 것으로 믿는다고 가정한다. 차익거래이득이

표 4-3 만기프리미엄의 정의와 분해과정

만기프리미엄의 정의	$y^{(2)} = \dfrac{r + E[r^{'}]}{2} + \sigma^{(2)}$
1단계: 채권가격의 균형조건을 정리함	$e^{-2y^{(2)}} = e^{-r}E[e^{-r^{'}}] + \mathrm{cov}(m', e^{-r^{'}})$
2단계: 로그정규분포를 가정함	$E[e^{-r^{'}}] = e^{-E[r^{'}] + \mathrm{var}(r')/2}$
3단계: 2단계의 식을 1단계의 식에 대입함	$e^{-2y^{(2)}} = e^{-r - E[r^{'}] + \mathrm{var}(r')/2} + \mathrm{cov}(m', e^{-r^{'}})$
4단계: 만기프리미엄의 식을 정리함	$e^{-2\sigma^{(2)}} = e^{\mathrm{var}(r')/2} + \mathrm{cov}(m'/E[m'], e^{-(r^{'} - E[r^{'}])})$
5단계: 근사식을 도출함	$\sigma^{(2)} = -\mathrm{var}(r')/4 - \mathrm{cov}(m'/E[m'], e^{-(r^{'} - E[r^{'}])})/2$

주: $\sigma^{(2)}$는 만기가 두 기간 남은 할인채권의 만기프리미엄을 나타낸다.

없다면 $1/P^{(2)} = (1+r)(1+E[r^{'}])$의 조건이 성립해야 한다. 등호의 왼편은 현재시점에서 장기채권에 투자하여 두 시점 이후까지 그대로 가지고 있다가 채권이 보장한 금액을 그대로 받는 투자전략을 선택할 경우의 총수익률이다. 등호의 오른편은 현재시점에서 만기가 다음시점인 단기채권에 투자하고 다음시점이 되면 현재시점에서 구매한 채권에서 얻는 원리금을 모두 단기채권에 다시 투자하는 투자전략을 따르는 경우 예상되는 총수익률이다.

왜 등호가 성립하는가? 그 이유는 시장의 균형조건으로 간주할 수 있기 때문이다. 예를 들어 두 개의 투자전략이 제공하는 예상수익률이 서로 다르다고 가정하자. 이 경우 만기가 두 시점 남은 장기채권에 대한 수요와 공급이 변화한다. 결국 장기채권의 시장가격은 조정과정을 거쳐 균형에서 등호가 성립하게 된다. 이제 앞에서 설명한 수식에 근사과정을 적용하면 만기수익률과 단기이자율의 관계식은 $y^{(2)} = (r + E[r^{'}])/2$이다.[5] 이 식은 이자율의 기간구조에 대한 여러 가설 중에서 기대가설에서 주장하는 내용과 일치한다. 이를 하나의 문장으로 간단히 정리하면 다음과 같다. 장기채권의 만기수익률은 단기채권의 현재시점과 미래시

---

5) $(1+y^{(2)})^2 = (1+r)(1+E[r^{'}])$의 양변에 로그함수를 취한 후 $\log(1+x) \approx x$의 근사관계를 적용하여 도출할 수 있다.

점에서 결정될 이자율의 산술평균이다.

기대가설이 성립한다면 수익률곡선은 어떠한 형태를 가지는가? 이 질문에 답하기 이전에 매시점 채권시장에서 형성되는 가격에는 일시적인 요인들이 크게 영향을 미칠 수 있으므로 일시적인 효과를 반영한 수익률곡선의 형태는 매 시점 달라질 수 있다는 점을 지적한다. 그러면 단기적인 요인의 변화를 제거한 수익률곡선이 장기적으로 어떠한 형태를 가지고 있겠는가? 기대가설의 경우 단기이자율의 장기평균이 계속해서 미래에도 성립할 것으로 예상되면 $y^{(n)} = r$이므로 수익률곡선은 일정한 수평선이 되어야 한다.6) 그러나 현실자료에서는 기대가설이 함의하는 형태와 동일한 형태의 수익률곡선이 나타나지 않는다. 따라서 현실자료에서는 장기채권의 만기수익률과 단기이자율의 산술평균의 사이에 괴리가 있다. 그러므로 현실자료를 설명하려면 이런 차이가 어떻게 발생하는지를 설명해야 한다. 괴리의 발생이유를 설명하기 위해 만기프리미엄(term premium)의 개념을 도입한다. 만기프리미엄은 만기수익률에서 단기이자율의 산술평균을 뺀 차이로 정의된다. 이제 앞의 설명을 반영하여 만기수익률의 결정식을 <표 4-3>의 첫째 줄에 적는다. 첫째 줄의 수식에서 오른편의 첫째 항은 기대가설에 의해서 설명되는 부분이고, 둘째 항은 기대가설에 의해서 설명되지 않는 부분이다. 둘째 항이 포함되는 이유는 투자자가 위험 중립적이 아닌 선호를 가지고 있으며 동시에 확률적 할인인자도 미래시점에서 결정되는 수익률과 상관관계가 있는 확률변수이기 때문이다.

다음에서는 만기프리미엄이 어떻게 결정되는지를 설명한다. 이를 위해 먼저 무위험할인채권의 가격이 어떻게 결정되는지를 설명해야 한다. 무위험할인채권은 미래의 특정한 시점에서 어떠한 상황이 발생하더라도 현재시점에서 약속한 크기의 보상을 제공하는 채권으로 정의된다. <표 4-2>에서 볼 수 있듯이 현재시점에서 두 기간 이후의 미래시점에서 소비재 한 단위를 제공하는 무위험할

---

6) 기대가설이 성립할지라도 미래시점의 단기이자율이 현재시점의 단기이자율보다 더 높을 것으로 예상된다면 우상향하는 수익률곡선이 가능하다. 또한 미래시점의 단기이자율이 현재시점의 단기이자율보다 더 낮다면 우하향하는 수익률곡선이 가능하다.

인채권의 가격을 확률적 할인인자를 사용하여 계산할 수 있다. 현재시점에서 만기가 두 기간 남은 할인채권은 다음시점으로 넘어가면 만기가 한 기간만 남은 채권이 된다. 따라서 만기가 두 기간 남은 채권을 한 기 동안 보유하고 다음시점에서 판다면 이러한 투자전략으로부터 예상되는 미래소득의 현재가치는 다음시점에서 만기가 한 기간 남은 채권가격의 예상현재가치가 된다. 균형에서 차익거래이득이 없다면 <표 4-2>의 균형조건이 성립해야 한다. 따라서 제2장에서 이미 설명한 균형자산가격결정의 기본공식을 그대로 이용하여 순수할인채권의 균형가격을 도출할 수 있다. <표 4-2>의 채권가격결정공식에서 강조하고 있는 포인트는 할인채권은 정의에 의해서 만기이전에 제공되는 이자가 없다는 것이다. 따라서 다음시점에서 채권을 보유하여 얻을 수 있는 소득이 있다면 다음시점에서 현재 보유하고 있는 증권을 처분하여 발생하는 소득이다. 그 결과 만기까지 두 시점 남아 있는 할인채권의 현재시점의 가격은 다음시점의 가격을 할인한 크기와 같다. 또한 만기시점이 다음시점인 할인채권의 가격은 어떻게 결정되는가? 이미 앞에서 설명하였지만, 이는 단순히 확률적 할인인자의 기대값이 된다. 예를 들어 현재시점에서 앞으로 만기가 한 기간만 남은 할인채권의 균형가격은 확률적 할인인자의 기대값과 같아야 한다.

다음에서는 <표 4-3>을 이용하여 만기프리미엄이 어떻게 결정되는지를 설명한다. $P^{(1)} = e^{-r}$의 식과 $P^{(2)} = e^{-2y^{(2)}}$의 식을 <표 4-2>의 채권가격결정공식에 대입하면 $e^{-2y^{(2)}} = E[m'e^{-r'}]$이 된다. 이 식의 오른편에 두 개의 확률변수의 곱에 대한 기대값은 각 확률변수의 평균의 곱과 두 변수의 공분산을 더한 것과 같다는 공식을 적용하여 정리한 수식이 <표 4-3>의 둘째 줄에 있는 수식이다. 미래시점에서 결정될 단기이자율이 정규분포를 따르는 것으로 가정한 후 로그정규분포를 따르는 확률변수의 기대값을 계산할 때 많이 적용되는 공식을 사용하여 미래시점에서 결정될 단기이자율의 지수함수의 기대값을 <표 4-3>의 셋째 줄에 정리한다. 셋째 줄의 수식을 둘째 줄의 수식에 대입하여 정리하면 <표 4-3>의 넷째 줄에 있는 수식이 도출된다. 첫째 줄에 있는 수식을 넷째 줄에 있는 수식에 대입하여 만기수익률을 소거한 후 정리하면 <표 4-3>의 다섯째 줄에 있는 수식이 된다. 다섯째 줄에 있는 수식의 우변을 보면 만기프리미엄을 결정하는 두 개의 요인이 있음을 알 수 있다. 첫째 요인은 미래시점에서 결정될 단기이자율의 변동성이다. 따라서 만기프리미엄의 결정요인 중에서 확률적 할인인자와 연관성이 없이 발생하는 부분이 있음을 의미한다. 둘째 요인은 미래시점에서 결정될 단기이자율과 확률적 할인인자의 공분산이다. 다섯째 줄에 있는 수식은 비선형이다. 만기프리미엄의 값이 어떻게 결정되는지를 보다 쉽게 분석하기 위해 제로값 근방에서 선형근사한다. 그 결과 도출된 만기프리미엄의 근사식은 <표 4-3>의 여섯째 줄에 있다.

<표 4-3>의 여섯째 줄에 있는 수식에서는 앞에서 설명한 두 개의 결정요인이 만기프리미엄에 미치는 효과가 보다 명확하게 나타난다. 만기프리미엄의 결정을 직관적으로 설명하기 위해 제3장의 분석방법을 적용한다. 제3장에서는 확률적 할인인자가 소비자의 기간간대체율과 같다면 소비자의 한계효용을 이용하여 증권의 위험정도를 평가할 수 있음을 보였다. 제3장의 분석과 연계하여 설명하기 위해 확률적 할인인자가 소비자의 한계효용에 의해서 결정된다면 어떠한 경우 만기프리미엄이 양수가 되는지를 생각해본다. 소비가 높은 상황에서 소비자의 한계효용이 낮아진다. 따라서 미래시점에서 소비가 상대적으로 높은 상황이 실현된다면 확률적 할인인자는 낮아진다. 미래시점에서 소비가 높은 상황에서 실질이자율도 같이 높아지는 특성이 있다면 할인채권이 제공하는 보험적 기능이 상대적으로 약하다. 따라서 이런 경우 두 시점 남은 채권을 보유하기 위해 더 높은 프리미엄을 받아야 한다. 이런 설명이 앞에서 도출한 만기프리미엄에 대한 결정에서도 그대로 성립하는지를 확인하기로 한다. 공분산의 정의에 있는 두 개의 확률변수가 서로 같은 방향으로 이동한다면 공분산의 부호는 양이 된다. 그러나 반대로 이동한다면 공분산의 부호는 음이 된다. 앞의 설명이 성립한다면 소비와 수익률이 같은 방향으로 움직이는 증권들은 모두 공분산의 부호가 음이 된다. 또한 같이 움직이는 정도가 클수록 공분산의 크기가 증가한다. 첫째

표 4-4 만기프리미엄 부호의 결정

이자율 충격	확률적 할인인자	미래시점 소비	미래시점 수익	공분산 부호	프리미엄 부호
높음	높음	낮음	낮음	음수	양수
높음	낮음	높음	낮음	양수	음수
낮음	높음	낮음	높음	양수	음수
낮음	낮음	높음	높음	음수	양수

주: 이 표의 내용은 <표 4-3>의 5단계에서 도출된 식을 반영하여 정리되었다. 또한 <표 4-3>의 5단계에서 도출된 식에서 우변의 첫째 항은 크기가 매우 작아서 프리미엄의 부호는 둘째 항의 부호에 의해서 결정되는 것으로 가정하였다.

항의 부호는 음수이고 두번째 항의 부호는 양수이다. 그러므로 오른편 첫째 항의 절대값이 둘째 항에 비해 작아지는 경우 오른편의 부호가 양수로 결정된다. 공분산이 음수이면서 그 절대값이 커지면 만기프리미엄이 상승한다는 것을 확인할 수 있었다. 따라서 <표 4-4>에서 볼 수 있듯이 <표 4-3>에서 도출한 채권의 만기프리미엄도 제2장과 제3장에서 분석한 자산가격모형에 의해서 설명이 가능하다는 점을 확인할 수 있다.

통화정책은 만기프리미엄에 어떠한 영향을 미치는가? 통화정책의 충격이 발생하여 실물경제에 영향을 미친다면 이는 수익률곡선에 어떠한 영향을 미치는가? 현재시점에서 통화정책의 충격은 과거시점에서 예측되지 않은 통화정책의 변화로 정의된다. 미래시점에서 발생하는 통화정책의 충격은 현재시점에서 예측하지 못한 미래시점에서 발생하는 통화정책의 변화이다. 미래시점에서 발생하는 통화정책의 충격이 가계의 미래소비에 영향을 미치는 경로가 있다면 만기프리미엄 중에서 통화정책의 충격에 의해서 설명되는 부분이 있음을 의미한다. <표 4-4>의 분석을 통화정책의 변화가 만기프리미엄의 부호에 미치는 효과에 적용하면 다음과 같다. 미래시점에서 통화공급이 증가하면서 유동성효과가 발생하여 단기이자율이 하락한다. 그에 따라 경기가 좋아지면서 총소비가 증가한다. 따라서 미래시점의 가계소비가 늘어난다. 이는 미래시점에서 결정될 단기이자율과 확률적 할인인자의 공분산이 음수임을 의미한다. 따라서 만기프리미엄의 첫째 결정요인의 크기가 매우 작다면 만기프리미엄의 부호는 양수가 된다. 이자율이 상승하는 경우를 보기로 하자. 미래시점에서 통화공급이 감소하면서 단기이자율이 상승한다. 그에 따라 경기가 하강하면서 총소비가 감소한다. 따라서 미래시점에서 가계소비가 감소한다. 이는 미래시점에서 결정될 단기이자율과 확률적 할인인자의 공분산이 음수임을 의미한다. 따라서 만기프리미엄의 첫째 결정요인의 크기가 매우 작다면 만기프리미엄의 부호는 양수가 된다.

수익률곡선의 추정

내재선도이자율(implied forward interest rate)은 현재시점의 채권가격과 이자율이 함의하는 미래시점의 단기이자율을 말한다. 내재선도이자율에는 채권시장의 투자자들이 자신의 금융거래에 적용하고 있는 미래시점에서 결정될 단기이자율에 대한 예측정보가 담겨 있다고 할 수 있다. 예를 들어 투자자들이 만기가 두 시점 이후인 할인채권의 시장가격과 만기가 다음시점인 할인채권의 시장가격을 알고 있다고 가정하자. 이런 금융시장의 자료로부터 미래시점에서 결정될 단기이자율에 관한 예측정보를 어떻게 추출할 수 있는지를 보기로 한다. 다음시점에서 성립할 것으로 예상되는 내재선도이자율을 $f^{(1)}$이라고 표시한다. 내재선도이자율은 현재시점에서 그 값이 알려져 있으므로 기대값이라는 표시를 하지 않아도 된다.[7]

<표 4-5>의 첫째 줄에 있는 균형조건의 왼편은 장기채권을 구매하여 만기까지 그대로 보유하는 투자전략의 예상수익률이다. 오른편은 장기채권의 만기시점보다 한 시점 이전이 만기인 할인채권을 구매하고 이 채권을 만기시점까지 보유하여 얻은 미래시점에서 발생할 수입으로 단기채권을 매수하는 투자전략의 예

---

[7] 내재선도이자율을 필요에 따라 선도이자율로 혼용하여 쓰고 있다. 따라서 선도이자율의 표현이 있더라도 이는 새로운 용어가 아니라 내재선도이자율을 간단히 표현한 것임을 지적해 놓는다.

표 4-5 만기수익률과 선도이자율

선도이자율의 정의	$1/P^{(2)} = \left(1+f^{(1)}\right)/P^{(1)}$
만기수익률과 선도이자율	$\left(1+y^{(2)}\right)^2 = \left(1+f^{(1)}\right)(1+r) \rightarrow y^{(2)} = \left(r+f^{(1)}\right)/2$
선도프리미엄의 정의	$\theta^{(1)} = f^{(1)} - E[r']$
선도이자율의 정의	$1/P^{(3)} = \left(1+f^{(2)}\right)/P^{(2)}$
만기수익률과 선도이자율	$\left(1+y^{(3)}\right)^3 = \left(1+f^{(2)}\right)\left(1+f^{(1)}\right)(1+r)$ $\rightarrow y^{(3)} = \left(r+f^{(1)}+f^{(2)}\right)/3$

주: $\theta^{(1)}$는 1기 이후 선도이자율의 선도프리미엄을 나타낸다.

상수익률이다. 두 개의 투자전략으로부터 예상되는 투자수익이 다르다면 상대적으로 적은 수익을 주는 투자전략에 대한 수요가 감소하여 채권의 시장가격이 달라진다. 따라서 차익거래이득이 없는 경우 채권시장의 균형에서 등호가 성립한다.

<표 4-5>의 둘째 줄에서는 첫째 줄의 균형조건의 양변에 로그를 취하여 근사식을 계산하여 도출된 만기수익률과 내재선도이자율의 관계를 보여주고 있다. <표 4-5>의 둘째 줄에 있는 식이 함의하는 점은 할인채권의 가격들을 알아도 내재선도이자율을 추계할 수 있으며 또한 만기수익률의 자료가 있어도 내재선도이자율을 추계할 수 있다는 것이다. 또한 앞에서 설명한 기대가설이 성립한다면 $E[r'] = f^{(1)}$의 식이 성립해야 한다. 그러나 선도이자율과 미래의 단기이자율에 대한 기대값이 다른 경우가 발생할 수 있다. 선도이자율에서 미래시점에서 결정될 단기이자율에 대한 기대값을 뺀 차이를 선도프리미엄(forward premium)으로 정의한다. 이제 만기프리미엄과 선도프리미엄은 어떠한 관계가 있는가를 생각해 보자. 이를 위해 <표 4-5>의 둘째 줄과 셋째 줄의 식을 결합하여 $f^{(1)}$을 소거한 후 도출한 식을 <표 4-3>의 첫째 줄에 있는 만기가 2기인 할인채권에 대한 만기프리미엄의 정의식에 대입한다. 그 결과 만기프리미엄과 선도프리미엄 간의 관계식을 도출할 수 있다. 이를 수식으로 쓰면 $\sigma^{(2)} = \theta^{(1)}/2$이다. 현재시점의 채권가격과 이자율이 함의하는 두 기 이후 미래시점에서 결정될 단기이자율에 대한 예측치는 어떻게 계산할 것인가? 두 기 이후 내재선도이자율의 균형조건은

표 4-6 수익률곡선과 넬슨-시겔-스벤슨 모형의 추정

1단계: 선도이자율을 만기의 함수로 나타냄.	$f^{(n)} = \beta_0 + \beta_1 e^{-n/\tau} + \beta_2 \left(\dfrac{n}{\tau}\right)e^{-n/\tau} + \beta_3 \left(\dfrac{n}{\gamma}\right)e^{-n/\gamma}$
2단계: 만기수익률 정의식에 1단계식 대입함.	$y^{(n)} = \dfrac{1}{n}\displaystyle\int_0^n f^{(k)}dk$
3단계: 만기수익률을 만기의 함수로 정리함.	$y^{(n)} = \beta_0 + \dfrac{\beta_1\left(1-e^{-\frac{n}{\tau}}\right)}{n/\tau} + \beta_2\left(\dfrac{1-e^{-\frac{n}{\tau}}}{n/\tau} - e^{-\frac{n}{\tau}}\right) + \beta_3\left(\dfrac{1-e^{-\frac{n}{\gamma}}}{n/\gamma} - e^{-\frac{n}{\gamma}}\right)$
4단계: 채권가격균형조건에 3단계식 대입함.	$V^{(n)} = Ce^{-y^{(1)}} + Ce^{-y^{(2)}} + \cdots + (C+F)e^{-y^{(n)}}$
5단계: 모형의 계수들을 추정함.	이론가격과 실제가격의 차이의 제곱의 합을 최소화하는 $(\beta_0, \beta_1, \beta_2, \beta_3, \tau, \gamma)$의 값을 추정함.

주: $f^{(k)}$는 미래의 k시점에서 내재선도이자율을 나타낸다.

<표 4-5>의 넷째 줄에 정리되어 있다. 넷째 줄에 있는 균형조건에 대한 근사식을 계산하면 <표 4-5>의 다섯째 줄에서 화살표 오른쪽에 있는 균형조건이 도출된다. <표 4-5>에서 정리된 균형조건이 함의하는 것은 만기수익률은 선도이자율의 가중평균으로 표시된다는 것이다.

<표 4-6>에서는 수익률곡선을 추정하는 데 사용되어 온 넬슨-시겔-스벤슨 모형을 소개한다. <표 4-6>의 첫째 줄에서 선도이자율 함수를 소개한다. <표 4-6>의 첫째 줄에 정의되어 있는 선도이자율함수는 선도이자율이 적용되는 미래시점과 현재시점의 차이를 나타내는 n의 미분가능한 함수로 가정하고 있다. 또한 내재선도이자율함수를 정의하기 위해 여섯 개의 계수들이 사용되었다. 넬슨-시겔-스벤슨 모형은 연속시간모형이기 때문에 앞에서는 n을 자연수로 정의하였으나 잠시동안 n을 양의 실수로 가정한다. <표 4-6>의 둘째 줄에서는 만기까지 남은 시점의 거리가 n인 할인채권의 만기수익률을 선도이자율의 가중평균으로 정의한다. <표 4-6>의 셋째 줄에서는 첫째 줄에서 정의한 선도이자율의 함수를 둘째 줄에 있는 만기수익률의 정의식에 대입하여 할인채권의 만기수익률을 만기의 함수로 표시한다.

장기의 할인채권은 현실의 채권시장에서 거래되지 않기 때문에 위의 모형이

함의하는 이표채권을 계산한다. <표 4-1>에서 설명한 이표채권의 가격과 할인채권의 수익률의 균형조건을 사용하면 이표채권의 가격을 만기의 함수로 표시할 수 있다. 기억을 되살리기 위해 <표 4-6>의 넷째 줄에서는 이표채권의 가격과 할인채권의 수익률의 관계를 수식으로 정리한다. 이제 남은 문제는 여섯 개의 파라미터의 값을 결정하는 것이다. 실제가격이 관측되는 만기에 대하여 모형의 가격과 실제의 가격의 차이를 계산할 수 있으므로 두 가격 차이의 제곱의 합을 최소화하는 파라미터의 값을 추정할 수 있다. 추정된 파라미터의 값들을 <표 4-6>의 둘째 줄에 있는 수식에 대입하여 연속인 수익률곡선의 그래프를 그릴 수 있다.[8]

선도이자율에 대한 정보는 금융시장의 투자자들에게 유용한 정보이다. 또한 통화정책을 실시하는 데에도 유용하게 쓰일 수 있다. 아래에서는 통화정책을 위해 사용되는 예를 간단히 정리한다. 첫째, 중앙은행이 선제지침의 일환으로 미래시점의 기준금리수준에 대하여 약속하는 경우 금융시장의 반응을 분석하는 데 도움이 된다. 둘째, 중앙은행이 앞으로 기준금리를 어떻게 운용할지에 관한 금융시장의 예측을 분석하는 데 도움이 된다. 셋째, 금융증권에 포함된 예상인플레이션에 관한 정보를 분석하는 데 도움이 된다. 넷째, 중앙은행이 현재시점에서 기준금리를 변동시켰을 때 미래의 어느 시점에서 단기이자율이 가장 민감하게 반응하는가를 분석하는 데 도움이 된다.

앞의 설명에 대한 간단한 사례를 들기로 한다. 널리 알려진 피셔방정식은 금융자료를 사용하여 예상인플레이션을 알 수 있다는 것을 의미한다. 피셔방정식에 의하면 명목이자율은 실질이자율과 기대인플레이션율의 합으로 구성된다. 따라서 명목이자율과 실질이자율의 자료가 있다면 피셔방정식을 사용하여 기대인

8) 넬슨(Charles Nelson)과 시겔(Andrew Siegel)이 1987년 Journal of Business(60권, pp. 473-489)에 발표한 「Parsimonious Modelling of Yield Curves」에서 분석한 모형을 넬슨-시겔의 모형이라고 한다. 스벤슨(Lars. E.O. Svensson)이 1994년 NBER Working Paper Series(No. 4871)에 발표한 「Estimating and Interpreting Forward Interest Rates: Sweden 1992-4」에서 분석한 모형을 스벤슨 모형이라고 한다. 넬슨-시겔 모형에서는 <표 4-6>의 첫째 줄에서 우변의 셋째 항이 없다는 점에서 넬슨-시겔 모형과 스벤슨 모형의 차이가 있다.

플레이션율을 추계할 수 있다. 실제경제에서도 인플레이션 연계채권 또는 물가연동채권 등으로 불리는 채권들은 장기채권에서 액면이 물가상승률에 연동하여 변하도록 설계된 채권이다. 예를 들어 최초 발행할 때 10년 만기의 액면이 100만원이라면 인플레이션율이 10퍼센트 상승하는 경우 액면값이 110만원으로 조정된다. 만기시점 이전에 지급되는 이자에 적용되는 이표율은 물가상승률에 관계없이 원래 약정한 대로 그대로 있지만 만기시점에서 지급되는 원금이 물가상승률이 변화하면서 조정된다면 실질이자율을 제공하는 채권으로 간주할 수 있다. 이처럼 인플레이션에 연동하여 채권의 투자수익률을 조정해주는 채권이 실제로 발행되고 있다. 우리나라에서는 물가연동국고채권이 있고, 미국에서는 인플레이션보장채권(Treasury Inflation Protected Securities)이 있다.

실질만기수익률과 명목만기수익률의 자료가 가능하다면 앞에서 설명한 피셔방정식을 그대로 적용하여 예상인플레이션율을 계산할 수 있다. 그러나 이 경우 다음과 같은 두 종류의 오차가 발생할 수 있다. 첫째 오차는 유동성프리미엄의 가능성이다. 물가연동국고채시장의 거래규모가 충분히 크지 않다면 물가연동국고채시장에서 채권을 구매한 투자자가 필요한 시점에 팔아서 자신이 보유하고 있는 채권을 다른 증권에 비해 쉽게 현금화하기 어려울 수 있다. 따라서 투자자는 물가연동국고채를 보유하기 위해 앞에서 설명한 위험에 대한 프리미엄을 요구할 수 있기 때문에 물가연동국고채의 만기수익률에는 유동성부족을 반영한 유동성프리미엄이 포함되어 있을 가능성이 있다. 둘째 오차는 인플레이션 위험프리미엄(inflation risk premium)의 가능성이다. 미래의 인플레이션이 미리 정확하게 알려져 있지 않기 때문에 화폐단위로는 위험이 없더라도 국채가 미래시점에서 제공하는 명목소득의 실질가치는 인플레이션율의 정도에 따라 달라질 수 있는 위험이 있다. 이러한 인플레이션율의 변동성에 의해서 발생하는 프리미엄을 제거해야 순수한 예상인플레이션율을 계산할 수 있다.

피셔방정식이 미래시점에서도 성립한다면 다양한 미래시점에 대하여 추계된 선도이자율은 미래의 특정 시점에서 발생할 장기 또는 단기예상인플레이션을 추계하는 데 도움이 된다. 예를 들어 다음 해에 중기안정목표를 어떻게 조정해야 하는지를 파악하기 위한 하나의 자료로서 내년도부터 앞으로 3년간 예상인플레이션율을 추정하고자 한다면 앞에서 설명한 방식을 실질수익률곡선과 명목수익률곡선에 적용하여 추정한 선도이자율함수를 사용할 수 있다. 이 경우에도 앞에서 설명한 유동성프리미엄과 인플레이션 위험프리미엄을 어떻게 조정하는가에 대한 설명이 필요하다.

이자율 기간구조의 거시금융모형

거시경제상황과 수익률곡선의 관계는 자주 논의되는 주제이다. 다음에서는 거시경제상황을 요약할 수 있는 몇 개의 주요변수들이 위험의 시장가격과 만기수익률의 변동에 상당한 영향을 미치는 요인이 될 수 있음을 강조하는 모형을 소개한다. 이런 모형에는 각각의 시점에서 매우 다양한 종류의 수익률이 존재하지만, 이들의 움직임을 결정하는 몇 개의 요인이 있어서 이 움직임을 정확히 안다면 수익률의 변동을 비교적 정확하게 이해할 수 있다는 견해가 담겨 있는 것으로 볼 수 있다.[9]

모형의 아이디어를 요약하면 다음과 같다. 위험의 시장가격이 몇 개의 요인에 의해서 설명이 가능하다고 가정한다. 이는 확률적 할인인자가 몇 개의 요인에 의해서 설명될 수 있음을 의미한다. 중심 아이디어는 채권시장균형에서 차익거래이득이 없어야 한다는 조건은 채권가격과 결정요인이 서로 만족해야 하는 제약조건을 의미하기 때문에 이를 이용하면 각각의 시점에서 채권가격을 몇 개의 요인들의 함수로 표시할 수 있다는 것이다. 이런 모형구조를 가지고 있기 때문에 몇 개의 요인이 시간이 지남에 따라 어떻게 변화하는지를 정확히 알고 있다

---

9) 이 모형은 2005년도 American Economic Review 5월호(pp. 415－420)에 실린 디볼드(Francis Dieblod), 피아제시(Monika Piazessi), 루드부쉬(Glenn Rudebusch)의 「Modelling Bond Yields in Finance and Macroeconomics」에서 분석된 연속시간모형을 이산시간모형으로 정리한 것이다. 이들의 연구에는 이자율의 기간구조를 이해하기 위해 거시경제변수의 역할을 반영한 금융모형이 필요하다는 점이 반영되어 있다.

면 만기수익률의 변화도 정확하게 이해할 수 있게 된다. 따라서 지금 설명하고 있는 모형분석의 유용성 중의 하나는 수익률곡선의 움직임을 정확하게 예측하는 데 유용하다는 것이다. 몇 개의 요인이 무엇인가에 대하여 구체적으로 규정하지 않고 있다는 점을 단점이라고 할 수도 있지만, 실제자료의 정확한 예측이 주된 목적이라면 이런 특성이 오히려 유연성을 제공할 수 있다. 단지 몇 개의 요인으로 수익률곡선의 움직임을 파악할 수 있다는 아이디어는 앞에서 이미 설명한 바와 같이 수준요인, 기울기요인, 곡률요인 등과 같은 세 개의 요인이면 수익률곡선의 상당한 부분을 예측할 수 있다는 사실을 반영한 것으로 볼 수 있다.

<표 4-7>에서 소개하는 거시금융모형에서는 수익률곡선을 움직이는 요인들이 거시경제의 상황을 나타내는 변수라고 가정하고 있다는 의미에서 거시금융의 수식어가 붙는다. <표 4-7>의 첫째 줄에서는 미래시점의 경제상황은 현재시점의 경제상황과 미래시점에서 발생할 경제충격의 선형함수로 가정한다. 동일한 방식을 현재시점의 경제상황에도 적용할 수 있다. 현재시점의 경제상황은 전기시점의 경제상황과 현재시점에서 발생한 경제충격의 선형함수로 표현할 수 있다. 경제충격은 평균이 0이고 분산이 1인 정규분포를 따르는 확률변수로 가정한다. 구체적인 예를 들어 거시경제상황을 나타내는 변수가 현재시점의 경제성장률을 의미한다면 현재시점의 경제성장률은 전기시점의 경제성장률에 의해서 결정되는 부분과 현재시점에서 발생한 새로운 사건으로 인해 전기시점에서 예상되지 않은 요인에 의해서 영향을 받는 부분으로 나뉘어진다는 의미이다. $B\varepsilon$은 과거시점에서 예측되지 않는 변화를 나타내는 부분이다. 나머지 부분은 과거시점에서 예측되는 부분이다. 현재시점의 경제성장률이 과거시점의 값에 얼마나 영향을 받는지를 결정하는 것이 A의 크기이다. 둘째 줄에서는 위험의 시장가격이 경제상황이 변동함에 따라 달라지는 것으로 가정한다. 셋째 줄에서는 단기무위험이자율이 거시경제상황에 따라 반응하는 것으로 가정한다. 이 식은 중앙은행이 경제상황의 변동에 반응하여 이자율을 조정하는 통화정책을 나타내는 것으로 해석할 수 있다.

표 4-7 거시금융모형의 가정과 채권가격에 대한 균형조건

가정 1: 경제상황의 기간간변동	$x' = \mu + Ax + B\epsilon$
가정 2: 경제상황과 위험의 시장가격	$\lambda = \lambda_0 + \lambda_1 x$
가정 3: 경제상황과 단기이자율	$r = d_0 + d_1 x$
가정 4: 경제상황과 균형채권가격	$P^{(n)} = \exp(a_n + b_n x)$
채권가격에 대한 균형조건	$P^{(n+1)} = E\left[m' P^{(n)'}\right]$
확률적 할인인자의 모형	$m' = \exp\left(-r - \dfrac{\lambda^2}{2} - \lambda\varepsilon\right)$
모형의 해	$a_{n+1} = a_n - d_0 + b_n(\mu - B\lambda_0) + (b_n B)^2/2$ $b_{n+1} = b_n(A - B\lambda_1) - d_1$

주: A는 절대값이 1보다 작은 상수이고, B는 양수로 가정한다. 또한 ε은 기대값이 0이고 분산 1인 표준정규분포를 따르는 확률변수이다. λ_0, λ_1, d_0, d_1 등은 모두 상수이다. $P^{(n+1)}$은 현재시점에서 만기가 $(n+1)$기 남은 할인채권의 가격을 나타낸다. x는 경제상황을 나타낸다.

<표 4-7>의 넷째 줄에서는 채권시장에서 결정되는 균형가격이 경제상황의 변화에 반응할 가능성이 반영된다. 또한 반응계수가 만기에 따라 다른 값을 가질 가능성을 열어두고 있어서 채권의 만기가 다르면 채권가격이 경제상황에 반응하는 크기가 달라질 가능성이 반영된다. 넷째 줄은 채권가격의 형태에 대한 조건이고, 채권가격이 어떻게 결정되는 것인지에 대한 균형조건은 아니다. 채권가격의 균형조건은 <표 4-7>의 다섯째 줄에 표시되어 있다. 다섯째 줄에 있는 균형조건은 균형에서 차익거래이득이 없다는 제약을 부과하여 도출된다는 점은 이미 3장에서 설명하였기 때문에 제4장에서는 이 조건을 사용하여 채권가격이 어떻게 결정되는지를 중점적으로 설명한다. <표 4-7>의 넷째 줄에 있는 식을 다섯째 줄에 있는 균형조건에 대입한 후, 넷째 줄에서 가정한 채권가격의 형태가 모든 x값에 대하여 성립해야 한다는 제약을 이용하여 a_n과 b_n에 대한 방정식을 도출할 수 있다. 균형조건을 계수의 값에 대한 방정식으로 이용하기 때문에 모형의 해를 계산하는 방식을 설명할 때 미정계수법이라는 표현을 사용할 수 있다.

앞에서 설명한 방식으로 도출한 a_n과 b_n에 대한 방정식은 <표 4-7>의 마

지막 줄에 정리되어 있다. <표 4-7>의 마지막 줄에 있는 두 식은 각각 a_n과 b_n에 대한 차분방정식이다. 차분방정식은 매시점마다 초기값을 알면 계속 반복적으로 이용하여 해를 계산할 수 있다. 이를 구체적으로 설명하면 다음과 같다. 먼저 $n=1$인 경우부터 시작한다. 초기값은 $a_0=0$과 $b_0=0$이라고 가정한다. 마지막 줄에 있는 식에 두 계수의 초기값을 대입하면 $(a_1=-d_0,\ b_1=-d_1)$의 조건이 도출된다. 이런 결과를 넷째 줄에 있는 식에 적용하면 $P^{(1)}=\exp(-r)$의 형태로 단기채권의 가격결정조건이 도출된다. 또한 $n=2$인 경우에는 $n=1$에서 이미 도출한 $(a_1=-d_0,\ b_1=-d_1)$의 결과를 <표 4-7>의 마지막 줄에 있는 차분방정식에 대입하여 a_2와 b_2의 값을 계산한다. 계산된 결과를 넷째 줄에 있는 식에 적용하면 현재시점에서 만기시점까지 두 기간 남은 할인채권의 가격결정조건이 도출된다. 그 결과 만기까지 두 시점이 남은 할인채권의 균형가격과 만기수익률이 경제상황의 변화에 어떻게 반응하는지를 추정할 수 있다.

다음에서는 거시금융모형에서 많이 사용되고 있는 확률적 할인인자의 모형에 대하여 설명한다. 이 부분은 두 단계로 이루어진다. 첫째 단계에서는 확률적 할인인자와 위험의 시장가격의 관계를 규정한다. 둘째 단계에서는 위험의 시장가격이 경제상황을 나타내는 변수들의 선형함수라고 가정한다. 첫째 단계에서는 확률적 할인인자를 만기가 1기인 할인채권의 이자율, 위험의 시장가격, 미래시점에서 발생할 충격의 함수로 가정한다. 확률적 할인인자의 결정을 설명하는 식은 <표 4-7>의 여섯째 줄에 정리되어 있고, 이런 형태로 확률적 할인인자의 모형을 가정하는 이유가 궁금할 수 있다. 이에 대한 답은 여섯째 줄에서 가정한 형태가 되어야 확률적 할인인자의 중요한 두 개의 특징을 만족시킨다는 것이다. 첫째, 여섯째 줄에서 정의한 확률적 할인인자의 식을 단기할인채권에 대한 오일러방정식을 대입하여 계산하면 다음과 같이 확률적 할인인자의 기대값은 단기할인채권의 총수익률의 역수가 된다. 식으로 표시하면 $E[m']=\exp(-r)$이다. 둘째, 여섯째 줄에 있는 확률적 할인인자의 모형은 확률적 할인인자의 변동계수가 위험의 시장가격인 λ와 같다는 조건에 대한 근사식으로 해석된다.

표 4-8 거시금융모형과 만기프리미엄의 결정

만기수익률과 채권가격의 관계	$y^{(n)} = -\log(P^{(n)})/n$
만기프리미엄의 정의	$\sigma^{(n)} = y^{(n)} - \sum_{k=0}^{n-1} E[r(k)']/n$
만기가 두 기인 할인채권의 만기프리미엄	$\sigma^{(2)} = \left(\dfrac{Bb_1}{2}\right)\lambda - \dfrac{B^2 b_1^2}{4}$
내재선도이자율의 정의	$(1+f^{(n)}) = P^{(n)}/P^{(n+1)}$
선도프리미엄의 정의	$f^{(n)} = E[r^{(n)'}] + \theta^{(n)}$
선도프리미엄과 만기프리미엄	$\sigma^{(n+1)} = \sum_{i=0}^{n} \theta^{(i)}/(n+1), \ \theta^{(0)} = 0$
선도프리미엄의 계산	$\theta^{(n)} = (n+1)\sigma^{(n+1)} - n\sigma^{(n)}, \ \sigma^{(1)} = 0$

주: $y^{(n)}$은 만기시점까지 n개의 기간이 남은 할인채권의 만기수익률을 나타낸다. $\sigma^{(n)}$는 만기시점까지 n기간이 남은 할인채권의 만기프리미엄을 의미한다. 또한 $r(k)'$는 k시점 이후의 단기이자율이다. $f^{(n)}$을 현재시점으로부터 n기 이후부터 $(n+1)$기까지 하나의 기간에만 적용되는 선도이자율을 나타낸다. $\theta^{(n)}$는 $f^{(n)}$에 포함되어 있는 선도프리미엄을 나타낸다.

다음에서는 거시금융모형을 이용하여 만기프리미엄을 어떻게 계산하는지를 설명한다. <표 4-8>의 둘째 줄에서 만기프리미엄은 만기수익률에서 현재시점의 단기이자율과 미래시점의 단기이자율 예측치들의 가중평균을 뺀 차이로 정의된다. 만기프리미엄은 위험의 시장가격에 의해서 영향을 받는 부분과 채권가격이 경제상황의 함수라서 발생하는 부분으로 나누어 볼 수 있다. 구체적인 예를 제시하기 위해 만기가 두 기인 할인채권의 만기프리미엄을 계산한 결과를 <표 4-8>의 셋째 줄에 정리한다. 이 식에서 우변의 첫째 항은 위험의 시장가격에 의해서 영향을 받는 부분이다. 우변의 둘째 항은 채권가격이 경제상황에 의해서 영향을 받는다는 점이 반영되어 발생하는 부분이다. 결국 거시금융모형 분석을 통해서 만기프리미엄에 대한 세 개의 결정요인이 있다는 점을 알 수 있다. 첫째, 위험의 시장가격이다. 둘째, 채권가격이 경제상황의 변화에 대하여 어느 정도로 민감하게 반응하는지에 따라서 만기프리미엄의 크기가 달라진다. 셋째, 경제상황의 변동성이다. 세 개의 결정요인 중에서 위험의 시장가격이 만기프리미엄과 거시경제상황의 변화를 연결하는 역할을 한다. 예를 들어 중앙은행의 통화정책이 변화하면 경제상황에 영향을 미친다. 그 결과 위험의 시장가격이 영향을 받게 되면 만기프리미엄도 변화하게 된다. 따라서 경제상황이 만기프리미엄에 영향을 미치는 과정에서 위험의 시장가격이 매개변수의 역할을 한다고 볼 수 있다.

거시금융모형을 사용하여 내재선도이자율을 추정할 수 있다면 이로부터 금융시장 참가자들의 미래이자율에 대한 예측을 유추할 수 있다. 금융시장 참가자들의 예측이 반드시 정확하다고는 할 수 없다. 그러나 금융시장의 참가자들이 형성하는 미래시점의 이자율에 대한 예측치가 중앙은행의 결정에 어떻게 반응하는지를 아는 것은 금융시장과의 소통이라는 측면에서 중앙은행에게 유용한 정보이다. 또한 일반적인 금융기관도 미래이자율에 대한 정보를 활용하여 자금조달 및 투자선택을 보다 효율적으로 진행할 수 있다. 이에 덧붙여서 거시금융모형을 사용하여 선도이자율이 거시경제상황의 변화에 어떻게 반응하는지 분석할 수 있다. <표 4-8>의 아래 부분에서는 <표 4-5>의 분석을 일반화한다.

선도이자율은 할인채권의 시장가격을 안다면 쉽게 계산할 수 있다. <표 4-8>의 넷째 줄에서는 n기 이후 시점의 선도이자율은 만기시점까지 n기간 남은 채권가격을 만기시점까지 $(n+1)$기간 남은 채권가격으로 나눈 비율로 정의된다. 이런 정의를 이용하여 계산된 선도이자율은 동일한 미래시점에서 성립할 단기이자율에 대하여 현재시점에서 형성한 예측치와 다를 수 있다. <표 4-8>의 다섯째 줄에서는 선도이자율과 n기간 이후 시점의 단기이자율에 대한 예측치의 차이를 선도프리미엄으로 정의한다. 선도프리미엄이 없다면 선도이자율은 현재시점으로부터 $(n-1)$기 이후부터 n기까지의 단기이자율에 대한 예측치와 같아져야 한다. <표 4-8>의 여섯째 줄에서는 선도프리미엄과 만기프리미엄의 관계를 보여주고 있다. <표 4-8>의 다섯째 줄에 있는 선도프리미엄에 대한 식을 만기수익률의 정의식에 대입하여 만기프리미엄과 선도프리미엄의 관계를 도출할 수 있다는 점을 이용하여 만기프리미엄은 선도프리미엄의 가중평균이 된다는 것을 보여주고 있다. <표 4-8>의 일곱째 줄에서는 현재시점으로부터

$(n-1)$기 이후부터 n기까지 미래의 기간에 대하여 성립하는 선도프리미엄은 만기프리미엄을 이용해서 계산할 수 있다는 것을 보여주고 있다.

이자율위험

은행의 전통적인 업무는 단기채권인 예금을 통해서 자금을 조달하고 이를 기초로 예금에 비해 만기가 더 긴 장기채권인 대출을 기업에게 제공하는 것이다. 한편 채권가격의 단기이자율변동에 대한 반응은 채권만기가 늘어나면 보다 더 커진다. 따라서 은행자산의 만기가 은행부채의 만기보다 더 커야 하는 은행업무의 특수성이 반영되어 단기이자율의 변화는 은행의 대차대조표에 비대칭적인 효과를 발생시킨다. 일반투자자의 경우에도 이자율변화는 투자자의 자산가치에 영향을 미친다. 이자율의 예측되지 않는 변동이 현재시점과 미래시점의 채권가격에 영향을 미쳐서 발생하는 위험을 투자자가 부담해야 한다. 이런 위험을 이자율위험이라고 할 수 있다. 이자율위험을 측정하는 척도 중의 하나는 만기수익률이 1퍼센트 변했을 때 채권가격이 몇 퍼센트 변화하는지를 측정하는 것이다. <표 4-1>에서 설명한 이표채권의 가격에 대한 공식을 이용하여 채권가격의 수익률탄력성을 계산할 수 있다.

<표 4-9>에는 만기수익률 탄력성의 계산에 필요한 식들이 정리되어 있다. 첫째 줄에는 이표채권가격을 만기수익률로 미분한 식이 정리되어 있다. 첫째 줄에서 우변의 두번째 괄호 안의 값을 이표채권의 가격으로 나누어 주면 현재시점부터 만기시점까지 이르는 각각의 기간 수에 가중치를 곱하여 계산한 가중평균이 된다. <표 4-9>의 둘째 줄에는 앞에서 설명한 가중평균이 정리되어 있다. 둘째 줄에서 가중치는 각각의 시점에서 제공되는 수입을 채권가격으로 나눈 비율이다. 관련문헌에서는 이를 듀레이션(duration)으로 정의한다. 둘째 줄에서 $D^{(n)}$은 현재시점에서 만기시점까지 n개의 기간이 남은 채권의 듀레이션을 나타낸다. 둘째 줄의 우변을 보면 듀레이션은 만기시점까지 남은 기간의 가중평균임을 쉽게

표 4-9 듀레이션과 채권가격의 탄력성

채권가격의 만기수익률에 대한 1차 도함수	$\dfrac{\triangle\ V^{(n)}}{\triangle\ U^{(n)}} = -\left(\dfrac{1}{1+U^{(n)}}\right)\left(\dfrac{C}{1+U^{(n)}} + \dfrac{2C}{(1+U^{(n)})^2}\ \cdots + \dfrac{n(F+C)}{(1+U^{(n)})^n}\right)$
듀레이션의 정의	$D^{(n)} = \dfrac{C}{(1+U^{(n)})\,V^{(n)}} + \dfrac{2C}{(1+U^{(n)})^2\,V^{(n)}} +\ \cdots\ \dfrac{n(F+C)}{(1+U^{(n)})^n\,V^{(n)}}$
듀레이션과 채권가격의 수익률 탄력성 간의 관계	$D^{(n)} = -\dfrac{\triangle V^{(n)}}{\triangle(1+U^{(n)})}\dfrac{(1+U^{(n)})}{V^{(n)}}$
수익률곡선에 대한 가정	$\dfrac{1+y^{(1)}}{1+y^{(i)}}\dfrac{\triangle\ y^{(i)}}{\triangle\ y^{(1)}} = 1$
듀레이션과 채권가격의 단기이자율탄력성의 관계	$D^{(n)} = -\dfrac{\triangle\ V^{(n)}}{\triangle\ y^{(1)}}\dfrac{(1+y^{(1)})}{V^{(n)}}$
컨벡시티의 정의	$C^{(n)} \equiv \dfrac{\triangle^2\ V^{(n)}}{(\triangle\ U^{(n)})^2}\dfrac{1}{V^{(n)}} \rightarrow C^{(n)} = \dfrac{1}{(1+U^{(n)})}\ \sum_{k=1}^{n}\dfrac{k(k+1)\,C_k}{(1+U^{(n)})^k\,V^{(n)}}$

주: 여섯째 줄의 수식에서 사용한 기호의 정의는 $C_n = C + F$, $C_k = C$, $k = 1,\cdots n-1$이다.

확인할 수 있다.

듀레이션과 채권가격의 수익률에 대한 탄력성은 서로 어떠한 관계가 있는가? 이에 대한 답은 <표 4-9>의 셋째 줄에 정리되어 있다. 이 식의 오른편은 채권가격의 만기수익률에 대한 탄력성으로 해석할 수 있다.[10] 따라서 듀레이션을 채권가격의 만기수익률에 대한 탄력성을 반영하는 척도로 해석할 수 있다. 듀레이션과 채권가격의 단기이자율에 대한 탄력성은 서로 어떠한 관계가 있는가? 어떤 경우에 <표 4-9>의 다섯째 줄의 조건이 만족되는가? 단기이자율을 만기가 1기 남은 할인채권의 만기수익률로 측정한다면, 채권가격의 단기이자율에 대한 탄력성은 채권가격의 만기가 1기 남은 할인채권의 만기수익률에 대한 탄력성으로 측정할 수 있다. 이제 듀레이션이 채권가격의 단기이자율에 대한 탄력성과 같아지기 위해 수익률곡선에 대한 가정이 필요하다는 점을 지적한다. 단기이자

10) 채권가격의 만기수익률에 대한 탄력성을 채권가격의 수익률에 대한 도함수를 채권가격의 만기수익률에 대한 비율로 나누어 계산된 값으로 정의하자. 이 경우 듀레이션은 채권가격의 만기수익률에 대한 탄력성에 마이너스 기호를 붙인 것으로 볼 수 있다. 이와 같이 정의하면 듀레이션은 채권가격의 만기수익률에 대한 탄력성의 절대값이다. 그러나 채권가격의 만기수익률에 대한 탄력성을 채권가격의 수익률에 대한 도함수를 채권가격의 만기수익률에 대한 비율로 나누어 계산된 값의 절대값이라고 정의할 수 있다. 이 경우 듀레이션은 채권가격의 만기수익률에 대한 탄력성이 된다.

율의 변화에 대하여 장기이표채권가격의 반응을 채권가격의 단기이자율에 대한 미분값으로 측정한다면 <표 4-9>의 넷째 줄에 있는 조건이 만기보다 작은 시점에 대하여 성립해야 한다. 넷째 줄에 있는 조건이 만족된다면 이는 단기이 자율의 변화가 제로쿠폰본드의 수익률곡선 자체를 동일한 크기로 변화시키는 것을 의미한다. 이와 같은 조건이 만족되면 <표 4-9>의 다섯째 줄에서 볼 수 있듯이 듀레이션은 채권가격의 단기이자율의 탄력성이 된다. 채권가격이 수익률의 비선형함수이기 때문에 수익률의 변화가 매우 큰 경우 듀레이션만을 사용하여 수익률의 가격효과를 분석하는 것에 대한 오차가 커질 수 있다. 이를 보완하기 위해 컨벡시티(convexity)로 불리는 채권가격의 수익률에 대한 2차미분함수를 사용한다. 컨벡시티의 정의는 <표 4-9>의 여섯째 줄에 정리되어 있다.

투자자들은 이자율위험으로부터 자산가치를 방어하는 투자전략을 설계할 때 듀레이션의 개념을 이용할 수 있다. 듀레이션이 액면원금이 지급되는 만기시점까지 남은 기간의 수에 비해 짧은 경우 채권을 듀레이션에 맞는 시점까지만 보유하면 이자율위험으로부터 방어할 수 있다는 점이 강조되어 왔다. 이를 『목표기간면역전략』이라고 한다. 다음에서는 목표기간면역전략이 어떻게 작동하는지를 요약한다. 듀레이션에 맞추어 채권을 보유한다면 채권의 매도시점에서 투자자가 얻는 총수입은 서로 다른 두 종류의 수입의 합이 된다. 첫째, 보유기간 동안 지급받는 이자수입을 계속해서 모두 무위험채권에 투자하여 얻는 원리금이다. 둘째, 채권을 매도하여 얻는 수입이다. 이자율이 상승하면 첫째수입은 증가하지만 둘째수입은 감소한다. 반대로 이자율이 하락하면 첫째수입은 감소하지만 둘째수입은 증가한다. 따라서 채권의 매도시점을 적절하게 결정해서 두 개의 상반된 효과가 서로 상쇄되어 채권매도시점에서 투자자가 얻는 총수입이 이자율의 변동에 영향을 받지 않도록 한다는 것이 중심 아이디어이다.

앞에서 설명한 내용에 대한 간단한 예를 제시하기 위해 3년만기 국고채권의 예를 생각해본다. 앞에서 설명한 모형과 동일하게 액면값이 F이다. 매시점마다 지급되는 이자는 C로 표기한다. 분석의 편의를 위해 실제로 지급되는 횟수와 관

표 4-10 듀레이션과 이자율위험면역전략

채권보유기간이 한 기간인 경우	매도시점소득	$I_1 = C + \dfrac{C}{1+r} + \dfrac{F+C}{(1+r)^2} = (1+r)\,V^{(3)}$
	매도시점소득 이자율 반응	$\dfrac{\triangle \ln I_1}{\triangle \ln(1+r)} = 1 - D^{(3)}$
채권보유기간이 두 기간인 경우	매도시점소득	$I_2 = C(1+r) + C + \dfrac{F+C}{1+r} = (1+r)^2\,V^{(3)}$
	매도시점소득 이자율 반응	$\dfrac{\triangle \ln I_2}{\triangle \ln(1+r)} = 2 - D^{(3)}$
채권보유기간이 세 기간인 경우	매도시점소득	$I_3 = C(1+r)^2 + C(1+r) + (F+C) = (1+r)^3\,V^{(3)}$
	매도시점소득 이자율 반응	$\dfrac{\triangle \ln I_3}{\triangle \ln(1+r)} = 3 - D^{(3)}$
만기시점까지 세 기간 남은 이표채권가격		$V^{(3)} = \dfrac{C}{(1+r)} + \dfrac{C}{(1+r)^2} + \dfrac{F+C}{(1+r)^3}$
듀레이션의 정의		$D^{(3)} = -\dfrac{(1+r)}{V^{(3)}} \dfrac{\triangle V^{(3)}}{\triangle (1+r)}$

계없이 채권의 이자는 매년 1회씩 지급되는 것으로 단순화하여 가정한다. 원금
과 이자 모두 원화단위로 표시되는 무위험명목채권으로 가정한다. 무위험명목이
자율을 r로 표기한다. 모형의 단순화를 위해 현재시점에서 수익률곡선이 수평선
이고 항상 평행이동하는 것으로 가정한다. 이 가정에 의해서 $y^{(2)} = y^{(3)} = r$의
등식이 성립한다. 앞에서 설명한 가정을 반영하여 결정되는 3년만기 국채의 가
격은 <표 4-10>의 일곱째 수식으로 정리되어 있다. 또한 듀레이션은 여덟째
수식이다.

투자자는 3년만기 이표채권의 보유기간을 현재시점에서 계획하려고 한다. 투
자자는 채권을 1년간 보유하는 경우 발생할 총미래소득은 I_1, 2년간 보유하는
경우 발생할 총미래소득은 I_2, 만기까지 3년간 보유하는 경우 발생할 총미래소
득은 I_3으로 표시한다. 보유기간이 다르면 채권매도시점의 총미래소득의 크기도
달라진다. 앞에서 정의한 총소득들의 단기이자율에 대한 반응을 보기 위해 이들
을 단기이자율에 대하여 미분한다. <표 4-10>의 첫째 줄, 둘째 줄, 셋째 줄

에서 볼 수 있듯이 1년간 보유하는 경우 총소득의 단기이자율에 대한 미분은 $(1-D^{(3)})$, 2년간 보유하는 경우 총소득의 단기이자율에 대한 미분은 $(2-D^{(3)})$, 만기시점까지 보유하는 경우 총소득의 단기이자율에 대한 미분은 $(3-D^{(3)})$이다. <표 4-10>에서 정리된 결과가 함의하는 점은 채권을 듀레이션과 동일한 기간 동안 보유한다면 이자율변화가 매도시점의 총소득에 미치는 효과를 차단한다는 것이다. 이는 매도시점의 총소득에 대한 이자율위험이 사라진다는 것을 말한다. 따라서 대차대조표에서 자산부분의 듀레이션과 부채부분의 듀레이션을 일치시키면 이자율위험의 대차대조표효과를 차단할 수 있는 방안이 될 수 있다는 것이다.[11]

---

11) 앞에서도 설명한 바와 같이 은행은 예금으로 조달한 자금을 예금보다 더 긴 만기의 대출 또는 증권에 투자하는 기능을 수행한다. 따라서 은행은 단기예금채권을 발행하여 조달한 자금을 장기대출채권(장기증권투자)에 투자하는 『만기변환기능』을 수행하는 것으로 간주할 수 있다. 이런 만기변환기능으로 인해서 은행의 대차대조표는 이자율위험에 노출될 가능성이 높다고 할 수 있다.

연습문제

01 현재수익률(current yield)은 이표채권이 제공하는 쿠폰이자를 채권가격으로 나눈 비율로 정의된다. 2년 만기 이표 채권가격, 원금 및 이자에 대한 정보를 사용하여 2년만기 할인 채권의 만기수익률을 계산하려고 한다. 이표이자율이 연 10%, 현재수익률이 10%, 단기 이자율이 10%일 때 2년만기 할인 채권의 만기수익률을 계산하시오. 답을 도출하는 과정을 설명하시오. 이표이자는 1년에 1회씩 지급되는 것으로 가정하시오.

02 본문에서 설명한 수익률곡선에서 사용한 자료를 사용하여 다음의 문제에 답하시오.
(1) 수준 요인을 $\left(y^{(3)} + y^{(12)} + y^{(60)}\right)/3$으로 정의하여 계산하시오.
(2) 기울기 요인을 $\left(y^{(60)} - y^{(3)}\right)$이라고 정의하여 계산하시오.
(3) 곡률 요인을 $\left(y^{(60)} - y^{(12)}\right) - \left(y^{(12)} - y^{(3)}\right)$이라고 정의하여 계산하시오.

03 어느 경제학자가 채권의 만기프리미엄과 위험의 시장가격은 서로 같은 방향으로 움직이는 경향이 있다고 했다. 그 이유는 위험의 시장가격이 낮아지면 금융시장에서 평가하는 투자 위험의 금전적인 보상수준이 낮아져서 채권투자위험에 대한 보상도 낮아지기 때문이다. 이런 주장이 타당한 주장인지를 평가하시오.

04 만기가 1년 남은 액면이 1000만원인 순수할인채권의 가격이 현재시점에서는 900만원이다. 만기시점에서 1000만원을 지급하는 3년만기 이표채권의 가격이 현재시점에서 700만원이다. 이표율은 10%이고 이자는 매년 1회 만기시점 이전에 2회 지급한다. 만기시점에서 1000만원을 지급하는 2년 만기 이표채권의 가격이 현재시점에서 800만원이다. 이표율은 10%이고 이자는 매년 1회 만기시점 이전에 1회만 지급한다. 만기가 앞으로 2년 남은 현재시점의 순수할인채권 만기수익률을 계산하시오.

05 어떤 경제학자가 고령화가 진행되면서 실질수익률로 추계한 수익률곡선의 장기평균은 마이너스의 기울기를 가지게 될 것으로 주장한다. 또한 장기적인 시계에서는 단기실질이자율이 변동하더라도 장기수익률이 크게 반응하지 않는다고 주장한다. 이 주장이 타당한 주

장인지의 여부를 판단하고 그 이유를 설명하시오.

06 어느 경제학자가 인플레이션율이 높아지면 위험의 시장가격이 높아지기 때문에 고인플레이션이 발생한 시점에서 만기프리미엄이 높아서 장기수익률이 높아지는 것으로 주장한다. 이런 주장이 타당한 주장인지를 분석하시오.

07 순수할인채권의 듀레이션(duration)은 만기와 동일하지만 이표채권의 듀레이션은 채권의 만기보다 더 짧다는 주장이 타당한 주장인지의 여부를 판단하고 그 이유를 설명하시오.

08 이표 채권을 보유한 투자자는 자신이 보유한 채권의 듀레이션을 계산하여 듀레이션과 동일한 기간 동안 보유하면 채권보유로부터 발생하는 이자율 위험을 제거할 수 있다고 주장한다. 이 주장이 타당한 주장인지의 여부를 판단하고 그 이유를 설명하시오.

09 거시경제의 산출을 결정하는 총생산함수에서 생산성향상이 발생하면 총소득과 가계소비가 증가하면서 인플레이션이 낮아진다. 미래시점에서 단기적인 생산성 향상이 갑작스럽게 발생하는 일이 예측된다면 이는 현재시점에서 결정되는 만기프리미엄의 부호에 어떠한 영향을 미치는지를 설명하시오.

10 만기수익률의 개념과 관련된 설명 중 옳지 않은 항목들을 선택하고, 이유를 설명하시오.
① 만기까지 동일한 할인율이 사용된다는 조건이 만족되어야 한다.
② 만기까지 채권보유하는 투자자에게 제공되는 총투자수입의 현재가치와 현재시점의 시장가격이 같아야 한다는 조건이 만족되어야 한다.
③ 채권시장의 균형에서 차익거래이득이 없다는 가정을 부과하면 장기이표채의 만기수익률의 정보를 사용하여 실제로 거래되지 않는 장기 할인채의 만기수익률을 추계할 수 있다.
④ 만기수익률은 채권시장에서 결정되기 때문에 거시경제의 상황과 무관하게 결정된다.

11 통화정책의 수익률곡선에 대한 효과 중 옳지 않은 항목들을 선택하고, 이유를 설명하시오.
① 미래시점에서 중앙은행의 금리목표결정에 대한 금융투자자들의 예측이 수익률곡선에 영향을 미친다.
② 미래시점에서 중앙은행의 금리목표결정에서 금융투자자들이 예측하지 못한 충격이 존재할 가능성이 수익률곡선에 영향을 미친다.
③ 제로금리정책의 지속가능성에 대한 불확실성은 수익률곡선에 영향이 없다.
④ 제로금리정책에서 마이너스금리정책으로 전환하면 수익률곡선에 영향이 없다.

12 순수할인채권의 만기수익률에 관한 설명 중 옳지 않은 항목을 선택하고, 이유를 설명하시오.
　① 순수할인채권은 투자수입이 미리 확정되기 때문에 확률적 할인인자를 사용하여 계산하면 만기에 관계없이 항상 예상초과수익률은 제로가 되어야 한다.
　② 채권시장의 균형에서 차익거래의 이득이 없다는 조건을 부과하면 확률적 할인인자를 사용하여 순수할인채권의 가격에 대하여 성립하는 균형조건을 도출할 수 있다.
　③ 차익거래이득이 없다면 순수할인채권의 투자로부터 예상되는 총수익률의 가격은 1이다.
　④ 차익거래이득이 없는 채권시장에서 액면이 동일하다면 서로 발행시점이 다를지라도 만기가 1기 남은 모든 무위험 순수할인채권의 균형가격은 서로 같아야 한다.

13 만기프리미엄에 관한 설명 중에서 옳은 항목들을 선택하고, 이유를 반드시 설명하시오.
　① 실증분석에서 만기프리미엄은 음수가 될 수 있지만 이론적으로는 음수가 될 수 없다.
　② 만기프리미엄은 선도프리미엄의 함수로 표시할 수 있다.
　③ 만기프리미엄은 위험의 시장가격의 영향을 받는다. 이는 위험의 시장가격을 결정하는 요인이 변동하여 만기프리미엄의 기간간 변화를 발생시킨다는 것을 함의한다.
　④ 만기프리미엄은 실제자료에서 거의 변동이 없는 것으로 나타나는 경향이 있다.

14 이자율 기간별구조에 관한 실증적 사실 중 옳은 항목들을 선택하고, 이유를 반드시 설명하시오.
　① 서로 다른 만기를 가진 채권의 만기수익률들이 같은 방향으로 움직이는 현상이 관측된다.
　② 여러 시점에서 측정된 만기수익률곡선의 장기적인 평균은 양의 기울기를 가진 곡선이다.
　③ 단기이자율이 낮게 형성되는 기간에 측정된 수익률곡선은 양의 기울기를 가진 곡선이다.
　④ 단기이자율이 높게 형성되는 기간에 측정된 수익률곡선은 음의 기울기를 가진 영역이 부분적으로 나타나거나 전반적으로 나타날 수도 있다.

15 이자율 기간별구조에 관한 가설 중 옳은 항목들을 선택하고, 이유를 반드시 설명하시오.
　① 시장분할가설은 서로 다른 만기를 가진 채권들의 만기수익률의 변화가 동시에 발생하는 현상을 설명하지 못한다.
　② 선호서식지가설은 모든 투자자는 항상 자신이 선호하는 만기의 채권만 보유하는 것으로 주장한다.
　③ 기대가설은 수익률곡선이 장기적으로는 우상향하는 형태라는 점을 설명하지 못한다.
　④ 기대가설은 확률적 할인인자와 미래시점에서 발생할 이자율충격의 공분산에 의해서 만기프리미엄이 결정된다고 주장한다.

16 이표채권과 관련된 설명 중 옳은 항목들을 선택하고 그 이유를 반드시 설명하시오.
   ① 현재수익률과 만기수익률은 서로 같은 방향으로 변화하는 경향이 있다.
   ② 명목이자소득이 확정되어 있는 국채를 보유하면 인플레이션위험을 회피할 수 있다.
   ③ 이표채권의 듀레이션은 만기보다 길게 나타나는 경향이 있다.
   ④ 이표채권의 듀레이션에서 만기 이전의 각 시점에서 가중치는 현재수익률과 관련이 없다.

17 만기수익률과 관련된 설명 중 옳은 항목들을 선택하고 그 이유를 반드시 설명하시오.
   ① 미국의 경우 만기 10년의 국채만기수익률과 만기 30년의 주택담보대출이자율은 서로 같은 방향으로 움직이는 경향이 있다.
   ② 중앙은행의 긴축통화정책이 실시되면 수익률곡선에서 역전현상이 관측되는 경우가 있다.
   ③ 만기 2년 이상의 국채만기수익률은 어떠한 상황에서도 음수의 값이 될 수 없다.
   ④ 만기 2년 이상의 국채만기수익률에서 만기프리미엄은 어떠한 상황에서도 양수여야 한다.

18 만기 1년의 순수할인채권가격이 1.1이고 만기 2년의 순수할인채권의 가격이 1일 때 선도이자율(연이자율)의 값을 선택하고 그 이유를 반드시 설명하시오.
   ① 0%
   ② 5%
   ③ 10%
   ④ 15%

19 현재시점에서 만기 2년의 (무위험)순수할인채권을 매수하여 앞으로 1년간 보유하는 투자전략과 만기 1년의 (무위험)채권을 매수하는 투자전략의 1년 이후 수익에 관한 설명 중 옳지 않은 항목들을 선택하고 그 이유를 반드시 설명하시오.
   ① 예상수익차이는 확률적 할인인자와 다음시점의 이자율충격의 공분산과 무관하다.
   ② 예상수익차이는 확률적 할인인자와 다음시점의 단기채권가격의 공분산과 무관하다.
   ③ 모든 투자자가 위험중립적인 선호를 보유하면 예상수익차이는 제로가 될 수도 있다.
   ④ 예상수익차이는 만기프리미엄과 전혀 관련이 없다.

20 중앙은행의 통화정책과 수익률곡선의 관계에 관한 설명 중 옳지 않은 항목들을 선택하고 그 이유를 반드시 설명하시오.
   ① 중앙은행의 통화정책은 가장 만기가 낮은 수익률곡선의 영역에 직접적으로 영향을 미친다.
   ② 기대가설과 유동성선호가설에서 중앙은행의 통화정책은 수익률곡선에 영향을 미치지 못한다.
   ③ 선호서식지가설에 따르면 중앙은행의 장기채권매수는 수익률곡선에 영향을 미치지 못한다.
   ④ 중앙은행의 통화정책은 수익률곡선의 기울기에 영향을 미치는 경로가 없다.

21 이자율기간별구조에 관한 여러 가설과 관련된 설명 중 옳은 항목들을 선택하고 그 이유를
반드시 설명하시오.

① 기대가설은 만기보유 채권투자자들만 참가하는 채권시장의 수익률곡선을 설명한다.

② 확률적 할인인자에 의해 평가된 채권투자의 차익거래이득이 있다면 기대가설이 성립한다.

③ 기대가설은 수익률곡선이 장기적으로는 우상향하는 형태라는 점을 설명하지 못한다.

④ 선호서식지가설은 만기별로 채권시장이 완전히 분리된 것으로 주장한다.

22 선도이자율에 관한 다음의 설명 중 옳은 항목들을 선택하고 그 이유를 설명하시오.

① 만기수익률은 단기이자율과 선도이자율의 산술평균으로 표시할 수 있다.

② 선도이자율은 항상 미래시점의 이자율에 대한 예측치와 같아져야 한다.

③ 선도이자율과 만기프리미엄은 항상 서로 독립적으로 결정되어야 한다.

④ 선도프리미엄은 선도이자율과 미래예상(단기)이자율의 차이를 말한다.

23 이자율기간구조에 관하여 틀린 설명을 선택하고 이유를 설명하시오.

① 유동성선호가설은 수익률곡선이 음수의 기울기를 가지는 현상을 설명하기 어렵다.

② 기대가설은 중앙은행의 미래 통화정책에 대한 약속이 수익률곡선에 미치는 효과를 반영하
지 못한다.

③ 선호서식지가설은 음수의 기울기를 가진 수익률곡선이 나타나는 현상과 모순되지 않을 수
있다.

④ 시장분할가설은 서로 다른 만기를 가진 채권들의 수익률들이 같이 움직이는 현상을 설명
하지 못한다.

24 은행의 금리리스크와 관련하여 맞는 설명을 선택하고 이유를 설명하시오.

① 금리변동시 은행의 금리민감 자산 및 부채 등의 가치가 변하면서 발생하는 자산과 이익의
변동을 말한다.

② 은행의 『자금조달금리』와 『자금운용금리』가 서로 다르게 변동하면서 발생할 수 있다.

③ 자산의 만기와 부채의 만기가 같지 않기 때문에 발생할 수 있다.

④ 대출의 조기상환, 예금의 조기인출, 보유증권에 포함된 옵션 등도 금리리스크를 발생시킬
수 있다.

25 이자율의 변화가 은행의 대차대조표에 미치는 효과와 관련하여 맞는 설명을 선택하고 이유를 설명하시오.

① 자산의 듀레이션이 부채의 듀레이션보다 크면 이자율상승은 자산의 가치하락이 부채의 가치하락보다 더 크기 때문에 은행자본의 감소가 발생할 수 있다.

② 자산의 듀레이션이 부채의 듀레이션보다 작으면 이자율상승은 자산의 가치하락이 부채의 가치하락보다 더 작기 때문에 은행자본의 증가가 나타날 수 있다.

③ 은행의 만기변환기능과 이자율의 은행대차대조표효과는 서로 관계가 없다.

④ 수익률곡선의 기울기와 이자율의 은행대차대조표효과는 서로 관계가 없다.

제5장

새로운 화폐자산의
가격결정과 역할

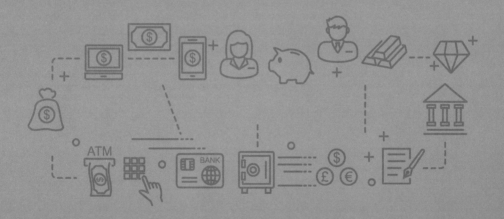

제5장
새로운 화폐자산의 가격결정과 역할

제5장은 다음의 세 가지 질문과 함께 시작한다. 새로운 화폐(cryptocurrencies)는 화폐의 경제적 기능을 충족시키는가? 과거에 민간에서 발행되었던 화폐와 어떻게 비교할 수 있는가? 새로운 화폐가 널리 사용된다면 국가에서 발행한 법정화폐를 대체할 것인가? 제5장의 새로운 화폐자산은 디지털화폐(digital currency), 가상화폐(virtual currency), 암호화폐(cryptocurrency)를 모두 포함한다. 디지털화폐는 가상공간에서 전자적으로 금전적인 가치가 저장되거나 이전되는 계좌 또는 수단이라고 할 수 있다. 금전적 가치의 이전과 거래를 위해 중앙관리주체가 필요한지에 따라 구분이 달라진다. 이와 관련하여 미국 연방준비제도의 홈페이지에 수록된 암호화폐(cryptocurrency)에 대한 설명을 정리하면 다음과 같다. 『암호화폐(cryptocurrencies)는 화폐와 유사한 특성의 디지털자산(digital assets with money-like characteristics)으로서 암호생성과 분산파일저장의 기술(cryptographic and distributed ledger technologies)의 결합을 통해서 중앙화된 지급결제시스템을 거치지 않고 개인들이 서로 지급결제(payment)할 수 있는 하나의 기초적인 수단을 제공한다.』

제5장에서는 암호화폐의 경제적 측면에만 초점을 맞추기 때문에 블록체인의 기술이나 앞에서 언급한 암호생성 및 분산파일저장의 기술 등에 대한 자세한 설

명을 생략하기로 한다. 그러나 제5장을 읽는 과정에서 암호화폐와 관련된 거래가 어떻게 이루어지는지에 대하여 궁금한 독자를 위해 다음과 같은 추상적인 거래의 과정을 가정하기로 한다. 매우 많은 노드가 인터넷을 통해 연결되어 형성된 하나의 가상네트워크(virtual network)에서 동일한 가상네트워크에 소속된 두 개의 노드에서 새로운 파일이 생성되면 같은 파일이 인터넷네트워크에 소속된 모든 개별 노드로 알려져서 기록되는 것으로 가정한다. 이런 가정이 성립하면 서로 다른 두 개의 노드에서 실행된 거래의 결과로 발생한 파일들의 내용 또는 흔적이 각각의 노드에 기록되므로 각각의 노드는 일정 시점 이후에 발생한 거래의 역사에 대한 정보를 공유하게 된다. 한편 거래의 진행과 성사를 위한 규칙을 미리 결정하여 규칙의 내용을 담은 파일을 가상네트워크에 속한 각각의 노드에 저장한다. 이를 『거래의 준칙파일』이라고 한다. 같은 인터넷네트워크에 소속된 두 개의 노드에서 새로운 파일이 생성되면 『거래의 준칙파일』에 저장된 조건과 같은 조건이 충족되었는지를 자동적으로 판별하여 『준칙충족의 판별』이 나오면 거래가 완결된다.

암호화폐가 직면하고 있는 문제점들도 지적되고 있다. 첫째, 극심한 가격변동이 있다. 둘째, 서비스제공자가 없는 상태에서는 사용될 수 없다. 셋째, 시간 단위당 실행횟수(throughput)에 상당한 제약이 있다.[1] 넷째, 막대한 에너지를 소비한다.[2] 다섯째, 분실, 도난, 사기의 위험에 노출되어 있다. 암호화폐의 가격변동위험을 해결할 수 있는 하나의 대안은 『스테이블코인』이다. 스테이블코인은 암호화폐가 발행되는 가치의 크기에 해당하는 법정화폐를 보유하거나 상품을 보유

---

1) 『Throughput is a measure of how many transactions are completed within a given time frame in the block-chain space』

2) 『It's estimated that Bitcoin consumes electricity at an annualized rate of 127 terawatt-hours (TWh). That usage exceeds the entire annual electricity consumption of Norway. In fact, Bitcoin uses 707 kilowatt-hours (kWh) of electricity per transaction, which is 11 times that of Ethereum. ..... To verify transactions, Bitcoin requires computers to solve ever more complex math problems. This proof of work consensus mechanism is drastically more energy-intensive than many people realize.』의 설명은 Forbes Advisor(2022년 5월 18일)에 게재된 『Why Does Bitcoin Use So Much Energy?』에서 찾아볼 수 있다.

할 수 있다. 예를 들어 미국의 달러화를 일정 수준으로 보유하고 보유한 달러와 같은 가치의 암호화폐를 발행하는 것을 생각해 볼 수 있다. 이런 방식으로 발행된 암호화폐는 미국 달러화와 고정비율로 교환될 수 있어서 암호화폐의 가격변동 위험을 해소할 수 있다. 미국의 중앙은행이 발간한 문서에서는 범용화되더라도 문제가 없을 정도로 잘 만들어지고, 적정한 수준의 규제가 부과되면 신속하고, 효율적이면서 다양한 경우를 포괄할 수 있는 하나의 지불수단이 될 가능성을 인정하고는 있다.[3] 그러나 지불결제수단으로서 스테이블코인이 사용되는 빈도수가 확대되면서 우려되는 사항은 불안정적인 인출사태(destabilizing runs), 지불결제 시스템의 붕괴, 경제적인 독점력의 집중 등이라고 지적하면서, 이런 우려를 완화하기 위해 연방정부차원의 포괄적인 규제가 필요하다고 주장하고 있다.

위에서 암호화폐와 관련된 몇 가지 이슈를 언급하였지만, 암호화폐의 시장규모가 작거나 암호화폐를 보유하고 있는 경제주체의 비중이 아직은 낮아서 암호화폐와 관련된 이슈들의 거시경제적 함의가 미미할 것이라는 견해를 제시할 수 있다. 또한 암호화폐가 기존의 금융증권이 가지고 있지 않았던 새로운 특성을 지니고 있을지라도 암호화폐의 새로운 특성에 대한 수요가 아직 광범위하게 퍼져있지 않다면 암호화폐의 거시경제적인 의미가 낮다고 할 수 있다. 이런 맥락에서 암호화폐의 시장규모를 알아보는 것도 의미가 있을 것으로 생각된다. 단순히 회계단위로 측정한 절대규모보다 암호화폐라는 이름을 가지고 있다는 점을 반영하여 이미 널리 알려진 통화공급의 지표 대비 암호화폐의 총시장가치의 비율을 측정하는 것이 유용할 것이다. 이런 점을 반영하여 <그림 5-1>은 비트코인의 시가총액을 미국의 M2로 나눈 비율의 추이를 보여주고 있다.[4]

---

3) 미국 연방준비제도이사회에서 2022년 1월에 출간한 『Money and Payments: The U.S. Dollar in the Age of Digital Transformation』의 일부 내용을 참조하였다.
4) 미국에서 사용하는 M2의 정의는 2020년 5월을 기준으로 수정이 되었다. 2020년 5월 이후 M2의 정의는 M1, 10만불 이하의 소액정기예금(개인연금계좌(IRA, Individual Retirement Account)와 예금은행의 Keogh잔고를 뺀 차액임), 소매 MMF의 잔고(개인연금계좌(IRA, Individual Retirement Account)와 예금은행의 Keogh잔고를 뺀 차액임) 등의 합을 말한다. 2020년 5월 이전에 포함되어 있던 저축계좌(savings account)는 M1으로 이동하여 M1의 크기는 2020년 5월을 기준으로 급속하게 증가하는 모습을 보이지만 M2의 크기에는 급속한 변화로 나타나지 않는다.

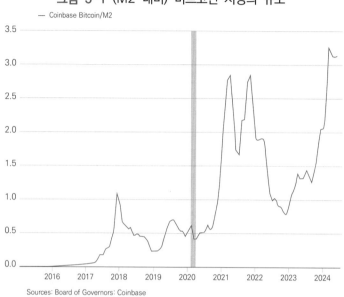

그림 5-1 (M2 대비) 비트코인 시장의 규모

Sources: Board of Governors: Coinbase

<그림 5-1>을 보면 2020년 말부터 비트코인의 총시장가치가 M2보다 더 커지면서 2021년에는 3배에 가까운 크기로 크게 증가하는 모습을 보인다. 이렇게 급격하게 상승하는 모습이 나타난 이유는 2021년에 비트코인의 가격이 크게 상승하였기 때문이다. 한편, 2022년 말과 2023년 초에는 M2 대비 비트코인의 총시장가치의 비율이 급격하게 떨어지는 모습이 나타난다. 이런 하락세를 보이는 이유도 같은 기간 중 비트코인의 가격이 크게 하락하였기 때문이다. 그러나 2023년 하반기부터 다시 급격히 증가하여 2024년에는 비트코인의 총시장가치는 M2의 3배가 넘는 규모를 유지하고 있다.

암호화폐 투자수익률의 결정요인

비트코인의 가격은 거의 제로에서 시작하여 시간이 지나면서 거래가 증가하고 상승하는 과정을 보였다. 비트코인에 화폐가치가 부여된 최초의 거래는 2009년 10월에 발생한다. 당시 시리우스(Sirius)라는 온라인의 이름을 가진 핀란드 컴퓨

터공학도인 말미(Martti Malmi)는 5,050개의 비트코인을 페이팔(PayPal)을 통해서 약 5.02달러(개당 0.0009달러)를 받고 매도한다.[5] 기록에 따르면 2011년 1달러를 처음으로 도달한 이후 2013년 100달러로 급상승하는 모습을 보였다. 이 기간이 초기 비트코인 교환소들이 등장하고 매스컴의 주목을 받기 시작하는 시기이다. 비트코인의 거래를 위한 거래소의 성장과 부침도 있었다. 예를 들어 2014년 초 일본 도쿄 시부야에 기반을 둔『마운트 곡스(Mt. Gox)』는 당시 전 세계 비트코인 거래의 70퍼센트를 담당하던 암호화폐의 거래소이지만 해커에 의한 대규모의 도난과 분실이 발생하여 폐쇄되었다. 또한 2012년 설립된 미국 최대의 거래소인 코인베이스(Coinbase)가 널리 알려져 있다. 코인베이스의 홈페이지를 보면 코인베이스는 암호화폐를 매수, 매도, 이전, 저장하는 안전한 온라인플랫폼(secure online platform)으로 정의된다. 코인베이스는 (암호자산거래의 결제를 위해 수일이 소요되는 다른 거래소와 달리) 사용자들이 법정화폐를 지불한 후 매수한 암호자산이 즉시 인출될 수 있는 거래지급결제의 신속서비스를 제공하는 것으로 알려져 있다. 암호화폐의 주요특징은 원칙적으로 익명거래(anonymous trade)이지만, 코인베이스의 거래는 익명으로 이루어지지 않는다. 코인베이스의 등록된 사용자는 세금납부자 신원확인(taxpayer identification)을 제출해야 하고, 거래는 조세당국에 보고된다. 자금세탁방지를 위한 규제와 함께 금융서비스 제공자에게 부과되는 고객확인(know your customer)의 가이드라인과 규제를 적용받기 때문에 익명성을 강조하는 암호자산은 거래되지 않는다. 물론 암호화폐의 가격도 거시경제적 상황변화에 따라 달라질 수 있다. 예를 들어 2024년 하반기에 들어서 미국경제가 불황에 진입할 가능성이 커지는 동시에 지정학적 갈등이 더욱 한층 격화되는 모습이 나타나면서 암호화폐의 가격도 하락하는 모습이 나타난다. 이런 상황변화를 반영하여 비트코인의 가격은 최고조에 달했던 2024년 3월의 가격과 비교하여 10월에 들어서는 약 8%의 하락이 발생한다. 2024년 10월

---

5) 포브스(Forbes Advisor)의 홈페이지에 수록된『Bitcoin Price History 2009 to 2024』은 비트코인의 거래가격이 변화해 온 과정을 정리하고 있다.

그림 5-2 암호화폐의 가격추이

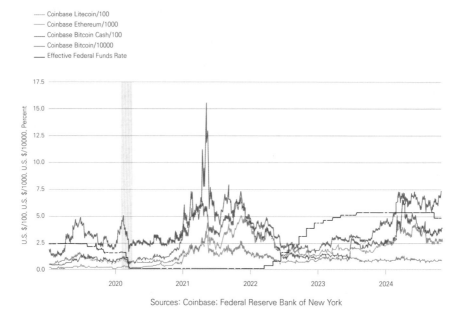

Sources: Coinbase; Federal Reserve Bank of New York

16일 기준 비트코인 개당 67,755달러로 거래되었다.[6)]

<그림 5-2>는 2019년 1월부터 2024년 10월의 기간 중 코인베이스에서 거래된 암호화폐(라이트코인, 이더리움, 비트코인, 비트코인캐쉬)의 일중 거래가격(daily transaction price)을 보여주고 있다. 이 그림에서는 서로 다른 암호화폐의 개당 가격이 차이가 있어서 실제가격의 1/100부터 1/10000까지의 값으로 할인하여 보여주고 있다. 서로 다른 암호화폐일지라도 공통적으로 나타나는 두 개의 특징을 확인할 수 있다. 첫째, 가격변동폭이 크다는 점이다. 둘째, 거래가격의 공행변동이다. <그림 5-2>에 포함된 모든 암호화폐의 가격이 동시에 높아지는 시기와 낮아지는 시기가 있다는 것이다. 이런 현상은 암호화폐의 가격을 결정하는 공통요인(common factor)의 가능성을 암시한다. 암호화폐의 가격을

---

6) 비트코인의 가격은 트럼프의 미국대통령 당선 이후 급등하기 시작하여 2025년 1월 24일에는 개당 105,473달러에 거래되었다. 따라서 2024년에 비트코인의 가격은 119% 상승한 것으로 추정된다. 또한 2025년 1월 24일 현재 2025년 말까지 개당 250,000달러에 도달할 것이라는 예측도 있다.

결정하는 공통요인이 존재한다면 중앙은행의 통화정책과 어떠한 관계가 있는지가 궁금할 수 있다. 이런 궁금증에 답하기 위해 <그림 5-2>를 보면 2020년 3월 미국 중앙은행이 제로금리정책을 채택한 이후 암호화폐의 가격이 서서히 증가하는 모습을 보이다가 2021년 초부터 급격하게 상승하여 정점에 도달한 후에 얼마간 머무르다가 2021년 하반기에는 하락하는 모습이 나타난다.

앞에서 설명한 현상은 미국 중앙은행이 제로금리정책을 실시했던 기간 중 나타난 것이다. 비록 자료수집의 기간이 짧을지라도 중앙은행이 확장적인 통화정책을 시작하는 시기에는 서로 다른 암호화폐의 가격이 같이 상승하는 모습으로 나타날 수 있다는 것을 암시하고 있다. 이에 덧붙여서 2022년부터 미국의 중앙은행이 연방기금금리를 빠른 속도로 상승시키면서 서로 다른 암호화폐의 가격이 모두 하락하는 모습이 나타난다. 2023년 초반에 연방기금금리가 5퍼센트에 근접하면서 암호화폐의 가격이 상승하는 모습을 보이기 시작하다가 연방기금금리가 5퍼센트를 넘는 수준에서 머무르고 있는 기간에도 계속해서 암호화폐의 가격이 상승한다. 이런 모습을 보면 연방기금금리와 암호화폐의 가격은 기계적으로 항상 음의 상관계수가 있다고 주장하기는 어렵다. 그러나 연방기금금리의 상승기와 하락기에 서로 다른 암호화폐가 모두 공통적으로 가격하락의 조정과 가격상승의 조정을 거칠 가능성이 있다는 것을 알 수 있다.

<그림 5-2>가 함의하는 바와 일치되는 실증분석의 결과를 최근 연구에서도 찾아볼 수 있다.[7] 여러 개의 서로 다른 암호화폐의 투자수익률에 내재되어 있는 공통위험요인이 존재한다는 것이다. 공통위험요인의 발생원인을 설명하는 여러 개의 서로 다른 견해가 가능하지만, 먼저 다음과 같은 네 개의 측면에서 생각하기로 한다. 첫째, 제3장에서 설명한 시장포트폴리오의 역할을 반영한 설명이다. 투자자들이 거래할 수 있는 모든 서로 다른 암호화폐를 사용하여 소위 암호화폐로만 구성된 시장포트폴리오를 만들 수 있다. 따라서 암호화폐 시장포

---

7) 공통위험요인의 식별에 사용된 분석방법론에 대한 자세한 내용은 리우(Yukun Liu), 치빈스키(Aleh Tsyvinski), 우(Xi Wu) 등이 공저한 『Common Risk Factors in Cryptocurrency(Journal of Finance, Vol. 77, No. 2, 2022, pp. 967-1014)』에 수록되어 있다.

표 5-1 규모의 차이를 이용한 제로비용의 투자전략의 예상수익률

	수입	지출
총시장가치가 가장 높은 암호화폐를 차입하여 매도함	P_B	0
총시장가치가 가장 작은 암호화폐를 매수함	0	xP_S
다음시점에서 이전시점에서 매수한 암호화폐를 매도함	$P_B\left(\dfrac{P_S^{'}}{P_S}\right) = P_B R_S^{'}$	0
이전시점에서 차입한 암호화폐를 매수하여 상환함	0	$P_B^{'}$
실현된 투자이득	$P_B R_S^{'} - P_B^{'} = P_B(R_S^{'} - R_B^{'})$	
예상투자이득	$P_B(R_S^e - R_B^e)$	

주: P_S는 총시장가치가 가장 작은 암호화폐의 가격, P_B는 총시장가치가 가장 큰 암호화폐의 가격, $R_S^{'}$는 총시장가치가 가장 작은 암호화폐의 실현된 투자수익률, $R_B^{'}$는 총시장가치가 가장 큰 암호화폐의 실현된 투자수익률, R_S^e는 총시장가치가 가장 작은 암호화폐의 예상투자수익률, R_B^e는 총시장가치가 가장 큰 암호화폐의 예상투자수익률을 나타낸다. 최초시점에서 매입한 총시장가치가 가장 작은 암호화폐의 개수는 $x = (P_S/P_B)$이다.

트폴리오 초과수익률이 개별 암호화폐의 초과수익률을 어느 정도 설명할 수 있는지를 분석할 수 있다. 둘째, 다른 특성들이 큰 차이가 없다면 상대적으로 작은 규모의 암호화폐는 큰 규모의 암호화폐와 비교하여 유동성이 낮다고 할 수 있다. 또한 암호화폐의 가격들이 요동치는 시기에 투자자들은 상대적으로 안전한 가치를 가진 암호화폐를 보유하기 위해 보다 큰 규모의 암호화폐를 선호할 수 있다. 이런 측면은 서로 다른 암호화폐는 서로 다른 유동성을 가지고 있다는 점을 인정하는 것이다. 셋째, 암호화폐는 거래의 지불수단으로 사용될 수 있어서 투자자에게 편의수익(convenience yield)을 제공한다. 편의수익(convenience yield)은 암호화폐의 보유자가 누리는 비금전적인 이득을 말한다. 다른 특성들이 같다면 상대적으로 짧은 역사를 가진 암호화폐가 제공하는 편의수익이 작을 수 있지만, 반면에 가격상승이득(capital gain)이 더 클 수 있다는 점이 상호작용하여 투자자의 투자유인에 영향을 미칠 수 있다. 넷째, 새로 시작한 암호화폐는 안정적인 수요 기반이 마련될 때까지 계속해서 아직 역사가 길지 않은 다른

암호화폐와 경쟁을 해야 한다. 이런 과정에서 승자가 될 수도 있고 패자가 되어 도태될 수도 있어서 새로 시작한 암호화폐는 투자자가 투자할 때 다른 안정적인 암호화폐에 비해 더 높은 위험프리미엄을 요구하게 된다. 이런 측면이 반영되어 규모가 작으면서 역사가 상대적으로 길지 않은 암호화폐의 평균투자수익률이 더 높게 되는 경향이 있다.

  앞의 설명이 함의하는 점은 총시장가치가 가장 큰 암호화폐를 빌려서 매도한 수입금을 그대로 총시장가치가 가장 작은 암호화폐에 투자하는 투자전략을 실행할 때 다음시점에서 발생할 예상수익률은 양수가 될 수 있다는 것이다. 암호화폐의 공매도가 가능하고 거래비용이 없다면 이런 투자전략을 실행하기 위해 투자자가 투자자금을 마련할 필요가 없다. 투자자의 자산을 지출하지 않더라도 투자전략을 실행할 수 있어서 제로비용의 투자전략이라고 할 수 있다. <표 5-1>은 제로비용의 투자전략을 실행할 때 금전적인 수입과 지출이 발생하는 과정을 여러 단계로 나누어서 보여주고 있다.8) 첫째 줄에서는 총시장가치가 가장 높은 암호화폐를 차입하여 매도할 때 발생하는 수입과 지출을 나타낸다. 둘째 줄에서는 총시장가치가 가장 작은 암호화폐를 매수할 때 발생하는 수입과 지출을 나타낸다. 둘째 줄에서는 암호화폐의 매수자금이 첫째 줄의 단계에서 마련한 수입과 동일해야 한다는 것을 보여주고 있다. 셋째 줄에서는 현재시점에서 매수한 총시장가치가 가장 작은 암호화폐를 다음시점에서 매도할 때 발생할 수입과 지출을 나타낸다. 넷째 줄에서는 현재시점에서 차입한 암호화폐를 다음시점에서 상환하기 위해 매수할 때 발생할 수입과 지출을 보여주고 있다. 다섯째 줄은 셋째 줄과 넷째 줄에서 실행된 암호화폐의 매도와 매수로 인해 발생한 수

---

8) <표 5-1>의 분석은 암호화폐를 무위험증권으로서의 화폐가 아니라 위험증권이라는 것을 보여주고 있다. 미국 증권거래위원회(Securities Exchange Commission)는 증권의 정의를 충족시키는 디지털자산을 포함한 모든 증권의 발행과 판매를 감독한다. 따라서 증권으로 구분되는 암호화폐는 증권거래위원회에 등록이 되어야 하고, 다른 증권들과 마찬가지로 규제가 부과된다. 비트코인의 상장지수펀드(Exchange Traded Fund)도 널리 알려져 있다. 상장지수펀드가 발행하는 주식은 증권거래위원회에 등록되어야 하는 증권이다. 따라서 비트코인의 상장지수펀드가 발행하는 주식도 증권거래위원회에 등록되어야 한다.

표 5-2 투자수익률 실적치의 차이를 이용한 제로비용의 투자전략의 예상수익률

	수입	지출
투자수익률 실적이 가장 낮은 암호화폐를 차입하여 매도함	P_L	0
투자수익률 실적이 가장 높은 암호화폐를 매수함	0	xP_H
다음시점에서 이전시점에서 매수한 암호화폐를 매도함	$P_L(\dfrac{P_H^{'}}{P_H}) = P_L R_H^{'}$	0
이전시점에서 차입한 암호화폐를 매수하여 상환함	0	$P_L^{'}$
실현된 투자이득	$P_L R_H^{'} - P_L^{'} = P_L(R_H^{'} - R_L^{'})$	
예상투자이득	$P_L(R_H^e - R_L^e)$	

주: P_H는 실적치가 가장 높은 암호화폐의 가격, P_L는 실적치가 가장 낮은 암호화폐의 가격, $R_H^{'}$는 실적치가 가장 높은 암호화폐의 실현된 투자수익률, $R_L^{'}$는 실적치가 가장 낮은 암호화폐의 실현된 투자수익률, R_H^e는 실적치가 가장 높은 암호화폐의 예상투자수익률, R_L^e는 실적치가 가장 낮은 암호화폐의 예상투자수익률을 나타낸다. 최초시점에서 매입한 실적치가 가장 높은 암호화폐의 개수는 $x = (P_H/P_L)$이다.

입과 지출의 차이(순수입)를 나타낸다. 여섯째 줄에 있는 식은 다섯째 줄에 있는 식의 기대값을 예상총투자수익률을 사용하여 보여주고 있다. 여섯째 줄에 있는 예상된 투자이득을 보면 총시장가치가 가장 작은 암호화폐의 예상수익률이 가장 큰 암호화폐의 예상수익률보다 더 크다면 제로비용의 투자전략이 제공하는 예상투자수익율은 양수가 된다.

과거의 일정한 기간 동안에 걸쳐 실현된 투자수익률을 기준으로 암호화폐를 구분하여 제로비용의 투자전략을 실행할 수도 있다. 간단한 예를 들기 위해 분석시점은 다르지만 1개월의 기간을 같게 유지하면서 암호화폐 투자수익률을 분석하는 방식을 생각하기로 하자. 현재 10월이고 2개월 이전인 8월의 투자실적치 또는 3개월 이전인 7월의 투자실적치 등을 기준으로 구분할 수 있다. 이런 방식을 적용하여 가장 높은 투자수익률을 기록한 암호화폐와 가장 낮은 투자수익률을 기록한 암호화폐를 선택할 수 있다. 가장 낮은 투자수익률을 기록한 암호화폐를 빌려서 매도한 수입금을 모두 가장 높은 투자수익률을 기록한 암호화폐에

투자하는 투자전략을 실행할 때 앞으로도 과거의 실적과 유사하게 투자실적이 재현될 것으로 예상하면 다음시점에서 발생할 예상수익률은 양수가 된다. 이 경우에도 앞에서 설명한 경우와 동일하게 암호화폐의 공매도가 가능하고 거래비용이 없다면 이런 투자전략을 실행하기 위해 투자자가 투자자금을 마련할 필요가 없어서 투자자의 자산을 지출하지 않더라도 투자전략을 실행할 수 있어서 제로비용의 투자전략이다.

<표 5-2>는 투자수익률의 실적치를 사용하여 선택한 두 개의 암호화폐에 대하여 제로비용의 투자전략을 적용할 때 금전적인 수입과 지출이 발생하는 과정을 여러 단계로 나누어서 보여주고 있다. 첫째 줄에서는 실적치가 가장 낮은 암호화폐를 차입하여 매도할 때 발생하는 수입과 지출을 나타낸다. 둘째 줄에서는 실적치가 가장 높은 암호화폐를 매수할 때 발생하는 수입과 지출을 나타낸다. 암호화폐의 매수자금이 첫째 줄의 단계에서 마련한 수입과 동일해야 한다는 것이 반영되어 있다. 셋째 줄에서는 현재시점에서 매수한 실적치가 가장 높은 암호화폐를 다음시점에서 매도할 때 발생할 수입과 지출을 나타낸다. 넷째 줄에서는 현재시점에서 차입한 암호화폐를 다음시점에서 상환하기 위해 매수할 때 발생할 수입과 지출을 보여주고 있다. 다섯째 줄은 앞에서 실행된 암호화폐의 매도와 매수로 인한 수입과 지출의 차이(순수입)이고, 여섯째 줄은 다섯째 줄에 있는 식의 기대값을 예상총투자수익률을 사용하여 보여주고 있다. 여섯째 줄에 있는 예상된 투자이득을 보면 실적치가 높은 암호화폐의 예상수익률이 실적치가 낮은 암호화폐의 예상수익률보다 더 크다면 제로비용의 투자전략의 예상투자수익율은 양수가 된다.

다음에서는 주식이나 채권과 같은 다른 증권을 포함하지 않고, 몇 개의 다른 암호화폐를 선택하여 포트폴리오를 구성하는 문제를 분석한다. <그림 5-2>를 보면 암호화폐의 투자수익률은 모두 같은 방향으로 이동하는 경향이 강하게 나타날 것으로 예측할 수 있다. 이런 특성은 두 개의 암호화폐를 선택하면 투자수익률의 상관계수가 양수일 가능성이 높다는 것을 의미한다. 또한 <표 5-2>에서

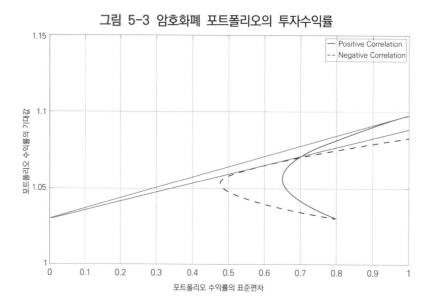

그림 5-3 암호화폐 포트폴리오의 투자수익률

는 투자수익률의 실적치가 낮은 암호화폐를 공매도하여 마련된 투자자금으로 투자수익률의 실적치가 높은 암호화폐를 매수하는 투자전략을 설명하였다. 앞에서 소개한 투자전략들과 유사한 맥락에서 두 개의 암호화폐로 구성된 포트폴리오 중에서 위험보상비율을 극대화하는 암호화폐의 포트폴리오를 선택하는 문제를 생각해 볼 수 있다.[9)]

위험보상비율을 극대화하는 포트폴리오의 구성은 제3장에서 설명한 내용을 이용하여 설명할 수 있다. 서로 다른 암호화폐의 가격에 영향을 미치는 공통위험요인이 있다면 개별 암호화폐의 초과예상수익률은 암호화폐로만 구성된 시장포트폴리오의 초과예상수익률의 함수로 표시될 가능성이 높다. 따라서 제3장에서 설명한 간단한 사례를 이용하여 시장포트폴리오의 형성에 대하여 암호화폐의 시장포트폴리오에 대하여 설명한다. 이를 위해 다음과 같은 세 개의 가정을 추

---

9) 앞에서 인용한 리우(Yukun Liu), 치빈스키(Aleh Tsyvinski), 우(Xi Wu) 등의 논문에서는 2014년부터 2020년까지의 표본기간 중 비트코인(Bitcoin)의 일주일간 순수익률의 평균은 0.013, 리플(Ripple)은 0.026, 이더리움(Etherium)은 0.036으로 밝히고 있다. 수익률의 표준편차는 비트코인은 0.111, 리플은 0.237, 이더리움은 0.21이다.

가한다. ① 암호화폐의 수익률이 서로 양의 상관계수를 가진다. ② 암호화폐의 공매도가 가능하다. ③ 무위험이자율로 투자자금을 차입할 수 있다. 세 개의 가정이 충족되는 상황에서 서로 다른 암호화폐로 구성된 암호화폐의 시장포트폴리오를 구성할 수 있다.

<그림 5-3>은 <표 3-1>에 정리되어 있는 공식을 이용하여 두 개의 암호화폐로 구성된 포트폴리오에서 실현될 투자수익률의 표준편차와 기대값의 관계를 나타내는 그래프를 포물선의 형태로 보여주고 있다. 두 개의 암호화폐의 수익률이 서로 음의 상관계수를 가진 경우와 양의 상관계수를 가진 경우를 구분하고 있다. 실선 포물선은 양의 상관계수를 가진 경우이고, 점선 포물선은 음의 상관계수를 가진 경우이다. 두 포물선에는 모두 기대수익률이 낮은 암호화폐의 공매도가 가능하다는 가정이 반영되어 있다. 두 개의 포물선 중에서 어느 것이 <그림 5-2>에서 볼 수 있는 암호화폐의 가격변동을 반영한 것인가? 이 질문에 대한 답변은 위의 ①의 가정에 해당한다. 공통위험요인의 영향력이 매우 커서 암호화폐의 수익률이 서로 양의 상관계수를 보일 것으로 가정한다면 실선의 포물선이 된다.

다음에서는 위험보상비율의 극대화를 어떻게 달성하는지를 설명한다. <그림 5-3>에서 실선의 직선과 실선의 포물선이 접하는 점의 기대수익률이 앞에서 설명한 세 개의 가정을 충족하는 상황에서 달성할 수 있는 가장 높은 예상수익률이다. 실선 직선의 기울기가 두 개의 암호화폐를 사용하여 구성할 수 있는 포트폴리오 중에서 가장 높은 위험보상비율이 된다. <그림 5-3>에서 실선의 직선과 실선의 포물선이 접하는 점에 대응하는 포트폴리오는 어떻게 형성할 수 있는가? <표 5-2>에서 설명한 투자수익률 실적치의 차이를 이용한 제로비용의 투자전략과 같은 맥락에서 기대수익률이 낮은 암호화폐를 공매도하고, 기대수익률이 높은 암호화폐를 매수하는 투자전략을 사용한다.

앞에서 설명한 내용들이 암호화폐시장의 수익률을 예측하는데 유용할 것인지에 관한 의문이 가능하다. 최근의 실증분석에 따르면 주식시장의 경우와 유사하

표 5-3 위험공통요인과 암호화폐 투자수익률의 예측모형

시장포트폴리오의 초과수익률	$DMKT = R_m - F$
시장규모요인	$DSMB = R_s - R_b$
모멘텀요인	$CMOM = 0.5(R_{s,h} - R_{b,h} - (R_{s,l} + R_{b,l}))$
암호화폐 투자수익률의 예측모형	$R_i - F = \alpha_i + b_i DMKT + \gamma_i DSMB + \delta_i CMOM + \epsilon_i$

주: 시장규모요인(size factor)은 시가총액이 작은 암호화폐 30%, 중간인 암호화폐 40%, 큰 암호화
폐 30%로 삼등분한 후 (작은그룹의 수익률(= R_s) − 큰그룹의 수익률(R_b))로 정의된다. $R_{s,h}$는
규모가 작은 암호화폐 중 과거 3주간 수익률이 높았던 암호화폐, $R_{b,h}$는 규모가 큰 암호화폐
중 과거 3주간 수익률이 높았던 암호화폐, $R_{s,l}$는 규모가 작은 암호화폐 중 과거 3주간 수익률
이 낮았던 암호화폐, $R_{b,l}$는 규모가 큰 암호화폐 중 과거 3주간 수익률이 낮았던 암호화폐이다.

게 암호화폐시장에서도 시장포트폴리오의 초과수익률에 시장규모요인과 모멘텀
요인을 추가한 3요인의 예측모형이 암호화폐의 투자수익률의 예측에 유용하다
는 것이다. <표 5−1>과 <표 5−2>의 제로비용의 투자전략은 시장규모요
인과 모멘텀요인을 이용한 투자전략이다. 3요인의 예측모형에서 정의한 시장규
모요인과 모멘텀요인은 <표 5−3>의 둘째 줄과 셋째 줄에 해당한다.

암호화폐의 균형가격

암호화폐의 균형가격은 차익거래이득이 없는 암호화폐시장에서 결정되는 암
호화폐의 시장가격을 말한다.[10] 차익거래이득이 없다는 조건이 충족되면 제1장
과 제2장에서 설명한 자산의 균형가격결정모형을 이용할 수 있다. 따라서 암호
화폐도 온라인에서 존재하는 자산이지만, 오프라인에서 존재하는 다양한 금융자
산의 균형가격을 결정하는 이론을 이용하여 암호화폐의 균형가격을 분석할 수
있다. 암호화폐의 특성이 반영된 균형가격을 이용하여 다음의 질문들을 생각해
볼 수 있다. 암호화폐의 근본가치(fundamental value)는 무엇인가? 암호화폐의

---

10) 제5장에서 설명하고 있는 『암호화폐의 균형가격모형』은 Bruno Biais를 포함한 다섯 사람의 공
　　저로 출간된 『Equilibrium Bitcoin Pricing(Journal of Finance, Vol. 78, No. 2, 2023, pp.
　　967−1014)』의 균형분석을 참조하였다.

그림 5-4 암호화폐 투자수익의 실현과정

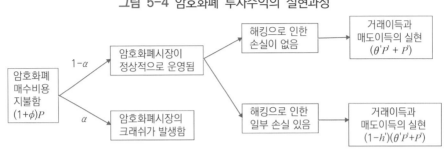

시장가격이 상승하면 근본가치의 상승을 반영하는 것인가? 아니면 투기적 투자의 결과인가? 암호화폐의 높은 가격변동성은 투자자의 비합리성을 반영하는 것인가?

　암호화폐의 시장에서 차익거래이득이 없다는 조건과 암호화폐시장의 모든 참가자가 합의하는 확률적 할인인자가 존재한다는 조건이 충족되면 제2장의 모형을 이용하여 암호화폐의 가격결정을 설명할 수 있다. 주의할 점은 암호화폐의 특수성이 있기 때문에 암호화폐의 균형가격에 암호화폐의 특수성이 반영되어야 한다는 것이다. <그림 5-4>에서는 암호화폐의 특수성을 반영하여 암호화폐의 투자수익이 실현되는 과정을 보여주고 있다. 특히 이 그림에서는 다른 위험증권과 비교하여 차별화되는 암호화폐시장의 크래쉬와 해킹의 위험을 반영하고 있다. 두 개의 가능성을 반영하고 있다. 암호화폐시장에서 크래쉬가 발생하는 경우와 그렇지 않고 정상적인 활동이 진행되는 경우이다. 암호화폐시장에서 크래쉬가 발생하면 암호화폐의 기능이 모두 사라지므로 투자수익이 없어지는 것으로 가정한다.

　어떤 경우에 암호화폐시장에서 크래쉬가 발생하는가? 자기실현적기대의 발생으로 크래쉬가 발생할 수 있다. 암호화폐의 근본가치와 관계없이 모든 투자자들이 크래쉬가 발생할 것으로 예상하는 상황이 발생하여 투자자가 모두 동시에 암호화폐의 매도를 시도하면 암호화폐의 가격이 폭락하는 상황이 발생한다. 또한 암호화폐의 기능이나 거래방식에서 심각한 결함이 갑자기 발견되어 암호화폐시장의 크래쉬가 발생할 수도 있다. 이런 측면을 반영하여 <그림 5-4>에서는 암호화폐시장의 크래쉬가 확률적으로 발생할 수 있음을 가정하고 있다. 암호화폐시장에서 크래쉬가 발생하지 않을지라도 해킹을 당하면 보유하고 있던 암호화폐를 도난당하는 것이므로 다음시점에서 얻을 수 있는 투자이득이 사라진다. 해킹으로 인한 손해가 매 시점마다 발생하는 것으로 가정한다. 현재 보유하고 있는 암호화폐의 일정 비율이 해킹으로 사라지는 것으로 가정한다. 암호화폐시장의 크래쉬는 확률적인 사건으로 정의하였고, 해킹은 항상 발생하지만 해킹으로 인한 손해의 크기가 확률변수인 것으로 가정한다.[11] 이번시점과 다음시점의 사이에서 해킹으로 인한 손해가 없었다면 해킹으로 인한 손실을 나타내는 변수의 값은 제로가 된다. 하지만 해킹으로 인한 손실이 매우 큰 상황도 확률적으로 가능하다. 극단적으로 해킹으로 가지고 있던 암호화폐가 모두 사라질 수도 있다. 또한 암호화폐를 사기 위해 거래비용이 따른다. 암호화폐는 법정화폐와 달리 암호화폐의 매수를 위해 수수료의 지불이 필요하다. <그림 5-4>에서는 암호화폐의 매수를 위해 지불해야 하는 수수료의 크기는 매수가격에 비례하는 것으로 가정한다.

암호화폐의 중요한 특수성은 암호화폐보유의 순이득에 대하여 다양한 견해가 있을 수 있다는 것이다. 암호화폐의 순이득이 존재하는지에 대하여 회의를 가진 사람들도 있을 수 있다는 것이다. 암호화폐를 보유하여 얻는 순이득을 제1장과 제2장의 자산가격모형과 비교하면 배당소득에 해당한다. 일반사람들은 다양한 형태의 순거래이득(net transactional benefits)을 얻기 위해 암호화폐를 보유할 수 있어서 구체적으로 순이득이 무엇인지에 대해서 보유하는 사람마다 차이가 날 수 있다. 그렇지만 오프라인의 자산과 상품 및 서비스 거래의 지불수단으로 사용하려는 사람들을 예로 들어 생각해 볼 수 있다. 지불수단으로 사용하기 위해 보유하려는 사람들에게 암호화폐의 순거래이득은 암호화폐의 구매력(purchasing power)에 의존한다. 암호화폐의 구매력은 얼마나 많은 사람에게

---

11) <그림 5-4>에서는 $h' = 0$의 경우와 $0 < h' \leq 1$의 경우를 나누어서 보여주고 있다.

표 5-4 암호화폐의 균형가격

자산가격의 균형결정(제2장)	$P = E[m'(D' + P')] \rightarrow 1 = E[m'R']$
암호화폐보유의 순이득	$D' = \theta' P'$
암호화폐매수의 수수료	ϕP
암호화폐가격의 균형결정	$P = E\left[m' \dfrac{(1-\alpha)(1-h')(1+\theta')}{1+\phi} P'\right]$
암호화폐의 총투자수익률	$R_c' = \dfrac{(1-\alpha)(1-h')(1+\theta')P'}{(1+\phi)P}$
암호화폐의 총투자수익률의 균형조건	$1 = E[m'R_c']$

주: 암호화폐시장의 크래쉬는 α의 확률로 발생한다. 해킹의 손실은 h'로 표시한다. 해킹의 손실을 확률변수로 정의하는 것이 보다 현실적이지만 분석의 단순화를 위해서 h'의 값이 현재시점에서 완전예견되는 것으로 가정한다.

기꺼이 지불수단으로서 인정되는지에 따라 달라진다. 단지 특정한 그룹 또는 지역에서만 한정적으로 지불수단으로 인정된다면 광범위한 지역에서 다양한 그룹의 거래자들에게 통용되는 지불수단과 비교하여 가치가 낮다. 구매력이 높은 암호화폐는 가격이 더 높고 또한 보유하는 사람에게 제공하는 순이득도 더 높다. 이런 특성을 반영하여 <그림 5-4>에서는 암호화폐의 보유이득은 암호화폐의 가격에 비례하는 것으로 가정한다. 그럼에도 불구하고 이렇게 정의된 암호화폐의 보유이득은 주식의 배당소득과 채권의 쿠폰이자와는 본질적으로 다르다고 할 수 있다.

<그림 5-4>를 사용하여 설명한 암호화폐 투자수익의 모형에 무차익거래이득의 제약을 부과하면 암호화폐의 균형가격 결정조건을 도출할 수 있다. <표 5-4>의 첫째 줄은 제2장에서 설명한 무차익거래이득의 조건이 충족되는 상황에서 성립하는 위험증권가격에 관한 균형조건이다. 암호화폐의 경우는 암호화폐의 특수성이 있어서 이 조건을 기계적으로 응용할 수 없다. 그 이유는 암호화폐를 매수할 때 지불되는 거래비용, 암호화폐시장의 크래쉬, 해킹의 위험 등이 암호화폐의 가격에 반영되어야 하기 때문이다. 둘째 줄은 암호화폐의 보유이득이 가격에 비례한다는 것이다. 셋째 줄은 암호화폐의 매수에 소요되는 거래비용을

나타낸다. 넷째 줄은 (증권의 가격＝증권보유로 인해 발생할 미래수입의 예상현재가치)의 등식이다. 다섯째 줄은 암호화폐의 총투자수익률의 정의라고 할 수 있다. 마지막으로 다섯째 줄의 식을 넷째 줄의 식에 대입하면 확률적 할인인자와 총투자수익률의 곱의 기대값은 1과 같다는 조건이 암호화폐의 경우에도 성립함을 알 수 있다.

암호화폐의 근본가치가 존재한다면 암호화폐의 근본가치가 암호화폐의 시장가격에 어느 정도 기여하는가? 암호화폐의 가격변동이 상당히 크다는 특성으로 인해 많은 사람은 화폐가 가져야 하는 가치의 안정성이 없어서 암호화폐를 화폐로 간주하기 어렵다고 주장한다. 암호화폐의 가격변동이 크다는 특성은 암호화폐의 투자수익률도 변동성이 높아서 매우 큰 폭으로 투자이득이 실현될지라도 가까운 시기에서 큰 폭으로 손실을 보는 상황이 나타날 수도 있다는 것을 의미한다. 이런 특성은 투자수익률의 변동에서 근본가치의 기여도가 작아서 나타나는 현상일 수도 있다. 사실 비트코인을 분석한 연구에 따르면 거래이득이 비트코인의 필요투자수익에서 차지하는 크기는 작지 않다는 것이다. 구체적으로 설명하면 거래이득은 투자수익의 약 8%로 암호화폐가 가지고 있는 국가간 자금이전(cross-border fund transfers)의 유용성이 반영된 것으로 볼 수 있다는 것이다. 그러나 <표 5-4>의 모형에 따르면 거래이득이 가격에 비례하기 때문에 거래이득의 비중이 크다는 것이 거래이득의 변동성이 작다는 것을 함의하는 것으로 볼 수 없다. 또한 <표 5-4>의 모형은 암호화폐의 가격버블이 있다면 암호화폐보유의 순이득이 버블의 영향을 받게 된다는 것을 함의한다. 따라서 암호화폐의 가격변동성은 다른 금융자산과 비교하여 더 클 가능성이 높다고 할 수 있다. 한편 투자수익의 변동성에 대한 내재가치의 기여는 매우 작게 나타난다. 특히 앞에서 언급한 연구에서도 암호화폐 투자수익률의 분산에서 내재가치와 관련이 없는 외부소음(extrinsic noise)으로 간주할 수 있는 부분이 약 95%를 차지하고, 내재가치와 연계된 부분은 약 5%로 추정하고 있다.

중앙은행 디지털화폐

『중앙은행 디지털화폐(Central Bank Digital Currency, CBDC)』는 일반적인 국민이 널리 이용할 수 있는 중앙은행의 디지털 부채(digital liability)의 하나로 정의된다. 중앙은행이 디지털화폐를 발행하게 되면 일반 개인이 쉽게 접근할 수 있는 가장 안전한 디지털자산(digital asset)이다. 중앙은행 디지털화폐가 어떤 형태가 될지에 대한 구체적인 결정이 아직 이루어지지 않았지만 적어도 다음의 특성은 만족시킬 것으로 예측된다. 첫째, 개인의 프라이버시를 보호할 수 있어야 한다. 둘째, 민간의 중개기관이 들어와서 개인이 보유한 중앙은행 디지털화폐를 관리하고 지급결제수단으로 사용하기 위해 필요한 계좌 또는 디지털 지갑을 제공하는 역할을 할 것이다. 이런 중개기관이 필요한 이유는 일반적으로 개인은 중앙은행에 직접 계좌를 가지는 것이 허락되지 않기 때문이다. 셋째, 서로 다른 경제주체들 사이에 이전가능해야 한다. 넷째, 자금세탁과 테러자금으로 사용될 가능성을 막기 위해 보유자의 식별이 가능해야 한다.

중앙은행 디지털화폐를 두 개의 다른 종류로 나누어 구분할 수 있다. 하나는 소매의 디지털화폐(retail digital currency)이고, 다른 하나는 도매의 디지털화폐(wholesale digital currency)이다. 전자는 일반개인의 거래에 필요한 지급결제수단으로 사용될 수 있는 디지털화폐를 말한다. 도매의 디지털화폐는 은행 또는 금융기관이 은행간 지급결제와 증권거래의 지급결제를 위한 사용을 목적으로 발행되는 디지털화폐를 말한다. 도매의 디지털화폐는 시중은행이 중앙은행에 지불준비금을 예치하기 위해 개설하는 계좌와 유사한 방식으로 사용될 것으로 예측된다. 『국가간 지급결제(cross-border payment)』에서 중앙은행이 발행하는 도매의 디지털화폐가 유용할 것으로 기대되어 왔다. 이런 기대에 부응하여 최근 국제결제은행(BIS), 프랑스 중앙은행, 일본 중앙은행, 한국 중앙은행, 멕시코 중앙은행, 영국 중앙은행, 스위스 중앙은행, 뉴욕 연방은행 등은 『국가간 지급결제(cross-border payment)』에 사용될 수 있는 실험프로젝트(project Agora)를 진행하고 있다. 실험되고 있는 프로젝트에서는 토큰화에 집중하고 있다. 중앙은행의 디지털화폐와 관련된 프로젝트에서 토큰화에 관심을 가지는 이유를 요약하면 다음과 같다. 토큰은 국가간 지급결제와 관련된 복잡한 업무를 단순화하고 원활하게 진행될 수 있도록 스마트계약과 디지털화된 중앙은행 화폐, 상업은행의 화폐와 자산 등을 결합하는 역할을 하기 때문이다.

많은 국가에서 아직 중앙은행 디지털 화폐의 구체적인 형태가 실제로 통용되지 않고 있어서 중앙은행 디지털화폐의 구체적인 형태가 결정된 것이 아니다. 이런 조건에서 중앙은행의 디지털화폐 도입의 효과를 분석하는 것은 상당히 추상적인 수준에 머물러야 할 가능성이 높다. 이런 점을 반영하여 관련 문헌에서 중요하게 다루고 있는 이론적인 이슈에 초점을 맞추어 소개한다. 특히 앞으로 출현할 중앙은행 디지털화폐의 특성에 대한 윌리엄슨(Stephen Williamson)의 가정을 다음과 같이 요약하는 것이 독자들이 구체적인 이해를 형성하는 데 도움이 될 것으로 생각된다.[12] 개별 경제주체들도 중앙은행의 예금계좌를 개설할 수 있는 것을 전제로 발행되는 중앙화된 중앙은행 디지털화폐는 프라이버시가 필요한 거래와 프라이버시가 필요하지 않는 디지털거래에서 모두 사용이 가능할 것으로 가정한다.

중앙은행 디지털화폐의 도입이 제공할 이점은 무엇인가? 이런 의문의 답변으로 제시되는 몇 가지 항목들을 소개하면 다음과 같다. 첫째, 비금융기관의 경제주체들에 대한 중앙은행의 부채에 이자를 지급할 수 있다. 둘째, 효율적인 소매거래의 지불수단(retail payments)이다. 셋째, 명목금리의 실효하한(effective lower bound)을 낮추는 데 유용한 수단이 될 수 있어서 마이너스금리정책의 효율성을 증가시킬 수 있다. 넷째, 둘째의 항목과 관련이 있지만 국가간 지불결제서비스의 효율성을 증가시킬 수 있다. 따라서 시중(민간)은행이 경제주체들에게 지불수단

---

12) 윌리엄슨(Stephen Willamson)은 2022년에 출간한 학술논문(Journal of Political Economy, Vol. 130, No. 11, pp. 2829－2861 Central Bank Digital Currency: Welfare and Policy Implications) 에서 중앙은행의 디지털화폐가 주는 이점은 오프라인의 법정화폐를 디지털화폐로 바꾸는 것에만 있지 않고 민간에서 발행하는 지불수단과 경쟁할 수 있는 지불수단을 공급하고 아울러 안전자산을 수용할 수 있는 『협의의 은행(narrow banking)』을 운용하는 데 있다고 주장한다.

을 제공하고 있는 현실 속에서 중앙은행 디지털화폐가 발행되면 시중(민간)은행과 어떠한 형태의 경쟁이 나타날 것인지가 중요한 이슈로 등장한다.[13]

중앙은행 디지털화폐의 도입에 대한 우려가 없는 것은 아니다. 여러 개의 다른 차원에서 우려를 제기할 수는 있지만 시중은행에 대한 영향에 대하여 다음과 같은 의견이 제시된다. 우려의 출발점은 중앙은행이 디지털화폐를 도입하여 민간경제주체가 일반거래에 사용하게 된다면 기존에 시중은행이 민간경제주체에 제공해온 지불수단과 경쟁하게 된다는 것이다. 중앙은행 디지털화폐를 사용하는 것과 비교하여 민간경제주체들이 시중은행의 지불수단을 선택할 수 있는 유인을 제공할 필요가 발생한다. 비금전적인 유인보다는 금전적인 유인을 제공하기 위해 예금이자율을 높여야 하는 상황이 발생할 수 있다. 예금이자율의 상승은 은행이 자금을 조달하는 비용이 상승하는 것을 말한다. 예금이자율의 상승은 대출이자율에도 반영되어 대출이자율이 같이 상승하게 된다. 대출이자율이 상승하여 민간경제주체들의 은행대출수요가 감소하는 결과가 초래된다. 결국 은행들이 서로 경쟁하는 상황이 격화되면 예대마진이 줄어들어 은행이윤이 감소하는 결과도 가능하다. 결국 우려되는 점은 중앙은행 디지털화폐의 도입으로 은행의 금융중개량을 축소시키는 효과가 발생할 가능성이다. 탈중개화로 인한 금융중개량의 감소가 사회후생에 미치는 효과는 어떠한가? 시중은행의 금융중개량이 감소하는 것이 반드시 열악한 자원배분을 초래하는 것은 아닐 수 있다. 기업의 투자경쟁으로 인해 과다투자의 상황이라면 금융중개량의 감소가 오히려 효율적인 자원배분으로 귀결될 수도 있기 때문이다.

그러나 은행예금시장이 완전경쟁시장 또는 불완전경쟁시장인지의 여부와 중앙은행의 디지털화폐에 제공하는 이자율의 수준에 따라서 중앙은행의 디지털화

---

13) 세계경제포럼(World Economic Forum, 2024년 2월)의 홈페이지에 실린 기사(CBDCs come with two forms: retail and wholesale. What's the difference?)에 따르면 바하마, 자마이카, 나이제리아, 동캐리비안화폐통합(Eastern Caribbean Currency Union) 등을 포함하는 11개의 국가에서 이미 소매의 중앙은행 디지털화폐가 금융포괄(financial inclusion)의 확대, 지급결제시스템의 효율성, 금융안정 등을 목표로 발행되었음을 밝히고 있다. 2019년에 발행된 바하마의 경우 미국의 달러화와 고정비율의 교환으로 발행된 것으로 알려져 있다.

폐가 은행의 탈중개화에 미치는 효과가 달라질 수 있다. 중앙은행의 디지털화폐가 존재하지 않는 상황의 불완전경쟁 예금시장에서 영업하는 시중은행은 자금조달비용을 낮추기 위해 완전경쟁시장의 예금이자율 수준보다 더 낮은 예금이자율을 책정하려고 한다. 이제 중앙은행의 디지털화폐와 은행예금이 공존하는 상황이 되면 중앙은행 디지털화폐에 대해 중앙은행이 제공하는 이자율은 시중은행이 민간경제주체가 거래목적으로 개설한 예금계좌에 대해 제공하는 이자율의 하한이 된다. 위의 설명은 중앙은행 디지털화폐에 제공하는 이자율을 적절하게 선택한다면, 시중은행 예금공급확대와 예금이자율의 상승과 대출금리 인하와 은행대출의 확대가 나타나게 할 가능성을 함의한다.

중앙은행의 디지털화폐가 은행산업의 금융중개량에 미치는 효과를 분석하기 위해 다음과 같은 몇 가지의 가정을 부여한다. 첫째, 예금시장과 대출시장은 불완전경쟁시장이다. 둘째, 은행은 예금이자율과 대출이자율을 조정할 수 있는 독점력을 가지고 있다. 셋째, 은행은 예금을 모두 대출자금으로 사용한다. 넷째, 중앙은행 디지털화폐를 보유한 민간경제주체에게 이자가 지급된다. 시중은행의 의사결정은 다음과 같이 진행되는 것으로 가정한다. 첫째, 은행은 금융중개량의 한계비용곡선과 예금이자율에서 나오는 수평선이 교차하는 점에서 금융중개량을 결정한다. 둘째, 대출수요곡선을 이용하여 첫째 단계에서 결정한 금융중개량에 대응하는 대출이자율을 설정한다. 셋째, 첫째 단계와 둘째 단계에서 결정된 금융중개량과 대출이자율의 수준을 은행이윤에 대입하여 이윤을 극대화하는 예금이자율을 결정한다.

<그림 5-5>는 중앙은행 디지털화폐의 도입이 금융중개시장에 미치는 효과를 그림으로 보여주고 있다. 대출시장공급곡선은 대출의 한계비용곡선을 말한다. 한계비용은 대출량이 증가할수록 높아지는 것으로 가정한다. 따라서 <그림 5-5>에서는 대출의 공급곡선은 우상향하는 직선으로 나타난다. A점은 완전경쟁의 시장구조인 상황에서 결정되는 시장균형점이다. A점은 은행의 대출과 예금 서비스를 창출하기 위해 추가적으로 투입되는 비용이 없다고 가정할 때 완전경

그림 5-5 중앙은행 디지털화폐의 도입과 은행의 금융중개기능

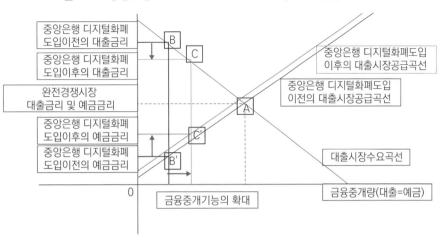

쟁의 시장구조에서는 예금금리와 대출금리가 같다는 것을 보여준다. 완전경쟁의 시장구조가 아닌 경우는 균형점이 달라진다. 불완전경쟁의 시장구조에서 중앙은행의 디지털화폐가 도입되기 이전에는 위에서 설명한대로 시중은행이 의사결정을 진행하면 금융중개량과 예금금리는 B'의 점에서 결정되고, 이에 대응하는 대출금리는 B의 점이다.

중앙은행의 디지털화폐가 도입되면 시중은행의 예금유치경쟁이 심화되는 것으로 가정한다. 예금유치경쟁이 심화되면 은행의 경영비용이 증가하여 대출의 한계비용곡선이 위로 상승하는 효과가 나타난다. 그러나 중앙은행의 디지털화폐의 도입이 실물경제의 대출에 대한 수요곡선에 미치는 영향은 없는 것으로 가정하고 있다. 이제 예전과 비교하여 더 많은 예금자를 확보하기 위해 시중은행들이 모두 예금금리를 인상한다. 이런 두 개의 효과가 반영되면 금융중개량과 예금금리는 C'의 점에서 결정된다. 이에 대응하는 대출이자율은 C의 점에서 결정된다.

<그림 5-5>의 함의를 요약하면 은행들이 예금시장에서 독점력이 있는 상황에서 중앙은행의 디지털화폐가 도입되어 중앙은행과 은행의 경쟁이 발생하면서 예금이자율이 상승하면 금융중개의 크기가 오히려 증가할 수도 있다는 것이

다. 은행이 예금시장의 독점력을 이용하여 예금금리를 매우 낮게 책정하면 가계
와 기업의 예금이 적정수준보다 더 낮아질 수 있다. 이런 경우 중앙은행의 디지
털화폐의 도입은 과도하게 낮게 책정된 예금이자율을 인상시키는 효과를 가져다
줄 수 있다. 예금금리의 인상으로 예금이 늘면 대출을 위한 자금도 증가하게 되
어 탈중개화가 아니라 오히려 금융중개기능이 강화된다. 또한 은행대출이 늘면
서 투자가 증가하여 GDP가 증가하는 결과가 가능하다.[14]

　다음에서는 보다 구체적으로 위의 결론이 도출되는 과정을 설명한다. 거래의
지급결제라는 측면에서는 중앙은행의 디지털화폐를 시중은행의 (수표발행가능)
예금의 완전대체재로 간주할 수 있다고 가정한다. 중앙은행과 시중은행은 서로
차별화된 두 개의 예금서비스를 제공하지 않고 하나의 같은 예금서비스를 제공
한다는 가정이 중요한 역할을 한다. 두 개의 같은 예금서비스에 대하여 중앙은
행과 시중은행의 예금이자율이 서로 다르다면 둘 중 하나의 예금서비스에 대한
가계와 기업의 수요는 제로가 된다. 이런 특성이 있다는 점을 반영하면 다음의
상황이 가능하다. 중앙은행이 디지털화폐 계좌의 이자율을 시중은행이 수용할
수 없을 정도로 지나치게 높게 책정하지 않는다면 (시중은행의 (수표발행가능)
예금이자율=중앙은행의 디지털화폐의 계좌의 이자율)의 등식이 성립하는 상황
이 발생한다. 위의 등식이 성립하는 이유를 다음과 같이 요약할 수 있다. 중앙은
행 디지털화폐의 계좌에 적용되는 이자율이 시중은행의 (수표발행가능)예금에
적용되는 이자율보다 높다면 민간경제주체들이 굳이 시중은행의 예금서비스를
사용할 유인이 없다. 따라서 중앙은행 디지털화폐의 계좌에 적용되는 이자율은
시중은행이 (수표발행가능)예금에 적용하는 이자율의 하한이 된다는 것이다. 여
기에 덧붙여서 시중은행이 더 높은 예금이자율을 지급한다면 민간경제주체들이
모두 시중은행에 예금할 것이다. 하지만 시중은행이 대출이자율을 더 높게 책정

---

14) 치우(Jonathan Chiu)를 포함한 네 사람의 공저자가 출간한 『Bank Market Power and Central
　　Bank Digital Currency: Theory and Quantitative Assessment(Journal of Political Economy,
　　Vol. 131, No. 5, 2023, pp. 1213－1248)』에서는 은행대출 1.57%, GDP를 0.19% 증가시킬 것으
　　로 예측하였다.

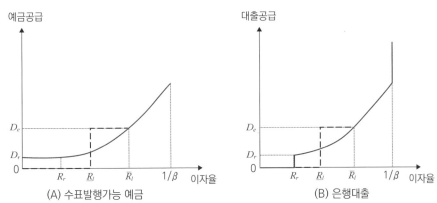

그림 5-6 중앙은행 디지털화폐의 도입이 은행예금 및 은행대출에 미치는 효과

할 수 없는 상황에서 더 높은 예금이자율을 책정하는 것은 시중은행의 이윤을 감소시킨다. 결론적으로 (시중은행의 (수표발행가능)예금이자율＝중앙은행의 디지털화폐의 계좌의 이자율)의 등식이 성립하는 상황이 가능하다. 위의 등식이 성립하는 경우 시중은행의 예금수요는 어떻게 결정되는가? 실효적으로 두 개의 같은 예금서비스가 공급되기 때문에 가계와 기업은 두 개의 예금서비스에 대하여 무차별하다. 민간경제주체가 두 개의 예금서비스에 대하여 무차별하다면 시중은행이 제공하는 예금서비스의 공급곡선의 형태가 달라질 수 있다.

　＜그림 5-6＞은 중앙은행 디지털화폐의 도입이 시중은행의 예금공급곡선과 대출공급곡선에 미치는 효과를 보여주고 있다.[15] 왼편의 그림은 (수표발행가능)예금공급곡선에 미치는 효과이고, 오른편의 그림은 대출공급곡선에 미치는 효과이다. 중앙은행의 디지털화폐가 없는 상황에서는 이자율이 상승하면서 예금공급과 대출공급이 증가하는 모습을 보여주고 있다. 중앙은행의 디지털화폐가 도입되면 이자율이 일정한 수준 이상을 넘으면 예금공급과 대출공급이 계단의 형태로 증가하는 모습을 보인다. 수평부분에서 하한이 되는 이자율은 제로이윤에 대

---

15)　＜그림 5-6＞은 치우(Jonathan Chiu)를 포함한 네 사람의 공저자가 출간한 『Bank Market Power and Central Bank Digital Currency: Theory and Quantitative Assessment(Journal of Political Economy, Vol. 131, No. 5, 2023, pp. 1213－1248)』의 「Figure 3」을 그대로 인용한 것이다.

응하는 수준이고 상한이 되는 이자율은 독점이윤에 대응하는 수준이다.

암호화폐와 통화정책

암호화폐가 앞으로 지불수단(means of payment)과 가치저장(store of value)의 기능이 강화되어 광범위하게 사용된다면 다양한 측면에서 통화정책에 영향을 미칠 것으로 예측할 수 있다. 암호화폐와 통화정책의 관계에 관한 여러 연구가 발표되었지만, 아직은 확실한 구체성이 부족하여 어느 정도 추상적인 가정에 입각한 분석이 진행되고 있다. 가장 큰 궁금증은 암호화폐가 실제로 화폐의 기능을 제대로 수행할 수 있는지에 대한 의구심이 있을지라도 혹시 암호화폐가 국가에서 발행하는 법정화폐와 경쟁할 수 있을 정도의 『민간화폐(private money)』가 된다면 어떠한 현상이 나타날 것인지에 관하여 궁금증이 있을 수 있다. 이런 궁금증을 풀어줄 수 있는 것이 화폐발행의 국가독점에서 화폐발행의 경쟁체제로 전환되면 인플레이션의 문제가 해결될 수 있다는 하이에크(Friedrich von Hayek)의 주장일 수 있다는 생각을 해볼 수 있다. 서로 다른 여러 종류의 지불수단을 개인들이 자유롭게 선택할 수 있다면 법정화폐가 많이 발행되어 민간경제에서 발행된 다른 지불수단과 비교하여 법정화폐의 가치가 상대적으로 하락하는 상황이 되면 개인들은 법정화폐를 선택하지 않고 민간경제에서 발행된 다른 지불수단을 선택하여 상품과 서비스의 거래에 사용할 수 있다. 이런 상황이 가능해진다면 민간경제에서 발행된 지불수단은 정부가 법정화폐의 발행을 과도하게 늘리는 정책을 견제하는 실효적인 수단이 될 수 있다는 것이다.[16]

만약 위에서 설명한 내용의 생각을 가진 하이에크에게 암호화폐가 인플레이션타기팅의 운용에 도움이 될 것인지의 질문을 던지면 어떠한 답변이 나올 것인지가 궁금할 수 있다. 앞에서 요약한 하이에크의 주장은 물가의 결정요인은 통

---

16) 한 나라의 안에서도 다양한 화폐가 자유롭게 선택될 수 있다면 인플레이션을 방지할 수 있다는 주장을 담은 하이에크(Friedrich August Hayek)의 저서는 『Choice in Currency: A Way to Stop Inflation(1976, Institute of Economic Affairs)』이다.

표 5-5 암호화폐와 통화공급증가율의 목표결정

화폐총수요	$m^d = kY$
화폐총공급(암호화폐포함)	$M^s = M + e_c S_c = M(1 + \gamma)$
화폐시장 균형조건	$M(1 + \gamma) = kPY$
화폐공급증가율	$(1 + \omega)(\dfrac{1 + \gamma}{1 + \gamma_{-1}}) = (1 + \pi)(1 + g)$
통화공급증가율의 목표결정	$\overline{\omega} + \overline{\varDelta} = \overline{\pi} + \overline{g}$
총수요곡선	$\pi = \overline{\pi} - (x - \overline{x}_{-1}) + (\omega - \overline{\omega}) + (\varDelta - \overline{\varDelta})$
총공급곡선(필립스곡선)	$\pi = (1 - \beta)\overline{\pi} + \beta \pi^e + k(x - \overline{x})$

주: m^d는 실질잔고의 수요, Y는 실질GDP, M^s는 명목통화스톡의 공급, M는 법정화폐스톡, γ는 법정화폐의 총공급 대비 암호화폐의 총가치, ω는 법정화폐공급의 증가율, $\varDelta$는 암호화폐승수의 증가율, $\overline{\pi}$는 목표인플레이션율, $\overline{g}$는 잠재성장률, $\overline{\omega}$는 잠재GDP와 인플레이션율목표와 일치하는 법정화폐공급의 증가율, $\overline{\varDelta}$는 잠재GDP와 일치하는 암호화폐승수의 증가율, k는 양의 상수로 정의된다.

화공급 또는 인플레이션율의 결정요인은 통화공급의 증가율이라는 믿음에 기초한 주장이라고 볼 수 있다. 이런 믿음은 화폐수량설의 주장을 반영하는 것이므로 위의 질문에 대한 답변을 위해서 암호화폐의 출현이 화폐수량설을 반영한 인플레이션타기팅의 운용에 미치는 효과를 분석해야 한다고 볼 수 있다. 이런 맥락에서 화폐수량설에 입각한 법정화폐와 암호화폐가 동시에 공존하는 상황의 화폐수요를 아래와 같이 생각할 수 있다.

<표 5-5>의 첫째 줄은 화폐수량설의 화폐수요함수를 보여주고 있다. 화폐수량설에서는 실질잔고의 수요는 실질소득과 비례한다고 가정한다. 둘째 줄에서는 경제주체들이 법정화폐와 암호화폐를 모두 사용하는 상황을 가정하고 있다. 첫째 등호의 오른편에서 첫째 항목은 법정화폐의 공급이고, 둘째 항목은 암호화폐의 총시장가치를 법정화폐의 단위로 표시한 것이다. 암호화폐 한 단위의 가치를 법정화폐의 단위로 나타낸 상대가격이 시시각각으로 달라질 수 있어서 암호화폐의 개수는 변화가 없을지라도 암호화폐의 총시장가치를 법정화폐의 총공급으로 나눈 비율(암화화폐승수)도 같이 변화할 수 있다. 따라서 둘째 등호는 화

폐총공급이 법정화폐와 암호화폐의 승수의 함수로 표현될 수 있음을 보여주고 있다. 셋째 줄은 화폐시장의 시장청산조건을 보여주고 있다. 넷째 줄은 셋째 줄의 화폐시장의 시장청산조건을 증가율의 형태로 보여주고 있다. 따라서 넷째 줄은 (화폐총공급의 증가율＝화폐수요의 증가율)의 조건이다. 다섯째 줄은 넷째 줄의 양변에 로그함수를 취한 후에 선형근사한 식을 보여주고 있어서 다섯째 줄에 있는 식은 넷째 줄에 대해 로그선형의 근사방법을 적용하여 도출한 근사식이다.[17] 이렇게 근사식을 사용하는 이유는 화폐시장의 공급곡선을 관련된 변수들의 함수로 간단히 쓸 수 있기 때문이다. 여기에 덧붙여서 다섯째 줄에서는 장기에도 화폐시장의 균형조건이 성립해야 한다는 점을 이용하고 있다. 특히 경기순환이 없는 장기에는 잠재GDP가 달성된다는 가정과 중앙은행은 잠재GDP가 달성되는 경제의 인플레이션율을 인플레이션율의 목표치로 선택한다는 가정을 도입하면 우변은 인플레이션율의 목표치와 잠재성장률의 합이 된다. 좌변은 법정화폐의 통화공급의 장기증가율과 암호화폐승수의 장기증가율의 합이 된다. 여섯째 줄은 화폐시장의 균형조건이 함의하는 인플레이션율의 갭과 경제성장률의 갭의 관계를 보여주고 있어서 총수요의 곡선으로 해석할 수 있다. 법정화폐의 증가율과 암호화폐승수의 증가율의 단기적인 변동이 총수요곡선을 이동시킬 수 있음을 보여주고 있다. 일곱째 줄은 기대를 고려한 필립스곡선의 식을 보여주고 있다.[18]

<그림 5-7>은 중앙은행이 통화량의 공급량을 조절하여 인플레이션타기팅이 실시하는 경제를 가정하는 경우의 총수요곡선과 총공급곡선을 보여주고 있다. <그림 5-7>의 총수요곡선은 <표 5-5>의 여섯째 줄에 있는 식의 그래프이고, 총공급곡선은 일곱째 줄에 있는 식의 그래프이다. <그림 5-7>에

---

17) 비선형의 균형조건에 적용되는 『로그선형근사』의 방법을 적용하는 과정은 제2장의 마지막 부분에서 설명하였기 때문에 제5장에서는 생략하기로 한다.

18) 필립스곡선의 도출에 관한 설명은 제8장의 둘째 부분에 있다. 제5장이 제8장보다 먼저 나오지만 제5장에서는 필립스곡선의 도출에 관한 설명은 생략하기로 한다. 제5장에서는 필립스곡선의 식은 인플레이션율과 생산갭이 양의 관계를 가진다는 것을 의미하는 균형조건이라는 사실만 이용하기로 한다.

그림 5-7 암호화폐승수의 변동과 인플레이션목표의 달성

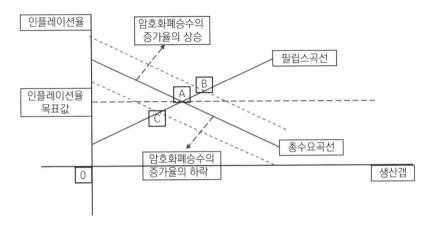

서 수평축은 생산갭(총수요)을 나타내고, 수직축은 인플레이션율을 나타낸다. 중앙은행은 생산갭에 대한 목표치와 인플레이션율에 대한 목표치를 선택할 때 모두 장기필립스곡선의 식을 만족시켜야 한다는 제약이 부과된다. A점은 중앙은 행이 인플레이션율의 목표를 달성하고 있는 상황을 나타낸다. 최소 A점의 상황 에서 암호화폐승수의 외생적인 변동이 발생하면 총수요곡선을 위와 아래로 이동 시키기 때문에 경제의 상황은 B점과 C점으로 이동한다. 이런 상황이 발생하면 중앙은행은 목표인플레이션의 달성을 위해서 법정화폐의 통화공급을 변동시켜 야 한다. 따라서 암호화폐승수의 불확실성이 큰 상황에서 변동성이 높다면 목표 인플레이션율의 달성을 위해 중앙은행은 법정화폐의 통화공급량을 빈번하게 변 동시켜야 한다.

　인플레이션타기팅을 실시하고 있는 국가에서 중앙은행은 (단기)명목이자율에 목표치를 부여하는 방식으로 통화정책을 운용하고 있다. 이런 방식으로 통화정 책을 운용한다면 중앙은행의 통화정책이 실물경제에 영향을 미치는 과정은 『금 리경로(interest-rate channel)』를 통해서 이루어질 가능성이 높다. 암호화폐의 도입이 금리경로에 어떠한 효과를 미치는지에 대한 궁금증이 있을 수 있다. 이 런 질문에 답하기 위해 두 개의 경우를 나누어 생각할 수 있을 것으로 보인다.19) 첫째의 경우는 바로 앞에서 설명한 바와 같이 중앙은행이 디지털화폐를 도입하면서 금융중개량에 미치는 효과이다. 시중은행의 대출이 허용되지 않는 경제주체는 유동성제약(liquidity constraint)에 걸려있는 상황이다. 중앙은행의 디지털화폐가 도입되면서 금융중개량이 증가한다면 유동성제약에 걸려 있는 경제주체들에게도 은행대출이 가능해지는 상황이 가능할 수 있다. 기존의 유동성제약을 받는 가계 중에서 어느 정도로 은행대출이 확대될지는 모르지만, 유동성제약을 받는 가계의 수가 작아지면 총수요의 금리탄력성이 증가한다. 이 경우에는 예전과 같은 크기로 이자율이 변동할지라도 뒤따르는 총수요의 변화는 증가한다. 따라서 금리경로의 실효성이 확대된다. 둘째의 경우는 가계가 이용할 수 있는 여러 개의 서로 다른 금융저축의 수단이 존재하는 상황이 가능하다. 암호화폐의 계좌를 활용한 예금과 대출이 가능하다면 암호화폐의 사용이 확대되고 자신이 주로 사용하는 암호화폐의 계좌를 이용한 저축의 사용이 늘어날 것으로 예측할 수 있다. 더 많은 이용자를 확보하기 위한 암호화폐들의 경쟁이 심화된다면 지불수단으로 사용하는 암호화폐를 쉽게 바꾸는 현상이 나타날 수도 있다. 따라서 총수요의 금리탄력성이 하나의 상수로 고정되지 않고 시간이 지나면서 변동하게 되는 결과가 나타날 수 있다. 이는 금리경로의 무력화를 의미하는 것은 아니지만 금리변동의 총수요효과의 불안정성이 증가하는 결과를 가져다 줄 수도 있다.

토큰과 플랫폼의 분권화

토큰의 역할을 설명하기 위해 디지털플랫폼이 발행하는 토큰과 증권의 차이를 구분하는 것이 중요하다.20) 토큰은 디지털플랫폼이 제공하는 서비스에 대한

---

19) 제2장에서 도출한 IS곡선은 금리경로를 나타내는 균형조건으로 간주할 수 있다. 따라서 제5장에서 소개하는 암호화폐가 금리경로에 미치는 효과는 중앙은행 디지털화폐의 도입 또는 암호화폐의 경쟁심화가 IS곡선의 기울기에 미치는 효과를 중점적으로 설명한다.

20) 『디지털플랫폼』은 인터넷을 통해 연결된 생산자와 소비자 등 다양한 경제주체들이 제품과 서비스의 교환과 매매 또는 거래에 필요한 정보를 수집하거나 교환할 수 있는 가상공간의 장소로 해석

청구권을 가지고 있고, 증권은 디지털플랫폼의 수입에 대한 청구권이 있다. 이런 구분은 이론적인 구분이고 현실경제에서는 두 개의 특성을 결합한 형태도 가능하다. 따라서 플랫폼의 서비스가 아니라 플랫폼의 수입에 대한 청구권을 가지는 소위 증권토큰(security token)과 금융자산토큰(financial asset token)도 토큰의 범주에 속한다. 이에 반하여 지불결제토큰(payment token)과 유틸리티토큰(utility token)은 플랫폼의 서비스에 대한 청구권이 있다. 최근의 디지털 자산시장에서 발견할 수 있는 여러 현상 중에서 다음의 두 현상을 소개한다. 첫째, 다수의 디지털플랫폼은 개발비용과 운용비용을 암호화폐 또는 토큰을 발행하여 조달한다. 둘째, 아마존, 구글, 페이스북과 같은 온라인플랫폼이 일반 사람들의 일상생활에 널리 퍼지면서 디지털플랫폼과 사용자의 사이에 갈등이 늘어나고 있다. 그 이유는 잘 알려진 대규모 플랫폼을 사용하는 이점이 있지만 반면에 플랫폼으로 흘러 들어가는 개인적인 자료가 오용될 위험에 노출되기 때문이다. 토큰화는 플랫폼의 소유권과 통제를 최초 주주로부터 사용자로 이전시켜서 사용자를 보호하는 역할을 할 수 있다. 그러나 토큰화는 이득만 있는 것이 아니라 플랫폼의 네트워크효과를 극대화하려는 목적으로 사용자 참여의 확대를 위해 금전적인 지원을 기꺼이 하려는 플랫폼 소유자를 감소시키는 비용을 수반한다.

플랫폼의 네트워크효과가 온라인플랫폼의 성공을 결정하기 때문에 사용자베이스(user base)를 최대화하기 위해서 더 많은 사용자가 플랫폼을 사용할 수 있도록 할인 또는 기프트 제공을 포함한 다양한 형태로 사용자참여(user participation)에 대하여 지원한다. 플랫폼의 주주들은 미래수입을 극대화하기 위해 현재의 사용자참여(user participation)에 대해 지불하는 비용을 기꺼이 감수한다. 미래시점에서 주주의 이익을 위해서 사용자착취(user exploitation)가 발생할 가능성이 있다는 점을 고려한다. 공격적인 광고를 하거나 개인자료를 제삼자에게 파는 등의 행위를 사용자착취의 사례로 간주할 수 있고, 플랫폼의 소유주가 이런 행동을 선택하면 플

할 수 있다. 디지털플랫폼은 정보검색의 서비스에 의존한 소비자와 광고업체의 매개 또는 온라인쇼핑에서 중개자의 역할을 한다.

랫폼의 사용자수가 감소하는 결과로 이어진다.

주식기반 자금조달(equity-based scheme)과 토큰기반 자금조달(token-based scheme)로 구분하여 생각해 볼 수 있다.[21] 첫째, 주식기반(equity-based scheme) 자금조달방식을 선택한 플랫폼에서는 사용자착취가 앞으로 없을 것이라는 약속이 미래시점에서 반드시 지켜지도록 보장할 수단이 없다는 것이다. 미래시점에 이르러서 상황에 따라 플랫폼의 소유주에게 유리한 방향으로 사용자착취의 여부가 결정될 가능성을 배제할 수 없다는 것이다. 둘째, 토큰기반 자금조달방식은 토큰을 사용자에게 팔아서 플랫폼을 개발하는 자금을 조달한다. 토큰은 유틸리티토큰의 경우 플랫폼의 사용에 대한 청구권만 있다. 그러나 플랫폼의 운영과 관련된 결정에 대한 투표권을 행사할 수 있다.

어느 플랫폼에 참가하는지에 대하여 무차별한 한계사용자(marginal user)를 끌어오기 위해 이들이 플랫폼에 지불해야 하는 사용료에 플랫폼 소유자는 보조금을 지급할 유인이 있다. 그 이유는 현재시점에서 보조금을 지급하면 현재시점의 비용지출이 증가할지라도, 한 사람의 사용자가 늘면 네트워크효과로 인해 다른 사람들도 플랫폼을 사용하게 될 수 있어서 결국 미래시점에서 플랫폼이 제공하는 서비스를 이용하는 사람의 증가로 인해 미래시점의 수입이 증가하는 이득이 발생할 것으로 예측되기 때문이다. 하지만 미래시점에서 플랫폼 소유자는 예전의 약속을 지킬 것인지에 대하여 생각해 볼 필요가 있다. 주식기반 자금조달방식에서는 플랫폼의 소유자는 사전적으로 플랫폼의 사용자의 이득에 해가 되는 행동을 하지 않을 것을 약속하는 것이 이득이 된다. 그러나 시간이 흘러서 사용자가 충분히 증가한 후에는 예전에 공표한 약속을 그대로 지키지 않고, 이득이 된다고 판단되면 플랫폼에 해가 될 수 있는 행동을 선택을 할 수도 있다.

토큰기반 자금조달방식에서는 주식기반 자금조달방식과 달리 사용자에게 이용료를 받지 않고, 토큰을 가진 사람만 플랫폼의 서비스를 이용할 수 있도록 한

---

[21] 소킨(Michael Sockin)과 슝(Wei Xiong)의 공저로 2023년에 출간된 『Decentralization through Tokenization(Journal of Finance, Vol. 78, No. 1, pp.247-297)』의 분류와 분석내용을 참조하였다.

다. 토큰소유자에게 플랫폼의 운영권을 넘겨준다. 플랫폼의 약정(commitment)된 내용들은 사전에 프로그램된 알고리듬에 담겨있다. 또한 알고리듬의 내용을 바꾸는 작업은 토큰보유자의 투표를 통해서 동의를 받는 경우만 가능하다. 이런 방식으로 플랫폼의 의사결정방식이 정해지면 사용자들은 앞으로 플랫폼의 알고리듬을 수정하는 것에 동의할 수 있지만 자신들에게 해가 될 내용이 담긴 수정안을 채택하지 않을 것이므로 사용자착취현상의 발생을 막을 수 있는 안전장치가 있는 것으로 해석할 수 있다.

하이브리드 방식은 주식기반과 토큰기반 자금조달방식을 혼합한 것으로 정의된다. 하이브리드방식에서는 플랫폼에서 이용자에게 거래수수료를 받는 동시에 수수료를 부과하여 발생한 수입을 토큰소유자에게 배당소득으로 지급한다. 이런 토큰은 주주의 권리가 부여된 사용자토큰이라고 볼 수 있다. 하이브리드 방식은 어떠한 결과를 발생시킬 것인가? 앞에서 토큰발행은 플랫폼 소유자의 사용자착취를 막을 수 있는 보호장치가 될 수 있음을 설명하였다. 이런 토큰의 기능에 어떠한 변화를 줄 수 있는가? 하이브리드 방식이 채택되면 토큰의 원래 취지를 약화시킬 가능성이 있다는 것이다. 플랫폼의 서비스를 많이 이용하는 사람들은 이용수수료를 많이 지불하게 된다. 수수료수입이 토큰보유자에게 배당소득으로 지급되기 때문에 토큰보유자 중에서 플랫폼의 서비스를 상대적으로 많이 이용하는 사람들은 작게 이용하는 사람에게 소득이전을 해주는 셈이 된다. 이런 소득이전효과를 노리고 플랫폼의 거래서비스에 대해서는 필요가 없을지라도 투자목적으로 플랫폼의 토큰을 매수하는 사람들이 있을 수 있다. 투자목적의 토큰보유자가 많아져서 이런 사람들이 다수가 되는 상황이 발생하면 항상 사용자착취로부터 발생하는 수익에 대한 금전적인 유혹이 발생한다.

앞에서 설명한 이론적인 내용과 관련하여 가상자산을 이용하는 경제주체의 보호를 위한 정책적 대응을 한국의 경우에 초점을 맞추어 설명한다. 암호화폐가 규제대상이 되는지는 『가상자산이용자보호법 시행령』에 포함된 가상자산의 범주에 포함이 되는지에 따라 다르다. 이 법률에서 규정하고 있는 가상자산은 경제적 가치를 지니고 있으면서 동시에 전자적으로 거래 또는 이전될 수 있는 전자적 증표이다.[22] 한국의 경우 가상자산과 관련된 두 개의 규제가 있다. 첫째, 이용자의 예치금관리(시행령의 제8조 – 제10조)를 목적으로 가상자산사업자는 이용자의 예치금을 공신력 있는 관리기관(은행)에 예치·신탁하여 관리해야 할 것을 규제한다. 가상자산사업자와 관리기관(은행)은 예치금을 관리기관(은행)의 재산과 구분하여 관리해야 한다. 관리기관(은행)이 예치금을 국채 및 지방채 등 안전자산에 운용한 결과로 발생한 수익을 가상자산사업자에게 지급하는 내용의 관리계약을 체결하여야 한다. 둘째, 이용자 가상자산 보호(시행령의 제11조)를 목적으로 가상자산사업자는 이용자의 가상자산 중 70% 이상의 범위에서 금융위원회가 정하는 비율(80%) 이상의 이용자 가상자산을 인터넷과 분리하여 보관하여야 한다. 또한 『가상자산이용자보호법』에서 규정하고 있는 조사대상의 불공정 거래 행위는 다음과 같이 네 개의 유형으로 구분된다. ① 미공개정보 이용 매매 ② 시세조종 매매 ③ 거짓, 부정한 수단을 활용한 거래 ④ 가상자산사업자의 자기발행코인 매매 등이다.

---

22) 다른 법률에서 규율하고 있거나 이용자 피해 우려가 없는 전자적 증표는 가상자산의 범위에서 제외하는 것으로 규정한다. 이런 전자적 증표는 게임산업법의 게임머니 및 게임아이템, 전자금융거래법의 선불전자지급수단 및 전자화폐, 전자증권법의 전자등록주식, 한국은행이 발행한 전자적 형태의 화폐(CBDC)를 포함한다. 「전자금융거래법」상 전자채권, 모바일 상품권과 함께 신개념 디지털 자산의 성격을 보유하고 이용자에게 피해가 발생할 가능성이 낮은 예금토큰, NFT(Non-Fungible Token) 등은 규제되는 가상자산의 범위에서 제외된다. 예금토큰에는 은행법의 은행이 한국은행 CBDC 네트워크(CBDC를 발행·관리하는 네트워크)에서 취급하는 예금과 이에 준하는 전자적 증표가 포함된다. NFT는 수집이 주된 목적이거나 (거래당사자들의) 거래 확인의 목적으로 발행되는 전자적 증표 등 다른 전자적 증표로 대체될 수 없는 성격을 가진 전자적 증표를 말한다.

연습문제

01 부동산 토큰화(real estate tokenization)와 주식 토큰화(equity tokenization)의 정의와 유용성에 대하여 설명하시오. 부동산 토큰화는 부동산의 유동성을 증가시키는 효과가 있지만, 주식 토큰화는 거래소가 존재하기 때문에 유용성이 상대적으로 작다는 주장을 평가하시오.

02 대체불가능한 토큰(non-fungible token)의 형태로 발행된 부동산 토큰시장의 활성화는 주택과 상업용 건물을 포함하는 부동산거래의 투명성을 제고한다는 주장을 평가하시오.

03 암호화폐만 전문적으로 담당하는 온라인은행을 암호화폐 전문은행이라고 하자. 모든 일반 가계는 현금 대신 암호화폐은행에 계좌를 개설하고 모든 거래에 대한 대금을 지급하는 것으로 가정한다. 이처럼 소득수준에 관계없이 현금 대신 암호화폐의 계좌를 이용한 결제시스템이 구축된다면 유동성제약을 받던 가계의 비중을 감소시켜서 금리경로의 실효성을 증가시키는 장점이 있을 수 있지만, 금리경로의 변동성이 증가하는 단점도 가능하다. 위의 주장을 평가하시오.

04 중앙은행이 발행하는 디지털화폐의 계좌잔고에서 이자가 지급되면서 디지털화폐의 계좌로 조달된 자금이 『협의의 은행업(narrow banking)』을 벤치마크하여 운용된다면 프리드만의 최적통화 조건이 성립하지 않아서 통화정책의 수행을 어렵게 하는 부작용이 있다는 주장을 평가하시오.

05 중앙은행이 발행하는 디지털화폐의 사용이 일반화되면 중앙은행의 마이너스금리정책의 실효성이 증가할 것이라는 주장을 평가하시오.

06 암호화폐의 편의수익(convenience yield)은 암호화폐가 제공하는 네트워크효과의 크기를 반영하고, 암호화폐의 시장규모가 클수록 네트워크효과는 증가한다. 또한 암호화폐의 시장규모가 클수록 암호화폐의 단위당 가격이 증가하는 경향이 있다. 이런 특성으로 인해 차

익거래이득이 없는 균형에서도 암호화폐 가격의 변동성이 상대적으로 높게 나타난다는 주장을 평가하시오.

07 한 달 후의 비트코인의 개당 가격은 최저 4만 달러부터 최고 10만 달러까지의 범위에서 균등분포를 따를 것으로 예상된다. 비트코인 거래소는 평가한 부도확률이 제로인 비트코인의 담보대출상품을 투자자들에게 공급하려고 한다. 현재시점에서 비트코인의 가격은 8만 달러이다. 한 달 후에 원리금을 상환할 것을 조건으로 하는 제로부도확률의 비트코인 담보대출에서 담보인정비율(loan-to-value ratio)을 계산하시오. 계산을 간단히 할 수 있도록 이자율은 제로라고 가정하시오.

08 모든 시중은행의 요구불예금에 대하여 10%의 필요지불준비율이 부과된다. 중앙은행은 시중은행의 지불준비금에 대하여 1%의 이자율을 지급한다. 개별 시중은행의 예금수요 함수는 $R_d(d) = bd$의 선형함수이고, b는 양의 상수이다. 중앙은행의 디지털화폐가 없는 경우 시중은행의 이윤극대화를 달성하는 예금공급량을 결정하시오. 시중은행의 대출이자율은 대출시장에서 주어지는 것으로 간주한다. 수평축은 대출이자율이고, 수직축은 예금공급량인 평면에 이윤극대화의 조건이 함의하는 그래프를 표시하시오.

09 중앙은행의 디지털화폐가 도입되면서 디지털화폐에 지급하는 이자율이 R_e로 결정된다. 제5장의 본문에서 설명한 바와 같은 이유로 시중은행의 예금은 d_e로 결정된다. 시중은행의 예금공급곡선을 위의 문제와 같은 평면에 그래프로 표시하시오.

10 위의 두 문제의 답을 비교하여 중앙은행의 디지털화폐의 도입이 은행의 금융중개기능에 미치는 효과를 설명하시오.

11 암호화폐에 관한 틀린 설명을 선택한 후 이유를 설명하시오.
① 스테이블코인은 비트코인이나 테더와 같은 암호화폐와 달리 은행예금과 유사한 특성이 있다고 할 수 있다.
② 볼록체인의 기술을 이용하면 보유자의 익명성을 보장하면서 위조도 되지 않는 디지털코인을 생성할 수 있다.
③ 중앙은행이 금리를 급격히 상승시키고 있는 시기에 암호화폐들의 가격이 같이 하락할 수 있다.
④ 비트코인과 같은 암호화폐의 발행을 위한 비용이 거의 제로이기 때문에 기존의 법정화폐보다 효율성이 더 높다.

12 총시장가치가 가장 큰 암호화폐의 현재시점에서 가격이 10이고, 다음시점에서 예상가격은 110이다. 총시장가치가 가장 작은 암호화폐의 현재시점에서 가격이 2이고, 다음시점에서 예상가격이 2.4이다. 현금담보를 제공하지 않더라도 암호화폐의 차입이 가능한 것으로 가정하시오. 현재시점에서 (제로의 투자비용으로) 암호화폐의 시장규모의 차이를 이용한 투자전략을 실행하여 다음시점에서 얻을 수 있는 예상이득을 선택하고 이유를 설명하시오.

① 1
② 2
③ 3
④ 4

13 암호화폐의 가격결정에 관한 틀린 설명을 선택하고 이유를 설명하시오.

① 암호화폐는 내재가치가 없어서 차익거래이득이 없는 균형에서 제로의 가격이 된다.

② 암호화폐는 내재가치가 없어서 한 시점 동안 보유할 경우의 투자수익률과 확률적 할인인자의 곱으로 정의되는 확률변수의 기대값이 1이 되어야 한다는 균형조건이 성립하지 않는다.

③ 암호화폐시장의 크래쉬를 암호화폐의 가격이 영원히 제로가 되는 상황으로 정의하면 차익거래이득이 없는 균형에서 가격이 제로가 되어야 한다.

④ 암호화폐의 특수성으로 인해 암호화폐투자의 예상초과수익률이 암호화폐수익률과 확률적 할인인자의 공분산에 의해 결정된다는 이론의 적용이 원천적으로 불가능하다.

14 중앙은행이 민간경제주체가 사용할 수 있는 디지털화폐를 도입하는 경우 대출시장에 미치는 효과에 관한 맞는 설명을 선택한 후 이유를 설명하시오.

① 금융중개시장이 완전경쟁의 시장구조를 가지고 있다면 대출공급곡선이 기울기의 변화가 없이 단순히 위로 이동하여 대출이자율의 상승과 금융중개량의 감소가 발생할 수 있다.

② 금융중개시장이 불완전경쟁의 시장구조를 가지고 있다면 대출공급곡선이 기울기의 변화가 없이 단순히 위로 이동할지라도 대출이자율의 하락과 금융중개량의 증가가 가능하다.

③ 금융중개시장이 불완전경쟁의 시장구조를 가지고 있다면 대출공급곡선의 그래프가 계단 형태로 바뀌면서 대출이자율의 하락과 금융중개량의 증가가 가능하다.

④ 금융중개시장이 완전경쟁의 시장구조를 가지고 있다면 대출공급곡선이 기울기의 변화가 없이 단순히 위로 이동하여 대출이자율의 하락과 금융중개량의 증가가 발생할 수 있다.

15 암호화폐와 인플레이션의 관계에 관하여 틀린 설명을 선택한 후 이유를 설명하시오.

① 민간에서 발행되는 암호화폐가 실물거래에 널리 사용되는 경우 통화공급의 조절을 통한 인플레이션율목표의 달성이 더욱 어려워질 가능성이 있다.

② 중앙은행이 발행하는 법정화폐의 스톡 대비 암호화폐의 총시장가치의 비율이 큰 폭으로 변동할수록 통화공급의 조절을 통한 인플레이션율목표의 달성이 쉽게 이루어진다.

③ 민간에서 발행되는 암호화폐가 실물거래에 널리 사용되는 경우 이용가능한 지불수단의 다양성이 확대되면 인플레이션의 문제가 완화된다는 하이에크의 가설이 항상 성립한다.

④ 민간에서 발행되는 암호화폐가 실물거래에 널리 사용되는 경우 법정화폐의 공급을 과감하게 감소시켜서 인플레이션율목표를 달성할 수 있다.

16 가계와 기업이 편리하게 사용할 수 있는 중앙은행 디지털화폐가 널리 사용되면 발생할 수 있는 현상에 관하여 맞게 설명한 항목을 선택한 후 이유를 설명하시오.

① 중앙은행은 가계와 기업의 화폐보유에 대한 기회비용을 조절할 수 있는 정책수단을 가지게 된다.

② 가계와 기업에게 직접 영향을 미치는 단기명목금리의 실효하한이 음수가 되도록 한다.

③ 가계와 기업이 사용할 수 있는 지급결제수단의 다양성이 증가하면서 요구불예금 또는 입출금이 자유로운 예금에 지급되는 이자율이 상승할 가능성을 배제할 수 없다.

④ 시중은행의 예금서비스와 경쟁하게 될 것이므로 시중은행은 결국 소멸한다.

제6장

뉴스와 증권가격

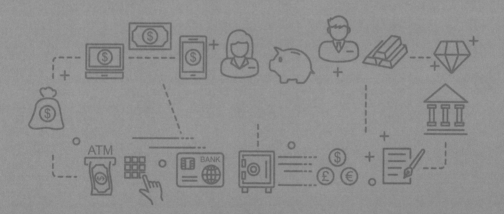

제6장

뉴스와 증권가격

중대한 뉴스는 대체로 증권시장에 큰 효과를 미치는 것으로 알려져 있다. 실제현실에서도 중대한 뉴스가 발생하면 그에 따른 증권시장의 반응을 미디어보도를 통해 자주 접할 수 있다. 뉴스가 증권가격에 영향을 미친다는 것은 투자자가 뉴스를 접하여 획득한 정보를 자신의 증권투자에 반영하고 있음을 의미하는 것이다. 뉴스의 내용을 상황에 대한 정보와 보도하는 상황이 증권투자의 수익성에 미치는 효과의 분석으로 나누어 볼 수 있다. 따라서 뉴스 자체만 중요한 것인지 아니면 뉴스가 증권투자의 수익성에 대하여 가지는 의미에 대한 해석이 중요한 것인지에 대하여 생각해볼 여지가 있다. 또한 같은 내용의 뉴스에 대해서도 투자수익성에 대한 함의를 분석하는 사람에 따라 서로 다르게 해석할 수 있다. 이런 점들을 반영하여 제6장에서는 두 가지 이슈에 대하여 중점적으로 분석한다. 첫째 이슈는 뉴스는 투자자가 평가하는 위험보상비율과 위험의 크기에 어떠한 영향을 미치는지이다. 둘째 이슈는 경제상황의 편향적인 해석이 증권투자에 미치는 효과이다. 구체적으로 설명하면 어떤 경우에 뉴스의 투자수익성에 대한 편향된 함의가 발생하는가? 편향된 해석이 첨부된 뉴스는 어떠한 경로를 거쳐서 투자자의 증권투자에 영향을 미치는가? 등으로 정리해볼 수 있다. 뉴스가 증권가격에 미치는 효과에 대한 다양한 실증적 사실들이 있지만 다음과 같이 간단하

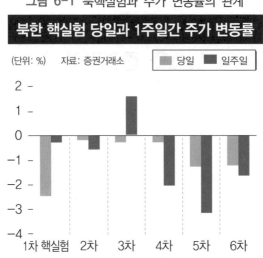

그림 6-1 북핵실험과 주가 변동률의 관계

출처: 「주식시장에선 북핵문제 정점 지났다.」 한겨레, 2017년 9월 7일, 이종우.

게 정리해 본다. 첫째, 뉴스가 함의하는 내용의 중요성과 일치하는 크기로 증권 가격의 반응이 나타나지 않을 수 있다. 둘째, 처음 겪는 생소한 뉴스와 지속적으로 반복되고 있는 뉴스의 증권가격효과는 다르게 나타난다. 셋째, 좋은 뉴스와 나쁜 뉴스의 증권가격효과는 비대칭적이다. 넷째, 시가총액이 큰 기업과 작은 기업의 주식가격은 비대칭적인 반응을 보인다. 제6장에서 소개하는 모형이 위에서 설명한 실증적 사실을 어느 정도 설명하는지를 분석한다.

현실경제의 사례를 소개하기 위해 <그림 6-1>은 북핵문제의 주식가격효과를 신문기사에서 인용한다. 그림의 설명을 위해 2017년 9월 5일의 기사를 인용한다.[1] 『4일 코스피 낙폭(1.19%)은 2006년 이후 다섯 차례 있었던 핵실험 당일 (휴일인 경우 첫 거래일) 평균 등락률(0.8%)보다는 다소 높은 수치다. 하지만 2006년 10월 9일에 있었던 1차 핵실험일 당일 하락률(2.41%)보다는 낮다. 당시는 북한의 첫 핵실험이었기에 주식 및 외환시장은 상당한 충격을 받았다. 코스닥시장에서는 사이드카(주가가 급등락할 경우 프로그램거래를 5분간 정지시키

---

1) 조선비즈(조선일보)의 『6번째 핵맞은 증시…외국인·기관 모두 순매수』의 기사(곽창렬)를 인용하였다.

는 것)가 발동되기도 했다. 이후 북한의 핵실험에 대해서는 증시가 대체로 차분하게 반응했다. 2009년 5월 25일 있었던 2차 핵실험 날에는 코스피지수가 0.20% 하락했고, 다음 날에는 핵실험 당일보다 2.06%나 떨어졌지만, 5거래일 후 1% 이상 올라 진정됐다. 2013년 3차 핵실험 때엔 당일에 전날보다 0.26% 떨어졌지만, 다음 날과 5거래일 후에는 당일보다 각각 1.56%, 2.06%씩 올랐다. 반면 4·5차 핵실험은 1·2차보다는 상대적으로 증시 영향이 컸다. 작년 1월에 있었던 4차 핵실험 당일에는 0.26% 떨어졌고, 그 다음 날에도 1.10% 하락했다. 작년 9월 9일 5차 핵실험 당일에는 1.25% 하락했고, 그 다음 날에는 2.28%나 떨어졌다. 하지만, 모두 평균 5일 정도가 지나면 증시는 제자리를 찾았다.』

　앞에서 인용한 구체적인 사례를 보다 일반화하여 생각하면 우리나라의 특수성을 반영한 좋은 예는 남북관계가 주식가격에 미치는 효과일 것으로 짐작해볼 수 있다. 일반적으로 남북관계의 개선을 의미하는 뉴스는 투자자들로 하여금 한반도의 긴장을 완화시켜 경제활동의 활성화로 이어질 수 있다고 전망하게 할 것이다. 그 결과 남북관계의 개선을 의미하는 뉴스를 좋은 뉴스(good news)로 볼 수 있으며 일반적으로 주가를 상승시킬 것으로 예측된다. 그러나 남북관계의 악화를 의미하는 뉴스를 나쁜 뉴스(bad news)로 분류할 수 있다. 이는 투자감소 및 경제활동의 위축으로 이어져 일반적인 주가의 하락을 가져올 것으로 예측된다. 제6장에서는 미래시점에서 실현되는 수익률에 관한 뉴스를 좋은 뉴스와 나쁜 뉴스로 분류하고 이들이 증권수요에 미치는 효과를 분석한다.

뉴스의 의미

　뉴스와 증권가격 간의 관계를 분석하기 위해 뉴스를 어떻게 정의할 것인가를 생각해야 한다. 뉴스는 현재시점의 상황과 미래시점에서 발생할 상황에 대한 정보를 제공하는 일체의 행위로 정의할 수 있다. 이처럼 뉴스를 정의하는 것은 뉴스의 기능에 초점을 맞추어서 정의하는 것으로 간주할 수 있다. 뉴스의 정보전

달기능이 완전한 것인가에 대한 의문이 있다. 실제상황에서는 뉴스가 현재시점
과 미래시점의 상황을 완전하게 정확히 알려주는 것은 아니다.

뉴스의 기능은 현재시점의 상황에 관한 정보와 미래시점에서 발생할 상황에
관한 정보의 전달이다. 뉴스의 기능이 완전한 것인가에 대하여 다음과 같은 두
가지 가정을 한다. 첫째, 뉴스에 담겨있는 현재시점의 상황에 대한 정보는 정확
하다. 둘째, 뉴스에 담겨 있는 미래시점의 정보는 불완전하다. 첫째 가정에 의해
서 뉴스를 접한 투자자는 현재시점의 자료는 정확하게 알고 있는 것으로 간주할
수 있다. 둘째 가정은 미래시점에 어떠한 일이 발생할 것인가에 대하여 미리 알려
주는 기능이 있는데 이러한 기능이 불완전하다는 뜻이다. 이는 미래시점에서 발생
할 상황에 대한 예측이 어느 정도 가능하지만 완전하지 않다는 것을 의미한다.

그러나 최근의 문헌 중에는 뉴스의 미래시점에서 발생할 상황에 대한 예측기
능이 완전하다고 가정하는 경우도 있다.[2] 이 경우 뉴스충격이라는 용어를 사용
한다. 뉴스충격의 의미는 미래에 벌어질 상황에 대하여 예전에는 몰랐으나 현재
시점에 들어서서 뉴스를 통해 정확하게 알게 된다는 것이다. 이 경우 합리적인
의사 결정자는 미래상황에 미리 대비하게 된다. 따라서 현재시점에 들어서서 사
람들의 정보에 충격을 주는 두 가지 경우가 있게 된다. 하나는 현재시점에서 발
생하는 상황에 대하여 예측하지 못한 부분과 다른 하나는 미래시점에서 발생하
는 상황에 대하여 예측하지 못하는 부분이다.

제6장에서는 뉴스를 통해 유용한 정보가 알려지는 것은 사실이지만 뉴스가
제공하는 정보가 불완전하다는 것을 가정한다. 어떠한 의미에서 불완전하다는
것인가? 뉴스의 내용이 그대로 실현되지 않는다는 것이다. 뉴스미디어가 생산하
는 미래의 예측이 반드시 정확하다고 볼 수 없다. 따라서 뉴스의 내용 중 일부
는 맞고 일부는 틀린 경우를 고려한다. 이와 같은 뉴스의 미래 예측에 대한 불

---

2) 최근 일련의 연구에서는 뉴스충격이 현실경제의 경기변동을 발생시키는 중요한 요인이라는 주장
이 제기되어 왔다. 일례로 2012년 Econometrica(Vol. 80(6), pp. 2733-2764)에 출간된 슈미트
그로헤(Stephanie Schmitt-Grohe)와 우리베(Martin Uribe)의 「What's News in Business
Cycles」를 들 수 있다.

완전성을 반영하여 앞의 뉴스충격이라는 단어와 차별되는 단어를 쓰라면 시그널 충격이라고 할 수 있다.

불완전한 뉴스이므로 유용하지 않다고 할 수 있는가? 실제로 미래에 실현될 상황에 대하여 어느 정도 정보를 가지고 있으므로 차라리 없는 것이 더 좋은 것이라고 주장하지는 못한다. 여기에 덧붙여서 보통의 의사 결정자들이 나름대로 합리적으로 뉴스에 포함된 유용한 정보를 추출할 수 있다고 가정한다. 제6장의 초점은 불완전한 뉴스를 접하게 되었을 때 투자자들은 자신의 투자에 유용한 정보를 효율적으로 처리하는 방식을 가지고 있어서 이를 사용하여 정보를 추출하고 이를 바탕으로 미래에 대한 기대를 업데이트한다는 것이다.

뉴스는 투자자의 투자선택에 어떻게 영향을 미치는가? 뉴스를 접하게 되어 정보를 업데이트하게 되면 그에 따라 투자자는 자신이 선택하는 증권들의 위험보상비율에 대한 평가를 업데이트하게 된다. 비록 불완전한 뉴스일지라도 투자자가 뉴스를 접하게 되면 임의의 증권이 제공하는 위험보상비율에 대한 보다 더 정확한 평가가 가능해진다는 것이다. 이와 같은 상황에서 투자자가 뉴스를 접하면 어느 정도 자신의 투자선택을 변경하려고 하는가를 분석하는 것이 제6장의 중요한 목적이다. 또한 정확한 정보를 가진 뉴스충격으로 인해 미래시점의 수익률을 정확히 안다면 수익률 변동에 대한 위험이 사라지게 되므로 위험에 대한 보상이 필요 없다. 그러나 이런 상황은 위험증권에 대한 현실의 투자결정과는 일치하지 않기 때문에 제6장에서는 불완전한 뉴스충격의 효과를 중점적으로 설명한다.

증권수요의 결정요인

투자자의 증권수요를 결정하는 세 개의 요인이 있는 상황을 상정한다. 실제 현실에서 증권투자를 고려할 때 세 개의 요인보다 훨씬 많은 요인을 분석하여 증권투자를 결정할 가능성이 높다. 그러나 제6장에서 설명하는 모형에서는 세 개의 요인만 고려하고 각각의 요인과 증권수요는 어떠한 관계가 있는지를 설명한다.

첫째 요인은 증권이 보유한 위험의 시장가격이다. 다른 변수들이 일정할 때 증권수요는 증권이 지니고 있는 위험에 대한 시장가격에 비례한다. 앞에서 위험의 시장가격은 증권보유로 인해 예상되는 초과수익률을 수익률의 표준편차로 나눈 비율로 정의된다. 증권을 보유하는 것에 대한 위험을 표준편차로 측정한다면 이는 증권보유의 위험에 대한 보상비율로 해석할 수 있다. 둘째 요인은 증권수익률의 위험이다. 증권이 제공하는 수익률의 표준편차를 위험의 척도로 정의한다. 다른 변수들이 일정할 때 증권수요는 위험에 반비례한다는 것이다. 셋째 요인은 투자자의 위험기피의 크기이다. 다른 변수들이 일정할 때 증권수요는 투자자의 위험기피를 나타내는 계수의 크기와 반비례한다.

다음에서는 위에서 설명한 증권수요함수를 효용극대화의 결과로서 도출할 수 있게 하는 모형은 어떤 모형인지를 간단히 설명한다. 제6장에서 소개하는 모형은 제3장의 <표 3-2>에서 정리한 모형과 동일하지만, 제6장의 분석목적이 제3장과 달라서 다시 한번 간략하게 소개하기로 한다. 현재시점에서 투자자에게 가용한 자산을 W로 표시한다. 투자자는 W를 무위험채권에 대한 투자와 위험증권에 대한 투자로 분리한다. 투자자가 두 개의 서로 다른 증권투자의 비중을 어느 정도로 할 것인지를 결정할 때 효용극대화의 문제를 풀어서 결정한다. D를 위험증권투자에 할당하는 금액으로 정의하여 $(W-D)$는 무위험채권에 대한 투자를 의미한다.

현재시점에서 결정한 증권투자의 결과는 다음시점에 알려진다. 위험증권의 총수익률을 R'로 표시하자. 현재시점에서 1원 투자하면 다음시점에서 R'의 원리금을 받는다는 뜻이다. 무위험채권의 총수익률은 F로 표시한다. 위험증권의 수익률은 현재시점에서 알려지지 않고 다음시점이 되어야 알려진다. 다음시점에서 위험증권의 수익률이 알려진 이후 투자자의 순자산은 <표 3-2>의 첫째 줄에 정리되어 있다. 이 식에서 W'는 다음시점에서의 순자산을 나타낸다. 투자자의 효용은 다음시점에서 실현되는 순자산의 함수로 정의된다. 투자자의 효용함수에 대하여 두 가지의 원칙이 부과된다. 첫째, 투자자는 순자산의 크기가 증가하는 것을 선호한다. 그 이유는 소비에 사용할 수 있는 자원이 더 많아지기 때문이다. 둘째, 투자자는 순자산의 변동성이 커지는 것을 싫어한다. 변동성을 싫어하는 이유는 위험을 싫어하기 때문이다.

　위의 원칙에 어긋나지 않으면서 단순한 형태의 효용함수는 <표 3-2>의 둘째 줄에 정리되어 있다. $E[W']$는 다음시점의 순자산에 대한 기대값을 의미한다. 또한 $VAR(W')$는 다음시점의 순자산에 대한 분산을 의미한다. 분산은 변동성지표이므로 순자산의 분산이 커지면 투자자의 효용이 낮아진다. 투자자의 효용이 낮아지는 정도는 τ의 크기에 의해서 결정되므로 τ는 위험기피의 정도를 나타내는 계수로 해석할 수 있다. 앞에서 정의한 효용함수에 예산제약식을 대입하여 정리하면 투자자의 효용함수를 위험증권에 투자한 금액에 대한 함수로 정리할 수 있다. <표 3-2>의 셋째 줄에 있는 효용함수의 식은 투자자의 효용이 위험증권에 투자한 금액의 함수임을 나타낸다. <표 3-2>의 셋째 줄에 있는 효용함수를 D에 대한 단순한 이차형식으로 정리하면 다음과 같이 다시 쓸 수 있다.

$$U = -\left(\frac{\tau\sigma_R^2}{2}\right)\left(D - \frac{\lambda}{\tau\sigma_R}\right)^2 + FW + \frac{\lambda^2}{2\tau}$$

　이 식에서 σ_R은 위험증권수익률의 표준편차를 나타내고 λ는 위험증권의 위험보상비율을 나타낸다. 위험보상비율은 위험증권이 수익률의 표준편차 단위당 평균적으로 무위험증권에 비해 어느 정도로 초과하여 수익률을 제공하고 있는지를 측정하는 척도이다. 투자자의 효용을 극대화하는 위험증권의 투자액은 수식으로 표시하면 $D = \lambda/(\tau\sigma_R)$이 된다. 제6장의 분석에서는 이 식을 이용하여 투자자가 접한 뉴스내용의 정확성에 따라 위험증권에 대한 수요가 어떻게 달라지는지를 분석한다. 투자자의 정보가 업데이트될지라도 앞에서 정리한 수요함수의 형태는 그대로 유지된다. 그러나 수요함수에 들어가 있는 결정요인들이 투자자의 정보가 업데이트되면서 영향을 받는다. 그 결과 증권수요의 크기가 달라지는 결과가 나타난다.

뉴스와 투자자의 정보처리

뉴스를 접하면 위험증권의 투자수익률에 대한 투자자의 정보는 어떤 영향을 받는지를 먼저 설명한다. 이를 설명하기 위해 <표 6−1>에서는 뉴스를 접하기 이전과 이후의 정보를 비교하고 있다. 투자자는 뉴스를 접하기 이전에도 이미 수익률에 대한 정보를 가지고 있다. 이를 선험정보로 정의한다. 선험정보의 내용은 수익률의 확률분포에 대한 정보이다. 수익률의 확률분포는 수익률의 값을 생성하는 확률모형이다. 확률모형의 구조는 확률분포의 파라미터들에 의해서 결정된다. 투자자는 적어도 수익률의 값을 생성하는 확률모형의 구조는 정확하게 알고 있다고 가정한다. 투자자가 이론적으로는 정확히 알고 있더라도 실제자료를 관측하지 못해 다음시점에서 자료의 값이 어떻게 나타날지에 대한 정보가 부족할 수 있다. 뉴스는 다음시점에서 자료가 어떤 값을 가지는가를 정확하게 알려주지는 못할지라도 유용한 정보를 제공한다. 다음시점에서 자료값에 대한 유용한 정보가 있다면 이를 추출하여 앞으로 발생할 상황의 예측에 사용하는 것이 이득이 된다. <표 6−1>의 사후정보는 투자자가 뉴스에 담겨있는 유용한 정보를 반영하여 수익률의 확률모형에 관한 지식을 업데이트한 상황에서 투자자가 보유한 정보를 의미한다. <표 6−1>의 선험정보와 뉴스에 담겨있는 정보의 차이는 다음과 같다. 앞에서 이미 설명한 바와 같이 선험정보는 수익률분포에 관한 정보이므로 증권투자의 수익률이 확률적으로 어떻게 생성되는가에 대한 정보라고 할 수 있다. 투자자는 수익률의 분포에 대하여 정확히 알고 있다고 가정한다. 뉴스는 미래시점에서 실현될 수익률의 값에 대한 정보이다. 투자자에게 전달되는 미래시점에서 실현될 수익률의 추정값은 정확하지 않고 오차가 있을 수 있다. 오차의 확률분포에 대해서는 정확히 알고 있지만 투자자가 접하는 뉴

표 6-1 투자자의 정보처리과정

	뉴스발생이전	뉴스생성시점	뉴스정보처리결과
정보의 구분	선험정보	시그널 관측	사후정보
정보의 내용	총수익률의 확률분포에 대한 평균적인 지식을 의미함.	다음시점의 총수익률의 값에 대한 정보임.	총수익률의 확률분포에 대한 지식을 업데이트 함.
정보의 정확성	선험정보는 정확한 정보임.	시그널은 불완전한 정보임.	총수익률에 대한 변동성이 감소함.
정보처리의 과정	$E(R')$과 $VAR(R')$을 알고 선험적으로 알고 있음.	N을 관측함.	$E(R'\vert N)$과 $VAR(R'\vert N)$을 계산함.

스가 가지고 있는 오차의 크기를 정확하게 알지 못한다.

투자자는 어떻게 뉴스가 가진 정보를 추출하고 이를 반영하여 사후정보를 산출하는가? 제6장에서는 투자자의 사후정보를 수익률의 예측치와 분산으로 표시할 수 있다고 가정한다. 이 경우 뉴스를 접한 이후 투자자가 자신이 원래 알고 있던 수익률의 기대값과 분산을 어떻게 업데이트하는지를 설명해야 한다. 투자자는 다음시점에서 실현될 수익률의 기대값을 뉴스를 접하기 이전에 원래 알고 있는 기대값과 뉴스가 함의하고 있는 수익률 값의 가중평균으로 설정하는 것으로 가정한다. 또한 수익률의 분산은 각각의 수익률에 대하여 수익률의 평균을 감하여 정의되는 수익률편차를 제곱한 항들의 평균으로 정의되기 때문에 새로운 기대값을 사용하여 계산한 수익률의 분산으로 업데이트한다.

<표 6-2>의 첫째 줄은 수익률뉴스가 어떠한 구조를 가지고 생성되는지를 수식으로 보여주고 있다. 수익률뉴스는 다음시점에서 실현되는 실제의 수익률에 대한 정보를 가지고 있지만 그에 더하여 필요하지 않은 정보도 더해져 있다. 필요없는 정보가 같이 섞여 있지만 필요한 정보와 분리할 수 없어서 수익률뉴스 그 자체로 판단해야 한다. 다만 필요하지 않은 정보가 포함되어 있으며 이는 실제수익률과 전혀 무관하다는 것을 알고 있다. 투자자는 필요없는 정보가 생성되는 메커니즘을 알고 있는 것으로 가정한다. 필요없는 정보는 정규분포에 의거하여 생성되는 난수(random number)로 나타난다. 구체적으로 설명하면 노이즈

표 6-2 수익률뉴스와 투자자의 정보처리

수익률뉴스의 구조	$N = R' + \varepsilon$
뉴스를 접한 이후 예상수익률	$E(R'|N) = E(R') + \theta(N - E(R'))$
가중치의 결정	$(1 - \theta)VAR(R') = \theta VAR(\varepsilon)$
뉴스를 접한 이후 수익률분산	$VAR(R'|N) = (1 - \theta)VAR(R')$
좋은 뉴스와 예상수익률의 변화	$E(R'|N) - E(R') = \theta(N - E(R')):$ $N > E(R') \rightarrow E(R'|N) > E(R')$
나쁜 뉴스와 예상수익률의 변화	$E(R'|N) - E(R') = \theta(N - E(R')):$ $N < E(R') \rightarrow E(R'|N) < E(R')$

주: N은 수익률뉴스, R'은 실제수익률, ϵ는 노이즈를 나타낸다. $E(R'/N)$은 수익률뉴스를 접한 이후의 예상수익률

는 실제수익률을 결정하는 요인들과 전혀 관계없이 단순히 평균이 0이고 분산이 σ_ϵ^2인 정규분포에 의거하여 생성되는 난수로 가정한다. 통상 이러한 변수를 '노이즈'라고 부른다. 따라서 수익률뉴스는 (수익률뉴스) = (실제수익률 + 노이즈)로 생성된다. 이 식에서 강조해야 하는 것은 투자자는 수익률뉴스는 정확하게 알지만 실제수익률과 노이즈를 분리하여 알아낼 수 있는 능력이 없다는 것이다.

<표 6-2>의 둘째 줄에서는 투자자들은 미래시점의 수익률에 대한 뉴스를 접하게 되면 적응적 기대가설에 따라 자신의 믿음을 수정하는 사람과 유사한 방식을 채택하여 정보를 처리한다는 것을 보여주고 있다. 적응적 기대가설은 사람들이 특정한 변수에 대한 예측치를 형성할 때 현재시점의 값에 대한 과거시점에서 형성한 예측치에 현재시점에서 발생한 예측오차를 반영하여 새로운 예측치를 형성하는 방식으로 자신의 기대를 수정한다는 주장이다. 여기서 예측오차는 현재시점에서 실제로 관측한 값에서 과거시점에서 형성한 예측치를 뺀 차이로 정의된다. 그러나 적응적 기대가설과는 차이가 있다. 그 이유는 제6장에서는 뉴스수익률을 실제관측치 대신 사용한다는 것이다. 수식으로 표시하면 (새로운 예측치) = (원래 예측치) + θ(수익률뉴스 - 원래 예측치)의 형태가 된다. 이 식에서 θ는 새로운 뉴스에 대한 반응계수로 해석할 수 있다. θ의 크기는 1보다 작은 양

수로 제한한다. 위의 식이 함의하는 점을 정리하면 다음과 같다. 수익률뉴스가 원래의 예측치에 비해 차이가 클수록 새로운 예측치와 원래 예측치의 괴리가 커진다. 수익률뉴스와 원래 예측치의 차이가 같을지라도 θ의 값에 따라 새로운 예측치의 크기가 결정된다.

어떻게 하는 것이 가장 효율적으로 정보를 추출한 것인가? 수익률의 기대값이 가장 효율적으로 생성된 것인지의 여부는 θ의 값이 어떻게 결정되는지에 달려 있다. 이를 위해 투자자들이 자신의 정보를 업데이트할 때 사용하는 θ의 값을 어떻게 결정하는지를 설명한다. 투자자는 다음의 두 가지 작업을 실시한다. 첫째, 투자자는 자신이 수집하는 수익률의 자료를 발생시키는 모형구조를 분석한다. 투자자의 자료는 과거시점에서 실현된 수익률과 과거시점의 뉴스들과 현재시점에서 관측된 수익률과 현재시점의 뉴스를 합한 데이터베이스이다. 투자자는 이들을 정리하여 뉴스가 두 개의 독립적인 요인의 합으로 표시될 수 있다는 것을 알아낸다. 하나는 실제수익률이고 다른 하나는 노이즈이다. 그러나 개별요인의 값을 정확히 알 수 없다. 둘째, θ의 값은 각 요인의 분산에 각 요인의 가중치를 곱한 수치가 일정하도록 결정된다. 투자자가 이러한 원칙을 적용하면 개별요인에 대하여 가중치와 분산을 곱하여 계산되는 가중치를 고려한 개별 요인의 변동성은 모든 변수에 같게 적용된다. 이와 같은 원칙에 대하여 직관적인 설명이 가능한가에 대하여 의문이 있을 수 있다. 이에 대한 답변은 앞에서 설명한 원칙에서는 변동성이 높은 요인에 대하여 낮은 가중치를 부여하고 변동성이 낮은 요인에 대하여 높은 가중치를 부여하는 원칙을 적용하고 있다고 해석할 수 있다는 것이다. <표 6-2>의 셋째 줄은 앞에서 설명한 원칙을 수식으로 표현하고 있다. 수식을 말로 표현하면 $(1-\theta)$(뉴스를 접하기 이전의 수익률분산) $=\theta$(노이즈의 분산)이다. 수익률의 변동성에 대한 투자자의 평가는 어떻게 달라지는가? 투자자는 뉴스를 접한 이후 수익률에 대한 자신의 예측치를 수정하기 때문에 실제로 실현된 수익률과 새롭게 수정한 예측치의 차이도 뉴스를 접하기 이전에 계산한 차이와 다르다. 어떻게 달라지는가? 수식의 형태로 설명하면 (실현된 수익률

−새로운 예측치)＝$(1-\theta)$(실현된 수익률−원래 예측치)−θ(노이즈)이다. 분산의 정의는 편차의 제곱에 대한 기대값이므로 앞에서 도출한 편차의 제곱에 대한 기대값이 사후정보를 반영한 수익률의 분산이다. 이제 <표 6−3>의 셋째 줄에 있는 가중치설정방식을 적용하면 (뉴스를 접한 이후 수익률분산)＝$(1-\theta)$(뉴스를 접하기 이전의 수익률분산)임을 보일 수 있다.

뉴스를 접한 이후 투자자의 정보에 어떤 차이가 발생하는가? 먼저 θ는 0과 1의 사이에 있는 양수이다. <표 6−2>의 넷째 줄은 뉴스를 접한 이후 수익률분산이 뉴스를 접하기 이전에 비해 감소한다는 것을 함의한다. 따라서 증권보유위험에 대한 척도를 수익률표준편차로 정의하는 경우 유용한 뉴스는 증권보유의 위험을 감소시킨다. 예상수익률은 어떻게 달라지는가? 뉴스내용이 예상수익률의 업데이트에 반영된다. 예를 들어 증권보유자에게 좋은 뉴스는 예상수익률을 올리고 나쁜 뉴스는 예상수익률을 낮춘다. 또한 θ의 값이 클수록 투자자의 예상수익률이 뉴스가 제공하는 새로운 정보에 대하여 더 크게 반응한다는 것이다. 그러면 어떤 뉴스가 좋은 뉴스이고 어떤 뉴스가 나쁜 뉴스인가? 증권을 매수하는 투자자에게는 미래시점에서 수익률이 높을 것이라는 뉴스가 좋은 뉴스이다. 또한 미래시점에서 수익률이 낮을 것이라는 뉴스가 나쁜 뉴스이다. 그러나 증권을 매도하는 사람은 미래시점에서 수익률이 높을 것이라는 뉴스가 나쁜 뉴스이고 미래시점에서 수익률이 낮을 것이라는 뉴스가 좋은 뉴스이다. 매도하는 사람과 매수하는 사람의 입장은 서로 반대이므로 좋은 뉴스와 나쁜 뉴스를 구분하는 판단도 서로 반대가 된다.

<표 6−2>의 다섯째 줄과 여섯째 줄은 매수하는 투자자의 입장에서 좋은 뉴스와 나쁜 뉴스를 구별한다. 첫째, $(N > E(R'))$인 경우를 먼저 보기로 한다. 뉴스에 담겨 있는 수익률의 수준이 수익률의 평균수준에 비해 높은 상황이다. 증권을 매수하는 사람에게 다음시점에서 얻는 수익률이 평균수준보다 더 높다는 뉴스가 들어온 것이다. 따라서 좋은 뉴스가 들어온 것으로 정의한다. 좋은 뉴스가 들어오면 미래시점에서 실현되는 위험증권의 수익률에 대한 예측치는 올라간다. 둘

째, $\left(N < E(R')\right)$인 경우를 보기로 한다. 뉴스에 담겨 있는 수익률의 수준이 수익률의 평균 수준에 비해 낮은 상황이다. 증권을 매수하는 사람에게 다음시점에서 얻는 수익률이 평균적인 수준보다 더 낮다는 뉴스가 들어온 것이다. 따라서 나쁜 뉴스가 들어온 것으로 정의한다. 나쁜 뉴스가 들어오면 미래시점에서 실현되는 위험증권의 수익률에 대한 예측치는 낮아진다. 매수하는 사람에게 좋은 뉴스일 때는 증권의 수요가 증가하고 나쁜 뉴스이면 증권의 수요가 감소하는가? 이에 대한 분석은 다음에서 계속 이어진다.

뉴스와 증권수요

앞에서 세 개의 요인에 의해서 증권수요가 결정되는 단순모형을 설명하였다. 단순모형을 그대로 사용하여 뉴스가 증권수요에 미치는 효과를 설명한다. 여기서 강조하는 점은 모형구조는 달라지지 않지만, 정보가 업데이트되면 세 개의 요인에 대한 투자자의 평가가 달라진다는 것이다.

먼저 정보가 업데이트되면서 위험의 시장가격이 어떻게 달라지는지를 보기로 한다. 위험의 시장가격은 증권보유로 인해 예상되는 초과수익률을 수익률의 표준편차로 나눈 비율로 정의된다. 뉴스를 접한 이후 예상수익률이 달라졌기 때문에 예상초과수익률에 영향이 있다. 또한 뉴스를 접한 이후 수익률의 위험에 대한 평가가 달라졌다. 따라서 투자자가 뉴스를 접하게 되면 위험의 시장가격을 정의하는 비율의 분자 및 분모 모두 변화하게 된다. 투자자는 새로 업데이트된 예상초과수익률과 수익률의 표준편차를 사용하여 다음과 같이 위험의 시장가격을 업데이트한다. 분자의 경우 새로 업데이트 된 예상초과수익률은 (원래 예상초과수익률) + θ(초과수익률뉴스 − 원래 예상초과수익)이다. 또한 분모에 위치하는 새로 업데이트된 표준편차는 뉴스를 접하기 이전의 수익률표준편차에 비례한다. 비례상수는 $\sqrt{1 - \theta}$이다. 따라서 위험의 시장가격에 대한 새로운 추정치를 수식으로 표현하면 <표 6−3>의 첫째 줄에 있는 식이 된다. 이 식에서 ER은 뉴스를

표 6-3 수익률뉴스와 증권수요

수익률뉴스를 접한 이후 위험의 시장가격	$\lambda_N = \dfrac{(ER + \theta(ENR - ER))}{\{(1-\theta)\,VAR(R')\}^{1/2}}$
수익률뉴스의 괴리율과 위험의 시장가격	$\lambda_N = \dfrac{(1 + \theta H)}{(1-\theta)^{1/2}}\lambda$
수익률뉴스의 크기와 위험의 시장가격	$H < \theta^{-1}(1 - \sqrt{1-\theta}) \to \lambda_N < \lambda$ $H \geq -\theta^{-1}(1 - \sqrt{1-\theta}) \to \lambda_N < \lambda$
수익률뉴스의 괴리율과 위험증권수요	$\dfrac{D_N}{D} = \dfrac{1}{1-\theta} + \dfrac{\theta}{1-\theta}H$
수익률뉴스의 크기와 위험증권수요의 변화	$H < 1 \to D_N < D$ $H \geq -1 \to D_N \geq D$

주: $ER(= R^e - F)$은 예상 초과수익률, $ENR(= N - F)$은 뉴스의 초과수익률, $H(= (ENR - ER)/ER)$
는 뉴스괴리율이다.

접하기 이전의 예상 초과수익률을 나타내고 ENR은 수익률뉴스에서 무위험이자
율을 뺀 차이로 정의되어 수익률뉴스가 함의하는 초과수익률이라고 할 수 있다.
  중요한 강조점은 수익률뉴스의 초과수익률이 뉴스를 접한 이후의 위험의 시
장가격에 영향을 미치기 때문에 증권의 수요는 증권시장에 알려진 뉴스의 내용
에 영향을 받는다는 것이다. 매수자에게 좋은 뉴스이면 위험의 시장가격이 증가
하고 매수자에게 나쁜 뉴스이면 위험의 시장가격이 낮아진다는 것이다. 그 이유
는 좋은 뉴스인 경우 위험보상률에 대한 평가가 높아지고 나쁜 뉴스인 경우 위
험 보상률에 대한 평가가 낮아지기 때문이다. 수익률뉴스가 담고 있는 수익률평
가의 크기를 측정하기 위해 뉴스괴리율을 정의한다. 뉴스괴리율은 뉴스를 접한
이후 예상초과율에서 뉴스를 접하기 이전 예상초과율을 뺀 차이를 뉴스를 접하
기 이전 예상초과율로 나눈 비율이다. 뉴스괴리율이 양수이면 매수자에게 좋은
뉴스이고, 음수이면 매수자에게 나쁜 뉴스이다. 따라서 뉴스괴리율은 수익률뉴
스의 초과수익률이 뉴스를 접하기 이전에 형성한 원래의 예상초과수익률로부터
어느 정도 떨어져 있는지를 나타내는 척도로 해석할 수 있다.
  다음에서는 뉴스를 접한 이후에 평가된 시장가격은 뉴스를 접하기 이전에 평

가된 위험의 시장가격과 어떠한 관계가 있는지를 보기로 한다. 위에서 설명한 업데이트된 위험의 시장가격에 뉴스괴리율의 식을 대입하여 정리하면 <표 6-3>의 둘째 줄에 있는 식이 된다. 뉴스를 접한 이후 업데이트한 위험의 시장 가격은 뉴스를 접하기 이전 위험의 시장가격과 비례한다. 비례상수가 뉴스의 내용에 의존한다. 예를 들면 좋은 뉴스일 때 뉴스를 접한 이후의 위험의 시장가격 은 그 이전의 위험의 시장가격에 비해 더 높아진다. 뉴스괴리율의 크기가 커질 수록 뉴스를 접한 이후의 위험의 시장가격은 더 커진다. 미래시점에서 실현되는 수익률이 더 높다는 소식을 접할수록 위험보상비율에 대한 평가가 더 높아지기 때문이다. 나쁜 뉴스이면 괴리율의 크기에 따라 달라진다. 구체적인 괴리율의 크기와 위험의 시장가격의 관계는 <표 6-3>의 셋째 줄에 정리되어 있다. 셋째 줄에서 볼 수 있듯이 뉴스괴리율이 음수일지라도 일정수준 이하일 경우에만 위험의 시장가격이 더 낮아진다.

앞의 설명들을 정리하여 뉴스를 접한 이후 업데이트된 정보를 바탕으로 증권 수요를 도출하면 <표 6-3>의 넷째 줄에 있는 식이 된다. 이 식에서 D_N은 뉴스를 접한 이후 위험증권에 투자하는 금액이고 D는 뉴스를 접하기 이전 위험증권에 투자하는 금액을 의미한다. 첫째 항은 뉴스로 인해 수익률에 대하여 보다 정확한 정보를 얻게 되어 증권수요가 증가된 부분을 의미한다. 둘째 항은 뉴스내용을 반영하는 부분이다. 초과수익률로 평가한 뉴스괴리율이 양수이면 괴리율이 커질수록 증권수요가 증가된다. 반대로 뉴스괴리율이 음수이면 괴리율의 크기에 따라 뉴스를 접하기 이전의 증권수요에 비해 감소되는 여부가 결정된다. 뉴스괴리율이 음수일지라도 뉴스를 접한 이후의 증권수요가 뉴스를 접하기 이전의 수요보다 반드시 낮아지는 것은 아니다. 뉴스괴리율이 -1미만으로 떨어지면 뉴스를 접한 이후의 증권뉴스가 뉴스를 접하기 이전의 증권수요보다 더 낮아진다. 앞의 설명을 요약하면 <표 6-3>의 다섯째 줄에 있는 식이 된다.

<표 6-3>의 모형을 사용하여 설명한 결과에 의거하여 강조해야 할 점은 뉴스의 증권수요효과의 비대칭성이다. 증권수요효과에서 발생하는 비대칭성은

뉴스괴리율이 부호는 다르지만 절대값이 같은 두 경우에서 증권수요변화율의 절대값이 같지 않다는 의미이다. 특히 뉴스괴리율이 음수인 경우 많은 사람들이 증권수요가 감소할 것으로 생각하지만 그렇지 않다는 것이다. 상당히 부정적인 뉴스인 경우에만 증권수요감소가 나타난다는 것이다. 이러한 결과가 실제 증권 거래에 함의하는 점은 네거티브한 뉴스에 대하여 투자자반응이 나타나지 않을 수도 있다는 것이다. 또는 투자자반응이 나타날지라도 반응크기가 미약할 수 있다는 점이다. 어떠한 뉴스에 대해서는 증권거래규모가 쉽게 반응하지만, 어떠한 뉴스에 대해서는 증권거래규모가 반응하지 않는 현상도 일어날 수 있다는 것이다. 따라서 뉴스내용이 놀랍다고 할지라도 투자자의 증권수요는 놀랄 정도로 반응하지 않을 수 있다.

뉴스의 지속성과 증권수요

비슷한 뉴스가 지속되면 뉴스가 증권수요에 미치는 효과의 크기가 달라질 수 있다. 이와 관련하여 <그림 6−1>에서 인용한 기사와 관련된 기사를 재인용한다. "주식시장은 처음 겪는 일에 대해서는 실제보다 더 큰 의미를 부여하는 반면 한번 경험한 일은 과다할 정도로 평가절하하는 성향을 가지고 있다." 제6장에서 설명하고 있는 모형이 앞에서 인용한 시장의 반응을 그대로 설명할 수 있는지를 판단하려 한다면 보다 더 정치한 방법을 사용해야 한다. 이와 같은 모형의 불완전성을 인정할지라도 시간이 지나면서 계속 수익률에 대한 뉴스가 들어오게 되면 현재 분석하고 있는 모형의 투자자들이 어떤 반응을 보일지에 대하여 궁금할 것이다. 이와 같은 궁금증을 풀기 위해 현재시점과 다음시점에 계속 들어오는 비슷한 뉴스들에 대하여 투자자가 어떻게 반응하는지를 분석한다.

이전시점에서 투자자가 접한 수익률뉴스는 N이고 현재시점의 수익률뉴스는 M으로 표기한다. 앞에서 수익률뉴스가 N인 경우 어떻게 정보가 업데이트되는지를 분석하였다. 현재시점에서 수익률뉴스 M을 접하기 이전에 알고 있는 수익률에 대

표 6-4 뉴스의 지속성과 증권수요

새로운 수익률뉴스의 구조	$M = R' + \varepsilon_0$
예상수익률의 업데이트	$E(R'|M) = E(R'|N) + \theta_0(M - E(R'|N))$
수익률분산의 업데이트	$VAR(R'|M) = (1 - \theta_0)VAR(R'|N)$
가중치의 결정	$\theta_0 = \dfrac{VAR(R'|N)}{VAR(R'|N) + VAR(\varepsilon_0)}$
가중치의 기간간 변화	$\theta_0 = \dfrac{\theta_{-1}}{1 + \theta_{-1}}$
증권수요의 기간간 변화	$D_0 = D_{-1}\dfrac{1 + \theta_0 H_0}{1 - \theta_0}$ $D_{-1} = D\dfrac{1 + \theta_{-1}H_{-1}}{1 - \theta_{-1}}$

주: 투자자가 뉴스 M을 접한 이후 수익률에 대한 예측치를 업데이트할 때 뉴스 M에 부여하는 가중치는 θ_0이고, 뉴스 N에 대한 가중치는 θ_{-1}이다.

한 정보는 $E(R'|N)$과 $VAR(R'|N)$이다. 수익률뉴스에서 발생하는 노이즈를 ε_0이라고 표기하면 수익률뉴스 M의 구조를 나타내는 수식은 $M = R' + \varepsilon_0$이다. 이 식에서 ε_0은 실제수익률을 결정하는 요인들과 전혀 관계없이 단순히 평균이 0이고 분산이 $VAR(\varepsilon_0)$인 정규분포에 의거하여 생성되는 난수로 가정한다. 두 노이즈의 평균과 분산이 같다고 가정하여 ε과 ε_0의 확률분포는 서로 같다고 가정한다.

투자자는 앞에서 설명한 방식과 동일하게 예측치를 업데이트하는 것으로 가정한다. 이는 수익률뉴스 M을 접한 이후 수익률뉴스 N을 접하고 난 뒤에 형성한 예측치인 $E(R'|N)$을 <표 6-4>의 둘째 줄에 정리되어 있는 방식으로 업데이트하는 것을 의미한다. 뉴스를 접한 이후의 수익률에 대한 분산은 어떻게 달라지는가? 이에 대한 답은 <표 6-4>의 셋째 줄에 정리되어 있다.

다음에서는 뉴스 M에 부여하는 가중치가 어떻게 결정되는지를 설명한다. 뉴스에 대한 가중치가 결정되는 방식은 항상 동일하다고 가정한다. 따라서 θ_0의 값이 만족시켜야 하는 조건은 $(1 - \theta_0)VAR(R'|N) = \theta_0 VAR(\varepsilon_0)$이다. 이 조건은 R'에 대한 변동성과 노이즈에 대한 변동성에 각각의 가중치를 곱한 수치가 서

로 같아야 한다는 조건이다. 그러나 다른 점은 R'의 변동성을 사전정보하에서 계산한 것이 아니라 뉴스 N을 보고 난 후에 형성한 사후정보하에서 계산한 것을 사용한다는 것이다. 또한 뉴스 M에 대한 가중치는 <표 6−4>의 넷째 줄에 정리되어 있다.

투자자가 뉴스에 대하여 부과하는 가중치의 기간간 변화를 설명한다. 투자자가 뉴스 M을 접하기 이전시점에서 뉴스에 부과한 가중치와 현재시점에서 결정된 가중치는 어떠한 관계를 보이는가? 시간이 지나더라도 항상 일정한 값을 가중치로 사용하는가? 위의 결과를 보면 가중치의 기간간 변화가 발생한다는 것을 알 수 있다. <표 6−4>의 다섯째 줄에 가중치의 기간간 변화를 설명하는 수식이 정리되어 있다. 이 식은 시간이 지나면서 뉴스에 부여되는 가중치가 어떻게 변화하는지를 알려준다. 시간이 지나면서 제로로 수렴하는 것을 알 수 있다. 그러므로 새롭게 들어오는 정보에 대한 가중치가 시간이 흐르면서 점점 감소한다는 것을 의미한다.

뉴스 M을 관측한 이후 업데이트된 정보를 바탕으로 결정한 증권수요를 D_0로 표기한다. 또한 뉴스 N을 관측한 이후 업데이트된 정보를 바탕으로 결정한 증권수요를 D_{-1}로 표기한다. 서로 다른 시점에서 결정된 증권수요이지만 순차적으로 결정된 것이므로 앞에서 이미 설명한 <표 6−3>의 넷째 줄에 있는 수식을 응용하면 <표 6−4>의 여섯째 줄에 있는 D_0와 D_{-1}의 관계를 나타내는 식이 도출된다. 이 식에서 H_0는 뉴스 M의 뉴스 N에 대한 뉴스괴리율을 나타낸다. 따라서 최초 선험정보를 가지고 있는 상황부터 시작하여 계속 순차적으로 정보가 업데이트되면서 증권수요가 어떻게 변화하는지를 계산할 수 있다. 뉴스에 대한 가중치는 최초시점에서 1보다 작은 양수에서 출발하면 시간이 지나면서 제로로 수렴한다. 이런 특성으로 인해 뉴스괴리율의 크기에 관계없이 시간이 지나면서 증권수요의 규모도 유한한 값으로 수렴하게 된다. 따라서 시간이 지나면서 같은 뉴스가 반복되면 뉴스의 증권수요효과도 지속적으로 감소한다.

경제뉴스의 편향과 증권투자

관련문헌에서는 고객의 주식투자를 부추기기 위해 경제뉴스가 편향적으로 해석될 수 있다는 점이 지적되어 왔다. 멀레티네이턴과 슬라이퍼는 2005년에 발표한 논문에서 미디어의 편향 보도에 대한 실제의 예를 제시한다.[3] 미국의 주류 신문사는 노동부가 실업률이 6.1%에서 6.3%로 상승했다고 발표한 사실을 보도하면서 주식투자에 대하여 서로 상반된 권고가 포함된 기사를 게재하였다는 것이다. 첫째 기사에서는 실업률상승이 경기가 불황으로 들어가는 증거로 볼 수 있다고 해석하였다. 이에 덧붙여서 앞으로 더욱 어두운 소식이 전해질 것으로 전망한다. 둘째 기사에서는 실업률이 0.2%만 상승한 것은 경기가 다시 좋아지는 징조로 해석할 수 있다는 것이다. 앞으로 경기가 호전될 것을 전망할 수 있으므로 주식투자를 늘려야 할 좋은 시점이라는 투자권고를 덧붙인다. 거시경제 주요 변수의 동일한 변화를 놓고 증권투자에 유리한 뉴스인지를 해석할 때 서로 상반된 의견을 제시하는 것이다.

이들이 분석한 모형은 아니지만 이미 앞에서 설명한 투자자가 정보를 처리하는 과정을 이용하여 투자금융회사가 제공하는 증권투자에 대한 정보와 이를 반영하여 투자를 결정하는 투자자의 선택에 대하여 설명한다. 앞에서 설명한 실업률변화에 대한 사례를 적용한다. 실업률이 0.2% 상승한 사실이 실제로 경기가 좋아지는 징조일 수도 있고 그렇지 않을 수도 있다. 실제로 경기가 좋아지는 징조인 경우는 ω_1이고 실제로 경기가 좋아지는 징조가 아닌 경우는 ω_2이다. 투자자는 신문을 읽으면 실업률이 변화한 것은 알지만 실업률변화가 실제로 앞으로의 경제상황에 어떠한 의미가 있는지를 정확하게 알 수 없다. 투자금융회사는 자신의 분석을 추가하여 실업률변화에 대한 해석을 제공할 수 있다. 이는 투자금융회사가 고객에게 제공하는 투자정보에 담겨있는 것으로 가정한다. 투자금융

---

3) 멀레티네이턴(Sendhill Mullati-nathan)과 슬라이퍼(Andrei Shleifer)의 2005년도 American Economic Review(95권 4호, pp. 1031-1053)에 출간된 논문인 「The Market for News」에 수록된 예를 인용하였다.

그림 6-2 투자금융회사의 정보전달

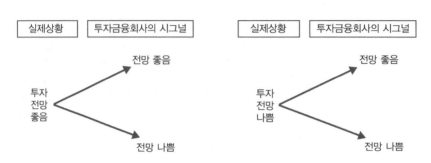

회사의 시그널도 두 개의 경우로 구분한다. 경기좋음의 분석결과는 s_1, 경기나쁨의 분석결과를 s_2로 표시한다.[4] 투자금융회사의 분석결과를 알기 전에 투자자들이 이미 보유한 선험정보가 있다. 예를 들어 실업률이 0.2% 정도 상승하면 앞으로 경기회복일 확률이 g이고, 경기회복이 아닐 확률은 $1-g$이다. <그림 6-2>는 위에서 설명한 투자금융회사의 정보전달을 그림으로 정리하고 있다.

투자금융회사의 정보제공과 자문을 투자자가 받는다면 수수료를 지불한다. 수수료는 c이다. 실제상황이 투자를 해서 이득을 얻는 경우로 나타나면 투자자에게 R의 투자수입이 발생한다. 그러나 실제상황이 투자를 하지 않았어야 하는 경우로 나타나면 투자자에게 제로의 투자수입이 나타난다. 투자자가 투자를 선택하는 경우 투자결과에 관계없이 투자비용은 c이다. 투자자가 적절한 투자를 실행한 경우 $R-c$의 순수입이 발생한다. $R>c$으로 가정하여 적절한 투자인 상황에서만 투자자에게 금전적인 보상이 나타나는 것으로 가정한다. 그러나 적절한 투자가 아닌 경우 투자자의 투자수입은 $-c$가 되어 투자손실이 발생한다.

투자금융회사는 실제의 투자전망에 대한 정보를 담은 메시지를 투자자들에게 보낸다. 그 이후 합리적으로 정보를 처리하는 투자자들은 베이즈규칙에 의거하

---

4) 제2장에서는 s_1은 첫 번째 시점의 상황을 나타내는 확률변수이고 s_2는 두 번째 시점의 상황을 나타내는 확률변수이다. 제6장에서도 같은 기호를 사용하지만 제2장의 의미와는 다르다는 점을 지적한다. 제6장에서는 실제상황이 아니라 뉴스의 특정한 내용을 나타내는 기호이다.

여 실제의 투자전망에 대한 사후적 믿음을 형성하게 된다.[5] 개별 투자자들은 사후적 믿음을 바탕으로 계산한 투자의 예상순이득이 투자를 포기하는 경우의 소득보다 더 높다면 투자를 선택한다. 언제 투자금융회사가 투자를 적극적으로 권하는 정보를 제공하는 상황이 되는가? 이를 위해 다음과 같은 가정을 부과한다. 투자자들은 자신이 원래 가지고 있는 선험정보를 바탕으로 현재시점에서 관측된 실업률변화가 앞으로 경제가 좋아질 것이라는 징조가 아니므로 증권투자를 하지 않는 것이 바람직한 것으로 평가한다. 투자자는 투자금융회사의 정보를 받아서 실제상황에 대한 자신의 평가를 업데이트한다. 사후적 믿음을 형성한 이후 어느 행동을 선택하는 것이 더 유리한지를 판단한다. 예를 들어 투자금융회사가 경제전망이 좋지 않다는 정보를 제공한다면 이를 기초로 실제로 경제전망이 좋을 확률과 좋지 않을 확률을 계산한다. 자신의 평가를 업데이트한 이후 업데이트된 평가에 의거하여 현재시점에서 증권에 투자하는 것과 투자하지 않는 것 중 어느 쪽의 선택이 더 이득이 되는지를 계산한다.

다음에서는 투자금융회사의 정보처리과정을 설명한다. 투자금융회사는 시그널을 생성하는 시스템을 만들고 여기로부터 생산된 시그널을 투자자에게 전달한다. 투자금융회사가 제공하는 정보는 실제로 전망이 좋은지 아닌지를 알려주는 것을 목적으로 작성된다. 따라서 요약하여 '좋음 또는 나쁨'의 두 개의 값을 가진다고 가정한다. 전망이 좋다는 시그널은 s_1, 전망이 나쁘다는 시그널을 s_2로 나타낸다. 투자금융회사는 자신에게 유리하도록 투자자에게 거짓정보를 제공하지 않는 것으로 가정한다. 자신이 분석한 결과가 부정확할 수 있지만 분석결과를 그대로 투자자에게 알려준다. 투자자를 속이지는 않지만, 분석에 쏟는 능력과 기술을 적절히 선택하면 정보의 정확성을 조절할 수 있다. 그 결과 자신에게 유리한 분석의 결과가 나오는 확률을 조정할 수 있다. 투자금융회사의 투자자설

<hr/>

5) 제6장에서는 투자금융회사가 투자자를 설득하는 모형을 분석하고 있다. 2011년도 American Economic Review(101권 6호 pp. 2590-2614)에 출간된 카멘니카(Emir Kamenica)와 겐츠코프(Matthew Gentzkow)의 「Bayesian Persuasion」은 제6장에서 사용하고 있는 베이지안설득모형을 처음으로 분석하였다.

표 6-5 투자금융회사의 역할과 투자자의 정보처리과정

	투자금융회사의 분석결과 이전	자료관측 및 분석결과 생성시점	투자자의 정보처리 이후 시점
정보의 구분	선험정보	시그널 관측	사후정보
정보의 내용	평균적으로 실업률의 상승이 밝은 투자전 망일 확률의 값	실업률의 상승이 밝은 투자전망이라는 분석 결과 또는 반대의 분 석결과	투자금융회사가 제공 한 분석의 결과를 반 영하여 투자자가 업데 이트한 사후적 확률
정보의 정확성	확률에 대한 투자자 의 선험정보는 정확 한 정보임.	투자금융회사의 분석 결과는 불완전한 정 보임.	실업률의 상승이 실 제로 밝은 전망일 사 후적 확률
정보처리의 과정	투자자는 g의 값을 알고 있음.	s_1또는 s_2 중 하나 를 관측함.	$p(\omega_1\|s_1)$과 $p(\omega_1\|s_2)$을 계산함.

득에서는 역선택이나 도덕적해이의 문제가 발생하지 않는다. 그러나 투자금융회 사가 생성하는 정보는 항상 실제상황과 일치하지 않을 수 있다. 실제로 전망이 좋은 경우를 ω_1로 나타내고 실제로 전망이 어두운 경우를 ω_2로 나타낸다. 예를 들어 실제상황은 전망이 좋은 것이지만 시그널은 전망이 나쁜 것으로 나올 수 있다. 이처럼 투자금융회사의 분석이 틀릴 가능성을 고려한다면 실제상황과 시 그널의 관계는 확률적인 관계가 된다.

<표 6-5>는 투자금융회사가 투자자에게 제공하는 정보와 투자자의 정보처 리과정을 요약하여 정리하고 있다. 투자금융회사가 투자자에게 전달하는 정보의 정확성은 다음과 같이 조건부확률로 나타낼 수 있다. 예를 들어 $q(s_1|\omega_1)$는 실제 전망이 밝을 때 투자금융회사의 분석결과도 전망이 밝다는 시그널이 나올 확률을 나타낸다. $q(s_1|\omega_2)$는 실제전망이 나쁠 때 분석결과는 전망이 좋다는 시그널이 나 올 확률을 나타낸다. $q(s_2|\omega_1)$는 실제전망이 좋을 때 분석결과는 전망이 나쁘다는 시그널이 나올 확률을 나타낸다. $q(s_2|\omega_2)$는 실제전망이 나쁠 때 분석결과도 전망 이 나쁘다는 시그널이 나올 확률을 나타낸다. 여기서 $q(s_1|\omega_1)$의 값이 클수록 투 자금융회사가 투자자에게 전달하는 정보의 정확성이 높다. 마찬가지로 $q(s_2|\omega_2)$의

값이 클수록 투자금융회사가 투자자에게 전달하는 정보의 정확성이 높다. 투자자는 합리적 베이지안으로 가정한다. 따라서 투자금융회사의 분석결과를 보고 실제로 전망이 좋은지에 대한 투자자의 평가는 베이즈규칙을 사용하여 업데이트한다. 예를 들어 투자금융회사가 현재시점의 경제전망이 밝다는 분석결과를 제공하면 투자자는 이를 보고 실제로 전망이 밝을 확률을 베이즈규칙을 사용하여 계산한다. 투자자가 사용하는 공식은 <표 6−6>의 첫째 줄에서 첫째 수식과 둘째 수식으로 정리되어 있다. 두 개의 수식은 모두 투자자가 사용하는 베이즈규칙을 나타낸다. 여기서 $p(\omega_1|s_1)$은 분석결과가 좋음일 때 실제전망도 좋을 확률이고, $p(\omega_1|s_2)$은 분석결과가 나쁨일 때 실제전망은 좋을 확률이다.

투자금융회사가 고객에게 제공하는 투자정보는 어떻게 효과가 발생하는가? 투자자는 투자금융회사의 분석결과를 받아보고 실제의 투자전망에 대한 자신의 판단을 업데이트한다. 업데이트된 정보를 바탕으로 투자할 것인지 아니면 투자하지 않고 다른 기회를 기다리는 것 중에서 어느 선택이 더 유리한 선택이 될 것인지를 판단한다. 예를 들어 투자금융회사가 제시하는 분석결과가 투자전망이 밝은 것으로 요약되어 나왔다면 투자자는 실제로 투자전망이 밝을 확률과 밝지 않을 확률을 앞에서 설명한 방식으로 계산한다. 그리고 투자가 성공하여 얻는 이득이 있으므로 투자전망이 밝은 경우 예상되는 높은 수익률에 실제로 좋은 투자결과가 나올 수 있는 확률을 곱해서 예상이득을 계산한 후에 지불해야 하는 수수료를 뺀 이후 순이득을 계산한다. 순이득이 양수이면 투자를 하지 않는 선택과 비교하여 더 높은 순이득을 제공하므로 증권투자를 선택한다. 투자해서 얻을 것으로 예상되는 순이득과 투자를 하지 않는 경우의 순이득이 서로 같은 경우 두 개의 대안에 대하여 무차별하다. 이 경우 투자금융회사가 제공한 투자권유의 내용과 일치하도록 선택한다. 예를 들어 전망이 밝다는 투자금융회사의 분석결과를 받은 투자자는 투자를 선택한다.

투자금융회사가 투자자에게 시그널을 보내는 목적은 투자자가 가지고 있는 경제전망에 대한 평가를 변화시키려는 것이다. 이런 목적을 달성하기 위해 투자

표 6-6 투자금융회사 이윤극대화의 목적함수와 제약조건의 도출

베이즈규칙과 투자자의 정보 처리	전망 좋음의 시그널	$p(\omega_1\|s_1) = \dfrac{q(s_1\|\omega_1)g}{p(s_1)}$
	전망 나쁨의 시그널	$p(\omega_2\|s_2) = \dfrac{q(s_2\|\omega_2)(1-g)}{p(s_2)}$
투자금융회사 투자권유 유효성 조건		$Rp(\omega_1\|s_1) \geq c; \qquad Rp(\omega_1\|s_2) \leq c$
투자금융회사 투자권유 유효성 조건의 투자금융회사의 시그널에 미치는 효과		$p(\omega_1\|s_1) = \dfrac{q(s_1\|\omega_1)g}{p(s_1)} \rightarrow R\dfrac{q(s_1\|\omega_1)g}{p(s_1)} \geq c$
		$p(\omega_1\|s_2) = \dfrac{q(s_2\|\omega_1)g}{p(s_2)} \rightarrow R\dfrac{q(s_2\|\omega_1)g}{p(s_2)} \leq c$
베이지안 합리성 조건		$g = p(\omega_1\|s_1)p(s_1) + p(\omega_1\|s_2)p(s_2)$
		$1-g = p(\omega_2\|s_1)p(s_1) + p(\omega_2\|s_2)p(s_2)$
베이지안 합리성 조건과 목적 함수의 형태		첫째 식 $\rightarrow p(s_1) = \dfrac{y+g-1}{x+y-1}$
		둘째 식 $\rightarrow p(s_1) = \dfrac{y+g-1}{x+y-1}$
투자금융회사 투자권유 유효성 조건과 이윤극대화문제의 제약		$Rp(\omega_1\|s_1) \geq c \rightarrow x \geq R/c$
		$Rp(\omega_1\|s_2) \leq c \rightarrow y \ 1 - c/R$
투자금융회사 이윤극대화 문제		$\max c\dfrac{y+g-1}{x+y-1} \ \ s.t. \ \dfrac{c}{R} \leq x \leq 1, \ 1-\dfrac{c}{R} \leq y \leq 1$

금융회사는 투자자가 순응할 수 있는 시그널을 보내려고 한다. 투자자가 투자금융회사의 시그널에 순응한다는 것은 무슨 뜻인가? 투자금융회사가 투자자의 믿음을 조정하여 증권투자를 선택하도록 한다는 것이다. 이를 위해 투자자의 사후적 믿음은 어떠한 조건을 만족해야 하는지를 알아야 한다. 이는 투자금융회사의 투자권유가 유효할 조건으로 간주할 수 있다. 투자권유를 유효하게 하는 조건을 먼저 투자자의 사후적 믿음에 대한 부등호조건으로 표시할 수 있다. 또한 투자자의 사후적 믿음에 대한 조건이 도출된다면 이에 대하여 베이즈규칙을 적용하여 투자금융회사가 생성하는 시그널의 조건부확률에 대한 부등호조건으로 바꾸어 표시할 수 있다. 투자금융회사의 투자권유가 유효한 조건은 <표 6−6>의

둘째 항목에 정리되어 있다.

<표 6-6>의 둘째 항목에 있는 식에서 첫째 부등호는 투자금융회사가 현재시점에서 관측된 실업률의 변화가 경제전망이 좋다는 의미라는 시그널을 보냈을 때 투자자가 증권투자를 선택할 조건이다. 둘째 부등호는 투자금융회사가 현재시점에서 관측된 실업률의 변화가 경제전망이 좋지 않다는 의미라는 시그널을 보냈을 때 투자자가 증권투자를 선택하지 않을 조건이다. 위의 조건에서 등호가 들어간 이유는 무차별할 경우 투자자는 투자금융회사의 시그널에 부응하여 선택한다고 가정하기 때문이다. 첫째 부등호는 투자자의 사후적 믿음에 대한 부등호이다. 이를 투자금융회사의 시그널이 생성되는 조건부확률의 부등호로 전환할 수 있다. <표 6-6>의 셋째 항목의 첫째 화살표가 어떻게 부등호가 전환되는지를 보여주고 있다. 마찬가지로 둘째 부등호는 투자자의 사후적 믿음에 대한 부등호이다. 이를 투자금융회사의 시그널이 생성되는 조건부확률의 부등호로 바꿀 수 있다. 예를 들어 <표 6-6>의 셋째 항목의 둘째 화살표가 표시하는 대로 전환할 수 있다.

투자자가 투자금융회사의 분석결과를 보고 나서 투자금융회사의 메시지가 의도하는 대로 선택할 조건은 무엇인가? 투자금융회사가 제공하는 분석결과는 실업률상승이 경제전망에 어떠한 의미인지 분석한 결과이다. 투자금융회사가 제공하는 요약된 분석결과가 전망이 밝다면 이는 투자를 하는 것이 바람직하다는 뜻이다. 이처럼 이해한다면 바로 위에서 정리한 두 개의 부등호조건이 투자금융회사의 권고에 맞추어 투자자의 행동이 결정되는 조건이 된다. 투자금융회사는 예상이윤을 극대화하는 것으로 가정한다. 투자금융회사는 경제자료의 분석을 위해 자신의 노력을 투입한다. 여기서는 분석을 단순화하기 위해 투자금융회사의 모든 비용이 제로인 것으로 가정한다. 그 결과 예상수입과 예상이윤은 서로 같다. 투자금융회사가 자신에게 유리하도록 분석결과가 나오는 정보처리시스템을 구축하고자 한다면 적어도 앞에서 정리한 부등호조건이 만족되도록 해야 한다. 따라서 앞에서 설명한 두 개의 부등식조건은 투자금융회사가 예상이윤을 극대화하는 정보처리시스템을 구축할 때 제약조건으로 반영되어야 한다.

앞에서 투자금융회사의 제약조건을 설명하였으므로 다음에서는 투자금융회사의 예상이윤을 수식으로 도출한다. 앞에서 설명한 제약조건을 반영하여 예상이윤을 계산한다. 시그널의 값이 s_1이면 투자자는 증권투자를 선택하고 투자금융회사는 수수료를 받을 수 있다. 투자금융회사의 예상이윤은 s_1이 발생하는 확률에 수수료를 곱하여 계산된 값이다. 따라서 투자금융회사의 예상이윤은 $p(s_1)c$이다. $p(s_1)$에는 투자금융회사가 직접적으로 조정하는 변수와 조정할 수 없는 변수가 동시에 들어가 있으므로 투자금융회사가 조정할 수 있는 변수가 어떻게 영향을 미치는지를 정확하게 표시해야 한다. 이를 알기 위해 베이지안 합리성의 조건을 설명한다. 이 조건을 두 단계로 설명한다. 첫째, 투자자가 투자금융회사의 자료분석결과를 보고 알게 되는 사후조건부분포와 시그널의 비조건부분포에 의거하여 계산할 수 있는 시그널과 실제상황에 대한 결합분포를 사용하여 실제상황에 대한 한계분포를 도출한다. 둘째, 이런 방식으로 사후정보를 사용하여 계산할 수 있는 실제상황에 대한 한계분포가 결국 투자금융회사와 투자자가 투자금융회사가 경제자료를 분석하기 이전에 이미 공유하고 있었던 실제상황에 대한 사전적 분포와 같아야 한다는 것이다. 실업률상승이 경제상황이 호전된다는 징조일 사전적 확률에 대하여 성립하는 베이지안 합리성에 대한 조건은 <표 6-6>의 넷째 항목에서 g에 대한 식으로 정리되어 있다. 실업률상승이 경제상황의 호전이 아닐 것이라는 사전정보에 해당하는 베이지안 합리성의 조건은 <표 6-6>의 넷째 항목에서 $(1-g)$에 대한 식으로 정리되어 있다. 이런 두 개의 조건을 사용하여 $p(s_1)$을 $p(\omega_1|s_1)$과 $p(\omega_2|s_2)$의 함수로 표현한다. 쉽게 도출과정을 확인하기 위해 $x = p(\omega_1|s_1)$과 $y = p(\omega_2|s_2)$로 정의하고 이를 두 식에 대입한다. <표 6-6>의 넷째 항목에 있는 각각의 두 식은 모두 동일한 식을 함의한다. 이런 결과를 <표 6-6>의 다섯째 항목에서 식으로 정리하였다. 또한 투자금융회사의 투자권유에 대한 유효성조건도 (x,y)에 대한 제약조건이 된다. <표 6-6>의 여섯째 항목에 이윤극대화 문제의 제약조건이 도출되는 과정이 정리되어 있다. 이제 앞에서 설명한 투자금융회사의 예상이윤과 제약조건을 수식으로 정리한다. 투자금융회사

의 이윤극대화의 문제는 <표 6-6>의 일곱째 항목에 정리되어 있다.

이윤극대화문제에서 투자금융회사가 선택하는 변수는 x와 y이다. 투자금융회사는 이들의 값을 선택하기 위해 다음의 극대화조건을 따르면 된다.

(1) 목적함수가 x에 대하여 감소함수이기 때문에 x의 값은 가능한 영역 내에서 최소값을 선택해야 한다.

(2) 목적함수가 y에 대하여 증가함수이기 때문에 y의 값은 가능한 영역 내에서 최대값을 선택해야 한다.

첫째의 원칙에 따르면 $x = c/R$이다. 둘째의 원칙에 따르면 $y = 1$이다. 앞에서 이미 $c < R$의 조건이 만족되어야 함을 설명하였다. 따라서 x의 값은 1보다 작은 양수가 된다. 투자금융회사가 이윤극대화의 조건에 맞추어서 생성한 경제전망에 대한 정보는 어떠한 특성을 가지고 있는지를 살펴 본다. 먼저 $y = 1$의 극대화조건의 의미를 설명한다. 이는 $p(\omega_2|s_2) = 1$을 의미한다. 투자자는 투자금융회사가 실업률의 상승이 밝은 전망이 아니라고 분석한다면 이를 그대로 믿는다는 뜻이다. 이러한 투자자의 믿음이 뒷받침되기 위해 투자금융회사의 분석능력은 어떠한 조건을 만족해야 하는가? 베이즈규칙을 적용하면 $q(s_2|\omega_1) = 0$이 됨을 알 수 있다. 이는 $q(s_1|\omega_1) = 1$임을 의미한다. 따라서 전망이 밝을 때 투자금융회사는 전망이 밝지 않다고 하는 경우가 없어야 한다는 것이다. 최소한 앞으로 전망이 밝은 것이 사실이면 그대로 이를 알아낼 수 있는 투자금융회사의 자료분석능력이 있어야 한다는 것이다.

어느 경우가 투자금융회사의 자료분석능력이 완전하게 정확하지 않은 경우인가? 실업률의 상승이 실제로 밝은 전망이 아닌 경우이다. 앞에서 도출한 극대화의 해에 따르면 $q(s_2|\omega_2) = (c - Rg)/(c(1 - g))$가 되어 1보다 작은 양수가 된다. 따라서 투자금융회사가 적절하게 자신에게 유리하도록 정보처리시스템의 정확성을 조정한다는 의미이다. 정보처리시스템을 조정한다는 것은 무슨 뜻인가? 분석결과에 대하여 거짓정보를 주는 등의 왜곡을 하지 않는 것으로 가정하였기 때문에 투

자금융회사가 취할 수 있는 조치는 자료를 분석하는 정보처리시스템의 정확성을 적절히 자신에게 유리하도록 디자인하는 것을 말한다. 또한 앞에서 도출한 극대화의 해가 의미있는 식이 되기 위해 필요한 조건은 $Rg < c$이다. 그 이유는 이 조건이 만족되어야만 위에서 도출한 확률이 양수가 되기 때문이다. 이 부등식의 의미를 다음과 같은 이유로 강조한다. 투자자가 원래 가지고 있던 선험정보를 바탕으로 실업률상승을 관측하면 투자자는 증권투자를 선택하지 않는다. 따라서 위의 부등식은 투자금융회사가 분석결과를 제공하지 않는다면 투자금융회사의 수입은 없다는 것을 의미한다. 이런 이유로 $Rg < c$의 조건이 만족된다면 투자금융회사는 분석결과를 투자자에게 제공하여 자신의 이윤을 증가시킬 유인이 존재한다. 이제 앞의 설명을 요약하면 모형 분석이 의미가 있도록 하기 위한 g의 범위는 $0 < g < c/R$이다. 앞에서 이미 $R > c$의 조건이 부과되어 있음을 지적한다.

위의 설명을 읽고 있으면 원래 투자금융회사의 정보제공이 투자자가 원래 가지고 있던 선험정보에 비해 어느 정도로 낙관적인 전망을 유도하는 것인가에 대한 질문이 생긴다. 투자자가 선험적으로 가지고 있던 믿음은 실업률이 상승할 때 이것이 밝은 전망을 나타내는 징조일 확률이 g라는 것이다. 투자금융회사의 정보제공을 받은 후 투자자의 평가는 $p(s_1)$로 수정된다. $p(s_1)$의 값이 g보다 큰 경우 투자자는 투자금융회사가 제공하는 정보를 접한 이후 실업률증가를 경기좋음이 발생할 확률을 더 높게 잡는다. 그러므로 $(p(s_1) - g)$는 투자금융회사가 투자자에게 제공하는 정보가 투자자의 판단에 미치는 효과로 간주할 수 있다. 한편 극대화의 해를 목적함수에 대입하여 정리하면 $p(s_1) = Rg/c$이 된다. 따라서 $p(s_1) - g = (g/c)(R-c)$의 등식이 도출된다. 이 식을 보면 $R > c$의 조건이 성립하는 경우 투자금융회사는 투자자에게 분석결과를 제공하여 투자자의 낙관적인 전망을 유도하고 그 결과로 이윤을 늘릴 수 있다.[6]

---

6) <표 6-6>에 있는 투자금융회사의 설득모형은 베이지안 설득모형 중의 하나로 볼 수 있다. 베이지안 설득모형에 대한 자세한 설명은 박영사에서 출간된 「설득의 경제학: 거시경제학 접근」(윤택)에 수록되어 있다.

그림 6-3 목표주가와 실제주가: NVIDA의 사례

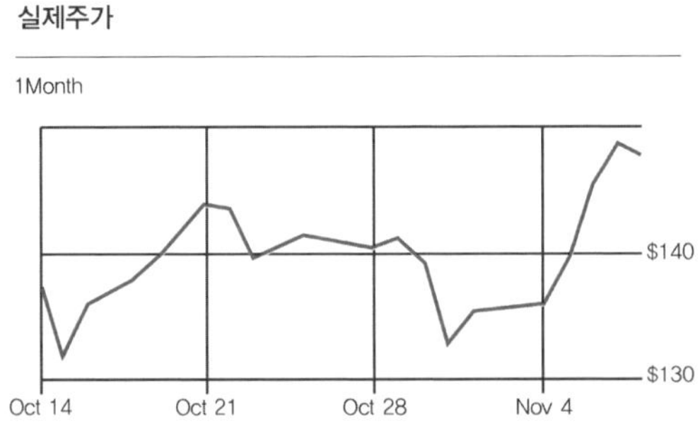

실제주가

1Month

Stock Price Target	NVDA
High	$202.79
Median	$150.00
Low	$90.00
Average	$151.90
Current Pirce	$147.63

출처: 월스트리트저널의 홈페이지(www.wsj.com/market_data)

목표주가와 실제주식가격

앞에서 분석한 모형이 실제의 주식투자와 어떻게 연결되는지를 알아보기 위해 목표주가에 대하여 설명한다. 목표주가(price target)는 증권분석사가 제시한 주식의 미래가격을 말한다. 목표주가를 산출하기 위해 다양한 정보와 여러 기법을 사용하는 것으로 알려져 있다. 또한 증권분석사는 특정한 주식의 목표주가를 발표할 때 주식의 매수, 매도, 보유 등의 의견을 제시한다. 서로 다른 증권분석사는 서로 다른 분석기법을 사용하기 때문에 동일한 주식일지라도 발표하는 목표주가는 다를 수 있다. <그림 6-3>은 엔비디아의 실제주가와 증권분석사가 발표한 목표주가를 비교하고 있다. 2024년 11월을 기준으로 할 때 2023년 11월부터 2024년 10월까지 1년 기간 동안 목표주가의 평균은 151.90달러, 상한은 202.79달러, 하한은 90달러임을 보여주고 있다. 2024년 11월 중순을 기준으로 할 때 실제가격은 147.63달러이다. 2024년 11월 중순의 실제가격을 기준으로 하는 경우 평균목표주가가 실제가격보다 더 높지만, 평균목표주가와 실제가격의 차이가 많은 것은 아니다. 또한 왼편의 그래프는 2024년 10월의 엔비디아의 실제주가의 추이를 보여주고 있다. 2024년 10월 중 엔비디아의 주가는 130달러에서 140달러 초반의 사이에서 변동하고 있다. 따라서 실제가격은 평균목표주가와 비교하여 계속 낮은 수준에 머물러 있었다고 할 수 있다.

표 6-7 목표주가와 실제주가: 한국의 사례   (단위: %)

구분	제도개선 이전			제도개선 이후			차이		
	내국계 (a)	외국계 (b)	전체 (c)	내국계 (d)	외국계 (e)	전체 (f)	내국계 (d-a)	외국계 (e-b)	전체 (f-c)
평균가 기준*	△21.2	△13.3	△18.7	△21.0	△19.5	△20.6	0.2	△6.2	△1.9
최고가 기준**	△8.6	5.2	△4.2	△10.0	△7.8	△9.4	△1.4	△13.0	△5.2

* 평균가 기준: 대상기간 중 실제 주가평균과 목표주가 간의 차이
** 최고가 기준: 대상기간 중 실제 최고주가(매도의견은 최저주가)와 목표주가 간의 차이
출처: 금융감독원 보도자료(2019년 1월 21일, 증권사 리서치보고서제도 운영현황분석)

<표 6-7>은 한국의 경우를 보여주고 있다. <표 6-7>은 2019년 1월 금융감독원이 발표한 자료이다. 금융감독원의 발표에 따르면 증권사의 리서치보고서에서 발표하고 있는 목표주가는 평균적으로 20% 내외로 실제주가보다 더 높다. 내국계 증권사의 수치가 외국계 증권사의 수치를 상회하는 폭이 크지 않기 때문에 내국계 증권사와 외국계 증권사의 목표주가가 실제가격보다 더 높게 발표되는 정도는 유사한 것으로 볼 수 있다. 요약하여 <그림 6-3>과 <표 6-7>이 함의하는 점은 투자금융회사가 투자자에게 (투자)전망밝음의 분석결과를 실제상황보다 더 많이 제시할 가능성이 높다는 <표 6-6>의 내용이 현실적인 측면을 반영하고 있다는 것이다.

연습문제

01 경제전문가 A는 투자금융회사의 정보분석의 편향을 완화하기 위해 새로운 투자금융회사의
시장진입을 보다 더 자유롭게 하는 것이 바람직하다고 주장한다. 경제전문가 B는 투자금
융회사의 시장규제를 완화하는 정책보다도 투자자들이 다양한 견해를 가지고 있을 수 있
는 환경조성이 결국 투자금융회사에서 제공하는 정보의 편향을 완화시킬 것으로 주장하였
다. 두 사람의 견해에 대하여 어느 견해가 더 타당한지의 여부를 설명하시오.

02 정부의 연구기관에서 소비자의 소비심리와 기업의 투자심리가 위축되는 것을 막기 위해
실제의 경제전망보다 더 낙관적인 경제전망을 내놓는 일이 빈번하게 발생한다는 주장이
있다. 제6장에서 설명한 모형을 사용하여 이러한 주장이 실제로 타당한지의 여부를 구체
적인 자료 또는 실제의 사례를 들어 설명하시오.

03 양치기소년의 거짓말에 대한 교훈은 널리 알려져 있다. 이런 우화가 잘 들어맞는 증권시
장에서 뉴스와 증권투자의 관계에 관한 구체적인 사례를 골라서 설명하시오. 제6장에서
소개한 첫째 모형을 사용하여 어떻게 분석할 수 있는지를 설명하시오. 필요하다면 본 장
에서 소개한 모형의 어느 부분을 수정해야 하는지를 설명하시오.

04 $VAR(R'|N)$이 θ의 2차 함수임을 보이시오. $VAR(R'|N)$을 최소화하는 θ의 값을 계
산하시오.

05 비슷한 뉴스가 반복되면 뉴스를 접하여 예상수익률을 업데이트할 때 뉴스에 부여하는 가
중치의 기간간 변화가 아래와 같음을 수식을 사용하여 도출하시오.

$$\theta_0 = \frac{\theta_{-1}}{1 + \theta_{-1}}$$

06 x축이 θ_{-1}을 나타내고 y축이 θ_0를 나타내는 평면에 위의 식에 대한 그래프를 그리시오. θ_{-1}이 0과 1사이의 양수일 때 θ_0가 θ_{-1}보다 작음을 그래프를 사용하여 보이시오.

07 어느 경제학자가 미래시점에서 실현될 수익률에 대한 좋은 뉴스와 나쁜 뉴스에 대하여 위험증권수요의 반응정도가 다르다면 이는 투자자가 뉴스에 담겨있는 정보를 효율적으로 처리하지 못한다는 증거라고 주장한다. 앞에서 설명한 모형을 사용하여 위의 주장을 분석하시오.

08 어느 경제학자가 위험증권투자의 뉴스에 대한 반응이 작다는 것이 뉴스가 위험증권의 시장에 미치는 효과가 작다는 것을 의미하지는 않는다고 주장한다. 앞에서 설명한 모형을 사용하여 위의 주장을 분석하시오.

09 중앙은행이 발표하는 뉴스심리지수의 증가율을 수익률뉴스로 사용하는 가상의 투자자가 존재하는 것으로 가정한다. 수익률뉴스는 실제로 실현될 수익률과 오차의 합으로 구성되어 있다. 두 변수의 분산은 서로 동일하다고 조건이 부과된다. 또한 투자자는 효율적으로 정보를 처리하는 것으로 가정한다. 이런 상황에서 예상투자수익률의 업데이트에 적용할 수익률뉴스로부터 얻는 정보에 대한 반응계수의 값을 아래의 문항 중에서 선택하고, 이유를 설명하시오.
  ① 0.5
  ② 1
  ③ 1.5
  ④ 답이 없음.

10 중앙은행이 발표하는 뉴스심리지수의 증가율을 수익률뉴스로 사용하는 가상의 투자자가 존재하는 것으로 가정한다. 수익률뉴스는 실제로 실현될 수익률과 오차의 합으로 구성되어 있다. 두 변수의 분산은 서로 동일하다고 조건이 부과된다. 또한 투자자는 효율적으로 정보를 처리하는 것으로 가정한다. 뉴스심리지수의 증가율을 사용하여 추계한 수익률뉴스의 괴리율의 값을 0.5로 가정한다. 이런 상황에서 결정된 주식투자총액을 뉴스심리지수를 관측 이전의 주식투자총액으로 나눈 비율을 아래의 문항 중에서 선택하고, 이유를 설명하시오.
  ① 2
  ② 2.5
  ③ 3
  ④ 답이 없음.

11 긍정적인 뉴스보다는 부정적인 뉴스에 주가지수가 더 큰 폭으로 반응하는 현상이 나타난 다는 주장이 있다. 어떠한 경우 교과서의 모형이 위의 주장을 설명할 수 있는지를 아래의 문항 중에서 선택하고, 이유를 설명하시오.

① 투자자가 인지하는 뉴스괴리율의 긍정적인 뉴스에 대한 반응계수는 부정적인 뉴스에 대한 반응계수보다 훨씬 크다.

② 일반적으로 부정적인 뉴스의 정확성이 긍정적인 뉴스의 정확성보다 크다.

③ 일반적으로 부정적인 뉴스의 정확성이 긍정적인 뉴스의 정확성보다 작다.

④ 투자자가 인지하는 뉴스괴리율의 긍정적인 뉴스에 대한 반응계수는 부정적인 뉴스에 대한 반응계수보다 훨씬 작다.

12 위험증권에 투자하는 투자자는 다음시점에서 알려질 실제수익률과 오차의 합으로 결정되 는 수익률뉴스를 직접 접할 수 있지만, 실제수익률과 오차의 값을 모르는 것으로 가정한 다. 실제수익률과 오차는 서로 독립적으로 확률변동하지만, 분산은 서로 같다. 수익률뉴스 를 접한 이후 투자자가 새로 예상투자수익률을 계산할 때 수익률뉴스에 부여하는 가중치 를 선택하고 이유를 설명하시오.

① 0

② 0.25

③ 0.5

④ 0.75

13 가상의 경제에서 미디어의 투자전망을 보고 나서 위험증권에 대한 투자여부를 결정하는 투자자들은 항상 미디어의 투자전망에 제시된 내용에 순응하여 투자를 결정한다. 이런 상 황과 관련된 설명 중 옳지 않은 항목들을 선택하고, 이유를 설명하시오.

① 투자자들은 미디어의 투자전망이 항상 실제상황을 그대로 반영한다고 믿는다.

② 실제로 투자전망이 밝은 상황에서 미디어의 투자전망도 오류 없이 그대로 나와야 한다.

③ 실제로 투자전망이 어두운 상황에서 미디어의 투자전망은 반대로 나올 수 있다.

④ 투자자들은 실제상황의 발생과정에 대한 정보가 전혀 없어야 한다.

14 뉴스와 증권시장의 관계에 관한 설명 중 옳지 않은 항목들을 선택하고 이유를 설명하시오.

① 미래투자수익률을 정확하게 예측하지 못하는 불완전한 뉴스의 주가에 대한 영향은 없다.

② COVID-19가 발생한 2020년에는 낙관적인 뉴스의 부재로 인해 주가급등이 없었다.

③ 동일한 내용을 담은 비관적인 뉴스가 반복되면 주가는 항상 유사한 크기로 반응한다.

④ COVID-19가 발생한 2020년에는 경제정책불확실성지수와 주가의 관계가 강하게 나타난다.

15 투자자들은 중앙은행이 발표하는 뉴스심리지수의 증가율을 수익률뉴스로 간주한다. 투자자들은 모두 **효율적으로** 정보를 처리하여 위험증권투자를 결정한다. 수익률뉴스는 실제로 실현될 수익률과 오차의 합으로 구성되어 있다. 다음의 설명 중 옳은 항목들을 선택하고 이유를 설명하시오.

   ① 뉴스심리지수가 증가하는 시기에 주가지수는 더욱 빨리 증가한다.

   ② 뉴스심리지수가 감소하는 시기에 주가지수는 감소하지 않을 수 있다.

   ③ 뉴스심리지수가 큰 폭으로 감소하는 시기에만 주가지수는 감소하는 경향이 있다.

   ④ 뉴스심리지수의 변동이 없을지라도 주가지수는 증가할 수 있다.

16 중앙은행이 발표하는 뉴스심리지수의 증가율을 수익률뉴스로 사용하는 가상의 투자자가 존재하는 것으로 가정한다. 수익률뉴스는 실제수익률과 오차의 합으로 구성되어 있다. 실제수익률을 오차의 분산으로 나눈 비율이 2이다. 또한 투자자는 효율적으로 정보를 처리하는 것으로 가정한다. 이런 상황에서 예상투자수익률의 업데이트에 적용할 수익률뉴스로부터 얻는 정보에 대한 반응계수의 값을 아래의 문항 중에서 선택하고, 이유를 설명하시오.

   ① 1/2

   ② 1/3

   ③ 2/3

   ④ 1/4

17 독자들이 공통적인 견해를 가지는 주제의 경우 언론산업에서 기업간 경쟁이 강화될 지라도 개별 기업의 논조가 공통적인 견해에 동조하는 방향으로 편향되는 현상이 사라지지 않고 오히려 강화될 수도 있다는 주장이 있다. 다음의 문항 중 위의 주장과 일치하는 문항들을 선택하고 이유를 설명하시오.

   ① 개별 독자들은 자신들에게 확실한 것으로 간주되는 믿음을 보유하고 있다.

   ② 뉴스미디어의 논조는 독자들의 믿음과 일치하는 방향으로 편향되는 경향이 있다.

   ③ 기업의 수가 많아지면 더 많은 독자들을 확보해야 기업이윤을 유지할 수 있다. 이런 상황에서 뉴스미디어의 논조를 독자의 강한 견해에 맞추려는 유인이 강해진다.

   ④ 다양한 견해를 가진 독자층이 충분히 증가할수록 산업 전체의 통합수준으로 측정한 정보의 정확성은 높아질 수 있다.

18 경제의 실제상황은 『Good』과 『Bad』의 두 경우만 가능하다. 수수료수입의 극대화를 달성하려는 금융회사의 경제분석능력과 금융회사의 전망에 대한 투자자의 평가를 맞게 설명한 항목을 선택한 후 이유를 설명하시오.

   ① 실제로 『Good』의 상황에서 금융회사는 『Bad』의 전망을 제시하는 경우가 없어야 한다.

② 실제로 『Bad』의 상황에서 금융회사는 『Good』의 전망을 제시하는 경우는 가능하다.

③ 금융회사가 『Bad』의 전망을 제시할 때 투자자는 금융회사가 틀리지 않는다고 믿는다.

④ 금융회사의 『Good』의 전망을 제시할 때 투자자는 금융회사가 틀릴 수 있다고 믿는다.

19 경제의 실제상황은 0.5의 확률로 『Good』이고, 0.5의 확률로 『Bad』이다. 증권투자의 총 수익률은 『Good』에서 1.4이고, 『Bad』에서 0이다. 증권투자 1회당 금융회사의 수수료는 1이다. 금융회사의 투자권유가 실제상황이 『Good』일 확률에 대한 투자자의 평가를 증가시키는 크기를 선택하고 이유를 설명하시오.

① 0.1

② 0.2

③ 0.3

④ 0.4

20 증권투자의 수익률에 관한 뉴스의 증권투자에 미치는 효과에 관하여 틀린 설명을 선택하고 이유를 설명하시오.

① 불완전한 뉴스일지라도 유용한 새로운 정보가 있다면 투자자들이 평가하는 위험의 시장가격이 증가하는 효과가 나타날 수 있다.

② 불완전한 뉴스일지라도 유용한 새로운 정보가 있다면 투자자들은 수익률의 변동성이 감소한 것으로 평가할 수 있다.

③ 불완전한 뉴스일지라도 유용한 새로운 정보가 있다면 투자자는 증권투자의 예상수익률을 수정한다.

④ 불완전한 뉴스일지라도 같은 내용이 반복해서 들어오면 확실한 뉴스라고 판단하여 투자자들은 예상수익률을 훨씬 큰 폭으로 수정한다.

21 증권투자의 수익률에 관한 뉴스를 접한 이후 예상수익률을 수정할 때 예측오차에 대한 반응계수의 효율적인 결정을 맞게 설명한 항목을 선택하고 이유를 설명하시오.

① 뉴스를 접한 이후 수정된 투자수익률의 분산을 최소화하는 반응계수를 선택해야 한다.

② 예측오차의 반응계수는 뉴스의 불완전성의 원인이 되는 노이즈의 분산을 뉴스를 접하기 이전의 투자수익률의 분산으로 나눈 비율의 감소함수이다.

③ 기존의 정보와 새로운 정보로 구분이 가능하다면 두 개의 정보 중에서 더 정확한 정보에 가중치를 더 부여한다는 원칙에 맞추어서 예측오차의 반응계수를 결정한다.

④ 예측오차의 반응계수는 뉴스의 불완전성의 원인이 되는 노이즈의 분산에 비례하여 결정되어야 한다.

제7장

제한적 합리성과 증권투자

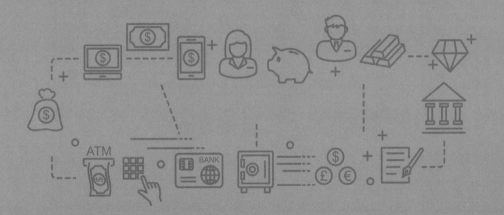

제7장

제한적 합리성과 증권투자

제7장의 제목에 있는 제한적 합리성은 투자자의 정보처리능력이 유한하다는 의미이다. 따라서 제7장에서는 정보처리능력의 유한제약이 증권투자에 미치는 효과를 분석한다. 정보처리능력의 유한제약이 있는 경우와 그렇지 않은 경우의 차이는 무엇인가? 첫째 포인트는 정보처리능력의 부족으로 인해 불완전한 금융시장이 존재할 수밖에 없는 상황이 되어 그 결과 사회후생이 감소할 수 있다는 것이다. 금융시장의 참가자들이 각각의 상황을 모두 정확하게 파악할 수 없는 제약이 있다면 상황별로 수익이 달라지는 금융계약으로 정의되는 조건부청구권의 존재 자체가 불가능하다면, 이는 완전한 형태의 조건부청구권시장이 불가능하다는 의미이다. 그 결과로 불완전한 금융시장만 가능하다면 소비의 변동성이 높아지기 때문에 사회전체의 후생이 감소한다.

둘째 포인트는 다양한 종류의 서로 다른 증권들이 있을 때 증권투자를 위해 개별 증권의 특징을 분석하여 적절한 증권들을 선택해야 한다는 것이다. 정보처리능력의 유한제약이 작용하여 충분한 수준의 분석이 불가능할 수도 있다. 특히 충분한 수준의 정보가 없다면 분산투자가 불가능하고 소수의 증권에만 집중할 수밖에 없다. 이런 경우 분산투자의 이득을 얻지 못해서 투자자의 후생이 감소한다. 충분한 준비기간을 확보하면 학생들은 시험범위에 포함된 모든 내용을 공부할 수 있지만, 시험일자에 임박하여 준비하면 요점만 간신히 학습하게 되어 평균적으로 후자의 경우가 전자의 경우에 비해 낮은 점수를 받게 되는 상황과 비교해볼 수 있다.

셋째 포인트는 투자자의 정보처리능력이 달라지면서 위험증권이 제공하는 위험보상비율에 대한 투자자의 평가도 달라진다는 것이다. 위험보상비율은 주어진 무위험이자율하에서 위험증권이 제공하는 수익률의 평균과 표준편차에 의존한다. 투자자의 정보처리능력이 달라지면 투자자가 추정한 수익률의 평균과 수익률의 표준편차가 달라진다. 그 결과 투자자가 평가하는 개별증권에 대한 위험보상비율이 달라진다. 그 결과 시장에서 달성가능한 위험보상비율의 최대값으로 정의되는 위험의 시장가격도 달라진다.

제7장의 앞부분에서는 미래상황에 대한 정확한 예견이 불가능한 투자자들은 어떠한 정보를 보유하고 이들이 보유한 정보의 내용은 시간이 흐르면서 어떻게 달라지는지를 분석한다. 또한 투자자들이 보유한 정보의 크기를 어떻게 측정할 수 있는지의 질문도 가능하다. 답변은 엔트로피(entropy)와 상호정보(mutual information)의 개념을 사용하여 투자자가 보유한 정보변화의 크기를 측정한다는 것이다. 이런 척도의 유용성 중의 하나는 정보처리능력의 유한제약을 쉽게 이해할 수 있도록 해준다는 것이다. 예를 들어 투자자가 보유한 정보처리용량의 제약이 존재하는 이유는 투자자가 달성할 수 있는 상호정보의 상한이 존재하기 때문이다.

투자자정보의 기간간 변화

투자자의 정보는 시간이 지남에 따라 달라질 수 있다. <그림 7-1>에서 정리한 예를 이용하여 투자자의 정보가 어떻게 변화하는가를 설명하기로 한다. <그림 7-1>에서 사용한 상황은 다양한 기준으로 구분할 수 있다. 예를 들어 미래시점에서 위험증권의 수익률이 서로 다른 값을 가지는 경우, 높은 수익률이

그림 7-1 상황의 전이과정

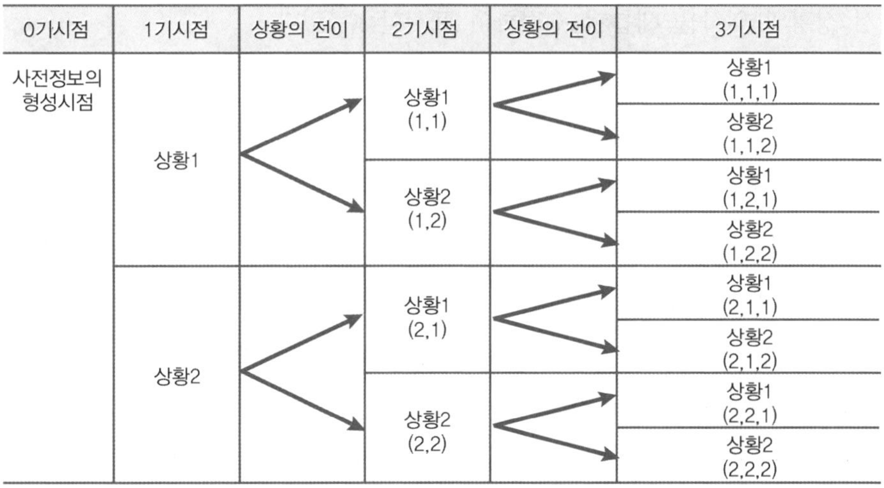

0기시점	1기시점	상황의 전이	2기시점	상황의 전이	3기시점
사전정보의 형성시점	상황1		상황1 (1,1)		상황1 (1,1,1)
					상황2 (1,1,2)
			상황2 (1,2)		상황1 (1,2,1)
					상황2 (1,2,2)
	상황2		상황1 (2,1)		상황1 (2,1,1)
					상황2 (2,1,2)
			상황2 (2,2)		상황1 (2,2,1)
					상황2 (2,2,2)

나타나는 경우를 상황1이라고 하고 낮은 수익률이 나타나는 경우를 상황2로 정의할 수 있다. 또는 거시경제의 상황에 따라 분류할 수도 있다. 호황국면이 실현되면 상황1이라고 하고 불황국면이 실현되면 상황2라고 정의할 수 있다. 더 세분화하여 상황을 구분할 수 있지만 <표 7-1>에서는 설명의 편의를 위해 두 개의 서로 다른 상황만 발생하는 경우를 분석한다.

투자자가 정보를 처리하는 과정은 두 가지의 작업으로 설명할 수 있다. 첫째 작업은 투자자가 시간이 흐르면서 관측한 자료를 축적하는 것이다. 이는 상황의 역사(history of state)를 기록하여 남겨 놓는 것이다. 둘째 작업은 상황이 발생하는 과정에 대한 정보를 업데이트하는 것이다. 상황이 발생하는 과정에 대한 정보라는 의미는 상황의 발생에 대한 확률모형에 대한 정보를 의미한다. 시간이 지나면서 계속해서 새로운 확률모형으로 업데이트하는 이유는 하나의 상황을 겪고 나서 새롭게 관측된 자료를 얻게 되어 이를 자신의 정보에 반영하기 위함이다.

첫째 작업을 설명한다. 시간이 흐르면서 각 시점에서 발생한 상황을 기록하여 현재시점까지 어떠한 상황들이 발생하였는지를 기록한 상황의 역사를 만들 수 있다. 따라서 최초시점에서 출발하여 현재시점에 이르기까지 발생한 사건들을 기록하여 모은 상황들의 집합을 상황의 역사로 정의한다. 투자자는 각각의 시점에서 상황의 역사를 새롭게 수정하여 표시할 수 있다.

<그림 7-1>에서 괄호들은 각각의 시점에서 정리한 상황의 역사이다. 최초시점(1기시점)에서 상황1과 상황2가 발생할 수 있다. 1기시점부터 2기시점까지 발생가능한 상황의 역사를 나열하면 (1,1), (1,2), (2,1), (2,2)와 같이 4개의 서로 다른 역사가 가능하다. 이들의 발생확률을 각각 1/4이라고 가정한다. 최초시점부터 3기시점까지 발생가능한 상황의 역사를 나열하면 (1,1,1), (1,1,2), (1,2,1), (1,2,2), (2,1,1), (2,1,2), (2,2,1), (2,2,2) 등과 같이 8개의 경우이다. 각각의 발생확률을 1/8이라고 가정한다.

<그림 7-1>에서와 같이 상황이 진행된다면 투자자가 알고 있는 자료를 어떻게 표현할 것인가? 투자자가 가지고 있는 자료는 이미 지나온 각각의 시점에서 발생하였던 상황의 역사들을 모은 집합으로 정의된다. 따라서 투자자의 자료는 시간이 지남에 따라 달라질 수 있다. 투자자들이 시간이 지나면서 관측하는 것은 상황의 역사들이다. 내가 직접 겪는 상황의 역사는 단 하나이지만 자신이 겪지 않았던 상황의 역사도 실제로 일어났던 것과 같이 정확하게 알고 있다고 가정한다. 따라서 각각의 시점에서 투자자가 축적하는 자료의 집합은 다음과 같이 표현된다.

$$I_1 = \{1,2\}$$
$$I_2 = \{1, \ 2, \ (1,1), \ (1,2), \ (2,1), \ (2,2)\}$$
$$I_3 = \{1, \ 2, \ (1,1), \ (1,2), \ (2,1), \ (2,2), \ (1,1,1), \ (1,1,2), \ (1,2,1),$$
$$(1,2,2), \ (2,1,1), \ (2,1,2), \ (2,2,1), \ (2,2,2)\}$$

위에서 I_1은 1기시점에서 투자자가 축적한 상황의 역사를 원소로 하는 집합이다. I_2는 2기시점에서 투자자가 축적한 상황의 역사를 원소로 하는 집합이다. I_3은 3기시점에서 투자자가 축적한 상황의 역사를 원소로 하는 집합이다. 위의 예에서 확인할 수 있는 것은 시간이 지나면서 투자자의 정보집합은 확대된다는 것이다. 이전시점의 정보집합은 이후시점의 정보집합의 부분집합이 된다.

둘째 작업을 설명한다. 투자자는 정보를 그대로 쌓는 것뿐만 아니라 정보를 처리해야 한다. 그 이유는 투자자는 현재시점에서 자신의 증권투자를 결정하기 위해 미래시점에서 실현되는 증권수익률의 기대값과 수익률의 분산을 계산해야 하기 때문이다. <그림 7-1>의 예를 보면 다음시점에서 상황1 또는 상황2가 발생할 확률과 각각의 상황에서 실현된 수익률의 값을 알아야 증권수익률을 예측할 수 있다. 0기시점은 어떠한 상황이 발생하기 이전의 시점으로 정의된다. 따라서 0기시점은 어떠한 상황의 역사도 없는 상황이다. 이 시점에서 계산한 증권수익률의 기대값을 사전적 기대값 또는 비조건부기대값이라고 부른다. 증권수익률의 분산에 대해서도 사전적 분산 또는 비조건부분산이라고 말한다.

투자자가 정보를 처리하는 과정은 무엇인가? 최초시점이 시작하기 전에 투자자가 이미 가지고 있는 지식이 있다. 이를 사전정보라고 한다. 실제로 실현된 상황을 관측하기 시작하면서 투자자는 과거시점에서 형성한 지식을 수정한다. 수정해야 하는 대상은 상황을 발생시키는 메커니즘에 대한 지식이다. 이는 상황의 발생에 대한 확률분포를 의미한다. 따라서 투자자의 정보처리과정은 최초시점부터 시간이 지나면서 다음과 같은 방식으로 진행된다.

사전정보→자료관측→확률분포의 수정→자료관측→확률분포의 수정

위의 화살표에 담은 내용은 투자자는 매기시점에서 동일한 내용의 작업들을 반복수행한다는 것이다. 반복되는 두 작업 중 하나는 자료축적이고 다른 하나는 새롭게 관측된 자료에 담긴 정보를 반영하여 확률모형을 업데이트하는 것이다.

실제로 하나의 상황도 관측하지 않은 상황에서 투자자는 어느 정도 알고 있는가? 합리적기대가설에 부합하는 투자자를 가정한다면 이는 투자자가 상황의 발생에 관한 확률모형에 대하여 정확히 알고 있다고 가정하는 것이다. 이와 같은 가정하에서 0기시점에서 투자자는 이미 각각의 시점에서 서로 다른 상황의 역사를 통해 하나의 상황에 도달한다는 것을 알고 있다. 어떠한 확률로 도달할 수

있는지에 대해서도 정확히 알고 있다. 그러나 실제로 어떠한 상황이 실현되는지는 미리 정확히 예견할 수 없다. 사전정보하에서는 투자자가 직접 관측하여 쌓은 자료가 없는 상황이다. 다만 확률분포에 대해서만 정확히 알고 있다. 확률분포에 대한 지식이 있기 때문에 0기시점에서 투자자는 수익률의 기대값과 수익률의 분산을 계산할 수 있다.

<그림 7-1>을 이용하여 사전분포를 설명한다. 예를 들어 투자자는 0기시점에서 1기시점에 상황1이 발생할 확률을 1/2로 부여하고 상황2가 발생할 확률에 대해서 1/2을 부여하는 것이다. 투자자가 0기시점에서 2기시점에 발생할 수 있는 가능한 4개의 역사에 대하여 모두 동일한 확률을 부과하는 것으로 가정하면 (1,1), (1,2), (2,1), (2,2)와 같이 4개의 서로 다른 역사의 발생확률은 각각 1/4이다. 3기시점의 경우 (1,1,1), (1,1,2), (1,2,1), (1,2,2), (2,1,1), (2,1,2), (2,2,1), (2,2,2) 등과 같이 8개의 경우가 가능한데 모두 동일한 발생확률을 부여하면 각각의 발생확률은 1/8이다. 투자자가 0기시점에서 가지고 있는 사전적인 정보를 설명한 것이고 이들은 실제로 상황이 발생할 확률이다.

내가 어디에 위치한지를 정확히 안다면 위치한 곳에서 다음시점에 각각의 상황이 발생할 확률을 계산해야 한다. 앞에서 설명한 확률은 최초시점이 발생하기 이전의 시점에서 1기시점이 펼쳐지면서 그 이후 각각의 점에 도달하는 확률을 의미한다. 투자자가 계산해야 하는 것은 특정한 점에 도달한 것을 조건으로 하고 그 이후 시점에서 상황들이 발생할 확률들이다. 이를 위해서 투자자는 베이즈규칙을 사용한다. 예를 들어 (1,1)에 도달하였다고 하자. (1,1)에서 (1,1,1)에 도달하는 것은 (1|(1,1))로 표기할 수 있다. 이와 같은 상황이 발생할 확률은 베이즈규칙을 사용하면 다음과 같다.

$$\Pr[1|(1,1)] \times \Pr[(1,1)] = \Pr[(1,1,1)]$$

투자자는 위의 식에서 $\Pr[(1,1)]$와 $\Pr[(1,1,1)]$에 대하여 이미 알고 있다. 따라서 투자자가 위의 등식이 성립한다는 것을 안다면 투자자는 자신의 사전적인 지식을 바탕으로 조건부확률을 계산할 수 있다. 이와 같은 조건부확률을 계산하는 과정이 매기시점마다 투자자가 처리하는 작업의 하나로 포함된다.

합리적기대가설에서 상정하고 있는 투자자는 위의 작업을 정확히 수행할 수 있다. 그 이유는 자신에게 주어진 정보를 가장 효율적으로 처리할 수 있다는 가정이 부과되기 때문이다. 또한 합리적기대가설의 투자자는 각 점에 도달하는 확률도 정확히 알고 있으므로 이미 상황이 시작되기 이전에 어느 점에 도착할 것이라는 가정하에서 앞에서 설명한 작업을 사전적으로 완료할 수도 있다. 이와 같은 점을 고려하면 합리적기대가설이 성립한다는 가정이 부과되는 경우 조건부확률도 정확히 알고 있다고 가정하는 것과 동일한 효과가 발생한다.

<그림 7-1>에서 화살표는 기간간 상황의 전이를 나타내고 있다. 예를 들어 1기시점에서 상황1이 발생하는 경우 여기에서 시작되는 화살표는 2기시점에서 상황1로 갈 수도 있고 상황2로 갈 수도 있음을 보여주고 있다. 마찬가지로 1기시점에서 상황2가 발생하는 경우 여기에서 시작되는 화살표는 2기시점에서 상황1로 갈 수도 있고 상황2로 갈 수도 있음을 보여주고 있다. 각각의 화살표에 대하여 실제상황으로 나타날 확률이 부여된다. 각각의 화살표에 부여되는 확률은 서로 인접한 두 시점에서 앞으로 어떤 상황으로 전이되는지의 확률이므로 전이확률(transition probability)이라고 정의한다. 그러나 각각의 상황에서 나오는 두 개의 화살표가 모두 실현되는 것이 아니라 이 중 하나만 실제로 실현된다.

특정시점에 도달하면 이 시점에 도달하기까지 투자자는 자신이 관측한 자료가 있다. 투자자는 자신이 직접 경험하여 축적한 자료를 완전히 정확하게 기억하고 있는 것으로 가정한다. 투자자가 경험한 상황의 역사가 매기시점에서 증권수익률의 기대값과 분산을 계산하는 데 어느 정도 도움이 되는가? 투자자가 기대값을 계산하는 데 사용할 수 있는 두 가지의 서로 다른 방식을 생각해 볼 수 있다. 첫째 방식은 자신이 지나온 모든 상황의 역사를 담은 정보집합을 사용하여 계산한 수익률의 기대값이다. 둘째 방식은 단지 현재시점에서 발생한 상황과 관련된 지식을 사용하여 계산한 수익률의 기대값이다.

어떤 경우에 두 개의 방식이 서로 같은 답을 산출하는가? 첫째, 매기시점에서 발생할 수 있는 상황의 수가 항상 같다. 둘째, 현재시점에서 발생한 상황에서 다음시점의 상황으로 전이되는 확률이 모든 상황에 대하여 항상 상수로 고정되어 있다. 이 경우 어느 시점에 도달하든 전이확률을 사용하여 미래시점에서 실현되는 증권수익률의 기대값을 계산할 수 있다. 또한 과거에 어느 시점을 거쳐온 것과 관계없이 현재시점에서 어느 상황이 실현된 것인지의 여부만 중요하다. 따라서 앞에서 설명한 두 개의 방식은 서로 같은 기대값을 산출해야 한다. 이처럼 미래시점의 상황을 예측하는 데 현재시점에서 실현된 상황에 관한 정보만으로 충분하다면 마코프특성(Markov property)을 만족시키는 것으로 정의된다.

시간이 지나면서 투자자의 정보집합이 어느 정도 증가하는지를 어떻게 측정할 수 있는가? 이를 위해 정보의 내용이 어떻게 달라지는지를 설명해야 한다. 정보의 내용이 어떻게 달라지는지에 대한 이해를 돕기 위해 <그림 7-1>의 예를 사용한다. 먼저 0기시점에서 투자자가 알고 있는 사전정보하에서 (1,1,1)의 실현확률은 1/8이다. 그러나 2기시점에서 투자자가 (1,1)의 상황의 역사를 겪었다면 이 경우 (1,1,1)의 실현확률은 1/2이다. 따라서 동일한 상황의 경로이지만 어느 시점에서 계산하는지에 따라 발생확률은 달라진다. 이는 1기시점과 2기시점을 관측한 이후 형성되는 사후정보하에서 투자자는 서로 다른 확률모형을 가지게 된다는 것을 의미한다. 투자자의 확률모형이 달라지면 투자자가 보유하는 정보량의 차이가 발생한다. 다음에서는 이를 어떻게 측정하는지를 설명한다.

정보의 측정

먼저 다양한 메시지가 존재할 때 각각의 메시지가 담고 있는 정보의 크기를 측정하기 위해 어떠한 개념을 적용하는 것이 적절한지를 생각한다. 요점은 발생할 가능성이 낮은 메시지의 발생은 발생할 가능성이 높은 메시지의 발생에 비해 더 많은 정보를 제공하는 것으로 간주할 수 있다는 것이다. 앞에서 설명한 내용에 대한 이해를 위해 예를 들기로 한다. 발생가능한 모든 메시지를 두 그룹으로 나누는 시도를 생각해보자. 이제 하나의 그룹은 놀라운 메시지 그룹이고 다른 하나의 그룹은 평범한 메시지 그룹이다. 각각의 메시지에 대하여 놀라운 메시지와 평범한 메시지 두 개 중 하나로 분류해야만 한다. 두 개의 그룹 중 놀라운 메시지 그룹에 속하는 메시지들을 놀랍다고 하는 이유를 생각해보자. 두 가지 이유 중 하나일 것이다. 첫째 이유는 놀랍다는 표현 자체가 새로운 정보가 상대적으로 더 많다는 것을 의미하는 경우이다. 놀라운 과학적 발견과 놀라울 정도로 신선한 디자인을 갖춘 제품 등을 생각해 볼 수 있다. 자주 발생하지 않는 메시지에 대하여 놀랍다는 표현을 사용하게 되는 둘째 이유는 메시지가 담고 있는 내용에 익숙하지 않기 때문이다. 지식을 늘리기 위한 목적으로 전달하는 메시지가 아니더라도 과거에서 유사한 사례를 찾아보기 어려운 경험이나 사건에 대해서도 놀랍다는 표현을 사용할 수 있다. 이러한 경우에도 새로운 사실에 대한 정보를 제공한다는 것은 부인할 수 없다. 종합하면 특정한 메시지 자체가 담고 있는 정보의 크기는 그 메시지의 발생확률에 의해서 결정되는 것으로 주장해 볼 수 있다는 것이다.

발생가능성을 기준으로 메시지가 담고 있는 정보의 크기를 측정하겠다는 아이디어에 대하여 동의한다고 할지라도 구체적으로 어떻게 측정해야 하는지에 대해서 궁금할 것이다. 그 이유는 단순히 개별 메시지의 발생확률 그 자체를 정보의 양을 재는 척도로 쓰는 것보다 더 나은 방법이 있을 가능성에 대하여 궁금하기 때문이다. 따라서 다음에서는 개별 메시지의 발생확률을 이용한 정보의 척도를 소개한다. 하나의 사건과 하나의 메시지는 서로 일대일 대응의 관계가 되도록 하나의 상황 또는 하나의 사건을 정의한다. 이렇게 하나의 상황 또는 하나의 사건을 정의한다면 임의의 사건이나 임의의 상황이 가지고 있는 정보의 크기를 발생확률을 이용하여 측정할 수 있다. 또한 수식에 의거한 구체적인 척도를 제시하기 위해 다음의 사항들을 고려해야 한다. 첫째, 발생확률이 낮을 때 사건발생이 제공하는 정보량이 커진다는 점을 반영하는 척도를 제시하는 것이다. 임의의 메시지가 발생할 확률이 p일 때 그 메시지가 가지고 있는 정보의 크기가 $(1/p)$의 증가함수가 된다면 위의 기준에 부합하는 척도가 될 것이다. 둘째, 서로 다른 상황들이 제공하는 메시지들을 합하여 정보량을 합산하는 경우에도 일리가 있는 기준이 부과되어야 한다는 것이다. 이를 위해 모든 경우에 비음수이면서 동시에 가법성(additivity)이 만족되어야 한다는 제약을 부과한다. 위의 두 조건을 만족시킬 수 있는 척도로 로그함수를 사용할 수 있다. 구체적으로 임의의 상황을 A로 표기하고 $H(A)$는 사건 A가 담고 있는 정보량을 표기하는 것으로 약속한다면 $H(A)$의 정의는 $H(A) = \log(1/p)$이다. 정보를 측정하는 단위는 무엇인가? 위에서 설명한 것처럼 로그함수를 사용한다면 밑(base)의 선택에 따라 단위가 달라진다. 밑이 2이면 비트(bit), 밑이 e이면 내트(nat)이다.[1)]

앞에서 설명한 개념은 확률변수가 담고 있는 정보의 크기를 측정하는 데에도 계속해서 이용된다. 구체적으로 엔트로피(entropy)라는 개념이다. 엔트로피는 임의의 확률변수가 함의하는 발생가능한 각각의 사건이 가지고 있는 정보량을 가중평균한 값을 말한다. 가중평균을 계산할 때 적용되는 가중치는 각 사건의 발생확률이다. 따라서 엔트로피의 값은 항상 비음수가 된다. 또한 로그함수를 사용하기 때문에 엔트로피의 단위는 앞에서 설명한 바와 같이 로그함수의 밑(base)에 대한 선택에 따라 달라질 수 있다. 예를 들어 밑이 2인 경우 측정단위는 비트(bit)가 되고 밑이 e인 경우 측정단위는 내트(nat)가 된다. 로그의 밑변환공식을 이용하면 내트와 비트의 관계를 도출할 수 있다.

엔트로피의 계산을 구체적으로 설명하기 위해 <그림 7-1>의 단순사례를 이용한다. 엔트로피의 계산과정은 <표 7-1>에 정리되어 있다. 먼저 확률적으로 발생할 사건이 두 개인 경우를 설명한다. 상황1은 p의 확률, 상황2는 $(1-p)$의 확률로 발생한다. 또한 ω_1은 상황1 또한 ω_2는 상황2를 나타낸다. 상황1이 발생하였다는 메시지가 담고 있는 정보량과 상황2가 발생하였다는 메시지

---

1) 수식을 사용하면 비트는 $H(A) = \log_2(1/p)$와 내트는 $H(A) = \log_e(1/p)$이다. 두 개의 척도에 대하여 로그함수의 밑변환공식을 적용하면 (비트) = (내트/0.693)가 된다.

표 7-1 엔트로피의 계산

두 개의 상황이 존재하는 경우	상황1의 정보	$H(\omega_1) = \log_2(1/p)$
	상황2의 정보	$H(\omega_2) = \log_2(1/(1-p))$
	엔트로피	$H = pH(\omega_1) + (1-p)H(\omega_2)$
세 개의 상황이 존재하는 경우	상황1의 정보	$H(\omega_1) = \log_2(1/p_1)$
	상황2의 정보	$H(\omega_2) = \log_2(1/p_2)$
	상황3의 정보	$H(\omega_3) = \log_2(1/(1-p_1-p_2))$
	엔트로피	$H = p_1H(\omega_1) + p_2H(\omega_2) + (1-p_1-p_2)H(\omega_3)$
2기시점에서 발생할 상황의 엔트로피	사전정보	$H(T=2) = 4 \times \{(1/4)\log_2(4)\}$
	1기시점의 상황1	$H(T=2\|상황1) = 2 \times \{(1/2)\log_2(2)\}$
	1기시점의 상황2	$H(T=2\|상황2) = 2 \times \{(1/2)\log_2(2)\}$
상호정보	정의	$I(T=2\|T=1) = H(T=2) - H(T=2\|T=1)$
	비음수성	$I(T=2\|T=1) \geq 0$
	대칭성	$I(T=2\|T=1) = I(T=1\|T=2) = 1$

가 담고 있는 정보량은 각 상황의 발생확률의 역수의 로그값이다. 각각의 상황 발생이 제공할 정보의 크기는 <표 7-1>의 첫째 줄과 둘째 줄에 식으로 정리되어 있다. 셋째 줄에는 엔트로피의 식이 정리되어 있다. 이 식은 확률변수 자체가 가지고 있는 평균적인 정보량을 측정한다. 이 식을 보면 $p = 1/2$일 때 엔트로피가 극대화된다는 것을 알 수 있다. 따라서 두 개의 상황만 존재하는 경우 극대화된 엔트로피의 값은 1비트가 된다.

발생상황의 수가 증가하면 어떻게 되는지를 보기 위해 세 개의 상황이 발생할 수 있는 경우를 가정한다. 상황1의 발생확률 p_1, 상황2의 발생확률 p_2, 상황3의 발생확률 $(1-p_1-p_2)$이다. <표 7-1>에서는 세 개의 상황이 존재하는 경우의 첫째 줄, 둘째 줄, 셋째 줄에서 차례로 각각의 상황에 대한 정보의 크기를 계산하는 식을 보여주고 있다. 이 경우의 넷째 줄을 보면 $p_1 = p_2 = 1/3$이면 엔트로피의 값이 가장 커진다는 것을 알 수 있다. 따라서 달성가능한 엔트로피의 최대값은 $\log_2(3)$비트가 된다.

앞에서 설명한 엔트로피가 정보량을 측정하는 척도라는 점을 인정할지라도 다음의 질문이 가능하다. 시간이 지나면서 투자자가 보유한 정보량이 계속하여 변화하는 것을 어떻게 측정할 것인가? 이를 위해 『조건부엔트로피(conditional entropy)』의 개념을 소개한다. 조건부엔트로피는 두 개의 확률변수가 존재할 때 하나의 확률변수에 대한 지식이 추가된 상황에서 다른 확률변수의 평균적인 엔트로피로 정의한다. <그림 7-1>에서 기술하고 있는 2기시점의 상황과 1기시점의 상황을 사용하여 조건부엔트로피의 개념을 설명한다. 투자자의 사전정보하에서 2기시점의 상황에 대한 엔트로피를 계산할 수 있다. 이를 수식으로 표시하면 $H(T=2)=2$이고, 이런 결과의 근거는 <표 7-1>에서 2기시점에서 발생할 상황의 첫째 줄에 정리되어 있다. 첫째 줄은 1기시점이 시작되기 이전의 지식으로만 계산한 엔트로피이다. 투자자는 1기시점에 들어서서 상황1이 실현되거나 상황2가 실현된 사실을 알게 된다. 이는 투자자에게 1기시점의 상황이라는 확률변수에 대한 지식이 추가된 것으로 간주할 수 있다.

이제 1기시점에서 실현되는 상황에 대한 지식이 추가된 이후 2기시점의 상황에 대한 엔트로피를 어떻게 계산할 것인가를 설명하기로 한다. 계산과정은 <표 7-1>에 정리되어 있다. 먼저 1기시점에서 상황1이 실현된다는 조건에서 2기시점에 대한 조건부엔트로피는 $H(T=2|$상황$1)=1$이다. 상황2가 실현된다는 조건에서 2기시점에 대한 조건부엔트로피를 계산하면 $H(T=2|$상황$2)=1$이다. 1기시점에서 얻을 수 있는 정보를 조건으로 하여 2기시점에 대한 조건부엔트로피는 1기에서 발생하는 각 상황을 조건으로 하는 조건부엔트로피에 대한 가중평균으로 정의된다. 1기시점에서 상황1이 발생하는 확률이 1/2이고 상황2가 발생하는 확률이 1/2이다. 따라서 1기시점에서 얻을 정보를 조건으로 계산한 2기시점에 대한 조건부엔트로피는 $H(T=2|T=1)=1$이 된다.

조건부엔트로피가 비조건부엔트로피에 비해 작다면 이를 어떻게 설명해야 하는가? 엔트로피를 정보의 척도로 간주한다면 조건부엔트로피가 작다는 결과는 목표변수에 대한 정보가 작아진 것으로 해석이 가능하다고 보아야 한다고 주장할 수 있다. 이러한 주장을 옳다고 판단하면 엔트로피라는 척도를 사용하는 것이 문제가 있다. 그 이유는 자료를 관측하여 목표변수에 대한 정보가 감소하는 것으로 나타나기 때문이다. 이러한 의문에 대하여 다음과 같은 답변이 가능하다. 앞에서 엔트로피는 놀람의 정도로 표현하였으며 엔트로피가 작아지면 놀람의 정도가 낮아짐을 의미한다. 놀람의 정도가 감소한다면 이는 오히려 목표변수에 대한 지식이 늘어난 결과로 볼 수 있다. 다른 해석도 가능하다. 예를 들어 엔트로피를 확률변수의 불확실성의 척도로 간주할 수 있다는 것이다. 두 개의 상황이 가능한 단순한 확률변수의 예에서 균등분포를 따르는 경우가 확률변수의 불확실성이 가장 큰 경우이다. 균등분포가 부여된다면 이는 어느 상황이 더 빈번하게 나타날 것인지에 대한 정보가 전혀 없는 상황으로 간주할 수 있기 때문이다. 조건부엔트로피가 엔트로피에 비해 낮아진다면 목표변수에 대한 불확실성이 낮아진 것이므로 목표변수에 대한 정보가 증가한 것으로 간주할 수 있다.

1기시점의 상황에 대한 지식이 추가된 이후 2기의 상황에 대한 투자자의 정보량은 1기시점이 시작되기 이전에 투자자가 가지고 있던 2기시점의 상황에 대한 정보량에 비해 어느 정도 증가하였는가? 이를 측정하기 위해 상호정보 (mutual information)의 개념을 소개한다. 상호정보는 두 개의 확률변수가 존재할 때 하나의 확률변수에 대한 엔트로피에 다른 확률변수의 지식이 추가된 상황 하에서 정의되는 조건부엔트로피를 감하여 계산한 두 엔트로피의 차이로 정의된다. 앞에서 설명한 <그림 7-1>의 예로 돌아가서 상호정보의 개념을 적용한다. 1기시점의 상황과 2기시점의 상황에 대한 상호정보를 $I(T=2|T=1)$로 표시하고 정의식은 <표 7-1>에 정리되어 있다. 위에서 설명한 예를 사용하면 $I(T=2|T=1)=1$이다. 따라서 투자자가 1기시점을 지나면서 2기시점의 상황에 대하여 추가적으로 얻은 정보의 크기는 1비트가 된다.

투자자의 기간간 정보의 변화를 상호정보라는 척도를 사용하여 측정할 수 있음을 보였다. 상호정보의 두 가지 특징에 대하여 요약한다. 첫째 특징은 상호정보의 비음수성이다. 상호정보는 마이너스 값을 가지지 않는다. 그 이유는 조건부엔트로피가 비조건부엔트로피에 비해 크지 않기 때문이다. 둘째 특징은 두 개의 확률변수가 존재할 때 상호정보의 정의가 가능하다. 상호정보를 정의할 때 어느 확률변수가 조건확률변수이고 어느 확률변수가 목표확률변수인지의 여부에 관계없이 동일한 값을 준다는 것이다. 이는 상호정보의 대칭성을 의미한다.[2]

정보처리능력에 대한 제약

투자자에게 정보처리능력의 제약이 발생하면 그렇지 않은 경우와 비교하여 어떠한 차이가 있는가? 투자자들의 정보처리능력이 유한하면 실제상황을 정확히 알 수 없게 될 수 있다. 실제상황을 전혀 모르는 것은 아니지만 정확히 알지 못할 수 있다는 뜻이다. 투자자들이 실제상황이 상황1 또는 상황2로 실현되는 것을 직접 관측할 수 없는 경우를 생각해본다. 투자자들은 실제상황을 직접 관측하지 못하더라도 실제상황을 알려주는 중간지표가 있어서 이를 보고 실제상황을 판단할 수 있는 것으로 가정한다. 중간지표의 역할은 실제상황을 투자자에게 정확하게 전달하는 것이다. 투자자의 정보처리능력은 중간지표의 정확한 전달능력에 의해서 평가된다. 투자자의 정보처리능력이 향상되면 보다 더 정확성이 높은 중간지표를 만들어 낼 수 있다는 것이다. 따라서 투자자의 정보처리능력에 제약이 있다면 중간지표가 달성할 수 있는 정확성에 제약이 부과된 것과 같다. 간단한 예를 들면 수업시간의 강의내용을 듣고 수강생이 정리한 노트의 내용이 중간지표이다.

<그림 7-1>의 예를 사용하여 투자자가 현재시점의 상황에 대한 정보를 얻는 과정을 설명한다. 중간지표는 다음과 같은 방식으로 실제로 발생한 상황을 전달한다. 중간지표는 상황1이 실현되면 1의 숫자가 산출되고 상황2가 실현되면 2의 숫자가 산출되는 것을 목표로 작성된다. 중간지표는 최초에 설계된 것과 동일하게 작동하지 않을 수 있다. 즉, 오류의 가능성이 있다. <표 7-2>는 중간

---

2) 위의 예에서 $I(T=1|T=2)=1$이 된다. 첫째, $I(T=1|T=2)=H(T=1)-H(T=1|T=2)$이다. 둘째, $H(T=1)=1$이다. 셋째, $H(T=1|T=2)=0$이다. 따라서 $I(T=1|T=2)=1$이 된다.

표 7-2 투자자가 알고 있는 지표의 정확성

실제로 발생한 상황	투자자가 관측하는 지표의 값	지표의 값이 산출될 확률
상황1	1	q
	2	$1-q$
상황2	2	q
	1	$1-q$

지표의 정보처리능력에서 오류가 발생하는 과정을 요약하고 있다.

<표 7-2>에 정리되어 있는 『투자자가 알고 있는 내용』을 설명하면 다음과 같다. 실제상황이 상황1일 때 중간지표는 q의 확률로 실제상황과 동일하게 1의 숫자를 산출하고 $(1-q)$의 확률로 실제상황과 달리 2의 숫자를 산출한다. 상황2가 실제상황이 되는 경우는 중간지표는 q의 확률로 실제상황과 동일하게 2의 숫자를 산출하고 $(1-q)$의 확률로 실제상황과 달리 1의 숫자를 산출한다. 따라서 중간지표가 오류를 발생시킬 확률은 $(1-q)$이다. 중간지표의 오류는 투자자가 실제상황을 파악할 때 투자자의 정보처리능력이 유한하다는 제약에 의해서 실제상황을 정확히 파악하지 못하는 것을 반영한다.

투자자의 정보처리과정을 다음과 같이 설명할 수 있다. 투자자가 실제상황을 정확하게 알지 못하기 때문에 중간지표의 값을 보고 실제상황이 어떤 상황인지를 추측해야 한다. 투자자가 중간지표를 관측하기 이전에 사전적으로 가지고 있는 정보는 상황1과 상황2가 발생하는 확률이다. 투자자의 정보처리과정은 중간지표의 값을 관측한 이후 시작된다. 투자자는 <표 7-2>에 정리되어 있는 중간지표에 오류가 있을 수 있다는 것과 오류의 확률을 알고 있다. 투자자는 베이즈규칙을 사용하여 관측된 중간지표의 값을 조건으로 하는 상황1과 상황2의 발생확률을 계산한다. 앞에서 설명한 예에 의거하여 수강생이 자신의 강의노트를 보고 실제의 강의내용을 이해하는 과정과 대비하여 투자자의 정보처리과정을 생각해 볼 수 있다.

첫째 단계에서 중간지표의 값이 1이 나오는 확률과 중간지표의 값이 2가 나오는 확률을 계산해야 한다. 이는 투자자의 사전정보와 <표 7-2>에 정리되어 있는 정보를 알고 있으면 자동적으로 계산할 수 있다. 중간지표의 값이 1로 관측되는 확률을 $p(s_1)$이라고 하고 중간지표의 값이 2로 관측되는 확률을 $p(s_2)$로 표기하면 이들의 값은 <표 7-3>의 첫째 줄에 정리되어 있다.

둘째 단계에서 조건부확률을 계산하기 위해 베이즈규칙을 사용할 수 있다. 투자자가 계산해야 하는 조건부확률은 $p(\omega_1|s_1)$과 $p(\omega_2|s_2)$이다. 전자는 중간지표의 값이 1일 때 실제상황이 1로 나타났을 확률이고 후자는 중간지표의 값이 2일 때 실제상황이 2로 나타났을 확률이다. 조건부확률들을 계산하기 위해 사용하는 베이즈규칙의 식들은 <표 7-3>의 둘째 줄에 정리되어 있다. 첫째 줄에서 계산한 $p(s_1) = 1/2$을 둘째 줄에 있는 식에 대입하면 $p(\omega_1|s_1) = q$의 결과가 도출된다. 동일한 방식을 적용하여 $p(\omega_2|s_2) = q$임을 확인할 수 있다.

앞에서 설명한 정보처리과정이 투자자에게 제공하는 이득은 얼마인가? 이 질문에 답하기 위해 투자자가 보유한 정보량의 변화를 측정해야 한다. 정보량의 변화는 상호정보를 계산하여 측정한다. 먼저 $H(\omega|s_1)$과 $H(\omega|s_2)$의 값을 계산하기 위해 <표 7-3>의 셋째 줄에 있는 공식을 사용한다. 조건부엔트로피는 앞에서 계산한 두 개의 엔트로피의 가중평균이다. <표 7-3>의 셋째 줄에 있는 셋째 식이 조건부엔트로피의 공식에 해당된다. 이 공식을 <표 7-2>의 상황에 적용하면 조건부엔트로피는 q의 함수가 됨을 확인할 수 있다. <표 7-3>의 넷째 줄에서 볼 수 있듯이 조건부엔트로피의 값을 $\hat{H}(q)$의 함수로 표기할 수 있다. 상호정보는 사전정보에 기초하여 계산한 상황에 대한 엔트로피에서 조건부엔트로피를 뺀 차이로 정의된다. <표 7-3>의 다섯째 줄에 상호정보의 정의가 정리되어 있다.[3]

다음에서는 채널용량에 대하여 설명한다. 채널용량은 상호정보의 최대값으로

---

[3] $\hat{H}(q)$는 실제상황에 대한 조건부엔트로피가 확률값인 q의 함수가 된다는 점을 이용하여 정의된 함수이다. $\hat{H}(q)$의 정의는 <표 7-3>의 넷째 줄에서 둘째 식이다. 여섯째 줄에 있는 $\hat{H}(x)$는 실제상황에 대한 비조건부엔트로피가 확률값인 x의 함수가 된다는 점을 이용하여 정의된 함수이다. $\hat{H}(x)$의 정의는 $\hat{H}(q)$의 함수형태와 같지만 q대신 x를 대입한 함수이다.

표 7-3 중간지표와 채널용량: 이산분포

중간지표의 분포	$p(s_1) = q\left(\dfrac{1}{2}\right) + (1-q)\left(\dfrac{1}{2}\right) = 1/2$ $p(s_2) = q\left(\dfrac{1}{2}\right) + (1-q)\left(\dfrac{1}{2}\right) = 1/2$
베이즈규칙과 사후분포	$p(\omega_1|s_1) = \dfrac{q\ p(\omega_1)}{p(s_1)}$ $p(\omega_2|s_2) = \dfrac{q\ p(\omega_2)}{p(s_2)}$
중간지표와 조건부엔트로피	$H(\omega|s_1) = -\big(p(\omega_1|s_1)\log p(\omega_1|s_1) + p(\omega_2|s_1)\log p(\omega_2|s_1)\big)$ $H(\omega|s_2) = -\big(p(\omega_1|s_2)\log p(\omega_1|s_2) + p(\omega_2|s_2)\log p(\omega_2|s_2)\big)$ $H(\omega|s) = H(\omega|s_1)p(s_1) + H(\omega|s_2)p(s_2)$
조건부엔트로피와 오류확률	$H(\omega|s) = \widehat{H}(q)$ $\widehat{H}(q) = -\big(q\log_2 q + (1-q)\log_2(1-q)\big)$
상호정보의 정의	$I(\omega,s) = H(\omega) - H(\omega|s)$
채널용량과 오류확률	$C = \max_x \widehat{H}(x) - \widehat{H}(q) \rightarrow C = 1 - \widehat{H}(q)$

주: $I(\omega,s)$는 중간지표 s와 상황변수 ω의 상호정보를 나타낸다. $H(\omega|s)$는 중간지표 s를 접한 이후의 상황변수 s에 대한 조건부엔트로피를 나타낸다.

정의된다. 채널용량을 계산하기 위해 상호정보의 최대값을 계산할 때 투입사건의 발생확률에 대하여 최대값을 취한다. 위에서 설명한 사례를 사용하여 설명하면 다음과 같은 의미를 가지고 있다. 채널용량은 모든 사전정보에 대하여 투자자가 자신의 정보처리과정을 통해 얻을 수 있는 가장 큰 정보량의 증가이다. 투자자의 정보처리과정은 중간지표를 직접 설계하여 관측이 불가능한 상황에 대한 정보를 얻는 것을 말한다.

<표 7-3>의 여섯째 줄에서 대문자 C는 채널용량의 값을 나타낸다. 우변에서 첫째항이 극대화문제로 표시된 이유는 채널용량의 정의와 일치된다. 첫째항의 값이 가장 클 때 첫째항과 둘째항의 차이가 가장 커지기 때문이다. 상황변수의 비조건부엔트로피를 극대화하는 x의 값은 $x = 1/2$이다. 또한 $x = 1/2$일 때

상황변수에 대한 엔트로피의 값은 1이 된다. 따라서 <표 7-3>에서 분석하고 있는 사례에서 채널용량은 $C = 1 - \hat{H}(q)$이다. 상호정보의 대칭성을 이용하여 실제상황을 조건으로 하는 경우 채널용량은 어떻게 계산되는가? <표 7-2>의 중간지표에 대한 정의를 적용하면 $H(s/\omega) = \hat{H}(q)$임을 확인할 수 있다. 또한 중간지표의 발생확률은 $p(s_1) = p(s_2) = 1/2$임을 보였다. 따라서 중간지표의 비조건부엔트로피는 $H(s) = 1$이다. 두 결과를 결합하면 실제상황을 조건으로 하는 경우 중간지표에 대한 조건부엔트로피를 사용하더라도 채널용량은 $C = 1 - \hat{H}(q)$임을 확인할 수 있다.

다음에서는 정보처리능력의 제약과 채널용량의 관계에 대하여 설명한다. 투자자의 정보처리능력에 대한 제약이 존재하는 이유는 투자자가 달성할 수 있는 채널용량의 상한이 있기 때문이다. 투자자의 정보처리능력이 유한하다는 제약은 채널용량의 크기에 대한 제약으로 부과된다. 예를 들어 투자자가 설계하고 운영하는 중간지표의 채널용량이 1/2비트 이하라는 제약이 부과될 수 있다. 이러한 제약은 위에서 도출한 식인 $(1 - \hat{H}(q))$의 값이 1/2보다 더 커질 수 없음을 의미한다. 이러한 채널용량의 상한에 대한 제약은 중간지표가 정확한 값을 산출할 확률의 값에 대한 제약으로 이어진다. 예를 들어 <그림 7-2>를 보면 $\hat{H}(q) = 1/2$이 되기 위해 약 $q = 0.11$이어야 한다. 이 경우 오류확률은 약 0.89이다.

채널용량이 어느 정도가 되어야 오류없이 실제상황을 정확히 파악할 수 있는가? 실제상황을 정확히 알기 위해 항상 무한히 큰 채널용량이 필요한가? 오류가 없는 중간지표를 만들기 위해 반드시 무한하게 큰 채널용량이 필요한 것은 아니다. 채널용량이 충분히 크면 상한이 무한하게 크지 않더라도 오류가 없는 중간지표를 설계하여 운영할 수 있다. 예를 들어 $C = 1$인 경우 $q = 1$이 되고, $q = 1$인 경우 오류없는 중간지표설정이 가능하다. 이를 위해 필요한 최소한의 채널용량은 1비트가 된다. 또한 $q = 0$인 경우에도 채널용량이 1이 된다는 것을 발견할 수 있다. $q = 0$인 경우 의도한 것과는 정반대의 시그널이 항상 들어온다. 중간지표가 산출한 숫자의 의미를 반대로 해석하면 오류가 전혀 없는 중간지표와 마찬가

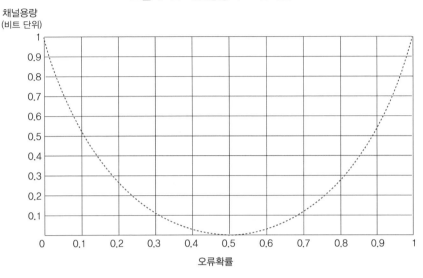

그림 7-2 채널용량과 오류확률

지가 된다. 중간지표가 정확하게 정보를 전달하는 확률이 $q=0$에서 $q=1/2$까지의 구간에 위치할 때 투자자의 정보처리능력과 중간지표가 정확하게 정보를 전달하는 확률이 $q=1/2$에서 $q=1$까지의 구간에 위치할 때 투자자의 정보처리능력은 $q=1/2$을 중심으로 서로 대칭이 된다. 그 이유는 앞에서 잠시 설명한 것과 같이 중간지표가 산출하는 숫자를 중간지표를 설계할 때 의도한 것과 반대로 해석하면 같은 크기의 정보를 얻을 수 있기 때문이다.

　채널용량이 오류확률에 대하여 대칭인 그래프를 보인다는 점을 확인하기 위해 앞서 <그림 7-2>는 채널용량을 오류확률인 $(1-q)$의 함수로 표시하고 있다. 이 그림에서 채널용량은 비트단위로 표시되어 있다. <그림 7-2>를 보면 $q=1/2$에서 채널용량이 제로가 된다. 오류확률이 제로인 경우 채널용량은 1이 된다. 또한 앞에서 설명한 바와 같이 $q=1/2$을 중심으로 대칭인 것을 알 수 있다. 오류확률이 감소하면 투자자는 더 정확한 정보를 가지게 된다. 따라서 증권수익률에 대한 정보처리능력을 나타내는 채널용량이 늘어나면 투자자는 더 정확한 정보를 바탕으로 투자를 진행하는 이득을 얻는다.

상황의 연속적인 변화와 학습능력의 제약

앞에서는 실제상황이 유한개의 상황으로 구분되는 경우를 분석하였다. 다음에서는 실제상황이 연속확률변수로 표시되는 경우를 분석한다. 실제상황을 ω로 표시하고 ω는 평균이 제로이고 표준편차가 σ_ω인 정규분포를 나타내는 확률변수로 가정한다. 투자자가 실제상황에 대하여 알고 있는 것은 s로 표시한다. 투자자는 실제상황을 정확히 이해하지 못하고 실제상황과 오차가 있어서 투자자가 알고 있는 것은 실제상황에 오차를 더한 것으로 가정한다. 오차를 ε으로 표시한다. 투자자가 알고 있는 것과 실제상황의 관계를 수식으로 표시하면 $s = \omega + \varepsilon$의 선형관계가 된다. <그림 7-3>에서는 학습된 상황과 실제상황의 관계를 그래프로 보여주고 있다. 실제상황이 하나의 값으로 결정되어 있더라도 다양한 크기의 오차가 발생할 수 있음을 가정한다. 따라서 투자자가 알고 있는 상황은 오차의 크기에 따라 실제상황으로부터 멀리 떨어질 수도 있고 가까이 있을 수도 있다. 투자자는 s의 값은 정확히 알지만 ω와 ε의 값을 정확히 알지 못한다. 두 가지의 경우를 생각해 볼 수 있다. 첫째의 경우는 자신이 직접 정보를 처리하여 요약하는 경우이다. 예를 들어 강의를 들은 학생이 정리한 노트내용이 s이고 강의시간의 실제내용이 ω이다. 노트에서 정리된 내용과 강의내용이 서로 일치하면 ε으로 표시한 오차의 크기가 제로가 된다. 오차의 표준편차를 σ_ε이라고 표시하면 평균적으로 σ_ε이 작을수록 평균적으로 평가한 노트의 정확성이 더 높다. 둘째의 경우는 다른 곳에서 이미 요약된 정보를 넘겨 받는 경우이다. 투자자가 넘겨받은 정보를 정확히 이해하지만 정보가 정확하지 않고 어느 정도 오차가 있는 경우이다.

투자자가 알고 있는 정보를 사용하여 실제상황을 복원하려는 시도를 생각해보자. 투자자는 최소한 자신이 알고 있는 정보를 가장 효율적으로 사용하여 실제상황을 복원하는 것으로 가정한다. 어떻게 정보를 사용하는 것이 효율적으로 사용하는 것인가? 복원작업의 오차는 실제상황과 투자자가 복원한 값의 차이로

그림 7-3 실제상황과 학습된 상황

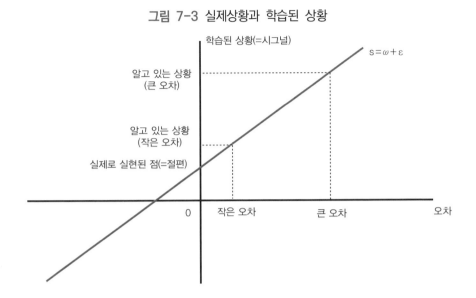

정의한다. 자신이 가지고 있는 정보를 사용하여 가장 효율적으로 정보를 복원하였다면 복원작업의 오차에 제약이 발생한다. 복원작업의 오차는 복원작업에서 놓친 부분이고 놓친 부분에서 더 찾는다고 할지라도 더 이상 이용할 것이 없는 상태가 되어야 한다. 이런 상황이 되려면 복원작업의 오차와 자신이 알고 있는 것과는 서로 독립적으로 되어야 한다. 서로 독립이라는 조건이 만족되지 않으면 오차로 남아 있는 부분을 더 줄일 수 있는 여지가 있다는 것이다. 특히 더 이상 알 수 없다는 것은 지금 알고 있는 것으로 더 이상 유용한 정보를 알아낼 수 있는 것이 없고, 이런 상황을 가리켜서 서로 독립이라고 말할 수 있다는 것이다.

그러면 투자자의 정보처리능력이 유한하다는 말의 뜻은 무엇인가? 제7장의 초점은 투자자가 정보를 전달받거나 수집하는 능력에 제약이 있지만 일단 가지고 있는 정보는 효율적으로 사용한다는 것이다. 위에서 설명한 내용을 식으로 표시하기로 한다. 앞에서 실제상황은 $\omega \sim N(0, \sigma_\omega^2)$의 분포를 따르는 것으로 가정하였다. 오차분포는 $\varepsilon \sim N(0, \sigma_\varepsilon^2)$이다. 투자자가 알고 있는 정보는 두 변수의 분포와 두 변수가 서로 독립이라는 사실이다. 투자자는 s의 값을 알고 있을 때 실제상황이 어느 값을 가졌는지를 알기 위해 자신이 알고 있는 s의 값이 발생하도록

한 ω의 값을 추정하려고 한다. 이는 s의 값을 알 때 어떻게 ω의 값을 복원하는 지의 문제이다. 실제상황의 복원된 값을 조건부기대값의 기호를 사용하여 $E[\omega|s]$로 표시할 수 있다. 정보처리능력이 유한하면 완벽하게 복원되지 않는다. 투자자의 정보처리능력이 높을수록 더 정확하게 복원한다. 복원된 값의 오차를 $\varepsilon = \omega - E[\omega|s]$로 쓸 수 있다.

다음에서는 투자자가 실제값을 복원하기 위해 어떠한 방법을 사용하는지를 설명한다. 투자자는 실제의 값을 복원하는 데 적용하는 하나의 규칙을 찾아내어 이를 반복적으로 사용한다. 예를 들면 하나의 s값을 알면 이 규칙에 대입하여 그에 대응하는 실제값을 계산하는 방식을 사용한다. 구체적으로 설명하면 투자 자의 조건부기대값을 $E[\omega|s] = \varphi s$의 선형함수로 정의하고 오차의 제곱에 대한 평균을 최소화하는 φ의 값을 계산한다. 이를 식으로 표현하면 <표 7-4>의 둘째 줄에 있는 최소화문제의 해를 계산하는 것이 된다. 이 최소화문제의 해를 정리하여 도출한 계수의 값은 $\varphi = \sigma_\omega^2 / (\sigma_\omega^2 + \sigma_\varepsilon^2)$으로 나온다. 투자자는 s의 값 을 알면 φ의 값을 계산하는 공식을 적용하여 조건부기대값을 계산할 수 있다. 또한 제6장에서 설명한 결과를 그대로 적용하면 조건부분산은 $(1 - \varphi)\sigma_\omega^2$이다. 투자자가 알고 있는 s를 조건으로 하여 도출된 실제상황에 사후분포는 <표 7-4>의 둘째 줄에 정리되어 있다. 투자자의 정보처리능력이 유한하다는 것이 <표 7-4>의 둘째 줄에서 정리한 사후분포의 어느 부분에 반영되는가? 정보 처리능력이 달라지면 φ의 크기도 달라진다. 서로 다른 투자자들이라고 할지라 도 정보를 처리하는 방식은 동일하기 때문에 위에서 정리한 분포의 형태는 같지 만 정보를 처리하는 능력의 수준이 차이가 난다면 이는 개별 투자자들이 계산한 φ의 값이 서로 다르다는 것을 의미한다.

중간지표가 연속분포를 따르는 경우에도 투자자의 정보처리능력을 측정하기 위해 앞에서와 마찬가지로 엔트로피의 개념을 사용한다. 투자자가 s를 알기 이 전에 ω에 대한 분포는 선험적으로 알고 있었다. 투자자의 선험정보하에서 ω의 엔트로피는 ω의 밀도함수에 로그함수를 취하여 계산한 확률변수의 평균에 마이

표 7-4 중간지표와 채널용량: 연속분포

중간지표의 구조	$s = \omega + \varepsilon$ $\omega \sim N(0, \sigma_\omega^2); \ \varepsilon \sim N(0, \sigma_\varepsilon^2)$
중간지표와 사후분포의 선택	$\min_\varphi E\left[(\omega - \varphi s)^2\right] \rightarrow \varphi = \sigma_\omega^2 / (\sigma_\omega^2 + \sigma_\varepsilon^2)$ $\omega\|s \sim N(\varphi s, (1 - \varphi)\sigma_\omega^2)$
중간지표와 조건부엔트로피	$H(\omega) = \left(\dfrac{1}{2}\right)\log\left(2\pi e \sigma_\omega^2\right)$ $H(\omega\|s) = \left(\dfrac{1}{2}\right)\log\left(2\pi e \, VAR(\omega\|s)\right)$
상호정보의 정의	$I(\omega, s) = H(\omega) - H(\omega\|s)$
상호정보와 오차의 분산	$I(\omega, s) = \left(\dfrac{1}{2}\right)\log\left(1 + \left(\dfrac{\sigma_\omega}{\sigma_\epsilon}\right)^2\right)$
채널용량과 파워제약	$C = \left(\dfrac{1}{2}\right)\log\left(1 + \left(\dfrac{\sigma_\omega}{\sigma_\epsilon}\right)^2\right)$ $\sigma_\omega^2 = E\left[\omega^2\right] \leq b$

주: $VAR(\omega\|s) = (1 - \varphi)\sigma_\omega^2$의 등식이 성립한다. 또한 $H(\omega)$는 실제상황의 엔트로피이다. $H(\omega\|s)$는 중간지표를 조건으로 한 실제상황의 조건부엔트로피이다.

너스 값을 붙인 것이다. 이를 비트단위로 측정하면 <표 7-4>의 셋째 줄에 있는 첫째 식과 같다. 위에서 투자자가 s를 알고 난 이후 형성한 ω에 대한 확률분포를 설명하였다. 이를 사후분포라고 한다. 사후분포를 사용하여 계산한 조건부엔트로피의 식은 <표 7-4>의 셋째 줄에 있는 둘째 식이다.

<표 7-4>의 넷째 줄에 정리되어 있는 식에서 볼 수 있듯이 상호정보는 두 엔트로피의 차이로 정의된다. 실제상황변수와 중간지표변수의 상호정보는 <표 7-4>의 다섯째 줄에 정리되어 있다. 이 식에서 볼 수 있듯이 상호정보는 실제상황을 나타내는 변수의 분산을 오차의 분산으로 나눈 비율의 증가함수이다. 투자자가 가지고 있는 정보처리능력이 유한하다는 것은 채널용량의 값이 유한한 것을 의미한다. 채널용량은 파워제약(power constraint)을 반영하여 채널을 통해서 전달될 수 있는 정보의 최대치로 정의된다. <표 7-4>의 모형에서 파워제약은 상황변수의 변동성 크기에 대한 제약이다. 파워제약은 확률변수 ω에 대

한 2차 모멘트의 크기에 대한 제약으로 주어진다. 따라서 실제상황을 나타내는 확률변수인 ω의 분산이 취할 수 있는 상한이 있고 이를 초과하지 않는다는 제약을 만족시키면서 가장 큰 상호정보의 값을 계산하면 이것이 채널용량이 된다. 이를 수식으로 보이기 위해 파워제약을 수식으로 표시한다. 임의의 양수 b에 대하여 $E[\omega^2] \leq b$의 제약이 파워제약이다. 이 제약이 부과되어 있는 가운데 앞에서 정리한 상호정보의 크기를 가장 크게 한 값을 C로 표기한다. <표 7-4>의 여섯째 줄에는 파워제약이 반영된 채널용량의 식이 정리되어 있다.

<표 7-5>는 투자수익률의 중간지표가 투자자의 증권수요에 미치는 효과를 요약하여 정리하고 있다. <표 7-4>의 둘째 줄에서 첫째 수식에 해당하는 반응계수의 결정식을 <표 7-4>의 여섯째 줄에서 채널용량의 결정식에 대입하여 정리하면 <표 7-5>의 첫째 줄에 있는 수식이 도출된다. 첫째 줄에 있는 수식은 채널용량이 증가할수록 중간지표에 대한 반응계수가 커진다는 것을 보여주고 있다. <표 7-5>의 둘째 줄은 투자자의 사후분포가 어떻게 채널용량의 영향을 받는지를 보여주고 있다. 채널용량에 대한 제약은 투자자의 조건부기대값과 조건부분산에 영향을 미친다. 중간지표의 값이 같을지라도 채널용량이 다르면 조건부기대값과 조건부분산이 달라진다. 그 이유를 다음과 같이 설명할 수 있다. 개별 투자자들의 정보처리방식이 동일하다고 해서 이들이 가지고 있는 정보의 정확성이 동일하다고 할 수 없다. 채널용량이 다르면 정보의 정확성이 다르다. 개별 투자자들은 선형회귀분석이라는 정보를 효율적으로 처리하는 방식을 알고 이를 충분하게 적용하지만, 투자자들의 채널용량이 다르면 정보의 정확성은 다를 수 있다. 따라서 투자자가 알고 있는 중간지표의 값이 같다고 할지라도 투자자의 채널용량이 다르면 이들의 조건부기대값도 달라진다. <표 7-5>의 둘째 줄에 있는 사후분포를 보면 채널용량이 증가하면 중간지표의 값에 대하여 조건부기대값은 증가하고 조건부분산은 감소한다.

표 7-5 투자수익률의 중간지표에 대한 투자자의 반응

중간지표에 대한 반응계수와 채널용량	$\varphi = 1 - 2^{-2C}$
투자자의 사후분포와 채널용량	$\omega \mid s \sim N\left((1 - 2^{-2C})s, 2^{-2C}\sigma_\omega^2\right)$
투자자의 사후정보를 바탕으로 추정한 예상투자수익률	$E(R' \mid s) = E[R'] + \varphi(s - E(R'))$
투자자의 사후정보를 바탕으로 추정한 투자수익률의 분산	$VAR(R' \mid s) = (1 - \varphi)VAR(R')$
투자자의 사후정보를 바탕으로 추정한 위험의 시장가격	$\lambda_s = \dfrac{(ER + \varphi(ENR - ER))}{\{(1 - \varphi)VAR(R')\}^{1/2}}$
사후정보와 사전정보를 바탕으로 추정한 위험의 시장가격의 관계	$\lambda_s = \dfrac{(1 + \varphi H)}{(1 - \varphi)^{1/2}}\lambda \;\rightarrow\; \lambda_s = (1 + (1 - 2^{-2C})H)2^C \lambda$
사후정보를 가진 투자자의 증권수요함수	$\dfrac{D_s}{D} = \dfrac{1}{1 - \varphi} + \dfrac{\varphi}{1 - \varphi}H \;\rightarrow\; \dfrac{D_s}{D} = 2^{2C} + (2^{2C} - 1)H$

주: R' 은 미래시점에서 실현될 총투자수익률을 나타낸다. s는 투자자의 분석결과로 산출된 투자수
익률의 중간지표이다. H는 투자수익률의 중간지표의 괴리율이다.

투자자의 정보처리능력과 뉴스에 대한 반응

제6장에서는 뉴스가 투자자의 증권수요에 어떠한 영향을 미치는지를 설명하
였다. 투자자의 정보처리능력이 다르면 동일한 경제상황의 변화라고 할지라도
증권시장에 미치는 효과가 달라질 수 있다는 점을 미루어 짐작할 수 있다. 정보
처리능력이 더 높은 투자자들이 증권시장에 더 많이 참가할수록 경제뉴스에 대
한 증권시장의 반응이 커진다는 것이다. 제6장에서 설명한 모형과 비교가 가능
하도록 동일한 모형을 이용하여 설명한다. 투자자들은 미래시점에 실현될 투자
수익률에 대한 중간지표를 작성하는 것으로 가정한다. 투자자가 알고 있는 정보
를 s라고 표시하면 투자자의 정보는 $s = R' + \varepsilon$로 구성된다.[4] 제6장에서 이미

---

4) 제6장에서는 수익률뉴스를 N으로 표시하였다. 제7장에서는 수익률뉴스를 s로 표시한다. 제6장의
수익률뉴스는 다른 경제주체가 작성하여 제공하는 정보를 의미한다. 제7장의 수익률뉴스는 다른

설명한 사후분포를 도출하는 과정을 그대로 적용한다. 사후분포의 조건부기대치를 수식으로 표현하면 <표 7−5>의 셋째 줄과 같다. 또한 제6장에서 사용한 방법을 그대로 사용하여 계산한 조건부분산은 <표 7−5>의 넷째 줄에 정리되어 있는 결과와 동일하다.

정보가 업데이트되면서 위험의 시장가격이 어떻게 달라지는지를 설명한다. 위험의 시장가격은 증권의 보유로 인해 예상되는 예상초과수익률을 수익률의 표준편차로 나눈 비율로 정의된다. 중간지표를 접한 이후 예상수익률이 달라졌기 때문에 예상초과수익률에 영향이 있고, 수익률의 위험에 대한 평가도 달라진다. 따라서 투자자가 중간지표를 접하게 되면 새로 업데이트된 초과수익률과 수익률의 표준편차를 사용하여 위험의 시장가격을 계산하게 된다. 위험의 시장가격에 대한 새로운 추정치를 수식으로 표현하면 <표 7−5>의 다섯째 줄과 같다.[5] 다섯째 줄에서 ER은 중간지표를 접하기 이전의 예상초과수익률을 나타내고, ENR은 투자수익률의 중간지표에서 무위험이자율을 뺀 차이이다. 다섯째 줄에 있는 수식은 제6장에서 분석한 수식과 사실상 내용이 같기 때문에 도출과정에 관한 설명을 생략한다. <표 7−5>의 여섯째 줄에서 화살표 왼쪽에 있는 수식은 다섯째 줄에 있는 수식과 동일한 내용이다. 그러나 여섯째 줄의 화살표 왼쪽에 있는 수식에서는 시장가격을 투자수익률의 중간지표의 괴리율로 표시하고 있다. 투자수익률의 중간지표의 괴리율이 양수이면 매수자에게 좋은 정보이고, 음수이면 매수자에게 나쁜 정보이다. 첫째 줄에 있는 수식을 여섯째 줄의 화살표 앞에 있는 수식에 대입하여 여섯째 줄의 화살표 뒤에 있는 수식을 도출한다. 이 식을 보면 채널용량이 상승하면 위험의 시장가격이 더 커짐을 확인할 수 있다. 투자자의 정보처리능력이 높아지면서 사후분포를 사용하여 평가한 위험의 시장가격이 더 크게 상승한다는 것이다.

<표 7−5>의 일곱째 줄에서는 투자수익률의 중간지표를 작성하여 정보를

경제주체가 제공하는 정보와 자신이 처리한 것들을 포함하여 투자자가 알고 있는 수익률 정보를 말한다. 앞의 내용과 연결하여 설명하면 수익률의 중간지표로 해석할 수 있다.

5) 위험의 시장가격을 도출하는 공식은 제6장에서 설명하였다. 제7장에서도 동일한 공식을 사용한다.

업데이트한 투자자의 증권수요는 채널용량의 함수임을 보여주고 있다. 일곱째 줄의 화살표 왼쪽에 있는 수식은 제6장에서 분석한 수식과 사실상 내용이 같기 때문에 도출과정에 관한 설명을 생략한다. 첫째 줄에 있는 수식을 일곱째 줄의 화살표 앞에 있는 수식에 대입하여 일곱째 줄의 화살표 뒤에 있는 수식을 도출한다. 이 식의 첫째 항은 투자수익률에 대하여 보다 정확한 정보를 얻게 되어 증권수요가 증가된 부분을 의미한다. 투자자의 정보처리능력이 높아지면 첫째 항은 커진다. 둘째 항은 중간지표의 내용에 반응하는 부분이다. 둘째 항에서도 투자자의 정보처리능력이 높아지면 동일한 내용이 증권수요에 미치는 효과가 커진다는 것을 확인할 수 있다.

투자자의 인지능력과 투자행위

　인지잡음(cognitive noise)은 번역할 수 있는 용어의 개념은 인간의 인지는 기본적으로 잡음이 많이 있다는 것이다.[6] 그래서 하나의 자극이 들어오면 이를 어떻게 해석하고 무엇을 할 것인지를 결정하는 데 시간이 걸린다. 반드시 일정한 시간 간격이 필요하다는 인지과정의 특성을 반영하여 소화기간(digestion time)으로 직역되는 개념으로 이해할 수 있다. 예를 들어 인터넷 웹사이트에서 화면에 올라온 내용들을 읽는 상황을 생각해 볼 수 있다. 하나의 완결된 페이지가 되는 데 시간이 걸린다. 화면에 페이지로드(page load)가 완료된 시점부터 작업의 내용이나 맥락(context)을 이해하는 데 걸리는 시간이 있다. 이를 소화기간이라고 할 수 있다. 소화기간 이후 실제로 행동이 나타날 때까지 걸리는 시간이 있다. 이를 결정기간이라고 할 수 있다. 또한 오프라인의 경우에서 예를 찾으라고 하면 운전자가 자동차로 도로에서 주행을 하면서 도로에서 장애물을 인

---

6) 잡음은 노이즈를 직역한 용어이다. 잡음은 용어 자체가 함의하는 것처럼 인지하려는 대상에 내재되어 있는 내용을 정확하게 이해할 수 없도록 내재되어 있는 내용과 독립적으로 작동하는 확률변수를 말한다. 인지잡음이 투자자의 투자행위에 미치는 효과는 카우(Mel Win Khaw), 리(Ziang Li), 우드포드(Michael Wood) 등이 2024년에 발표한 연구논문인 『Cognitive Imprecision and Stake-Dependent Risk Attitudes』에서 자세히 분석되어 있다.

지하고 나서 차를 세우기까지 어느 정도의 거리가 필요한지를 생각할 수 있다. 위험을 최초로 인지하는 순간에서 시작하여 브레이크를 밟기 시작하는 데 걸리는 시간이 있다. 브레이크를 밟기 시작한 지점에서 시작하여 자동차가 정지하는 지점까지의 거리가 있다. 반응거리(reaction distance)는 인지하는 지점에서 브레이크를 밟기 시작하는 지점까지의 거리이다. 앞에서 설명한 인지의 소화기간(digestion time)도 반응거리(reaction distance)의 개념에 의거하여 이해할 수 있다. 이런 맥락에서 소화기간을 반응기간(response time)으로 이해한다면 다음과 같은 특징들이 있다고 할 수 있다. 첫째, 반응기간이 확률적으로 변동한다. 둘째, 반응기간의 확률적인 변동에도 규칙성이 있다. 셋째, 서로 다른 작업일지라도 반응기간은 통상적으로 작은 차이를 보이지만 가끔 큰 변화가 나타나는 경우가 있다. 넷째, 판단기간(judgement time)과 반응기간(response time)은 바로 이전의 반응기간에 의존하지만 아울러 많은 과거의 반응들에도 의존한다.[7]

이런 내용들은 모두 금융투자와 관계없는 의사결정의 설명이지만 금융투자의 결정에 응용할 수 있다. 특히 제2장에서 설명한 『상황조건부증권시장』을 이용하여 설명하기로 한다. 보상상황(reward state)이 발생하면 투자수익률이 R'_r이고 나머지의 상황에서는 모두 제로의 수익를 제공하는 증권을 있다고 가정한다. 보상상황이 실제로 발생할 확률은 π이다. 위의 기호를 사용하여 설명하면 합리적 기대이론이 성립하는 경우의 예상투자수익률은 $R^e = \pi R'_r$의 등식을 만족한다. 그러나 합리적기대가설의 상황에서 벗어나서 다음의 두 가정을 도입한다. 첫째, 투자자는 보상상황의 발생확률을 정확히 알 수 없다. 투자자가 알고 있는 확률은 실제의 값과 차이가 있다고 가정한다. 투자자가 인지하는 보상상황의 발생확률이 확률변수이다. 둘째, 보상상황에서 실현될 총투자수익률의 크기가 정확히 알려져 있지 않다. 투자자가 예상하는 다음시점에서 실현된다고 믿는 총투자수익률은 확률변수가 된다.

---

7) 유사한 용어로 잡음채널 코딩정리가 있다. 잡음채널 코딩정리(noisy-channel coding theorem)의 함의는 잡음으로 인한 오염이 존재하는 통신채널을 사용할지라도 거의 최대용량 수준까지 디지털 정보를 통신할 수 있다는 것이다. 따라서 잡음채널의 개념과 인지잡음의 개념과는 차이가 있다.

표 7-6 인지잡음의 역할이 반영된 인지된 투자수익률의 결정

보상상황의 인지된 확률	$z_\pi \sim N(\log\frac{\pi}{1-\pi}, \sigma_{p,\pi}^2)$
보상상황의 인지된 투자수익률의 로그값	$z_{R'} \sim N(\log R_r', \sigma_{p,R'}^2)$
인지된 예상투자수익률	$r_p^e = r^e + \epsilon_p$
인지잡음의 정의	$\epsilon_p = (z_\pi - \log\pi) + (z_{R'} - \log R_r')$
인지잡음의 분포	$\epsilon_p \sim N(\log\frac{1}{1-\pi}, (\sigma_{p,\pi}^2 + \sigma_{p,R'}^2))$
인지된 위험프리미엄	$r^e = F \rightarrow r_p^e - F = \epsilon_p$

주: 소문자는 동일한 문자의 대문자로 표시한 변수의 로그값을 나타낸다. 따라서 $r^e = \log R^e$이고, $R^e(=\pi R_r')$는 합리적기대가설이 성립하는 경우의 예상총투자수익률을 나타낸다. 첫째 줄에서 z_π는 인지된 보상상황의 발생확률의 로그값, $\sigma_{p,\pi}$는 인지된 보상상황의 발생확률의 로그값의 표준편차이다. 둘째 줄에서 $z_{R'}$는 보상상황에서 총투자수익률의 인지된 값의 로그값, $\sigma_{p,R'}$는 보상상황의 인지된 총투자수익률의 표준편차이다.

<표 7-6>에서는 앞에서 설명한 두 가정을 결합하면 투자자의 예상수익률의 로그값은 합리적기대가설이 성립할 경우의 예상수익률의 로그값과 인지잡음의 합이 된다는 것을 보여주고 있다. 이런 결과가 함의하는 점을 다음과 같이 정리할 수 있다. 무위험증권의 투자수익률이 차익거래가 없는 증권시장에서 합리적기대가설이 성립할 경우의 예상수익률과 같다면 인지잡음이 위험증권투자의 예상초과수익률이 된다. 예상초과수익률을 투자자의 위험기피에 대한 보상이라고 할 수 있다. 투자자가 요청하는 예상초과수익률이 제로에 가깝다면 위험중립적인 투자자이고, 예상초과수익률이 커질수록 위험기피정도가 크다. 이는 위험중립적인 투자자일지라도 인지잡음이 발생하면 위험증권투자의 보상수준이 달라진다는 것이다.

<표 7-6>의 첫째 줄에서는 보상상황의 인지된 확률의 로그값은 정규분포를 따르는 확률변수인 것으로 가정하고 있다. 보상상황의 인지된 확률의 평균값은 보상상황의 실제오즈(odds)의 로그함수로 가정한다. 일반적으로 특정한 하

나의 사건에 대한 오즈는 특정한 하나의 사건이 발생할 상대확률을 말한다. 따라서 <표 7-6>의 첫째 줄에서도 보상상황의 실제오즈는 보상상황의 실제확률을 보상이 없는 상황의 실제확률로 나눈 비율로 정의된다. <표 7-6>의 둘째 줄에서는 보상상황에서 실현될 총투자수익률의 인지된 값의 로그값은 정규분포를 따른다고 가정하고 있다. 이런 가정은 합리적기대가설의 가정에서 벗어난 것이지만 적어도 인지된 총투자수익률의 평균은 실제 실현될 총투자수익률과 같다고 가정하고 있다. <표 7-6>의 셋째 줄에서는 인지된 예상투자수익률의 로그값은 합리적기대가설의 예상투자수익률의 로그값과 인지잡음에 해당하는 오차의 합이 된다는 것을 보여주고 있다. 넷째 줄은 인지잡음의 정의라고 할 수 있다. 인지잡음을 보상상황의 발생확률에 대한 오차와 보상상황에서 실현될 총투자수익률의 오차의 합으로 구성된다는 것을 보여주고 있다. 다섯째 줄은 인지잡음의 분포를 보여주고 있다. 인지잡음의 평균은 보상상황이 발생하지 않을 확률의 역수의 로그값이 된다. 인지잡음의 분산은 보상상황의 확률과 보상상황의 총투자수익률에 대한 잡음의 분산의 합이 된다. 합리적기대의 위험중립적인 차익거래자들이 참가하는 증권시장의 균형에서 차익거래이득이 없다는 조건이 성립하는 것으로 가정한다. 이런 가정이 부과되면 합리적기대가설이 성립하는 예상수익률은 무위험증권의 투자수익률과 같아져야 하고, 이 조건이 <표 7-6>의 여섯째 줄에서 화살표 왼편에 있는 식에 해당한다. <표 7-6>의 여섯째 줄에서 화살표 왼편에 있는 식을 셋째 줄에 있는 식에 대입하면 여섯째 줄에서 화살표의 오른편에 있는 식이 도출된다. 이 식이 함의하는 점은 투자자의 위험프리미엄은 인지잡음의 크기에 의해서 결정된다는 것이다.

『프로스펙트 이론(prospect theory)』을 적용하면 투자자들은 편집단계(editing phase)와 평가단계(evaluation phase)를 거쳐서 투자를 결정한다는 것이다.[8] 편집단계의 작업은 다음과 같다. 여러 개의 선택지가 있으면 각 선택의 결과를

---

8) 『전망이론』이라고도 불리는 프로스펙트이론에서 프로스펙트(prospect)는 좁게 해석하면 확률추첨 (로터리)에서 발생할 결과들을 의미하지만, 현재에는 더 넓은 의미로 사용되고 있다.

추정하고 서열을 정하여 서열에 따라서 나열한 후에 기준점(reference point)을 결정한다. 기준점이 결정되면 기준점보다 아래에 있으면 손실로 구분하고, 기준점보다 위에 있으면 이득으로 구분한다. 평가단계에 들어서면 투자자들은 가장 높은 이득을 제공하는 대안을 선택한다. 특히 카네만과 트벌스키의 손실회피(loss aversion)와 관련되어 많이 인용되는 것은 카네만과 트벌스키의 네 개의 행동유형이다.9) 네 개의 행동유형을 설명하기 위해 다음의 네 경우를 설명한다. ① 낮은 확률이득(low-probability gain) ② 낮은 확률손실(low-probability loss) ③ 높은 확률이득(high-probability gain) ④ 높은 확률손실(high-probability loss) 등의 네 개의 다른 경우를 구분한다. 네 개의 다른 경우에 대하여 위험에 대한 태도가 다르다는 것이다. ①과 ④의 경우 위험선호적인 행동을 보이고, ②와 ③의 경우 위험기피적인 행동을 보인다. 이런 행동유형을 가리켜서 카네만과 트벌스키의 네 개의 행동유형(fourfold pattern of Kahneman and Tversky)이라고 한다. 카네만과 트벌스키의 네 개의 행동유형과 <표 7-6>의 모형은 어떠한 관계가 있는가? ①과 ④ 경우는 $\pi \approx 0$의 경우에 대응된다고 할 수 있다. ①과 ④의 경우는 π의 값이 상당히 큰 경우에 대응된다고 할 수 있다.

---

9) 손실회피의 개념은 손실에 대한 반응이 이득에 대한 반응보다 더 크다는 것으로 간단히 요약할 수 있다, 카네만과 트멀스키는 손실회피의 개념을 1979년에 처음으로 자신들이 출간한 논문에서 제시한다. 논문제목은 『Prospect Theory: An Analysis of Decision under Risk(Econometrica, Vol. 47, No. 2, pp. 263-291)』이다.

연습문제

01 거시경제의 호황과 불황이 발생할 확률의 가능성에 대한 정보가 전혀 없을 때 호황과 불황이 나타날 확률은 서로 같다고 평가하는 경향이 있다고 한다. 이와 같은 주장이 맞는지 설명하시오.

02 강수확률은 주어진 지역 내에 속하는 모든 지점에서 0.1mm이상의 강수가 12시간 내에 내릴 평균 확률로 정의된다. 극단적으로 단순한 경우를 분석하기 위해 『눈 또는 비가 내림』 또는 『그렇지 않음』의 두 가지 상황만 구분이 가능한 것으로 가정한다. 이처럼 단순하게 파악한 강수 현상이 마코프 특성을 만족하는지의 여부를 판단하기 위해 어떠한 점들을 알아보아야 하는지 설명하시오.

03 경제상황을 경기호황, 경기중립, 경기불황의 세 국면으로 파악하는 것으로 가정한다. 경기호황을 상황1, 경기중립을 상황2, 경기불황을 상황3으로 정의한다. 현재시점의 상황이 경기불황인 경우 다음시점에서 경기호황이 발생할 확률을 π_{31}, 다음시점에서 경기중립이 발생할 상황을 π_{32}, 다음시점에서 경기불황이 발생할 상황을 π_{33}이라고 한다. 경기불황이 발생한 경우 미래시점의 경제상황에 대한 엔트로피를 계산하시오. 현재시점의 상황이 경기호황인 경우 다음시점에서 경기호황이 발생할 확률을 π_{11}, 경기중립이 발생할 상황을 π_{12}, 경기불황이 발생할 상황을 π_{13}이라고 한다. 앞에서와 동일한 방법을 사용하여 경기호황이 발생한 경우 미래시점의 경제상황에 대한 엔트로피를 계산하시오. 현재시점에서 경기호황이 발생한 경우 다음시점의 경기상황에 대한 불확실성과 비교하여 현재시점에서 경기불황이 발생한 경우 다음시점의 경기상황에 대한 불확실성보다 더 클 조건을 분석하시오. 도출한 조건이 현실적으로 어떠한 의미가 있는지를 구체적인 예를 들어 설명하시오.

04 정부가 발표하는 실질경제성장률을 잠재성장률과 성장률갭의 합으로 표시할 수 있다. 상황1을 잠재성장률이 평균수준이거나 평균보다 높은 경우로 정의한다. 상황2는 잠재성장률이 평균보다 낮은 경우로 정의한다. 따라서 상황1은 저성장기조가 아닌 경우를 의미하고 상황2는 저성장기조를 의미한다. 본문에서 설명한 모형을 사용하여 잠재성장률을 분석하는

사람의 채널용량이 1/2일 때 실제상황과 다른 상황으로 판단할 확률을 계산하시오. 채널
용량이 3/4일 때 오류의 확률을 계산하시오.

05 다음시점에서 특정증권의 수익률이 평균적인 수준에 비해 10퍼센트 더 높게 실현될 것이
　라는 뉴스가 있다. 이런 뉴스가 모든 투자자에게 비용없이 동시에 전해질 때 투자자의 정
　보처리용량이 $C=1/2$인 경우 증권수요에 미치는 효과와 투자자의 정보처리용량이
　$C=1$일 때 증권수요에 미치는 효과를 계산하시오. 앞의 답을 이용하여 증권공급이 일정
　한 상황에서 동일한 뉴스가 증권가격에 미치는 효과와 투자자의 정보처리용량의 관계를
　분석하시오.

06 동일한 내용의 낙관적인 수익률뉴스에 대해서 정보처리능력이 더 높은 투자자들이 거래하
　는 증권시장에서 결정되는 위험의 시장가격이 더 민감하게 반응한다. 이런 주장이 맞는지
　의 여부를 판단하고 그 이유를 설명하시오.

07 마코프 특성과 관련된 설명 중 옳은 항목들을 선택하고 이유를 설명하시오.
　① 매기시점에서 발생할 수 있는 상황의 수가 항상 같다.
　② 현재시점에서 발생한 상황에서 다음시점의 상황으로 전이되는 확률이 모든 상황에 대하여
　　항상 상수로 고정되어 있다.
　③ 전이확률을 정확하게 알고 있다면 어느 시점에 도달하든 전이확률을 사용하여 미래시점에
　　서 실현되는 증권수익률의 기대값을 계산할 수 있다.
　④ 과거에 어느 시점을 거쳐온 것과 관계없이 현재시점에서 어느 상황이 실현된 것인지의 여
　　부만 중요하다.

08 투자자의 정보처리능력과 증권시장의 반응과 관련된 설명 중 옳지 않은 항목들을 있는 대
　로 고르시오. 그 이유를 반드시 설명하시오.
　① 정보처리능력이 더 높은 투자자들이 증권시장에 더 많이 참가할수록 증권시장의 거래량과
　　증권가격의 다양한 뉴스에 대한 반응이 더욱 커진다.
　② 평소에 접하지 못한 뉴스가 발생하면 증권시장에 대한 투자자의 관심이 커진다. 이 경우
　　투자자는 증권시장과 관련된 정보를 분석하기 위해 할당하는 정보처리능력을 증가시킨다.
　　따라서 놀라운 뉴스가 발생하면 투자자들의 정보처리능력이 증가하면서 증권시장의 거래
　　량과 증권가격의 뉴스에 대한 반응이 더욱 커지는 현상이 나타난다.
　③ 정보처리능력이 높은 투자자는 수익률위험을 더욱 민감하게 분석하기 때문에 뉴스의 내용
　　에 대하여 증권투자가 반응하는 정도는 상대적으로 낮아지는 경향이 있다.

④ 투자자의 정보처리능력이 낮아질수록 보다 다양한 증권에 분산투자하는 능력이 약화되기 때문에 몇 개의 증권에만 집중적으로 투자하는 경향이 나타날 수 있다.

09 투자자가 보유하고 있는 정보처리능력의 크기는 채널용량에 의해서 결정된다. 투자자의 채 널용량과 관련이 있는 설명 중 옳은 항목들을 선택하고 이유를 설명하시오.

① 무오류확률은 채널용량의 증가함수이다. 무오류확률곡선은 채널용량이 커질수록 평탄해진다.

② 오류확률은 채널용량의 감소함수이다. 오류확률곡선은 채널용량이 커질수록 평탄해진다.

③ 투자자의 정보처리능력이 유한한 상황에서도 실제상황이 충분히 단순하면 정확하게 상황을 인지할 수 있다.

④ 투자자의 정보처리능력이 유한한 상황에서는 완전한 조건부청구권시장의 형성이 어렵다.

10 실제상황은 평균이 제로인 정규분포를 따른다. 정보처리능력이 유한한 투자자가 생성한 중 간지표의 오차는 평균이 제로인 정규분포를 따른다. 실제상황의 분산과 중간지표의 오차 의 분산이 서로 같다. 이 경우 투자자에게 주어진 채널용량의 값을 아래의 항목 중에서 선택하고, 이유를 설명하시오.

① 0.5 bit

② 1.5 bit

③ 2.5 bit

④ 답이 없음.

11 실제상황은 평균이 제로인 정규분포를 따른다. 정보처리능력이 유한한 투자자가 생성한 중 간지표의 오차는 평균이 제로인 정규분포를 따른다. 실제상황의 분산과 중간지표의 오차 의 분산이 서로 같다. 이 경우 실제상황에 대한 조건부기대값에서 새로운 정보에 대한 반 응계수의 값을 아래의 항목 중에서 선택하고, 이유를 설명하시오.

① 0.5

② 1.5

③ 2.5

④ 답이 없음.

12 0기시점에서 3기시점까지의 기간 동안 어느 상황이 발생할지라도 항상 앞으로 두 개의 서로 다른 상황이 (1/2)의 확률로 나타난다. 0기시점에서 1기시점으로 이동하면 3기시점에서 발생할 상황에 관한 투자자의 정보가 증가하게 된다. 비트단위로 측정한 정보변화의 크기를 선택하고 이유를 설명하시오.

① 0.5

② 1

③ 1.5

④ 2

13 투자자가 평소에 생성한 투자수익률에 대한 중간지표의 오차분산과 실제수익률의 분산이 서로 같다. 그러나 위험증권투자에 관한 관심이 높아지는 상황에서 동일한 투자자가 생성한 중간지표의 오차분산은 평소의 수준 대비 (1/3)의 수준으로 감소한다. 이런 상황의 채널용량을 평소수준의 채널용량으로 나눈 비율을 선택하고 이유를 설명하시오.

① 0.5

② 1

③ 1.5

④ 2

14 호황과 불황의 두 상황만 존재하는 경제에서 모든 시점의 모든 상황에서 다음시점에서 각각의 상황이 발생할 확률은 0.5이다. 가계와 기업은 모두 합리적 기대가설에 따라 미래의 상황을 예측한다. 개별 경제주체들이 현재시점부터 다음시점에 도달하면서 증가한 정보의 크기를 선택하고 이유를 설명하시오.

① 0.5

② 1

③ 1.5

④ 2

15 경제의 실제상황은 0.25의 확률로 『Good』이고, 0.75의 확률로 『Bad』이다. 증권투자의
총수익률은 『Good』에서 1.5이고, 『Bad』에서 0이다. 증권투자 1회당 금융회사의 수수료
는 0.5이다. 투자자가 직접 투자전망을 분석하면 무오류의 확률이 0.5이고, 오류의 확률
이 0.5이다. 증권투자의 예상수익률의 증가를 선택하고 이유를 설명하시오.

① 1/8

② 3/8

③ 5/8

④ 7/8

제8장

통화정책의 운용

제8장
통화정책의 운용

　『인플레이션타기팅(inflation targeting)』이 도입된 많은 나라에서는 물가상승률에 대한 목표치를 달성하기 위해 정책금리에 대한 목표치를 결정하고 이를 유지하는 방식으로 통화정책이 운용되고 있다. 과거 『통화량타기팅』을 실시하던 시기에는 통화지표 중 하나를 중간목표변수로 설정하고 중간목표변수의 증가율에 대한 목표치를 발표하여 이를 지키는 방식으로 통화정책이 운용되었다. 이는 통화정책수단이 최종목표변수인 물가상승률에 직접적으로 영향을 미치는 과정이 길고 복잡하기 때문에 중간목표를 설정하여 운용하는 방식이 현실적으로 실효성이 높다는 주장을 반영한 것이었다. 이런 주장과 비교하여 인플레이션타기팅에서는 어떠한 근거를 가지고 금융기관 간 대차거래에 적용되는 단기명목금리를 중앙은행이 적절히 조절하면 최종목표변수인 물가상승률에 영향을 미칠 수 있다고 주장하는가에 대하여 궁금증을 가질 수 있다. 이러한 궁금증을 해소하기 위해 제8장에서는 한국의 물가안정목표제도를 살펴보고 물가안정목표제도의 실효성을 뒷받침하는 총수요모형을 설명한다.[1]
　또한 제8장에서는 통화정책운용을 위해 중앙은행이 보유한 통화정책의 정책

---

[1] 제8장에서는 인플레이션타기팅과 물가안정목표제를 같은 의미로 해석하기로 한다. 연구자에 따라 서로 다른 개념으로 구분할 수 있지만, 이런 구분은 제8장의 범주에서 벗어나는 것으로 판단하여 두 용어를 혼용하여 쓰기로 한다.

도구에는 어떠한 것들이 있는지를 설명한다. 공개시장조작, 재할인정책, 지불준비금제도가 전통적인 통화정책의 정책도구이다. 모든 가용한 통화정책의 정책도구를 번갈아 가면서 항상 빈번하게 사용하지 않는다. 예를 들어 공개시장조작이 가장 많이 사용되는 정책도구이다. 이처럼 공개시장조작을 상대적으로 많이 사용하는 이유가 다른 정책수단들의 실효성이 낮기 때문이라고 주장하기는 어렵다. 상황에 따라서는 효과가 과도하게 강하게 나타날 수 있어서 회피할 수도 있다. 제8장에서는 중앙은행의 정책도구들을 설명하고 이들을 사용하면 어떠한 효과가 발생하는지를 설명한다. 중앙은행이 정책도구를 조정하면 일차적으로 영향을 받는 곳은 지불준비금을 쌓기 위해 마련된 자금이 초단기적으로 거래되는 금융시장이다. 그 이유는 통화정책의 정책도구가 조정되면 지불준비금의 변동이 뒤따르게 되기 때문이다.

금융위기가 진행되면서 중앙은행은 금융시장의 유동성공급기능을 강화하기 위해 기존에 사용하던 통화정책수단을 개편하거나 보강하였다. 예를 들어 중앙은행의 시중은행에 대한 재할인정책은 중앙은행의 여수신제도로 확대·개편되어 금융시장이 불안한 시기에 중앙은행이 원활하게 유동성을 조절할 수 있는 수단으로 활용되었다. 미국의 경우 2008년부터 지불준비금에 대하여 이자를 지급하는 제도가 실시되었으며, 기간부예금과 같이 지불준비금으로 잡히지 않지만 금융기관이 중앙은행에 예금하는 제도도 실시되었다. 우리나라에서도 자금조정예금 및 대출과 같이 지불준비금의 과부족이 발생하면 금융기관이 이를 신축적으로 조정할 수 있도록 하기 위한 제도가 도입되었다. 이에 추가하여 통화안정계정도 도입되었다.

한국의 물가안정목표제도

한국은행은 물가안정목표제를 채택하고 있음을 홈페이지에서 명시적으로 밝히고 있다. 이는 인플레이션타기팅을 채택하고 있다는 의미로 받아들여도 된다.

이를 위해 통화량 등의 중간목표를 두지 않고 최종목표인 물가상승률 자체를 목표로 설정하고 중기적 시계에서 이를 달성하려고 한다. 한국은행은 「한국은행법」 제6조 제1항에 의거 정부와 협의하여 중기 물가안정목표를 설정하고 있다. 2016년 이후 물가안정목표는 소비자물가 상승률을 기준으로 하여 연 2%이다. 물가안정목표를 모든 시점에서 항상 달성해야 하는 것이 아니라 실제의 물가상승률이 중기적 시계에서 물가안정목표에 근접하도록 하는 것을 목표로 한다.

물가안정목표의 성취를 위해 어떠한 책임을 지는가? 중앙은행이 자신이 설정한 목표를 달성하기 위해 최선을 다할 것이라는 믿음이 있어야 소비자와 기업은 중앙은행이 제시한 물가안정목표가 실제로 달성이 될 것이라는 믿음을 가질 수 있다. 이를 위해 소비자물가 상승률이 6개월 연속 물가안정목표를 ±0.5%p 초과하여 벗어난다면 한국은행 총재가 기자간담회 등을 통해 물가안정목표와의 괴리 원인, 소비자물가 상승률 전망경로, 물가안정목표 달성을 위한 통화신용정책 운영방향 등에 대하여 설명한다. 이후에도 물가가 목표를 ±0.5%p 초과하여 벗어나는 상황이 지속되면 3개월마다 후속 설명하는 책임을 이행한다. 물가안정목표는 한번 결정되면 영구히 지속되는 것이 아니다. 한국의 경우 물가안정목표는 3개년 동안 유지된다. 예를 들어 2017년 말 물가안정목표는 2016년부터 2018년까지 적용된다. 다음 번 물가안정목표는 2018년 말 이전에 경제여건을 점검하여 다시 설정된다. 그러나 2018년 이전이라도 향후 예상치 못한 국내외 경제충격과 경제여건 변화 등으로 물가안정목표의 변경이 필요할 경우 정부와 협의하여 물가목표가 재설정될 수 있다.

인플레이션타기팅은 어떻게 운용되는가? 일반적으로 중앙은행은 금융시장의 단기명목금리에 대한 목표치를 공개적으로 발표하고, 중앙은행이 조정할 수 있는 통화정책의 정책수단을 사용하여 목표치를 달성하는 방식으로 물가안정목표제를 운용한다. 이런 점에서 단기명목금리가 물가안정목표제의 운용목표변수이다. 하나의 사례로서 한국에서 실시되고 있는 운용방식은 다음과 같이 요약된다. 한국은행의 최고의사결정기구인 금융통화위원회가 기준금리를 결정한다. 한국은행에서 결정하는 정책금리는 기준금리이다. 금융통화위원회의 본회의는 기준금리에 대한 목표치를 결정하기 위해 연 8회 개최된다. 기준금리 결정, 즉 통화정책방향 결정을 위한 금융통화위원회의 회의일자는 연간 단위로 미리 정하고 있으며 경제여건 급변 등으로 정책대응이 필요한 경우에는 임시회의를 개최할 수 있다. 기준금리를 결정하는 본회의 전일에는 동향보고회의가 열린다. 동향보고회의에서 한국은행의 주요 부서는 금융통화위원회 위원들에게 국내외 금융 및 경제 상황에 대한 종합적인 보고를 한다. 아울러 금융통화위원들 간의 토론도 같이 이루어진다. 본회의는 통상 오전 9시에 열리며 이곳에서 기준금리가 결정되고 통화정책방향 의결문이 작성되고 목표기준금리가 결정된 당일 한국은행 홈페이지를 통해 발표된다. 또한 기준금리를 결정하는 과정에서 사용된 현재시점과 미래시점의 경제상황에 대한 정보의 내용이 일정한 시간을 두고 공개되는 방식으로 실시되고 있다. 예를 들어 금융통화위원회에서 기준금리를 결정할 때 국내물가, 국내경기상황, 금융 및 외환시장의 상황, 세계경제의 흐름변화 등을 포괄적으로 반영하여 결정하고, 본회의에서 논의된 내용을 정리한 의사록은 금융통화위원회가 개최된 날 이후 2주가 지난 후 공개된다. 의사록에서는 금융통화위원회에서 어떠한 의견이 교환되었는지를 알 수 있어서 경제상황에 대한 판단과 향후 통화정책의 운영을 예측하는 데 도움이 된다.

한국은행이 제시한 기준금리의 정의는 다음과 같다. "한국은행 기준금리는 한국은행이 금융기관과 환매조건부증권(RP) 매매, 자금조정예금 및 대출 등의 거래를 할 때 기준이 되는 정책금리로서 간단히 기준금리(base rate)라고도 한다." 한국은행은 기준금리를 어떻게 사용하는가? 한국은행은 기준금리를 7일물 RP매각시 고정입찰금리로 사용한다. 또한 7일물 RP매입시 최저입찰금리(minimum bid rate)로 사용한다. 그리고 자금조정예금 및 대출금리를 기준금리에서 각각 −100bp 및 +100bp 가감하여 운용한다.[2] 한국은행이 결정한 기준금리는 일반적인 지준시장

---

2) 환매조건부매매(RP 또는 repo)는 계약 당시 약정한 기간이 경과한 후 미리 정한 가격으로 반대매매하는 조건으로 증권을 매매하는 것을 의미한다. RP거래는 증권매매 형태로 거래되지만, 실질적으로는 담보대출로 간주할 수 있다. RP거래는 중앙은행이 통화정책을 운용하는 데 중요한 수단이

에서 결정되는 시장금리와는 차이가 있다. 예를 들어 미국의 경우 연방기금금리에 대한 목표치를 연방공개시장조작위원회가 결정한다. 연방기금금리는 금융기관 간 단기의 자금거래에서 적용되는 시장금리이다. 이에 반하여 한국은행이 결정한 기준금리는 중앙은행의 RP거래에 적용되는 금리이다. 따라서 한국은행은 기준금리의 목표치를 설정하여 자신과 금융기관 간 RP거래에 적용하지만 이렇게 적용된 금리가 민간의 금융기관들이 자발적으로 거래하는 초단기대차거래에 영향을 미치도록 모니터링해야 한다.

  인플레이션타기팅을 실시하여 실제인플레이션율을 목표수준으로 조정할 수 있는가? 인플레이션타기팅이 성공하기 위해 소비자와 기업이 중앙은행의 통화정책운용을 신뢰해야 한다는 점이 강조되어 왔다. 중앙은행이 물가상승률에 대한 목표치를 일단 결정하여 발표하면 중앙은행의 약속이 이행되도록 하는 제도적 장치가 물가안정목표제의 안정적인 성공을 위해 중요하다는 주장이 계속해서 제기되어 왔다. 중앙은행의 신뢰성에 추가하여 중앙은행이 어떻게 통화정책을 운용하는지도 중요하다. 앞에서 설명한 한국의 물가안정목표제에서는 물가상승률의 목표치를 미리 발표하고, 경제상황이 변동하더라도 실제물가상승률이 목표치에 근접하도록 기준금리의 목표치를 계속 조정한다. 왜 이러한 방식으로 운영하는가? 기준금리 대신 통화공급의 증가율에 대한 목표치를 조정하는 방식을 채택하면 안되는 이유가 있는가?

  첫째 질문은 인플레이션타기팅을 채택하고 있는 국가들에서 많이 운용되고 있는 통화정책의 운용방식에 관한 이론적인 근거에 관한 질문으로 간주할 수 있다. 이 질문에 답변하기 위해 먼저 다음의 두 가정을 부과한다. (1) 실질이자율이 낮아지면 총수요는 증가한다. 실질이자율이 높아지면 총수요는 감소한다. (2) 총수요가 증가하면 인플레이션율이 상승한다. 총수요가 감소하면 인플레이션율이 하락한다. 앞의 두 가정이 현실경제에서 성립된다면 중앙은행이 자신이 조절

할 수 있는 통화정책의 정책도구를 사용하여 인플레이션율목표를 달성할 수 있
다. 예를 들어 중앙은행은 실제인플레이션율이 인플레이션율목표에 비해 높아지
면 실질이자율을 높이고 실제인플레이션율이 인플레이션율목표에 비해 낮아지
면 실질이자율을 낮춘다. 이는 테일러준칙(Taylor rule)을 요약한 것이다.[3] 테
일러준칙에서 준칙이라는 표현을 사용한 이유는 중앙은행이 앞에서 설명한 방식
으로 통화정책을 운영한다는 것에 대한 커미트먼트(commitment)가 있어야 한
다는 것이다. 그 결과 중앙은행의 통화정책운용방식에 대하여 소비자와 기업이
믿게 된다. 또한 앞에서 요약한 두 가정이 현실경제에서 성립한다면 테일러 준
칙의 안정성이 성립한다. 테일러준칙의 안정성은 중앙은행이 테일러준칙에서 제
시한 대로 금리를 조정한다면 실제인플레이션율이 인플레이션율목표에서 벗어
난다고 할지라도 실제인플레이션율이 다시 인플레이션율목표에 근접하게 된다
는 것이다.

다음에서는 어떠한 이유로 테일러준칙의 안정성이 보장되는지를 설명한다. 첫
째, 실제인플레이션율이 인플레이션율목표보다 높을 때 중앙은행의 통화정책에
의해 실질이자율이 상승한다. 총수요와 실질이자율은 서로 반대 방향으로 움직
이므로 총수요가 감소한다. 총수요가 감소하면 인플레이션율이 낮아진다. 그 결
과 실제인플레이션율과 인플레이션율목표의 괴리는 감소한다. 둘째, 실제인플레
이션율이 실제인플레이션율목표에 비해 낮으면 중앙은행의 통화정책에 의해 실
질이자율이 낮아진다. 총수요와 실질이자율은 서로 반대방향으로 움직이므로 총
수요가 증가한다. 총수요가 증가하면 인플레이션율이 올라간다. 따라서 실제인
플레이션율과 인플레이션율목표의 괴리는 감소한다.

이런 방식으로 실제인플레이션율을 인플레이션율목표에 근접시킬 수 있다면
인플레이션은 화폐적 현상이라는 주장과는 어떠한 관계가 있는지에 대하여 궁금
해진다. 인플레이션은 화폐적 현상이라는 주장은 장기인플레이션의 결정에 적용

---

[3] 테일러(John Taylor)가 1993년에 발표한 「Discretion Versus Policy Rules in Practice」에서 제
시한 이자율준칙을 『테일러준칙』이라고 한다. 이 논문은 Carnegie-Rochester Conference Series
on Public Policy(Vol. 39, pp. 195 – 214)에 수록되어 있다.

되는 원칙이고 앞에서 설명한 금리를 운용목표변수로 설정하는 통화정책의 운용은 인플레이션의 단기적인 조정에 적용되는 것이므로 서로 상반되는 것은 아니라는 절충형의 견해를 제시할 수도 있다. 그러나 인플레이션은 화폐적인 현상이라는 주장이 단기적으로도 성립하는 명제라고 주장한다면 이는 금리를 운용목표변수로 설정하기보다는 통화량증가율을 운용목표로 설정하는 것이 바람직하다고 주장하는 것으로 간주할 수 있다. 금리에 대한 운용목표를 설정하지 말고 통화량증가율에 대한 목표를 설정하여 인플레이션을 조절해야 한다고 주장하는 이론적인 근거는 무엇인가? 이에 대한 답변으로 화폐수량설을 생각해 볼 수 있다. 화폐수요는 실질잔고에 대한 수요로 표시된다. 실질잔고는 명목통화공급을 물가로 나눈 비율로 정의된다. 단순한 형태의 화폐수량설에서 실질잔고에 대한 수요는 실질소득의 크기에 비례한다. 비례상수가 이자율에 의해서 영향을 받을 수 있지만 단순한 형태의 화폐수량설에서는 상수로 고정된 것으로 가정한다. 실질 GDP의 증가율로 정의되는 경제성장률은 실물경제에서 결정되므로 통화공급이나 물가에 의해서 거의 영향을 받지 않는다고 생각한다면 화폐수량설을 주장하는 사람들은 물가상승률이 통화공급의 증가율에 비례한다고 주장해야 한다. 이와 같은 견해를 가지고 있다면 중앙은행은 물가상승률과 연관성이 높으면서 중앙은행이 비교적 손쉽게 조절할 수 있는 통화지표를 선정하여 이에 대한 목표를 조정하는 방식으로 통화정책을 운용해야 한다고 주장할 것이다.

인플레이션타기팅 이전 많은 나라들은 인플레이션율과 안정적이고 밀접한 관계가 있는 변수 중에서 중앙은행이 인플레이션율에 비해 보다 쉽게 조절할 수 있는 변수를 중간목표변수로 설정하고 이 변수에 대한 목표치를 결정하여 목표를 달성하는 여부에 따라 통화정책성과를 평가하는 방식을 채택하고 있었다. 다양한 변수들이 중간목표변수로 선정될 수 있지만 앞에서 설명한 통화량타기팅을 주장한다면 통화지표의 증가율을 중간목표변수로 선택할 수 있다. 이러한 중간목표설정방식의 문제점은 중간목표변수와 최종목표변수의 관계가 제도의 변화 또는 시간이 지나면서 불안정해지거나 실효성약화의 가능성이 있다는 것이다.

따라서 중간목표변수에 대한 목표를 달성한다고 할지라도 이것이 최종목표인 인플레이션율에 원하는 효과를 줄지를 확신하기 어렵다는 것이다.

인플레이션타기팅의 실효성을 옹호하기 위해 앞에서 설명한 모형의 경우 화폐의 역할을 제한적으로 가정하고 있다. 전통적으로 화폐의 역할은 세 가지로 요약할 수 있다. 첫째, 가치의 저장수단이다. 둘째, 교환의 매개수단이다. 셋째, 회계단위이다. 앞에서 설명한 모형의 경우 화폐의 중요한 역할은 회계단위이다. 따라서 화폐수요를 명시적으로 설명하지 않고서도 인플레이션율의 결정과정에 대하여 설명할 수 있었다. 이러한 모형이 함의하는 인플레이션의 결정은 인플레이션은 화폐적 현상이라는 주장과 어떠한 차이가 있는가? 앞에서 설명한 모형에서 물가지수는 소비자와 기업의 거래에서 적용되는 가격들의 가중평균으로 정의된다. 개별제품가격은 생산비용과 소비자의 수요곡선의 형태를 반영하여 기업의 이윤극대화에 의해서 결정된다. 개별가격상승률을 가중평균하여 계산되는 인플레이션율은 일차적으로 생산비용 또는 시장구조 등의 실물변수에 의해서 결정된다. 그 결과 이와 같은 모형에서 인플레이션은 일차적으로 『실물적 현상』이라는 함의가 있다. 또한 화폐의 역할에 대하여 소극적인 역할만 하는 것으로 가정한다. 따라서 인플레이션이 전통적인 의미의 화폐로 정의되는 『화폐적 현상』이라는 주장과는 차별되는 견해를 암묵적으로 가지고 있다.

지준시장모형

중앙은행이 통화정책의 정책수단을 사용하면 일차적으로 영향을 받는 금융시장이 지준시장이다.[4] 지준시장은 지불준비금을 예치해야 하는 금융기관들이 초단기간자금을 거래하는 금융시장으로 정의할 수 있다. 미국의 경우 연방기금금리가 결정되는 연방기금시장이 지준시장이다. 은행의 지불준비금에 대한 수요는

---

4) 지준시장에서 「지준」은 지불준비금의 줄인 말이다. 또한 제8장 전체에서 지불준비금이라는 용어 대신 지급준비금 또는 지준예치금이라는 용어를 사용하는 곳도 있을 수 있지만, 이들은 서로 같은 의미이다.

필요지불준비금과 초과지불준비금에 의해서 발생한다. 은행은 예금주의 예금인출에 대비하여 필요지불준비금 이상으로 지불준비금을 확보해야 할 유인이 있다. 어느 정도로 여유준비금을 가질 것인가는 지불준비금의 형태로 보유하는 것에 대한 기회비용인 지준시장에서 결정되는 시장이자율에 의존한다. 지준시장에서 결정되는 이자율을 지준시장금리로 부르기로 한다. 총지불준비금을 필요지불준비금과 초과지불준비금의 합으로 정의한다. 지준시장금리가 높아지면 총지불준비금에 대한 수요는 낮아진다. 지준시장금리가 낮아지면 총지불준비금에 대한 수요가 높아진다. 총지불준비금에 대한 수요곡선이 음의 기울기를 가지는 중요한 이유는 초과지불준비금이 은행이 법적으로 반드시 쌓아야 하는 지불준비금보다 더 많이 보유하는 여유지불준비금의 성격을 지니고 있기 때문이다. 지준시장금리 이외에 다양한 요인에 의해서도 초과지불준비금의 규모가 달라질 수 있으나 단순화된 모형을 설명하기 위해 다른 요인들에 대한 영향이 없다고 가정한다. 최근 미국의 경우 시중은행이 중앙은행에 예치한 지불준비금에 대하여 이자를 지급하는 정책을 실시하고 있다. 지불준비금에 대하여 적용되는 이자율이 지준시장금리보다 높으면 은행들이 예금인출에 대비하기 위해 준비한 여윳돈을 단기로 빌려줘서 이자소득을 얻는 것보다 중앙은행에 예치하는 것으로부터 얻는 소득이 더 크다. 지준시장금리가 중앙은행이 설정한 지불준비금에 대한 이자율보다 낮아지면 은행의 지불준비금에 대한 수요는 무한히 커진다.

위의 설명을 반영하여 <그림 8-1>은 지준시장모형을 보여 주고 있다. 수평축은 지준시장의 수요 및 공급, 수직축은 지준시장금리를 나타낸다. <그림 8-1>에서는 지불준비금에 대한 이자지급효과가 없지만, 지불준비금에 대한 이자지급의 효과를 반영하면 지준시장수요곡선은 지준시장금리가 중앙은행이 지급하는 지불준비금에 대한 이자율보다 낮은 부분에서 수평선이 된다. 은행의 지불준비금공급은 어떻게 결정되는가? 지불준비금공급은 은행이 어떻게 지불준비금을 조달하는지에 따라서 결정된다. 예를 들어 은행은 지불준비금을 급히 마련해야 하는 시점에서 중앙은행으로부터 대출을 받아서 지불준비금을 마련할 수

그림 8-1 지준시장모형

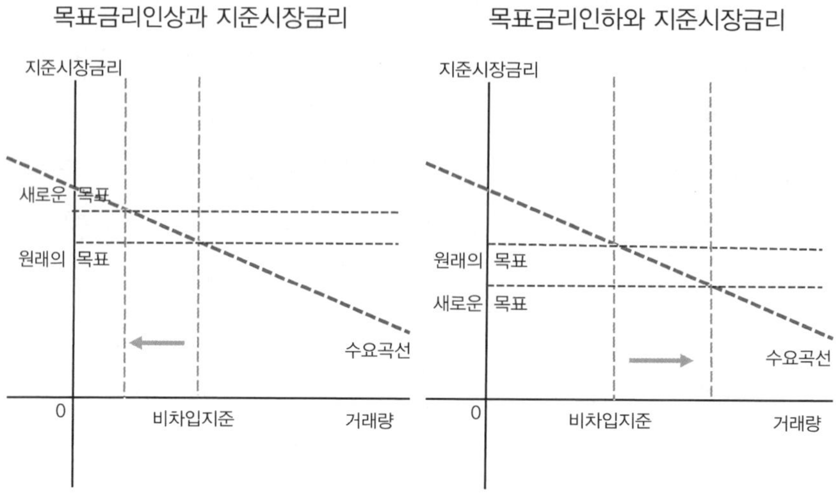

| 목표금리인상과 지준시장금리 | 목표금리인하와 지준시장금리 |

도 있다. 이런 방식으로 마련된 지불준비금을 차입지불준비금으로 정의한다. 이와는 달리 중앙은행의 대출에 의존하지 않고 은행이 직접 조달한 지불준비금이 있다. 예를 들어 지준시장에서 다른 은행으로부터 빌려서 자신의 지불준비금을 마련한다면 이는 은행이 직접 조달한 것으로 분류된다. 이런 방식으로 마련된 지불준비금을 비차입지불준비금이라고 정의한다. 지불준비금의 공급에서 중요한 포인트는 다음과 같다. 중앙은행에 개설된 계좌에 예치하는 모든 금융기관들의 지불준비금을 합한 총량 중에서 비차입지불준비금의 총량은 중앙은행이 조정하는 것으로 가정한다. 중앙은행이 통화정책수행의 능력을 지니고 있다는 것은 비차입지불준비금의 규모를 조절할 수 있기 때문이다. 그 이유는 중앙은행이 실시하는 공개시장조작을 통해서 금융기관의 비차입지불준비금을 증가시키거나 감소시키는 효과가 발생하기 때문이다.[5]

이를 자세히 설명하기 위해 중앙은행과 금융기관 간의 증권매매가 이루어지

---

5) 비차입지불준비금의 총액은 중앙은행의 통화정책에 의해서 결정될 수 있지만 개별 은행이 가지고 있는 비차입지불준비금의 잔고는 개별 은행들의 대차거래를 통해서 매일 바뀔 수 있다. 이와 같은 의미에서 지준시장이라는 이름을 사용할 수 있는 것으로 해석할 수 있다.

는 경우 결제가 어떻게 되는지를 설명해야 한다. 중앙은행이 금융기관으로부터 증권매수를 실시하는 경우를 보기로 한다. 이 경우 중앙은행은 증권매수대금을 금융기관에 지불하기 위해 금융기관이 중앙은행에 개설한 계좌에 입금한다. 그 결과 금융기관의 지불준비금이 증가하게 된다. 이런 지불준비금의 증가는 중앙은행대출에 의해 마련한 지불준비금이 아니므로 비차입지불준비금이 증가한 것으로 계상된다. 중앙은행이 금융기관에게 증권매도를 실시하는 경우를 보기로 한다. 중앙은행은 증권을 금융기관에 넘기고 이에 대한 대금을 중앙은행에 있는 금융기관의 계좌로부터 인출한다. 그 결과 금융기관의 지불준비금이 감소한다. 이런 감소는 중앙은행대출에 의해 마련한 지불준비금의 감소가 아니므로 비차입지불준비금이 감소한 것으로 계상된다. 요약하여 이런 방식으로 중앙은행은 공개시장조작을 통해 비차입지불준비금의 규모를 조절할 수 있다.

앞의 설명은 비차입지불준비금의 규모는 지준시장금리에 연동하여 결정되는 것이 아니라 중앙은행의 정책적인 의사에 따라 결정된다는 것을 말한다. 그러면 차입지불준비금은 어떻게 결정되는가? 지준시장금리가 중앙은행의 대출금리보다 낮으면 시중은행은 중앙은행에 대출을 신청할 이유가 없다. 그러나 지준시장금리가 중앙은행의 대출금리보다 높아지면 은행은 중앙은행대출을 신청하여 지불준비금을 마련하는 것이 더 유리하다. 은행은 지준시장금리가 중앙은행의 재할인율보다 낮으면 비차입지불준비금으로 지불준비금수요를 모두 충당하려고 한다. 그러나 지준시장금리가 중앙은행의 재할인율보다 높아지고 중앙은행의 재할인창구를 활용하는 것에 대한 이자비용 이외의 다른 추가적인 비용이 없다면 모든 은행들은 중앙은행의 재할인창구에서 대출을 받고, 이를 지준시장에서 운용하려 할 것이다. 이 경우 은행은 중앙은행의 대출을 많이 받을수록 수입을 늘릴 수 있으므로 될 수 있는 한 증가시키려고 할 것이다.

<그림 8-1>에서는 총지불준비금의 공급곡선을 단순하게 수직선으로 표시하였다. 앞에서 설명한 중앙은행의 대출효과를 반영하면 총지불준비금의 공급곡선은 다음과 같이 달라진다. 지준시장금리가 중앙은행의 재할인율보다 낮으면

총지불준비금은 비차입지불준비금으로 충당되므로 공급곡선은 수직선이 된다. 그러나 지준시장금리가 중앙은행의 재할인율보다 높아지는 경우에는 재할인창구에서 자금을 조달하여 이렇게 조달한 자금을 (지준시장에서) 다른 금융기관에게 빌려주면 차익거래이득을 얻을 수 있다. 따라서 재할인창구를 통한 자금조달에 대한 요구가 무한히 커지므로 공급곡선이 수평선이 된다. 지준시장에서 결정되는 균형시장금리는 수요곡선과 공급곡선이 만나는 곳에서 결정된다. 예상하지 못한 유동성부족이 없는 정상적인 상황에서 은행은 중앙은행의 재할인창구를 사용하지 않는 것으로 가정한다. 따라서 정상적인 상황에서 은행권의 지불준비금은 모두 비차입지불준비금으로 충당된다. 앞에서 설명한 바와 같이 비차입지불준비금의 규모는 중앙은행이 결정하므로 비차입지불준비금의 공급곡선은 수직선이다. 따라서 정상적인 상황에서 결정되는 지준시장의 균형시장금리는 우하향하는 수요곡선과 수직선인 공급곡선이 교차하는 점에서 결정된다.

인플레이션타기팅을 실시하는 국가에서는 중앙은행이 미리 결정한 인플레이션율목표를 달성하기 위해 필요하다고 판단한 단기금리목표를 결정하고 이를 발표하고 있다. 앞에서 설명한 지준시장모형은 단기금리에 대한 목표치를 유지하기 위해 중앙은행이 통화정책의 정책도구를 어떻게 사용하는지 이해하는 데 도움이 된다. <그림 8-1>에서 왼편의 그래프는 금리목표를 인상하는 경우 중앙은행이 새로운 금리목표를 어떻게 달성하는지를 보여주고 있다. 오른편의 그래프는 금리목표를 인하하는 경우 중앙은행이 새로운 금리목표를 어떻게 달성하는지를 보여주고 있다. <그림 8-1>을 사용하여 우리나라의 통화정책이 실시되는 과정에 맞추어 설명한다면 다음과 같이 요약할 수 있다. 한국은행이 기준금리에 대한 목표치를 발표하면 이는 <그림 8-1>의 지준시장금리에 대한 목표치를 발표하는 것이라고 가정하자. 발표하는 시점에서 지준시장금리가 목표치에 비해 높으면 한국은행은 지준시장금리를 목표치로 낮추어야 한다. 이를 위해 지준시장의 공급곡선을 오른편으로 수평이동시켜야 한다. 지준시장에서 지준공급을 늘리기 위해 한국은행은 시중은행이 보유하고 있는 채권을 매수해야 하고,

매수대금을 한국은행에 개설된 시중은행의 계좌로 입금한다. 그 결과로 비차입지불준비금이 증가하고, 지준시장의 공급곡선이 오른편으로 이동한다. 반대로 발표하는 시점에서 지준시장금리가 목표치에 비해 낮으면 한국은행은 지준시장 금리를 목표치로 높여야 한다. 이를 위해 지준시장의 공급곡선을 왼편으로 수평 이동시켜야 한다. 지준시장에서 공급을 줄이기 위해 한국은행은 자신이 보유하고 있는 증권을 시중은행에게 매도하고, 한국은행에 개설된 시중은행의 계좌에서 증권의 매도대금을 인출한다. 그 결과 은행권의 비차입지불준비금을 감소하고, 지준시장의 공급곡선은 왼편으로 이동한다.

　＜그림 8-1＞을 그대로 우리나라의 상황에 적용할 수 없다는 주장이 가능하다는 점을 지적한다. 그 이유는 기준금리는 한국은행과 금융기관의 RP거래에 적용되는 금리이고, 금융기관들의 대차거래에 적용되는 금리가 아니기 때문이다. 이런 상황을 반영하기 위해 금융기관들이 단기자금을 거래하는 시장에서 결정되는 금리가 있으며 기준금리의 변화가 어떻게 이 단기시장금리에 영향을 미치는가를 설명해야 한다. 한국은행이 기준금리에 대한 목표치를 변경하면 다음과 같은 과정을 거쳐서 금융기관 간 단기자금거래에 적용되는 금리에 영향을 미치게 된다. 예를 들어 한국은행이 금융기관에게 RP매각을 하는 상황을 보기로 하자. 한국은행의 RP매각은 금융기관이 자금을 한국은행에 빌려주는 것과 같다. RP매각에 적용되는 금리와 동일한 만기의 금융기관의 자금거래시장의 금리가 다르다면 자금을 공급하는 금융기관은 보다 더 유리한 곳에 자금을 빌려주려고 할 것이다. 기준금리에 대한 목표치가 금융기관의 단기자금시장에서 결정되는 단기명목금리에 비해 높다면 한국은행의 RP매각에 참여하는 것이 더 유리하다. 그 결과 금융기관간 단기자금의 거래시장에서 자금공급이 감소하여, 자금공급곡선이 왼편으로 이동하고, 금융기관간 단기자금에 적용되는 금리가 상승하게 된다. 한국은행이 금융기관에게 RP매입을 실시하는 상황을 보기로 하자. 한국은행의 RP매입은 한국은행이 금융기관에게 자금을 빌려주는 것과 같다. RP매입에 적용되는 금리와 금융기관간 단기자금에 적용되는 금리가 다르다면 자금을 조달해야

하는 금융기관은 보다 더 유리한 곳에서 자금을 조달하려고 할 것이다. 기준금리에 대한 목표치가 상대적으로 더 낮아지면 한국은행의 RP매입에 참여하는 것이 더 유리하다. 그 결과 금융기관의 단기자금수요가 감소하므로 수요곡선이 왼편으로 이동하여 시장금리는 하락한다. 한국은행과 거래할 수 있는 금융기관에 대한 제약이 있어서 단기자금을 수요하는 금융기관이 한국은행의 RP매입에 참여할 수 없는 경우에도 RP매입에 참여할 수 있는 금융기관이 더 낮은 기준금리에서 조달한 자금을 단기자금의 수요가 있는 금융기관에게 빌려줄 수 있다. 그 결과 공급곡선이 오른쪽으로 이동하여 시장금리는 하락한다.

위에서 한국은행의 RP매입과 RP매각이라는 표현을 사용한 이유는 한국은행의 RP거래가 『한국은행 RP매입』 또는 『한국은행 RP매각』의 이름으로 한국은행 홈페이지에 공지되고 있기 때문이다. 위에서 설명한 한국은행의 RP거래를 민간 경제주체들의 일반적인 용어를 사용하여 이해하려면 『RP』와 『역RP』의 용어를 사용하여 설명해야 한다. 일반인들의 증권거래에서 RP를 『Repurchase』의 의미로 받아들이면 RP거래를 일시적인 채권매도로 해석할 수 있지만, 이런 방식으로 한국은행의 역RP를 해석하면 일시적인 채권매수가 되기 때문에 잘못된 해석이 된다. 그 이유는 한국은행의 역RP는 유동성감소를 위한 조치인데 위의 해석은 유동성증가의 조치로 귀결되기 때문이다. 따라서 『RP거래』의 용어를 어떻게 이해해야 혼동을 없앨 수 있는지의 질문이 가능하다. 위의 질문에 대하여 다음과 같이 답할 수 있다. 일반적인 RP거래에서 『채권매입의 행위』를 『RP』로, 『채권매도의 행위』를 『역RP』라고 지칭한다. 이런 해석에 따르면 『한국은행 RP매각』을 『한국은행 역RP』라고 부르는 것이 당연하게 된다.

이런 해석에 의하면 『중앙은행의 RP거래』를 채권거래로 간주하고 중앙은행이 매수자의 역할을 하는지 아니면 매도자의 역할을 하는지에 따라서 『중앙은행 역RP』의 용어를 사용할지가 결정된다. 중앙은행이 채권거래의 측면에서 매도자의 역할을 일시적으로 하면 『중앙은행 역RP』로 부를 수 있다는 것이다. 또한 금융기관이 『중앙은행의 역RP』에서 중앙은행의 거래상대방이 되면 중앙은행에게 자금을 빌려주고 이자수입을 얻는다. 그 결과로 금융시장의 유동성은 감소한다. 금융기관이 『중앙은행 RP』에서 중앙은행의 거래상대방이 되면 중앙은행에게 자금을 빌리고 이자를 지급한다. 그 결과로 금융시장의 유동성은 증가한다. 특히 한국은행은 RP매입과 RP매각이라는 용어를 사용하고 있다는 점에서 위에서 설명한 용어는 한국은행의 통화정책보다는 미국의 통화정책을 이해하는 데 더 유용하다.

한편, 미국에서 실시하고 있는 『중앙은행의 대기성레포창구(standing repo facility)』는 실효연방기금금리가 목표수준보다 더 높아질 수 있는 상황을 방지하기 위한 도구로 사용되기 위해 설치된 것이기 때문에 효율적 수행을 위한 일종의 안전장치(backstop)로 간주할 수 있다. 금융기관들은 『대기성레포창구』에서 자신들이 보유한 채권을 담보로 중앙은행으로부터 일시적으로 자금을 빌려갈 수 있다. 대기성창구의 이자율은 정상적인 상황에서 결정되는 익일 RP거래의 이자율보다 높게 책정되는 것으로 알려져 있다. 연방기금시장에 참가하는 금융기관들이 모두 대기성레포창구에서도 자금을 차입할 수 있다면 연방기금금리가 대기성레포창구의 이자율보다 더 높아질 수 없다. 연방기금금리가 대기성레포창구의 이자율을 상회하면 대기성레포창구에서 차입하여 연방기금시장에서 빌려주면 양의 이자소득이 발생한다. 따라서 연방기금시장의 공급곡선이 대기성레포창구의 이자율수준에서 수평선이 되어야 한다. 필요할 때 대기성레포창구를 개설하면 연방기금금리가 대기성레포창구의 이자율보다 더 높게 올라가는 것을 막을 수 있다. 이런 이유로 대기성레포창구는 연방기금금리가 급격히 목표보다 더 높게 상승하는 상황에서 사용될 수 있다.

기준금리와 콜시장

앞에서 설명한 기준금리는 사실 RP거래에 적용되는 금리이다. 우리나라의 초단기금융시장은 콜시장이라고 한다. 기준금리를 지준시장의 균형금리로 정의하고 콜시장을 지준시장으로 정의할 수 있다면 <그림 8-1>에서 설명한 모형을 그대로 우리나라의 상황을 분석하는 데 적용할 수 있다. 그러나 현실경제에서는 RP시장과 콜시장은 서로 다른 시장이므로 RP금리의 변동이 어떠한 과정을 거쳐서 콜시장에 영향을 미치는지를 설명해야 한다. 이를 위해 먼저 <그림 8-1>에서 설명한 지준시장모형과의 차이점은 크게 두 가지로 생각해 볼 수 있다.

첫째 포인트는 지준시장모형의 실질적인 공급곡선은 수직선으로 표시하였지만, 콜시장의 공급곡선은 반드시 수직선으로 표시하여 설명해야 할 이유가 없다는 것이다. 원칙적으로 중앙은행이 콜시장에 직접 참가하지 않는다면 중앙은행의 외생적인 결정에 의해서 콜시장의 공급이 결정되어야 할 이유가 없다. 지준적립의무를 가진 금융기관도 콜금리에 따라 콜시장뿐만 아니라 다른 시장에 여유 자금을 투입할 수 있다. 또한 지불준비금의 적립과 관계없이 증권시장의 단기투자를 위해 필요한 자금을 운용할 목적으로 참가하는 금융기관도 있다는 점도 포함하여 공급곡선이 우상향하는 모습을 보일 수 있다. 둘째 포인트는 콜금리를 목표금리로 설정하지 않는다면 콜금리의 조정은 차익거래이득이 없다는 균형조건에 의해서 이루어진다는 점이다. 이 점을 설명하기 위해 금융기관은 동일한 만기의 거래를 RP시장에서도 할 수 있고, 콜시장에서도 할 수 있다고 가정하자. 이 경우 RP금리인 기준금리를 움직이면 두 개의 대안 중 하나의 대안을 선택할 때 얻는 이득에 변화가 발생한 것이다. 어느 한 시장의 참가가 다른 시장의 참가에 비해 더 이득이 있는 것으로 판단되면 이는 차익거래이득이 존재하는 것을 말한다. 차익거래이득이 있다면 더 높은 수익을 제공하는 시장으로 자금이 이동하게 된다. 이런 과정을 거쳐 기준금리의 변동이 발생하면 콜금리에 영향을 미치게 된다.

우리나라 콜시장의 구조를 앞에서 설명한 지준시장의 모형과 일치하는 구조로 바꾸고 기준금리에 대하여 목표치를 설정하는 대신 지준시장의 시장금리에 대하여 목표치를 부과하는 방식으로 통화정책의 운용방식을 전환하는 것이 더 바람직한 것인지에 대한 질문이 있을 수 있다. 이 질문에 답하기 위해 여러 요인들이 포괄적으로 고려되어야 한다. 따라서 현재 설명하고 있는 모형에 대한 규범적인 논의는 차후로 미루기로 한다. 다만 실증적인 측면에서 콜시장이 금융기관의 단기자금 조달비용에 결정적인 영향을 미치는 단 하나의 금융시장인지에 대하여 생각해볼 필요가 있다. 금융기관 간 RP거래도 많이 이용되고 있다면 단순하게 RP금리에 대하여 목표를 설정하는 것보다 콜금리에 대하여 목표를 정하는 것이 바람직하다고 주장할 이유는 없는 것으로 보인다. 그러나 금융위기가 전개되는 상황에서 금융기관의 유동성에 대한 저장욕구가 매우 강화되면 차익거래이득이 존재하더라도 쉽게 없어지지 않는 경우가 발생할 수 있다. 따라서 위기상황에서 기준금리와 콜금리의 연계성이 약화될 수도 있다. 현재의 운용방식은 금융위기상황 중 통화정책의 금리경로가 원만하게 작동하지 않을 가능성을 높일 수 있으므로 이러한 측면에서 통화정책운용에서 일종의 꼬리위험(tail risk)이 있다.

<그림 8-2>에서는 앞에서 설명한 기준금리와 콜금리의 관계를 보여 주고 있다. 중앙은행의 RP매각은 중앙은행이 보유하고 있는 증권을 담보로 금융기관에게 일시적으로 자금을 빌리는 것이다. 따라서 중앙은행이 시중유동성을 환수하는 효과가 발생한다. 그 결과 시중금리가 상승해야 한다. 기준금리가 인상된다면 중앙은행이 금융기관의 자금을 차입할 때 적용되는 금리가 인상되는 것을 의미한다. 중앙은행이 금융기관으로부터 차입하는 자금은 어디에서 오는 것인가? 콜시장에서 운용되고 있던 자금이 콜시장에서 빠져 나가서 바로 중앙은행의 RP거래로 흘러가야만 할 이유는 없다. <그림 8-2>의 왼편에 있는 그림에서는 원래의 목표수준에서 기준금리와 콜금리가 동일한 수준으로 유지되고 있던 상황을 가정한다. 이제 중앙은행이 기준금리를 인상하면 목표금리가 새로운 금리목표수준으로 이동한다. 지불준비금 등 다른 목적으로 보유하고 있던 자금을 미리 사용하더라도 결국 동일한 성격을 가진 대차거래에서 두 개의 서로 다른 가격이 있다면 낮은 가격이 형성된 시장에서 높은 가격이 형성된 시장으로 자금이 이동한다. 콜시장에서 자금을 공급하던 금융기관은 콜시장에서 자금을 운용하는 것보다 중앙은행에 자금을 빌려주는 것이 더 이득이 된다. 따라서 콜시장에서

그림 8-2 기준금리변화와 콜금리의 조정

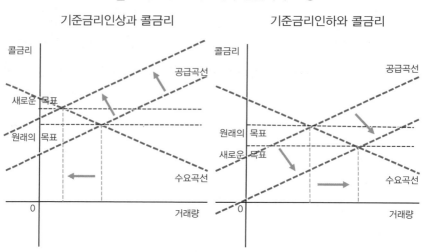

는 동일한 콜금리 수준에서 공급이 감소하여 공급곡선이 위로 수평이동한다.

　<그림 8-2>의 오른편에서는 기준금리를 인하하는 경우 콜금리의 조정을 보여주고 있다. 중앙은행이 RP매수를 실시한다는 것은 금융기관이 보유하고 있는 증권을 담보로 중앙은행이 금융기관에게 자금을 빌려주는 것이다. 금융기관의 입장에서는 콜시장의 시장금리보다 낮은 금리로 중앙은행의 RP거래를 통해 차입할 수 있다. 특히 중앙은행에서 차입한 자금을 콜시장에서 부도의 위험이 없이 안전하게 대출하여 이자수입을 받을 수 있다면 차익거래이득이 발생한다. 이처럼 원래의 콜금리 수준에서 차익거래이득이 있다면 이는 콜시장의 공급곡선을 아래로 수평이동시킨다. 따라서 중앙은행의 기준금리인하는 콜시장의 공급을 증가시키는 방향으로 작용하여 콜시장의 금리를 인하시키는 효과를 발생시킨다.[6]

　<그림 8-3>은 금융통화위원회가 결정한 기준금리의 목표치와 콜금리를 비교하고 있다. 그래프를 작성하기 위해 사용한 자료는 2015년 1월부터 2017년

---

6)　<그림 8-2>에서는 콜시장의 공급곡선이 수평이동하여 조정되는 것으로 설명하고 있다. 이런 결과의 타당성을 뒷받침하기 위해 중앙은행과 RP거래가 가능한 금융기관은 콜시장에서 자금을 차입하지 않고 자금을 공급하는 금융기관이라는 가정이 필요하다. 중앙은행과 RP거래가 허용된 금융기관이 콜시장에서 만성적으로 자금을 차입하면 수요곡선의 이동이 발생할 수도 있다.

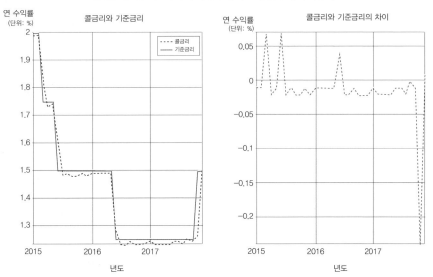

그림 8-3 우리나라 콜금리와 기준금리의 관계

12월까지의 월별자료이다. 왼편 패널에서 기준금리는 실선으로 표시하고 콜금리는 점선으로 표시한다. 두 변수가 항상 일치하는 것은 아니지만 거의 유사하게 움직이고 있다. 오른편 패널은 기준금리에서 콜금리를 뺀 차이를 점선으로 보여주고 있다. 2015년 전반기와 2017년 후반기에 상대적으로 편차가 크게 나타나고 있다. 기준금리가 지속적으로 하락하거나 상승하는 시점에서 콜금리가 뒤따라가는 모습을 보이면서 편차가 발생하고 있다. 그래프에서 나타난 기준금리와 콜금리의 관계를 다음과 같이 두 가지로 요약해볼 수 있다.

(1) 기준금리와 콜금리는 월별자료에서는 추세적으로 같은 방향으로 이동하고 있으며 두 변수의 편차도 크지 않다.

(2) 기준금리가 상승하는 국면의 초기 또는 하락하는 국면의 초기에 콜 금리와의 괴리가 다른 기간에 비해 상대적으로 크게 나타난다.

지불준비금의 이자지급과 지준시장모형

미국은 은행의 지불준비금에 대하여 이자를 지급하는 제도를 2008년에 도입하였다. 지불준비금에 지급하는 이자율이 연방기금금리의 하한이라고 볼 수 있다. 연방기금금리가 지불준비금에 지급하는 이자율보다 낮아지면 자금의 여유가 있는 은행들이 연방기금시장에서 자금을 공급할 이유가 없다. 이들은 중앙은행에 개설되어 있는 자신의 계좌에 예치하여 받을 수 있는 이자가 더 높기 때문에 다른 금융기관에게 빌려주기보다는 지불준비금으로 보유하는 것을 선택한다. 또한 일반은행이 중앙은행의 대출을 받는 경우 부담해야 하는 일종의 스티그마 (stigma)효과를 무시하고 단순히 금전적인 비용만 생각한다면 중앙은행의 재할인율은 연방기금금리에 대한 상한이라고 할 수 있다. 그 이유는 자금이 부족한 시중은행은 연방기금금리가 중앙은행의 재할인보다 더 높은 경우 중앙은행의 재할인창구에서 차입하는 이자비용이 더 낮기 때문이다. 우리나라에서는 일반은행이 중앙은행에 적립한 지불준비금에 대하여 중앙은행이 이자를 지급하는 정책을 실시하는가? 한국은행법의 제55조를 요약하면 다음과 같다. 첫째, 금융기관은 예금채무와 이외의 대통령령으로 정하는 채무를 지불준비금의 적립대상이 되는 채무로 정의하고 이에 대하여 지급준비율을 적용하여 산정한 금액이상으로 지불준비금으로 보유하여야 한다. 둘째, 지불준비금에 대해서는 금융통화위원회의 결정에 따라 이자를 지급할 수 있다. 따라서 제도적으로 이자를 지급할 수 있지만 현재는 지불준비금에 이자가 지급되고 있지 않는 것으로 알려져 있다.

위의 설명을 지준시장모형의 그래프에 반영한다면 다음과 같이 수정되어야 한다. 첫째, 지준시장의 수요곡선은 지준이자율보다 더 높은 부분에 대해서는 우하향인 곡선이지만 지준이자율보다 더 낮은 부분에 대해서는 지준이자율과 같은 수준에서 뻗어나가는 수평선이 된다. 그 이유는 연방기금금리가 지준이자율보다 더 낮은 수준으로 떨어지면 연방기금시장에서 자금을 빌려주지 않고 모두 중앙은행 지불준비금으로 예치하는 것이 더 수입이 크기 때문이다. 둘째, 지준

시장의 공급곡선은 지준이자율보다 재할인율보다 더 낮은 부분에서는 수직선이
지만 재할인율보다 더 높은 수준에서는 재할인율과 같은 수준에서 뻗어 나오는
수평선이다. 수평선으로 그리는 이유는 연방기금금리가 재할인율보다 더 높을
때 금융기관은 재할인창구에서 자금을 빌려서 연방기금시장에 빌려주면 수익을
얻을 수 있기 때문이다. 따라서 지불준비금에 대하여 이자를 지급하는 제도가
통화정책의 운용에 대하여 함의하는 것을 간단히 정리하면 다음과 같다. 지준수
요의 외생적인 변동으로 인하여 지준시장의 수요곡선이 위·아래로 이동하더라
도 지준시장의 균형금리가 변동할 수 있는 폭을 제한하는 역할을 할 수 있다는
것이다. 중앙은행의 목표지준금리가 지준시장의 균형금리가 되도록 하는 작업의
효율성을 높여 준다.

  한국은행이 실시하는 자금조정예금 및 대출제도가 콜시장에 미치는 효과는
앞에서 설명한 지불준비금에 대한 이자지급이 지준시장모형에 주는 효과와 비교
하여 설명할 수 있다. 예를 들어 한국은행이 실시하고 있는 자금조정예금 및 자
금조정대출은 콜금리를 일정한 범위 이내로 제한하기 위한 제도적 장치로서 이
해될 수 있다. 자금조정예금은 금융기관이 자금수급과정에서 발생한 여유자금을
금액 및 횟수에 대한 제약 없이 한국은행에 예치할 수 있는 제도를 의미한다.
만기는 영업일 하루 동안이고 예금금리는 기준금리에서 1퍼센트를 낮춘 수준으
로 설정하는 것으로 알려져 있다. 자금조정대출은 금융기관이 자금수급과정에서
발생한 자금의 부족을 충당하기 위해 금액 및 횟수에 대한 제약없이 한국은행으
로부터 차입이 가능할 수 있는 제도를 의미한다. 만기는 영업일 하루 동안이고
대출금리는 기준금리에서 1퍼센트를 더한 금리로 설정되는 것으로 알려져 있다.

  <그림 8-4>에서는 자금조정예금 및 자금조정대출의 도입이 콜시장에 미치
는 효과를 보여 주고 있다. 콜시장에 참가하는 금융기관의 대부분이 자금조정예
금과 대출을 이용할 수 있는 자격을 갖춘 금융기관이라는 가정을 부가하여 그린
그래프이다. 자금조정예금의 금리가 기준금리에서 1퍼센트 뺀 금리로 결정된다
는 가정을 부가하여 이보다 더 낮은 수준에서 콜금리가 결정될 경우 모두 한국

그림 8-4 자금조정예금 및 대출 도입의 효과

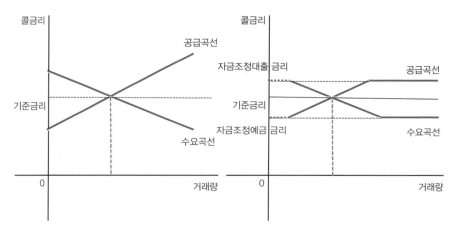

은행에 자금조정예금을 하게 된다. 따라서 콜금리가 자금조정예금의 금리보다 더 낮은 부분에서 콜시장 공급이 없어서 <그림 8-4>에서는 점선으로 처리된다. 또한 콜금리와 자금조정예금의 금리가 서로 같을 때 수요곡선은 수평선이 된다. 콜금리가 자금조정대출의 금리보다 더 높게 결정된다면 금융기관들은 모두 자금조정대출을 신청한다. 따라서 콜금리가 자금조정대출의 금리보다 높은 부분에서 콜시장에서 자금수요가 없기 때문에 <그림 8-4>에서는 점선으로 처리된다. 또한 콜금리가 자금조정대출의 금리와 같을 때 공급곡선은 수평선이 된다. 자금조정예금의 금리가 콜금리의 하한이 되지만 공급곡선에 영향을 미치기 때문에 지급준비금에 대한 이자지급이 지준시장의 지준수요곡선에 미치는 효과와는 구별되어야 한다.

한국은행의 통화정책수단

공개시장조작은 중앙은행이 금융시장에서 금융기관을 상대로 국채 등 증권을 매도 및 매수하여 시중에 유통되는 화폐의 양이나 금리수준에 영향을 미치려는 가장 대표적인 통화정책 수단이다. 한국은행의 공개시장조작은 증권매매, 통화안정증권 발행 및 환매, 통화안정계정 등 세 가지의 형태로 이루어진다. 증권매매는 국공채 등을 매매하여 본원통화를 조절하는 것을 의미한다. 한국은행이 금융시장에서 증권을 매입하면 그 결과 시중에 공급되는 본원통화가 증가한다. 반대로 보유 증권을 매각하면 이에 상응하는 본원통화가 감소한다. 한국은행의 매매대상 증권은 공개시장조작의 효율성과 대상증권의 신용리스크를 감안하여 국채, 정부보증채, 금융통화위원회가 정하는 기타 유가증권으로 제한되어 있다. 매매대상 기타 유가증권에는 통화안정증권이 포함된다. 2008년 9월 리먼 사태 이후 신용경색완화를 위해 대상 증권을 2008년 11월 7일~2009년 11월 6일 기간 중 한시적으로 확대한 적이 있다. 증권매매의 종류에는 단순매매와 일정기간 이후 증권을 다시 사거나 다시 파는 약정을 하는 환매조건부매매(RP거래)가 있다. 단순매매는 유동성이 영구적으로 공급 또는 환수되어 장기시장금리에 직접적인 영향을 줄 수 있기 때문에 제한적으로 활용된다. 따라서 증권매매에 주로 사용되는 수단은 환매조건부매매이다. 이는 통상 7일물을 중심으로 이루어진다.

앞의 지준시장모형에서 이미 설명하였지만 다시 한번 한국은행과 금융기관 사이의 RP거래에 대하여 반복하여 간단히 설명한다. 한국은행은 공개시장조작 수단의 하나로 RP거래를 사용하고 있다. RP거래는 단기금융거래이므로 일시적인 유동성과부족을 조절하기 위한 수단으로 활용된다. RP매매는 RP매각과 RP매입으로 구분된다. 금융시장의 유동성을 흡수하기 위해서 RP매각을 실시하고 유동성을 공급하기 위해서는 RP매입을 실시한다. RP매입의 경우 한국은행이 금융기관의 채권을 매입하면서 일정 기간 후에 그 채권을 되팔기로 하는 계약을 한다. 한국의 경우 기관 간 거래 및 한국은행과 금융기관 간 거래의 경우 3자간 RP가 주로 이용된다. RP거래에 따른 채권의 평가, 일일정산, 조세처리 등의 환매서비스업무는 한국예탁결제원(장외) 및 한국거래소(장내) 등이 담당하고 있다.

통화안정증권은 한국은행이 발행하는 채무증서로서 한국은행이 통화안정증권을 발행하면 한국은행의 부채가 증가한다. 증권의 만기가 비교적 길다는 점을 반영하여 정책효과가 지속되는 기조적인 유동성조절수단으로 활용된다. 명칭은 유사하지만, 기능이 다른 정책수단이 있다. 2010년 10월 이후 활용되고 있는 통화안정계정은 기간부예금 입찰제도(term deposit)이다. 따라서 통화안정증권과 통화안정계정은 별개의 제도이다. 통화안정계정은 주로 지불준비금을 맞추기 위해 필요한 자금의 미세조절 및 예상치 못한 지불준비금의 수급변동에 대응하는 수단으로 활용되고 있다. 통화안정계정이 지불준비금으로 인정이 되는지에 대하여 확인할 필요가 있다. 통화안정계정의 잔고가 시중은행의 지불준비금으로 인정된다면 이는 지불준비금에 이자를 지급하는 제도가 상시적으로 운용되고 있는 것으로 간주할 수 있다. 그러나 한국은행법에 따르면 통화안정계정은 지불준비금으로 인정되지 않는 것으로 명시되어 있다. 이를 확인하기 위해 한국은행법 제70조 한국은행 통화안정계정의 설치에 대한 규정을 요약한다. 첫째, 한국은행은 금융통화위원회가 정하는 바에 따라 한국은행 통화안정계정을 설치하여 금융기관으로 하여금 그 계정에 예치하게 할 수 있다. 둘째, 한국은행의 통화안정계정에 예치된 금액은 규정에 따른 지불준비금으로 보지 아니한다. 따라서 통화안정계정의 잔고가 변동하면 지준시장에 영향을 미칠 수 있지만 한국은행법에 따르면 지불준비금 자체의 변동은 아니다.

다음에서는 한국은행의 여수신제도에 대하여 설명한다. 중앙은행의 여수신제도는 중앙은행이 은행을 상대로 대출을 해 주거나 예금을 받는 정책수단이다. 전통적으로 중앙은행의 통화정책 수단은 공개시장조작, 지급준비제도, 재할인대출제도 등을 의미하였다. 그러나 최근 들어 여러 국가에서 중앙은행이 직접 은행을 상대로 일시적인 부족자금의 충당을 위한 대출과 함께 일시적인 여유자금을 예금으로 받을 수 있는 제도를 도입하였다. 예를 들어 한국은행은 2008년 3월 대기성 여수신제도인 자금조정대출과 자금조정예금을 새롭게 도입하여 중앙은행의 여수신제도를 확대하였다. 현재 한국은행이 상시적으로 운용하고 있는 대출제도는 세 가지로 구분할 수 있다. 첫째, 은행의 자금수급과정에서 발생한 부족자금을 지원하는 자금조정대출이다. 둘째, 은행의 중소기업 등에 대한 금융중개기능에 필요한 자금을 지원하는 금융중개지원대출이다. 셋째, 은행의 일중 지급 및 결제에 필요한 일시적인 부족자금을 당일 결제마감 시까지 지원하는 일중당좌대출이다. 이들 대출은 어음재할인 또는 증권담보대출의 형태로 실행될 수 있다. 은행이 한국은행에 담보로 제공할 수 있는 증권의 종류에는 금융기관이 대출로 취득한 신용증권, 국공채, 통화안정증권 등이 있다. 이 밖에도 한국은행은 한국은행법에 의거 자금조달 및 운용의 불균형으로 인해 유동성이 악화된 금융기관에 대한 긴급여신이 가능하다. 금융기관으로부터의 자금조달에 중대한 애로가 발생하거나 발생할 가능성이 높은 경우 금융기관이 아닌 영리기업에 대해서도 특별대출이 가능하다. 또한 한국은행은 금융기관이 자금수급 과정에서 발생한 여유자금을 예치할 수 있는 자금조정예금제도를 운용하고 있다.

지급준비제도는 금융기관으로 하여금 지급준비금 적립대상 채무의 일정비율을 지급준비율로 정하고 이에 해당하는 금액을 중앙은행에 지급준비금으로 예치하도록 의무화하는 제도로 정의된다. 지급준비제도는 중앙은행이 통화정책수행을 위해 사용할 수 있는 정책수단의 하나이다. 그 이유는 중앙은행이 지급준비율을 조정하면 금융기관의 자금사정을 변화시키게 되어 금융시장의 유동성을 조절할 수 있기 때문이다. 지급준비율을 올리면 은행들은 예금으로 받은 자금 중, 보다 더 많은 자금을 지급준비금으로 예치해야 한다. 이는 은행이 대출이나 유가증권 매입에 할애할 수 있는 자금이 감소함을 의미한다. 그 결과 통화지표의 크기를 감소시키는 효과가 발생한다. 반대로 지급준비율을 낮추면 민간경제에 공급되는 통화량을 증가시키는 효과가 발생한다. 지급준비제도는 전 세계적으로 통화정책이 통화량중심에서 금리중심으로 전환되면서 그 활용도가 과거에 비해 현저히 낮은 것으로 알려져 있다. 그럼에도 불구하고 금융기관으로 하여금 중앙은행에 일정규모의 지급준비금을 당좌예금으로 예치하게 함으로써 중앙은행의 당좌예금계좌를 이용한 금융기관 간 지급결제가 원활히 되도록 이용할 수 있다. 또한 금융기관이 지급준비금을 보유함에 따라 지급결제에 소요될 자금을 금융시장에서 차입하려는 수요를 줄여준다. 그 결과 그렇지 않은 경우에 비해 금융기관들의 단기자금거래시장인 콜시장 등에서 시장금리가 안정된다. 현재 우리나라의 지급준비제도 적용대상 금융기관에는 일반은행 및 특수은행이 있다. 이들 금융기관은 예금 종류에 따라 현재 0~7%로 차등화되어 있는 지급준비율에 해당하는 금액을 지불준비금으로 보유하여야 한다. 한편, 한국은행법 개정에 따라 2011년 12월 17일부터는 기존 예금채무 이외에 일부 금융채에 대해서도 지급준비율을 부과할 수 있게 되었다. 금융기관은 지불준비금을 원칙적으로 한국은행 당좌예금으로 보유하여야 하나 필요지불준비금의 35%까지 금융기관 자신이 보유하고 있는 한국은행권을 지준예치금으로 인정해주고 있다. 지급준비율은 최고 50%를 초과하지 않는 범위 내에서 금융통화위원회가 지불준비금 적립대상 채무의 종류별 및 규모별로 결정하도록 되어 있다. 다만 현저한 통화팽창기에는 지정일 현재의 지급준비금적립대상 채무금액을 초과하는 증가액에 대하여 최대 100%까지의 한계지급준비율을 정함으로써 이에 해당하는 금액을 추가로 보유하도록 할 수 있다. 또한 만기2년 이하의 원화표시채권 중 금융통화위원회가 현저한 통화팽창기에 또는 현저한 통화팽창기가 될 우려가 있는 경우에 지준적립이 필요하다고 인정하는 기간 동안 발행되는 일반은행의 금융채와 금통위가 현저한 통화팽창기에 정부와 지준적립여부 및 그 기간에 대해 협의를 거쳐 정하는 기간 동안 발행되는 특수은행(농협 및 수협, 기업은행 및 산업은행)의 금융채에 대해 지급준비율을 부과할 수 있다.

다음에서는 은행이 적립해야 하는 지불준비금을 어떻게 계산하고 은행이 지불준비금을 정확하게 보유하는지를 확인하는 방식에 대하여 설명한다. 매월 1일부터 말일까지 기간 중 지준대상인 예금의 평균잔액에 대하여 법정지불준비율을 적용하여 필요지불준비금을 매월 계산한다. 이와 같이 계산된 지불준비금을 은행들이 다음 한 달 동안에 적립하도록 하여 매월 말일 은행들이 부여된 지불준비금을 제대로 적립하고 있는지를 확인한다. 예를 들어 지급준비금을 계산하는 기간은 2016년 5월의 경우 2016년 5월 1일부터 2016년 5월 31일이다. 그 이후 2016년 6월 7일부터 2016년 7월 11일까지 한 달 동안 이미 계산기간에 계산한

준비금을 적립해야 한다. 지준의 보유기간 중 마지막 날을 지준마감일이라고 한다. 지준마감일에 필요지불준비금보다 더 많이 지불준비금을 보유한 은행은 여유자금을 한국은행에 예치할 수 있다. 지준마감일에 필요지불준비금보다 더 작게 지불준비금을 보유한 은행은 부족한 자금을 한국은행으로부터 차입할 수 있다. 전자의 경우 기준금리보다 1퍼센트 낮게 책정된 지준마감일의 자금조정예금금리가 적용된다. 후자의 경우 1퍼센트 높게 책정된 지준마감일의 자금조정대출금리가 적용된다.

통화안정계정모형

앞에서 설명한 통화안정계정은 중앙은행이 금융기관에게 제공하는 기간부예금이다. 미국의 중앙은행도 『기간부예금창구(term deposit facility)』를 개설하여 운영하였다. 미국의 경우는 제로금리에서 금리를 정상화하는 과정에서 은행이 보유하고 있는 지불준비금을 기간부예금으로 이동시켜서 통화공급량을 조절하는 수단으로서 실시하였다. 우리나라의 경우 통화안정계정은 공개시장조작을 위한 하나의 수단으로 도입하여 실시되고 있다. 통화안정계정이 도입되면서 기준금리에 대한 목표치를 달성하기 위한 공개시장조작의 실효성이 있는 수단이 다양화된다는 데 의미가 있다. 그 결과 금융시장에 무리가 가지 않고 중앙은행이 의도하는 정책목표를 달성하는 데 도움이 된다는 것이다. 통화안정계정의 잔고가 지불준비금으로 인정되지 않는다는 측면에서 통화안정계정의 효과를 기존의 지준시장모형으로 분석하는 것은 적절하지 않다고 볼 수 있다. 그러면 지불준비금으로 인정되지 않는 자금을 중앙은행에 예치하고 반대급부로 이자를 제공받는 통화정책의 수단이 금융시장에 어떠한 효과를 미치는지를 생각해 볼 수 있다.

다음에서는 통화안정계정이 단기금융시장에서 결정되는 금리에 미치는 효과를 설명한다. 여기서 의미하는 단기금리는 반드시 콜금리가 되어야 할 이유는 없다. 그 이유는 통화안정계정의 기간부예금에 대한 만기가 콜시장에서 거래되

표 8-1 지준시장모형과 통화안정계정모형의 비교

	지준시장모형	통화안정계정모형	기간부예금 창구제도
분석대상	지불준비금 잔고	통화안정계정의 잔고	기간부예금 잔고
계약이자율	지준금리	통화안정계정 금리	기간부예금 금리
타깃이자율	기준금리 (미국: 연방기금금리)	단기시장금리	단기시장금리
지불준비금 인정여부	인정됨	인정 안됨	인정 안됨
계약의 만기	익일	28일	-
거래의 자격제한	제약이 있음	제약이 있음	제약이 있음

는 금융계약의 만기보다 더 길게 책정될 수 있기 때문이다. 그럼에도 불구하고 통화안정계정모형은 일반적으로 많이 인용되는 지준시장모형과 유사하다. 통화안정계정모형에 대한 직관적인 이해를 돕기 위해 <표 8-1>에서는 지준시장모형과 통화안정계정모형의 공통점과 차이점을 요약하여 비교하고 있다. 공통점은 두 가지로 볼 수 있다. 첫째, 중앙은행대차대조표의 부채로 잡힌다는 것이다. 지준시장에서 의미하는 지준은 금융기관이 중앙은행에서 개설한 계좌의 잔고를 의미한다. 통화안정계정은 지불준비금이 아닌 다른 계좌의 잔고를 의미하지만 금융기관이 중앙은행에 개설한 계좌의 잔고라는 점에서 공통점이 있다. 둘째, 거래에 참가하는 금융기관에 대한 제약이 있다. 지불준비금의 경우도 일부 금융기관에게만 지불준비금의 의무가 부과되고 있다. 통화안정계정에 대해서도 참가할 수 있는 기관에 대한 제약이 부과되어 있다. 그러나 통화안정계정에 입금된 자금은 지불준비금으로 인정되지 않는다.

<그림 8-5>는 중앙은행에서 제공하는 통화안정계정과 금융시장에 존재하는 만기가 동일한 다른 단기금융계약 간 하나를 선택해야 하는 금융기관의 결정을 반영한 통화안정계정모형이다. 동일한 만기의 금융상품에 대한 이자율이 통화안정계정에서 제공되는 이자율보다 더 높다면 통화안정계정의 기간부예금을 신청할 유인이 없다. 따라서 단기금리가 더 높아지면서 통화안정계정에 대한 금

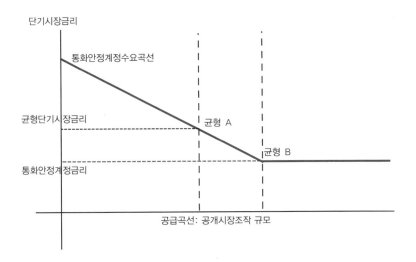

그림 8-5 통화안정계정의 단기시장금리효과

융기관의 수요는 감소하므로 <그림 8−5>의 통화안정계정 수요곡선은 음의
기울기를 가지고 있다. 여기서 수직축은 민간금융시장의 단기금리를 나타낸다.
동일한 만기를 가진 금융상품의 금리가 통화안정계정의 금리보다 더 낮아지는
경우 모든 금융기관들은 통화안정계정에 입금하는 것을 선호한다. 따라서 금융
시장의 단기금리가 통화안정계정의 금리와 같아지는 점에서 수요곡선은 수평선
이 된다.

  통화안정계정을 만들어 낸 목적이 공개시장조작의 수단으로서 활용하자는 것
이므로 통화안정계정의 규모는 중앙은행이 필요하다고 판단한 공개시장조작의
규모에 의해서 결정된다. 따라서 공급곡선은 지준시장모형과 동일하게 수직선으
로 가정한다. 수직선의 위치는 중앙은행이 결정한 공개시장조작의 규모 중 통화
안정계정에 할당된 잔고에 의해서 결정된다. 오른쪽으로 이동할수록 통화안정계
정에 할당된 규모가 더욱 크다. <그림 8−5>에서는 두 개의 균형이 가능한
것으로 표시한다. 첫째 경우는 민간의 단기금리와 통화안정계정의 금리가 같아
지는 경우이다. 이는 균형 B에 해당한다. 둘째 경우는 민간의 단기금리가 통화
안정계정의 금리보다 더 높은 수준에 위치하는 것이다. 이는 균형 A에 해당한

다. 따라서 통화안정계정의 금리는 민간 금융시장에서 결정되는 단기금리의 하한이 된다. <그림 8-5>를 보면서 통화안정계정에 대한 수요와 공급이 만나는 점에서 결정되는 금리가 통화안정계정의 금리가 아니고 민간의 금융시장에서 결정되는 단기금리가 되는지에 대한 의문을 가지는 사람이 있을 수 있다. 이는 <그림 8-5>의 통화안정계정모형에서도 <그림 8-1>의 지준시장모형과 동일한 원리가 작동하기 때문이다. 우선 미국의 경우를 예로 들어 설명한다. 금융기관이 자신의 자금을 지불준비금으로 중앙은행의 계좌에 예치하는 것에 대한 기회비용이 연방기금시장에서 결정되는 연방기금금리다. 연방기금금리는 지불준비금에 대한 기회비용으로 간주할 수 있으므로 지불준비금에 대한 수요는 기회비용인 연방기금금리와 역의 관계에 있다. 이제 우리나라의 상황으로 돌아와서 통화안정계정모형을 설명한다. 통화안정계정에 대하여 이자를 지급하기 때문에 이는 지불준비금에 대하여 이자를 지급하는 경우와 대비하여 설명할 수 있다. 지준시장모형에서 지불준비금에 대하여 이자를 지급하는 경우 이는 지준시장금리에 대한 하한으로 간주할 수 있음을 설명하였다. 따라서 동일한 논리로 통화안정계정에 적용되는 금리를 민간금융시장에서 결정되는 단기금리에 대한 하한으로 간주할 수 있다.

한국은행의 대차대조표

중앙은행이 앞에서 설명한 통화정책수단을 사용해 금리를 조정하거나 통화량을 조절하면 이는 중앙은행의 대차대조표에 영향을 미치게 된다. 예를 들면 공개시장조작의 경우 증권을 민간금융기관으로부터 매입하면 자산의 유가증권 항목이 증가하면서 동시에 부채가 증가한다. 시중은행에 대한 대출을 늘리는 경우에도 중앙은행자산이 증가한다. 지불준비율을 증가시키면 은행금융기관이 중앙은행에 개설한 계좌의 예금이 증가하여 중앙은행의 부채가 증가한다. 따라서 중앙은행의 대차대조표는 중앙은행이 통화정책을 수행하기 위해 실시한 일련의 정책행위가 담겨있는 일종의 기록표로 간주될 수 있다.

한국은행이 대차대조표를 작성하기 위해 적용하고 있는 몇 가지 원칙은 다음과 같다. 첫째, 자산은 취득시점의 가치로 계상하고 부채는 부담시점의 가치로 계상하고 있다. 예를 들어 유가증권의 경우 채권은 상각후원가로 계상한다.[7] 주식은 취득원가로 계상한다. 따라서 현재의 시가에 의한 평가는 실시하지 않고 있다. 둘째, 외화자산 및 외화부채는 대차대조표일 현재의 매매기준율 및 재정된 매매기준율을 적용하여 원화로 환산한 금액을 대차대조표에 계상하고 있다.[8] 셋째, 환매조건부매매거래는 증권을 담보로 한 자금의 대차거래로 처리한다. 환매조건부로 증권을 매입하고 자금을 대여하는 경우 대차대조표상 환매조건부매입증권의 계정에 계상한다. 환매조건부로 증권을 매각하고 자금을 차입하는 경우에는 환매조건부매각증권의 계정에 계상한다.

한국은행이 보유하고 있는 외환보유액은 어떻게 운용이 되고 있는지를 설명한다. 한국은행은 운용목적에 따라 외화자산을 현금성자산과 투자자산으로 구분한다. 이 중 투자자산은 운용방식에 따라 직접투자자산과 위탁자산으로 나누어 운용되고 있다. 현금성자산은 거래비용이 작고 즉시 현금화가 가능한 미국의 단기 국채 및 예치금 등 단기금융상품으로 운용되고 있다. 직접투자자산은 높은 수준의 유동성을 유지하면서 안정적인 수익을 획득하는 것을 목표로 하여 정부채권, 정부기관의 채권, 회사채 및 자산유동화채 등의 채권 위주로 운용하고 있는 것으로 한국은행은 밝히고 있다. 이에 반하여 위탁자산은 해외의 자산운용사와 한국투자공사 등에 위탁하여 운용하고 있다. 한국은행의 통계자료에 따르면 2016년 말 기준 전체 외환보유고 중 현금성자산은 4.7%이다. 나머지는 직접투자자산 77.3%와 위탁자산 18.0%로 구성되어 있다.

---

7) 상각후원가는 액면가액에 비해 할인된 가격으로 취득한 채권을 계속해서 보유할 때 대차대조표에 계상하는 가치를 계산하는 방식을 말한다. 예를 들어 최초시점의 채권가격이 P_0이고 1기 동안 상각액이 Δ_0이다. 이 경우 다음시점의 대차대조표에서는 $P_1 = P_0 - \Delta_0$로 계상된다. 같은 방식으로 두 시점 이후 가치는 $P_2 = P_1 - \Delta_1$으로 계상된다.

8) 한국은행의 홈페이지에 따르면 매매기준율은 전날 외국환중개회사를 통해 거래된 미달러화의 거래량과 거래환율을 가중평균하여 산출한 평균환율이다.

표 8-2 한국은행의 부채와 자본

	2014	2015	2016
부채합계	475,179.9	476,951.6	466,897.6
국내부채	410,026.0	423,489.2	417,833.3
화폐발행잔액	74,944.8	86,757.2	97,382.2
예금계	117,632.9	120,646.9	106,952.4
은행 금융기관지준예금	40,742.8	42,399.9	44,200.5
비은행 금융기관예금	654.0	1,025.1	920.3
중앙정부예금	3,775.9	3,753.7	7,171.5
특수자금융자기금	0.0	0.0	0.0
통화안정증권발행	181,514.9	184,367.3	168,373.0
환매조건부채권매각	17,000.0	15,000.0	12,850.0
통화안정계정	12,500.0	10,000.0	18,700.0
충당금	144.3	146.5	159.0
기타국내부채	2,513.2	2,817.6	6,245.5
국외부채	65,153.9	53,462.4	49,064.3
비거주자예금	4,701.9	4,190.4	7,106.7
IMF특별인출권배분	3,828.0	3,908.2	3,894.0
출자증권발행	1,359.1	1,360.5	7,719.7
기타국외부채	55,264.9	44,003.3	30,343.9
자본	10,619.4	11,945.8	13,422.8

출처: Kosis의 한국은행 주요 계정(말잔, 단위: 십억원).

<표 8-2>는 한국은행의 대차대조표에 계상되어 있는 부채와 자본의 항목들을 요약한 표이다. <표 8-2>에 따르면 한국은행의 부채는 2016년 말 466조 8,976억 원으로 2015년 말의 476조 9,516억 원보다 10조 540억 원 감소한다. 주요 항목을 보면 통화안정증권 발행과 예금 잔액이 각각 168조 3,730억 원과 115조 1,335억 원이다. 이는 2015년 말 대비 각각 15조 9,944억 원과 11조 995억 원 감소하였다. 한편 화폐발행과 통화안정계정잔액은 각각 97조 3,823억

표 8-3 한국은행의 자산

	2014	2015	2016
자산합계	485,799.2	488,897.3	480,320.3
국내자산	50,290.2	42,253.6	38,411.6
현금	0.1	0.2	0.2
대출금	14,162.5	18,732.0	17,330.3
유가증권	16,867.3	16,177.8	14,499.4
국채	16,867.3	16,177.8	14,499.4
대정부대출금	4,117.2	1,280.1	1,289.8
정부대행기관	0.0	0.0	0.0
고정자산	2,127.4	2,326.9	2,325.2
환매조건부채권매입	0.0	0.0	0.0
기타국내자산	13,015.6	3,736.7	2,966.7
국외자산	435,509.0	446,643.7	441,908.7
지금은	5,270.4	5,619.5	5,794.5
외국증권	347,406.9	361,244.6	357,567.1
외화예치금	17,069.0	24,663.1	26,318.1
IMF특별인출권보유	3,605.8	3,798.9	3,478.0
국제금융기구출자금	7,791.7	7,824.1	17,235.8
기타국외자산	54,365.2	43,493.5	31,515.2

출처: Kosis의 한국은행 주요 계정(말잔, 단위: 십억원).

원과 18조 7,000억 원이다. 이는 2015년 말에 비해 각각 10조 6,251억 원과 8조 7,000억 원이 증가한 것이다. 한국은행의 자본은 2016년 말 13조 4,227억 원이다. 2015년 말의 11조 9,457억 원보다 1조 4,769억 원 증가하였다. 한국은행의 자본은 법정적립금, 임의적립금 및 미처분이익잉여금으로 구성된다. 한국은행은 한국은행법 제99조에 따라 당기순이익의 30%를 법정적립금으로 적립한다. 잔여이익 중 일부를 정부의 승인을 얻어 특정 목적을 위한 임의적립금으로 적립할 수 있다. 나머지 순이익은 정부에 세입으로 납부한다.

<표 8-3>은 한국은행의 대차대조표에 계상되어 있는 자산의 항목들을 요약한 표이다. 한국은행이 보유하고 있는 자산의 대부분은 외화증권 및 예치금 등으로 구성되어 있다. 한국은행의 대차대조표를 보면 2016년 말 기준 총자산 규모는 480조 3,203억 원으로 2015년 말의 488조 8,973억 원보다 8조 5,770억 원 감소하였다. 주요항목을 보면 유가증권과 기타자산 잔액이 각각 372조 665억 원, 32조 3,728억 원으로 2015년 말에 비해 5조 3,559억 원, 12조 862억 원 감소한 반면 출자금 및 출자증권이 9조 4,117억 원 증가하였다.

연습문제

01 통화안정계정은 지불준비금으로 분류되지 않고 자금조정예금은 지불준비금으로 분류된다. 이와 같은 차이에 대한 근거에 대하여 분석하시오.

02 우리나라의 콜시장과 미국의 연방기금시장의 차이에 대하여 설명하시오.

03 인플레이션타기팅을 실시하는 많은 국가에서는 단기금리를 운용목표변수로 사용하고 있다. 이와 같은 방식을 통해 목표하는 인플레이션율을 달성할 수 있음을 뒷받침하는 거시경제 모형에 대하여 설명하시오.

04 공개시장조작의 수단으로 RP거래와 통화안정계정을 사용할 수 있다. 두 개의 수단이 어떠한 차이가 있는지를 설명하시오.

05 지불준비금에 대한 이자를 지급하는 제도의 도입이 지준시장모형에 미치는 효과를 그림으로 그리고, 이유를 설명하시오.

06 화폐수량설을 주장하는 통화론자가 물가안정목표제를 운용해야 한다면 어떠한 방식을 선택할 것인지를 설명하시오.

07 물가안정만을 통화정책의 최종목표로 추구하는 나라와 물가안정과 고용안정을 동시에 통화정책의 최종목표로 추구하는 나라의 예를 찾아보고 어떠한 차이가 있는지에 대하여 조사하시오.

08 콜금리에 대하여 목표치를 설정하는 방식과 기준금리에 대하여 목표치를 설정하는 방식이 가능하다. 두 개의 운용 방식에 대한 장점과 단점을 설명하시오.

09 중앙은행과 RP거래를 하는 금융기관이 콜시장에서 만성적으로 자금을 차입하는 금융기관이라

고 가정하고, 이런 가정이 도입되면 〈그림 8-2〉에 어떠한 변화가 발생하는지를 설명하시오.

10 평균인플레이션타기팅제도가 실시되면 기존의 인플레이션타기팅제도보다 선제적지침의 역할이 강화되는 효과를 기대할 수 있다는 주장을 평가하시오.

11 민간은행이 중앙은행에 예치하는 지불준비금에 적용되는 이자율이 지준시장의 균형이자율의 하한이 될 것이라는 이론모형의 결과가 현실경제에서 항상 그대로 실현되지 않을 수 있다는 주장을 평가하시오.

12 암호자산(crypto asset)의 사용이 널리 일반화되면 중앙은행의 통화정책이 실물경제에 미치는 효과가 낮아진다는 주장을 평가하시오.

13 암호자산(crypto asset)의 사용이 널리 일반화되면 인플레이션타기팅제도의 성공적인 운영에 부정적인 효과를 발생시킬 것이라는 주장을 평가하시오.

14 중앙은행 역RP는 지준시장금리가 목표범위보다 더 높게 형성되는 것을 막는 데 유용하고, 중앙은행 RP는 지준시장금리가 목표범위보다 더 낮게 형성되는 것을 막는 데 도움이 된다는 주장을 평가하시오.

15 통화안정계정과 관련된 설명 중 옳은 항목들을 있는 대로 고르시오. 그 이유를 반드시 설명하시오.
　① 통화안정계정의 잔고는 시중은행이 보유한 통화안정증권을 한국은행에 예치한 계좌의 잔고를 말한다.
　② 통화안정계정의 잔고는 지불준비금으로 인정되지 않는다.
　③ 통화안정계정의 잔고에 대한 기회비용은 동일한 만기의 시장이자율이다.
　④ 실질 무위험채권의 이자율을 보장한다.

16 미국의 지불준비금에 지급하는 이자율(지준이자율)제도와 관련된 설명 중 옳은 항목들을 있는 대로 선택하고, 이유를 설명하시오.
　① 지준시장에서 자금거래가 가능하지만 지준이자율의 혜택이 없는 금융기관이 있다면 지준이자율은 지준시장 균형이자율의 하한이 되지 않는다.
　② 필요지불준비금제도가 폐지된 이후 하나의 지준이자율로 통합되었다.
　③ 중앙은행의 역RP창구를 개설하여 지준시장 균형이자율의 하한을 설정할 수 있다.
　④ 국내은행만 지불준비금의 이자지급혜택을 받고 외국계은행은 제외된다.

17 한국의 기준금리와 콜금리에 관한 설명 중 옳은 항목들을 선택하고, 이유를 설명하시오.

① 한국은행의 자금조정예금제도가 적용되는 금융기관과 콜시장에 참여하는 금융기관이 동일하다면 자금조정예금의 이자율이 콜금리의 하한이 될 수 있다.

② 한국은행의 자금대출예금제도가 적용되는 금융기관과 콜시장에 참여하는 금융기관이 동일하다면 자금조정예금의 이자율이 콜금리의 상한이 될 수 있다.

③ 자유로운 자금이동이 보장되면 차익거래이득이 있는 상황에서 (기준금리=콜금리)의 등식이 성립한다.

④ 한국의 기준금리는 RP이자율이기 때문에 미국의 지준시장모형을 그대로 적용하여 한국의 초단기금융거래시장을 설명하는 것은 적절하지 않다.

18 인플레이션타기팅을 실시하는 국가의 통화정책전략과 관련된 설명 중 옳지 않은 항목들을 선택하고, 이유를 설명하시오.

① 경기중립이자율이 지속적으로 하락하면서 제로금리의 상황이 더 빈번하게 나타날 것이라는 우려가 높아져서 이를 방지하기 위한 대책의 일환으로 목표인플레이션 상향조정의 주장도 제기되어 왔다.

② 단기필립스곡선의 기울기가 지속적으로 낮아지면 가격변동이 감소하기 때문에 통화정책의 총수요효과가 커지게 되어 중앙은행이 목표인플레이션율을 달성하는 데 도움이 된다.

③ 기대인플레이션의 물가안정에 대한 효과는 크지만 가계와 기업이 결정하는 것이기 때문에 중앙은행이 영향을 미칠 수 있는 경로는 없다.

④ 평균 인플레이션타기팅은 중앙은행이 기대인플레이션에 대한 영향력이 없다는 점을 반영하여 작성된 거시경제이론에 기반을 둔 것으로 해석할 수 있다.

19 중앙은행의 지준시장금리에 대한 조절능력을 강화하기 위한 제도적 장치와 관련된 설명 중 옳지 않은 항목들을 선택하고, 이유를 설명하시오.

① 중앙은행의 익일 역RP창구는 지준시장 균형이자율이 급격하게 낮아지는 상황을 방지하는 데 도움이 된다.

② 중앙은행의 익일RP창구는 지준시장 균형이자율이 급격하게 높아지는 상황을 방지하는 데 도움이 된다.

③ 시중은행의 초과지불준비금이 충분히 많은 상황에서도 필요지불준비금제도가 반드시 유지되어야만 지준시장 균형이자율에 대한 중앙은행의 조절능력이 보장된다.

④ 기간부창구제도는 시중은행의 적정이윤보장이 목표이므로 중앙은행의 통화공급조절과 관련이 없다.

20 통화정책의 운용을 맞게 설명한 항목을 선택한 후 이유를 설명하시오.

① 한국은행의 RP매각과 미국 중앙은행의 역RP가 유동성조정에 미치는 효과는 같다.

② 한국은행의 RP매입과 미국 중앙은행의 RP가 유동성조정에 미치는 효과는 같다.

③ 지준시장의 금리를 신속하게 제로로 인하해야 할 때 중앙은행의 RP가 유용할 수 있다.

④ 지준시장의 금리를 신속하게 인상해야 할 때 중앙은행의 역RP가 유용할 수 있다.

21 지준시장모형을 틀리게 설명한 항목을 선택한 후 이유를 설명하시오.

① 지준시장의 시장금리에 하한이 존재하여 수요곡선이 하한에서 수평선이 된다면 양적완화정책으로 인해 증가한 유동성을 급격하게 줄이지 않고 금리를 정상화할 수 있다.

② 중앙은행은 지준시장의 시장금리에 대한 상한의 역할을 하는 창구를 만들 수 없다.

③ 비차입지준은 시중은행이 보유한 지불준비금 중에서 중앙은행으로부터 차입하지 않은 지불준비금을 말한다.

④ 필요지준율을 제로로 인하하면 비차입지준도 제로로 감소한다.

제9장

통화정책의 금리경로와 IS-LM모형

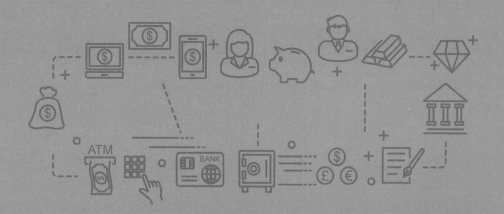

제9장
통화정책의 금리경로와 IS-LM모형

    중앙은행이 통화정책수단을 조정하여 거시경제의 실물변수에 영향을 미치는데에는 시간이 든다. 그 이유는 몇 단계의 중간과정을 거치기 때문이다. 또한 하나의 과정만이 있는 것이 아니라 서로 다른 여러 종류의 과정이 동시에 작용할수 있다. 따라서 한국은행 홈페이지에서 소개한 설명을 그대로 인용하면 다음과 같다. "한국은행의 기준금리 변경은 다양한 경로를 통하여 경제전반에 영향을 미친다. 이러한 파급경로는 길고 복잡하며 경제상황에 따라 변할 수도 있어서 기준금리 변경이 물가에 미치는 영향의 크기나 그 파급시차를 정확하게 측정할수는 없지만 일반적으로 다음과 같은 경로를 통하여 통화정책의 효과가 파급된다고 할 수 있다." 위의 인용에서 '다음과 같은 경로'는 금리경로를 말한다.

    또한 한국은행 홈페이지에서 설명하고 있는 금리경로의 과정과 비교하여 모형의 특성을 설명하기 위해 먼저 한국은행 홈페이지에서 설명하고 있는 금리경로를 다음과 같이 그대로 인용한다. "기준금리변경은 단기시장금리, 장기시장금리, 은행의 예금금리 및 대출금리 등 금융시장의 금리 전반에 영향을 미친다. 예를 들어 한국은행이 기준금리를 인상하면 콜금리 등 단기시장금리는 즉시 상승하고 예금금리 및 대출금리도 대체로 상승하며 장기시장금리도 상승압력을 받는다. 이와 같은 각종 금리의 움직임은 소비, 투자 등 총수요에 영향을 미친다. 예

를 들어 금리상승은 차입을 억제하고 저축을 늘리는 한편 예금이자 수입증가와
대출이자 지급증가를 통해 가계소비를 감소시킨다. 기업의 경우에도 다른 조건
이 동일하면 금리상승은 금융비용상승으로 이어져 투자를 축소시킨다." 위에서
설명한 내용을 간단히 축약하면 다음과 같다.

$$기준금리 \rightarrow 단기시장금리 \rightarrow 장기시장금리 \rightarrow 총수요$$

제9장의 첫째 목적은 제2장에서 도출한 IS곡선을 사용하여 금리경로를 설명
하는 것이다. IS곡선의 함의는 현재시점의 총수요는 장기실질금리의 변화에 의
해서 영향을 받는다는 것이다. 둘째 목적은 필립스곡선의 도출에 대한 설명을
추가하여 단순한 IS-LM모형을 확장한 거시경제모형을 소개한다. 제9장에서 소
개하는 모형은 다음과 같은 점에서 정태적 IS-LM모형과 구분된다. 첫째, 가계와
기업의 미래에 대한 예측이 현재시점의 총수요에 영향을 미친다는 점을 반영한
다. 따라서 제9장에서 소개하는 모형은 동태적인 IS-LM모형으로 간주할 수 있
다. 둘째, 총수요곡선을 도출하기 위해 화폐수요함수와 화폐공급으로 구성된 화
폐시장의 균형으로부터 도출되는 LM곡선 대신 중앙은행이 이자율의 목표치를
결정하는 방식을 설명하는 행동방정식을 사용한다는 점이다. 이러한 변화는 인
플레이션타기팅의 운영방식을 반영하는 것이라고 설명할 수 있다. 인플레이션타
기팅을 채택하고 있는 많은 나라에서는 통화량 등의 중간목표를 두지 않고 통화
정책의 최종목표인 인플레이션율에 대한 목표치의 달성을 위해 필요한 기준금리
에 대한 목표치를 발표하고 이를 달성하려고 한다. 화폐시장에서 결정되는 균형
금리가 있다면 이 균형금리가 중앙은행이 발표한 금리목표와 부합하는 통화량을
화폐시장에 공급한다. 따라서 통화공급이 외생적으로 결정되는 것이 아니다. 금
리목표치가 경제상황에 반응하여 어떻게 결정되는지를 설명하는 과정이 화폐시
장의 화폐공급을 결정한다고 볼 수 있다. 그 결과 통화공급은 수동적으로 결정
된다. 이러한 점을 반영하여 이자율결정을 설명하는 식이 동태적 IS-LM모형에
포함된다. 셋째 목표는 단순한 뉴케인지언모형을 소개하고 국민복지를 반영하여

표 9-1 IS곡선의 기간간 결합

1기시점 IS곡선	$x_1^e = x_2^e - \delta\left(i_1^e - \pi_2^e - (r_1^*)^e\right)$
0기시점 IS곡선	$x_0^e = x_1^e - \delta\left(i_0^e - \pi_1^e - r_0^*\right)$
IS곡선의 기간간 결합: 두 인접 시점	$x_0 = x_2^e - \delta\left(i_0 - \pi_1^e - r_0^* + i_1^e - \pi_2^e - (r_1^*)^e\right)$
IS곡선의 기간간 결합	$x_0 = x_T^e - \delta T\left(v_T - v_T^*\right)$
장기균형조건과 IS곡선의 기간간 결합	$x_0 = -\delta T\left(v_T - v_T^*\right)$

주: IS곡선의 기간간 결합은 선행대입(forward substitution)을 말한다. x_1^e와 x_2^e는 0기시점에서 형성한 1기시점과 2기시점의 예상생산갭을 나타낸다. 여기서 장기균형조건은 충분히 먼 미래에 실질 GDP는 잠재GDP수준으로 수렴한다는 조건을 의미한다. 장기균형조건이 성립할 것으로 예상 충분히 먼 미래에 대하여 $x_T^e = 0$이 된다. 넷째 줄의 기호는 다음과 같이 정의된다.
$$v_T = (1/T)\sum_{t=0}^{t=T-1}(i_t^e - \pi_{t+1}^e); \quad v_T^* = (1/T)\sum_{t=0}^{t=T-1}(r_t^*)^e$$

설정된 최적인플레이션율목표를 어떻게 달성할 수 있는지에 대하여 분석하는 것이다. 또한 준칙에 의해서 실시되는 통화정책과 중앙은행의 재량에 의해서 수정 가능한 통화정책의 차이를 분석한다.

IS곡선과 금리경로

단순히 현재시점의 총수요와 이자율은 서로 반대방향으로 움직인다는 것만 의미하는 정태적 IS곡선은 장단기금리의 구분을 반영하지 않기 때문에 앞에서 설명한 금리경로를 제대로 담을 수 없는 분석도구이다. 그러나 동태적 IS곡선은 장단기금리의 구분이 반영되기 때문에 금리경로를 설명하는데 유용하다. 정태적 IS곡선의 식은 $x = -\delta(i - \pi^e - r^*)$이다. 한편 제2장에서 도출과정을 설명한 동태적 IS곡선의 식은 $x = x^e - \delta(i - \pi^e - r^*)$이다. 두 식에서 사용된 기호는 제2장에서 사용한 기호와 동일하고, x^e가 포함되어 있는지가 다른 점이다. 그러므로 큰 차이가 없다고 생각할 수 있지만, 금리경로를 설명할 때에는 차이가 크다.

동태적 IS곡선은 앞에서 설명한 통화정책의 금리경로를 설명할 수 있음을 보이고자 한다. 이를 위해서 <표 9-1>에 정리되어 있는 동태적 IS곡선의 기간간 결합을 이용해야 한다. 동태적 IS곡선의 기간간 결합은 미래 IS곡선의 식을 현재 IS곡선의 식에 대입하여 현재 IS곡선의 식에 있는 예상생산갭을 소거하는 작업을 반복하여 연속적으로 진행하는 것을 말한다. 이제 다음시점인 1시점에서 도 동태적 IS곡선이 성립한다고 가정한다. 0시점에서 예상된 1시점의 동태적 IS 곡선은 <표 9-1>의 첫째 줄에 정리되어 있다. <표 9-1>에서 하첨자는 모두 시점을 의미하고, 상첨자 e는 예상된 값을 의미한다. 예측치를 형성하는 시점은 0시점이다. 그리고 현재시점의 동태적 IS곡선은 <표 9-1>의 둘째 줄 에 정리되어 있다. 첫째 줄과 둘째 줄을 결합하여 x_1^e을 소거하여 정리한 결과를 <표 9-1>의 셋째 줄에서 보여주고 있다. 셋째 줄에서 현재시점의 총수요는 0기시점과 1기시점에서 예상실질이자율갭의 합과 2기시점에서 총수요에 대한 예측치의 함수가 된다. 셋째 줄의 식과 2기시점에서 성립할 것으로 예상되는 IS 곡선의 식을 동일한 방식으로 더한다. 이러한 반복작업을 $(T-1)$기시점까지 연 장하여 <표 9-1>의 넷째 줄에 정리한다.

<표 9-1>의 넷째 줄에서는 0기시점부터 $(T-1)$기시점까지 동태적 IS곡선 이 성립할 것이라는 예상이 반영된 IS곡선을 보여주고 있다. v_T는 현재시점의 단기실질이자율과 미래시점의 단기실질이자율에 대한 기대치를 가중평균하여 계산되는 장기실질이자율을 의미하고 v_T^*는 현재의 단기자연이자율과 미래시점 의 단기자연이자율에 대한 기대치의 가중평균으로 정의된 장기자연이자율을 의 미한다. 넷째 줄의 함의는 현재시점의 생산갭은 장기실질이자율에서 장기자연이 자율을 뺀 장기실질이자율 갭의 감소함수라는 것이다. 또한 먼 미래의 생산갭에 대한 예상치도 현재시점의 생산갭에 영향을 미친다. 충분히 먼 미래시점에서 잠 재GDP수준으로 수렴될 것으로 예상한다면 x_T^e는 거의 0에 가까운 값이 될 것 이다. 이런 조건을 <표 9-1>의 넷째 줄에 부과하여 <표 9-1>의 다섯째 줄에 정리한다.

<표 9-1>의 다섯째 줄에서 시점을 나타내는 하첨자들을 없애면 $x = -\delta T(v-v^*)$의 식이 된다. 총수요와 장기실질이자율의 정태적 관계를 보여주고

있다는 점에서 혹자는 이 식을 정태적 IS곡선과 동일한 의미를 가지고 있다고 주장할 수 있다. 그러나 정태적 IS곡선에서는 금리경로의 설명에서 단기금리의 변화가 장기금리의 변화로 이어져 이것이 실물변수에 영향을 미치는 과정이 반영되어 있지 않다. 그 결과 한국은행의 홈페이지에 있는 금리경로의 설명을 보다 정확하게 설명할 수 있는 모형은 동태적 IS곡선이라는 점을 주장할 수 있다.

뉴케인지언모형도 IS-LM모형과 같이 그림을 사용하여 다양한 정책의 효과를 분석할 수 있다. 뉴케인지언모형의 그래프분석에서는 LM곡선이 사라지고 대신 그 자리에 중앙은행의 이자율준칙이 들어온다. 이를 간단한 선형식으로 표시하기 위해 (명목)이자율갭을 명목이자율에서 자연이자율과 목표인플레이션율의 합을 뺀 차이로 정의한다. 이 경우 중앙은행의 이자율준칙은 (이자율갭) $= a$(생산갭) $+ b$(인플레이션갭) $+$ (통화충격)의 식으로 표시할 수 있다. 이 식에서 a와 b는 양수이고 (통화충격)은 중앙은행이 경제상황과 관련없이 이자율을 조정하는 부분을 말한다. 앞에서 설명한 동태적 IS곡선의 식도 기호가 아닌 용어를 사용하여 (생산갭) $=$ (예상생산갭) $- d$(이자율갭 $-$ 예상인플레이션갭)이 된다. 수평축은 생산갭이고 수직축은 이자율갭으로 정의되는 평면에서 IS곡선은 음의 기울기를 가진 직선이고, 통화정책의 식은 양의 기울기를 가진 직선으로 표시된다. 두 곡선의 그래프를 그릴 때 정태적 IS-LM모형에서와 마찬가지로 물가 또는 인플레이션율을 주어진 것으로 가정한다

<그림 9−1>은 중앙은행이 경제상황과 관련없이 명목금리를 인상하거나 인하하는 경우 총수요에 미치는 효과를 보여주고 있다. 이자율준칙의 식에서 통화충격의 값이 증가하면 실선이 위로 이동하고, 감소하면 아래로 이동한다. 이자율준칙의 식이 위로(아래로) 이동하면 두 곡선이 교차하는 점에서 결정되는 총수요는 감소(증가)한다. 주의할 점은 IS곡선에는 미래시점에서 결정되는 변수들이 포함되어 있다는 것이다. 이들이 현재시점의 총수요에 미치는 효과는 IS곡선의 절편에 반영되어 있다. 미래시점의 인플레이션율과 총수요에 대하여 현재시점에서 형성한 예상치가 모두 양의 값을 가진다는 가정이 반영되어 있다. 또한

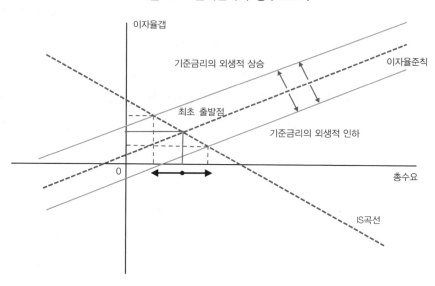

그림 9-1 금리변화의 총수요효과

현재시점에서 기준금리의 변동이 있으면 이는 미래시점의 인플레이션율과 총수요에 미치는 효과가 발생하지만 기준금리의 동태적 효과가 없다는 가정을 반영하고 있다. 이는 비현실적인 가정이지만 정태적 IS-LM모형과 유사한 그래프를 사용하여 통화정책의 총수요효과를 쉽게 설명할 수 있다는 장점이 있다.

　<그림 9-1>에서 가정한 이자율준칙의 식은 테일러준칙의 변형된 형태이다. 이미 제8장에서 설명한 바와 같이 테일러(John Taylor)는 1993년에 발표한 학술논문에서 미국의 중앙은행이 조정하는 연방기금금리의 실제자료가 인플레이션율갭과 생산갭에 반응하는 단기이자율모형으로부터 산출되는 시뮬레이션 자료에 의해서 잘 설명됨을 보였다. 테일러준칙의 구체적인 식은 뒤에서 뉴케인지언모형을 설명할 때 소개한다.

　다음에서는 현재총수요가 장기예상이자율 갭에 의해서 결정된다는 결과의 기대관리정책에 대한 함의를 정리한다. 제로금리정책과 선제적지침을 설명하기 위해 2015년 12월 17일 연합신문의 기사 내용을 그대로 인용한다. "미국이 마침내 금리인상을 단행해, 2008년 금융위기 이후 7년 동안 유지했던 '제로금리'의

시대가 막을 내렸다. 미국 중앙은행인 연방준비제도이사회(Fed 또는 연준)는 워싱턴 D.C. 본부에서 진행된 이틀간의 연방공개시장위원회(FOMC) 정례회의를 통해 기준금리인 연방기금금리를 현재의 0.00%~0.25%에서 0.25%~0.50%로 0.25% 포인트 올리기로 위원 10명이 만장일치로 결정했다고 16일(현지시간) 공식 발표했다." 제로금리정책을 계속해서 유지하면 중앙은행은 금리를 변동시킬 여지가 없다. 따라서 제로금리정책을 실시하고 있는 기간 동안 중앙은행의 통화정책수단은 더 이상 없는 것인지 궁금할 수 있다. 이런 의문에 대한 답변으로 양적완화를 생각해 볼 수 있다. 그러나 양적완화를 고려하지 않더라도 중앙은행은 선제적지침(forward guidance)을 통해 통화정책을 수행할 수 있다.

선제적지침은 미래시점에서 중앙은행이 결정하는 단기금리수준을 미리 약정하여 가계와 기업 등을 포함하는 민간경제주체들의 기대에 영향을 미치는 정책을 의미한다. <표 9-1>에서 정리되어 있는 IS곡선을 이용하여 선제적지침의 총수요효과를 설명한다. 현재시점이 제로금리의 상황이라는 점이 동일하더라도 중앙은행이 더 먼 미래까지 제로금리의 상황을 발표하고 이를 민간경제주체들이 받아들이면 장기이자율이 더 낮아지고 그 결과 총수요가 더 높아진다. 선제적지침의 실효적인 효과를 위해 필요한 것은 중앙은행의 미래 행동에 대한 약속을 가계와 기업들이 믿어야 한다는 것이다. 미래시점에 도달하면 과거에 한 약속들을 무시하고 그 시점에서 가장 유리한 선택을 한다고 예상한다면 가계와 기업들은 중앙은행의 발표를 믿지 않는다. 따라서 선제적지침의 효과가 발생하기 위해 가계와 기업의 중앙은행에 대한 신뢰가 필요하다. 이러한 점을 감안하면 평시에 중앙은행이 금융시장과의 소통을 중시하고 그 결과 착실하게 쌓아온 신뢰성은 금융위기 등의 경제위기가 발생하는 상황에서 중앙은행이 실시하는 정책의 실효성을 가질 수 있도록 한다는 점에서 중앙은행이 평소에 착실하게 쌓아가야 하는 중요한 자산이라고 할 수 있다.

필립스곡선의 도출

<표 9-2>는 필립스곡선의 도출과정을 수식으로 보여주고 있다. <표 9-2>에서는 이윤극대화의 결과로 결정된 제품가격의 가중평균이 물가지수라는 점을 반영하여 필립스곡선을 도출한다. 특히 현재시점에서 기업이 새로운 가격을 결정하여 발표하면 그 이후 매시점마다 α의 확률로 가격변동이 없는 것으로 소비자에게 약속한다. 기업의 경영자는 시장상황과 비용변동요인을 고려하여 적정한 시점이라고 판단되는 상황이 발생하면 새롭게 가격을 재조정할 것을 생각하고 있다. 매기시점마다 $(1-\alpha)$의 확률로 약정한 가격대로 실행되지 못하고 가격을 수정해야 할 가능성을 미리 알려준다. 매기시점에서 소비재 한 단위를 생산하기 위한 비용은 mc로 표기한다. 또한 한계비용이 개별 기업의 생산량에 의존하지 않는 것으로 가정한다.[1] 대문자 P는 명목가격의 로그값이고 소문자 p는 실질가격의 로그값을 나타낸다. P에 별표를 상첨자로 붙이면 이윤극대화의 가격이라는 의미이다. 따라서 $p_0^* = P_0^* - P_0$의 관계가 성립한다. 별표의 상첨자는 이윤극대화를 나타낸다. 또한 0기시점의 인플레이션율은 물가지수의 기간간 차이로 정의하여 $\pi_0 = P_0 - P_{-1}$으로 쓸 수 있다.

<표 9-2>의 첫째 줄에서는 가격이 앞으로 고정될 것으로 예상되는 기간 중 발생할 미래수입흐름의 현재가치를 보여주고 있다. 미래시점에서 받을 수입의 현재가치를 계산하기 위해 기업이 사용하는 할인인자를 β로 표기한다. PMR_0는 0기시점의 재화를 기준으로 평가한 한계수입의 예상현재가치를 나타낸다. 우변의 첫째항은 현재시점인 0기시점의 실질수입이다. 우변의 둘째항은 다음시점인 1기시점에서 예상되는 실질수입을 현재가치로 환산한 것이다. 연속해서 α를 곱한 이유는 가격을 계속 고정시킬 가능성을 반영해야 하기 때문이다. 연속해서 β를 곱한 이유는 재화 한 단위의 미래가치를 현재가치로 환산해야 하

---

1) 이를 위해 기업은 한계생산비용과 평균생산비용이 같아지는 규모수익불변의 생산기술을 보유하고 있는 것으로 가정한다. 생산요소시장은 완전경쟁이고 요소가격은 완전신축적으로 변동하는 것으로 가정한다.

표 9-2 필립스곡선의 도출과정

예상한계수입	$PMR_0 = (P_0^* - P_0) + \alpha\beta(P_0^* - P_1) + (\alpha\beta)^2(P_0^* - P_2) + (\alpha\beta)^3(P_0^* - P_3) + \cdots$
예상한계비용	$PMC_0 = mc_0 + \alpha\beta mc_1 + (\alpha\beta)^2 mc_2 + (\alpha\beta)^3 mc_3 + \cdots$
0기시점 예상수입	$PMR_0 = \dfrac{P_0^* - P_0}{1-\alpha\beta} + (\alpha\beta)(P_0 - P_1) + (\alpha\beta)^2(P_0 - P_2) + (\alpha\beta)^3(P_0 - P_3) + \cdots$
1기시점 예상수입	$PMR_1 = \dfrac{P_1^* - P_1}{1-\alpha\beta} + (\alpha\beta)(P_1 - P_2) + (\alpha\beta)^2(P_1 - P_3) + (\alpha\beta)^3(P_1 - P_4) + \cdots$
한계수입 기간간 변화	$PMR_0 - \alpha\beta PMR_1 = \dfrac{p_0^*}{1-\alpha\beta} - \dfrac{\alpha\beta}{1-\alpha\beta}(p_1^* + \pi_1)$
한계비용 기간간 변화	$PMC_0 - \alpha\beta PMC_0 = mc_0$
이윤극대화조건	$p_0^* = (1-\alpha\beta)mc_0 + \alpha\beta(p_1^* + \pi_1)$
0기시점 물가지수식	$P_0 = (1-\alpha)P_0^* + (1-\alpha)\alpha P_{-1}^* + (1-\alpha)\alpha^2 P_{-2}^* + \cdots$
(-1)시점 물가지수식	$P_{-1} = (1-\alpha)P_{-1}^* + (1-\alpha)\alpha P_{-2}^* + (1-\alpha)\alpha^2 P_{-3}^* + \cdots$
물가지수 기간간 변화	$P_0 = (1-\alpha)P_0^* + \alpha P_{-1} \rightarrow \alpha\pi_0 = (1-\alpha)p_0^*$
인플레이션 기간간 변화	$\pi_0 = \beta\pi_1 + \left(\dfrac{(1-\alpha)(1-\alpha\beta)}{\alpha}\right)mc_0$

주: 예상한계수입과 예상한계비용은 한 시점의 판매수입과 생산비용만 고려한 것이 아니라 계약기간이 유효할 것으로 예측되는 전기간을 고려하여 계산한 것이다. P_0^*는 0기시점의 이윤극대화의 실질가격이고, P_1^*는 1기시점의 이윤극대화의 실질가격이다.

기 때문이다. <표 9-2>의 둘째 줄에서는 가격이 고정되는 예상기간 동안 발생할 비용흐름의 현재가치를 보여주고 있다. PMC_0는 0기시점의 재화를 기준으로 평가한 예상한계비용을 나타낸다. 우변의 첫째항은 현재시점인 0기시점의 실질비용이다. 우변의 둘째항은 다음시점인 1기시점의 실질비용을 현재가치로 환산한 것이다. 예상현재가치를 계산하는 방식은 첫째 줄과 동일하다.

매기시점마다 새로이 가격을 결정하는 기업이 항상 존재하지만, 모든 기업이 매기시점마다 가격을 동시에 새로 결정하지 않는다. 각각의 시점에서 새롭게 가격을 결정하는 기업에게 적용되는 이윤극대화조건도 다르다. $PMC_0 = PMR_0$의 등식은 0기시점에서 성립해야 하는 이윤극대화조건이다. $PMC_1 = PMR_1$의 등식은 1기시점에서 성립해야 하는 이윤극대화조건이다. 따라서 이윤극대화조건의 기간간 변화가 발생한다. 이윤극대화의 기간간 변화를 분석하기 위해 한계수입의 기간간 변화와 한계비용의 기간간 변화의 식을 도출한다. 먼저 예상한계수입의 기간간 변화의 식을 도출하기 위해 0기시점의 예상한계수입과 1기시점의 예상한계수입을 각각 <표 9−2>의 셋째 줄과 넷째 줄에 정리한다. 셋째 줄과 넷째 줄을 적절하게 조작하면 <표 9−2>의 다섯째 줄에 있는 한계수입의 기간간 변화를 나타내는 수식이 도출된다. 이 식은 현재시점의 한계수입과 다음시점의 한계수입이 어떻게 연결되는지를 보여주고 있어서 한계수입에 대한 차분방정식으로 간주할 수 있다. <표 9−2>의 여섯째 줄에서는 유사한 방식을 사용하여 도출된 한계비용의 기간간 변화를 보여주고 있다. 이 식은 현재시점의 한계비용과 다음시점의 한계비용이 어떻게 연결되어 있는지를 보여주고 있어서 한계비용에 대한 차분방정식으로 간주할 수 있다. <표 9−2>의 일곱째 줄은 다섯째 줄의 한계수입의 기간간 변화와 여섯째 줄의 한계비용의 기간간 변화를 이윤극대화조건에 대입하여 도출된 결과는 보여주고 있다. 여기에서 강조할 점은 0기시점에서 가격을 설정하는 기업의 이윤극대화조건과 1기시점에서 가격을 설정하는 기업의 이윤극대화조건을 동시에 사용하여 일곱째 줄에 있는 식을 도출하였다는 것이다.

<표 9−2>의 여덟째 줄에서는 물가지수가 어떻게 결정되는지를 설명한다. 명목물가지수는 개별기업의 명목가격들의 가중평균으로 정의된다. 가중치는 동일한 명목가격을 설정한 기업들의 비중이다. 또한 앞에서와 동일한 방식으로 정의된 (−1)기시점의 물가지수는 <표 9−2>의 아홉째 줄에 있다. 두 시점의 물가지수를 보면 오른편 각 항의 계수가 같다는 것을 알 수 있다. 첫째항은 각 시점에서 새로 결정한 가격에 해당된다. 둘째항은 이전시점에서 새로운 가격으로 수정했고, 현재시점에서는 그대로 유지하고 있는 기업들에 해당된다. 이런 기업의 비중은 $(1-\alpha)\alpha$이다. 여덟째 줄과 아홉째 줄을 결합하여 도출된 결과가 <표 9−2>의 열째 줄에 정리되어 있다. 화살표 오른쪽에 있는 수식은 물가지수의 결정식으로부터 도출된 인플레이션율과 이윤극대화의 실질가격의 관계를 나타내는 균형조건이다.

<표 9−2>의 열한번째 줄에서는 열째 줄의 결과를 일곱째 줄에 있는 이윤

극대화조건에 대입하여 도출된 필립스곡선을 보여주고 있다. 도출과정을 간단히 요약하면 물가지수의 결정식을 이윤극대화의 실질가격에 대한 차분방정식에 대입하여 이윤극대화의 실질가격에 대한 차분방정식을 인플레이션율에 대한 차분방정식으로 전환한다는 것이다. <표 9-2>의 열한번째 줄이 함의하는 것은 현재시점의 인플레이션율인 π_0는 다음시점의 인플레이션율인 π_1과 현재시점의 실질한계비용에 비례한다는 것이다. 이 식이 기대를 고려한 필립스곡선이라는 점을 보다 명확히 보이기 위해서 현재시점의 인플레이션율을 π로 표기하고, 다음시점의 인플레이션율을 π^e로 표기한다. π^e는 π_1에 대하여 0기시점에서 형성한 기대값을 의미한다. 또한 한계생산비용은 생산갭과 비례하는 것으로 가정한다. 구체적으로 $mc = \lambda x$로 쓸 수 있다. λ는 양수이다. 앞에서 설명한 내용을 열한번째 줄에 적용하면 다음의 식이 도출된다.

$$\pi = \beta \pi^e + kx$$

이 식에서 π^e는 기대인플레이션율이고, k는 필립스곡선의 기울기에 해당한다. 또한 $k = \lambda((1-\alpha)(1-\alpha\beta)/\alpha)$로 정의된다.

앞에서 설명한 필립스곡선의 식도 기대를 고려한 필립스곡선의 식이라고 할 수 있으나 기대를 고려한 필립스곡선의 식이라는 용어를 사용할 때 다른 식을 의미할 수도 있다. 많이 인용되는 필립스곡선의 식은 아래와 같다.

$$\pi = kx + \pi^e_{-1}$$

이 식에서 π^e_{-1}은 과거시점에서 형성한 현재시점의 인플레이션에 대한 기대값을 의미한다. 위의 필립스곡선에서는 과거에 형성한 현재시점의 인플레이션율에 대한 기대값이 현재시점의 인플레이션율에 영향을 미친다는 것이다. 따라서 두 개의 필립스곡선은 모두 '기대를 고려한 필립스곡선'이라는 동일한 이름을 가지고 있지만 의미는 서로 다르다.

통화정책의 실물효과에서도 차이가 있다. 바로 위의 필립스곡선을 가정한다면 현재시점에서 실현된 인플레이션율의 값에서 이전시점에서 예상하지 못한 부분이 있는 경우에만 생산갭이 0이 아니다. 따라서 통화정책을 통해 생산갭을 움직이려 면 과거에 예상하지 못한 충격을 발생시켜야 한다는 것이다. 그러나 <표 9-2> 에서 도출된 필립스곡선의 경우 중앙은행이 거시경제상황의 변동에 어떻게 반응 하느냐에 따라서 통화정책의 실물생산효과가 달라질 수 있다는 차이가 있다.

뉴케인지언모형

뉴케인지언모형에는 다음과 같이 세 개의 구성요소가 있다. 첫째, 동태적 IS곡 선이다. 현재의 총수요가 미래의 예상총수요와 예상실질이자율에 어떻게 반응하 는가를 설명한다. 둘째, 기대를 고려한 필립스곡선이다. 필립스곡선은 현재인플 레이션율이 예상인플레이션율과 생산갭의 변화에 어떻게 반응하는지를 설명한 다. 셋째, 이자율준칙이다. <표 9-3>에서 뉴케인지언모형은 세 개의 식으로 구성된 선형연립방정식을 형성한다는 것을 보여주고 있다. <표 9-3>에서 소 개하는 뉴케인지언모형의 현실적인 유용성은 어디에 있는지 궁금할 수 있다. 뉴 케인지언모형의 현실적인 설명력에 여러 측면에서 서로 다른 의견이 있을 수 있 지만 뉴케인지언모형의 유용성은 인플레이션타기팅제도에서 통화정책의 인플레 이션효과와 실물효과의 분석이 가능하다는 것이다. 물론 재정정책이나 금융정책 의 효과도 분석할 수 있으나 <표 9-3>에서는 통화정책의 효과만 중점적으로 설명한다. <표 9-3>에 정리되어 있는 뉴케인지언모형은 비록 세 개의 식으 로 구성된 모형이지만 현실에서 자주 등장하는 경제이슈를 구체적으로 분석하는 데 유용하다. 예를 들어 중앙은행이 경제상황과 관련 없이 금리를 1% 올리면 인플레이션율과 국내총생산에 어떠한 영향을 미치는지를 수치로 계산하면 얼마 인가? 또는 유가충격이 발생하여 기존의 유가에 비해 1%의 유가상승이 발생하 면 이것이 인플레이션과 국내총생산에 미치는 효과를 수치로 계산하면 얼마인 가? 등의 질문들에 대하여 답변하기 위해 뉴케인지언모형을 사용할 수 있다.

표 9-3 뉴케인지언모형과 통화정책의 기대효과

뉴케인지언모형	IS곡선의 식	$x = x^e - \delta(i - \pi^e - r^*)$
	필립스곡선의 식	$\pi = \beta\pi^e + kx$
	이자율준칙의 식	$i = r^* + \varphi_x x + \varphi_\pi \pi + e$
통화정책의 지속성과 총공급 및 총수요곡선	일시적인 정책	$\pi = kx; \quad \pi = -\tau x + \phi_\pi^{-1}$
	지속적인 정책	$\pi = \beta\pi^e + kx;$ $\pi = -\tau x + \phi_\pi^{-1} + (\delta\phi_\pi)^{-1}(x^e + \delta\pi^e)$

주: r^*는 현재시점의 자연이자율을 나타낸다. 이자율준칙의 e는 외생적인 이자율변화를 나타낸다. 일시적인 정책은 현재시점에서 $e = -1$이고 다음시점에서 $e = 0$인 경우를 말한다. 지속적인 정책은 현재시점에서 $e = -1$이고, 다음시점에서도 $e = -1$인 경우를 말한다. $\tau = (1 + \delta\phi_x)/(\delta\phi_\pi)$

또한 기존의 정태적인 IS-LM모형과 비교하여 어떠한 차이가 있는지에 대하여 생각해 볼 수 있다. 뉴케인지언모형은 정태적 IS-LM모형과 달리 동태적인 거시경제모형이다. 통화정책의 지속성이 달라지면 통화정책이 인플레이션과 총수요에 미치는 효과의 크기가 달라진다는 것을 보일 수 있다. 이런 차이점이 발생하는 중요한 이유는 정책지속성에 대한 기대에 따라 기대인플레이션율과 예상생산갭의 크기가 달라지기 때문이다. 구체적인 예를 들기 위해 중앙은행이 현재시점에서만 경제상황과 관계없이 자의적으로 금리인하를 실시하는 경우를 분석한다. 이 경우 <표 9-3>의 셋째 줄에서 $e = -1$으로 대입한다. 다음시점부터 계속해서 $e = 0$이기 때문에 가계와 기업은 다음시점부터 인플레이션율과 생산갭은 모두 장기균형상태에 머무르게 될 것으로 예상한다. 가계와 기업이 이처럼 예상한다면 $\pi^e = 0$과 $x^e = 0$의 조건이 성립한다. <표 9-3>의 넷째 줄은 위의 두 조건이 반영된 필립스곡선의 식과 총수요의 식을 보여주고 있다. 이제 다음시점에서도 중앙은행이 계속하여 경기확장적인 통화정책을 실시하는 경우를 보기로 한다. 중앙은행이 현재시점에서 $e = -1$을 선택한다. 또한 다음시점에서도 $e = -1$을 선택할 것으로 발표하고 가계와 기업은 중앙은행이 약속을 지킬 것으로 예상한다. 다음시점에서도 계속해서 경기확장적인 통화정책이 실시될 것으로 예상되기 때문에 일시적으로 경기확장적인 통화정책이 실시되는 경우와 달라지

그림 9-2 일시적인 통화정책과 지속적인 통화정책의 효과

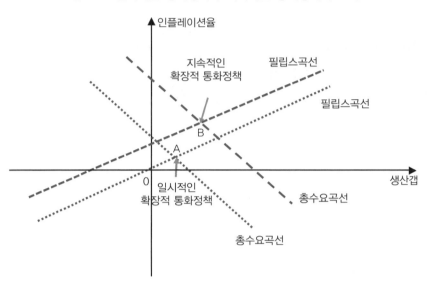

는 점은 $\pi^e > 0$과 $x^e > 0$이다. 이를 반영한 필립스곡선과 총수요곡선은 <표 9-3>의 다섯째 줄에 정리되어 있다.

<그림 9-2>에서는 통화정책의 인플레이션과 생산갭효과를 보여주고 있다. 이 그림에서 수평축은 생산갭이고 수직축은 인플레이션율을 표시한다. 원점을 지나는 양의 기울기를 가진 점선이 일시적으로 경기확장적인 통화정책을 예상하는 경우의 필립스곡선이다. 또한 음의 기울기를 가진 점선이 일시적으로 경기확장적인 통화정책을 예상하는 경우의 총수요곡선이다. 두 개의 선이 만나는 곳에서 일시적으로 경기확장적인 통화정책이 실시되는 경우의 균형생산갭과 인플레이션율이 결정된다. 이 점을 A점으로 표시하였다. 현재모형에서는 장기균형상태가 원점인 것으로 가정하고 있다. 경기확장적인 통화정책이 실시되기 이전에 거시경제는 장기균형상태에 위치하고 있는 것으로 가정한다. 따라서 중앙은행의 경기확장적인 통화정책이 일시적으로 실시되면 그 결과 인플레이션율과 생산갭이 모두 양수로 증가함을 알 수 있다. <그림 9-2>에서는 중앙은행이 지속적으로 경기확장적인 통화정책을 실시하는 경우에 해당하는 총수요곡선을 긴 점선

으로 표시하였다. 일시적인 통화정책을 실시하는 경우의 총수요곡선과 비교하여 기울기가 같기 때문에 위로 수평이동하는 것으로 나타낼 수 있다. 절편이 증가한 크기는 <표 9-3>의 다섯째 줄에 있는 총수요의 식에서 우변의 셋째 항의 크기와 같다. 필립스곡선도 예상인플레이션율의 증가를 반영하여 일시적인 통화정책의 필립스곡선과 비교하여 위로 수평이동한다. 그 결과 지속적으로 경기확장적인 통화정책을 실시하는 경우 균형인플레이션율과 생산갭은 B점에서 결정된다. 요약하면 B점은 A점과 비교하여 인플레이션율도 높고 생산갭도 더 크다. 따라서 중앙은행이 현재시점에서 동일한 크기로 금리를 인하하더라도 가계와 기업이 중앙은행의 통화정책이 일시적으로 실시될 것으로 예측하는지 또는 지속적으로 실시될 것으로 예측하는지에 따라 거시경제에 미치는 효과는 달라진다는 것으로 알 수 있다.

인플레이션타기팅과 뉴케인지언모형

우리나라의 통화정책제도를 가장 간단히 표현하라는 요청을 받으면 우리나라는 물가안정목표제도를 실시하고 있다고 답할 수 있다. 여기에 최근의 상황을 반영하면 물가안정의 목표에 덧붙여서 금융안정의 목표도 같이 중요하게 실시하고 있는 것으로 보충해서 설명하면 될 것이다. 이와 같은 설명이 올바른 설명이라는 점을 뒷받침할 증거가 있느냐고 반문하면 한국은행의 홈페이지에 있는 통화정책의 목표에 대한 설명을 인용하면 될 것이다. "「한국은행법」 제1조 제1항은 한국은행을 설립하고 효율적인 통화신용정책의 수립과 집행을 통하여 물가안정을 도모함으로써 국민경제의 건전한 발전에 이바지함을 동 법의 목적으로 규정하고 있다. 따라서 한국은행의 통화정책이 추구하는 최우선목표는 물가안정이다. 물가안정이 달성되지 못하면 미래에 대한 불확실성이 높아져 전반적인 경제생활이 위축되고 소득과 자원배분이 왜곡될 수 있을 뿐 아니라 서민생활도 해치게 된다. 국민경제가 안정적 성장을 이루기 위해서는 물가안정뿐만 아니라 금융

표 9-4 중앙은행 신뢰성의 거시경제효과

인플레이션목표 제약조건	$(1-\beta)\pi^* = kx^*$
필립스곡선	$\pi - \pi^* = \beta(\pi^e - \pi^*) + k(x - x^*)$
테일러준칙	$i = r^* + \varphi_\pi(\pi - \pi^*) + \varphi_x(x - x^*) + \pi^*$
IS곡선	$x = x^e - \delta(i - \pi^e - r^* - \pi^*)$
총수요곡선	$x - x^* = x^e - x^* - \delta\big(\varphi_\pi(\pi - \pi^*) + \varphi_x(x - x^*) - (\pi^e - \pi^*)\big)$
중앙은행의 신뢰성조건과 균형조건	$(1 + \delta\varphi_x)(x - x^*) = -\delta\varphi_\pi(\pi - \pi^*)$ $\pi - \pi^* = k(x - x^*)$

주: 중앙은행의 신뢰성조건은 $\pi^e - \pi^* = 0$과 $x^e - x^* = 0$을 의미한다.

안정도 확보되어야 한다. 이와 관련하여 「한국은행법」 제1조 제2항은 한국은행은 통화신용정책을 수행할 때에는 금융안정에 유의하여야 한다고 규정하고 있다. 이에 따라 한국은행은 통화신용정책 수행을 통해 물가안정을 도모하는 가운데 금융안정을 위한 정책적 노력도 함께 경주하고 있다.”

제9장에서는 물가안정을 최우선으로 달성하려는 통화정책의 운영방식을 인플레이션타기팅제도라고 정의한다. 제9장의 주요 목표 중의 하나는 <표 9-3>의 뉴케인지언모형을 사용하여 인플레이션타기팅제도에서 목표인플레이션율이 실제로 달성되는 과정을 이해하는 것이다. 이런 맥락에서 물가안정의 의미에 대하여 정리할 필요가 있다. 인플레이션율에 대한 목표치가 발표되어 이를 달성하려는 운영방식과 물가수준에 대한 목표치가 발표되고 이를 직접적으로 달성하려는 운영방식은 상호연관성이 있지만 서로 같은 의미라고 보기 어렵다. 한국은행의 경우에도 자신의 홈페이지에서는 물가안정이라는 표현을 쓰고 있으나 발표되는 내용은 인플레이션율에 대한 목표치이다. 이 점을 <표 9-3>의 뉴케인지언모형을 바로 위에서 소개한 내용과 연관지어서 이해하려고 할 때 감안해야 한다.

뉴케인지언모형을 이용하여 중앙은행이 기준금리를 조정하여 어떤 상황에서 목표인플레이션율을 안정적으로 달성할 수 있는지를 분석하기로 한다. 첫째로

고려해야 하는 조건은 중앙은행이 발표하는 목표치가 경제구조에 맞는 목표치가
되어야 한다는 것이다. 필립스곡선을 사용하여 경제구조에 맞는 목표치에 대한
개념을 설명한다. 필립스곡선이 장기적으로도 성립할 것으로 예상된다면 중앙은
행이 설정한 목표인플레이션율과 목표인플레이션율에 대응되는 생산갭은 <표
9-4>의 첫째 줄에 있는 조건을 만족해야 한다. π^*는 중앙은행이 설정한 목표
인플레이션율이다. x^*는 목표인플레이션율에 대응되는 생산갭이다. 무한기간이
지난 이후에 달성되는 장기인플레이션율의 목표치가 아니라면 <표 9-4>의
첫째 줄에 있는 식을 고려한 인플레이션율의 목표치를 설정하는 것이 바람직하
다고 볼 수 있다. 현재시점에서 성립하는 단기필립스곡선에서 <표 9-4>의
첫째 줄에 있는 식을 빼면 <표 9-4>의 둘째 줄에 있는 식이 도출된다. 이 식
은 실제인플레이션율의 목표인플레이션율에 대한 편차와 실제생산갭의 편차로
표현한 단기필립스곡선의 식이다.

  <표 9-4>의 셋째 줄에서는 중앙은행은 자신이 설정한 목표인플레이션율을
달성하기 위해 이자율준칙을 실시하는 것으로 가정한다. 따라서 명목이자율갭은
실제인플레이션율의 목표인플레이션율에 대한 편차와 생산갭편차에 반응한다.
이자율준칙의 식을 <표 9-4>의 넷째줄에 있는 IS곡선에 대입하면 총수용곡
선의 식이 도출된다. <표 9-4>의 다섯째 줄에서는 총수요곡선의 식을 보여
주고 있다. 다음에서는 미래시점에서 중앙은행의 목표치가 달성된다고 사람들이
믿으면 현재시점에서도 중앙은행의 목표가 달성되는지를 보기로 한다. 현재시점
에서도 중앙은행의 목표가 달성이 된다면 가계와 기업의 미래에 대한 기대가 중
앙은행이 제시한 목표와 일치되는 것이 현재시점의 목표를 달성하기 위한 선행
조건이라는 것을 의미한다. 먼저 <표 9-4>의 다섯째 줄에 있는 식을 보기로
하자. $\pi^e - \pi^* = 0$과 $x^e - x^* = 0$의 조건을 이 식에 대입하면 <표 9-4>의 여
섯째 줄에 있는 첫째 식이 도출된다. 또한 <표 9-4>의 둘째 줄에 있는 식에
대해서도 동일한 방식을 적용하면 여섯째 줄에 있는 둘째 식이 도출된다. 두 식
을 보면 쉽게 $\pi = \pi^*$과 $x = x^*$의 조건이 성립한다는 것을 알 수 있다. 이는 현

재시점에서도 인플레이션율에 대한 목표치가 달성된다는 것을 의미한다.

<표 9-4>의 분석을 통해서 중앙은행의 발표에 대한 신뢰성이 거시경제적으로 중요한 의미가 있음을 보았다. 다음에서는 어떻게 중앙은행의 발표가 가계와 기업의 신뢰를 얻게 되는지에 대하여 설명한다. 실제인플레이션율이 목표인플레이션율에서 벗어나면 중앙은행이 목표인플레이션율로 근접하게 하는 능력이 있다는 점을 믿을 수 있어야 한다. 또한 중앙은행이 자신이 가지고 있는 인플레이션율의 조정능력을 적절하게 쓰고 있다는 것을 확인할 수 있어야 한다. 총수요는 명목금리가 아니라 실질금리와 반대방향으로 움직이고 있다는 점을 명목금리를 조정할 때 중앙은행이 고려해야 하는 중요한 포인트이다. 예를 들어 실제인플레이션율이 목표인플레이션율에 비해 1% 포인트 높아졌다고 가정하자. 이 경우 φ_{π}의 크기가 1보다 크다면 명목금리를 1%보다 더 높게 조정한 것이다. 따라서 인플레이션율의 상승보다 명목금리의 상승폭이 더 높으므로 실질금리도 높아진 것으로 볼 수 있다. 실질금리가 상승하면 그에 따라 총수요가 감소한다. 총수요가 감소한다면 인플레이션율도 감소하게 되어 실제인플레이션율이 목표치로 회귀하게 된다. 실제인플레이션율이 목표인플레이션율에 비해 더 낮아지는 경우에도 동일한 방식으로 설명할 수 있다. 앞의 설명을 요약하면 중앙은행이 명목금리를 조정할 때 실제인플레이션의 목표치괴리에 대한 반응계수를 1보다 크게 해야 중앙은행이 실제인플레이션율이 목표인플레이션율에 근접하도록 통화정책을 실시할 수 있다는 것이다. 이런 특성을 테일러준칙이 함의하는 테일러준칙의 안정성이라고 정의한다. 결국 중앙은행이 현재시점뿐만 아니라 미래시점에서도 테일러준칙의 안정성을 달성할 수 있도록 명목금리를 조정할 것으로 예상된다면 이를 통해 기업과 가계의 예상인플레이션율도 중앙은행의 목표치와 같아지도록 할 수 있다는 함의가 있다. 뉴케인지언모형의 함의는 중앙은행이 단기명목금리를 조정하여 목표인플레이션율을 달성하는 과정에서 가계와 기업의 기대가 중앙은행이 의도하는 대로 관리되는 것이 중요하다는 것이다.

준칙과 재량

가계와 기업의 정부에 대한 신뢰가 정부가 가지고 있는 중요한 정책도구라는 점을 명확하게 보여주는 간단한 예를 소개한다.[2] 가계와 기업의 정부에 대한 신뢰는 정부가 미래시점에서 실시할 것으로 발표한 정책이 약속한 대로 실시될지에 대한 신뢰를 의미한다. 어떠한 경우 정부의 발표가 신뢰를 얻을 수 있는가? 정부가 앞으로 자신의 약속을 지킨다고 공식적으로 발표한다고 하여 신뢰를 얻는 것은 아니다. 미래시점에서 실제로 실행하려고 할 때 정부가 과거약속을 그대로 실행하지 않고 재검토하여 미래시점에서 가장 바람직한 정책을 찾아서 수정할 수 있는 권한이 있다면 정부는 과거약속을 그대로 지키지 않고 수정할 가능성이 있다는 것이 강조점이다. 정책의 실행시점에서 정부재량에 의해 과거약속을 포기하고 다른 정책으로 변경할 수 있는 권한이 주어지면 정부는 다른 정책으로 바꾸려는 경우가 발생할 수 있다.

위에서 설명한 상황을 가리켜서 시간불일치(time inconsistence)라고 부른다. 시간불일치는 정부가 자신의 재량권을 국민복지를 위해서만 사용하는 경우에서도 발생한다. 즉, 선한 목적으로 재량권을 사용할지라도 시간불일치는 발생할 수 있어서 정책발표시점과 실행시점의 차이가 발생하면 발표시점에서 가장 바람직한 선택이 실행시점에서는 가장 바람직한 선택이 되지 않을 수 있다. 이제 정부가 정책을 발표하는 시점과 실행하는 시점의 사이에 가계와 기업의 의사결정이 이루어져야 하는 상황을 생각해보자. 가계와 기업이 정부의 발표를 믿고 의사결정을 하는 경우와 정부의 발표를 신뢰하지 않고 의사결정을 하는 경우가 가능하다. 두 경우는 가계와 기업의 선택내용이 다르기 때문에 정책을 실제로 실행하는 시점에서 정부는 서로 다른 상황에 처하게 된다. 정부가 처한 상황이 다르다면 정부의 입장에서 바람직한 선택의 내용도 당연히 달라진다.

---

2) 준칙과 재량에 의한 최적인플레이션율의 선택을 설명하는 부분에서 한국은행과 정부가 협의하여 물가안정목표를 결정한다는 점을 반영하여 '중앙은행이 인플레이션율의 목표치를 설정한다'는 표현 대신 '정부당국이 인플레이션율의 목표치를 설정한다'는 표현을 사용한다.

　　시간불일치의 상황이 발생하지 않도록 해야 하는 이유는 무엇인가? 시간불일치의 비용이 발생하기 때문이다. 선의의 목적으로 과거에 발표한 약속을 저버리고 새로운 정책을 실시하는 유인이 있다면 합리적으로 판단하는 가계와 기업은 정부가 발표한 정책의 약속이 그대로 지켜지지 않을 것이라는 점을 이해한다. 정부가 약속을 그대로 이행하지 않는다면 가계와 기업은 정부의 약속이 지켜지지 않는다는 가정하에서 의사결정을 진행한다. 그 결과 지불해야 하는 사회적 비용은 가계와 기업의 정부에 대한 신뢰의 부재로 발생하는 사회후생의 감소이다. 가계와 기업은 정부의 발표를 신뢰할 때 이를 그들의 기대에 반영하기 때문에 그렇지 않은 경우에 비해 더 높은 국민복지를 달성할 수 있다.

　　어떻게 하면 정부가 가계와 기업의 신뢰를 얻을 수 있는가? 정부가 과거에 약속한 정책의 내용을 수정할 수 있는 정부의 재량권을 제거해야 한다. 단순히 정부의 재량권을 제거하는 것에 그치지 않고 미래시점에서 실시될 정책에 대한 정부의 약속이 반드시 지켜지도록 하는 제도적인 장치도 마련되어야 한다. 이러한 선행조건이 만족되면 정부의 미래행동에 대한 구속력이 있는 약속으로 정의되는 커미트먼트(commitment)가 가능하다. 두 종류의 커미트먼트를 생각할 수 있다. 하나는 정부가 달성하려는 거시경제변수의 목표수치가 정해지면 이를 무조건적으로 지키는 것에 대한 커미트먼트이다. 예를 들어 인플레이션율에 대한 목표치를 2퍼센트로 결정하면 미래시점에서 어떠한 상황이 발생하더라도 이를 달성하는 것을 의미한다. 다른 하나는 상황조건부커미트먼트이다. 동일한 거시경제변수에 대하여 거시경제상황에 따라 다른 목표수치를 부여하는 것이다. 목표수치 자체가 앞으로 벌어지는 상황의 함수로 설정되는 것을 의미한다. 목표수치가 수정될 수 있지만 어떻게 수정되는지를 결정하는 방식에 대한 커미트먼트이다. 어떤 형태의 커미트먼트가 더 바람직한지를 쉽게 답하기 어렵다. 무조건적으로 하나의 수치만을 고집하는 방식으로 약속을 하는 것은 일반적인 사람들이 이해하기 쉽다. 미래상황이 완전히 예견되는 상황에서는 하나의 수치로 약속을 하는 것이 바람직할 것이다. 그러나 미래상황에 대한 완전한 예견이 불가능한 상황에서 중요한 경제상황의 변동에 따라 목표수치를 체계적으로 적절하게 변화시킬 수 있도록 하는 것이 더 높은 국민복지수준을 달성하게 할 것이라는 점은 쉽게 이해할 수 있다. 따라서 분석하고 있는 거시경제의 특성에 따라서 두 종류의 커미트먼트 중 어느 것이 더 바람직한 것인지의 여부가 결정된다.

다음에서는 준칙(rule)과 재량(discretion)의 개념을 사용하여 앞에서 설명한 내용을 정리한다. 준칙은 커미트먼트가 가능한 경우를 말한다. 재량은 과거에 어떠한 약속을 했는지에 대하여 제약을 받지 않고 정부가 정책실행의 시점에서 가장 바람직하다고 판단이 되는 정책을 선택할 수 있는 경우를 말한다. 준칙에 의한 경우를 경직적인 정책운영으로 받아들이면 재량정책이 더 바람직한 것으로 오해할 수 있다. 정부가 재량권을 가지면 정부가 정책을 실시하는 과정에서 필요한 유연성 또는 신축성을 가지게 되어 보다 더 높은 국민복지를 달성할 수 있을 것으로 보인다. 그러나 관련문헌의 결론은 준칙의 경우 더 높은 국민복지를 실현시킬 수 있다는 것이다.[3] 그 이유를 간단히 요약하면 다음과 같다. 준칙을 실시하면 정부의 약속에 대한 가계와 기업이 신뢰가 형성되어 발생하는 이득이 있다. 그러나 재량정책이 실시되면 신뢰의 이득이 사라진다. 신뢰의 이득이 충분히 크면 시간불일치가 발생하는 상황에서는 준칙을 실시하여 얻는 이득이 재량정책이 가지는 이득을 초과하기 때문에 준칙을 채택하여 달성할 수 있는 국민후생이 더 높다는 것이다.

구체적인 분석을 위해서 뉴케인지언모형을 사용하여 최적인플레이션을 달성하려는 정부가 준칙에 의한 정책과 재량에 의한 정책을 실시할 때 어떠한 차이가 있는지를 설명한다. 외생적인 공급충격이 없는 것으로 가정하여 필립스곡선의 위치가 항상 일정하게 고정되어 있는 경우를 분석한다. 정부는 국민복지를 극대화하는 목표를 가지고 있는 것으로 가정한다. 국민복지는 정부가 거시경제정책을 사용하여 영향을 미칠 수 있는 거시경제변수의 함수로 정의할 수 있다.

---

3) 널리 알려진 논문은 키드랜드(Finn Kydrand)와 프레스콧(Edward Prescott)이 1977년 Journal of Political Economy(Vol.85, No.2, pp. 473-490)에 발표한 「Rules rather than Discretion: The Inconsistency of Optimal Plans」이다.

예를 들어 인플레이션율의 변동성이 높아지거나 생산갭의 변동성이 높아지면 국민복지가 낮아진다. 이런 특성을 반영하여 국민복지의 손실을 측정하는 손실함수는 다음과 같이 인플레이션율과 생산갭에 대한 이차함수로 가정한다.

$$L = \pi^2 + \lambda(x - b)^2$$

이 식에서 L은 손실의 크기이고, b는 생산갭이 제로가 되더라도 국민이 감수해야 하는 후생손실을 나타낸다. b의 값이 양수이면 생산갭이 제로가 되더라도 소비재의 생산을 더 늘려서 사회후생을 증가시킬 수 있는 여지가 있다는 의미이다. 또한 λ의 값은 생산갭의 변동성이 인플레이션율의 변동성에 비해 상대적으로 더 중요한 정도를 나타낸다. 단순히 손실함수만 보면 정부가 제로인플레이션율과 생산갭이 b가 되도록 선택한다면 국민복지의 손실은 제로가 된다는 것을 알 수 있다. 그러나 이 선택은 정부의 선택지 안에 없다. 그 이유는 균형에서 달성될 수 없는 선택이기 때문이다.

정부의 선택이 가계와 기업의 자발적인 의사결정이 반영되는 시장균형에서 어떻게 달성되는지를 설명한다. 정부가 선택한 인플레이션율과 생산갭은 가계와 기업이 참가하는 시장의 균형조건을 만족해야 한다. 그렇지 않다면 정부가 선택한 인플레이션율과 생산갭이 가계와 기업의 자발적인 선택으로 달성되지 않는다. 인플레이션율과 생산갭의 균형관계를 나타내는 조건이 필립스곡선이다. 따라서 정부의 선택은 필립스곡선을 만족해야 한다. 이는 정부가 목표인플레이션율을 선택하는 과정에서 필립스곡선이 정부선택을 제약하는 제약집합이 된다는 것을 말한다.

<그림 9-3>에서는 준칙을 실시할 때 정부의 선택과 재량정책을 실시할 때 정부의 선택이 다르다는 것을 보여주고 있다. <그림 9-3>에서 수평축은 생산갭을 의미하고 수직축은 인플레이션율을 나타낸다. 먼저 손실함수의 그래프를 설명한다. $\lambda = 1$로 가정하였기 때문에 손실함수의 그래프는 수평축의 값이 b이고 수직축의 값이 0인 점을 중심점으로 하는 원이 된다. <그림 9-3>에서는

그림 9-3 시간불일치의 후생효과

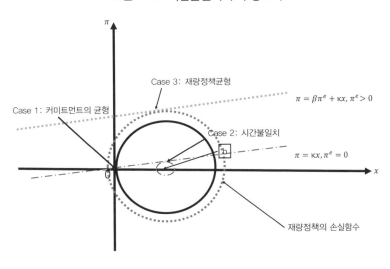

세 개의 경우를 보여주고 있다. Case 1은 정부가 준칙을 실시하는 경우 달성할 수 있는 목표인플레이션율과 생산갭을 의미한다. 정부가 준칙을 실시할 때 최적 인플레이션율과 최적생산갭은 모두 0이 된다. Case 2는 시간불일치가 발생하는 상황이다. <그림 9-3>에서 시간불일치의 상황을 설명하기 위해 정부의 발표를 가계와 기업이 그대로 믿는 상황의 필립스곡선을 분석한다. 정부가 다음시점에서 제로인플레이션율을 달성할 것으로 발표하고 가계와 기업이 이를 믿으면 $\pi^e = 0$이 된다. 이 때 필립스곡선의 식은 $\pi = kx$이다. <그림 9-3>의 Case 2에서 볼 수 있듯이 $\pi = kx$를 제약식으로 하여 손실함수를 최소화하는 인플레이션율은 양수가 된다. 또한 원점에서 손실함수의 값보다 Case 2에 대응하는 손실함수의 값이 더 작다. 따라서 정부에게 재량권이 부여된다면 정부는 후생손실이 상대적으로 작다는 이유로 Case 2에 해당하는 정책을 선택할 것이다. 국민복지의 측면에서 과거약속을 어기는 대신 반대급부로 받는 이득이 있다는 것이다.

Case 2가 균형이 아니라는 것을 보이기 위해 가계와 기업이 정부발표를 항상 믿는 것으로 가정하자. 또한 정부가 미리 발표한 다른 인플레이션율을 목표로 수정할 수 있는 재량권을 행사할 수 있다고 가정하자. 정부는 재량권을 사용할 것인지를 결정해야 한다. 정부는 재량권을 사용한다는 것이 결론이다. 그 이유는 가계와 기업이 정부발표를 항상 믿는다는 가정이 만족되면 기존의 목표치를 수정하여 다른 목표치를 달성하는 것이 국민복지를 기준으로 평가하더라도 더 바람직하기 때문이다. 이제 정부가 이미 발표한 목표치와 다른 인플레이션율을 달성하려고 한다면 가계와 기업이 정부를 믿을 것인지에 대한 문제가 제기된다. 가계와 기업이 정부가 약속을 지키지 않는 상황이 발생하는 것을 충분히 이해한다면 정부의 발표를 그대로 믿어야 할 이유가 없다. 가계와 기업이 정부의 발표를 믿지 않는다면 정부가 당면한 필립스곡선의 그래프는 Case 3의 점선이 된다. 정부가 더 높은 인플레이션율을 달성할 것을 안다면 Case 2의 점선보다 더 높은 곳에 위치한 필립스곡선이 된다는 것이다. 결론적으로 정부가 재량권이 있는 경우는 회색의 점선과 회색의 원의 접점이므로 준칙을 실시하는 경우와 비교하여 더 높은 인플레이션율을 달성할 수밖에 없다. 또한 회색의 원은 검은색의 원 바깥에 위치하기 때문에 재량정책을 실시할 때 달성할 수 있는 국민복지는 준칙이 실시되는 경우 달성할 수 있는 국민복지와 비교하여 더 낮다.

위에서 설명한 인플레이션타기팅에 대한 함의를 생각하기 위해 우리나라에서는 인플레이션목표가 어떻게 결정되고 있는지를 살펴본다. 실제로 이를 담당하고 있는 기관의 설명을 그대로 인용하는 것이 바람직하다고 생각하여 한국은행 홈페이지에 수록된 내용을 요약하여 인용한다. 제8장에도 유사한 내용이 있지만 독자의 편의를 위해 제9장에서도 반복하여 정리한다.

(1) 한국은행은 「한국은행법」 제6조 제1항에 의거 정부와 협의하여 중기물가안정목표를 설정하고 있다. 2016년 이후 물가안정목표는 소비자물가 상승률(전년 동기 대비) 기준 2%이며 한국은행은 물가상승률이 중기적 시계에서 물가안정목표에 근접하도록 정책을 운영한다.

(2) 현재의 물가안정목표는 2016년부터 2018년까지 적용되며, 다음 물가

안정목표는 2018년 말 이전에 경제여건을 점검하여 다시 설정한다.

(3) 향후 예상치 못한 국내외 경제충격, 경제여건 변화 등으로 물가안
    정목표의 변경이 필요할 경우 정부와 협의하여 물가목표를 재설정
    할 수 있도록 한다.

앞에서 설명한 이론모형과 다른 점은 목표인플레이션율을 한번 결정하면 이를 영구히 유지하지 않고 일정한 기간 내에 다시 수정하는 방식을 사용한다는 것이다. 중기목표치를 설정하여 운용하는 방식을 옹호하는 다양한 이유들이 있을 수 있지만 앞에서 설명한 모형에 의거하여 설명할 수 있다. 현실경제에서는 앞에서 설명한 단순한 모형과는 달리 필립스곡선의 위치가 외생적인 공급충격에 의해서 계속 이동한다. 필립스곡선의 위치가 지속적으로 이동하면 최적인플레이션의 값도 계속해서 변화하므로 단 하나의 영구적인 인플레이션목표를 달성하도록 운영되는 것보다는 목표인플레이션율을 정기적으로 재검토하는 것이 바람직하다고 볼 수 있다.

인플레이션타기팅의 성공적인 운영을 위해 필요한 요소 중의 하나는 중앙은행이 자신이 발표한 인플레이션율의 목표치를 달성하지 못하는 경우 어떠한 책임을 지는지에 대한 명확한 약속이 있어야 한다는 것이다. 이를 중앙은행의 통화정책에 대한 책임성의 강화라고 할 수 있다. 또한 목표치를 달성하지 못하는 경우 목표달성을 저해하는 이유에 대한 투명한 설명이 중앙은행의 신뢰성을 유지하는 데 도움이 된다. 이와 관련된 제도적 장치에 대하여 다음과 같이 설명할 수 있다.

1) 물가목표의 운영상황을 연 4회 점검하여 그 결과를 국회제출 법정
   보고서인 통화신용정책보고서를 통해 국민들에게 설명한다.

2) 아울러 소비자물가상승률이 6개월 연속 물가안정목표를 ±0.5%p
   초과하여 벗어나는 경우, 총재 기자간담회 등을 통해 물가안정목표
   와의 괴리 원인, 소비자물가상승률 전망경로, 물가안정목표 달성을

위한 통화신용정책 운영방향 등을 국민들에게 직접 설명한다.

3) 이후에도 물가가 목표를 ±0.5%p 초과하여 벗어나는 상황이 지속되면 3개월마다 후속 설명 책임을 이행한다.

이와 같은 조항들은 앞에서 설명한 준칙의 이득을 얻기 위한 제도적 장치의 사례로 간주할 수 있다.

연습문제

01 『소비의 기간간 대체탄력성』이 높은 경제와 낮은 경제에서 통화정책의 효과가 차이가 있다고 주장하는 경제학자가 있다. 『소비의 기간간 대체탄력성』은 실물경제에서 결정되는 것이므로 이와 같은 주장은 납득하기 어렵다고 반론을 제기하는 경제학자가 있다. 첫째 주장과 둘째 주장을 논리적인 설명을 첨부하여 평가하시오.

02 미국과 한국을 비교하면 한국의 『소비의 기간간 대체탄력성』이 미국의 경우보다 더 낮다. 따라서 중앙은행의 통화정책이 실물경제에 미치는 효과는 미국이 한국에 비해 더 크다. 두 나라의 저축의 결정요인을 반영하여 이 주장에 대하여 평가하시오.

03 명목가격경직성은 일반적으로 기업이 가격을 얼마나 오랫동안 그대로 유지하는지에 의해서 결정된다. 본문에서 설명한 모형에서 평균적으로 가격을 일정하게 고정하는 기간을 계산하시오. 명목가격 경직성이 높으면 필립스곡선의 기울기가 낮다고 하는 주장을 평가하시오.

04 연평균 실질이자율이 4%이다. 기업자료를 조사한 결과를 분석하니 평균적으로 실질한계비용의 실질생산에 대한 탄력성이 10이다. 매기마다 자신이 판매하는 제품에 대하여 새로운 가격을 책정하는 기업의 비중은 1/2이다. 이러한 경제에서 필립스곡선의 기울기가 얼마인지를 본문의 뉴케인지언모형을 사용하여 계산하시오.

05 인플레이션타기팅을 실시하는 국가에서는 인플레이션율의 목표치를 부여하는 변수를 소비자물가지수의 상승률로 할 것인지 개인소비지출(personal consumption expenditures)의 디플레이터로 할 것인지에 따라서 소비자에게 미치는 효과가 달라질 수 있다고 주장한다. 이에 대하여 분석하시오.

06 한국의 금융통화위원회에서 기준금리의 목표치를 발표하면 민간의 금융시장에서 결정되는 콜금리 또는 RP거래의 금리에 어떻게 영향을 미치는지를 설명하시오. 미국에서는 FOMC

가 연방기금금리에 대한 목표치를 발표한다. 미국의 연방기금금리와 기준금리 간의 차이를 설명하시오.

07 미국의 중앙은행에 부여된 통화정책의 목표는 물가안정과 고용극대화(또는 고용안정)가 동시에 같은 비중으로 부여되어 있다고 한다. 이러한 두 개의 목표에 대하여 'dual mandate'이라고 한다. 한국의 중앙은행에 대해서는 고용과 관련된 목표가 부여되어 있지 않은 것으로 알려져 있다. 한국의 경우도 미국과 같이 통화정책의 목표에 고용안정이라는 목표를 추가하는 것이 바람직하다는 의견을 제시하는 학자가 있다. 이와 같은 주장에 찬성하는지 아니면 반대하는지에 대하여 본인의 입장을 결정하고 그에 대한 논리적 설명을 쓰시오.

08 제로금리하에서는 자연이자율의 변화가 총수요에 미치는 효과를 증가시킨다는 주장이 있다. 제9장에서 설명한 IS곡선을 사용하여 앞의 주장이 맞는지의 여부를 설명하시오. 또한 자연이자율의 변동이라고 할 수 있는 구체적인 사례가 있다면 어떠한 것들이 있는지를 조사하여 설명하시오.

09 〈그림 9-3〉에서 설명한 3개의 경우에 관한 다음의 문제들에 답하시오. 커미트먼트 균형에서 손실함수의 값을 계산하시오. 재량정책균형의 인플레이션율과 생산갭을 계산하시오. 위의 답을 이용하여 재량정책균형의 사회후생에 대한 손실을 계산하시오.

10 현재시점의 인플레이션율은 π, 현재시점의 GDP갭은 x, 목표인플레이션율은 $\overline{\pi}$, 목표GDP갭은 $\overline{x}$로 표시한다. 또한 다음시점의 인플레이션율은 π', 다음시점의 GDP갭은 x'로 표시한다. 앞에서 정의한 기호를 사용하여 현재시점과 미래시점의 중앙은행의 손실함수를 나타내면 아래와 같다.

$$L = (\pi - \overline{\pi})^2 + \lambda(x - \overline{x})^2, \quad L' = (\pi' - \overline{\pi})^2 + \lambda(x' - \overline{x})^2$$

중앙은행은 민간경제에서 결정되는 필립스곡선을 주어진 제약조건으로 받아들인다. 현재시점의 필립스곡선의 식은 아래와 같다.

$$\pi = \beta\pi' + \varkappa x$$

다음다음시점의 인플레이션율을 π''로 표시할 때 다음시점의 필립스곡선의 식은 아래와 같다.

$$\pi' = \beta\pi'' + \varkappa x'$$

다음의 문제를 답할 때 필요하다면 교과서의 기호와 가정을 추가하여 설명하시오.

① 현재시점에서 중앙은행은 다음시점의 통화정책결정을 미리 약속하는 정책을 실시한다. 다음시점의 인플레이션율에 관한 예상은 현재시점의 인플레이션율에 영향을 미치기 때문에 현재시점과 다음시점의 필립스곡선을 모두 제약조건으로 간주한다. 또한 중앙은행은 $(L + \beta L')$의 값을 최소화한다. 최소화조건을 수식을 사용하여 정리하시오. 위에서 도출한 최소화조건을 사용하여 다음의 주장을 평가하시오. 현재시점과 다음시점의 인플레이션율의 평균값이 목표인플레이션율보다 낮으면 다음시점에서 GDP갭의 괴리는 양수가 된다. 현재시점과 다음시점의 인플레이션율의 평균값이 목표인플레이션율보다 높으면 다음시점에서 GDP갭의 괴리는 음수가 된다.

② 중앙은행이 다음시점에서 성립할 필립스곡선의 제약조건을 만족시키면서 다음시점의 손실함수만 최소화하는 정책을 추진한다면 다음시점의 GDP갭과 다음시점의 인플레이션율은 어떠한 조건을 만족시키는지를 수식을 사용하여 설명하시오. 위에서 도출한 최소화조건을 사용하여 다음의 주장을 평가하시오. 다음시점의 인플레이션율이 목표인플레이션율보다 낮으면 다음시점에서 GDP갭의 괴리는 양수가 된다. 다음시점의 인플레이션율이 제로 인플레이션율보다 높으면 다음시점에서 GDP갭의 괴리는 음수가 된다.

③ 장기적인 목표달성가능성을 보장하기 위해서 중앙은행이 선택하는 목표인플레이션율과 목표GDP갭이 충족시켜야 하는 조건을 설명하시오.

11 한국의 경우 한국은행법에 물가안정책무는 명시되어 있지만, 고용안정책무는 명시되어 있지 않은 것으로 알려져 있다. 이에 대하여 일반적으로 세 가지의 견해가 가능하다. 첫째 견해를 요약하면 다음과 같다. 고용안정책무가 부여되지 않더라도 경기순환을 고려한 통화정책을 실시해왔기 때문에 고용안정책무의 명시적인 부과의 여부가 통화정책의 실제 운용에서는 큰 차이를 발생시키지 않을 것이다. 둘째 견해를 요약하면 다음과 같다. 첫째의 견해를 인정할지라도, 물가안정책무와 고용안정책무의 상대적인 중요성을 중앙은행이 결정해야 할 때 자의적인 선택의 가능성을 제거할 수 있기 때문에 통화정책의 투명성을 제고할 수 있는 이점이 있을 수 있다. 셋째 견해는 한국은행법에 고용안정책무를 명시적으로 추가하는 것은 중앙은행의 통화정책 결정에 정치적 중립성을 저해하는 효과를 가져다 줄 수 있다. 세 개의 견해를 제9장에서 설명한 뉴케인지언모형에 의거하여 평가하시오.

12 통화정책의 금리경로가 옳다면 『수익률곡선조정(yield curve control)정책』의 실물경제에 대한 실효성은 없다는 주장을 평가하시오.

13 소비자물가지수와 개인소비지출 디플레이터의 차이에 관한 설명 중 옳은 항목들을 선택하고, 이유를 설명하시오.
   ① 개인소비지출 디플레이터를 작성할 때 포함되는 재화와 용역의 표본이 소비자물가지수를 작성할 때 포함되는 재화와 용역의 표본보다 더 광범위하다.
   ② 개인소비지출 디플레이터의 가중치는 소비자물가지수의 가중치에 비해 보다 더 신속하게 수정되기 때문에 개인소비지출의 디플레이터는 기술변화와 COVID-19의 소비지출효과를 더 빨리 반영하는 경향이 있다.
   ③ 개인소비지출의 디플레이터에서 주택서비스지출이 차지하는 비중이 소비자물가지수에서 주택서비스지출이 차지하는 비중보다 더 크게 나타나는 경향이 있다.
   ④ 물가지수작성에 포함되는 재화와 용역의 표본이 광범위할수록 실제 인플레이션의 압력을 보다 더 정확하게 반영할 가능성을 인정하여 개인소비지출의 디플레이터에 인플레이션목표를 설정하는 중앙은행도 있을 수 있다.

14 준칙과 재량에 관한 설명 중 옳은 항목들을 선택하고 이유를 설명하시오.
   ① 준칙은 미래시점의 상황변화와 관계없이 하나의 수치로만 약속한다는 제약이 있어서 경직성을 피할 수 없지만 재량정책에서는 이와는 달리 유연성이 보장된다.
   ② 합리적기대가설의 조건이 만족되지 않으면 준칙의 기대효과는 전혀 없다.
   ③ 준칙의 기대효과를 인정하면 준칙의 사회후생이득은 재량정책의 사회후생이득보다 작다.
   ④ 재량정책보다 준칙을 실시할 때 중앙은행이 물가안정을 달성할 가능성이 높다.

15 최적통화정책에 관한 설명 중 옳은 항목들을 선택하고 이유를 설명하시오.
   ① 최적통화준칙에 따라 통화정책을 실시하는 중앙은행은 인플레이션율갭의 부호와 반대가 되는 방식으로 성장률갭의 부호를 조정한다.
   ② 최적배분의 GDP와 잠재GDP가 동일하다면 인플레이션타기팅을 적절하게 실시하여 파레토 최적배분을 달성할 수도 있다.
   ③ 최적배분의 GDP과 잠재GDP가 서로 다르다면 인플레이션타기팅을 적절하게 실시할지라도 제로인플레이션율을 달성할 수 없다.
   ④ 장기균형에서 사후적으로 장기필립스곡선이 만족되는 경제에서는 준칙과 재량에 관계없이 최적통화정책을 실시하면 항상 제로인플레이션율을 달성할 수 있다.

16 필립스곡선 기울기의 결정요인에 관한 설명 중 옳지 않은 것들을 선택하고 이유를 설명하시오.
   ① 저인플레이션국가의 필립스곡선이 고인플레이션율국가의 필립스곡선보다 평탄화의 정도가 더 크게 나타나는 경향이 있다.
   ② 현실경제에서 중앙은행이 인플레이션목표치를 성공적으로 달성할수록 인플레이션의 실제자료를 사용하여 추정한 필립스곡선의 평탄화가 더욱 크게 나타날 수 있다.
   ③ 기업이 생산원가의 변화를 제품가격에 반영하는 정도가 커질수록 필립스곡선의 평탄화가 심화되는 경향이 나타날 수 있다.
   ④ 여러 나라의 중앙은행에서 논의된 평균인플레이션타기팅(average inflation targeting)은 필립스곡선의 평탄화에 대처하기 위한 노력의 일환으로 이해할 수 있다.

17 기대(미래시점에서 실현될 인플레이션율에 대한 기대값)를 고려한 필립스곡선이 성립하는 경제에서 최적정책을 실시하는 중앙은행을 맞게 설명한 항목을 선택한 후 이유를 설명하시오.
   ① 미국 중앙은행의 이중책무(dual mandate)는 인플레이션율과 목표인플레이션율의 괴리의 자승과 실업율과 자연실업률의 괴리의 자승에 동일한 가중치를 부여하는 것으로 해석할 수 있다.
   ② 중앙은행에게 재량권이 있다면 인플레이션율이 목표인플레이션율보다 더 높으면 실업률을 높이고, 목표인플레이션율보다 낮으면 실업률을 낮추는 정책을 실시한다.
   ③ 중앙은행이 준칙에 의한 정책을 실시해야 하면 인플레이션율이 목표인플레이션율보다 더 높으면 과거의 실업률과 비교하여 현재 실업률을 높이고, 목표인플레이션율보다 낮으면 과거의 실업률과 비교하여 현재 실업률을 낮추는 정책을 실시한다.
   ④ 신축적인 인플레이션타기팅제도를 실시하는 국가에서는 고용안정의 목표가 명시적으로 부과되지 않을지라도 인플레이션율갭과 실업률갭의 추이를 반영하여 운용하는 경향이 있다.

18 인플레이션타기팅의 성공적인 운영을 맞게 설명한 항목을 선택한 후 이유를 설명하시오.
   ① 필립스곡선의 기울기가 매우 작으면 총수요곡선의 이동을 통해서 목표인플레이션을 달성하기 어렵다.
   ② 필립스곡선의 기울기가 매우 작으면 민간경제주체의 (장기)예상인플레이션율이 목표인플레이션율에서 고정되도록 하는 정책이 목표인플레이션율의 달성에 필요하다.
   ③ 장기필립스곡선이 존재한다면 장기필립스곡선과 일치하는 목표인플레이션율과 목표생산갭을 설정하는 것이 필요하다.
   ④ 장기필립스곡선을 무시할지라도 인플레이션타기팅의 성공적인 운영이 가능하다.

제10장

비전통적인 통화정책

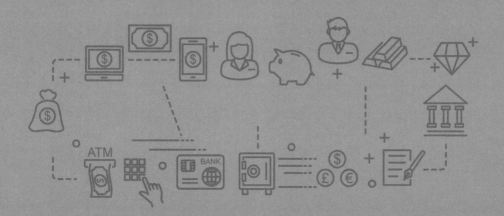

제10장

비전통적인 통화정책

　제10장의 목적은 단기명목이자율이 실효하한(effective lower bound)에 고정된 상황에서 중앙은행이 실시할 수 있는 다양한 통화정책을 설명하고, 제8장과 제9장에서 이미 설명한 거시경제모형을 사용하여 이들의 거시경제적 효과를 분석하는 것이다. 단기명목이자율이 실효하한에 고정되는 상황이 빈번하게 발생하지 않지만, 2000년 이후에는 2회에 걸쳐 발생하였다. 예를 들어 2008년 말부터 2015년 말까지 약 7년간 미국의 연방공개시장위원회에서는 연방기금금리를 제로금리에 고정시켰다. 또한 COVID-19로 인해 발생한 경제위기를 극복하기 위해 2020년 3월부터 2022년 3월까지 약 2년간 미국의 연방공개시장위원회에서는 연방기금금리를 제로금리에 고정시켰다. 미국 이외의 다른 글로벌 국가들도 공통적으로 유사한 경험을 했다.

　중앙은행이 단기명목이자율을 제로수준에서 고정시키면 더 이상 이자율조정을 통한 통화정책의 인플레이션 및 경기부양효과를 기대하기 어렵다. 그러나 제로금리를 유지하더라도 중앙은행은 미래시점의 통화정책에 관한 적절한 커미트먼트를 통해 실물경제에 영향을 미칠 수 있다. 그 이유는 미래시점의 통화정책에 관한 중앙은행의 커미트먼트는 가계와 기업 그리고 다른 금융시장 참가자들의 미래상황에 대한 기대에 영향을 미치기 때문이다. 중앙은행이 기대에 영향을

표 10-1 미국의 양적완화정책

제1차 제로금리시기 (2008.12-2015.12)			제2차 제로금리시기 (2020.03-2022.03)
제1차 양적완화 (2008.11-2010.06)	제2차 양적완화 (2010.11-2011.06)	제3차 양적완화 (2012.09-2014.10)	제4차 양적완화 (2020.03-2021.10)
MBS $600 billion	TB $600 billion	MBS $400 billion TB $450 billion	MBS $200 billion TB $500 billion

출처: 미국 연방준비제도이사회의 홈페이지

미치게 되면 단순히 금융시장 참가자들의 기대를 바꾸는 것으로 효과가 끝나는 것이 아니다. 일반적으로 사람들은 현재시점에서 자신의 행동을 결정할 때 미래 상황에 대한 기대를 반영하기 때문에 미래시점의 통화정책에 관한 중앙은행의 커미트먼트는 현재시점에서 결정되는 주요 거시경제변수에 영향을 미치게 된다.

앞에서 설명한 일종의 중앙은행의 기대관리정책(expectations management policy)을 가리켜서 중앙은행의 선제적지침(forward guidance)이라고 한다. 선제적지침은 미래시점의 이자율에 대하여 민간의 소비자와 기업에게 미리 공표하고 이를 실제로 지키는 것을 통해 소비자와 기업이 형성하는 미래시점에 대한 기대에 영향을 미치는 정책을 의미한다. 제9장의 모형에서는 예상인플레이션율과 예상총수요가 현재시점의 총수요와 인플레이션율의 결정에 영향을 미치는 경로가 있었다. 제9장의 모형을 이용하여 중앙은행의 선제적지침이 거시경제의 주요변수에 영향을 미치는 과정을 설명할 수 있는 이유는 중앙은행의 발표가 가계와 기업의 미래상황에 관한 기대에 직접적으로 영향을 미치는 채널이 있기 때문이다. 그러나 주의할 점은 선제적지침의 실효성은 중앙은행의 발표에 대한 신뢰성에 의존한다는 것이다.

<표 10-1>에서 볼 수 있듯이 앞에서 설명한 선제적지침과 함께 양적완화정책도 병행하여 실시되었다. 일반적인 거시경제학교과서에서 많이 인용되는 형태의 IS-LM모형은 대규모로 실시된 양적완화(quantitative easing)가 실물경제에 미치는 과정을 정확히 설명하지 못한다는 비판이 있다. 이런 비판의 큰 이유는 다음과 같이 요약할 수 있다. IS곡선에서 총수요에 영향을 미치는 명목이자

율이 중앙은행의 이자율준칙에 의해서만 결정된다고 가정한다면 중앙은행의 모기지증권이나 장기국채의 매입이 총수요에 영향을 미치는 과정이 없기 때문이다. 이런 문제점을 어떻게 보완할 것인가? 다양한 방법들이 가능하지만 제10장에서는 가계와 기업에게 적용되는 이자율은 중앙은행이 통화정책수단을 사용하여 직접 결정하는 이자율과 다르다는 점을 강조한다. 그 이유는 신용위험을 반영하는 프리미엄 등이 부과되어 가계와 기업에게 적용되는 이자율이 중앙은행이 결정하는 이자율과 다르기 때문이다. 또한 두 개의 서로 다른 이자율의 차이가 양적완화의 규모에 반응한다. 앞에서 설명한 내용을 기존의 IS-LM모형에 반영하여 양적완화의 총수요효과와 인플레이션효과를 분석한다.

양적완화정책

양적완화는 중앙은행의 대규모 자산구매정책으로 요약할 수 있다. <표 10-1>에서 볼 수 있듯이 양적완화정책은 중앙은행이 경기회복을 목적으로 정부채권과 금융증권을 대규모로 매수하는 정책을 말한다. 일반적인 공개시장조작은 금융기관의 초단기대차거래에 적용되는 이자율에 대한 목표치를 달성하기 위한 증권매매이지만 양적완화정책은 거래규모와 거래범위가 더 크고 광범위하다. <그림 10-1>은 2000년 이후 미국 중앙은행의 자산총액과 자산구성이 변화해 온 추이를 보여주고 있다.[1] <그림 10-1>의 그래프에서 청색실선은 미국 중앙은행의 총자산을 나타낸다. 총자산의 크기는 2008년 말 이전에는 뚜렷하게 감지되지 않지만 2008년 말에 이르러 가파르게 증가하면서 2014년 중반에 이르기까지 증가세가 나타난다.[2] 2014년부터 2018년 이전의 기간에는 수평선에 가까운 모

---

1) 제10장에 수록된 <그림 10-1>부터 <그림 10-5>까지의 그래프들은 미국 세인트루이스 연방은행의 홈페이지에 있는 데이터베이스인 FRED에 수록된 자료를 기초로 하여 FRED에서 제공하고 있는 프로그램을 사용하여 작성된 그래프들이다.
2) 양적완화정책을 단순히 통화공급의 증가로 간주하면 중앙은행의 대차대조표에서 부채의 변화추이를 분석하는 것이 양적완화의 개념과 보다 더 일치하지만 중앙은행이 대량으로 구매하는 증권의 종류가 달라지면 양적완화의 목적과 효과도 달라진다는 점을 반영하여 <그림 10-1>에서 중앙

그림 10-1 미국의 양적완화정책과 중앙은행의 자산변화

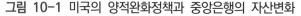
- Assets: Total Assets: Total Assets: Wednesday Level
··· Assets: Securities Held Outright U.S. Treasury Securities : All Wednesday Level
··· Assets: Securities Held Outright Mortgage Backed Securities: Wednesday Level

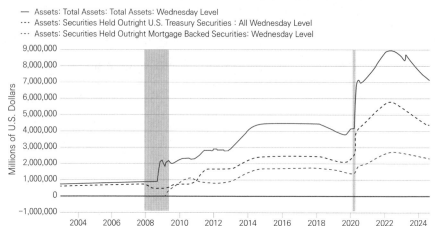

Sources: Board of Governors of the Federal Reserve System (US)

습을 보이고, 2018년부터 2019년의 기간에는 감소하는 모습으로 바뀐다. 그러나 2020년초에 이르러 예전보다 훨씬 가파른 증가세를 보인다.

글로벌 금융위기가 발생한 직후 미국의 중앙은행이 보유한 총자산이 증가하는 기간에는 세 차례의 양적완화정책이 실시되었다. 1차 양적완화정책은 2008년 11월 600billion 달러의 MBS를 매입하는 것으로 시작한다. <그림 10-1>에서 청색점선은 미국 중앙은행이 보유한 MBS증권의 크기를 나타낸다. 청색점선은 2008년 이전에는 제로수준이었지만 2008년 말부터 증가하여 2010년까지 계속 증가하는 모습을 보인다. 2010년에는 검은색 점선보다 더 높게 올라간다. 검은색 점선은 미국 중앙은행이 보유한 미국 재무성증권의 규모를 나타낸다. 자료에 따르면 1차 양적완화기간 중 MBS를 매입한 규모가 재무성 증권을 매입한 규모를 능가한다는 것을 알 수 있다. 2010년 11월 2차 양적완화를 실시한다. 미국 중앙은행은 2011년 2분기 말까지 600billion 달러의 미국 재무성증권을 매입한다. 2차 양적완화기간 중 미국 재무성증권의 잔고가 MBS의 잔고를 역전하는 것을 볼 수 있다. 2차 양적완화정책은 2011년 6월 종료되었다. 3차 양적완화정

은행의 자산변동을 보여주고 있다.

책을 실시하기 이전에 오퍼레이션 트위스트(operation twist)라는 정책을 실시한다. 2011년 9월 21일 미국 중앙은행이 보유하고 있는 만기3년 이하의 채권을 매도하고 만기6년에서 만기30년에 걸친 채권을 400billion 달러 구매하는 정책을 발표한다. 이런 정책은 수익률곡선의 형태에 영향을 미치려는 정책으로 간주할 수 있다. 단기금리는 이미 낮은 수준으로 고정된 상황이었으나 장기채권의 금리가 상대적으로 높은 수준을 유지하고 있었다. 오퍼레이션 트위스트는 이미 낮은 단기금리수준은 그대로 둔 채 장기금리를 낮춤으로써 경기를 부양하려는 정책이라고 할 수 있다. 3차 양적완화는 2012년 9월 13일 연방공개시장위원회의 발표를 기점으로 시작한다. 당시 연방공개시장위원회는 노동시장의 상황이 상당히 개선될 때까지 매달 40billion 달러의 MBS를 매입하는 것을 공개적으로 약속한다. 또한 2012년 12월에는 45billion 달러의 장기재무성채권을 추가매입할 것을 결정한다. <그림 10-1>을 보면 3차 양적완화정책을 반영하여 검은색 점선과 파란색 점선이 2012년 말 동시에 다시 증가하고 있음을 볼 수 있다.

　미국 중앙은행은 2013년 12월 3차 양적완화정책에서 그동안 실시해온 증권매입의 규모를 점차 줄이기로 결정한다. 연방공개시장위원회의 정례회의가 열릴 때마다 100억 달러의 규모로 감소시키기로 결정한 것이다. 10개월 지난 이후 2014년 10월 미국 중앙은행은 매달 일정한 규모로 증권매입을 실시하는 것을 중지한 후 양적완화정책은 종결된다. 그러나 <그림 10-1>을 보면 오랫동안 미국 중앙은행의 총자산이 그대로 남아 있음을 알 수 있다. 이미 명목금리는 제로금리로부터 정상화되었음에도 불구하고, 미국 중앙은행은 양적완화정책을 통해 쌓은 자산을 아직도 그대로 유지하고 있었다.

　한편 COVID-19가 발생하면서 4차 양적완화정책이 실시된다. 미국 중앙은행은 2022년 3월 500billion 달러의 재무성증권과 200billion 달러의 MBS를 매수할 것을 발표한다. 그 결과 미국 중앙은행의 총자산은 급격하게 증가한다. 특히 중앙은행의 자산은 COVID-19가 발생한 해에 급속히 증가하는 모습을 보이고 난 이후에도 계속 증가하여 2022년 5월에서 고점에 도달한다. 그 이후 서서히 감소하는 모습을 보이지만 2020년 중반의 수준으로 회귀했을 뿐 COVID-19 이전의 수준으로 돌아가지는 않는다. 2024년 8월 기준 미국의 중앙은행은 고금리기조를 유지하고 있지만 중앙은행의 자산이 크게 감소하지 않았기 때문에 고금리기조가 실시되는 기간에도 금융시장에 공급된 유동성은 높은 수준으로 유지되고 있었다고 볼 수 있다.

이런 상황을 반영하여 다음에서는 중앙은행이 양적완화정책의 출구전략을 어떻게 선택하는지에 따라서 전통적인 통화정책의 운용에 영향을 미칠 수 있다는 점을 설명한다. 양적완화정책을 중단하고 정상화하게 되면 양적완화의 기간 동안 큰 폭으로 증가된 은행의 지불준비금을 감소시켜야 한다. 감소하는 속도를 어느 정도로 할 것인지에 대한 서로 다른 견해가 있을 수 있다. 예를 들어 일본의 경우 은행의 지불준비금이 양적완화정책 이전의 수준으로 급격하게 감소하지만, 미국의 경우에는 은행의 지불준비금을 서서히 감소시키는 전략을 선택한다. 어느 쪽이 더 바람직한지에 대해서 명확한 결론을 내리기는 쉽지 않다. 그러나 경제상황을 반영하여 지준시장금리를 적절하게 조절해야 하는 경우 은행이 상당히 많은 양의 지불준비금을 보유하고 있다면 중앙은행이 지준시장에서 지불준비금의 공급을 조절하여 지준시장의 시장금리를 조절하는 것이 어렵다. 이런 경우 제8장의 지준시장모형에서 설명한 바와 같이 은행의 지불준비금에 적용되는 이자율과 중앙은행 역RP의 이자율이 지준시장의 균형금리에 대한 하한이 된다는 점을 이용하여 지준시장의 이자율을 조정할 수 있다.

양적완화정책이 실시되는 기간 금융시장이 안정적으로 작동할 수 있도록 중앙은행은 다양한 창구를 개설한다. 예를 들어 회사채시장, 기업어음시장, 머니마켓뮤추얼펀드시장, 자산유동화시장, 회사채시장 등에서 발행되는 증권을 매수할 수 있는 창구를 한시적으로 개설하여 운용한다. COVID-19가 발생하면서 실시된 양적완화정책에서는 다음과 같은 금융시장의 지원을 위한 창구들이 개설된다. 기업에 대한 자금공급이 막히지 않도록 중앙은행이 회사채 발행시장과 유통시장을 위한 두 개의 창구를 개설한다. 발행시장의 경우 중앙은행이 신규회사채를 매수할 수 있는 창구를 개설하고, 유통시장의 경우 회사채 또는 투자등급 (investment grade)의 회사채에 투자하는 ETF를 매수할 수 있는 창구를 개설한다. 또한 기업의 단기자금차입이 막히지 않도록 중앙은행이 기업어음시장의 유동성조절에 실효적인 영향을 미칠 수 있도록 창구를 개설한다. 예를 들어 중앙은행이 초단기금리보다 약 1%에서 2%정도 더 높은 수준에서 기업에게 직접 빌려줄 수 있는 창구를 개설한다.

유동성위기와 중앙은행 대출창구

<그림 10-2>를 보면 2007년 8월 초 서브프라임 모기지 사태가 발생한 시점에서 만기가 익일인 연방기금금리와 만기가 익일인 은행간 대출금리의 차이가 급격하게 벌어지는 것을 볼 수 있다. 그 이전에는 두 이자율이 서로 정확히 같지는 않더라도 거의 같음을 볼 수 있었다. 그러나 다양한 금융기관과 헤지펀드가 서브프라임 모기지를 기초로 한 유동화증권을 보유한 것으로 알려지면서 금융기관에 대한 대출이 급격하게 감소하여 <그림 10-2>에서 볼 수 있는 두 금리의 급격한 차이가 형성된 것으로 볼 수 있다.

이자율스프레드의 급격한 상승을 이해하기 위해 세 가지 개념을 강조할 수 있다. 첫째 개념은 유동성저장(liquidity hoarding) 현상이다. 금융시장의 불확실성이 높아지면 금융기관은 자신이 보유한 투자자금을 적극적으로 운용하지 않고 자신의 계좌에 그대로 보관하려고 한다. 이처럼 금융기관의 유동성저장(liquidity hoarding)이 발생하면 금융시장에서 유동성위기가 심화된다. 둘째 개념은 투자자금이 우량자산으로 몰리는 현상을 의미하는 양질로의 도피(flight to quality) 현상이다. 투자자들은 불확실성이 고조된 시점에서 보다 안전자산을 선호한다. 안전자산으로 인식된 미국 국채의 가격이 상승하면서 이자율은 하락하지만 은행간 대출금리는 증가한다. 따라서 이 시기에 이자율스프레드가 급격한 상승한 이유는 자금조달시장에서 유동성프리미엄의 상승에 미국 국채를 안전자산으로

그림 10-2 런던의 은행간 대출이자율과 연방기금금리

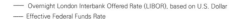
— Overnight London Interbank Offered Rate (LIBOR), based on U.S. Dollar
— Effective Federal Funds Rate

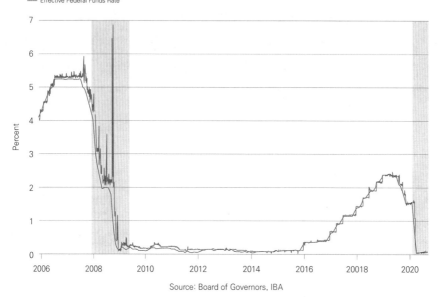

Source: Board of Governors, IBA

간주하여 발생한 프리미엄이 추가되었기 때문이다.

미국이 금융위기를 겪고 있다면 미국정부가 발행하는 채권이자율이 올라가야 하는데 그렇지 않은 이유는 무엇인가? 이는 금융위기가 여러 지역으로 퍼지면서 안전한 금융자산을 찾아서 투자해야 하는 투자자의 유인이 증가하는 동시에 미국정부가 발행하는 채권이 다른 채권에 비해 더 안전한 자산으로 평가되어 미국국채에 대한 수요가 증가하였기 때문이다. 셋째 개념은 유동성프리미엄(liquidity premium)이다. 유동성위기가 진행될 때 유동성프리미엄의 크기를 알아보기 위해 많이 인용되는 척도가 테드스프레드(TED spread)이다. 테드스프레드는 만기가 3개월인 런던의 은행간대출금리(리보금리)에서 만기가 3개월인 미국국채의 이자율을 뺀 차이로 정의된다. <그림 10-3>은 2007년 초부터 2021년 초까지 기간 중 테드스프레드(TED spread)의 추이를 보여주고 있다.[3] 2007년 8월에 테드스프

---

3) TED에서 T는 Treasury bill을 의미하고 ED는 Eurodollars를 의미한다. Eurodollars는 미국 국내가 아닌 다른 지역에서 이루어지는 달러화표시예금을 의미한다.

그림 10-3 런던의 은행간 대출금리와 연방기금금리의 차이

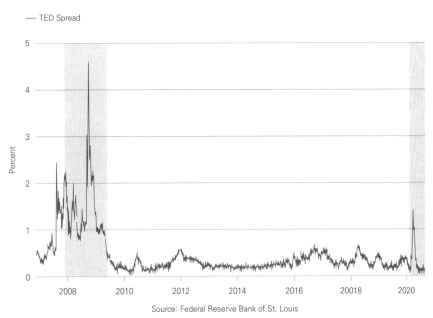

Source: Federal Reserve Bank of St. Louis

레드는 급격히 상승한다. 이 시점에서 약 2.5퍼센트의 스프레드를 기록한다. 그 이후 어느 정도 완화되었다가 2008년 초 다시 2퍼센트를 상회하는 정도로 상승하는 모습을 보인다. 금융기관들의 연쇄도산이 발생한 2008년 9월에 테드스프레드는 5퍼센트에 가까운 수치를 기록한다.

『기간부 옥션창구』(term auction facility 또는 약자로 TAF)는 금융기관의 유동성위기에 대처하기 위해 개발된 정책도구이다. 이는 앞에서 설명한 은행 간 대출시장에서 결정되는 이자율과 중앙은행이 결정하는 정책금리의 스프레드 또는 테드스프레드를 완화하는 것을 목표로 하여 2007년 12월부터 실시되었다. 미국 중앙은행인 연방준비위원회가 예금기관에게 만기 28일과 만기 84일의 담보대출을 제공한다. 담보로 인정되는 증권은 중앙은행의 재할인창구에서도 담보로 인정되는 증권과 그 외에 건전한 증권으로 인정되는 증권이 포함된다. 담보대출에 적용되는 이자율은 금융기관의 경쟁입찰에 의해서 결정되었다. 단일가격옥션을 채택하여 입찰에 참여한 기관이 제시한 이자율 중 가장 높은 이자율 또

그림 10-4 기간부 옥션창구의 대출추이

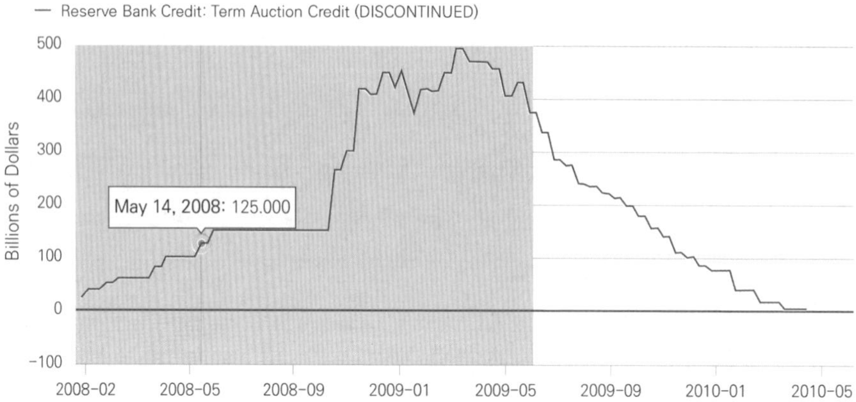

출처: Federal Reserve Bank of St. Louis

는 수익률이 담보대출의 이자율로 결정되었으며 이는 중앙은행이 개설한 『기간부 옥션창구』를 통해서 대출을 받는 금융기관에게 모두 동일하게 적용되었다. <그림 10-4>는 미국 연방준비위원회에서 실시한 『기간부 옥션창구』의 규모를 보여주고 있다. 2009년 3월 4,930억 달러가 기간부 옥션창구에서 가지고 있던 가장 높은 잔고이다. 그 이후 계속 감소하여 2010년 4월 말에 잔고가 제로가 된다. 『기간부 옥션창구』가 폐지된 시점은 테드스프레드가 금융위기 이전의 상태로 낮아지는 시점과 일치한다.

『기간부 옥션창구』가 금융기관 간 대출에 미치는 효과는 어떻게 발생하는가? 두 가지의 경로를 생각해 볼 수 있다. 첫째, 금융기관의 유동성저장(liquidity hoarding)욕구에 미치는 효과이다. 『기간부 옥션창구』가 설치되면 금융기관은 자신이 직접 유동성이 높은 증권을 보유하지 않더라도 자신이 보유한 증권을 담보로 중앙은행의 대출을 받을 수 있어서 유동성을 저장하려는 욕구가 작아진다. 둘째, 신용위험에 대한 감소이다. 금융기관 간 대출거래에 참여하는 다른 금융기관들도 중앙은행이 제공하는 『기간부 옥션창구』를 이용할 수 있어서 유동성 부족으로 단기대출을 상환하지 못하는 상황이 발생할 위험이 작아지므로 거래상대방에 대한 신용위험이 감소된다. 위에서 설명한 두 가지의 효과는 『기간부 옥

선창구』를 실제로 이용하지 않더라도 『기간부 옵션창구』가 존재하는 것만으로 도 얻을 수 있는 효과인 것으로 보인다. 그러나 <그림 10-4>를 보면 『기간 부 옵션창구』의 규모가 크다. 이는 『기간부 옵션창구』가 예비적 동기의 자금조 달수단 이외에도 금융기관이 이득을 얻는 방편으로 사용되었을 가능성이 높다는 것을 함의한다.

　<그림 10-5>에서는 리보금리와 『기간부 옵션창구』의 금리를 비교하고 있 다. <그림 10-5>의 직선은 만기가 28일인 『기간부 옵션창구』의 대출이자율 을 나타낸다. 굵은 점선은 만기가 한달인 리보금리를 나타낸다. 두 개의 이자율 이 2007년 12월 20일에 약 4.5퍼센트를 약간 상회하는 수준에서 2008년 5월 14 일 약 2퍼센트를 상회하는 수준으로 하락하는 과정에서 리보금리가 먼저 하락하 고 뒤이어 『기간부 옵션창구』의 금리가 하락하는 모습을 보이고 있다. 그 이후 시점에서 리보금리는 2.5퍼센트 수준을 유지한다. 같은 기간 중 『기간부 옵션창 구』의 이자율은 2퍼센트보다 높지만 2.5퍼센트보다 낮은 수준을 유지하고 있다. 위의 그림이 함의하는 점을 다음과 같이 두 가지로 요약할 수 있다. 첫째, 2007 년 12월 20일부터 2008년 5월 초 이전 기간 중 『기간부 옵션창구』의 대출이 실 시되어 자금이 금융기관에 흘러 들어가면서 발생한 자금공급의 증가로 인해 리 보금리가 하락하는 효과가 발생했을 가능성이 있는 것으로 추측해볼 수 있다. 둘째, 2008년 5월 초 이후에는 기간부 옵션창구의 대출을 받아서 이를 리보시장 에서 금융기관에 대출하여 얻은 이자소득이 가능한 것으로 보인다. 그 이유는 다음과 같이 요약된다. 『기간부 옵션창구』가 실시되었던 시점에서 리보금리의 이자율과 『기간부 옵션창구』의 이자율을 비교하면 후자의 이자율이 더 낮게 나 타난다. 그 이전에는 두 이자율이 거의 유사한 것으로 나타난다. 이자율스프레 드가 크지는 않지만, 지속적으로 존재하는 것으로 나타난다. <그림 10-5>의 자료를 『기간부 옵션창구』가 리보금리의 하향안정화에 대한 단 하나의 요인이 라는 주장의 결정적인 증거로 간주할 수 있는가? 두 개의 이자율이 밀접한 관계 를 가지고 동일한 방향으로 이동하고 있으며 『기간부 옵션창구』의 대출이 발생

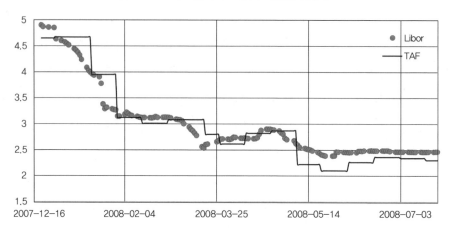

그림 10-5 리보금리와 기간부옵션창구금리

출처: 미국 연방준비제도 이사회의 홈페이지

한 이후 리보금리가 하락하는 모습을 보였다는 점은 가능성을 함의하지만, 결정적인 인과관계를 의미하는 것은 아니다. 어떠한 결론에 도달하기 위해 보다 더 자세한 분석이 필요하고 분석의 내용을 자세히 논의하는 것은 제10장의 범주를 넘기 때문에 생략하기로 한다.

『기간부 옵션창구』의 총수요효과가 IS-LM모형에 반영될 수 있는지에 대한 의문이 들 수 있다. 이를 위해 먼저 『기간부 옵션창구』를 통해 유동성공급정책을 실시하여 테드스프레드를 낮추는 효과를 분석하는 것이 필요하다. 금융기관의 이윤극대화에 의해서 테드스프레드와 『기간부 옵션창구』의 균형관계를 도출하는 것이 보다 바람직하지만 설명을 단순하게 진행하기 위해 앞에서 설명한 자료들에서 나타난 두 변수의 관계를 이용하여 설명하기로 한다. <그림 10-3>과 <그림 10-4>를 비교하면 2008년 9월 테드스프레드가 급격하게 상승한 시점 이후 2009년 3월까지 『기간부 옵션창구』의 규모도 급격하게 상승한다. 같은 기간 중 테드스프레드는 2008년 9월에 급격히 상승한 이후 감소하고 있다. 이와 같은 두 변수의 관계를 수식으로 표현하면 어떻게 되겠는가? 두 변수의 관계를 단순하게 (TED 스프레드) $= -a$(TAF의 규모)$+ b$의 선형식으로 설명할 수 있는 것으로 가정한다. 두 개의 계수 a와 b의 값은 자료를 사용하여 추정할 수 있다.
<그림 10−5>에서 설명한 자료들을 보면 a의 값이 양수일 것으로 짐작할 수
있다. 여기에서는 추정계수값을 소개하지 않고 단순히 a의 값이 양수라고 가정
한다. a는 중앙은행의 정책도구인『기간부 옵션창구』의 규모를 1퍼센트 증가시
킬 때 테드스프레드로 측정한 유동성프리미엄이 어느 정도 감소하는지를 설명한
다. 따라서 위의 식은 기간부 옵션창구를 통해 유동성공급정책을 실시하여 테드
스프레드를 낮추려는 통화정책의 효과를 측정하는 것으로 해석할 수 있다.

　중앙은행이 제로금리를 유지하고 있는 경우 단기국채이자율이 거의 제로수준
이라고 가정한다면 금융기관의 자금조달비용을 나타내는 이자율수준은 테드스
프레드와 같다고 가정하여 제로금리가 실시되는 경우 IS곡선의 식은 다음과 같
이 수정한다.

$$x = x^e - \delta\left(TED - r^n - \pi^e\right)$$

이 식에서 TED는 테드스프레드를 의미한다. 위의 식과 같이 쓸 수 있는 이유는
리보금리를 가계와 기업에 직접 영향을 미치는 금리로 가정했기 때문이다. 리보
금리는 테드스프레드와 미국의 단기국채이자율의 합이다.『기간부 옵션창구』를
개설하는 상황에서 제로금리가 실시되고 있는 것으로 가정한다. 또한 앞으로도
계속해서 제로금리를 유지할 것으로 예상되는 경우 미국의 단기국채이자율도 제
로수준으로 고정된다고 할 수 있다. 따라서 위의 IS곡선은 제로금리정책이 앞으
로도 지속적으로 유지될 것이라는 가정이 반영된 채로 도출된 IS곡선이라고 할
수 있다. 따라서 제9장에서 설명한 IS곡선과 차이가 있다면 위의 IS곡선에서는
리보금리가 포함된다는 것이다.

　앞에서 이미 설명한 바와 같이 중앙은행이 보유한 정책도구인『기간부 옵션창
구』의 정책효과를 나타내는 식은 다음과 같이 쓸 수 있다.

$$TED = -aTAF + b$$

이 식에서 TAF는 중앙은행이 결정하는 『기간부 옥션창구』의 명목잔고를 의미한다. 위의 두 식을 결합하여 분석하면 중앙은행이 조절하는 『기간부 옥션창구』의 잔고가 증가할 때 IS곡선의 이자율이 낮아지기 때문에 예상인플레이션율과 예상 총수요가 주어진 상태에서 현재시점의 총수요가 증가하게 된다. 실물경기가 바람직한 수준에서 진행되고 있으며 금융기관간 대출시장에서도 유동성이 풍부한 상황에서는 테드스프레드가 매우 작다. 따라서 금융시장이 정상적으로 작동하고 있는 상황에서는 중앙은행이 결정하는 기준금리와 금융기관 간 대출시장의 이자율은 서로 차이가 없는 것으로 가정할 수 있다. 이런 가정을 그대로 받아들인다면 금융시장이 정상적으로 작동하고 있는 상황에서는 기간부 옥션창구의 효과가 매우 작을 수 있다. 그러나 금융시장의 불안이 같이 진행되는 제로금리정책의 초기시점에서는 중앙은행의 『기간부 옥션창구』가 금융기관 간 대출이자율을 하향안정화시켜서 실물경제를 안정시키는 효과가 있다는 주장이 가능하다.

오퍼레이션 트위스트의 총수요효과

양적완화정책의 일환으로 미국의 중앙은행인 연방준비위원회는 장기국채를 매입한다. 구체적으로 2011년 9월 21일 보유하고 있는 만기 3년 이하의 채권을 매도하고 만기 6년에서 30년에 걸친 채권을 400billion 달러 구매하는 정책을 발표한다. 이처럼 오퍼레이션 트위스트는 중앙은행이 단기국채를 매도하고 장기국채를 매수하는 정책을 말한다. 당시 오퍼레이션 트위스트를 실시한 이유는 단기금리는 이미 낮은 수준으로 고정되어 있지만 장기국채의 금리는 상대적으로 높은 수준을 유지하고 있는 상황에서 장기금리를 낮춤으로써 경기를 부양하려는 목적이 있었던 것으로 이해할 수 있다.

오퍼레이션 트위스트에 대한 이론적 근거는 무엇인가? 이에 대한 답변으로 선호서식지가설(preferred habitat hypothesis)을 생각해 볼 수 있다. 선호서식지가설은 두 개의 주장으로 이루어져 있다. 첫째, 여러 종류의 만기를 가진 채권들이 채권시장에서 거래되고 있지만 각각의 채권투자자는 다른 만기에 비해 상대적으로 더 선호하는 만기가 있다는 것이다. 둘째, 상대적으로 선호도가 낮은 만기의 채권에 투자하기 위해서는 적정한 투자이득이 있어야만 한다는 것이다.[4] 따라서 만기프리미엄이 충분히 있어야 자신이 가장 선호하는 만기의 채권에만 투자하지 않고 다른 만기를 가진 채권에도 투자한다는 것이다. 예를 들어 연금과 보험은 장기채무를 가지고 있는 금융기관이기 때문에 장기채권에 투자하는 것이 위험관리의 측면에서 바람직하다. 따라서 연금과 보험은 다른 증권과 비교하여 장기채권에 대한 선호가 있다. 그러나 일정한 수준의 수익을 내기 위해 수익률이 충분히 높고 안정적이라면 다른 증권에 투자할 수도 있다.

앞에서 설명한 선호서식지가설의 특징에 관한 이해를 돕기 위해서 유동성 선호가설과 비교한다. 유동성선호가설에 따르면 장기채권에 비해 단기채권을 보유하는 것이 자신의 투자자금에 보다 유동성을 더 높게 하는 선택이므로 장기채권을 보유하려면 단기채권을 보유하여 얻는 금전적인 수익에 추가적으로 보상해야 한다는 것이다. 이런 측면에서 유동성선호가설에서는 모든 투자자가 단기채권에 대하여 더 높은 선호를 가진 것으로 가정한다. 이에 대하여 선호서식지가설에서는 단기채권보다 장기채권을 더 선호하는 채권투자자가 있을 수 있다는 것이다. 이러한 주장을 보다 더 확장하면 각각의 만기별로 선호하는 채권투자자가 주된 시장참가자로서 활동하고 있다는 것이다. 유동성선호가설은 채권시장의 수요곡선이 수평이고, 선호서식지가설은 채권시장의 수요곡선이 우하향할 수 있을 가능성을 함의한다고 볼 수 있다. 그러므로 선호서식지가설은 특정한 만기의 채권시장에서 정부매수가 증가하면 그 만기에 해당하는 수익률이 낮아질 수 있음을 함의한다. 이런 측면에서 선호서식지가설은 정부가 장기국채의 대규모 매수정책을 통해 장기금리를 낮출 수 있다는 이론적 근거를 제시한다.[5]

---

4) 모디글리아니(Franco Modigliani)와 서치(Richard Sutch)가 1966년 American Economic Review (Vol.56, No.1/2, pp. 178-197)에 출간한 「Innovations in Interest Rate Policy」는 선호서식지 가설을 주장한 초기 논문 중 하나이다.

5) 이자율의 기간구조에 대한 기대가설이 특정한 만기의 채권시장에서 존재하는 수요곡선의 형태에 관하여 구체적으로 강조하는 점이 있다고 보기는 어렵다. 그러나 차익거래이득이 없고 자유로운

<표 10-2>에서는 제2장에서 분석한 모형을 수정하여 제로금리정책이 실시되는 기간 중 장기채권의 만기프리미엄을 낮추면 총수요가 증가할 수 있음을 보인다. 현재시점부터 앞으로 n개의 기간이 남은 순수할인채권이 존재하는 것으로 가정한다. 만기시점에서 지불될 것으로 약속된 소득이 1원인 채권의 현재시점의 가격을 $P^{(n)}$이라고 표기한다. 소비자가 현재에서 장기채권을 구매하여 만기시점까지 보유하는 것으로 가정한다면 일종의 정기예금으로 간주할 수 있다. 만기시점까지 n개의 기간이 남은 정기예금을 선택할지의 여부를 효용극대화에 의해서 결정한다면 효용극대화의 조건은 어떠한 형태일 것인가를 생각할 수 있다. 효용극대화의 조건은 (효용비용=효용이득)의 등식으로 표현할 수 있다는 점을 반영하여 효용비용과 효용이득의 결정을 구분하여 설명한다. 먼저 효용비용을 설명한다. 현재시점의 실질비용은 채권의 명목가격을 물가로 나눈 비율이 된다. 이를 효용단위로 평가하기 위해 앞에서 계산한 실질비용에 현재시점의 한계효용을 곱해야 한다. 정기예금의 이득은 채권의 만기시점에서 실현된다. 만기시점에서 실현될 실질이득은 1원을 미래시점의 물가로 나눈 비율이다. 금전적으로 평가한 실질이득을 효용단위로 환산하기 위해 미래시점의 한계효용을 곱해야 한다. 효용극대화의 조건은 앞에서 설명한 효용비용과 효용이득이 같다는 것이다.

<표 10-2>의 첫째 줄에서는 소비의 기간간 대체탄력성이 δ인 효용함수를 가정한다. 둘째 줄에서는 만기시점까지 앞으로 n개의 기간이 남은 순수할인채권의 투자에 적용되는 소비자의 효용극대화조건을 보여주고 있다. 둘째 줄에서 사용한 기호의 밑에 붙은 하첨자 0은 현재시점을 나타내고 n은 n개의 기간 이후를 나타낸다. 둘째 줄의 효용극대화조건은 실질GDP가 항상 잠재GDP의 수준과 동일하게 유지되는 자연율경제에서도 성립한다. 자연율경제와 구분하기 위해 자연율경제의 변수에 대해서는 별표를 상첨자로 붙여서 구분한다. 자연율경제의 효용극대화조건은 <표 10-2>의 셋째 줄에 정리되어 있다. 둘째 줄과 셋째

자금이동이 가능하다는 가정은 수요곡선이 균형가격에서 수평임을 함의한다고 볼 수 있다.

표 10-2 오퍼레이션 트위스트의 총수요효과

효용함수	$U(C) = \left(C^{1-\delta^{-1}} - 1\right)/(1 - \delta^{-1})$
효용극대화조건	$P^{(n)} C_0^{-\delta^{-1}} P_0^{-1} = \beta^n E\left[C_n^{-\delta^{-1}} P_n^{-1}\right]$
자연율경제의 효용극대화조건	$P^{*(n)} C^{*-\delta^{-1}} P_0^{*-1} = \beta^n E\left[C_n^{*-\delta^{-1}} P_n^{*-1}\right]$
선제적지침과 소비자의 미래에 대한 기대	$E\left[C_n^{-\delta^{-1}} P_n^{-1}\right] = E\left[C_n^{*-\delta^{-1}} P_n^{*-1}\right]$
선제적지침과 효용극대화조건	$P^{(n)} C_0^{-\delta^{-1}} P_0^{-1} = P^{*(n)} C_0^{*-\delta^{-1}} P_0^{*-1}$
채권가격과 만기수익률	$P^{(n)} = (1 + y^{(n)})^{-n}$
선제적지침과 총수요곡선	$x_0 = -\delta n \left(y^{(n)} - y^{*(n)}\right) - \delta p_0$
제로금리정책과 총수요곡선	$x_0 = -\delta n \left(\sigma^{(n)} - y^{*(n)}\right) - \delta p_0$

주: 소문자 $p_0 (= \ln(P_0/P_0^*))$는 현재물가수준과 자연율경제의 물가수준의 로그편차를 나타낸다. 대문
자 P_n과 P_n^*는 각각 n시점에서 물가수준과 자연율경제의 물가수준, 대문자 C는 소비, β는 시
간선호할인인자를 나타낸다. $y^{(n)}$은 만기 n인 채권의 만기수익률을 나타내고 $y^{*(n)}$는 자연율경
제에서 만기 n인 채권의 만기수익률을 나타낸다.

줄에서 사용된 기호는 다르지만 모두 만기가 n기인 채권의 투자를 결정할 때
적용되는 효용극대화조건이라는 공통점이 있다.

다음에서는 위에서 설명한 두 개의 효용극대화조건을 결합하여 중앙은행의
선제적 지침이 반영된 경우의 총수요곡선을 도출한다. 제로금리상태에 있다고
가정하자. 앞으로 경제가 회복하여 n개 기간이 지나면 자연율경제에 도달하여
회복될 것으로 예상한다고 가정하자. 가계와 기업이 모두 같은 내용으로 예상한
다면 <표 10-2>의 넷째 줄에 있는 조건이 성립해야 한다. 이 조건은 현재시
점에서는 경기불황을 겪고 있지만 n개의 기간이 지나면서 경기중립의 상태로
회복할 것이라는 예상을 반영한 조건이다. 이는 소비자와 기업이 n개의 기간이
지난 후 경기중립의 상태로 만들겠다는 중앙은행의 목표를 그대로 신뢰해야만
성립하는 조건이다. 넷째 줄의 조건을 둘째 줄에 있는 효용극대화조건에 대입하
여 다섯째 줄에 있는 조건을 도출한다. 여섯째 줄은 만기수익률의 정의를 보여
주고 있다. 여섯째 줄의 수식을 다섯째 줄에 대입한 후 양변에 로그함수를 취한
다음에 일차선형근사를 적용하면 일곱째 줄에 있는 총수요곡선의 식이 도출된
다. 일곱째 줄에서 생산갭은 현재시점의 소비수준과 자연율경제의 소비수준의

로그차분으로 정의된다.

앞으로 n개의 기간 동안 제로금리를 그대로 유지할 것이라는 중앙은행의 발표를 가계와 기업이 그대로 믿고 있다면 현재시점과 미래시점의 단기이자율이 제로일 것으로 예상한다. 이 경우 만기시점까지 n개의 기간이 남은 채권의 만기수익률은 만기프리미엄과 같아서 $y^{(n)} = \sigma^{(n)}$의 조건이 성립한다. 이 조건의 함의는 제로금리정책이 앞으로 지속적으로 실시될 것으로 예상되더라도 장기채권의 만기수익률이 양수라면 이는 만기프리미엄이 존재하기 때문이다. 앞에서 설명한 만기수익률과 만기프리미엄이 같다는 조건을 일곱째 줄에 대입하여 여덟째 줄에 정리한다. 여덟째 줄의 함의는 다른 변수들이 그대로 있을 때 만기프리미엄을 낮추면 총수요곡선을 이동시킬 수 있다는 것이다. 어떻게 만기프리미엄을 낮출 수 있는가? 이를 위해 국채가격과 만기프리미엄은 서로 반대방향으로 움직인다는 점을 이용한다. 예를 들어 중앙은행이 장기채권시장에 들어가서 장기채권을 매입하여 가격이 상승하면 만기수익률이 감소한다. 특히 미래의 단기이자율이 모두 제로수준에 고정되어 있을 것으로 예상되는 경우 만기수익률의 감소는 만기프리미엄의 감소를 말한다. 여기서 지적해야 할 점은 중앙은행이 장기채권을 구매한다고 하여 항상 만기프리미엄을 낮추는 것은 아니라는 것이다. <표 10-2>의 결과는 중앙은행이 앞으로 제로금리정책을 충분한 기간에 걸쳐서 유지할 것을 발표하고, 이런 중앙은행의 발표를 가계와 기업이 그대로 믿는다는 전제조건이 성립해야 가능하다.

제로금리와 선제적지침

선제적지침은 일종의 기대관리정책(expectation management policy)이다. 미래시점에 대한 기대가 현재시점에서 결정되는 거시경제변수에 영향을 미치는 경로가 있어야 선제적지침의 실물효과가 발생한다. 제9장에서 설명한 뉴케인지언모형을 사용하여 제로금리정책하에서 선제적지침의 실물효과를 분석한다.

표 10-3 선제적지침의 효과

제로금리정책과 IS곡선	$x = x^e - \delta(i - \pi^e - r^*) \rightarrow x = x^e + \delta(\pi^e + r^*)$
제로금리와 인플레이션율	$\pi = \beta\pi^e + kx \rightarrow \pi = kx^e + (k\delta + \beta)\pi^e + k\delta r^*$
제로금리정책과 균형조건	$\begin{pmatrix} x \\ \pi \end{pmatrix} = \begin{pmatrix} 1 & \delta \\ k & k\delta + \beta \end{pmatrix} \begin{pmatrix} x^e \\ \pi^e \end{pmatrix} + \begin{pmatrix} \delta \\ k\delta \end{pmatrix} r^* \rightarrow z = Az^e + Br^*$
제로금리하한과 이자율준칙	$i = \max\{r^* + \varphi_\pi \pi + \varphi_x x, 0\}$
금리정상화 이후 거시경제균형조건	$z = Dz^e$ $D = \begin{pmatrix} a & a\delta(1 - \beta\phi_\pi) \\ ka & a(\beta + \delta(\phi_x + k\phi_\pi)) \end{pmatrix}$; $a = (1 + \delta(\phi_x + k\phi_\pi))^{-1}$

주: ϕ_x과 ϕ_π는 기준금리의 생산갭과 인플레이션율에 대한 반응계수이다. A와 B의 정의는 <표 10-3>에 정리되어 있다.

<표 10-3>에서는 제9장에서 미래상황에 대한 기대가 현재시점의 거시경제 변수에 미칠 수 있는 경로가 있다는 것을 보였기 때문에 이를 이용한다. 먼저 첫째 줄의 화살표는 제로금리의 조건은 $i = 0$이고, 이 식을 동태적 IS곡선에 대입한다는 것을 의미한다. 그 결과 현재시점의 생산갭은 미래시점의 인플레이션에 대한 예상치, 미래시점의 생산갭에 대한 예상치, 자연실질이자율 등 3개의 변수의 선형함수로 표시된다. 둘째 줄에서는 제로금리정책이 실시될 때 인플레이션율이 어떻게 결정되는지를 보기 위해 필립스곡선을 이용한다. 이전에서 정리한 IS곡선의 식을 필립스곡선의 식에 대입하여 현재시점의 총수요를 소거하면 제로금리정책이 실시되는 시기에서 인플레이션율의 결정식이 도출된다. 이 식은 <표 10-3>의 둘째 줄에 정리되어 있다.

<표 10-3>에서 정리하고 있는 제로금리정책의 거시경제적효과분석에서 두 개의 특징을 설명한다. 첫째 특징은 자연이자율의 역할이다. 동일한 거시경제모형을 이전에서도 분석하였는데 이전의 경우 자연이자율의 변화가 인플레이션율과 생산갭에 미치는 효과에 대한 설명이 없었다. 그 이유는 자연이자율의 변동이 있었다면 이를 단기명목금리가 흡수하도록 중앙은행이 명목금리를 조정하였기 때문이다. 그러나 제로금리수준으로 고정되어야 하는 상태에서는 자연이

자율의 변동을 명목금리의 변동으로 흡수할 수 있는 능력이 없어지게 되어 실물경제의 균형조건에 명시적으로 등장하게 된다. 따라서 현재 분석하고 있는 모형에서는 장기적인 실질이자율이 변동하더라도 평시에는 중앙은행이 이러한 변동을 자신이 조절하는 단기명목금리로 흡수한다. 그러나 금융위기가 진행되면서 중앙은행이 제로금리로 고정시키면 단기명목금리가 자연이자율의 변동을 흡수할 수 없게 되어 자연이자율의 변동이 거시경제의 주요변수에 대하여 직접 영향을 미치게 된다.

둘째 특징은 음수의 자연이자율이 발생하면 제로금리정책으로 이어질 가능성이 높다는 것이다. 테일러준칙은 자연이자율이 중앙은행이 제로금리를 선택하게 하는 주요변수라는 것을 함의한다. 마이너스의 인플레이션율과 마이너스의 생산갭이 관측되더라도 자연이자율 수준이 충분히 높다면 중앙은행이 제로금리를 선택할 이유가 없다. 실제인플레이션율이 양수일지라도 목표인플레이션율보다 낮고 생산갭이 음수이면 경제상황에 반응하는 부분은 음수가 된다. 경기가 좋지 않을 때 주로 경제에 대하여 피드백하는 부분이 음수가 된다. 그러나 자연이자율이 양수이고 충분히 크다면 이렇게 발생한 음수부분이 상쇄된다. 쉽게 설명하면 평균적으로 실질이자율이 상당히 높은 경제에서 인플레이션율이 목표치보다 낮다고 할지라도 제로금리정책까지 선택할 필요가 없다는 것이다.

위의 설명에 따르면 상당히 낮은 음수의 자연이자율은 중앙은행의 제로금리정책에 대한 충분조건으로 간주할 수 있다. 경제상황에 피드백하는 부분이 양수일지라도 자연이자율이 절대값이 큰 음수가 되면 테일러준칙에 맞추어 정책금리를 결정하는 중앙은행은 제로금리정책을 선택한다. 물론 자연이자율이 음수인 상황에서 인플레이션율갭과 생산갭이 모두 음수이면 중앙은행이 제로금리정책을 실시하는 것이 더욱 정당화된다. 따라서 중앙은행의 제로금리정책을 정당화하는 이유 중의 하나는 음수의 자연이자율이다.

다음에서는 제로금리정책이 실시되는 가운데 자연이자율하락이 생산갭과 인플레이션율에 직접적으로 영향을 미치는 과정을 자세히 설명한다. 제로금리에서 자연이자율하락은 경기악화를 발생시키는 주원인이 된다. 자연이자율을 어떻게 해석해야 할 것인가? 자연이자율은 모든 가격이 완전신축적으로 조정되면서 잠재생산수준에서 실질총생산이 이루어지고 있으며 인플레이션율이 바람직한 장기목표치를 달성하고 있는 경제에서 성립하는 이자율로 간주할 수 있다. 부연하면, 재화 및 용역의 가격이 신축적으로 변동하는 경제에서 실물경제가 자연스럽게 단기적으로 경기가 좋거나 나쁘지 않은 중립적인 상황에서 결정되는 실질이자율이라고 해석할 수 있다. 자연이자율의 변동은 무엇을 의미하는가? 금융시장의 기능이 장기간 제대로 작동하지 못하는 상황이 발생한다면 자연이자율이 변동할 수 있다. 또는 실물경제의 잠재생산력에 예상치 못한 충격이 발생하여 자연이자율이 변동할 수 있다. 이처럼 여러 개의 서로 다른 이유로 자연이자율이 변동할 수 있으나, 제10장에서는 특수한 개별 상황에 대한 설명없이 모두 동일하게 자연이자율의 하락으로 간주하여 자연이자율이 음의 값을 가지는 경우 발생하는 거시경제효과를 분석한다.

다음에서는 <표 10-3>의 균형조건을 사용하여 선제적지침의 거시경제효과를 설명한다. 제로금리정책이 실시되는 가운데 성립하는 균형조건은 두 개의 식으로 구성되어 있어서 이차원 열벡터를 사용하여 간단히 쓸 수 있다. 현재시점의 생산갭과 인플레이션을 하나의 기호로 표시하여 이차원 열벡터 z라고 한다. 이는 생산갭이 위에 있고 그 아래에 인플레이션율이 오는 순서로 정의된 두 개의 원소로 구성된 열벡터이다. 다음시점의 생산갭과 인플레이션에 대한 예측치로 구성된 열벡터를 z^e로 표기한다. 따라서 z^e는 z와 동일한 원소로 구성된 열벡터가 다음시점에서 가지는 값에 대한 기대값을 나타낸다. 제로금리정책이 실시되는 가운데 균형조건이 함의하는 두 변수 간의 관계는 <표 10-3>의 셋째 줄에 정리되어 있다. 행렬의 첫째 행은 제로금리정책의 IS곡선에 해당하고, 둘째 행은 제로금리정책의 필립스곡선에 해당한다. 셋째 줄의 함의는 미래시점에서 결정되는 총수요와 인플레이션율에 대한 예상치가 현재시점의 총수요와 인플레이션율에 영향을 미친다는 것이다.

앞에서 정리한 제로금리정책이 실시되는 가운데 성립하는 균형조건이 통화정책의 담당자들에게 함의하는 점을 요약해보자. 어느 시점에서 어떠한 조건이 만족되는 경우 제로금리수준에서 벗어나 명목금리가 정상화될 것인가에 대한 소비자와 기업의 예측이 현재시점에서 인플레이션율과 생산갭의 결정에 중요한 역할을 한다. 이 점을 이해한다면 중앙은행은 소비자와 기업의 예측에 영향을 미치는 경로를 확보하여 거시경제가 될 수 있으면 빨리 회복하는 데 도움이 되는 정책수단을 개발하고 싶을 것이다. 이러한 취지에서 사용할 수 있는 정책이 선제적지침이다. 중앙은행이 선제적지침을 운용할 때 실효성을 확보하기 위해 중요한 것은 미래시점에서 실시될 통화정책에 대한 중앙은행의 약속을 소비자와 기업이 신뢰하는 것은 물론이고 정책내용을 정확하게 전달할 수 있도록 시장친화적인 전달프레임을 구축하는 것이다. 부연하면 제로금리정책이 실시되는 가운데 가계와 기업 그리고 금융시장 참가자가 형성하는 미래시점에 대한 기대에 영향을 미치기 위해 중앙은행은 이들과의 원활한 소통이 필요하다는 것이다. 이는 어떻게 소통하는 것이 좋은 방법인지에 대한 고려가 필요하다는 의미이다. 중앙은행이 미래시점의 정책선택에 대하여 공적으로 약속해야 할 때 고려할 수 있는 두 가지의 약속방법을 생각해 볼 수 있다. 첫째 방법은 금리정상화의 시점을 정해놓는 것이다. 이는 앞으로 2년 6개월간 제로금리에 고정시킨다고 발표하거나, 2015년 12월까지 금리를 제로수준에 묶어둘 것이라고 발표하는 방식을 의미한다. 둘째 방법은 거시경제상황을 판단할 수 있는 지표에 대하여 금리정상화의 조건을 부여하는 방법이다. 인플레이션율이 2%를 넘지 않고 실제실업률이 자연실업률을 상회하는 시점까지 제로금리를 그대로 유지하는 것으로 발표하는 방식을 의미한다. 둘째 방법이 중앙은행의 실제의사결정을 더 정확하게 설명하는 것일 수 있지만, 모든 사람이 쉽게 이해하고 오랫동안 기억할 수 있도록 하는 방법은 첫째 방법이다.

중앙은행이 가계, 기업, 금융시장의 참가자들에게 약속할 때 제로금리정책이 지속되는 기간 내에서 벌어지는 정책들에 대해서만 약속하는 것으로 끝나는 것이 아니다. 제로금리에서 벗어나 통화정책이 정상화되는 상황에서 어떻게 할 지에 대한 예측도 가계와 기업의 의사결정에 영향을 미치게 된다. 따라서 앞에서 설명한 이자율준칙도 여기에 맞추어 약간 수정될 필요가 있다. 특히 제로금리가 중앙은행이 선택할 수 있는 금리수준의 최소값이라는 점을 명시적으로 반영해야 한다. 이를 고려한 이자율준칙은 <표 10-3>의 넷째 줄에 정리되어 있다. 넷째 줄에서는 자연이자율이 음수이고 인플레이션율과 생산갭이 모두 음수일 때 중앙은행이 제로금리정책을 실시하는 것을 함의한다. 또한 중앙은행이 자연이자율이 음수의 값을 유지하다가 제로수준으로 회복되고, 인플레이션율과 생산갭도 목표수준으로 회복되는 시점에서 금리가 정상화될 것으로 발표했다고 가정하자. 이러한 중앙은행의 발표도 <표 10-3>의 넷째 줄에 있는 이자율준칙과 일치한다.

다음에서는 제로금리정책이 실시되는 기간 중 형성되는 거시경제균형의 기간 간 변화를 분석한다. 먼저 『자연이자율의 기간간 변화』에 대하여 설명한다. 최초시점에서 그 이전에 예측되지 않은 자연이자율의 변화가 발생한다. 1기시점에서 자연이자율이 $r_1^* = -1$이다. 2시점에서 자연이자율은 $r_2^* = -0.5$이다. 3기시점이 되면 자연이자율은 장기균형으로 회귀하여 $r_3^* = r^* (> 0)$의 값을 가진다. 그 이후 계속해서 자연이자율은 장기균형값으로 고정된다. 이런 상황에서 3기시점에서 중앙은행이 결정하는 단기명목금리가 정상화되는 것을 보일 수 있다. 중앙은행은 <표 10-3>의 넷째 줄에 있는 테일러준칙에 의거하여 금리를 결정할 것을 발표하였기 때문에 금리정상화의 시점부터 거시경제의 기간간 변화는 <표 10-3>의 다섯째 줄에 정리되어 있다. 금리가 정상화되는 3기시점부터 이 조건은 매기마다 동일하게 성립되는 균형조건이다. 이 식이 3기시점 이후 항상 만족되어야 한다면 매기마다 z의 값은 제로벡터여야 한다. 이는 3기시점부터 그 이후 계속해서 인플레이션율과 생산갭은 모두 제로임을 의미한다.

앞에서 3기시점의 균형을 설명하였으므로 이제 2기시점의 균형조건을 분석한다. 2기시점에서 예측하는 미래시점의 인플레이션율과 생산갭은 모두 제로이다.

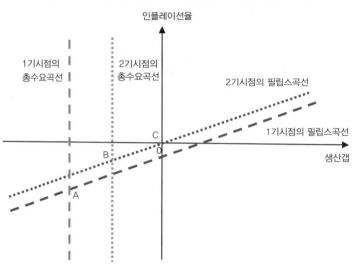

그림 10-6 제로금리정책과 균형경로: 중립적인 기대

이를 IS곡선의 식에 대입하여 2기시점의 총수요곡선을 도출하면 $x_2 = \delta r_2^*$이다. 동일한 방법을 필립스곡선에 적용하면 2기시점의 필립스곡선은 $\pi_2 = \delta k r_2^*$이다. <그림 10-6>은 앞에서 설명한 두 식을 그래프로 표시하고 있다. 2기시점의 필립스곡선은 원점을 지나는 직선이고, 2기시점의 총수요는 $x_2 = \delta r_2^*$의 점을 지나는 점선으로 표시된 수직선이다. 따라서 B점이 2기시점의 균형점이 된다. 이 경우 인플레이션율과 생산갭이 모두 음수가 됨을 확인할 수 있다. 1기시점의 균형은 어떻게 형성되는가? 1기시점에서 가계와 기업은 2기시점의 인플레이션율과 생산갭을 1기시점에서 형성하는 예상인플레이션율과 예상생산갭으로 사용한다. 1기시점이 2기시점과 달라지는 점은 1기시점에서는 예상인플레이션율과 예상생산갭이 모두 음수가 된다는 것이다. <그림 10-6>을 보면 예상인플레이션율과 예상생산갭이 모두 음수인 경우에 해당하는 필립스곡선과 총수요곡선의 그래프가 있다. A점이 1기시점의 균형점이 된다. A점과 B점을 비교하면 A점의 인플레이션율과 생산갭이 B점의 인플레이션율과 생산갭에 비해 더 낮다. 그 이유는 예상인플레이션과 예상생산갭이 더 낮기 때문이다. 이제 앞에서 분석한 제로금리정책에서 형성되는 균형의 기간간 변화를 정리한다. 최초 1기시점의 인플레이션율과 생산갭이 가장 낮은 수준에서 형성되고 자연이자율이 회복되면서 2기시점의 인플레이션율과 생산갭이 어느 정도 회복된다. 그러나 아직도 음수의 값을 보이고 있고 자연이자율도 음수의 값을 보이고 있어서 중앙은행은 제로금리수준을 유지한다. 그러나 3기시점에서는 자연이자율이 정상화되면서 균형점이 장기균형점인 C점으로 이동한다.

위의 설명을 보면 중앙은행의 기대관리정책의 효과가 무엇인가에 대하여 명확히 구분되지 않은 듯하다. 그 이유는 자연이자율이 장기균형값으로 회복되는 시점에서 거시경제변수들도 모두 장기균형값으로 회복되기 때문이다. 가계와 기업이 제로금리정책이 실시되는 동안 일시적으로 더 낙관적기대를 형성하도록 중앙은행이 적극적인 선제적지침을 실시할 수 없는가에 대한 의문이 생긴다. 앞에서 분석한 모형을 그대로 사용할지라도 중앙은행이 금리정상화가 실행되는 시점 이후에도 일정 기간에 걸쳐 정책금리가 낮은 수준으로 유지할 것으로 예상된다면 기대관리정책의 실물효과가 달라질 수 있다는 것을 보일 수 있다. 예를 들어 제9장에서 설명한 바와 같이 한 시점만 경제상황과 관계없이 금리수준을 낮추는 정책을 실시하면 인플레이션율과 생산갭이 양수가 됨을 보였다. 제9장에서 이미 설명한 모형을 이용하여 설명하면 중앙은행은 $e_3 = -1$로 설정할 수 있다. 그러나 앞에서 분석한 경우는 $e_3 = 0$이다. 제로금리정책의 기간 중 가계와 기업이 중앙은행이 금리정상화의 시점에서 $e_3 = 0$의 값을 선택할 것으로 예상한다면 이들은 중립적기대를 형성한다. 그러나 제로금리정책의 기간 중 가계와 기업이 중앙은행이 금리정상화의 시점에서 $e_3 = -1$의 값을 선택할 것으로 예상한다면 이들은 경기확장적인 통화정책이 실시될 것을 기대한다. 경기확장적인 통화정책을 기대하는 경우 2기시점의 예상인플레이션율과 예상생산갭이 모두 양수가 된다.

위의 설명을 그림으로 분석하기 위해 <그림 10-6>의 그래프를 인용한다. 예상인플레이션율과 예상생산갭이 모두 양수가 되면 <그림 10-6>에 있는 2기시점의 필립스곡선을 위로 이동시킨다. 또한 총수요곡선을 오른편으로 이동시킨다. 따라서 현재의 B점보다 더 위쪽으로 이동한 점에서 2기시점의 균형점이 형성된다. 따라서 1기시점의 균형점도 보다 더 위쪽으로 이동한다. 그 결과 동일한 크기로 음수값을 가진 자연이자율이 발생하더라도 중립적기대를 형성하는 경우에 비해 더 완화된 수준의 불황으로 이어질 수 있게 된다.

<표 10-3>과 <그림 10-6>의 내용을 기초로 하여 선제적지침의 거시경제효과를 결정하는 요인은 다음과 같이 네 가지로 요약할 수 있다.

(1) 자연이자율의 경로에 대한 예측
(2) 제로금리기간의 말기시점의 인플레이션율과 생산갭에 대한 예상치
(3) 제로금리가 유지될 것으로 예상되는 기간
(4) (A, B)의 크기를 결정하는 거시경제구조

선제적지침은 제로금리수준에서만 효과가 있는 것인가에 대하여 궁금할 것이다. 선제적지침은 중앙은행이 미래시점의 정책선택을 미리 발표하고 이를 지키는 것을 통해서 소비자와 기업의 기대에 영향을 미치는 정책을 의미한다. 따라서 선제적지침을 기대관리정책으로 이해한다면 반드시 제로금리의 기간에만 효과가 있는 것으로 주장할 수는 없다. 금리정상화가 이루어진 이후 시점에서도 중앙은행은 오랫동안 낮은 수준으로 명목금리를 유지해야 할 것이다. 이 경우에도 미래시점의 명목금리에 대한 적절한 커미트먼트를 통해 소비자와 기업의 기대 형성에 영향을 미칠 수 있다.[6]

마이너스금리정책

전통적인 경제학교과서에서는 화폐를 보유할 수 있으므로 명목이자율의 하한

---

6) 광의의 선제적지침과 협의의 선제적지침으로 구분하여 설명할 수도 있다. 협의의 선제적지침은 제로금리정책이 실시되는 기간 중 미래시점의 이자율경로에 대한 중앙은행의 약속에 중점을 두는 것으로 해석하는 것을 말한다. 광의의 선제적지침은 제로금리가 실시되는 기간이 아닐지라도 중앙은행이 미래시점의 이자율경로에 대하여 미리 약속하는 것도 포함하는 것을 말한다.

은 제로인 것으로 설명해왔다. 그 이유는 가계의 소비자들은 화폐보유의 이자율이 제로이므로 은행의 예금금리가 마이너스가 되거나 채권이자율이 마이너스가 되면 이런 증권들을 보유하지 않고 화폐를 보유할 것이기 때문이다. 글로벌 금융위기 이후 유럽과 일본의 중앙은행들이 단기명목이자율을 마이너스값으로 낮추는 정책을 실시하였다. 전통적인 경제이론과는 달리 마이너스명목이자율은 어떻게 가능한 것인가? 마이너스금리정책의 효과가 어떻게 발생하는가? 마이너스금리정책은 적절한 정책인가? 등의 이슈를 생각해 볼 수 있다.

마이너스금리정책의 효과에 대하여 간단히 정리한다. 마이너스금리의 실물효과는 총수요가 실질금리수준과 반대방향으로 이동한다는 사실 때문에 발생한다. 실질금리는 명목금리에서 인플레이션율을 뺀 차이로 정의된다. 예를 들어 명목금리가 현재 0.1퍼센트이고 인플레이션율이 −0.6퍼센트인 디플레이션 상황이라고 하자. 이 경우 실질금리는 0.7퍼센트가 된다. 디플레이션이 커질수록 실질금리는 더 높아진다. 그 결과 디플레이션의 심화는 실질금리에 의존하는 총수요를 더 감소시키게 된다. 디플레이션의 피해를 극복하기 위하여 실질금리를 낮추려면 명목금리를 인하해야 한다. 명목금리의 하한이 제로가 아니고 마이너스수준이 가능하다면 중앙은행은 경기불황에서 명목금리를 마이너스금리로 유지하려고 할 것이다.

중앙은행이 기준금리의 목표치를 마이너스금리로 책정하면 금융시장이 불안해질 수 있음이 지적되었다. 예금은행의 예를 들기로 한다. 예금은행들은 예금이자율을 마이너스로 책정하여 많은 예금자들이 은행으로부터 빠져나가는 상황을 피하고 싶을 것이다. 예금이자율을 마이너스로 책정하지 못하고 동시에 은행수입을 결정하는 증권수익률이 낮아진다면 은행수익성이 낮아진다. 이런 상황이 악화되어 은행자본이 잠식되는 상황이 발생한다면 금융중개기능이 약화되어 경기회복에 걸림돌이 될 것이다.

마이너스금리정책의 또 다른 부작용은 심리효과라고 할 수 있다. 중앙은행이 마이너스금리정책을 실시한다는 발표가 경제상황이 매우 심각하다는 인식을 소비자들에게 크게 확산시켜서 금리인하효과를 상쇄시킬만한 소비심리의 위축을 발생시킬 수 있다. 특히 제로금리를 일정기간 유지시키는 것만으로도 경기회복이 불투명하여 마이너스금리를 실시한다고 이해하면 경제상황에 대한 암울한 평가를 소비자들에게 확신시키는 결과를 발생시킬 수도 있다. 소비자가 현재소득뿐만 아니라 미래소득도 고려하여 소비를 결정한다면 경제전망에 대한 암울한 해석은 현재시점의 소비를 크게 감소시킬 수도 있다.

 개방경제에서는 마이너스금리의 환율경로에 의해서 인플레이션을 발생시키는 효과를 기대해볼 수도 있다. 마이너스금리정책이 채권투자의 수익률을 낮춘다면 채권투자자들이 국내채권을 팔고 해외 채권투자로 투자자금을 이동시킨다. 국내의 투자자금이 해외로 이탈하면서 자국의 화폐가치는 상대적으로 낮아지게 된다. 그 결과 수입품의 국내가격은 상승하게 되는데 이는 생산비용의 증가 또는 최종소비재가격상승을 발생시켜 소비자물가지수와 생산자 물가지수가 동시에 상승하는 효과가 발생한다. 또한 수출품에 대한 해외시장가격이 하락하여 수출증대효과가 발생한다. 이는 국내수출기업의 이윤증가 및 국내근로자의 소득증가를 발생시켜 총수요를 증가시키는 효과를 발생시킬 수도 있다. 그러나 여러 나라가 동시에 마이너스금리정책을 실시한다면 해외채권투자로부터 기대할 수 있는 이자소득이 감소될 수 있다. 그 결과 앞에서 설명한 마이너스금리정책에 따라 발생하는 환율의 평가절하로 인한 인플레이션효과가 감소할 수도 있다.

 <표 10-4>에서는 마이너스금리정책의 효과를 분석하기 위해 제9장에서 설명한 뉴케인지언모형을 그대로 이용한다. 첫째 줄에서 화살표는 동태적 IS곡선의 식에 중앙은행이 결정하는 명목이자율인 $i=-m$을 대입한다는 것을 의미한다. 여기서 m은 양수이다. 화살표의 오른쪽에 있는 수식은 현재시점의 생산갭은 미래시점의 인플레이션에 대한 예상치, 미래시점의 생산갭에 대한 예상치, 자연(실질)이자율 등의 변수 이외에도 마이너스금리 수준의 영향을 받는다는 것을 의미한다. 둘째 줄에서는 마이너스금리정책이 반영된 인플레이션율을 계산하기 위해 필립스곡선을 사용한다. 따라서 첫째 줄의 수식을 필립스곡선에 대입하여 정리한

표 10-4 마이너스금리정책의 거시경제효과

마이너스금리정책과 IS곡선	$x = x^e - \delta(i - \pi^e - r^*) \;\rightarrow\; x = x^e + \delta(\pi^e + r^* + m)$
마이너스금리와 인플레이션율	$\pi = \beta\pi^e + kx \rightarrow \pi = kx^e + (k\delta + \beta)\pi^e + k\delta(r^* + m)$
마이너스금리정책과 거시경제균형조건	$z = Az^e + B(r^* + m)$ $A = \begin{pmatrix} 1 & \delta \\ k & k\delta + \beta \end{pmatrix};\; B = \begin{pmatrix} \delta \\ k\delta \end{pmatrix}$

주: m은 양수이다.

다. 셋째 줄에서는 첫째 줄과 둘째 줄에서 도출한 균형조건을 사용하여 마이너스금리정책의 거시경제효과를 분석한다. <표 10-3>에서 이미 설명한 모형을 계속 사용하고 있으므로 앞에서와 같이 현재시점의 생산갭과 인플레이션을 벡터로 묶어서 z이라고 표시한다. 따라서 z는 생산갭이 위에 있고 그 아래에 인플레이션율이 오는 순서로 정의된 이차원의 열벡터이다. z^e는 현재시점에서 형성한 미래시점의 z값에 대한 기대값이다. <표 10-3>과 <표 10-4>의 셋째 줄을 비교하면 <표 10-4>에서 m이라는 새로운 항이 추가된 것이 단 하나의 차이이다. B의 원소들이 모두 양수이기 때문에 다른 변수들이 동일한 수준으로 유지된다면 m의 값이 커질수록 생산갭과 인플레이션율의 값이 높아진다. 따라서 중앙은행이 추가적인 비용 없이 마이너스금리정책을 실시할 수 있다면 불황기에 경기를 부양하기 위해 당연히 마이너스금리정책을 선택할 유인이 충분히 있다.

마이너스금리정책을 어떻게 실행할 수 있는가에 대하여 의문이 있다. 소비자와 기업들이 참가하는 금융시장에서 결정되는 명목금리에 대해서 마이너스금리가 적용된다면 자금을 빌려주지 않고 오히려 현금으로 보유하는 것이 유리하기 때문에 누군가 마이너스금리가 가능하다고 주장하면 어떠한 이유로 가능한 것인가에 대한 의문이 생긴다. 이에 대한 답변으로 다음과 같이 설명할 수 있다.

첫째, 중앙은행과 금융기관의 거래에서 가능하다. 중앙은행은 시중은행이 중앙은행에 예치하는 자금에 대하여 마이너스금리를 부과할 수 있다. 이 경우 중앙은행은 중앙은행에 개설한 계좌에 자금을 예금하는 시중은행에 대하여 일종의 세금 또는 수수료를 부과하는 셈이 된다. 이러한 과태료 또는 세금을 지불하고 싶지 않다면 중앙은행에 자금을 예금하지 않으면 된다. 그러나 중앙은행이 제공하는 서비스를 반드시 사용해야 하고, 이를 위해 중앙은행에 예치해야 한다면 이는 일종의 수수료로 간주할 수 있고 비용과 편익의 분석을 통해 적절한 예치금수준을 결정할 수 있다. 법으로 정해진 규정에 의해서 중앙은행에 예치금을 보유해야 한다면 이는 법령에 의거하여 세금을 부과한 것으로 간주할 수 있다.

중앙은행의 마이너스금리에 대한 결정이 어떻게 금융기관의 초단기자금을 거래하는 지준시장에 영향을 미치는지를 보기로 한다. 중앙은행이 결정한 마이너스금리수준이 $-m$ 이라고 가정하자. 여기서 m 의 값은 양수이다. 지준시장에서 참가하는 금융기관이 여유자금을 가지고 있는 금융기관에게 중앙은행에 예치하는 대신 자신에게 빌려주면 $(\varepsilon - m)$ 의 명목금리를 제공할 것을 약속할 수 있다. 이 경우에도 ε 이 양수일지라도 m 보다 작다면 다른 금융기관이 제시한 명목금리도 마이너스금리이다. 그럼에도 불구하고 중앙은행에 예치하는 것보다 더 나은 조건이다. 다른 금융기관이 제시한 조건을 일시적으로 받아들일 수 있으나 현금으로 준비금을 마련할 수 있다면 현금보유를 선호한다. 따라서 지준시장에서도 현금보유가 쉽다면 중앙은행의 예치금에 대한 마이너스금리가 쉽게 전달되지 않을 수 있다.

둘째, 장기채권의 경우 마이너스이자율이 가능할 수도 있을 것으로 예측된다. 예를 들어 채권을 만기까지 보유하지 않고 만기가 되기 이전에 매도하는 투자자는 자신이 매도하는 시점의 채권가격이 매수하는 시점의 가격보다 더 높게 형성될 것으로 예상한다면 현재시점에서 계산한 만기수익률이 음수인 채권도 매수할 수 있다. 현금보유가 언제든지 자유롭게 가능하다면 민간투자자가 자발적으로 마이너스금리로 거래하는 사례가 일반적인 상황에서 발생하기 어렵다는 견해를 반박하는 것은 쉽지 않지만, 그럼에도 최근 광범위하게 마이너스금리의 사례를 찾아볼 수 있다. 최근 마이너스금리가 발생한 사례는 다음과 같다.[7]

---

7) 제4장에서 설명한 만기수익률의 결정식에 의하면 만기수익률은 단기이자율의 산술평균으로 표시

(1) 네덜란드, 스웨덴, 덴마크, 스위스, 오스트리아에서 마이너스금리정
    책을 실시하거나 마이너스금리의 채권거래가 있었다.

(2) 핀란드의 경우 국채발행시장에서 마이너스금리에 대응하는 가격으
    로 국채를 판매하였다.

(3) 2015년 2월 28일에는 독일에서도 마이너스금리인 5년만기 채권을
    판매하였다.

유럽과 일본의 마이너스금리정책

유럽중앙은행(ECB)의 정책위원회(Governing Council)는 매월 2회의 회의가
열린다. 첫째 회의에서 통화정책과 관련된 의사결정이 이루어지고 특히 주요 이
자율에 대한 목표치가 결정된다. 둘째 회의에서는 유럽중앙은행의 다른 업무와
관련된 결정을 한다. 유럽중앙은행의 주요 이자율은 세 종류의 이자율이다. 첫째,
MRO(Main Refinancing Operations) 이자율이다. 이는 중앙은행이 은행시스템
의 유동성을 조절하기 위해 실시하는 공개시장조작에서 목표하는 이자율로 정의
된다. 둘째, 중앙은행 예치금(Deposit Facility) 이자율이다. 이는 민간은행들이
중앙은행에 예치하는 초단기예금(통상 1일 만기)에 적용되는 이자율이다. 셋째,
한계대출(Marginal Lending Facility) 이자율이다. 이는 중앙은행이 민간은행의
일시적인 자금부족이 발생하면 1일간 대출하는 제도에 적용되는 이자율이다.

유럽중앙은행의 마이너스금리정책은 민간은행이 중앙은행에 예치하는 초단기
예금의 이자율에 대하여 실시되었다. 예를 들어, 2015년 3월 5일의 회의에서
MRO이자율은 0.05%, 긴급자금의 대출이자율은 0.30%, 중앙은행의 예치금에
대한 이자율은 −0.20%로 결정하였다. 마이너스금리목표의 시작은 2014년 6월

되는 부분과 만기프리미엄의 합이 된다. 만기수익률이 음수가 되는 이유는 현재시점과 미래시점
의 단기이자율이 음수일 것으로 예상되기 때문이라고 할 수 있다. 여기에 덧붙여서 만기프리미엄
이 음수가 될 수도 있다. 만기프리미엄이 음수가 될 수 있는지의 의문이 들 수 있다. 이런 의문에
대한 답변을 실증자료의 분석결과에 의거하여 제시할 수 있다. 만기프리미엄을 추정한 실증연구
에서는 음수의 만기프리미엄이 나타나는 기간이 실제로 존재하는 것으로 보고하고 있다.

5일의 발표문에서 찾아볼 수 있다. 이 당시 발표에서는 6월 11일부터 중앙은행의 예치금에 대한 마이너스금리가 −0.1%로 인하될 것으로 발표하였다.

중앙은행이 중앙은행의 예치금에 대하여 마이너스이자율을 적용하면 일종의 수수료를 부과하는 것과 같으므로 민간은행들은 중앙은행에 예치하지 않고 더 높은 수익률을 제공하는 채권투자 또는 민간대출로 자금을 이동시키게 된다. 해외채권투자로 자금이 유출되면 환율이 평가절하되어 수출에 도움이 된다. 그러나 앞에서 이미 설명한 바와 같이 민간은행들이 예금이자율을 더 이상 낮추지 못하면서 대출이자율을 많이 낮추어야 한다든가 증권투자의 수익률이 상당히 낮아지면서 민간은행들의 수입이 감소하게 되면 금융시장의 불안정성을 증가시키는 결과를 발생시킬 수 있다.

스위스의 중앙은행(SNB)은 2014년 12월 18일 시중은행이 중앙은행에 예치하는 예금에 대하여 −0.25퍼센트의 마이너스금리를 적용한다고 발표하였다. 스위스의 중앙은행은 3개월 만기의 (스위스프랑 표시) 리보이자율에 대하여 목표치를 정한다. 2015년 1월 15일 기준으로 목표범위는 −1.25퍼센트에서 −0.25퍼센트로 설정되어 있으며, 1월 20일의 이자율은 −0.66퍼센트이다. 스위스의 리보금리는 공개시장조작의 파트너가 되는 금융기관들의 만기가 3개월인 대차거래에 적용되는 이자율로 정의된다. 그러므로 예금주도 금융기관임을 의미한다.

스위스의 중앙은행이 마이너스금리정책을 결정한 배경은 2015년 1월 15일 스위스의 중앙은행의 발표문에 설명되어 있다. 발표문에 따르면 스위스의 중앙은행은 유로와 스위스프랑의 환율에 적용되는 1.20의 하한선을 폐지하는 대신 마이너스금리정책을 실시한다는 것이다. 스위스프랑에 적용되는 환율의 하한은 스위스프랑의 가치가 일정한 수준이상으로 높아지는 것을 억제하는 정책으로서 실시되었다. 이러한 환율정책을 실시하게 된 배경과 최근에 폐지한 이유를 다음과 같이 밝히고 있다. "스위스프랑의 가치가 비정상적으로 고평가되어 있고 금융시장의 불확실성이 극도로 높은 기간에 스위스프랑의 고평가를 차단하려는 수단으로서 스위스프랑에 대한 환율의 하한을 설정하였다. 환율에 대한 하한선을 설정하고 이를 유지하는 정책은 비전통적이고 일시적인 정책수단이지만 스위스프랑의 고평가가 더욱 크게 진행됨으로써 스위스경제가 받을 피해를 막을 수 있었던 것으로 평가하고 있다. 환율하한선 제도를 도입한 이후 스위스프랑의 고평가정도가 완화되었으며 이러한 상황에서 새로운 국면으로 진행하는 정책을 실시하는 것이 바람직하다고 판단한다. 특히 유로가 미국달러화에 비해 절하되고 있으며 그 결과 스위스프랑도 달러화에 대해 절하되고 있으므로 더 이상 환율의 하한선을 유지할 명분이 없다고 판단된다."

중앙은행이 공개시장조작을 통하여 어떻게 마이너스금리를 달성하는지를 생각해보기로 한다. 액면이 1이고 만기가 3개월인 무위험채권을 예로 들어 보자. 현재시점에서 제로이자율이라면 채권가격은 1이다. 중앙은행이 금리목표치를 −1/11로 결정한다. 이는 중앙은행이 공개시장조작을 통하여 1.1의 가격을 주고 액면이 1인 만기 3개월의 무위험채권을 매입한다는 의미이다. 민간금융기관은 현재의 가격이 1인 채권시장에서 채권을 처분하지 않고 1.1의 가격을 받고 중앙은행에 판매하는 것이 더 이득이 된다. 그 결과 3개월짜리 채권을 보유한 금융기관은 중앙은행과 거래하게 된다. 이러한 과정을 거쳐서 중앙은행은 만기가 3개월인 채권의 이자율이 마이너스가 되도록 할 수 있다. 그런데 공개시장조작을 통해 마이너스금리정책을 실시하면 중앙은행은 결국 손해를 감수해야 한다. 그 이유는 3개월 후에 1의 액면가치를 받는 채권을 1.1의 가격에 매입하였기 때문이다. 따라서 중앙은행의 손해를 어떻게 보전할 것인가가 이슈가 된다.

그런데 스위스의 중앙은행은 리보금리에 대하여 마이너스목표치를 설정하였다. 리보금리는 민간금융기관에서 자발적으로 결정하는 은행간 예금금리이다. 따라서 어떠한 금융기관이 마이너스금리를 지급하고서 예금을 3개월간 하려고 하겠는가 하는 의문이 든다. 예를 들어서 스위스프랑의 가치가 미래에도 상승할 것이라면 이자를 지급하지 않더라도 금리가 0인 국가에서 돈을 빌려서 스위스프랑으로 표시된 예금잔고를 가지려고 할 수 있다. 그러나 스위스프랑의 가치가 하락할 것으로 예측되는 상황에서는 마이너스금리의 이자율을 감수하고자 하는 예금자는 찾기 어려울 것이다. 마이너스목표치를 (스위스프랑 표시) 리보금리에 설정하면 (스위스프랑 표시) 예금에 대한 수요를 감소시켜 스위스프랑의 가치를 하락시키는 효과를 발생시킬 것으로 기대된다.

특히 일반시중은행은 이윤을 추구하는 데 일반예금자들을 대상으로 하여 예금금리를 마이너스금리로 책정하여 예금이 줄어드는 상황을 감수할 수 있겠는가에 대해서도 질문해 볼 수 있다. 예금의 급격한 감소를 걱정하여 예금이자율을 마이너스로 책정하지 못하고 동시에 은행수입을 결정하는 증권수익률이 낮아진다면 은행수익성이 낮아진다. 이런 상황이 악화되어 은행자본이 잠식되는 상황이 발생한다면 금융중개기능이 약화되어 경기회복에 걸림돌이 될 것이다.

스웨덴의 중앙은행인 릭스뱅크는 2014년 10월 28일 기준금리인 RP금리를 0.25%에서 0%로 인하하였다. 그리고 2015년 2월 12일 기준금리를 −0.1%로 인하하였다. 그런데 스웨덴은 유럽연합(EU) 회원국이지만 유로존(유로화 사용 19개국)에는 속하지 않기 때문에 스웨덴 중앙은행의 이런 결정을 이해할 필요가 있다. 스웨덴의 경우 2%의 인플레이션목표치를 유지하고 있다. 그러나 최근 지속적으로 실제인플레이션율이 목표인플레이션율에 못 미치고 있다. 따라서 스웨덴의 근원인플레이션이 2퍼센트에 근접하고 장기예상인플레이션도 인플레이션목표치와 같은 수준을 유지할 수 있도록 하기 위하여 마이너스금리정책을 동반하는 경기부양을 위한 통화정책이 필요하다고 밝히고 있다.

마이너스금리정책으로 인하여 유럽국가의 국채이자율도 마이너스가 되는 상황으로 이어졌다. 예를 들어 2015년 2월 4일 핀란드는 5년만기 국채의 수익률이 마이너스가 되는 가격으로 국채를 매각하였다. 국채발행시장에서 마이너스금리로 채권을 구매하는 경우 다음과 같은 점들을 고려해야 한다.

(1) 마이너스(만기)수익률인 채권을 구매한다면 이는 채권이 보장하는 액수보다 더 많은 가격을 주고 구매한다. 따라서 채권을 만기까지 보유한다면 마이너스(만기)수익률로 구매한 투자자들은 손해를 본다.

(2) 마이너스(만기)수익률인 채권을 구매한 투자자가 채권가격이 더 상
    승하면서 만기시점 이전에 채권을 매각하면 마이너스(만기)수익률
    의 채권구매로부터 이득을 볼 수 있다.

어떠한 사람들이 마이너스금리의 국채를 구매하는가에 대한 의문을 가질 수
있다. 이에 대한 답변은 유럽의 은행들은 은행규제를 맞추기 위해 단기우량국채
를 보유해야 한다는 것이다. 또한 우량국채는 금융투자의 담보로 사용될 수 있
으므로 증권담보로 사용하기 위해 국채를 보유해야 하는 투자자들에게는 담보가
치가 마이너스금리에서 발생할 수 있는 손해를 커버할 수 있다. 따라서 민간의
금융기관 또는 증권투자자들이 앞으로 중앙은행이 장기간 마이너스금리를 유지
할 것이라는 기대에 의해서 단기국채금리가 마이너스가 되더라도 국채를 보유할
유인이 있다.

2016년 1월 29일 일본은행은 단기정책금리를 −0.1%로 인하한다고 발표하였
다. 당시 일본은행은 시중은행이 새로 예금한 지준에 대하여 0.1%의 수수료를
부과하고 기존의 지준에 대해서는 0.1%의 이자율을 적용한다고 발표하였다.
2018년 상반기에도 일본은행은 동일한 금리수준의 마이너스금리정책을 실시하
고 있다. 일본의 마이너스금리정책은 엔화가치를 하락시키지 못한 것으로 평가
받고 있다. 기획재정부에서 제공하는 온라인 국가지표체계의 자료에 따르면
2015년도 말 엔·달러 환율이 120.4이다. 2016년도 엔·달러 환율은 116.6이고
2017년도 엔·달러 환율은 112.8이다. 따라서 엔·달러환율로 평가하면 마이너
스금리정책이 엔화가치를 가시적으로 하락시켰다고 보기 어렵다.

연습문제

01 어떤 경제학자가 완전한 조건부청구권시장이 존재하는 경제와 불완전한 조건부청구권시장이 존재하는 경제 중 불완전한 조건부청구권시장이 존재하는 경우 선제적지침의 효과가 작다고 주장한다. 이 주장이 올바른 주장인지의 여부를 판단하고 그 이유를 설명하시오.

02 총수요곡선의 이자율반응계수의 크기와 필립스곡선의 기울기의 변화가 선제적지침의 인플레이션효과와 총수요효과의 크기에 어떠한 영향을 미치는지를 분석하시오.

03 어떤 경제학자가 우리나라는 소규모개방경제이므로 제로금리정책을 실시할 수 없다고 한다. 따라서 미국에서 실시하고 있는 선제적지침과 같은 정책은 효과가 없다고 주장한다. 이 주장이 올 바른 주장인지의 여부를 판단하고 그 이유를 설명하시오.

04 어떤 경제학자가 고령화가 진행되면서 자연이자율이 급속도로 낮아지고 있어서 앞으로 많은 나라에서 보다 더 빈번하게 제로금리정책을 실시해야 할 것으로 예측된다고 주장한다. 이 주장이 올바른 주장인지의 여부를 판단하고 그 이유를 설명하시오.

05 마이너스금리정책이 환율에 미치는 효과는 제한적일 수 있다는 주장이 올바른 주장인지의 여부를 판단하고 그 이유를 설명하시오.

06 양적완화정책과 선제적지침은 서로 보완적인 정책인지 아니면 대체적인 정책인지를 판단하고 그 이유를 설명하시오.

07 일본은행의 수익률곡선조정정책(yield curve control)과 미국 연방준비은행의 오퍼레이션 트위스트(operation twist)를 비교하시오.

08 일본은행의 ETF(exchange-traded fund)매입정책과 미국 연방준비은행의 양적완화정책을 비교하시오.

09 테드(TED)스프레드에 관한 설명 중 옳지 않은 항목들을 선택하고, 이유를 설명하시오.
　① 테드스프레드는 장기국채이자율에서 단기국채이자율을 뺀 차이를 반영하기 때문에 채권시장의 유동성을 나타내는 척도로 간주할 수 있다.
　② 민간은행들의 유동성확보가 어려운 시기에 테드스프레드가 상승하는 경향이 있다.
　③ 최종대부자인 중앙은행은 금융기관의 안정적인 자금확보에 집중해야 하기 때문에 테드스프레드의 변화에 민감하게 반응하지 않는 것이 바람직하다.
　④ 경제위기가 진행되는 시기에도 테드스프레드의 값이 크게 변화하지 않을 수 있다.

10 선제적지침과 관련된 설명 중 옳지 않은 항목들을 선택하고, 이유를 설명하시오.
　① 한국은행의 금리결정문에서는 선제적지침의 표현이 전혀 없다.
　② 중앙은행의 금리결정문에 나타난 뉴스내용과 표현방식에 따라서 선제적지침의 효과가 달라질 수 있다.
　③ 미국의 중앙은행은 금융위기를 극복하는 과정에서 발표 당시를 기준으로 2년 정도 이후 미래시점에 대한 예상에 영향을 주는 것을 목표로 선제적지침을 실시한 것으로 알려져 있다.
　④ 금융중개기능이 매우 약화된 시기에는 선제적지침의 효과도 약화될 수 있다.

11 선제적지침의 설명 중 옳지 않은 항목들을 선택하고, 이유를 설명하시오.
　① 선제적지침은 통화공급확대를 통해서 실행되기 때문에 IS곡선에 미치는 효과가 없다.
　② 단 하나의 이자율만 존재하는 거시경제모형에서는 비전통적인 통화정책이 실물경제에 미치는 경로를 정확하게 분석하기 어렵다.
　③ 선제적지침은 미래통화공급에 대한 현재약속이기 때문에 LM곡선에만 효과가 나타난다.
　④ 선제적지침과 양적완화정책의 실물효과에서 상호보완적인 역할이 가능하다.

12 제로금리정책의 설명 중 옳지 않은 항목들을 선택하고 그 이유를 반드시 설명하시오.
　① 수평축은 총수요, 수직축은 (예상)실질이자율인 평면에서 통화정책은 수평선으로 표시된다.
　② 피셔방정식을 이용하면 「(예상)실질이자율=-예상인플레이션율」의 등식이 성립한다.
　③ 제로금리정책이 실시되면 IS곡선은 위치변동이 없이 항상 한 곳에서 고정된다.
　④ 단기명목이자율의 조정가능시기와 비교하여 재정정책의 총수요효과가 더 크다.

13 제로금리정책의 기간 중 예상되는 공개시장조작의 애로점을 맞게 설명한 항목을 선택한 후 이유를 설명하시오.

① 제로금리정책이 실시되면 화폐와 단기국채의 구분이 강화된다.

② 중앙은행이 보유한 단기국채를 민간은행에게 단순매매로 매각하면 실효적인 통화공급량은 변하지 않는 것으로 간주할 수 있어서 중앙은행의 대차대조표의 변화가 없어진다.

③ 중앙은행이 환매조건부매매를 통해 단기국채를 매각하면 이자소득이 있어서 단순매각과 비교하여 민간은행이 중앙은행의 의사에 자발적으로 순응할 유인이 더 높다.

④ 중앙은행이 단기국채를 민간은행에게 단순매매로 매각하면 최고가격으로 매각하는 것이므로 금리정상화가 임박한 시점에서는 민간은행에게 불리한 측면이 있을 수 있다.

14 수익률곡선조정정책과 오퍼레이션 트위스트를 맞게 설명한 항목을 선택한 후 이유를 설명하시오.

① 장기금리의 인하를 목표로 채택된 수익률곡선조정정책은 중앙은행의 대차대조표를 증가시키는 효과를 발생시킬 수 있다.

② 오퍼레이션 트위스트는 장기금리에 대하여 국채수익률곡선조정정책과 유사한 효과를 낼 수 있지만 중앙은행의 대차대조표에 미치는 효과는 상대적으로 작을 수 있다.

③ 마이너스금리가 실행되는 시기에 오퍼레이션 트위스트를 실시하면 민간은행에게 평상시 보다 높은 가격에 단기국채를 매각하는 부작용이 발생할 수 있다.

④ 선제적지침과 함께 수익률곡선조정정책을 실시하면 총수요에 미치는 효과는 없어진다.

15 오퍼레이션 트위스트를 맞게 설명한 항목을 선택한 후 이유를 설명하시오.

① 오퍼레이션 트위스트는 장기금리를 낮추기 위해 중앙은행이 보유하고 있는 단기국채를 매도하고 장기국채를 매수하는 정책을 말한다.

② 제로금리정책과 함께 실시되면 오퍼레이션 트위스트는 실패한다.

③ 오퍼레이션 트위스트는 장기국채의 수요곡선이 수평선일 경우 유효성이 높아진다.

④ 선제적지침과 함께 오퍼레이션 트위스트를 실시하면 총수요에 미치는 효과는 없어진다.

16 출구전략과 지준시장금리의 조절능력을 맞게 설명한 항목을 선택한 후 이유를 설명하시오.

① 은행의 지불준비금이 넘치는 상황에서는 지준공급량의 미세조정을 통한 지준시장이자율의 조정에서 애로사항이 있을 수 있다.

② 중앙은행 역RP의 이자율이 지준이자율의 하한이 된다는 것을 이용하여 지준시장이자율을 조정할 수 있다.

③ 중앙은행 역RP의 규모가 크게 증가하면 양적완화의 기간 중 증가되었던 은행의 지불준비

금을 흡수하는 역할을 할 수 있다.

④ 지준시장에 어떠한 금융기관이 참가하는지에 따라서 지불준비금에 적용되는 이자율이 지준 시장이자율의 하한이 되는 역할에 영향을 미칠 수 있다.

제11장

은행의 역할과
은행제도의 안정성

제11장
은행의 역할과 은행제도의 안정성

제11장에서는 은행제도가 도입되면 금융중개기능이 전혀 없는 경제와 비교하여 더 효율적인 자원배분을 달성할 수 있게 된다는 점을 강조한다. 이는 은행제도가 도입되고 모든 상황이 순조롭게 진행되면 사회후생이 증가한다는 것을 의미한다. 여기서 대규모 예금인출사태가 발생할 가능성이 있다는 점을 염두에 두어야 한다. 그 이유는 대규모 예금인출사태의 가능성을 적절하게 조정할 수 없다면 은행제도의 도입이 금융중개기능이 전혀 없는 경제보다 더 못한 상태로 떨어지기 때문이다.

은행의 어떤 기능이 자원배분의 효율성을 높이는 역할을 하는가? 이런 질문에 답하기 위해 다이아몬드(Douglas Diamond)와 디빅(Phillip Dybvig)의 은행모형을 소개한다.[1] 다이아몬드-디빅의 모형에서는 주요 은행기능이 『만기변환(maturity transformation)』이라는 점을 강조한다. 만기변환기능은 은행이 만기가 짧은 예금을 받아서 조달한 자금을 예금에 비해 만기가 더 긴 대출을 통해 수익을 창출해야한다는 점을 반영한 것이다. 만기변환기능으로 인해 은행은 유동성이 높은 단기증권을 발행하여 유동성이 낮은 장기증권을 보유해야 한다. 이런 측면을 강조하면

---

1) 다이아몬드와 디빅의 모형은 1983년 Journal of Political Economy(Vol.91, No.3, pp. 401－419)에 실린 「Bank Runs, Deposit Insurance, and Liquidity」에서 소개된 모형을 말한다.

은행이 수행하는 기능은 『유동성변환(liquidity transformation)』이라고 표현할 수도 있다. 결국 은행들의 이런 기능으로 인해서 자원배분의 효율성이 제고되기 때문에 은행이 없는 경제와 비교할 때 더 높은 사회후생이 달성된다는 것이다.

은행제도를 도입하는 대신 은행의 역할을 대신하는 금융계약이 금융시장에서 이루어질 수 없는가? 예를 들어 앞에서 이미 설명한 조건부청구권시장을 생각할 수 있다. 완전조건부청구권시장이 존재할 수 있다면 모든 소비자들은 이를 이용하여 소비평탄화를 달성할 수 있음을 보였다. 현실경제에서는 개인들에게 중요한 의미가 있음에도 불구하고 조건부청구권의 계약을 체결하는 것이 가능하지 않은 상황이 발생할 수 있다. 예를 들어 개인적인 이유로 갑작스럽게 발생하는 모든 상황에 대하여 객관적인 잣대로 정확하게 입증할 수 없다면 이러한 상황을 반영한 조건부청구권을 시장에서 거래할 수 없다. 조건부청구권이 가능하지 않다면 다른 대안이 없는 경우 소비자들은 갑작스럽게 지출해야 하는 위급상황에 대비하여 현금 또는 유동성이 높은 증권으로 여유자금을 보유해야 한다. 일반적으로 현금이 아니면서 유동성이 높은 금융증권은 부도위험이 없는 단기채권일 것이다. 금융시장에서 단기채권만 거래가 가능하다면 높은 수익률을 낼 수 있는 장기투자에 필요한 자금조달이 어렵다. 이러한 점을 감안하면 장기적인 투자기회에 투자하여 보다 높은 수익을 창출할 수 있도록 금융중개의 기능이 필요하다. 소비자들이 앞으로 쓸 돈이지만 당장 쓸 필요가 없는 돈이 있다면 이를 은행에 맡겨 놓고 자신이 필요한 시점에 언제든지 자유롭게 찾아갈 수 있도록 하면서 동시에 이자가 지급된다면 지급되는 이자의 적절한 조정을 통해 금융중개가 전혀 없는 경제보다는 더 높은 사회후생을 실현할 수 있다. 이는 금융중개가 전혀 없는 경제에서는 자신이 직접 현금으로 자금을 금고에 보관해야 하므로 이자의 조정을 통한 『소득의 기간간이전』이 불가능하기 때문이다. 은행제도의 도입을 통해서 이러한 기능이 순조롭게 이루어지는 경제에서는 자원배분의 효율성이 높아진다. 그러나 다른 예금주들이 모두 예금을 인출하여 은행이 예금인출에 대비하여 준비한 자금이 고갈될 것이라는 우려가 예금주들 사이에 팽배해지면 근거 없는 헛소문에도 예금주들이 흔들리는 상황이 발생한다. 자기실현적인 기대에 의거한 예금인출사태가 발생하면 차라리 은행제도가 전혀 없는 경제보다 더 못한 상태로 떨어질 수 있다. 현실경제에서는 이러한 최악의 상황이 발생하지 않도록 하기 위한 방안으로서 예금보험제도가 실시되고 있다.

제11장의 순서는 다음과 같다. 먼저 은행법과 은행의 역할을 정리하고, 우리나라 일반은행의 자산운영과 자금조달을 파악할 수 있는 자료를 간단히 소개한다. 다음으로 앞에서 소개한 은행의 역할을 잘 나타내고 있는 이론모형을 분석한다. 뒤이어 예금보험제도와 은행의 자산운용과 자금조달에 부과되는 규제를 소개한다.

은행법과 은행의 역할

현실경제에서 은행이 제공하는 금융서비스의 내용은 은행법에 의해서 제약을 받는다는 현실적인 측면을 반영하여 제11장의 첫 부분에서는 미국의 주요 은행법이 어떻게 달라졌는지를 간단히 요약한다. 미국의 은행제도는 국가화폐(national currency)의 확립과 관련이 있다. 사실 미국의 경우 화폐제도의 확립과 은행제도의 확립은 서로 밀접한 관계가 있다고 할 수 있다. 1863년 국가화폐법안(National Currency Act)이 의회를 통과하고 링컨대통령이 인준한다. 당시에 국립은행(national bank)은 정부가 발행한 국채를 보유하면 채권보유액에 상응하는 액수의 지폐(paper money)를 발행할 수 있는 권한을 부여받았다. 국가화폐는 비록 발행하는 곳과 발행을 담당하는 사람은 다르지만, 국가전역에서 통일된 발행기준을 만족시켜서 안정적인 가치를 가지고 유통될 수 있는 화폐라고 볼 수 있다. 이런 의미에서 당시 국립은행이라는 지위를 받은 은행은 국가화폐법안에서 인정한 지폐발행의 권한을 부여받은 의미의 국립은행(national bank)이다. 은행이 국립은행의 지위를 가지고 은행업을 시작하려면 국가화폐업무를 담당하는 연방정부의 재무부(Department of the Treasury)에 속해있는

『통화감독국(Office of the Comptroller of the Currency)』의 영업허가를 받아야 한다는 규제가 있다.[2] 1863년과 1864년의 국립은행법안(National Banking Acts of 1863 and 1864)은 연방정부의 영업허가를 받는 국립은행들로 구성된 은행제도를 설립하였고, 두 개의 법안은 재무성에서 발행한 채권을 국립은행들이 보유하면 이를 기반으로 전국적으로 통용되는 국가화폐를 발전시키는 데 공헌한 것으로 평가되고 있다. 이런 맥락에서 『전국(면허)은행(national bank)』은 연방정부의 은행규제 안에서 영업하는 일반적인 민간은행을 말한다.[3] 『전국(면허)은행(national bank)』은 연방준비제도(Federal Reserve System)의 회원이면서, 통화감독국의 감독을 받는다. 『전국(면허)은행(national bank)』이라는 용어는 주정부로부터 은행영업허가를 받아서 영업하는 『주(면허)은행(state bank)』과 대비된다.

글래스-스티걸 법안(Glass-Steagal Act)이란 이름으로 널리 알려진 은행법안(Banking Act)이 1933년에 제정된다. 글래스-스티걸 법안의 주요 내용은 상업은행업무(commercial banking)와 투자은행업무(investment banking)를 분리하고 상업은행은 상업은행업무에만 집중해야 한다는 것과 예금보험공사를 설립하는 것이다. 글래스-스티걸 법안의 배경을 설명하면 다음과 같다. 1929년에 발생한 주식시장 폭락과 뒤이어 발생하는 대공황을 겪으면서 주식시장의 높은 가격변동성으로 인해 상업은행이 주식투자에 관여하면 크게 손해가 발생할 수 있다는 우려가 확산되었다. 은행대출이 증권투자에 사용되지 않고, 일반적인 서비스와 재화의 생산활동과 같은 보다 더 생산적인 활동에 사용되도록 하는 것이 바람직하다는 것이다. 이런 배경을 반영하여 상업은행은 증권투자에 참여하지 않고 대신에 예금업무과 대출업무에 주로 집중하는 것이 바람직하다는 견해가 반영되었다고 할 수 있다. 뒤이어 제정된 1935년의 은행법안(Banking Act of 1935)은 예금보험공사(FDIC)를 일시적으로 존속하는 정부기관에서 영구적으로 존속하는 정부기관으로 인정한다. 1933년의 은행법안에 포함되어 있는 은행의 지점설치규정을 예금보험에 가입하지 않은 은행들로 확장하여 주(면허)은행(state bank)이 지점을 신설할 때 중앙은행인 연방준비은행(Federal Reserve Board)의 승인을 얻도록 한다. 1956년의 은행지주회사법안(Bank Holding Company Act of 1956)은 은행지주회사를 설립할 때 중앙은행인 연방준비이사회(Federal Reserve Board)의 승인을 얻도록 한다.[4]

1929년 주식폭락과 뒤이어 발생한 대공황이 발생한 시기에서 약 70년 정도 지난 후인 1999년 『그램-리치-블라일리 법안(Gram-Leach-Bliley Act)』이라는 이름으로 알려진 『금융서비스 현대화 법안(Financial Service Modernization Act)』이 제정된다. 그램-리치-블라일리 법안은 상업은행업무와 투자은행업무를 분리하는 목적으로 1933년에 제정된 글래스-스티걸 법안의 주요 부분을 폐지하는 법안으로 알려져 있다. 이 법안의 제정으로 인해 상업은행업무, 투자은행업무, 보험업무 등을 통합한 종합금융업무를 하나의 금융기관이 담당하는 것이 가능해진다. 이런 금융규제완화의 조치는 금융지주회사(financial holding company)의 설립으로 이어지고, 금융지주회사에 대안 감독권은 중앙은행인 연방준비이사회(Federal Reserve Board)에게 부여된다.

『도드-프랭크 법안』으로 알려진 『도드-프랭크 월가 개혁 및 소비자 보호법안(Dodd-Frank Wall Street Reform and Consumer Protection Act)』이 2010년에 제정된다. 이 법안은 미국이 글로벌 금융위기로 나타난 문제점들을 해결하기 위해 제정된 금융개혁법이다. 2008년에 발생한 금융위기의 중요한 원인으로 지목된 파생상품에 대한 거래투명성을 높이고, 아울러 자산규모가 500억 달러가 넘는 대형은행에 대한 규제를 강화하는 내용이 반영되어 있다.[5] 이 법안이 제정

---

4) 이 법안에는 은행지주회사(bank holding company)의 본부가 있는 주의 경계를 넘어 다른 주의 은행을 취득하는 것을 금지하는 조항도 포함된다.

5) 이 법안에는 시스템적으로 주요금융기관(systematically important financial institution)에 관한

되는 과정에서 폴 볼커(Paul Volcker)가 제시한 『볼커룰(Volcker rule)』은 도드
-플랭크의 핵심 아이디어를 잘 나타내는 용어로 유명하다. 볼커룰은 예금취급기
관과 그 지배회사의 자기자본투자, 헤지펀드와 사모펀드의 지분취득과 경영지배
를 원칙적으로 금지하는 규제를 담고 있다. 따라서 볼커룰의 규제는 상업은행은
상업은행의 업무만, 투자은행은 투자은행의 업무만 하도록 제한한 『글래스-스티
걸법안』과 같은 맥락으로 해석할 수 있다. 『도드-프랭크 법안』에서 부과된 금융
규제를 완화하는 내용을 담은 『경제성장, 규제완화, 소비자보호 법안(Economic
Growth, Regulatory Relief, and Consumer Protection Act)』이 2018년에 제
정된다. 이 법안에서는 도드-프랭크 법안에서 대형은행의 정의를 위해 자산규모
500억 달러의 기준치가 적용되었던 것을 2500억 달러로 올린다. 또한 자산규모
100억 달러 미만의 소형은행에 대해서는 볼커룰의 적용을 폐지한다.

은행법안에 포함되는 내용이 달라지면 일반은행이 주로 담당하는 업무의 내
용이 달라질 수 있음을 알 수 있었다. 은행법안에 포함되는 내용에 영향을 미칠
수 있는 요인 중의 하나는 금융기술(Financial Technology 또는 Fintech)의 발
전이라고 할 수 있다. 금융혁신(Financial Innovation)은 금융시장, 금융기관,
또는 금융서비스의 공급에 가시적인 연관효과가 발생하면서 새로운 영업모형,
응용앱, 금융상품 등으로 이어질 수 있는 금융서비스의 기술혁신을 말한다. 핀
테크산업의 발전은 금융서비스시장의 시장구조를 변화시켜서 금융안정에 영향
을 미칠 수 있다. 금융혁신이 금융서비스시장의 시장구조에 영향을 미칠 수 있
는 경로는 다음과 같이 요약할 수 있다. 첫째, 핀테크(FinTech)기업이 대출과
지급결제의 서비스를 제공하여 은행과 유사한 금융서비스의 공급자가 될 수 있
다. 둘째, 『빅테크(BigTech)기업』이 지급결제, 대출, 보험, 자산관리 등의 금융
서비스를 낮은 비용으로 제공하게 되면 기존의 금융기관에 영향을 미치게 된다.
셋째, 『제삼자 서비스의 공급자(third-party service provider)』에게 데이터의

규제의 강화, 시스템적으로 주요금융기관에 관한 정리절차의 개선, 금융감독기구의 개편, 금융지
주회사에 대한 감독의 강화, 지급결제시스템 감독의 강화 등을 포함하는 내용이 들어가 있다.

표 11-1 우리나라 일반은행의 자산구성

	2019년	2020년	2021년	2022년
현금 및 예치금	4.8%	5.1%	5.3%	5.9%
유가증권	16.4%	15.4%	16.2%	16.7%
대출금	67.5%	68.5%	67.6%	65.5%
기타	11.3%	11%	10.9%	11.9%
계	100%	100%	100%	100%

출처: 은행경영통계(각년도 금융감독원, 말잔).
주: 현금은 우리나라 현금과 외국통화의 합이다. 예치금은 원화예치금과 외화예치금을 포함한다.
  유가증권은 매도가능증권, 만기보유증권, 환매조건부채권매수, 사모사채 등의 합이다.

관리, 대고객의 접촉, 크라우드서비스 등을 외주(outsourcing)처리하면 영업업무와 사이버보안이 위험에 노출된다.

우리나라 일반은행의 자산운용과 자금조달

제11장의 둘째 부분에서는 우리나라 일반은행의 자산운용과 자금조달을 설명한다. 금융감독원이 매년 발간하는 은행경영통계에 수록된 은행의 대차대조표 자료를 사용하여 설명한다. 먼저 <표 11-1>에서는 우리나라 일반은행의 자산에 포함되는 항목의 구성이 최근 어떻게 변화하고 있는지를 보여주고 있다. 일반은행의 자산 중 가장 큰 항목은 대출금이다. 외화 및 원화 대출금을 포함하면 대출금이 총자산에서 차지하는 비중은 2019년부터 2022년 기간 65% 이상 70% 미만의 수치를 보인다. 다음으로 큰 항목은 유가증권의 보유이다. 유가증권의 보유가 자산에서 차지하는 비중은 2019년부터 2022년 기간 15%과 16% 사이의 수치를 기록한다. 현금과 예치금은 같은 기간 동안 원화와 외화를 합쳐 5% 내외의 수치를 보인다. 앞에서 설명한 세 가지 항목의 합이 전체 자산의 90% 정도를 차지하고 있다. 따라서 앞에서 설명한 자료에 따르면 자산구성을 크게 분류하여 대출금, 유가증권, 현금 등으로 나눌 수 있다.

은행의 자금조달은 크게 두 가지의 방식으로 나눌 수 있다. 첫째, 예금에 의존하는 것이다. 금융감독원이 발표하는 은행경영통계에서는 예수금의 항목에 포함된다. 부채와 자본의 항목에서 원화예수금이 차지하는 비중은 일반은행의 경우 2019년 66.6%, 2020년 67.3%, 2021년 67.8%, 2022년 65.4%이다.[6] 따라서 예수금은 소비자와 기업이 자신의 일반적인 거래를 위해 가지고 있는 예금들을 포함하므로 다른 방식에 비해 이자비용이 상대적으로 낮다. 그러나 은행의 자금수요가 급격히 증가할 때 이를 맞추기 위해 짧은 시간 내에 쉽게 증가시키지 못한다. 둘째, 시장성수신이다. 이는 은행이 예금 이외의 수단으로 금융시장에서 직접 조달한 자금을 의미한다. 예를 들어 양도성예금증서 또는 채권을 발행하여 조달하는 자금이 포함된다. 은행이 단기적으로 자금을 많이 확보해야 할 때 시장성수신을 늘려서 자금을 조달할 수 있지만, 예금과 비교하면 이자비용이 상대적으로 높다. 은행경영통계에 따르면 부채와 자본의 항목에서 시장성수신이 차지하는 비중은 일반은행의 경우 2019년 11.1%, 2020년 12.1%, 2021년 11.3%, 2022년 11.7%이다.[7]

앞에서 설명한 자료를 사용하여 은행이 보유하고 있는 예금잔액에 대한 대출금 잔액의 비율을 계산할 수 있다. 이를 예대율로 정의한다. 예를 들어 예대율을 (대출금/예수금)이라고 정의하면 앞에서 설명한 자료를 그대로 사용하여 계산할 수 있다. 이 수치가 백분비로 계산하여 100%를 넘으면 예금잔액에 비해 대출잔액이 크게 되어 이 수치가 커질수록 과다대출의 가능성을 의미하는 것으로 해석할 수 있다. 위의 자료에 의거하여 계산하면 2013년 103%, 2014년 103%, 2015년 105%이다.[8] 어느 정도의 예대율이 바람직한지에 대해서 수치로 일률적으로 설정하기는 쉽지 않을 것이다. 그러나 예금주의 지불요구에 응하기 위하여 현금

6) 일반은행은 시중은행 6개와 지방은행 6개를 포함하는 것으로 정의된다.
7) 시장성수신은 양도성예금증서, 외화차입금, 환매조건부채권매도, 콜머니, 사채 등을 포함하는 것으로 정의하였다. 외화예수금의 비중이 2019년 4.5%, 2020년 5.1%, 2021년 6.2%, 2022년 7.2% 등이다. 이들의 비중을 제외하고 순수한 부채총계로 측정하면 시장성수신의 수치는 본문에서 제시한 수치에 비해 증가한다.
8) 제11장에서 계산한 수치는 외화예금과 대출금이 포함되어 있어 예대율규제를 위해 사용되는 정의와 다르다.

이나 예치금 등에 의한 지급준비가 안정적으로 유지되는 것이 적절한 것으로 볼 수 있다. 따라서 시장성수신을 통한 자금조달에 지나치게 의존하지 않도록 100% 미만의 예대율을 유지하는 것이 건전한 위험관리라고 볼 수 있다. 우리나라에서도 예대율에 대한 규제가 있어서 실행되고 있다. 우리나라의 경우 은행의 예대율을 100×(원화 대출금/원화 예수금)으로 정의하여 2009년 12월 예대율을 100% 이내로 유지하도록 하는 예대율규제를 도입하였다. 예대율규제를 도입한 이유는 국내은행이 금융시장의 증권발행으로 조달한 시장성수신을 이용하여 상당부분의 대출자금을 조달하고 있는 상황에서 2008년 말 금융위기직후 은행권의 유동성이 불안정해질 우려를 반영한 것이라고 밝히고 있다.

일반은행의 대차대조표에서 자본총계를 자산으로 나눈 비율은 단순하게 계산된 자본총계의 비율이다. 은행경영통계에 따르면 2019년 7.5%, 2020년 7.2%, 2021년 7.1%, 2022년 6.6%이다. 은행에 대하여 자본의 비중과 관련된 규제가 부과되어 왔다. 은행에 부과되는 규제에서는 단순한 자본총계비율이 아니라 은행이 보유한 자산의 위험정도를 고려한 위험가중자산 대비 자본의 비중을 계산한 척도를 사용한다. 국제결제은행에서 일반은행에 권고하는 자기자본비율이 널리 알려져 있다. 총자산을 계산할 때 대차대조표에 있는 수치를 그대로 사용하는 것이 아니라 자산의 각 항목별로 서로 다른 가중치를 부과하여 계산한다. 이렇게 서로 다른 가중치를 부과하는 것은 은행이 보유하고 있는 증권별로 위험도가 다르므로 위험도가 더 큰 증권에 대하여 더 높은 위험가중치를 부과하여 위험가중자산을 계산하는 것이 적절한 것으로 보기 때문이다.[9] 국제결제은행의 기준에 의하면 자기자본비율이 8% 이상이 유지되어야 안정적인 운영이 이루어지고 있는 은행이다.

---

9) 금융감독원 용어사전에 따르면 기본자본은 영구적 자본으로서 기능할 수 있는 자본금, 자본준비금, 이익잉여금 등으로 구성된다. 보완자본은 회계상 자기자본은 아니지만 일정한 조건에서 자기자본을 보완할 수 있다고 판단되어 감독당국들의 재량으로 자기자본으로 인정하는 재평가적립금 등을 의미한다. 이는 기본자본의 100% 이내에서만 인정한다. 공제항목은 자기자본규제 목적상 자본적 성격이 없다고 판단된 자산항목들(영업권, 연결조정차계정, 이연법인세차 등)로 성격에 따라 기본자본 또는 보완자본에서 공제한다.

소비자의 유동성충격과 금융부재경제

제11장의 셋째 부분에서는 다이아몬드와 디빅의 은행모형을 설명한다. 은행이 존재하지 않는 실물경제를 먼저 설명한다. 금융의 역할이 전혀 없는 경제를 금융부재경제(financial autarchy)로 정의한다. 개인들이 겪는 상황에 대하여 객관적으로 입증할 수 없어서 조건부청구권시장과 같은 증권계약도 불가능한 상황으로 가정한다. 여기에 덧붙여서 개인 사이에 정보의 비대칭성도 심해서 개인소비자들의 대차거래도 자발적으로 발생하지 못하는 상황으로 이어져 금융부재경제가 되는 것으로 가정한다. 다음에서는 금융부재경제에서 개인소비자들의 소비와 저축의 결정을 소개한다. 금융부재경제에서 가능한 저축의 의미는 다음과 같다. 개인소비자들은 최초시점에서 자신이 가지고 있는 소득을 두 기간에 걸쳐 실행되는 장기투자사업에 투자하고 두 기 시점 동안 중간에 회수하지 않으면 장기투자에 대한 투자소득을 얻는다. 금융부재경제에서는 이와 같은 저축수단을 제외하고는 다른 금융수단이 없는 것으로 가정한다. 이와 같은 상황을 구체적으로 설명하면 다음과 같다. 금융부재경제에서 거주하는 소비자의 수는 1로 고정되어 있다. [0, 1] 사이의 구간에 한 점이 하나의 개인에 대응되므로 부존자원경제에서 전체 인구 규모는 1이 된다. 이런 가정을 부과하는 이유는 하나의 개인소비자가 경제전체에 미치는 영향이 미미하다는 특성을 모형에 부과하기 위한 것으로 이해할 수 있다. <표 11-2>에서와 같이 세 개의 시점에서 진행되는 모형이다. 최초시점을 0기시점으로 부르고, 다음시점을 1기시점으로 부른다. 2기시점에 들어서면 장기투자의 수익이 실현되고 투자이득이 소비자에게 배분되면서 경제활동은 끝나게 된다. 개인소비자는 0기시점에서 소비재 한 단위의 소득을 받게 된다. 소비자는 0기시점에서 얻은 소득을 직접 저장하여 1기시점으로 이전할 수 있다. 또는 한 단위의 소득을 장기투자사업에 투자할 수 있다. 장기투자사업이 제공하는 수익은 다음과 같이 결정된다. 0기시점에서 한 단위의 소비재를 투자하여 1기시점에서 투자를 회수하면 소비재 한 단위의 원금을 돌려준다. 그

표 11-2 모형의 구조

내용	0기	1기	2기
소비자의 소득	1	0	0
유동성충격	유동성충격의 내용이 알려지지 않음	유동성충격이 발생하여 1시점소비자와 2시점소비자의 구분이 당사자에게만 알려짐	1기에서 실현된 유동성충격은 그대로 유지됨
소비자의 소비	0	1시점소비자의 소비	2시점소비자의 소비
소비자의 투자	1	0	0
소비자의 투자소득	0	1	$R > 1$

러나 두 기간을 기다리면 R의 소득이 제공된다. 요약하면 0기시점에 투자하여 두 기간을 기다리면 R이라는 1보다 더 큰 소득이 창출되지만, 두 기간을 기다리지 못하고 투자사업이 진행되는 중간에 투자원금을 회수하게 되면 원금만 건질 수 있다.

　모형의 중요한 특성은 『유동성충격』을 도입하는 것이다. 여기서 충격이라는 용어는 이전시점에서 미리 예상하지 못한 상황이 발생하는 것을 말한다. 유동성이라는 용어는 어느 상황이든지 지출할 수 있도록 준비가 되어야 하는 것을 말한다. 따라서 소비자에게 유동성충격이 발생한다는 것은 자신이 지출해야 하는 시점을 자신의 의지에 의해서 조절하지 못하고 외생적으로 발생하는 예상하지 못한 충격에 의해서 반드시 지출해야 하는 시점이 결정되는 경우를 말한다. 유동성충격의 발생 여부가 소비자에게 의미가 있도록 하기 위해서 소비를 어느 시점에서 할 것인지에 따라 소비자에게 효용이 발생할 수도 있고, 그렇지 못할 수도 있다고 가정한다. 현실경제에서도 반드시 지출해야 하는 상황이 발생하면 장기투자사업의 수익이 실현되어 충분한 소득을 얻을 수 있는 기회를 포기해야 하는 많은 경우가 있다는 점에 비추어 볼 때 이와 같은 가정이 비현실적인 것은 아니다. 유동성충격의 구체적인 내용은 다음과 같이 요약된다. 모든 소비자는 0기시점에서 동일하지만 1기시점에서 서로 다른 두 개의 그룹으로 분리된다. 첫째 그룹은 1기시점의 소비만 효용을 제공하는 소비자들로 구성된다. 둘째 그룹은 2기시점의 소비만 효용을 제공하는 소비자들이다. 첫째 그룹에 속하는 소비자들을 『1시점소비자』로 정의하고 이들의 인구수는 α이다. 둘째 그룹에 속하는 소비자들을 『2시점소비자』로 정의하고 이들의 인구수는 $(1-\alpha)$이다.

소비자들은 자신이 어느 그룹에 속할지를 0기시점에서는 모르지만 1기시점에 이르러 알게 된다. 본인 이외의 다른 사람들은 어느 유형인가를 알 수 없다. 따라서 소비자의 유형에 대한 불확실성이 있는 동시에 정보의 비대칭성이 존재한다. 유동성충격이라는 용어를 사용하는 이유는 개인이 갑작스럽게 지출해야 하는 사건이 발생하면 유동성이 높은 증권 또는 현금 등이 필요하기 때문이다. 따라서 유동성수요가 갑작스럽게 발생할 수 있다는 것은 0기시점에서도 이미 알고 있지만 실제로 언제 필요한지는 1기시점에 들어서야 알게 된다. 개인소비자의 유형은 자신만이 알기 때문에 자신이 처한 상황에 대한 객관적인 입증을 할 수 없다. 따라서 보험계약을 통해서 개인소비자의 유동성위험을 헤지(hedge)할 수 없다. 또한 개인이 처한 위험에 대처하여 소비평탄화를 달성할 수 있는 조건부청구권의 거래도 불가능하다. 그 이유는 정보의 비대칭성으로 인해서 개인이 처한 상황을 객관적으로 입증할 수 없다는 제약이 조건부청구권의 객관적인 실행을 불가능하게 하기 때문이다.

<표 11-3>의 첫째 줄은 사전적인 의미에서 개인소비자의 기대효용이다. 이 식의 도출에 대하여 간단히 설명한다. 기대효용의 식에는 1시점소비자는 1기시점에서 소비해야 효용을 얻고, 2시점소비자는 2기시점에서만 소비해야 효용을 얻는다는 제약이 반영되어 있다. 2시점소비자의 효용은 2기시점에서만 얻기 때문에 1시점소비자의 효용단위와 맞추어야 하는 경우 시간선호할인인자를 사용하여 2시점소비자의 효용을 할인한다. 이를 위해 사용하는 시간선호할인인자를 β로 표기하고, 1보다 작은 양수로 가정한다. 유동성충격이 발생하기 이전에 기대효용을 계산하기 위해 각각의 소비자는 자신이 서로 다른 유형이 될 가능성을 고려해야 한다. 각각의 소비자가 1시점소비자가 될 확률은 α, 2시점소비자가 될 확률은 $(1-$

표 11-3 효용극대화조건

개인소비자의 기대효용	$v(c_{11}, c_{22}) = \alpha u(c_{11}) + \beta(1-\alpha)u(c_{22})$
무차별곡선의 기울기	$\dfrac{\Delta c_{22}}{\Delta c_{11}} = -\dfrac{\alpha \; u'(c_{11})}{\beta(1-\alpha) \; u'(c_{22})}$
생애전체 예산제약	$\alpha c_{11} + \dfrac{(1-\alpha)c_{22}}{R} \leq 1$
사회후생함수	$v(c_{11}, c_{22}) = \alpha u(c_{11}) + \beta(1-\alpha)u(c_{22})$
금융부재경제의 사회후생	$v(1, R) = \alpha u(1) + \beta(1-\alpha)u(R)$
생산가능곡선	$\alpha c_{11} + \dfrac{(1-\alpha)c_{22}}{R} = 1$
사회후생극대화의 조건	$u'(c_{11}) = \beta R u'(c_{22})$

주: 1시점소비자의 1기시점에서 효용은 $u(c_{11})$이다. c_{11}은 1시점소비자의 1기시점의 소비이다. 2시점소비자의 2기시점에서 효용은 $u(c_{22})$이다. c_{22}은 2시점소비자의 2기시점의 소비이다.

α)이라는 점을 반영하면 개인소비자의 기대효용은 첫째 줄의 식이 된다.

<표 11-3>의 둘째 줄은 기대효용수준을 하나의 상수로 고정시킬 때 이에 대응하는 무차별곡선의 기울기를 나타낸다. 무차별곡선 분석을 위해 효용함수에 대하여 일반적으로 적용되는 가정을 그대로 부과한다. 첫째, 기대효용에 대한 무차별곡선은 원점에 대하여 볼록하다고 가정한다. 둘째, 원점에서 상대적으로 거리가 더 먼 곳에 위치한 무차별곡선이 더 높은 기대효용수준에 대응한다. <표 11-3>의 셋째 줄은 생애전체에 걸쳐 적용되는 예산제약을 나타낸다. 2기시점에서 소비 한 단위의 1기시점의 가격은 $1/R$이다. 1기시점에서 소비 한 단위의 1기시점의 가격은 1이다. 모든 개인소비자는 태어날 때 한 단위의 소득을 가지고 태어난다. 또한 개인의 생애예산제약은 일생에 걸친 소비지출흐름의 예상현재가치가 생애기간 벌어들인 소득흐름의 예상현재가치와 같거나 작아야 한다는 것이다.

<표 11-3>의 넷째 줄은 사회후생함수를 나타낸다. 넷째 줄의 식은 첫째 줄의 식과 동일하다. 이처럼 (사전적인 의미에서 개인소비자의 기대효용함수=사후적인 의미의 사회후생함수)의 등식이 성립하는 이유는 개인이 1시점소비자와 2시점소비자 유형이 되는 확률이 1시점소비자와 2시점소비자의 실제비중과 일치하기 때문이다. <표 11-3>의 다섯째 줄은 금융부재경제에서 사회후생이

다. 금융부재경제의 사회후생은 다음과 같이 도출된다. 유동성충격이 존재하는 상황에서는 유동성충격이 발생하기 이전에 계산한 사전적인 의미에서 개인소비자의 기대효용과 유동성충격이 발생하여 자신이 1시점소비자인지 아니면 2시점소비자인지를 안 상태에서 사후적인 의미에서 개인소비자의 효용이 다르다. 1시점소비자는 1기시점에서 소비하고 효용은 $u(1)$이다. 2시점소비자는 2기시점에서 소비하고 2기시점의 효용은 $u(R)$이다. 1시점소비자의 인구는 α이므로 이들의 총효용은 $\alpha u(1)$이고, 2시점소비자의 인구는 $(1-\alpha)$이므로 이들의 총효용은 1시점소비자의 효용단위로 전환하여 $\beta(1-\alpha)u(R)$이다. 따라서 1기시점에서 평가한 금융부재경제에서 사회후생은 앞에서 설명한 두 그룹의 총효용을 합하여 결정된다.

　<표 11-3>의 여섯째 줄은 생산가능곡선의 식이다. 제11장의 모형에서 설명하는 생산가능곡선은 여러 개의 서로 다른 재화에 적용되는 정태적인 모형이 아니다. 각각의 시점에서 단 하나의 재화가 있지만 소비의 기간간대체와 관련하여 적용되는 생산가능곡선이다. 따라서 제11장의 모형에서 의미하는 생산가능곡선은 달성가능한 자원의 기간간대체를 나타낸다. 생산가능곡선의 식도 예산선의 식과 동일하다. 그 이유를 다음과 같이 설명할 수 있다. 첫째, 생애 전체의 예산제약에 포함되는 점들은 소비자들에게 가용한 소비의 기간간배분을 나타낸다. 생애 전체의 예산제약식은 이런 점들 중에서 가장 소득이 높은 점들로 구성되어 있다. 둘째, 앞에서 이미 이야기 한 바와 같이 개인이 1시점소비자와 2시점소비자 유형이 되는 확률이 1시점소비자와 2시점소비자의 실제비중과 일치한다.

　<표 11-3>의 일곱째 줄은 최적배분의 조건을 나타낸다. 지금 분석하고 있는 모형에서 최적배분은 생산가능곡선의 식을 만족하는 점들 중에서 사회후생함수를 극대화하는 소비점으로 정의된다. 생산가능곡선의 기울기가 $-\alpha R/(1-\alpha)$임을 (사회후생함수의 무차별곡선기울기 = 생산가능곡선기울기)의 조건에 반영하여 일곱째 줄에 있는 최적배분의 조건이 도출된다. 최적배분조건을 보면 (βR)의 크기에 따라 1시점소비자의 한계효용을 2시점소비자의 한계효용으로 나

그림 11-1 금융부재경제와 최적배분의 비교

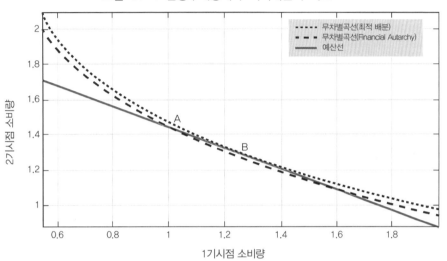

눈 비율의 크기가 달라진다는 것을 알 수 있다. 특히 $(\beta R = 1)$의 등식이 성립한
다면 (1시점소비자의 한계효용＝2시점소비자의 한계효용)의 등식이 성립하여 1
시점소비자와 2시점소비자는 동일한 소비수준을 유지하는 완전소비평탄화가 달
성된다. 또한 ＜표 11-3＞의 모형에서는 개인소비자의 기대효용을 극대화하는
점이 사회후생을 극대화하는 최적배분의 소비점이 된다. 그 이유는 사전적인 의
미에서 개인소비자의 생애전체의 예산선과 생산가능곡선이 같기 때문이다.

＜그림 11-1＞을 이용하여 ＜표 11-3＞의 모형이 함의하는 은행제도의 개
인후생효과를 설명한다. ＜그림 11-1＞은 로그함수형태의 효용함수일 경우의
무차별곡선을 보여주고 있다. 굵은 점선은 금융부재경제의 효용수준에 대응하는
무차별곡선이다. 얇은 점선은 사전적인 의미의 개인소비자의 기대효용을 극대화
하는 효용수준에 대응하는 무차별곡선이다. 얇은 점선이 실선으로 표시한 예산
선과 접하는 것을 확인할 수 있다. 따라서 B점은 기대효용극대화의 소비점이다.
A점이 금융부재경제의 소비가 된다. A점은 1기시점의 소비가 1이고 2기시점의
소비가 R인 점이다. 은행제도가 없는 금융부재경제에서는 소비자들의 자발적인
금융계약도 불가능하다. 따라서 부존자원경제에서 외생적으로 결정된 소득을 그

대로 소비할 수밖에 없다. 그 이유는 소득의 상황간이전이 가능하지 않기 때문이다.[10] <그림 11-1>에서 굵은 점선으로 나타낸 무차별곡선은 최적소비에 대응하는 무차별곡선에 비해 아래에 위치한다. 이는 금융부재경제는 개인의 기대효용을 극대화하는 소비를 달성할 수 없음을 의미한다. 따라서 개인소비자들은 은행제도가 도입되어 은행에 예금할 것인가를 결정할 때 은행에 예금하여 은행제도를 이용하는 것을 선택한다.

<그림 11-1>은 금융부재경제는 사회의 최적배분을 달성할 수 없다는 것을 보여주고 있다. <그림 11-1>의 A점을 지나는 무차별곡선에 대응하는 효용수준은 금융부재경제에서 달성할 수 있는 사회후생이다. A점의 사회후생은 최적배분의 사회후생보다 낮다. 따라서 A점과 B점에 대응하는 무차별곡선의 차이는 은행제도의 사회후생효과를 반영한다. 또한 제11장의 모형에서 무차별곡선은 원점에 대하여 볼록함수이므로 직선의 형태인 생산가능곡선에 대하여 접점이 단하나 존재한다. 그러나 금융부재경제의 소비점에서는 무차별곡선과 생산가능곡선은 서로 접하는 것이 아니라 교차한다. 이러한 조건이 만족된다면 최적배분은 금융부재경제에서 달성되는 소비점의 오른편에 위치해야 한다. 따라서 <그림 11-1>에서 볼 수 있듯이 $c_{11}^* > 1$의 부등호가 성립한다.

은행제도와 실물경제의 자원배분

다이아몬드(Diamond)와 디빅(Dybvig)이 1983년에 발표한 논문에서 분석한 은행모형은 은행의 역할을 명확하게 이해할 수 있도록 작성된 은행모형으로 널리 알려져 왔다. 다음에서는 다이아몬드-디빅의 모형을 사용하여 앞에서 설명한 금융부재경제에 은행제도를 도입하면 최적배분이 실현될 수 있음을 보인다. 또한 예금주들이 예금을 인출할 때 선착순지급제약이 존재하여 『자기실현적 다균

---

10) 조건부청구권계약과 같은 증권계약을 통해서 1시점소비자와 2시점소비자의 소비를 같게 할 수 있는 제도가 자생적으로 발생할 수 없다는 의미이다.

형』이 발생할 수 있지만, 예금보험제도의 도입을 통해 은행제도의 불안정성을 극복할 수 있다. 『자기실현적 다균형』의 의미를 설명한다. 은행제도가 도입되면 좋은 균형과 나쁜 균형이 가능하다. 좋은 균형은 앞에서 최적배분을 달성하는 균형이다. 나쁜 균형은 최적배분에서 달성되는 사회후생보다 낮은 사회후생을 달성하는 균형이다. 은행제도가 필요하다는 것은 은행제도를 도입하여 좋은 균형을 달성할 수 있기 때문이다. 그러나 소비자들이 좋은 균형이 아니라 나쁜 균형이 달성될 것으로 예견하여 자신의 행동을 이에 맞추어 선택한다면 나쁜 균형이 실현된다는 것이다. 나쁜 균형이 빈번하게 실현되면 은행제도를 계속 유지하려는 사회적인 합의가 무너지게 된다. 따라서 은행제도가 사회후생을 증대시키는 바람직한 금융제도로서 평가받기 위해서는 나쁜 균형의 가능성을 방지하는 것이 필요하다. 여기에서 정부의 역할이 필요하게 된다. 예를 들어 정부가 민간경제에 개입하여 나쁜 균형이 달성되지 않고 좋은 균형이 달성될 수 있도록 한다면 정부정책을 실시하여 사회후생을 증대시키는 역할이 가능하다.

다음에서는 은행제도를 도입한 이후 개인소비자의 선택을 다음과 같이 설명할 수 있다. 0기시점에서 소비자들은 은행계좌를 개설할 것인지를 결정한다. 0기시점에서 은행에 예금하는 것이 예금하지 않는 것에 비해 더 나은 선택인지를 판단한다. 소비자들은 유동성충격이 어떻게 실현되는지를 알기 이전에 예금을 할 것인지를 결정하기 때문에 기대효용을 기준으로 결정한다. 은행은 0기시점에서 은행예금의 원리금에 대하여 다음과 같은 약속을 발표한다. 1기시점에서 인출하는 예금자에게 약속한 원리금은 r_1이다. 2기시점에서 인출하는 예금자에게 약속한 원리금 r_2이다. 은행이 약속한 원리금은 모두 1보다 큰 것으로 가정하여 $r_1 > 1$과 $r_2 > 1$의 제약이 부과된다. 은행은 <그림 11-1>의 B점에 대응하는 소비를 가능케 하는 원리금의 지급을 약속한다. 따라서 예금선택의 기대효용은 B점을 지나가는 무차별곡선의 효용수준이다. 반면에 예금거부의 기대효용은 A점을 지나가는 무차별곡선의 효용수준이다. 예금선택의 기대효용수준이 예금거부의 기대효용수준보다 더 높기 때문에 개인소비자는 자신이 가지고 있는 1의

그림 11-2 유동성충격과 소비자의 선택: 좋은 균형

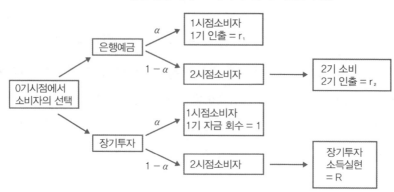

소득을 모두 은행에 예금한다.

<그림 11-2>는 은행도입으로 인한 소비자선택의 변화를 보여준다. 앞에서 설명한 바와 같이 0기시점에서 은행에 예금할지를 선택하게 된다. 1기시점에 도달하면 자신이 1시점소비자인지 아니면 2시점소비자인지를 알게 된다. 1시점소비자로 알려지면 은행예금을 인출하고, 은행에서 약속한 원리금인 r_1을 받는다. 1시점에서 2시점소비자는 예금인출을 하지 않고, 2기시점에서 예금인출을 실행하여 r_2의 원리금을 받는다. 이런 내용을 담은 균형은 『좋은 균형』이다. 특히 좋은 균형의 특징은 자신이 1시점소비자이면 1기시점에서 예금인출하고, 2시점소비자이면 2기시점에서 예금인출한다. 따라서 자신이 2시점소비자이지만 1시점소비자인 것처럼 1기시점에서 예금인출을 시도하는 사례가 없다. 이런 좋은 균형이 실현되면 은행제도를 도입하여 최적배분을 달성할 수 있다.

혹자는 1기시점의 원리금이 2기시점의 원리금보다 많다면 2시점소비자가 1시점소비자가 아닐지라도 1기시점에서 원리금을 찾는 것이 유리할 것이므로 1기시점에서 예금을 찾을 유인이 있다는 것을 지적하고 싶을 것이다. 좋은 균형은 이러한 상황이 없는 균형이다. 좋은 균형에서는 모든 소비자들이 자신의 유형에 맞는 행동을 자발적으로 선택하지만, 다음에서 설명하는 『나쁜 균형』에서는 2시점소비자가 1기시점에서 예금인출을 시도하는 가능성이 발생한다.

인출서비스제약과 대규모 예금인출사태

은행의 예금계약에는 선착순인출서비스제약(sequential service constraint)이 부과되어 있어서 대규모 인출사태가 발생하면 예금주가 원리금을 받지 못할 수 있다. 선착순인출서비스제약을 수식으로 표현하기 위해 1기시점에서 예금인출하는 사람의 수가 1시점소비자와 다를 가능성을 고려한다. 1기시점에서 예금인출하는 사람의 수를 f로 표기한다. 여기서 f는 a의 값과 다를 수 있다. 그 이외 다른 변수들의 표기는 동일하다. 예를 들어 1기시점에서 인출하는 예금자에게 약속한 원리금을 r_1으로 표기하고, 2기시점에서 인출하는 예금자에게 약속한 원리금을 r_2로 표기한다. 현재의 모형이 현실의 경우와 다른 점은 모형에서 설명하는 은행은 예금의 일부를 지급준비금으로 보유하고 있지 않다는 것이다. 1기시점에서 소비자들이 예금인출을 요구하면 장기투자에 투입되었던 투자액을 회수하여 원리금을 지급한다. 이런 상황에서 은행이 1기시점의 예금인출을 위해 준비한 자금총액은 1이 된다. 만약 1기시점의 인출총액이 1보다 크다면 은행은 더 이상 회수하여 지급할 수 있는 자금이 없다. 따라서 선착순인출서비스제약은 다음과 같이 표현할 수 있다.

$$r_1 f \leq 1$$

예금인출사태는 $a < f \leq 1$인 경우를 말한다. 이 식이 의미하는 것은 예금인출사태가 발생하더라도 미리 약속한 원리금을 그대로 지급하지만 약정한 원리금을 지급받을 수 있는 사람의 수에 제약이 부과된다는 것이다. 또한 1기시점에서 인출되지 않고 은행에 계속 남아 있는 예금은 기업에 투자된 상태로 2기시점으로 넘어간다. 따라서 2기시점까지 은행이 가지고 있는 예금에 대해서는 장기투자수입을 얻게 된다. 1기시점에서 인출되지 않고 은행에 계속 예금된 금액은 $(1-r_1 f)$이고 장기투자수익률이 R이므로 $R(1-r_1 f)$이 2기시점의 은행수입이다. 이를 남아 있는 예금주에게 동일하게 배당하면 $R(1-r_1 f)/(1-f)$이다. 따라서 2기시점

에서 예금의 원리금은 선착순인출서비스제약을 고려하여 다음과 같이 결정된다.

$$r_2 = \max\left\{\frac{R(1-r_1 f)}{1-f}, 0\right\}$$

소비자는 은행으로부터 받은 예금에 대한 원리금을 모두 소비에 사용한다. 따라서 1기시점에서 인출한 예금주의 소비는 r_1이고 2기시점에서 인출한 예금주의 소비는 r_2이다. 위의 설명이 함의하는 것은 1기시점에서 몇 명의 소비자가 자신의 예금을 인출하는지에 따라서 개인소비자가 1기시점에서 인출할 수 있는지의 여부와 또한 2기시점에서 인출하는 개인소비자의 원리금이 결정될 수 있다는 점이다.

자신의 예금에 대한 원리금이 다른 사람들이 어떻게 선택하는지에 따라서 영향을 받는다는 점으로 인해 예금자들의 자기실현적기대가 발생한다. 1기시점에서 1시점소비자들은 모두 1기시점에서 예금을 인출한다. 2시점소비자들은 1기시점에서 예금을 인출할 수도 있고 2기시점에서 예금을 인출할 수도 있다. 2시점소비자들은 선착순인출서비스제약이 있는 경우 앞에서 정의한 f의 값에 대하여 어느 정도로 실현될지에 대하여 예측하게 된다. 소비자들의 자기실현적기대는 예금자들의 f에 대한 기대에서 발생한다. 예를 들어 모든 사람들이 인출할 것으로 예상하는 경우는 $f = 1$이라고 예측하는 경우이다. 자기실현적기대는 기대가 현실이 되는 것을 의미한다. 모든 사람들이 이와 같이 예측하고 자기실현적기대가 발생하면 모든 예금자들이 1시점에서 동시에 인출한다. 은행이 약속한 1기시점의 원리금 r_1이 1보다 클 때 모든 사람들이 예금을 인출한다면 은행은 2기시점에서 예금자에게 지불할 수 있는 돈이 없다. 1시점소비자이든 2시점소비자이든 모든 사람들이 1기시점에서 인출한다는 예상이 들면 그에 따라 모든 사람에게 1기시점에서 예금인출이 합리적인 선택이 된다. 그 결과 우려하던 상황이 현실로 발생하여 자기실현적기대가 발생하는 것이다. 모든 사람이 인출을 시도하는 경우 $(1/r_1)$의 예금자들이 인출하게 된다. 약속된 원리금을 찾아가는 사람도 있고 전혀 찾아가지 못하는 사람도 있다. 1시점소비자는 1기시점에서 소비

표 11-4 좋은균형과 나쁜균형의 비교 ($\beta R = 1$의 조건이 부과된 경우)

	좋은균형	나쁜균형
개인소비자의 소비	소비자는 각각 c^*를 소비함	$1/c^*$의 비중은 c^*를 소비함. 나머지는 제로소비임.
사회후생	$(\alpha + (1-\alpha)\beta)u(c^*)$	$(\alpha + (1-\alpha)\beta)^2 u(c^*)$

주: c^*는 최적소비수준을 나타낸다. $\beta R = 1$인 경우 $c^* = (\alpha + (1-\alpha)\beta)^{-1}$이다.

하고, 2시점소비자는 2기시점에서 소비하지만 각각의 소비자가 은행에서 받아가는 원리금은 r_1이다. 따라서 약속된 원리금을 찾아가는 사람들에게 개인의 소비량은 모두 동일하다. 앞에서 설명한 상황은 나쁜 균형이라고 할 수 있다. 자기실현적기대로 인한 예금인출사태가 발생하는 균형의 사회후생은 좋은 균형에서 달성가능한 사회후생보다 더 낮다.

다음에서는 자기실현적기대에 의해서 발생하는 나쁜 균형의 사회후생을 최적배분의 사회후생과 비교한다. 1시점소비자들 중 예금을 인출한 사람의 수와 2시점소비자들 중 예금을 인출한 사람의 수를 계산해야 한다. 모든 사람들이 인출하기 위해 은행 문 앞에 줄을 선 것으로 간주할 수 있으며 이 중에서 무작위로 $(1/r_1)$의 사람들만 인출한 것으로 된다. 이는 α의 사람들 중에서도 무작위로 $(1/r_1)$의 사람들만 인출한 것이고 $(1-\alpha)$의 사람들 중에서도 무작위로 $(1/r_1)$의 사람들만 인출한 것이다. 또한 이들은 모두 $u(r_1)$의 효용을 얻는다. 그 중에서 (α/r_1)의 사람이 1기시점에서 소비하고 나머지 $((1-\alpha)/r_1)$의 사람이 2기시점에서 소비한다. 따라서 1기시점의 효용수준으로 평가하면 나쁜 균형에서 달성되는 사회후생은 $r_1^{-1}(\alpha + \beta(1-\alpha))u(r_1)$이 된다. 좋은 균형에서 달성된 사회후생은 $\alpha u(r_1) + (1-\alpha)\beta u(r_2)$이다.

다음의 분석에서는 $\beta R = 1$인 경우를 가정한다. 이 조건은 모든 사람들에게 유동성충격이 없는 경제의 균제상태에서 성립하는 효용극대화조건이다. 균제상태는 모든 변수의 균형값이 매시점마다 동일한 값을 가지는 상황을 말한다. 최적화조건에 $\beta R = 1$의 조건을 부과하면 효용함수가 단조증가함수일 때 $c_{11} = c_{22}$

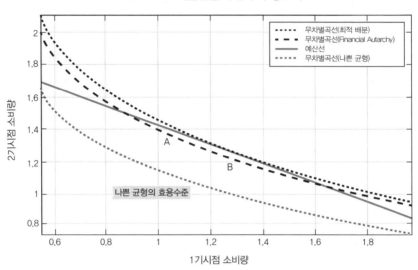

그림 11-3 예금인출사태의 후생효과

의 조건이 성립한다. 최적배분에서 모든 유형의 소비자가 동일한 수준으로 소비함을 의미한다. 따라서 좋은 균형이 실현되면 $c_{11} = c_{22} = c^*$이고, $c^* > 1$을 만족한다. <표 11-4>는 $\beta R = 1$의 조건이 부과된 경우의 좋은 균형과 나쁜 균형을 비교한다. 1시점소비자와 2시점소비자의 소비가 같다는 조건을 생산가능곡선의 식에 대입하면 c^*의 값을 계산할 수 있다. α와 β의 값이 1보다 작은 양수이므로 c^*의 값이 1보다 크다는 것을 확인할 수 있다. 좋은 균형에서는 모든 소비자들이 c^*를 소비한다. 그러나 나쁜 균형에서 모든 소비자들이 1기시점에서 예금인출을 선택하는 경우 일부 소비자만 소비가 가능하다. 나쁜 균형의 사회후생은 <표 11-4>의 둘째 열에 정리되어 있다. 첫째 열의 좋은 균형에서 달성되는 사회후생과 비교하여 작다는 것을 확인할 수 있다.

<그림 11-3>은 <그림 11-1>에 예금인출사태가 발생하는 경우 사회후생을 추가한 그림이다. 균형에서 달성되는 해를 직접 계산하여 예금인출사태가 사회후생에 미치는 효과를 직접 계산할 수 있다. 청색무차별곡선이 예금인출사태가 발생하는 경우 사회후생을 의미하고 은행이 없는 경우의 후생수준보다 더

낮아지는 것을 알 수 있다. 따라서 나쁜 균형이 발생한다면 은행이 없는 경제에서 달성되는 사회후생보다 더 낮은 사회후생수준으로 떨어져 은행제도가 존재해야 하는 사회적 당위성을 감소시킨다.

예금보험제도의 효과

<표 11-3>과 <표 11-4>에서 설명한 모형의 예금보험제도에 대한 함의를 살펴본다. 세금부과를 통해 조달된 예금보험이 적절하게 운영되면 나쁜 균형이 발생하지 않도록 할 수 있고 그 결과 은행제도의 최적배분효과를 달성할 수 있다는 것을 보인다. 제11장에서 제시하는 예금보험모형의 중요한 특징을 세 가지로 요약할 수 있다. 첫째, 인출자의 수가 1시점소비자의 수와 같거나 작으면 약속한 원리금을 모두 지급한다. 둘째, 인출자의 수가 1시점소비자의 수를 넘는다면 원리금을 받은 사람에게 세금을 부과하여 세후소득이 원금과 같다. 셋째, 세금징수를 통해 마련된 재원을 은행에 공급하여 선착순인출서비스제약에 걸려서 원금조차 제대로 받지 못하는 사람들에게 원금이 지급될 수 있도록 한다.

다음에서는 정부의 이자소득세를 부과로 마련된 재원으로 원금조차 못 받은 사람들에게 재분배하여 발생하는 효과를 분석한다. 두 경우로 나누어 설명한다. 첫째 경우는 모든 예금자가 예금인출을 위해 은행에서 기다리는 상황이다. 앞에서 도입한 기호를 이용하면 $f=1$인 상황이다. 은행이 0기시점에서 약속한 r_1의 원리금을 제대로 받은 사람의 수는 $(1/r_1)$이다. 이 경우 정부개입의 정책수단은 이자소득이 있는 사람에게 이자소득세를 부과하는 것이다. 1기시점에서 제대로 원리금을 찾아간 사람들에게 이자소득세를 개인별로 (r_1-1)을 징수한다. r_1의 원리금에서 이자소득세를 감하여 세후소득으로 계산하면 원리금을 제대로 찾아간 예금주들은 원금만 찾아간 셈이 된다. 정부가 이자소득세를 부과하여 징수한 총세금징수액은 $(1/r_1)(r_1-1)=1-1/r_1$이다. 이를 재원으로 하여 각각의 개인에게 한 단위의 원금을 지급한다면 $(1-1/r_1)$명에게 원금을 지급할 수 있다. 따

표 11-5 예금보험의 효과

예금보험 시행이전			예금보험 시행이후		
원리금	1기시점	2기시점	원리금	1시점	2기시점
정상상황	c_{11}^{*}	c_{22}^{*}	정상상황	c_{11}^{*}	c_{22}^{*}
예금인출사태	1	0	예금인출사태	1	R

주: 예금인출사태가 발생하는 경우 모든 예금주가 예금인출하는 것으로 가정하면 $1/c_{11}^{*}$의 확률로 c_{11}^{*}의 원리금을 받을 수 있으므로 기대소득은 1이 된다.

라서 원리금을 인출한 사람의 수가 $(1/r_1)$이고, 정부의 소득이전정책을 통해서 원금확보가 된 사람의 수가 $(1 - (1/r_1))$이다. 이를 합하면 총예금자수와 같아진다. 결국 정부개입을 통해 예금자 전원에게 원금이 지급된다.

둘째의 경우는 $\alpha < f < 1$ 인 상황이다. 1기시점에서 1시점소비자들은 모두 예금을 인출하고, 2시점소비자 중 일부만 예금을 인출하는 상황이다. f명이 찾아가는 경우 은행은 기업으로부터 f만큼 자금을 회수한다. 따라서 f명이 찾아가는 경우 선착순인출서비스제약이 발생한다면 은행이 약정한 원리금을 지급하는 사람의 수는 (f/r_1)이 된다. 정부는 앞에서와 같이 제대로 원리금을 받은 사람들에게 이자소득세를 부과하여 개인별로 $(r_1 - 1)$의 세금을 부과하므로 이들의 세후소득은 원금과 같다. 한편 총세금징수액은 $(f/r_1)(r_1 - 1) = f(1 - r_1^{-1})$이다. 이를 재원으로 하여 한 단위의 원금을 개별적으로 지급하면 $f(1 - r_1^{-1})$의 사람들에게 원금이 지급된다. 따라서 먼저 원리금을 찾아간 (fr_1^{-1})의 사람들과 나중에 원금만 받은 $f(1 - r_1^{-1})$의 사람들을 합하면 1기시점에서 f의 예금자가 원금을 찾게 된다. 또한 예금보험이 실시되는 상황에서 2기시점에서 인출자에게 제공되는 원리금은 다음과 같다. 앞에서 f의 금액이 회수되었으므로 장기투자사업에 아직 남아 있는 투자액은 $(1 - f)$이다. 또한 2기시점에서 은행이 얻는 수입은 $R(1 - f)$이고, 2기시점에서 인출자의 수는 $(1 - f)$이다. 따라서 예금보험이 실시된 상황에서 1기시점에서 인출자의 수가 f명인 경우 2기시점에서 은행이 지급하는 원리금은 R이 된다.

예금보험이 실시된다면 어떠한 차이가 발생하는가? 은행예금에 대한 원리금에 미치는 효과는 <표 11-5>에 정리되어 있다. 앞에서 설명한 정부세금은 예금인출사태가 발생해야 부과되므로 일종의 상황조건부세금(state-contingent taxes)으로 간주할 수 있다. 이렇게 볼 수 있는 이유는 다음과 같다. $f \leq \alpha$인 경우는 정부세금이 부과되지 않는다. 그러나 $f > \alpha$인 경우 원리금을 찾아간 사람들에게 개인별로 $(r_1 - 1)$을 징수한다. 그 결과 미리 원리금을 찾아가더라도 세금을 빼고 나면 항상 원금과 같아진다.

예금보험제도의 도입이 항상 좋은 균형의 실현을 보장하는가? 앞에서 설명한 방식으로 운영되는 예금보험제도의 도입은 2시점소비자는 1기시점에서 예금을 회수하지 않는다. 2시점소비자는 자신이 1기시점에서 예금인출하면 $(f > \alpha)$인 상황이 된다는 것을 안다. 그 이유는 1시점소비자는 모두 1기시점에서 예금인출을 선택한다는 것을 알기 때문이다. 또한 $(f > \alpha)$인 상황에서 1기시점에 인출하는 것보다 2기시점까지 기다리는 것이 더 높은 소비를 제공한다. 따라서 다른 사람들이 어느 정도 인출하는지를 고려하지 않고, 2시점소비자들은 1기시점에서 인출하지 않는다. 그러므로 예금보험제도가 도입이 되면 항상 $f = \alpha$가 성립하므로 최적배분이 실현된다. 정부의 예금보험제도가 사회후생에 미치는 효과는 <그림 11-3>에서 찾아볼 수 있다. 이 그림에서 청색무차별곡선이 예금인출사태가 발생하는 경우 사회후생을 의미하므로 예금보험제도가 나쁜 균형을 제거할 수 있다면 최적배분의 효용에서 나쁜 균형의 효용을 뺀 차이에 나쁜 균형이 발생할 확률을 곱하여 계산한 수치가 예금보험이 실시되어 증가된 사회후생의 크기로 간주할 수 있다.

앞에서 설명한 세금을 부과하여 재원을 마련하는 예금보험제도는 현실에서 실제로 시행되고 있는 예금보험제도와 차이가 있다. 먼저 예금보험공사의 홈페이지에 수록된 한국의 예금보험제도에 대한 간략한 설명을 인용하면 다음과 같다.『예금자보험제도는 다수의 소액예금자를 우선 보호하고 부실금융회사를 선택한 예금자도 일정부분 책임을 분담한다는 차원에서 예금의 전액을 보호하지 않고 일정액만을 보호하고 있다. 원금과 소정 이자를 합하여 1인당 5천만원까지만 보호되며 초과금액은 보호되지 않는다.』 또한 재원을 마련하는 방안에서도 제11장에서 설명한 모형에서는 정부가 세금을 거두는 것으로 가정하였으나 현실에서는 금융기관이 지급하는 보험료와 예금보험공사가 발행하는 채권으로 재원이 조달되고 있다. 이와 관련하여 예금보험공사의 홈페이지에 수록된 간략한 설명을 인용하면 다음과 같다.『예금자보호법에 의해 설립된 예금보험공사가 평소에 금융회사로부터 보험료(예금보험료)를 받아 기금(예금보험 기금)을 적립한 후, 금융회사가 예금을 지급할 수 없게 되면 금융회사를 대신하여 예금(예금보험금)을 지급하게 된다. 또한, 예금보험은 예금자를 보호하기 위한 목적으로 법에 의해 운영되는 공적보험이기 때문에 예금을 대신 지급할 재원이 금융회사가 납부한 예금보험료만으로도 부족할 경우에는 예금보험공사가 직접 채권(예금보험기금채권)을 발행하는 등의 방법을 통해 재원을 조성하게 된다.』

최근 한국에서 발생한 뱅크런 사례는 2011년 2월에 발생했던 저축은행의 예금인출 사태다. 저축은행예금인출사태의 발생과정을 한국금융연구원에서 작성한 상호저축은행백서(2012년 5월 발간 469페이지)에서 인용하면 다음과 같다.『2011년 1월 14일 삼화저축은행에 대한 영업정지 조치를 포함한 경영개선명령을 부과한 이후 부산2저축은행을 포함한 계열 저축은행들의 예금 인출 규모가 크게 증가하기 시작하였다. 특히 2011년 2월 17일 계열회사인 부산 및 대전 저축은행에 대하여 영업정지조치가 부과되면서 2011년 2월 17일 및 2월 18일 양일간 예금인출이 급증하였으며, 영업시간 종료 이후에도 수천명의 예금자가 대기하는 뱅크런 사태가 발생하였다.』 2011년 2월 24일 연합뉴스의 기사에 따르면 다음과 같다.『전국 97개 저축은행의 예금순유출규모는 2월 17일 3천 30억원, 2월 18일 5천 70억원, 2월 21일 5천 200억원, 2월 22일 2천 200억원, 23일 1천 150억원, 24일 790억원이다. 6일의 영업일 기간에 빠져 나간 예금의 총액은 1조 7천 440억원이다. 예금자의 불안감이 가장 컸던 지역이 부산으로 알려져 있다. 부산에서 빠져 나간 예금총액은 2월 17일 2천 280억원, 2월 18일 1천 890억원, 2월 21일 1천

130억원, 2월 22일 410억원, 2월 23일 130억원, 2월 24일 60억원을 기록했다.』

유동성괴리 현상과 유동성규제

은행의 전통적인 업무는 유동성이 높은 단기채무인 예금을 받아서 조달한 자금을 유동성이 낮은 장기증권인 대출채권에 투자하는 것이다. 따라서 대차대조표를 기준으로 (자산부분에 속하는) 자산의 유동성과 (부채와 자본의 부분에 속하는) 부채의 유동성이 차이가 나는 『유동성괴리』의 현상을 피할 수 없다. 그러나 유동성괴리가 지나치게 확대되지 않아야 하는 것이 은행의 위험관리측면에서는 물론 거시경제적의 위험관리측면에서도 바람직하다. 앞에서 소개한 모형에서는 예금으로 확보한 자금을 모두 장기투자사업에 집중하여 투자하므로 은행의 자발적인 유동성위험관리는 생략되어 있다. 또한 예금 이외의 자금을 조달하는 다른 수단이 없다고 가정하고 있다. 비현실적인 두 개의 가정을 완화하여 현실경제에 가깝도록 모형을 수정하면 어떻게 될 것인지에 대하여 궁금할 수 있다. 이러한 방향으로 모형을 수정하여 자세한 분석을 시도하는 것은 본 책의 범주를 넘기 때문에 생략한다. 따라서 여기에서는 예금 이외의 자금조달수단과 장기대출채권 이외의 자산을 보유할 수 있는 상황에서 유동성괴리의 심각한 악화를 방지하기 위한 규제들을 중점적으로 요약한다.[11]

만약 시장성수신을 통해서 단기적으로 자금을 조달할 수 있다면 갑작스럽게 예금인출이 늘어날지라도 CD, RP, 채권 등을 발행하여 자금을 마련할 수 있다. 또한 은행은 대출채권 이외에도 다른 형태의 자산을 보유할 수 있다. 따라서 은

---

11) 은행규제가 실시되어야 하는 다양한 이유가 제시될 수 있다. 첫째, 은행은 다른 금융기관이 제공할 수 없는 고유의 기능(은행의 특정성)이 있어서 은행규제가 필요하다는 것이다. 둘째, 공공예금보험제도가 효율적으로 운용되기 위해서 부과되어야 한다는 것이다. 셋째, 은행파산으로 은행예금주의 손해가 발생하거나 금융중개기능이 마비되는 것을 방지하거나 완화하기 위해 은행규제가 부과되어야 한다는 것이다. 또한 Dewatripont와 Tirole이 주장하는 대표가설(representation hypothesis)에 따르면 소액예금주는 전문적인 금융지식이 없어서 복잡한 은행업무에 대한 정확한 이해가 어렵기 때문에 예금주들을 대표하여 은행업무가 원래의 목적대로 수행되고 있는지를 파악하고 감독할 수 있는 민간조직 또는 정부조직이 필요하다는 것이다.

행은 예금보호제도 이외에도 갑작스러운 예금인출의 증가에 자율적으로 대처할
수 있는 수단들을 가지고 있다. 은행이 수행해야 하는 원래의 기능으로 인해 발
생하는 유동성미스매치(liquidity mismatch)를 적절하게 조절해야 한다는 것은
안정적인 은행경영이라는 측면에서 바람직하다. 유동성괴리의 악화는 대규모 인
출사태로 인한 금융중개기능의 마비 또는 약화의 가능성을 증폭시킨다. 거시경
제적 관점에서 금융시장이 제공하는 금융중개기능의 안정성을 정책목표로 추구
하는 정책당국은 유동성괴리의 변동을 일정한 범위 안에서 조정하기 위한 정책
을 실시할 수 있다. 그 결과 예금보험제도 이외에도 은행의 유동성에 대한 규제
를 통해 은행제도의 안정성을 유지하려는 정책들이 있을 수 있다.

　이러한 범주에 들어가는 규제가 유동성커버리지비율규제와 예대율규제라고
할 수 있다. 따라서 이들을 간단히 소개한다. 첫째, 유동성커버리지비율에 대한
규제이다. 예상총인출 대비 고유동성자산의 비율을 적정한 수준으로 유지하고
있다면 예금인출사태에 대한 대비가 되어 있다는 견해를 반영하여 유동성커버리
지비율(liquidity coverage ratio)규제가 부과될 수 있다. 유동성커버리지비율규
제는 유동성커버리지비율을 30일 동안 유동성스트레스가 발생할 때 예측되는
순현금유출(총현금유출액−총현금유입액) 대비 은행이 보유하고 있는 현금, 국
채, 지급준비금 등과 같은 고유동성자산의 비율로 정의하고 일반은행이 최소한
유지해야 할 비율의 수치를 부과하는 것이다. 둘째, 예대율의 관리이다. 앞에서
예대율을 대출금을 예수금으로 나눈 비율로 정의하였다. 제11장의 모형에서는
예대율이 항상 1로 고정되어 있다. 그러나 현실경제에서 예대율은 변동한다. 그
러면 예대율은 어떻게 변동할 것인가? 경기가 좋은 상황에서 기업대출수요는 증
가한다. 수익성이 높은 안전한 실물투자가 경기가 좋은 상황에서 상대적으로 더
많다면 은행도 경기가 좋은 시점에서 대출을 증가시키려는 유인이 있다. 이런
상황에서 예금이 늘지 않는다면 은행은 시장성수신을 늘려서 증가하는 대출수요
에 대처할 수 있다. 그 결과 예대율은 호황에서 상대적으로 높고 불황에서 상대
적으로 낮은 수치를 기록하는 경기순응적인 모습을 보일 수 있다. 이런 맥락에

서 유동성괴리가 악화되면서 유동성리스크도 높아지는 시기에 예대율도 높아지는 가능성이 있다.

연습문제

01 제11장의 모형에서 설명한 자기실현적기대의 의미를 설명하고 자기실현적기대가 어떻게 서로 다른 균형이 발생하게 하는 원인이 되는지를 설명하시오.

02 자기실현적기대에 의한 주택가격버블이 발생할 수 있는지를 판단하고, 이유를 설명하시오.

03 어떤 경제학자가 다음과 같이 주장한다. 예금보호제도는 예금전액에 대하여 보호되지 않기 때문에 예금보장에 대한 실효성이 낮음에도 불구하고 뱅크런이 빈번하게 발생하지 않는 이유는 정부가 적어도 일반은행의 예금에 대해서는 암묵적으로 전액을 보장하고 있기 때문이다. 이러한 주장이 타당한지의 여부를 판단하고 그 이유를 설명하시오.

04 제11장의 모형을 이용하여 다음의 문제에 답하시오.
　(1) 은행이 있는 경제에서 $\beta R = 1$이면 인출사태가 없는 최적 균형점에서 1시점소비자의 소비와 2시점소비자의 소비는 동일함을 보이시오.
　(2) α의 값이 1보다 작은 양수일 때 2시점소비자의 최적소비수준이 금융부재경제에서의 소비수준보다 낮음을 보이시오.
　(3) 2시점소비자의 최적소비수준이 금융부재경제에 비해 더 낮아짐에도 불구하고 은행이 도입되면 사회후생이 더 높아지는 이유를 설명하시오.

05 제11장의 모형을 이용하여 다음의 문제에 답하시오. 먼저 $m = \beta R$을 정의하시오. 또한 소비에 대한 효용함수를 로그함수로 가정하시오. 이 경우 최적배분에서 2시점소비자의 최적소비를 1시점소비자의 최적소비로 나눈 비율이 m이 됨을 보이시오.

06 앞에서 푼 5번 문제의 답을 이용하여 답하시오. 이 경우 m이 R보다 작다면 2시점소비자의 최적소비는 R보다 작음을 보이시오.

07 제11장에서 설명한 은행에 부과된 예대율규제에 대한 장단점을 설명하시오.

08 『예금보험에서 보장하는 보험금의 지급을 담당하는 예금보험공사가 금융회사의 경영분석 등을 통한 부실의 조기확인 및 대응 또는 부실금융회사의 정리를 담당하는 것이 효율적이다.』의 주장을 평가하시오.

09 유동성스트레스가 있는 기간 중 30일 동안의 예수금의 순유출규모는 예수금의 1/10이라고 가정하시오. 현금과 예치금을 고유동성자산으로 정의하는 경우 유동성커버리지비율의 추이를 제11장의 앞부분에서 요약한 일반은행의 대차대조표자료를 사용하여 계산하시오.

10 시장성수신의 규모는 다음과 같이 결정된다고 가정하시오. 호황국면에서 시장성수신을 통해 조달한 자금의 규모는 예수금의 0.5배이다. 불황국면에서 시장성수신을 통해 조달한 자금의 규모는 예수금의 0.1배이다. 은행자산에는 대출만 있는 경우 호황과 불황국면의 예대율을 계산하시오. 예대율이 경기순응적인지의 여부를 설명하시오.

11 한국, 영국, 미국의 금융감독제도의 차이점과 공통점을 간단히 설명하시오.

12 통합된 형태의 금융감독체제와 분할된 형태의 금융감독체제의 사례를 들고 각각의 장·단점을 설명하시오.

13 제11장의 모형에서 F의 총투자수익률을 제공하는 무위험투자와 R'의 총투자수익률을 제공하는 위험증권이 존재한다고 가정하시오. 은행은 1기시점에서 위험증권에 대한 직접투자가 가능하지만, 소비자는 가능하지 않다고 가정하시오. 위험증권과 무위험증권을 동시에 보유하는 경우 은행의 제로(예상)이윤선을 도출하시오.

14 위의 문제에서 설명한 수정된 모형에서 은행이 ω의 비중으로 무위험증권에 투자하고, $(1-\omega)$의 비중으로 위험증권에 투자하는 것으로 가정하시오. 위험증권의 예상투자수익률의 변화가 최적원리금의 결정에 미치는 효과를 그래프를 사용하여 설명하시오.

15 금융혁신(Financial Innovation) 또는 핀테크(FinTech)는 금융시장, 금융기관, 또는 금융서비스의 공급에 가시적인 연관효과가 발생하면서 새로운 영업모형, 응용앱, 금융상품 등으로 이어질 수 있는 금융서비스의 기술혁신을 말한다. 핀테크(FinTech)기업이 대출과 지급결제의 서비스를 제공하여 은행과 유사한 금융서비스의 공급자가 된다면 전통적인 은행과 달리 유동성변환 또는 만기변환의 기능이 없다는 주장을 평가하시오.

16 가상경제에서 은행의 위험가중자산을 계산할 때 사용하는 (개별자산가중치=1+a×부도확률)의 식을 사용하여 개별자산가중치를 결정하는 것으로 가정하시오. a는 양의 상수로 가정하시오.

   (1) 위험가중자산은 대차대조표의 총자산과 개별자산 부도확률의 가중평균의 함수로 표시할 수 있음을 보이시오.

   (2) 위험가중자산기준 자기자본비율규제와 레버리지비율규제를 설명하시오. 두 개의 규제가 동시에 부과되어야 하는 이유가 있다면 이를 위의 상황을 반영하여 설명하시오.

   (3) 은행이 개별자산의 크기를 선택할 때 개별자산이 총자산에서 차지하는 비중과 개별자산의 부도확률이 서로 반비례 관계에 있도록 결정한다면 위험가중자산 기준 자기자본비율의 경기순응성을 어느 정도 완화시킬 수 있지만, 기업대출의 경기순응성을 완화시키기 어려울 수 있다는 주장을 평가하시오.

17 은행제도의 도입이 일반예금주인 소비자에게 미치는 효과에 관한 설명 중 옳은 항목들을 선택한 후 이유를 설명하시오.

   ① 은행제도가 도입되기 이전보다 은행제도가 도입된 이후 유동성충격을 겪는 소비자의 소비가 증가하는 결과가 나타날 수 있다.

   ② 은행제도가 도입되기 이전보다 은행제도가 도입된 이후 유동성충격을 겪지 않는 소비자의 소비가 감소하는 결과가 나타날 수 있다.

   ③ 은행제도의 소비자후생효과는 개별소비자의 사후적 소비수준의 증가를 말한다.

   ④ 은행제도의 소비자후생효과는 사후적 효용수준을 기준으로 평가해야 나타난다.

18 은행기능과 은행규제와 관련된 설명 중 옳은 항목들을 선택하고 이유를 반드시 설명하시오.

   ① 은행은 만기변환기능과 유동성변환기능을 수행하여 소비자후생을 증가시킨다.

   ② 은행제도의 불안정성은 선착순인출서비스과 예금주의 자기실현적기대로 인해 발생된다.

   ③ 유동성커버리지비율규제는 순현금유출 대비 고유동성자산의 비율을 관리하고자 실시된다.

   ④ 예대율규제를 경직적으로 운영하면 실물경기변동폭을 확대시키는 효과가 가능하다.

19 대출금리와 예금금리의 변화를 맞게 설명한 항목을 선택한 후 이유를 설명하시오.

   ① 신규취급액을 기준으로 측정하면 예금금리와 대출금리가 낮은 시기에 (대출금리-예금금리)의 값이 낮게 나타난다.

   ② 신규취급액을 기준으로 측정하면 예금금리와 대출금리가 높은 시기에 (대출금리-예금금리)의 값이 높게 나타난다.

   ③ 잔액을 기준으로 측정하면 예금금리와 대출금리가 상승하는 시기에 (대출금리-예금금리)의 값이 증가한다.

④ 잔액을 기준으로 측정하면 예금금리와 대출금리가 하락하는 시기에 (대출금리-예금금리)의 값이 증가한다.

20 저원가성 예금은 금리가 매우 낮은 요구불예금 또는 수시입출금 예금 등을 말한다. 저원가성 예금의 역할을 맞게 설명한 항목을 선택한 후 이유를 설명하시오.
① 저원가성 예금의 비중이 변화하면 예대마진이 변동하기 때문에 은행수익의 주요 요인이다.
② 기준금리가 낮은 시기에 시중은행 간 저원가성 예금유치경쟁이 상대적으로 더 커진다.
③ 기준금리의 상승기에 저축성 예금 및 적금의 금리가 상승하면서 저원가성 예금의 비중감소가 발생할지라도 저원가성 예금의 비중이 크기 때문에 은행수익이 증가할 수 있다.
④ 핀테크 기업이 고객이 다양한 금융서비스를 편리하게 이용할 수 있도록 개발하면 저원가성 예금이 핀테크 기업으로 이동하여 시중은행의 수익에 영향을 미칠 수 있다.

21 자기실현적기대가 금융시장에 미치는 효과를 맞게 설명한 항목을 선택한 후 이유를 설명하시오.
① 증권공급이 무한히 신축적으로 변동하지 않는 상황에서 현재가격이 미래가격의 기대값에 의존하는 동시에 미래가격의 기대값은 현재가격에 의존하는 상황에서 자기실현적기대가 발생할 수 있다.
② 증권시장에서 투기자들이 증권의 근본가치보다는 증권시장 참가자의 평균적인 의견을 예측하여 투자행위를 선택한다면 버블이 발생할 수도 있다.
③ 자기실현적기대가 발생할 수 있는 환경이 조성되면 기대의 내용에 따라 수없이 많은 증권가격이 실현될 수 있으므로 불확정성(indeterminacy)이 존재하는 것으로 간주할 수 있다.
④ 은행의 예금인출사태는 항상 자기실현적기대에 의해서만 발생하는 특성이 있다.

22 다이어몬드-디빅의 은행모형이 함의하는 은행법의 변화가 은행의 안정성에 관한 효과를 틀리게 설명한 항목을 선택한 후 이유를 설명하시오.
① 글래스-스티걸 법안이 실시되면 시장위험(market risk)에 의한 예금인출사태의 발생을 완화시킬 수 있다.
② 볼커준칙(Volcker's Rule)이 부과될지라도 자기실현적기대에 의한 예금인출사태를 막을 수 없으므로 예금보호공사의 예금보장기능이 추가적으로 필요하다.
③ 볼커준칙(Volcker's Rule)이 적용되는 은행의 범위를 은행의 자산규모를 반영하여 신축적으로 조정하는 정책을 실시하면 예금인출사태의 발생이 줄어든다.
④ 글래스-스티걸 법안이 폐지되면 은행의 예금인출사태는 항상 자기실현적기대에 의해서만 발생한다.

23 다이어몬드–디빅의 은행모형에서 개별 소비자의 소득은 1, 1시점소비자와 2시점소비자가
될 확률이 각각 1/2, 장기투자의 총수익률이 1.50이다. 시간선호할인자가 장기투자의 총
수익률의 역수로 주어지는 경우 최적배분을 달성하는 은행의 원리금을 선택하시오.

  ① 0.6

  ② 0.8

  ③ 1.0

  ④ 1.2

24 2007년–2008년의 금융위기 이후 금융규제와 감독의 개편 방향을 틀리게 설명한 항목을
선택한 후 이유를 설명하시오.

  ① 여러 나라에서 거시건전성의 강화를 위해서 제도적 개편이 이루어졌다.

  ② 영국의 경우 금융위기 이전에 일원화되었던 은행감독기구를 분리하고, 금융규제와 감독에
    서 중앙은행의 역할을 강화하는 방향으로 개편되었다.

  ③ 거시건전성의 강화를 지나치게 강조하여 금융서비스를 소비하는 소비자보호에 대한 규제와
    감독이 완화되었다.

  ④ 개별 은행의 미시건전성을 강화하는 방향으로만 개편되었다.

25 은행의 재무건전성을 판단하는 지표를 맞게 설명한 항목을 선택한 후 이유를 설명하시오.

  ① BIS자기자본비율은 은행의 위험가중자산 대비 자기자본 비율로 정의되고, BIS비율이 8%
    미만이면 적기시정조치가 부과된다.

  ② 유동성커버리지비율(LCR)이란 극심한 스트레스 상황에서 향후 30일 동안 순현금유출액에
    대한 고유동성자산의 보유비율로 정의되고, 100%를 기준으로 낮을수록 유동성이 부족한
    은행으로 간주된다.

  ③ 은행대출은 건전성이 높은 순서대로 정상 · 요주의 · 고정 · 회수의문 · 추정손실로 분류된다.

  ④ 고정이하여신비율은 연체기간이 3개월 이상인 고정이하여신의 합계액(고정+회수의문+추정
    손실)이 여신총액에서 차지하는 비율로 정의되고, 고정이하여신비율이 높을수록 부실자산
    이 많은 은행으로 간주된다.

제12장

제한적 차익거래와 증권의 유동성

제12장
제한적 차익거래와 증권의 유동성

일반적으로 증권의 유동성은 그 자산이 얼마나 쉽게 현금과 교환되는지를 나타내는 개념으로 정의되어 왔다. 이와 같은 유동성의 정의에 따르면 유동성이 높은 자산을 매도할 때 매도가격을 크게 낮추지 않고 현금으로 손쉽게 전환할 수 있어야 한다. 증권의 유동성은 개별 자산이 가지고 있는 고유한 특성인지 아니면 시장환경에 따라 달라질 수 있는 것인지에 대하여 질문할 수 있다. 이런 질문에 대하여 다음과 같이 답변할 수 있다. 증권의 유동성은 자산이 가지고 있는 중요한 특징이어서 증권수요의 여부를 결정하는 요인이라는 견해가 널리 인정되었다. 이런 견해와 관련하여 증권의 유동성이라는 개념을 세분화하여 증권수요 및 증권가격에 미치는 효과를 분석해야 한다는 견해를 찾아볼 수 있다. 예를 들어 브루너마이어(Markus Brunnermeier)와 페더슨(Lasse Heje Pedersen)은 시장유동성(market liquidity)의 개념과 조달유동성(funding liquidity)의 개념을 구분하고, 이들의 상호작용을 통하여 증권의 시장가격이 결정된다는 점을 강조한다.[1] 시장유동성은 앞에서 이미 설명한 바와 같이 얼마나 쉽게 증권을 매도할 수 있는지를 나타내는 개념이고, 조달유동성은 얼마나 쉽게 자금을 확보할

---

[1] 브루너마이어와 페더슨의 모형에 대한 보다 더 자세한 내용은 2008년 The Review of Financial Studies(Vol.22, No.6, pp. 2201－2238)에 실린 「Market Liquidity and Funding Liquidity」에서 찾아볼 수 있다.

수 있는지를 나타내는 개념이다. 이런 개념을 반영하여 시장유동성은 증권의 내재가치와 매도가격의 괴리로 정의되고, 조달유동성은 외부차입을 통해 투자자금을 조달하는 차익거래자에게 요구되는 순자산의 크기로 정의된다. 이들은 서로 다른 척도이지만 증권시장의 균형이 달성되는 과정에서 상호작용이 있음을 보인다. 예를 들면 조달유동성이 악화되면 시장유동성도 악화될 수도 있다는 것이다. 또한 이런 결과가 발생하는 경우 조달유동성이 다시 추가적으로 악화되는 일종의 악순환이 나타날 가능성도 있음을 보인다.

제12장에서 소개하는 모형에서는 각 증권이 내재가치를 가지고 있지만 증권시장의 균형에서 결정되는 시장가격은 내재가치와 달라질 수 있다는 점을 인정한다. 증권의 내재가치와 시장가격이 다르면 증권이 가지고 있는 가치에 비해 투자자들이 평균적으로 저평가하든지 또는 고평가하는 것으로 간주할 수 있다. 이런 상황이 발생하면 증권시장에서 차익거래이득이 가능하기 때문에 차익거래이득을 얻기 위해서 위험을 감수하지 않아도 된다면 투자자들은 자신이 소유한 자금을 한 푼도 투자하지 않고 모두 외부에서 차입하여 조달한 투자자금으로 이득을 남길 수 있다. 그러나 위험이 수반된 차익거래이득을 목표로 한다면 투자자들은 자신이 소유한 자금이 있어야만 외부차입이 가능해진다. 이런 점을 반영하여 투자자들이 소유한 투자자금의 크기도 증권가격에 크게 영향을 미칠 수 있음을 강조하는 견해를 설명한다. 제1장부터 제4장까지 설명한 증권시장의 균형결정모형에서는 차익거래이득이 균형에서 존재하지 않는다는 조건만을 부과하여 증권가격이 어떻게 결정되는지를 설명하였다. 이런 모형에서는 투자자들이 보유한 순자산은 증권가격에 영향을 미치는 경로가 반영되어 있지 않았다. 제12장에서 소개하는 모형에서는 증권의 균형가격이 결정되는 과정에서 투자자들이 보유한 순자산의 역할이 강조된다는 점에서 앞에서 설명한 모형과는 구분된다.

차익거래자의 차익거래이득의 추구는 증권시장에서 증권가격과 내재가치의 차이를 줄이거나 제거하는 중요한 원동력이 될 수도 있다. 이런 결론이 단지 이론적으로만 성립하는 것인지에 대한 의문이 들 수 있다. 이론모형에 등장하는 차익거래자에 대응되는 금융시장 투자자는 누구인지에 대해서도 궁금할 수 있다. 다양한 가능성을 떠올릴 수 있지만 하나의 예로서 헤지펀드의 매니저를 전문적인 능력을 지닌 차익거래자로 간주할 수 있다. 이런 맥락에서 제12장에서는 헤지펀드모형을 소개한다. 헤지펀드를 간단히 정의하면 소수의 투자자들을 비공개로 모집하여 모은 자본을 기초로 레버리지로 불리는 차입을 통해 조달한 자금으로 고수익을 창출할 것을 목표로 운용되는 펀드를 말한다. 고수익을 창출하는 대신 높은 위험을 부담해야 하고 정부규제가 다른 펀드에 비해 상대적으로 작은 것으로 알려져 있다. 또한 개인이나 기관 모두 헤지펀드에 가입하는 것이 가능하지만 적격투자자가 되기 위한 요건을 만족해야 한다. 우리나라의 경우 2015년 개정된 자본시장법에서 사모펀드를 전문투자형 사모펀드와 경영참여형 사모펀드로 구분하고 있다. 이 중에서 전문투자형 사모펀드가 헤지펀드에 해당한다. 이처럼 사모펀드의 구분을 단순화한 것은 전문투자형 사모펀드에 대한 설립과 운용에 대한 규제를 완화하기 위한 것이다. 미디어의 금융기사에서 한국형 헤지펀드에 대한 기사들을 자주 발견할 수 있다. 한국형 헤지펀드는 자본시장법에서 규정한 전문투자형 사모펀드라고 할 수 있다. 따라서 제12장에서 소개하는 헤지펀드의 모형은 자본시장법에서 규정한 전문투자형 사모펀드에 대한 규제를 반영하여 설명한다.

마진대출과 마진규제의 역사적 배경

마진대출(margin lending)에서 마진은 담보로 맡긴 증권의 시장가치에서 대출금액을 뺀 차이를 말한다. 투자자가 증권거래를 위해 증권금융을 통해 자금을 조달하는 경우 금융기관이 자체적으로 조달해야 하는 자본금의 크기는 마진의 크기에 따라 결정된다. 18세기 암스테르담에서 존재한 증권담보대출시장은 현대의 마진대출(신용거래융자)시장과 유사하다고 할 수 있다. 18세기 이후 영국의 동인도회사(British East India Company)주식을 포함한 영국의 증권들이 담보

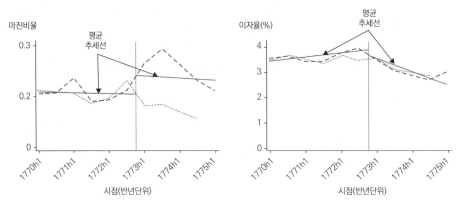

그림 12-1 마진대출의 마진비율(헤어컷)과 이자율: 18세기 영국

출처: Peter Koudous와 Hans-Joachim Voth(2016)의 「Leverage and Beliefs: Personal Experience and Risk-Taking in Margin Lending(AER, Vol.106, No.11, pp. 3367-3400)」

로 사용되었다는 기록이 있다. 이런 18세기 마진대출시장은 매우 분권화된 시장의 형태로 존재하였다고 할 수 있다. 예를 들면 이 당시에는 장외거래가 대부분이었고, 약 5퍼센트의 거래가 증권거래중개인에 의한 거래였다. 또한 관련된 문서들을 더 먼 시점까지 거슬러 올라가서 조사하면 위의 시기보다 훨씬 이전인 1640년 대에 이미 주식담보대출이 거래되는 시장이 성숙한 형태로 이미 존재하고 있었다는 것을 알 수 있다.

<그림 12-1>은 1770년 상반기부터 1775년 상반기까지 마진대출에 적용된 마진(헤어컷)과 이자율의 추이를 담고 있다. 왼편의 그림은 마진(헤어컷)의 비중이고, 오른편의 그림은 대출이자율을 나타낸다. 두 개의 그림에서는 마진대출의 대출금융기관을 위험에 노출된 그룹과 그렇지 않은 그룹으로 구분하고 각각의 그룹에 속하는 대출금융기관 마진과 이자율을 어떻게 결정하였는지를 비교하고 있다. 대시선은 위험에 노출된 그룹이고 점선은 위험에 노출되지 않은 그룹을 나타낸다. 왼편의 그림과 오른편의 그림을 비교하면 마진의 크기는 대출기관의 위험노출수준에 따라서 민감하게 변동하지만, 대출이자율은 민감하게 변동하지 않고 있음을 알 수 있다. <그림 12-1>이 함의하는 점은 증권금융을 공급하는 기관이 자신의 상황에 맞추어 조정하는 위험관리수단은 대출이자율이 아니

그림 12-2 GDP 대비 마진대출의 비율과 실질주가: 미국

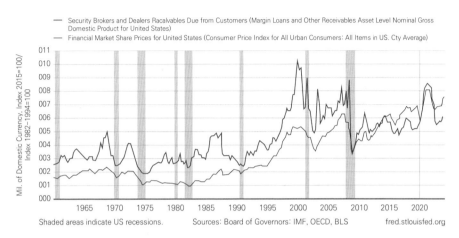

— Security Brokers and Dealers Racalvables Due from Customers (Margin Loans and Other Receivables Asset Level Nominal Gross Domestic Product for United States)
— Financial Market Share Prices for United States (Consumer Price Index for All Urban Consumers: All Items in US. Cty Average)

Shaded areas indicate US recessions.　Sources: Board of Governors: IMF, OECD, BLS　fred.stlouisfed.org

라 마진 비율이라는 점이다.

　마진대출은 과거의 증권시장에서만 사용되었던 지나간 사실이 아니라 현재의 증권시장에서도 실제로 사용되고 있는 제도이다. <그림 12-2>는 미국의 주식시장에서 마진대출의 총액을 명목GDP로 나눈 비율(청색실선)과 OECD에 수록되어 있는 미국 주가지수를 소비자물가지수로 나눈 비율(검정색실선)을 수록하고 있다. 1960년부터 2023년에 이르는 기간 동안 청색실선과 검정색실선은 서로 같은 방향으로 변화하고 있는 것을 볼 수 있다. 특히 2007년 여름 서프라임모기지 사태로 촉발된 금융위기의 여파로 발생한 대불황(회색막대로 표시됨) 이후 청색실선과 검정색실선이 더욱 밀접하게 같이 변화하고 있는 것을 확인할 수 있다. 이 그림만으로는 청색실선과 검정색실선이 표시하는 두 개의 변수가 서로 인과관계를 가지고 있다는 것을 증명하기에 부족하다. 적어도 GDP 대비 마진대출의 비율과 실질주가지수는 적어도 2010년부터 2024년의 기간까지 매우 밀접한 관계가 있음을 확인할 수 있다. 이런 점에 비추어 <그림 12-2>를 보면서 혹시 과도한 마진대출로 인해 주식시장의 버블이 발생할 수 있는지의 여부와 이런 우려에 대응하여 어떠한 규제가 있는지 궁금할 수 있다.

그림 12-3 최초마진규제에 적용되는 헤어컷에 대한 규제: 미국

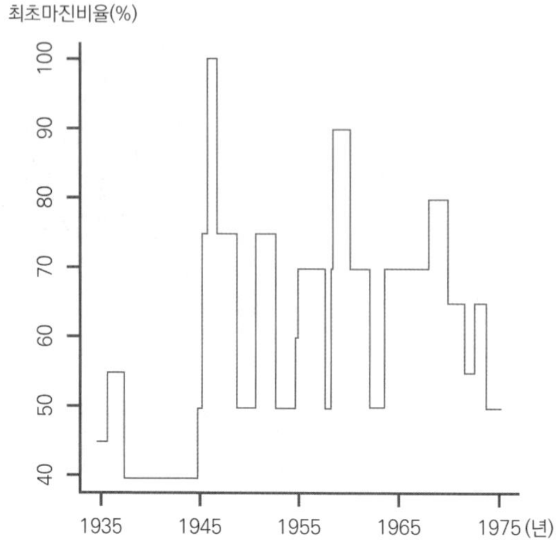

출처: 미국의 연방준비제도 이사회의 홈페이지

마진계정의 개설시점에서 적용되는 최초마진규제(initial margin requirement)에 대하여 설명한다. 미국에서는 중앙은행이 최초마진규제의 조정을 담당하고 있다. 미국의 중앙은행인 연방준비은행에게 부여된 최초마진규제의 조정권한은 1934년에 시작된 증권거래법(Securities Exchange Act)으로부터 나온다. 이런 제도가 도입된 배경을 설명하기 위해 1920년대의 상황에 대한 당시의 견해를 요약하여 소개한다. 첫째, 주식시장의 신용융자에 부과되는 규제가 없는 상황에서 과도한 레버리지에 의존한 주식투자로 인해 1920년대에 과도한 주식시장의 붐이 발생하였다. 둘째, 주가하락이 발생하면 마진콜의 요청이 이어지기 때문에 주가하락의 악순환이 발생하여 결국 1929년의 주가폭락으로 이어졌다. 셋째, 주식투자에 대출자금이 과도하게 집중되면 실물경제의 건전한 제조업과 농업에 자금공급이 감소하는 결과가 발생한다.

<그림 12-3>에서는 1934년 이후부터 1975년까지 연방은행이 설정한 최초마진비율이 어떻게 변동했는지를 보여 주고 있다. 세계 제2차대전이 끝난 직후 짧은 기간 중 최초마진비율이 100%로 설정된 경우도 나타난다. 1950년부터 1975년까지

의 기간에는 50%와 90%에서 등락을 반복하다가 1975년 이전에 50%로 설정된다. 1975년 이후 현재까지의 기간에는 최초마진비율이 50%로 고정되고 있는 것으로 알려져 있다. 또한 금융산업규제당국(Financial Industry Regulatory Authority, FINRA)에서 담당하는 마진유지규제(Maintenance Margin Requirement)가 있다. 마진대출이 진행되고 있는 기간 중 일정한 마진비율 이상이 준수되도록 규제한다. 여기에 덧붙여서 마진대출을 제공하는 기관이 마진대출에 대하여 적용하는 마진유지비율이 있을 수 있다. 앞에서 설명한 연방은행이 부과하는 최초마진비율이나 금융산업규제당국이 부과하는 마진유지비율보다 더 높은 수준의 마진유지비율을 자체적으로 부과할 수도 있다.

금융기관의 담보대출모형

　주식과 채권 등 증권시장에서 거래되는 증권을 담보로 설정하는 경우 금융기관이 어떻게 대출을 결정하는지를 분석한다. 구체적으로 말하자면 투자자가 투자자금을 조달할 때 투자자의 순자산과 차입금의 결정을 설명하는 모형을 소개한다. 투자자들이 차익거래이득을 실현하는 데 위험이 따르면 투자자금을 조달하기 위해 외부로부터 차입할 때 자본이 필요하다는 점을 강조한다. 차익거래이득을 목표로 증권투자를 실행하는 차익거래자들이 다른 금융기관으로부터 투자자금을 차입할 때 자신의 자금이 전혀 필요 없는 것이 아니라 자신이 직접 소유한 자본이 투입되어야 한다는 것이다. 또한 이들이 소유한 자본가치의 변동이 증권가격에 크게 영향을 미칠 수 있음을 강조하는 견해를 설명한다. 개인투자자뿐만 아니라 금융기관도 자신이 거래하는 증권을 담보로 다른 금융기관으로부터 차입하면 자본이 필요하다. 예를 들어 증권딜러, 헤지펀드, 투자은행 등과 같은 증권시장의 참가자들이 증권을 구매하면 구매한 증권을 담보로 제공하여 다른 금융기관으로부터 자금을 빌릴 수 있다. 그 이유는 일반적으로 자금을 빌려주는 금융기관은 담보로 제공된 증권의 가격과 동일한 금액을 대출하지 않고 담보증권의 시장가치보다 낮은 금액을 빌려주기 때문이다. 차입액은 담보증권의 시장 가격보다 작다면 차액은 자신이 보유한 자본으로 채워야 한다. 따라서 마진대출 을 활용한 증권거래에 자본이 필요하다는 것이다.

다음에서는 마진의 개념을 정리한다. 다음에서 소개하는 모형에서 마진(margin) 은 증권의 시장가격에서 동일한 증권의 담보가치를 뺀 차이로 정의된다.[2] 금융 기관이 증권거래를 위해 어느 정도의 자본금이 필요한지는 마진의 크기에 따라 달라진다. 브루너마이어와 페더슨의 2008년 논문에서 제시하고 있는 마진의 결 정방식은 다음과 같이 요약할 수 있다. (1) 부도확률을 결정한다. 이를 α로 표 기한다. (2) 증권가격의 분포를 추정한다. (3) 매수포지션과 매도포지션을 구분 하여 마진을 결정한다. 매수포지션인 경우 가격하락의 폭이 마진보다 커지는 확 률이 α와 같도록 마진을 결정한다. 매도포지션인 경우 가격상승의 폭이 마진보 다 커지는 확률이 α와 같도록 마진을 결정한다.

구체적으로 설명하기 위해 증권가격은 p이고, 증권 한 단위를 다음시점까지 보유하는 경우 발생할 수입은 $[v-\varepsilon, v+\varepsilon]$의 구간에서 균등분포를 따르는 것으 로 가정한다. 또한 $v>\varepsilon$의 조건도 부과된다. 첫째, 매수하는 경우를 설명한다. 증권을 매수하고 난 후 이를 담보로 제공하는 조건으로 현금대출을 받으려고 한 다. 매수증권의 개수는 x이다. 증권을 담보로 한 대출금은 담보의 시장가치보다 작다. 현재에서 위험이 없는 대출은 $x(v-\varepsilon)$이다. 차익거래자는 (증권담보의 시 장가치 − 대출)에 해당하는 금액을 자신의 자본으로 조달하여야 한다. 증권 단위 당 마진을 m^+로 표시한다면 $p-(v-\varepsilon)=m^+$의 식이 만족되어야 한다.[3]

둘째, 증권을 차입하여 매도하는 경우이다. 차입한 증권의 개수는 x이다. 증권

---

2) 마진(margin)이 다른 의미로 사용되고 있는 경우가 있다. 예를 들어 파생상품거래에서 등장하는 마 진계정(margin account)이 있다. 또한 마진계정에 대한 주식대출을 의미하는 신용거래대주(stock loans on margin account)를 금융감독원 홈페이지에서는 다음과 같이 정리하고 있다. "증권회사와 고객의 사전 약정에 의하여 증권회사가 고객에게 매도 주식을 대여해 주는 것을 말한다. 신용거래대 주는 신용거래융자와 마찬가지로 자본시장법 제72조에 의해 허용된 신용공여의 일종이다. 신용거래 융자는 증권회사가 고객의 매수대금을 대여하는 반면에, 신용거래대주는 고객의 매도주식을 대여한 다는 점에서 차이가 있다."

3) 매수포지션에 적용되는 마진은 m^+로 표기하고 매도포지션에 적용되는 마진은 m^-로 표기한다.

을 차입할 때 현금을 담보로 제공해야 한다. 분석을 단순화하기 위하여 현금담보에 대한 이자는 없는 것으로 가정한다. 증권대출로 상환해야 할 최대금액은 $x(v+\varepsilon)$이다. 증권대출자가 증권대출을 무위험대출로 만들기 위해 차익거래자에게 요구해야 하는 금액은 (증권대출의 최대상환액－증권대출의 현재시점에서 시장가치)에 해당하는 금액이다. 증권 단위당 마진을 m^-로 표시한다면 $v+\varepsilon=p+m^-$의 식을 만족해야 한다.

증권금융기관과 투자자의 거래가 어떻게 이루어지는지에 대한 하나의 예는 다음과 같다.[4] 증권대출을 받는 투자자가 증권금융기관에 계좌를 개설한다. 투자자는 자신의 계좌에 m^-의 금액을 입금한다. 또한 증권을 차입하여 시장에서 매도하면 p의 수입이 발생하는데 이를 증권금융기관에 개설한 자신의 계좌에 입금한다. 따라서 투자자가 개설한 계좌의 잔고는 $(p+m^-)$이 된다. 다음시점의 증권가격을 p'이라고 표기한다. 다음시점에서 증권을 매입하여 증권으로 상환해야 하는 경우 $p'\le p+m^-$의 부등호가 성립하면 자신의 계좌에 있는 잔고를 사용하여 증권을 구매하여 상환할 수 있다. 최악의 상황은 미래시점의 증권가격이 높아질 수 있는 최고로 높은 가격이 실현되는 상황이다. 이런 최악의 상황을 수식으로 나타내면 $p'=v+\varepsilon$이다. 이는 증권대출을 받은 투자자에게 최악의 상황이 발생하더라도 증권대출의 상환이 가능하도록 마진을 부과하는 경우를 상정하고 있다.

앞에서 설명한 증권거래방식이 실제로 실시되고 있느냐의 여부를 확인하기 위해 증권대출을 간략하게 설명한다. 증권대출(securities lending)은 담보를 기초로 한 증권의 대출이다. 증권대출의 담보로 증권 또는 현금이 사용된다. 증권대출의 계약은 RP거래의 계약과 유사하지만 증권대여와 RP거래 간의 차이가 있다. RP거래는 일반적인 담보를 이용하여 자금을 빌리거나 빌려주는 것에 초점이 맞추어져 있지만 증권대여는 특정한 증권에 초점이 맞추어져 있다. 또한 증권대

---

4) 우리나라의 경우 한국증권금융이 증권금융전담회사의 역할을 하고 있다. 증권을 담보로 금융투자업자에게 자금을 대출하거나 투자자 예탁금을 맡아 운용한다. 제12장에서는 증권금융을 담당하는 기관을 증권금융기관으로 정의한다.

표 12-1 증권담보대출과 대차대조표의 변동

차입자의 대차대조표		대출자의 대차대조표	
자산	부채	자산	부채
증권시가: 100억 원	증권담보대출: 99억 원 마진: 1억 원	증권담보: 100억 원	100억 원

출에 대한 수요는 주식의 무차입공매도가 금지되면 크게 증가할 수 있다. 무차입공매도는 증권을 보유하지 않은 기관이 증권을 공매도하는 경우를 말한다. 이에 반하여 대부분의 증권대출은 현금담보를 받고 대출한다. 증권을 대출하는 금융기관은 일반적으로 현금담보를 제공한 증권차입자에게 이자를 지급한다. 뿐만 아니라 증권을 대출하는 금융기관은 현금담보를 사용하여 증권에 투자하고 그 결과 투자수입을 얻는다. 주요 증권대출기관은 연금, 뮤추얼 펀드, 헤지펀드 또는 보험회사 등이다. 이들 기관은 투자수익을 높이기 위한 방편으로 보유하고 있는 증권을 대출한다.

<표 12-1>에서는 차익거래자가 자금을 대출하는 금융기관에게 시가 100억 원의 증권을 담보로 제시하는 경우를 설명하고 있다. 이에 대하여 금융기관은 99억 원을 차익거래자에게 대출한다. 즉, 담보의 시장가치에 비해 낮은 금액을 빌려준다. 차액이 1억이고 이는 마진에 해당한다. <표 12-1>에서는 설명의 편의를 위해 담보로 제공된 증권의 소유권이 금융기관으로 넘어가는 것으로 가정하였다. 앞에서 마진이 어떻게 설정되는지를 설명하였으므로 금융기관으로부터 대출을 받아서 투자하는 사람들의 예산제약을 설명한다. 이들을 차익거래자로 부르기로 한다. 차익거래자의 예산제약은 차익거래자가 보유하고 있는 순자산이 증권거래를 위해 제공해야 하는 마진의 총액보다 커야 한다는 것이다. 이를 수식으로 나타내기 위해 차익거래자가 n개의 증권을 거래하고 있으며 차익거래자의 순자산을 w으로 표시한다. 이 경우 예산제약은 다음과 같이 주어진다.

표 12-2 마진의 결정

증권매수	부도확률	$\alpha = \int_{v-\varepsilon}^{L} 1/(2\varepsilon)\ dx = (L-v+\varepsilon)/(2\varepsilon)$
	마진	$m^+ = p-v+\varepsilon(1-2\alpha)$
증권매도	부도확률	$\alpha = \int_{p+m^-}^{v+\varepsilon} 1/(2\varepsilon)\ dx = (v+\varepsilon-p-m^-)/(2\varepsilon)$
	마진	$m^- = v-p+\varepsilon(1-2\alpha)$
제로마진	마진	$\overline{\alpha}^{\,+} = (p-v+\varepsilon)/(2\varepsilon)$
	마진	$\overline{\alpha}^{\,-} = (v+\varepsilon-p)/(2\varepsilon)$

$$w \geq \sum_{i=1}^{n} |x_i|\left(m_i^+ I_{x_i > 0} + m_i^- I_{x_i < 0}\right)$$

위의 식에서 $I_{x_i>0}$는 상황에 따라 값이 달라지는 함수이다. 구체적으로 설명하면 x_i의 값이 양수일 때 함수의 값이 1이고, 그렇지 않을 때 함수의 값은 0이다.

　<표 12-2>는 마진과 증권가격이 서로 어떠한 관계가 있는지를 보여주고 있다. 첫째, 매수포지션에 적용되는 마진은 증권가격의 증가함수이다. 둘째, 매도포지션에 적용되는 마진은 증권가격의 감소함수이다. 증권가격의 분포는 앞에서와 같이 균등분포를 따르는 것으로 가정한다. 키포인트는 대출을 결정할 때 앞에서 이미 설정한 부도확률과 상충되지 않도록 결정되어야 한다는 것이다. 예를 들어 매수하는 사람에게 대출하는 경우를 먼저 보기로 하자. 매수포지션의 경우 대출하는 금액이 L이라고 할 때 미래시점의 가격이 $(v-\varepsilon)$과 L의 사이로 실현이 되면 부도가 발생한다. 담보로 받은 증권을 팔아도 대부금을 커버하지 못하므로 부도가 발생한다. 균등분포라는 가정이 반영된 부도확률의 식은 <표 12-2>의 첫째 줄에 정리되어 있다. 대출금이 증가하면 부도확률이 높아진다. 부도확률의 식을 풀어서 L을 α의 함수로 정리하면 $L = v-\varepsilon(1-2\alpha)$이 된다. 아울러 대차대조표의 식은 $p = L+m^+$이다. 따라서 증권매수의 투자자에게 적용되는 마진의 결정은 <표 12-2>의 둘째 줄에 있는 식으로 설명된다. 마진

은 부도확률의 감소함수임을 알 수 있다.

다음에서는 투자자가 증권대출을 받는 경우를 분석한다. 이 경우 p는 증권의 단위당 대출금이 되고 마진은 m^-로 표기한다. 증권대출을 받는 경우 이에 대한 담보로서 현금을 예치하도록 한다고 가정하자. 현재시점에서 증권을 팔아서 발생한 수입과 마진을 합한 금액으로 미래시점에서 증권을 구매할 수 있는 자금을 확보할 수 있다면 부도가 발생하지 않는다. 그렇지 않다면 미래시점에서 증권을 반환할 수 없으므로 부도가 발생한다. 따라서 부도확률은 <표 12-2>의 셋째 줄의 식과 같이 결정된다. 이 식을 사용하여 m^-을 a의 함수로 정리하여 마진의 결정식을 도출할 수 있다. <표 12-2>의 넷째 줄에 있는 식이 마진의 결정식이 된다. 이 식에서도 마진과 부도확률은 서로 반대방향으로 움직인다.

<그림 12-4>는 부도확률과 마진의 관계를 보여주고 있다. 수평축은 부도확률이고, 수직축은 마진을 나타내는 평면에 음수의 기울기를 가진 직선으로 나타난다. <그림 12-4>의 함의를 다음과 같이 요약할 수 있다. 첫째, 마진의 크기는 부도확률과 반비례한다. 여기서는 증권가격이 위치하는 구간이 알려지면 이를 기초로 증권금융기관이 대출에 대한 부도확률을 조정하는 것으로 가정한다. 증권금융을 담당하는 기관이 자신이 조정하는 대출에 대한 부도확률을 더 높게 해도 무방하다고 판단하면 그에 맞추어 마진의 크기를 줄여 줄 수 있다. 이는 증권매수자에게 대출하는 경우와 증권대출을 받아서 증권을 매도하는 경우에도 동일하게 나타난다. 둘째, 마진의 크기를 제로로 하면 증권금융기관이 감내해야 하는 부도확률은 얼마인지가 궁금할 수 있다. 위에서 설명한 모형에서는 증권금융기관이 투자자에게 마진계정에 대한 입금을 요청하지 않고 자금을 대출한다고 할지라도 확실하게 부도가 발생하는 것은 아니다. 수평축의 절편은 제로마진과 일치하는 부도확률이다. 두 경우 모두 제로마진과 일치하는 부도확률은 1보다 작은 양수이다. 제로마진과 일치하는 부도확률을 수식으로 표시하면 먼저 m^+의 경우 <표 12-2>의 다섯째 줄의 식이 된다. 이 식에서 분자는 현재가격에서 최소점까지의 거리이고 분모는 최고가격에서부터 최저가격에 이르는 전체

그림 12-4 부도확률과 마진

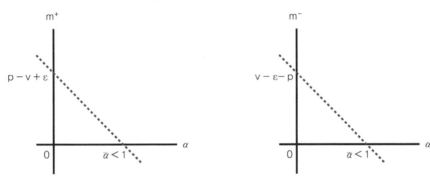

구간의 크기를 의미한다. 따라서 현재가격이 최저가격보다 높으면 $\bar{a}^+$는 1보다 작다. m^-의 경우 $\bar{a}^-$의 값은 <표 12-2>의 여섯째 줄의 식과 같이 결정된다. 여섯째 줄에서 분자는 최대로 가능한 가격에서 현재가격까지의 거리이고 분모는 최고가격에서부터 최저가격에 이르는 전체구간의 크기를 의미한다. 따라서 현재가격이 최고가격보다 낮으면 $\bar{a}^-$는 1보다 작다.

금융위기가 진행되는 상황에서 부도확률이 상승하면서 마진도 같이 상승하는 상황을 보게 된다. 그런데 <그림 12-4>에서는 부도확률과 마진의 크기가 서로 반대 방향으로 변화하는 것을 볼 수 있다. 이는 현실에서 관측되는 상황과 마치 괴리가 있는 것처럼 보일 수 있다. 그러나 <그림 12-4>의 그래프를 사용하여 위에서 설명한 금융위기의 상황을 설명할 수 있다. 예를 들어 최악의 상황에서 나타나는 증권가격이 금융위기가 진행되면서 더 낮아질 것으로 증권금융기관에서 평가할 수 있다. 이러한 비관적인 평가가 발생하면 증권대출을 받아서 증권을 매도하는 사람들에게는 이득이 될 것으로 판단되지만 증권을 담보로 대출을 받아서 증권을 매수하는 사람들에게는 손실의 가능성이 더 높아진다. 따라서 금융위기가 발생하면 <그림 12-4>의 그래프도 이동하게 된다. m^+의 경우 수직축의 절편이 위로 이동하고, 수평축의 절편도 오른편으로 이동한다. 그 결과 <그림 12-4>의 왼편에 있는 점선은 금융위기가 발생하기 이전에 비해 위쪽으로 이동하게 된다. 이는 마진의 크기를 그대로 유지하면 더 큰 부도확률을 감내해야 함을 의미한다. 또는 예전과 동일한 부도확률을 유지하고 싶다면 마진을 더 높게 올려야 함을 의미한다. 요약하면 증권가격이 계속해서 큰 폭으로 떨어져 시장참가자들의 예상을 넘어서는 정도로 하락하면 비관적인 예상이 증권가격분포에 반영되어 마진이 커지면서 부도확률도 높아지는 상황이 발생할 수 있음을 함의한다. 증권대출을 받는 경우 동일한 상황이 발생하면 어떻게 되는지가 궁금할 수 있다. <그림 12−4>의 오른편 그림에서 수직축의 절편은 증권가격의 상한과 관련된 것이므로 증권가격의 하한에 대한 평가가 달라진다고 하여 변화해야 할 이유는 없다. 증권가격의 하한에 대한 비관적인 평가만 발생하는 것으로 가정하면 오른편 그림에서는 수직축의 절편에 미치는 영향이 없다. 그러나 증권가격의 상한은 그대로 있으면서 하한이 더 아래로 내려간다면 수평축의 절편이 왼쪽으로 이동한다. 따라서 오른편 그림의 직선은 더 안쪽으로 회전이동하게 된다. 그 결과로 증권금융기관의 증권가격에 대한 비관적인 평가가 발생하면 증권대출을 받아서 증권을 매도하려는 투자자에게는 더 유리한 조건으로 증권대출을 받을 수 있음을 의미한다.

최대예상손실액과 마진의 결정

금융기관의 위험관리에서 많이 등장하는 개념이 최대예상손실액(Value-at-Risk)이다. 앞에서 설명한 모형에서 금융기관들이 마진을 부과하는 이유는 부도위험을 조절하기 위한 수단으로 마진을 사용하기 때문이다. 이런 측면은 <그림 12−4>에서도 엿볼 수 있다. 왼편과 오른편 그래프를 비교하면 증권금융을 공급하는 기관은 개별 대출자의 위험정도에 따라 대출이자율을 달리 변동시키는 방식을 적용하는 대신에 개별 대출자의 위험에 따라 대출자의 담보비율이 변동되는 것을 시키는 방식을 적용한다는 점을 확인할 수 있다. 마진은 증권금융기관이 신용위험을 관리하는 데 사용하는 하나의 수단임을 알 수 있다. 따라서 앞에서 설명한 모형에 금융기관의 위험관리에 많이 등장하는 최대예상손실액의 개념을 적용하는 경우 마진은 어떻게 결정되는가에 대하여 궁금해진다. 최대예상손실액은 일정 기간 증권들의 구성에 대한 변화 없이 보유하는 포트폴리오에서 발생할 것으로 예상되는 최대손실액으로 정의된다. 일정 기간 편입된 증권의 변화가 없는 포트폴리오에서 손실이 발생한다면 이는 포트폴리오에 편입된 증권들의 시장가격이 변동하여 발생한다. 금융기관은 최대예상손실액을 결정할 때 신뢰수준(confidence level)도 같이 결정한다. 신뢰수준은 일정한 기간 중 포트폴리오를 보유할 때 실제로 발생하는 손실이 최대예상손실액을 넘지 않을 확률이다.

최대예상손실액의 개념을 알고 보면 앞에서 설명한 부도확률과 연관이 있음을 쉽게 미루어 짐작할 수 있다. 금융기관이 결정한 최대예상손실액과 신뢰수준을 사용하여 차익거래자에게 제공되는 대출에 대한 부도확률을 계산할 수 있다. 앞에서는 부도확률을 외생적으로 결정된 것으로 가정하고 분석하였지만 여기서는 부도확률이 금융기관의 위험관리에 의해서 결정되는 것으로 가정한다. 예를 들어 최대예상손실액과 신뢰수준이 같이 결정되면 최대예상손실액에 맞추어 마진을 결정하는 것이다. 통상 최대예상손실액은 포트폴리오의 보유기간과 신뢰수준에 따라 달리 계산된다. 예를 들면 한 달 동안 증권가격이 변동하는 크기와 한 해 동안 증권가격이 변동하는 크기는 다르다. 따라서 미래시점의 증권가격의 분포를 추정할 때 보유기간에 따라 달라지는 것이 당연하다. 많은 경우 정규분포의 가정을 하지만 앞에서 이미 균등분포의 가정을 사용하였으므로 이에 맞추어 동일하게 균등분포를 가정한다. 또한 신뢰수준은 보유기간 동안 실제로 발생하는 손실이 미리 결정된 최대예상손실액을 넘지 않을 확률이므로 다음과 같은 예를 들어 설명할 수 있다. 1년 기간 1000억원의 증권포트폴리오에 대하여 10억원의 최대예상손실액을 99%의 신뢰수준으로 설정하였다면 이는 내년까지 같은 포트폴리오를 보유할 때 손실이 발생하더라도 99%의 확률로 10억 미만의 손실이라는 것을 말한다. 현재 설명하고 있는 개념은 모두 신용리스크와 관련이 있다. 신용리스크의 개념을 단순히 정리하면 자금을 빌려준 거래상대방의 경영상태 악화 및 신용도 하락 등으로 인해 자산가치에 대한 평가가 하락하던가 아

표 12-3 최대예상손실액과 마진

신뢰수준과 최대예상손실액	$\bar{c} = \int_{L-\bar{v}}^{v+\varepsilon} (2\varepsilon)^{-1} dx \rightarrow \bar{c} = (2\varepsilon)^{-1}(v+\varepsilon+\bar{v}-L)$
최대예상손실액과 마진	$m^+ = p - v - \varepsilon(1-2\bar{c}) - \bar{v}$
부도확률과 마진	$m^+ = p - v + \varepsilon(1-2\alpha)$
최대예상손실액과 부도확률	$\alpha = 1 - \bar{c} + \bar{v}/(2\varepsilon)$

니면 거래상대방의 채무불이행으로 인해 손실이 발생할 위험이다. 신용리스크를 보다 구체적으로 측정하기 위해 거래 상대방에게 제공된 대출들의 포트폴리오에서 예상되는 미래손실은 현재 분석하고 있는 모형에서는 투자자가 투자하는 증권가격에 대한 확률분포를 사용하여 판단할 수 있다.

앞에서 가정한 증권가격의 분포를 사용하여 매수자에게 증권담보대출을 제공하는 경우를 분석한다. 금융기관이 투자자에게 현재시점에서 제공하는 대출금이 L이다. 다음시점에서 $p' < L$의 상황이 발생하면 증권가격이 대출원금을 커버하지 못하기 때문에 부도가 발생하고 이 경우 금융기관이 투자자의 모든 소득을 차압하는 것으로 가정한다. 여기에서도 앞에서와 같이 설명의 단순화를 위해 순이자율이 제로라고 가정한다. 최대예상손실액을 $\bar{v}$로 표시한다. 그리고 신뢰수준을 $\bar{c}$로 표시한다. 손실이 나는 경우 손실의 크기는 대출원금에서 회수금액을 뺀 차이로 정의할 수 있으므로 손실의 크기는 $(L-p')$이다. 신뢰수준의 정의는 손실이 최대예상손실을 초과하지 않는 사건의 확률이다. 이를 기호를 사용하여 표시하면 $(L-p') \leq \bar{v}$ 의 사건이 발생할 확률이 $\bar{c}$이다. 이를 다음시점에서의 증권가격에 대한 구간으로 바꾸어 표기하면 $(L-\bar{v}) \leq p' \leq (v+\varepsilon)$의 부등호로 전환된다. 신뢰수준은 미래시점의 증권가격이 앞에서 설명한 부등호를 만족하는 사건의 확률이다. 따라서 신뢰수준에 대한 식은 <표 12−3>의 첫째 줄에 있는 화살표 이전의 식이다. 이 식에서 $\bar{v} < L$의 부등호를 만족하는 것으로 가정한다. 또한 이 식의 적분을 계산하여 정리하면 신뢰수준은 <표 12−3>의 첫째 줄에 있는 화살표 이후의 식이다.

최대예상손실액과 마진은 어떠한 관계가 있는가? 이를 알아보기 위해 다음과 같이 작업한다. 첫째, <표 12-3>의 첫째 줄에 있는 식을 대출에 대한 식으로 정리한다. 둘째, 첫째 작업에서 도출한 식을 $p = L + m^+$로 표시되는 투자자의 대차대조표의 식에 대입한다. 그 결과 도출되는 마진의 결정식은 <표 12-3>의 둘째 줄에 정리되어 있다. 증권가격이 균등분포를 따른다는 가정하에서 최대예상손실액과 신뢰수준이 결정되면 <표 12-3>의 둘째 줄에 있는 식을 사용하여 마진을 자동적으로 계산할 수 있다. 둘째 줄에 있는 마진결정식을 보면 부도확률과 신뢰수준의 관계가 궁금해진다. 이를 위해 <표 12-2>에 있는 부도확률에 의거한 마진결정식과 <표 12-3>에 있는 최대예상손실액과 신뢰수준에 의거한 마진결정식을 비교한다. 기억을 되살리기 위해 부도확률에 의거한 마진결정식을 <표 12-3>의 셋째 줄에 다시 쓴다. <표 12-3>의 둘째 줄과 셋째 줄에 있는 두 개의 마진결정식을 결합하여 도출된 부도확률과 신뢰수준의 관계를 <표 12-3>의 넷째 줄에 정리한다. 넷째 줄은 최대예상손실액에 의거한 부도확률의 결정식을 보여주고 있다. 이 식의 함의는 최대예상손실액과 신뢰수준이 결정되면 부도확률도 결정된다는 것이다. 따라서 넷째 줄은 마진의 역할에 대하여 다음과 같이 설명하는 것으로 간주할 수 있다. 마진은 증권시장에 참가하는 투자자에게 자금을 대출하거나 증권을 대출하는 금융기관이 신용리스크 관리를 위해 결정한 최대예상손실액과 신뢰수준을 반영하여 자금을 공급하기 위한 수단이라는 것이다. 또한 넷째 줄이 제공하는 부도확률의 결정에 대한 함의를 다음과 같이 요약할 수 있다. 첫째, 부도확률은 신뢰수준을 높이면 낮아진다. 그 이유는 다른 변수들은 그대로 두고 신뢰수준만 높이면 투자자에 대한 대출금액이 감소하기 때문이다. 둘째, 부도확률은 최대예상손실액을 높이면 증가한다. 그 이유는 다른 변수들은 그대로 두고 최대예상손실액의 크기만 높이면 투자자에게 제공되는 대출금이 증가하기 때문이다.

<그림 12-3>에서는 부도확률과 최대예상손실액의 관계를 보여주고 있다. 여기에서 설명하고 있는 모형의 경우 부도확률이 최대예상손실액을 넘는 사건이

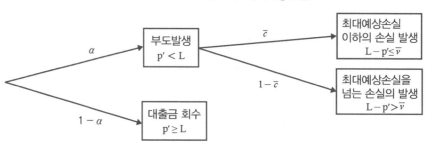

그림 12-5 부도확률과 최대예상손실

발생할 확률보다 더 크다. 그 이유는 손실의 사건과 부도의 사건이 같은 것으로 부도의 사건을 정의하였기 때문이다. <표 12-3>의 넷째 줄에서 (부도확률)>(1-신뢰수준)의 부등호가 성립하기 때문에 <그림 12-5>의 그래프와 <표 12-3>의 모형은 서로 일치한다.

헤지펀드모형

헤지펀드모형을 단순화하기 위해 다음과 같은 몇 개의 가정을 도입한다. 첫째, 헤지펀드의 매니저는 위험증권의 포트폴리오와 무위험채권에 대한 투자가 가능하다. 둘째, 헤지펀드의 차입에 대해 무위험채권의 이자율이 적용된다.[5] 이처럼 헤지펀드의 차입에 적용되는 금리의 결정을 단순화하는 가정을 채택하는 대신 헤지펀드가 제공하는 증권담보와 차입의 크기가 결정되는 과정을 보다 더 자세히 설명한다. 셋째, 투자자와 헤지펀드는 투자계약을 맺고, 투자자는 투자자금을 헤지펀드에 지불한다. 헤지펀드의 순자산은 투자자가 지불한 투자자금으로 구성되고, 최초시점에서 헤지펀드의 순자산을 W로 표기한다.

<표 12-4>의 첫째 줄에는 헤지펀드가 준수해야 하는 대차대조표제약이 있

---

5) 실제로 증권금융에 적용되는 금리는 (기준금리＋가산금리)에 경쟁금리를 가감하여 결정된다. 헤지펀드의 자금조달에 관한 내용은 한국증권금융의 홈페이지에 있는 증권담보대출에 대한 설명을 인용하였다.

표 12-4 헤지펀드모형

대차대조표제약	$PD = L + W$
다음시점의 순자산	$W' = R'PD - FL$
순자산 기간간 변화	$W' = (R' - F)PD + FW$
마진제약	$M \leq W$
마진의 결정	$M = PD - \dfrac{(R^e - \varepsilon)PD}{F} = PD(1 - \dfrac{R^e - \varepsilon}{F})$
마진비율의 결정	$m = \dfrac{M}{PD} = 1 - \dfrac{R^e - \varepsilon}{F}$
레버리지비율의 결정	$k = (1 - \dfrac{R^e - \varepsilon}{F})^{-1}$

주: 위의 표에서는 헤지펀드가 증권을 매수하고 이를 담보로 제공하는 경우를 분석한다. 또한 $R^e - \varepsilon < F$의 부등호가 만족된다. 이는 위험증권의 최소수익률은 무위험채권의 수익률보다 낮다는 것을 의미한다. 마진비율은 m이고, 레버리지비율을 k이다.

다. 좌변은 자산의 가치이고, 우변은 외부차입과 순자산의 합이다. 첫째 줄에서는 헤지펀드가 위험증권의 포트폴리오 D개를 개당 P의 가격에 매수한 것으로 가정하고 있다. 따라서 위험증권의 포트폴리오 한 단위의 가격이 위험증권의 포트폴리오에 대한 헤지펀드의 수요는 D라고 해석할 수 있다. 다음시점에서 실현될 위험증권의 포트폴리오의 총투자수익률은 R'이고, 무위험채권의 총투자수익률은 F이다. 헤지펀드의 외부차입금은 L이다. <표 12-4>의 둘째 줄에서는 다음시점에서 헤지펀드의 순자산이 어떻게 실현되는지를 보여주고 있다. 다음시점의 순자산은 현재시점에서 결정한 위험증권의 포트폴리오가 다음시점에서 제공할 총투자수익에서 외부차입금의 원리금을 감한 것으로 정의된다. <표 12-4>의 셋째 줄에서는 <표 12-4>의 첫째 줄에 있는 대차대조표의 제약식을 둘째 줄에 있는 다음시점의 순자산에 대입하여 대출금을 소거하여 다음시점의 순자산과 현재시점의 순자산의 관계를 도출한다. W'는 다음시점에서 실현될 헤지펀드의 순자산이다. 현재시점의 순자산과 미래시점의 순자산이 하나의 식에 동시에 포함되어 있어서 셋째 줄에 있는 식을 순자산의 기간간 변화를 나타내는 식으로 해석할 수 있다. 셋째 줄에 있는 수식은 현재시점의 순자산을 위험증권과 무위험채권에 대한 투자로 배분하여 발생하는 투자수익의 합이 다음시점의 순자산이 된다는 것을 의미한다.

다음에서는 헤지펀드의 외부차입에 대하여 설명한다. 헤지펀드의 외부차입은 프라임브로커를 통해 이루어진다.[6] 헤지펀드는 자신에게 전담중개서비스를 제공하는 프라임브로커를 선정하고, 프라임브로커는 증권을 담보로 금전을 융자하거나 증권형태의 대출서비스를 헤지펀드에게 제공한다. 따라서 프라임브로커를 헤지펀드에게 마진제약을 부과하고 실행하는 기관이라고 가정한다. <표 12-4>의 헤지펀드모형에서는 마진총액을 M으로 표기한다. 또한 헤지펀드는 마진의 납부를 위해 다른 금융기관으로부터 차입하지 않는 것으로 가정한다.[7] 이런 가정이 반영된 헤지펀드의 마진제약식은 <표 12-4>의 넷째 줄에 있다.

헤지펀드에 대한 증권담보대출은 제12장의 앞부분에서 설명한 방식과 동일한 방식을 거쳐서 결정된다. 매우 보수적으로 자금을 운영하는 프라임브로커라고 가정하여 다음시점에서 부도가 발생하지 않고 원금을 확실하게 되돌려 받을 수 있도록 마진과 대출액을 결정하는 것으로 가정한다. 프라임브로커는 수익률의 분포를 정확히 알고 있고, 위험증권의 총투자수익률은 분석의 편의를 위해 균등분포를 따르는 것으로 가정한다. 구체적으로 위험증권의 총투자수익률인 R'은 $(R^e - \varepsilon)$의 하한과 $(R^e + \varepsilon)$의 상한으로 정의되는 폐구간에서 정의된다. 균등분포의 가정에 의해서 폐구간에 위치한 각 점에서 밀도함수의 값은 $1/(2\varepsilon)$이다. 이런 가정을 반영하면 다음시점에서 최악의 상황이 발생할 때 실현되는 헤지펀드의 총수입은 $(R^e - \varepsilon)PD$이다. 따라서 프라임브로커의 입장에서 무위험대출이 되도록 대출조건을 선택한다면 다음시점에서 헤지펀드로부터 받는 원리금이 $(R^e - \varepsilon)PD$가 되어야 한다. 부도위험이 없다면 무위험이자율을 적용할 수 있기 때문에 프라임브

---

6) 프라임브로커가 헤지펀드에 제공하는 서비스에 대한 자세한 설명은 제13장에서 인용한 더피 (Darrell Duffie)의 2010년 논문에 수록되어 있다. 또한 뒷부분에서 설명하는 전담중개인이 프라임브로커의 역할을 수행한다고 볼 수 있다.

7) 앞에서는 증권 단위당 마진의 개념을 사용하여 소문자 m을 사용하였다. <표 12-4>에서는 마진제약을 맞추기 위해 지불하는 총액을 대문자 M으로 표시하고, 마진총액을 위험증권 총투자액으로 나눈 비율은 그대로 소문자 m으로 표시한다.

로커의 대출금은 $L = (R^e - \varepsilon)PD/F$이 된다.

　마진은 어떻게 결정되는가? 마진의 결정식은 <표 12-4>의 다섯째 줄에 있고, 마진의 결정식에서 함의되는 마진율은 <표 12-4>의 여섯째 줄에 있다. 마진은 증권담보대출에서 담보증권의 가치에서 대출금을 뺀 차액을 말한다. 마진의 정의를 <표 12-4>의 헤지펀드모형에 적용하면 $M = PD - L$이다. 앞에서 설명한 프라임브로커의 대출금을 마진의 정의식에 대입하여 정리하면 다섯째 줄에 있는 식이 도출된다. 둘째 등호는 PD가 공통인수이므로 공통인수를 사용하여 도출한 단순화된 표현이다. <표 12-4>의 여섯째 줄에서 마진율은 증권담보의 화폐가치 단위당 마진의 비율로 정의된다. <표 12-4>의 일곱째 줄에서는 헤지펀드의 레버리지비율을 보여주고 있다. 레버리지비율은 헤지펀드의 대차대조표에 잡혀 있는 총자산을 헤지펀드의 순자산으로 나눈 비율로 정의된다. 일곱째 줄에 있는 수식을 도출하기 위해 먼저 넷째 줄의 마진제약식이 등호로 성립하는 것으로 가정한다. 이는 헤지펀드가 마련한 순자산이 모두 마진을 채우는 데 사용되는 것을 의미한다. 이제 $M = W$의 등호를 여섯째 줄에 대입하면 레버리지비율은 마진율의 역수가 된다. 따라서 일곱째 줄에 있는 레버리지비율은 여섯째 줄에 있는 마진율의 역수로 표현된다.

　<표 12-4>의 일곱째 줄을 이용하여 헤지펀드에게 적용되는 레버리지비율의 결정요인을 다음과 같이 정리할 수 있다. (1) 무위험이자율이 하락하면 레버리지비율이 상승한다. (2) 위험증권이 제공하는 수익률의 변동성이 증가하면 레버리지비율이 하락한다. (3) 위험증권의 예상수익률이 상승하면 레버리지비율이 상승한다. 첫째 항은 다음과 같이 설명할 수 있다. 무위험채권의 투자수익률이 낮아지면 동일한 위험증권의 수익률분포에 대하여 미래시점에서 받을 것으로 예상되는 소득의 현재가치가 더 높아진다. 따라서 프라임브로커는 헤지펀드에게 제공하는 대출금을 증가시킨다. 둘째 항은 다음과 같이 설명할 수 있다. 수익률의 변동성이 높아지면 최악의 상황에서 실현되는 수익률이 낮아진다. 따라서 안전하게 회수할 수 있는 금액이 작아지게 되므로 프라임브로커의 헤지펀드에 대

한 대출금도 감소해야 한다. 셋째 항은 다음과 같이 설명할 수 있다. 무위험채권의 투자수익률이 낮아지면 동일한 위험증권의 예상수익률에 대하여 초과예상수익률이 높아진다. 따라서 위험증권에 대한 투자가 상대적으로 더 높은 수익률을 제공하기 때문에 프라임브로커는 헤지펀드에게 제공하는 대출금을 증가시킨다.

헤지펀드의 위험증권에 대한 수요곡선은 $D = (W/P)k$이다. 따라서 레버리지비율에 영향을 미치는 요인들은 헤지펀드의 위험증권에 대한 수요곡선을 수평이동시킨다. 레버리지비율이 증가하면 증권의 수요곡선이 오른쪽으로 이동하고 레버리지비율이 낮아지면 위험증권에 대한 수요곡선이 왼쪽으로 수평이동한다. 헤지펀드의 수요곡선을 이동시키는 다른 요인은 헤지펀드의 순자산이다. 순자산이 증가하면 위험증권에 대한 수요곡선은 오른쪽으로 이동하고 순자산이 감소하면 위험증권에 대한 수요곡선은 왼쪽으로 이동한다. 또한 <표 12-4>의 헤지펀드모형에서는 포트폴리오구성의 총수요효과가 있다. 예를 들어 헤지펀드의 매니저가 어떤 증권을 위험증권의 포트폴리오에 편입하는지에 따라서 위험증권의 포트폴리오에서 제공하는 투자수익률의 분포가 달라진다. 그 결과 헤지펀드매니저가 포트폴리오구성을 수정하면 프라임브로커가 헤지펀드에 적용하는 레버리지비율을 변화시켜 헤지펀드의 위험증권에 대한 총수요곡선을 이동시키는 효과로 나타날 수 있다.

헤지펀드는 차입으로 조달한 자금으로 증권을 매수하는 것만 아니라 공매도 또는 증권대출을 이용하여 수익을 창출한다. 따라서 <표 12-5>에서는 헤지펀드가 프라임브로커에서 증권대출을 받아서 증권을 매도하는 경우를 분석한다. 헤지펀드는 프라임브로커에 자신의 계좌를 개설한다. 계좌의 잔고는 프라임브로커의 대차대조표에 기록된다. 프라임브로커는 헤지펀드가 요구한 위험증권의 포트폴리오를 대출한다. 대출받은 증권을 증권시장에서 매도하면 현재시점에서 발생한 PD의 증권매도수입을 프라임브로커에 있는 헤지펀드의 계좌에 입금한다. 프라임브로커는 헤지펀드로 하여금 마진도 입금하도록 한다. 따라서 헤지펀드가 프라임브로커에 개설한 자신의 계좌에 입금한 총액은 $(PD + M)$이 된다. 프라임

표 12-5 증권대출모형

마진결정	$(R^e+\varepsilon)PD = F(PD+M)$
마진비율결정	$M = (\dfrac{R^e+\varepsilon}{F}-1)PD \rightarrow m = \dfrac{R^e+\varepsilon}{F}-1$
다음시점의 순자산	$W^{'} = F(PD+M)-R^{'}PD = (R^{'}-F)(-PD)+FM$
순자산의 기간간 변화	$W^{'} = R^{'}PS + F(W-PS) = (R^{'}-F)PS + FW$

주: 헤지펀드가 대출받은 증권을 현재시점에서 매도하고, 이를 다음시점에서 상환하는 하는 경우이다. 프라임브로커가 헤지펀드에게 대출한 증권개수를 D로 표기한다. 또한 m은 증권대출에 대하여 적용되는 마진비율을 의미한다.

브로커는 무위험채권의 투자수익에 해당하는 이자를 지급하기 때문에 다음시점에서 헤지펀드의 계좌잔고는 $F(PD+M)$이다.

　프라임브로커는 자신의 증권대출이 안전한 증권대출이 되도록 하기 위해서 다음의 조건이 만족되어야 한다. <표 12−5>의 첫째 줄에서 계산한 헤지펀드의 원리금으로 헤지펀드가 대출한 증권을 시장에서 매수하여 상환할 수 있어야 한다. 다음시점에서 실현될 총투자수익률이 $R^{'}$이면 D개의 증권을 매수할 수 있는 비용은 $(R^{'}PD)$이다. 다음시점에서 발생할 최악의 상황은 다음시점에서 위험증권의 가격이 실현가능한 가격구간에서 가장 높은 가격으로 실현되는 것이다. 부도위험이 없는 안전한 증권담보대출이 되기 위해 최악의 경우에도 헤지펀드의 계좌잔고가 증권의 매수자금보다 더 커야 한다. 부도확률이 제로가 되도록 하기 위해 <표 12−5>의 첫째 줄에 있는 조건을 만족시키는 마진을 부과한다. <표 12−5>의 둘째 줄에서는 앞의 설명을 적용하여 도출된 마진의 결정을 보여주고 있다. 화살표 왼편은 마진의 결정식이고, 화살표 오른편은 마진비율의 결정식이다. 이제 <표 12−5>의 증권대출모형에서 결정되는 마진비율에 대한 함의를 다음과 같이 정리할 수 있다. (1) 무위험채권의 이자율이 하락하면 증권대출에 대한 마진비율이 상승한다. (2) 위험증권이 제공하는 수익률의 변동성이 증가하면 증권대출에 대한 마진비율이 상승한다. (3) 위험증권의 예상수익률이 상승하면 증권대출에 대한 마진비율이 상승한다.

마진 또는 마진비율이라는 동일한 용어를 사용하지만 <표 12-4>와 <표 12-5>가 함의하는 내용에는 차이가 있다. 그 이유는 매수포지션일 때와 매도포지션일 때 미래시점에서 갚아야 하는 대출금에 대한 부담이 다르게 결정되기 때문이다. 매수포지션이면 투자대상이 되는 증권의 예상수익률이 높을 때 미래시점의 가격에 대한 기대값도 높기 때문에 대출금에 대한 원리금상환의 가능성도 높다. 따라서 마진비율을 낮추어도 된다. 그러나 매도포지션이면 예상수익률이 높을 때 미래시점에서 증권의 매수비용으로 지출되어야 하는 금액이 높기 때문에 원리금상환의 가능성이 더 낮아진다. 따라서 마진비율을 높여서 원리금이 제대로 상환될 가능성을 보장하려는 유인이 발생한다. 그러나 투자수익률의 변동성은 두 경우 동일한 방식으로 마진비율에 영향을 미친다. 예를 들면 투자수익률의 변동성이 상승하면 마진비율이 상승하고 수익률의 변동성이 낮아지면 마진비율이 하락한다.

무위험이자율의 변화가 마진비율에 미치는 효과는 두 경우가 서로 다르다. 첫째, 무위험이자율이 하락하면 매도포지션의 경우 마진비율이 상승한다. 그 이유는 매도포지션의 경우 다음시점에서 헤지펀드가 가지게 될 증권의 매수자금이 감소하기 때문에 마진을 더 높여서 확실하게 증권상환이 이루어지도록 해야 하기 때문이다. 둘째, 매수포지션에 적용되는 마진비율은 무위험이자율이 낮아지면 같이 낮아진다. 그 이유는 다음과 같다. 프라임브로커는 부도위험을 없애기 위해 최소상환액의 현재가치와 동일하게 대출금을 결정하기 때문에 무위험이자율이 낮아져서 현재가치가 높아질 때 프라임브로커의 대출금이 증가한다. 따라서 프라임브로커가 헤지펀드에 제공하는 대출금이 증가하면 헤지펀드가 자신의 자금으로 마련해야 하는 마진은 감소한다.

헤지펀드가 다음시점에서 보유할 순자산은 어떻게 결정되는가? <표 12-4>와 <표 12-5>의 두 모형에서 도출되는 순자산의 결정식은 서로 같은가? <표 12-5>의 셋째 줄에 있는 식은 다음시점에서 헤지펀드의 순자산은 프라임브로커의 계좌에 있는 잔고에서 증권매수비용을 뺀 차액임을 의미한다. 공매도와 매수는 서로 상반되는 포지션이므로 다른 부호를 부과한다. 따라서 공매도를 S로 표기하면 $S = -D$가 되고, 마진제약이 $M = W$의 등호로 성립한다는 점을 셋째 줄에 반영하여 <표 12-5>의 넷째 줄에 있는 순자산의 기간간 변화의 수식을 도출할 수 있다. 이제 요약하면 증권을 매수하는 경우와 공매도하는 경우 모두 헤지펀드의 순자산에 대한 기간간 변화는 동일한 형태의 수식으로 표현할 수 있음을 확인하였다.

헤지펀드의 매니저는 위험증권의 포트폴리오를 구성하기 위해 필요한 증권들을 선택해야 하고, 또한 선택된 각각의 증권이 포트폴리오에서 차지하는 비중도 결정해야 한다. 헤지펀드의 매니저의 목적함수는 어떻게 가정해야 하는가? 헤지펀드는 투자수익률의 극대화를 절대적인 목표로 설정하여 이를 달성할 수 있는 투자전략을 선택하는 것으로 간주할 수 있다. 이를 위해 앞에서 설명한 증권매수와 증권대출(또는 공매도)를 혼합하여 사용할 수 있다. 예를 들면 현재시점의 증권시장에서 낮게 평가되어 있어 앞으로 가격상승이 예상되는 증권을 매수하고, 현재시점에서 높게 평가되어 있어 앞으로 가격하락이 예상되는 증권은 공매도한다면 포트폴리오 수익률의 변동성을 줄이면서 예상수익률을 높일 수 있다. 이는 소위 롱-쇼트 투자전략이라고 할 수 있다.

헤지펀드의 투자와 마진제약

사전에서 헤지펀드의 정의를 찾아서 정리하면 다양한 수단을 사용하여 최소한의 손실로 최대한의 투자이익을 내는 것을 목표로 운영되는 투자자금이다. 소수의 투자자들로부터 비공개로 자금을 모아서 절대수익을 남기는 것을 목표로 한다는 것이다. 그러나 헤지라는 용어는 손실의 가능성을 제거하는 것을 말한다. 헤지(hedge)는 손실의 가능성을 제거하여 투자의 안정성을 제고한다는 의미로 이해할 수 있는 데 반하여, 헤지펀드가 높은 절대수익의 창출을 목표로 운영된다면 명칭이 제공하는 이미지와는 다른 투자전략을 사용한다는 것이다. 복잡한

표 12-6 원금보전의 포트폴리오

투자수익률에 대한 가정	평균수익률: $R_1^e > R_2^e > 1$ 상대적 변동성: $\varepsilon_2 > \varepsilon_1$ 최소수익률: $0 < R_1^e - \varepsilon_1 < 1 ; 0 < R_2^e - \varepsilon_2 < 1$
원금보전의 조건	$\omega \left(R_1^e - \varepsilon_1 \right) + (1 - \omega) \left(R_2^e - \varepsilon_2 \right) = 1$
증권1에 대한 투자비중	$\omega = \dfrac{1 - \left(R_2^e - \varepsilon_2 \right)}{R_1^e - R_2^e + \varepsilon_2 - \varepsilon_1}$
증권2에 대한 투자비중	$1 - \omega = \dfrac{\left(R_1^e - \varepsilon_1 \right) - 1}{R_1^e - R_2^e + \varepsilon_2 - \varepsilon_1}$
포트폴리오의 예상초과수익률	$R_p^e - R_1^e = -(1 - \omega)\left(R_1^e - R_2^e \right)$

주: 원금보전은 최악의 상황에서 실현되는 투자수익이 원금과 같다는 의미이다. 증권1의 총투자수
익률은 $\left(R_1^e - \epsilon_1 \right)$과 $\left(R_1^e + \epsilon_1 \right)$의 구간에서 그리고 증권2의 총투자수익률은 $\left(R_2^e - \epsilon_2 \right)$와 $\left(R_1^e + \epsilon_1 \right)$의
구간에서 균등분포를 따른다. ω는 증권1의 투자비중이다. R_p^e는 헤지펀드의 포트폴리오의 예상
총수익률이다.

파생상품의 가격결정과정을 설명하지 않고서도 헤지펀드의 서로 상충되는 듯한
투자행위를 이해할 수 있는지의 질문이 가능하다.

다음의 주제는 헤지펀드는 어떠한 투자전략을 사용하여 높은 투자수익률을
달성할 수 있는지를 설명한다. 특히 증권담보대출과 증권대출이 헤지펀드의 투
자전략을 실행하는 데 어떠한 역할을 하는지를 구체적으로 살펴본다. 이런 맥락
에서 다음과 같은 두 가지 이슈를 생각해 본다. (1) 어떻게 최악의 상황에서도
헤지펀드는 투자원금이 보장될 수 있도록 포트폴리오를 구성할 수 있는가? (2)
어떻게 헤지펀드의 포트폴리오에 편입되는 개별 증권의 예상수익률보다 더 높은
목표투자(예상)수익률을 달성할 수 있는 포트폴리오를 구성할 수 있는가?

첫째 이슈를 먼저 설명한다. 실제상황은 더 복잡할 수 있지만 설명을 단순화
하기 위해 최대 두 개의 증권만 포트폴리오에 편입시킬 수 있는 것으로 가정한
다. 투자수익률분포에 대한 가정은 <표 12-6>의 첫째 줄에 정리되어 있다.
이 가정에 따르면 증권2는 증권1에 비해 열등한 증권이다. 그 이유는 증권2의

예상투자수익률은 증권1의 예상투자수익률보다 낮고 증권2의 수익률변동성은 증권1의 수익률변동성보다 더 높기 때문이다. 따라서 증권1에 집중하는 것이 더 바람직할 수 있다. 그러나 <표 12-6>의 첫째 줄에서 셋째 조건은 분산투자에 대한 필요성을 보여주고 있다. 그 이유는 셋째 조건이 함의하는 점은 하나의 증권에 집중하는 것의 문제점은 최악의 상황이 발생하면 헤지펀드의 투자원금을 보전할 수 없다는 것이다. 그러나 헤지펀드의 매니저가 두 증권의 매수와 공매도를 적절히 혼합하여 원금보전의 투자전략을 실행한다면 각각의 증권에 집중투자하는 것보다 더 높은 예상수익률을 달성할 수 있다.

　<표 12-6>의 둘째 줄에서는 최악의 경우에도 원금보전이 되어야 한다는 조건을 만족하기 위해 최악의 상황에서 포트폴리오의 실현될 총투자수익률이 1이라는 조건을 부과한다. 둘째 줄에서 첫째 괄호는 증권1의 투자수익률에 대한 최악의 상황이다. 둘째 괄호는 증권2의 투자수익률에 대한 최악의 상황이다. 두 증권에서 모두 최악의 수익률이 실현될지라도 원금이 보전되어야 한다. 원금보전의 제약을 만족시키기 위해 증권1과 증권2에 각각 어느 정도 투자해야 하는가? <표 12-6>의 셋째 줄은 원금보전의 제약이 함의하는 증권1의 투자비중을 보여주고 있다. 둘째 줄에서 분자와 분모가 모두 양수이므로 증권1의 투자비중이 양수임을 의미한다. 그런데 증권1의 투자비중이 1보다 크다. 이를 확인하기 위해 증권2의 투자비중을 계산하여 <표 12-6>의 넷째 줄에 정리한다. 넷째 줄에서 분자는 음수이고 분모는 양수이므로 증권2에 대한 투자비중은 음수가 된다. 헤지펀드의 예상투자수익률은 증권1의 예상투자수익률과 증권2의 예상투자수익률보다 더 높다는 것을 확인하기 위해 헤지펀드의 예상투자수익률이 증권1의 예상투자수익률보다 더 높다는 것을 확인하면 된다. 이런 이유로 <표 12-6>의 다섯째 줄에서는 헤지펀드의 예상투자수익률과 증권1의 예상투자수익률의 차이를 보여주고 있다. 증권1의 비중이 1보다 더 큰 양수이고, 동시에 증권1의 예상투자수익률이 증권2의 예상투자수익률보다 더 높기 때문에 다섯째 줄에 있는 수식의 우변은 양수가 된다. 따라서 헤지펀드의 예상투자수익률은 증

권1의 수익률보다 더 높다는 것을 확인할 수 있다. 결론적으로 <표 12−6>의 모형이 함의하는 점은 증권의 매수와 공매도를 적절히 혼합하여 최악의 상황에서도 원금손실이 발생할 가능성을 제거하는 동시에 하나의 증권에만 집중하는 것보다 더 높은 예상수익률을 올릴 수 있다는 것이다.

둘째 이슈는 <표 12−7>의 모형을 이용하여 분석한다. 헤지펀드의 매니저가 목표하는 예상수익률을 R^*로 표기하고 의미 있는 상황을 분석하기 위해 R^*가 터무니 없이 높지 않은 것으로 가정한다. <표 12−6>에서 사용한 가정과 기호를 그대로 사용하지만 $R^* > R_1^e > R_2^e$의 가정이 추가된다. <표 12−7>의 첫째 줄에서는 헤지펀드의 목표투자수익률이 헤지펀드의 포트폴리오의 예상투자수익률과 같다는 것을 보여주고 있다. <표 12−7>의 둘째 줄에서는 목표투자수익률을 만족하는 증권1의 투자비중을 보여주고 있다. 증권1의 투자비중이 1보다 크기 때문에 헤지펀드의 예상투자수익률에 대한 절대목표를 달성하기 위해 상대적으로 예상투자수익률이 낮은 증권을 매도하여 얻은 수입과 원래 가지고 있던 투자자금에 합하여 모두 투자수익률이 더 높은 증권을 매수해야 한다는 것을 알 수 있다.

어떻게 포트폴리오의 예상투자수익률을 높일 수 있는가? 헤지펀드의 매니저가 1원으로 위의 포트폴리오를 실행하는 것으로 생각해보자. 위에서 계산한 증권1의 투자비중이 $\omega = 3/2$이라고 하자. 이는 증권1에 대한 투자자금이 3/2이라는 의미이다. 어떻게 1의 투자자금을 가진 헤지펀드의 매니저가 3/2의 투자자금을 마련할 수 있는가? 이는 현재시점에서 증권2를 시장에서 1/2을 판다는 것을 의미한다. 이것이 가능하다면 헤지펀드의 매니저는 1의 순자산을 가지고 3/2의 투자자금을 만들어서 상대적으로 더 높은 수익률을 가지고 있는 증권에 투자한 것을 의미한다. 따라서 헤지펀드의 매니저가 증권1에 투자하여 얻는 총수익률은 $(3R_1^e/2)$이다. 증권1의 예상수익률의 앞에 있는 계수는 차입을 통해 늘어난 총자산의 크기를 의미하는 것으로 해석할 수 있으므로 레버리지효과를 반영한다. 차입의 원리금을 상환하고 난 후의 이득이 헤지펀드의 투자소득이다. 증권2를

표 12-7 목표수익률의 포트폴리오

목표수익률	$R^* = \omega R_1^e + (1 - \omega)R_2^e$
증권1에 대한 투자비중	$\omega = \dfrac{R^* - R_2^e}{R_1^e - R_2^e} \quad \rightarrow \quad \omega = \dfrac{R^* - R_1^e}{R_1^e - R_2^e} + 1$
각 증권에 대한 투자금액	$P_1 D_1 = \omega X; \quad P_2 S_2 = (1 - \omega)X$
증권1의 마진	$M_1 = \left(1 - \dfrac{R_1^e - \varepsilon_1}{F}\right)P_1 D_1$
증권2의 마진	$M_2 = \left(\dfrac{R_2^e + \varepsilon_2}{F} - 1\right)P_2(-S_2)$
마진제약	$\left(1 - \dfrac{R_1^e - \varepsilon_1}{F}\right)P_1 D_1 \; + \; \left(\dfrac{R_2^e + \varepsilon_2}{F} - 1\right)P_2(-S_2) = W$
위험증권 총투자금액	$X = \dfrac{W}{\left(1 - \dfrac{R_1^e - \varepsilon_1}{F}\right)\omega \; + \; \left(\dfrac{R_2^e + \varepsilon_2}{F} - 1\right)(\omega - 1)}$
순자산의 기간간 변화	$W' = R_p' X + F(W - X) \rightarrow W' = \left(R_p' k + F(1 - k)\right)W$

주: 포트폴리오의 목표수익률이 두 증권의 예상수익률보다 더 높은 경우를 분석한다. $k = X/W$이고, R_p'는 포트폴리오의 실현된 총투자수익률이다. $R^* > R_1^e > R_2^e$의 조건이 성립한다.

공매도하였기 때문에 다음시점에서 $R_2^e/2$의 비용을 지출해야 한다. 따라서 헤지펀드의 소득은 $(1.5R_1^e - 0.5R_2^e)$이므로 다시 쓰면 $(1.5R_1^e + (1 - 1.5)R_2^e)$이다. 그러므로 이 식을 증권1의 투자비중이 3/2인 포트폴리오의 총예상투자수익으로 해석할 수 있다.

<그림 12-6>에서는 증권1의 투자비중과 포트폴리오의 예상투자수익률의 관계를 그림으로 보여주고 있다. 증권1의 투자비중이 증가하면 포트폴리오의 예상투자수익률이 증가하는 것을 볼 수 있다. 그러나 마진제약이 있어서 증권1의 투자비중을 무한히 증가시킬 수 없기 때문에 무한히 높은 예상투자수익률을 달성할 수 없다. 다음에서는 마진제약이 성립하는 경우 증권1과 증권2에 대한 투자규모가 어떻게 결정되는지를 설명한다. 현재시점에서 위험증권의 포트폴리오를 구성하기 위해 지출해야 하는 총비용을 X로 표기한다. <표 12-7>의 셋째줄에서는 증권1과 증권2에 대한 투자규모의 결정을 보여주고 있다. 셋째 줄에서

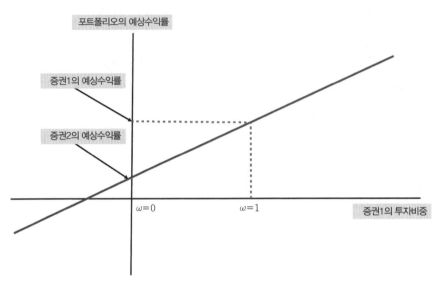

그림 12-6 증권1의 투자비중과 헤지펀드의 예상수익률

P_1은 증권1의 가격이고 P_2는 증권2의 가격, D_1은 증권1을 매수하는 개수, S_2는 증권2를 매도하는 개수이다.

  헤지펀드가 <표 12-7>의 투자전략을 실제로 실행하기 위해 증권2를 증권 시장에서 매도할 수 있어야 한다. 헤지펀드가 증권2를 직접 보유하지 않더라도 증권대출을 통해 증권2를 빌려서 매도하고 다음시점에서 증권2를 매수하여 상환하면 된다. 헤지펀드는 증권1을 매수할 예정이므로 증권1을 담보로 사용하여 차입할 수 있다. 차입금이 있으면 증권1에 대한 투자를 늘릴 수 있다. 그러나 이 과정에서 헤지펀드는 마진을 지불해야 한다. 증권1의 매수를 위해 증권담보대출을 이용한다면 <표 12-7>의 넷째 줄을 만족하는 마진이 적용된다. 넷째 줄에서 M_1은 증권1을 담보로 제공하는 대출에 대한 마진이다. 헤지펀드가 신청한 증권2에 대한 증권대출에 대해서는<표 12-7>의 다섯째 줄을 만족하는 마진이 적용된다. 다섯째 줄에서 M_2는 증권2의 대출에 대한 마진이다. 또한 S_2가 마이너스부호이므로 S_2의 앞에 마이너스부호가 추가된다.

  헤지펀드가 차입을 통해서 투자자금을 늘릴 수 있지만 적어도 마진을 충당하는 비용은 자신이 보유해야 한다. 따라서 마진의 합이 헤지펀드의 순자산보다 작아야 한다. <표 12-7>의 여섯째 줄은 마진제약이 등호로 성립하는 경우를 보여주고 있다. 여섯째 줄에 있는 등호의 왼편은 헤지펀드의 지출이고, 오른편은 헤지펀드에게 가용한 자산이므로 여섯째 줄은 헤지펀드가 지불해야 하는 마진에 대한 예산제약식을 보여주고 있다. <표 12-7>의 일곱째 줄은 위험증권에 대한 헤지펀드의 총투자금액이 어떻게 결정되는지를 보여주고 있다. <표 12-7>의 여덟째 줄은 헤지펀드의 매니저가 목표투자수익률의 전략을 실행한다면 다음시점에서 실현되는 헤지펀드의 순자산이 어떻게 결정되는지를 보여주고 있다.

자본시장법과 헤지펀드

<그림 12-7>은 우리나라의 자본시장법에 규정하고 있는 전문투자형 사모집합투자기구가 운영되는 과정을 요약하고 있다. 헤지펀드는 다수의 익명의 투자자로부터 자금을 조달하지 않고 소수의 적격투자자로부터 투자자금을 조달하므로 사모펀드이다. 2015년에 개정된 우리나라의 자본시장법을 보면 사모펀드는 전문투자형 사모펀드와 경영참여형 사모펀드로 구분되어 있다. 금융위원회의 보도자료에 따르면 전문투자형 사모펀드는 헤지펀드로 규정하고 경영참여형 사모펀드는 프라이빗 에쿼티 펀드(private equity fund)로 규정하고 있다. <그림 12-7>의 제목에 있는 한국형 헤지펀드는 자본금 최소 규모 10억원으로 인하하는 동시에 헤지펀드에 가입할 수 있는 적격투자자의 기준도 1억원과 3억원 등으로 낮추어 예전에 비해 작은 자본으로 설립이 가능한 자본시장법의 적용을 받는 전문투자형 사모펀드를 말한다. 최근 이에 추가하여 전문 사모집합투자업자는 인가가 아닌 등록만으로도 진입을 허용하였다. 헤지펀드가 운용되기 위해 필요한 세 요소는 적격투자자, 헤지펀드의 매니저, 전담중개업자 등으로 정리할 수 있다.

그림 12-7 한국형 헤지펀드의 구성

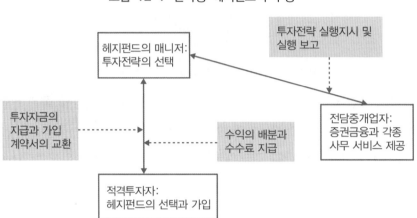

<그림 12-7>에 요약된 이들의 역할에 대한 구체적인 이해를 높이기 위해 하나의 가상적인 시나리오를 설명한다. 다음의 시나리오에서는 투자자로부터 조달한 순자산이 10억원인 헤지펀드가 전담중개인이 제공하는 증권담보대출을 통해 마련한 자금으로 증권1을 매수하는 데 30억원을 지출한 것으로 가정한다. 헤지펀드가 전담중개인으로부터 증권대출을 받아서 시장에서 증권2를 팔아서 얻은 판매대금이 10억원인 것으로 가정한다. 앞에서 설명한 모형과 대비하여 설명하면 $W = 10$억원으로 수치를 부여하였다. 또한 $P_1 D_1$이 30억원이고 $P_2 S_2$의 절대값이 10억원이다. 증권대출을 통해 얻은 증권을 판매한 대금은 전담중개인이 헤지펀드의 이름으로 발행한 통장에 입금이 되어 헤지펀드의 잔고로 유지된다. 21억원에 상당하는 증권을 대출받아서 이를 판매한 대금이 전담중개인의 계좌에 입금된 것이다. 마진제약이 등호로 성립한다는 가정하에서 증권담보대출과 증권대출에 적용된 마진율의 합은 9/40이다.[8] 현재시점의 대차대조표를 보면 헤지펀드의 총자산은 41억원이다. 순자산은 10억원이고 부채는 31억원이다. 레

---

8) 매수포지션과 매도포지션에 대한 구분 없이 두 개의 서로 다른 포지션의 금액을 단순히 합하여 계산한 결과이다. 분모는 매수포지션의 가치인 30억원과 매도포지션의 가치인 10억원을 합한 금액이다. 분자는 순자산 10억원에서 준비금 1억원을 감한 금액이다. 준비금은 별개의 무위험채권 투자로 간주한다.

버리지비율을 총자산을 순자산으로 나눈 비율로 정의하면 이 경우 41/10=4.1
이다.

　전담중개인이 발행한 헤지펀드의 통장에 예치되어 있는 헤지펀드의 잔고는 11
억원이다. 이 중에서 10억원은 헤지펀드의 매니저가 지시하는 투자전략을 실행하
여 얻은 수입이다. 나머지 금액인 1억원은 준비금으로 헤지펀드의 순자산이 전담
중개인의 계좌에 그대로 입금되어 있는 것이다. 전담중개인은 자신이 운영하는
계좌에 입금되어 있는 자금에 대하여 3개월 CD금리를 지급한다. 나머지 10억원
에 대해서도 전담중개인은 이자를 지급하지만 이에 대해서는 초단기로 운영하기
때문에 콜금리를 적용한다. 전담중개인은 준비금에 대해서는 수수료를 받지 않는
다. 그러나 투자전략을 실행한 금액에 대해서는 수수료를 받는다. 수수료는 실행
한 금액 1원당 50베이시스 포인트로 가정한다. 따라서 콜금리가 1.5%이면 수수료
를 감한 순이자율은 1%가 된다. 만기 3개월 CD금리가 1.65%이면 전담중개인이
헤지펀드에 지급하는 연이자는 10억원×0.01+1억원×0.0165=0.1165억원이다.
시장포트폴리오의 순수익률을 벤치마크수익률로 설정한 후 수익률스프레드를 책
정하여 매수증권의 목표수익률과 공매도증권의 목표수익률을 맞춘다. 예를 들어
서 목표수익률이 5%이고 두 증권의 수익률스프레드는 2%라고 가정한다. 매수증
권의 수익률이 4%가 되도록 증권을 선택한다. 공매도증권의 수익률도 2%가 되
도록 증권을 선택한다. 증권1을 매수하고 증권2를 공매도하는 투자전략에 의거하
여 헤지펀드의 매니저가 얻는 목표수익률은 5%가 된다. 헤지펀드의 매니저가 선
택한 투자전략에 의한 예상소득은 20억원×0.05=1억원이다. 앞에서 설명한 이
자소득을 여기에 추가하면 총투자소득은 1.1165억원이다. 앞에서 전담중개인에
개설된 헤지펀드의 계좌에 입금되어 있던 잔고는 20억원이다. 모든 수익은 20억
의 투자비용에 대한 투자소득으로 계산할 수 있다. 이 경우 20억원을 가지고 운
영하여 얻은 수익률은 연 5.83%이다. 이는 CD금리에 비해 4.18% 더 높은 수익
률이 된다. 헤지펀드의 투자자로부터 모집한 순자산은 10억원이다. 순자산을 기
준으로 헤지펀드의 투자수익률은 연 11.165%이다. 이 수치는 헤지펀드의 매니저

에게 제공되는 수수료를 반영하지 않았기 때문에 헤지펀드의 투자자에게 실제로 배당되는 투자수익률은 11.165%보다 낮다.

　자본시장법에서는 집합투자와 사모의 차이를 구분하고 있다. 예를 들기 위해 자본시장법 제6조 5항의 일부를 정리하여 인용한다. 집합투자는 투자자로부터 모은 금전을 투자자 또는 각 기금의 관리주체의 일상적인 운용에 관한 지시를 받지 아니하면서 재산적 가치가 있는 투자대상이 되는 자산을 취득하거나 처분하는 것, 그 밖의 방법으로 운용하고 그 결과를 투자자 또는 각 기금의 관리주체에게 배분하여 귀속시키는 것으로 정의된다. 집합투자에서 제외되는 경우는 대통령령으로 정하는 법률에 따라 사모의 방법으로 금전 등을 모아 운용 및 배분하는 것으로서 대통령령으로 정하는 투자자의 총수가 대통령령으로 정하는 수 이하인 경우이다.

　자본시장법에서 규정되고 있는 전담중개업무는 다음과 같다. 이를 위해 자본시장법 제6조 9항의 일부를 정리하여 인용한다. 전문투자형 사모집합투자기구에 제공되고 있는 전담중개업무는 증권의 대여 또는 증권거래의 중개 및 주선, 금전의 융자, 전문투자형 사모집합투자기구가 보유하고 있는 재산의 보관 및 관리, 전문투자형 사모집합투자기구의 효율적인 업무수행을 위해 필요한 업무 등을 포함한다. 자본시장법 시행령의 제69조에 따르면 투자매매업자 또는 투자중개업자가 전담중개업무를 제공하는 경우 전담중개업무를 제공받는 전문투자형 사모집합투자기구 등에 대하여 다음과 같은 경우 신용공여가 가능한 것으로 규정하고 있다. 첫째 방법은 증권매매를 위한 매수대금을 융자하거나 매도하려는 증권을 대여하는 것이다. 둘째 방법은 전담중개업무로서 보관 또는 관리하는 전문투자형 사모집합투자기구의 투자자의 재산인 증권을 담보로 금전을 융자하는 방법이다.

　앞에서 설명한 헤지펀드의 모형에서는 은행은 아니지만 헤지펀드와 같은 투자자에게 자금대출이 가능한 금융기관이 있다. 이를 증권금융회사라고 할 수 있다. 자본시장법에서 규정하고 있는 증권금융업무는 다음과 같다. 첫째, 금융투자상품의 매도 및 매수, 증권의 발행 및 인수 또는 그 중개나 청약의 권유, 청약,

청약의 승낙과 관련하여 투자매매업자 또는 투자중개업자에 대하여 필요한 자금 또는 증권을 대여하는 업무이다. 둘째, 거래소시장의 매매거래(다자간매매체결회사에서의 거래를 포함한다) 또는 청산대상거래에 필요한 자금 또는 증권을 제 378조 제1항에 따른 청산기관인 거래소 또는 금융투자상품의 거래청산회사를 통하여 대여하는 업무이다. 셋째, 증권을 담보로 하는 대출업무이다. 증권금융의 실례를 들기 위해 한국증권금융회사의 홈페이지에 있는 증권담보대출을 요약한다. 증권담보대출은 증권을 보유한 개인 및 법인이 신청할 수 있다. 담보가능증권은 상장주식, 채권, CD, CP 등을 포함한다. 대출금리는 CD 91물과 무보증은행채권 AAA의 금리를 사용하여 산출한 기준금리에 가산금리를 포함하여 책정된다.

연습문제

01 레버리지비율을 총자산을 순자산으로 나눈 비율로 정의한다면 증권의 시장가격과 레버리지비율이 어떠한 관계가 있는지를 분석하시오.

02 한국의 증권사에게 부과된 레버리지비율규제를 조사하여 요약하고, 긍정적인 효과와 부정적인 효과를 설명하시오.

32 증권사 레버리지비율규제는 높은 레버리지를 유지하던 증권사의 레버리지비율을 하락시키는 긍정적인 효과를 가져올 수 있다. 그러나 상대적으로 리스크가 큰 파생결합증권의 비중을 증가시켜 증권사의 리스크를 확대시키는 부작용이 발생할 수 있다는 주장이 있다. 이러한 주장을 평가하시오.

04 다음과 같은 경제기사가 있다. "프로그램매매는 차익거래와 비차익거래로 나뉜다. 프로그램매매는 말 그대로 프로그램을 이용해 원하는 주식을 자동으로 사거나 파는 거래방식이다. 주로 자금운용규모가 큰 외국인이나 기관투자자들이 사용한다. 매번 종목을 일일이 고르는 게 아니라 거래할 종목과 구성을 미리 설정한 후 원하는 금액만큼 주식을 매매하는 것이다."
   (1) 차익거래를 정의하시오. 또한 적절한 예를 들어 설명하시오.
   (2) 비차익거래를 정의하시오. 또한 적절한 예를 들어 설명하시오.
   (3) 제12장에서 설명한 차익거래자와 앞서 설명한 두 개의 투자 방식으로 거래하는 금융기관 간 유사점과 차이점을 분석하시오.

05 균등분포를 따르는 증권가격을 매수하려는 차익거래자에게 대출하는 경우 금융기관의 예상손실액은 부도확률의 2차식으로 표시할 수 있음을 보이시오.

06 다음의 주장을 분석하여 평가하시오. "주식시장에서 상대적으로 부동산에 자금이 많이 흘러간데다 증시에서는 개인 투자 비중이 낮은 삼성전자 등 대형주 위주로 오르고 화장품,

제약 등 중소형주는 약세를 보이면서 개인투자자의 거래가 위축됐다.”

07 매도포지션에 적용되는 마진은 증권가격의 감소함수이고 매수포지션에 적용되는 마진은 증권가격의 증가 함수이다. 이와 같은 차이가 발생하는 이유를 설명하시오.

08 마진대출을 실시하는 금융기관에 담보인정비율규제를 부과하여 발생할 수 있는 상황에 대한 설명 중 옳지 않은 항목들을 선택한 후 이유를 반드시 설명하시오.
 ① 주어진 증권의 시장가격에 대하여 담보인정비율이 하락하면 목표부도확률도 낮아진다.
 ② 모든 개별 금융기관이 독립적으로 결정한 목표부도확률을 고수하면 담보인정비율의 하락이 증권의 시장가격을 상승시킬 수 있다.
 ③ 주어진 증권의 시장가격에 대하여 담보인정비율과 마진은 서로 같은 방향으로 변화한다.
 ④ 증권의 시장가격의 변동성 변화가 부도확률에 미치는 영향을 차단하는 효과가 있다.

09 조달유동성과 시장유동성의 관계를 설명한 모형에 관한 설명 중 옳지 않은 항목들을 선택하고 이유를 반드시 설명하시오.
 ① 증권의 시장가격이 내재가치보다 낮아지면 마진대출은 금융시장에서 사라진다.
 ② 마진은 증권의 시장가격 변동성의 증가함수이다.
 ③ 마진대출의 예상손실액은 부도확률의 선형함수이다.
 ④ 정상적인 금융시장에서는 시장비유동성이 클수록 조달유동성이 작아진다.

10 증권딜러 A와 증권딜러 B는 양자간RP계약을 체결하고자 한다. 딜러 A는 5년만기 국채를 담보로 제공하고 딜러 B에게 차입하려고 한다. 5년만기 국채의 총투자수익률은 다음시점에서 균등분포를 따르는 확률변수이다. 5년만기 국채의 총수익률 평균은 1.10이다. 또한 최소값은 0.9이고, 최대값은 1.30이다. 다음시점이 만기인 국채의 총투자수익률은 1.05이다. 딜러 B는 부도위험이 없는 RP거래를 설계하고 싶다. 제12장의 모형을 사용하여 딜러 B가 딜러 A에게 요구하는 마진율을 계산하시오.

11 5년만기 국채의 총투자수익률은 다음시점에서 균등분포를 따르는 확률변수이다. 5년만기 국채의 총투자수익률의 평균은 1.10이다. 또한 최소값은 1이고, 최대값은 1.2이다. 다음시점이 만기인 국채의 총수익률은 1.05이다. 문제 10에서와 같이 딜러 B는 부도위험이 없는 RP거래를 설계하고 싶다. 제12장의 모형을 사용하여 딜러 B가 딜러 A에게 요구하는 마진율을 계산하시오.

12 위 두 문제의 답을 이용하여 담보증권의 수익률에 대한 변동성과 환매조건부채권의 헤어컷의 관계를 설명하시오.

13 단기무위험채권의 투자에 대한 총수익률 자료와 시장포트폴리오 총수익률의 자료를 알고 있는 것으로 가정하고 다음의 질문에 답하시오.
   (1) 100개의 기업에 대한 주가를 수집하여 데이터베이스를 작성하고, 무위험투자수익률을 사용하여 100개의 기업에 대한 초과수익률을 추계한다. 같은 방식으로 시장포트폴리오의 초과수익률의 자료를 작성한다. 위의 자료들을 사용하여 증권시장선의 그래프를 어떻게 그리는지를 설명하시오.
   (2) 위에서 작상한 주가데이터베이스를 사용하여 수평축은 베타계수를 나타내고 수직축은 알파계수를 나타내는 평면위에 그래프를 그리시오. 시장포트폴리오의 영향을 받지 않으면서 무위험채권에 대한 총수익률보다 5퍼센트 더 높은 수익률을 평균적으로 기록하는 포트폴리오를 만들고 싶다. 어떠한 방식으로 두 개의 기업을 선택해야 하는지를 설명하시오.
   (3) 어떠한 상황에서 목표하는 예상수익률을 달성할 수 있는 포트폴리오를 만들 수 있는지를 설명하시오. 가능하다면 수평축은 베타계수를 나타내고 수직축은 알파계수를 나타내는 평면에서 개별기업의 자료를 그래프로 그리면 어떠한 형태로 나타나는지를 설명하시오.
   (4) 직접 단기무위험채권투자에 대한 총수익률과 시장포트폴리오 총수익률을 추계해야 한다면 어떠한 방식으로 시도할 것인지를 설명하시오.

14 시장중립포트폴리오 모형을 이용하여 다음의 문제에 답하시오.
   (1) 증권 1의 베타계수는 $\beta_1 = 0.1$이고, 알파계수는 $\alpha_1^e = 0.5$이다. 증권 2의 베타계수는 $\beta_2 = 0.5$이고, 알파계수는 $\alpha_2^e = 1$이다. 증권 1과 2를 포함하여 어떻게 시장중립포트폴리오를 만드는지를 설명하고 시장중립포트폴리오의 예상초과수익률을 계산하시오.
   (2) 증권 1의 베타계수와 알파계수는 문제 (1)과 같다. 증권 2의 베타계수는 $\beta_2 = -0.3$이고, 알파계수는 $\alpha_2^e = -2$이다. 증권 1과 2를 포함하여 어떻게 시장중립포트폴리오를 만드는지를 설명하고 시장중립포트폴리오의 예상초과수익률을 계산하시오.

15 〈그림 12-7〉에서 설명하고 있는 투자전략을 실행하는 헤지펀드의 자산과 부채에 포함되는 항목들을 설명하시오. 이들을 포함하는 헤지펀드의 대차대조표를 작성하시오.

16 〈그림 12-7〉에서 등장하고 있는 헤지펀드가 선택한 포트폴리오의 예상목표수익률이 5%이다. 증권담보대출을 담당하는 증권금융기관이 없을 때 같은 증권을 사용하여 동일한 예상목표수익률을 가진 포트폴리오를 형성하는 데 필요한 헤지펀드의 순자산을 계산하시오.

앞에서 제시한 답에 의거하여 증권금융의 존재가 증권시장의 유동성과 시장가격형성에 어떠한 효과를 미치는지를 설명하시오.

17 위험증권포트폴리오의 총투자수익률은 균등분포의 확률변수이고 하한은 1이다. 무위험채권의 총투자수익률은 1.10이다. 프라임브로커가 제로부도확률의 마진을 부과할 때 위험증권포트폴리오에 투자하는 헤지펀드의 레버리지비율을 선택하고, 이유를 설명하시오.
　　① 900퍼센트
　　② 1000퍼센트
　　③ 1100퍼센트
　　④ 1200퍼센트

18 헤지펀드의 자금조달 및 운용과 관련하여 틀린 설명을 선택하고 이유를 설명하시오.
　　① 전담중개업무는 헤지펀드를 대상으로 증권대차, 신용공여, 펀드재산의 보관 및 관리 등 서비스를 서로 연계하여 종합적으로 제공하는 업무를 말한다.
　　② 전담중개업무를 담당하는 증권사가 증거금(마진)을 받은 후 헤지펀드를 대신하여 주식 또는 채권 등의 자산을 매입해주면 증거금(마진) 초과 자산매입분은 증권사로부터 대출을 받는 것으로 간주할 수 있다.
　　③ 헤지펀드 집합투자증권의 판매회사에게는 적격투자자가 아닌 자를 대상으로 투자권유를 할 수 있는 특혜가 주어진다.
　　④ 헤지펀드는 적격투자자대상 사모집합투자기구 또는 전문투자형 사모집합투자기구라고 할 수 있다.

19 마진대출과 관련하여 맞는 설명을 선택하고 이유를 설명하시오.
　　① 마진은 증권금융을 제공하는 금융회사가 부도확률을 조정하는 데 사용된다.
　　② 매도포지션에 적용되는 마진은 증권가격의 감소함수이다.
　　③ 마진은 부도확률의 감소함수이다.
　　④ 마진대출제도는 대공황이후 주식시장에 정비된 이후 최초로 도입되었다.

제13장

차익거래이득의 형성과 지속성

제13장
차익거래이득의 형성과 지속성

제13장의 가장 주된 목표는 균형조건으로 부과되어온 차익거래이득의 소멸을 재검토하는 것이다. 그 이유는 현실경제에서는 종종 차익거래이득이 실제로 존재하는 것으로 보이는 사례들을 자주 볼 수 있기 때문이다. 예를 들어 실제로 증권시장의 거래가격이 내재가치에 비해 낮게 책정되어 저평가된 증권들이 자주 관측된다. 이런 현상이 금융시장 전반에 걸쳐 지속적으로 진행되면 금융시장의 금융중개기능이 빨리 회복되지 않기 때문에 실물경제를 장기적으로 침체시키는 여파가 발생할 가능성이 있다. 제13장에서 설명하는 모형에서도 차익거래자들의 자본이 잠식당하면 증권가격이 회복되는 데 오랜 시간이 소요된다는 점이 강조되었다. 이는 차익거래자들이 자금을 조달하거나 새로운 차익거래자가 시장에 진입하는 데 시간이 걸리기 때문이다. 증권가격과 내재가치의 괴리가 있더라도 투자자금의 신속한 이동에 의한 괴리의 소멸이 순식간에 발생하지 않는 상황에 대한 이해도 필요하다는 것을 의미한다. 제1장부터 제4장까지 설명한 다양한 증권에 대한 자산가격결정모형에서는 차익거래이득이 없다는 균형조건이 만족되었다. 이런 모형에서는 차익거래이득이 순식간에 사라진다는 점을 암묵적으로 가정하고 있다. 그러나 앞에서 간략하게 언급한 현실적인 측면을 반영하기 위해 차익거래이득이 균형에서 신속하게 소멸하지 않을 가능성을 인정하는 것이 필요

하다.

제13장의 첫째 목적은 개인투자자도 증권시장에 참여하지만 소수의 합리적인 전문화된 투자자가 차익거래 이득이 발생하면 이를 실현시키기 위해 증권시장에 참여하게 되는 모형을 설명하는 것이다. 『차익거래는 동일한 증권 또는 유사한 증권이 서로 다른 두 개 이상의 시장에서 가격이 다른 경우 가격차이를 이용하여 수익을 내는 거래』를 말한다. 차익거래이득이 발생할 때 증권시장이 효율적이라면 이를 순식간에 제거하는 방향으로 거래가 발생하여 균형에서는 차익거래이득이 존재하지 않는다. 제1장과 제2장의 모형에서처럼 균형에서 차익거래이득이 존재하지 않는다는 조건을 이용하여 증권가격의 결정공식을 도출할 수 있다. 그러나 현실경제에서 차익거래를 담당하는 전문적 증권거래자들이 있고 이들이 증권거래를 위해 외부로부터 자본을 조달해야 한다면 차익거래에 제약이 발생하여 증권가격은 내재가치로부터 괴리가 발생한다. 차익거래에 대한 제약을 도입하기 위해 차익거래자에게 제공되는 자금의 크기는 자금을 운용하는 펀드매니저의 자금운용실적에 의존하는 것으로 가정한다. 따라서 제13장의 모형에서는 펀드매니저가 직접 자산을 보유하지 않고 일반적인 투자자로부터 한시적으로 투자자금운용을 위탁받아서 차익거래이득을 실현하고 난 후에 투자수익을 모두 투자자에게 돌려주는 역할을 한다.

제13장의 둘째 목적은 실제의 금융시장에서 차익거래이득이 지속적으로 남아 있는 사례들을 소개하는 것이다. 예를 들어 미첼, 페더슨, 펄비노(Mark Mitchell, Lasse Heje Pederson, and Todd Pulvino) 등은 2007년에 발표한 연구에서 금전적이득이 충분히 예상되는 기회가 많이 있는 증권시장에서 금전적이득을 얻기 위해 거래가 빠른 속도로 활성화되지 않는 사례들을 소개하였다.[1] 이들은 차익거래이득을 실현하기 위한 증권거래에는 자본이 필요한데 자본이 빠른 속도로 조달되지 않는 상황을 저속이동자본(slow moving capital)이라는 용어를 사용하여

---

1) 이들의 논문은 American Economic Review(Vol.97, No.2, pp. 215-220)에 출간된 「Slow Moving Capital」이다.

표현하였다. 또한 다양한 증권시장에서 차익거래이득이 존재할 가능성이 있다는 점을 보이기 위해 제13장의 뒷부분에서는 세 개의 증권가격결정모형을 소개한다. 첫째, 전환사채의 가격결정모형이다. 둘째, 합병차익거래의 모형이다. 셋째, CDS-채권 베이시스의 모형이다. 제13장에서는 복잡한 동학을 설명하기보다는 단순화 가정을 부과하여 차익거래이득이 없는 균형에서 성립하는 이론가격을 주로 분석한다. 마지막으로 투자자의 낙관적 기대와 비관적 기대가 증권가격의 결정에 미치는 효과를 반영한 증권가격결정모형을 소개한다. 투자자들의 미래시점의 증권가격에 대한 낙관적인 기대와 비관적인 기대의 상대적 비중이 달라지면 현재시점의 증권가격과 증권시장에서 거래하는 투자자들의 레버리지비율이 변화할 수 있음을 보인다.

제한적 차익거래를 고려한 대리인모형

제13장의 앞부분에서는 슐라이퍼(Andrei Shleifer)와 비쉬니(Robert Vishny)가 1997년에 발표한 모형을 간략하게 요약하여 소개한다.[2] 이들의 모형을 슐라이퍼-비쉬니(Shleifer-Vishny) 모형이라고 부르기로 한다. 여기에는 서로 다른 세 그룹의 투자자가 있다. 이 중에서 두 그룹의 투자자는 증권시장에 직접 참가하고, 다른 하나는 시장에 직접 참가하는 사람에게 투자자금을 공급한다. 이러한 의미에서 이들은 간접투자를 하는 일반투자자이다. 증권시장에서 증권거래에 직접 참여하는 투자자 중에서 첫째 부류는 증권의 내재가치와 가격의 괴리를 확대시키는 역할을 한다. 이들을 비합리적 거래자(noise trader)라고 부른다. 둘째 그룹은 증권의 내재가치와 거래가격의 괴리가 발생하면 이를 이용하여 금전적이득을 목표로 증권거래를 실행하는 투자자이다. 이들은 차익거래자(arbitrageur)이다. 차익거래자는 위험중립선호를 가지고 있고 증권거래에 대한 전문적인 지

---

2) 이들의 논문은 Journal of Finance(Vol.52, No.1, pp. 35–55)에 수록된 「The Limits of Arbitrage」이다. 또한 제13장에서 소개한 모형은 2016년 DSGE 연구센터에서 출간한 「거시금융모형분석」(윤택)의 4장에도 수록되어 있다.

그림 13-1 비합리적투자자의 비관적 평가의 진행과정

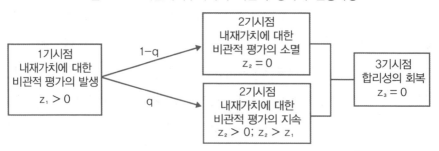

식과 경험을 축적한 투자자이다.

　먼저 비합리적인 투자자의 수요함수부터 설명한다. 증권의 내재가치는 고정되어 있어 상수인 v로 표시한다. 비합리적인 거래자는 증권의 내재가치를 정확히 모르기 때문에 내재가치에 대하여 인지착오를 가질 수 있다. 내재가치에 대한 인지착오(misperception)가 비관적인 방향으로 작용하면 비합리적 거래자가 인지하는 내재가치는 실제의 내재가치에 비해 낮다. 비합리적 거래자가 내재가치에 대하여 인지하는 값과 실제값의 차이를 나타내는 z_1이라는 변수를 정의하면 1기시점에서 비합리적 투자자가 내재가치를 인지하는 값을 $(v - z_1)$으로 쓸 수 있다. 따라서 z_1의 값이 클수록 비합리적 투자자의 비관적인 평가가 커져서 인지하는 증권의 내재가치는 더욱 낮아진다. 결국 비합리적인 투자자는 증권의 내재가치에 대한 근거 없는 비관적인 평가를 통해 시장의 불안정성을 증가시키는 역할을 한다. 또한 비합리적 투자자는 자신이 평가하는 내재가치와 같아지도록 증권에 대한 구매비용을 지출한다. 따라서 1기시점에서 비합리적 투자자의 수요함수는 $d_1 = (v - z_1)/p_1$이다. 이 식에서 d_1은 1기시점에서 비합리적 투자자의 증권수요이고, p_1은 증권가격이다.

　비합리적 투자자의 인지착오의 크기는 시간이 지나면서 달라진다. <그림 13-1>은 비합리적 투자자의 증권의 내재가치에 대한 비관적인 평가가 어떻게 진행되는지를 정리하고 있다. 먼저 1기시점에서 인지착오로 인해 내재가치에 대한 비관적인 평가가 발생하여 z_1이 양수의 값을 가진다. 2기시점에 이르면 q의 확률로 1기시점에 비해 인지착오가 더 확대될 수도 있고, $(1-q)$의 확률로 비관적인 평가가 사라질 수도 있다. 3기시점에 이르면 확실하게 증권의 내재가치에 대한 비관적인 평가는 사라지게 된다.

비합리적 투자자의 내재가치에 대한 비관적인 평가로 인해 증권가격이 내재가치보다 낮아지면 내재가치를 정확하게 알고 있는 차익거래자들이 증권시장에 진입하여 저평가된 증권을 매수한다. 보다 구체적으로 설명하면 다음과 같다. 1기시점과 2기시점에서는 증권가격과 내재가치의 괴리가 있는 경우만 차익거래자가 시장에 진입하지만, 3기시점에 들어서면 저평가된 증권이 사라지게 되어 차익거래자들의 증권거래도 사라진다. 또한 3기시점에서 차익거래자는 그동안 축적한 투자수익을 모두 자신에게 투자한 일반투자자에게 분배한다. 1기시점과 2기시점에서 이루어지는 이들의 투자결정의 기준은 모두 3기시점의 예상투자수입이다. 따라서 차익거래자들은 일반투자자의 투자수익을 극대화하기 위해 고용된 사람들이라고 볼 수 있다.

다음에서는 증권시장의 균형에 대하여 설명한다. 증권가격은 (총수요＝총공급)의 등식이 성립하는 상황에서 결정된다. 증권시장의 총공급은 항상 1로 고정되어 있다. 따라서 증권가격은 총수요에 의해서 결정된다. 총수요는 비합리적 투자자의 수요와 차익거래자의 수요의 합이다. 앞에서 이미 비합리적 거래자의 수요곡선을 설명하였기 때문에 다음에서는 차익거래자의 수요곡선을 설명한다. 차익거래자의 수요를 도출하기 위해 가용한 투자자금을 증권투자와 현금보유의 두 대안에 대하여 어떻게 배분하는지를 알아야 한다. 거래가 3기시점이전까지만 진행되고 3기시점에서는 거래가 없다는 점을 이미 차익거래자가 알고 있다. 1기시점에서 차익거래자는 투자자금을 모두 증권에 투자할 것인가 아니면 일부를 현금으로 가지고 있을 것인지를 결정한다. 2기시점에서는 비합리적 거래자의 수요충격이 지속되면 차익거래자는 시장에 참가하여 가용한 자금을 모두 증권에 투자한다. 그러나 수요충격이 사라지면 차익거래자는 자신에게 가용한 자금을 모두 현금화하여 그대로 보유하고 있다가 3기시점에서 일반투자자에게 모두 배당한다.

일반투자자와 차익거래자가 가지고 있는 정보의 비대칭성이 있기 때문에 정보의 비대칭성을 극복하기 위하여 일반투자자는 차익거래자의 성과에 의거하여 위탁하는 투자자금의 크기를 결정한다. 투자성과를 반영한 자금공급은 일정한 규칙에 의해서 결정된다. 일반투자자는 차익거래자에게 맡기는 자금의 양을 차익거래자의 성과를 반영하여 결정하기 때문에 차익거래이득이 존재하는 상황에서도 차익거래자는 차익거래이득을 무한하게 얻을 수 없다. 이런 상황을 가리켜서 『성과에 기초한 차익거래(performance-based arbitrage)』라고 정의한다. 제13장의 차익거래자가 제12장의 차익거래자와 다른 점은 제13장의 차익거래자는 자신이 운용하는 증권을 자신의 계정에 포함시키지 않는다. 따라서 각각의 시점에서 발생하는 투자수익을 일반투자자의 계정에 그대로 반영시키면 투자자금을 추가로 더 늘릴 것인지의 여부는 일반투자자가 결정한다.

차익거래자의 성과에 기초한 자금공급은 2기시점부터 실행된다. 자금공급의 크기는 차익거래자의 2기시점 투자수익과 1기시점의 투자자금의 가중합이 된다. <표 13-1>의 첫째 줄은 일반투자자가 제공하는 투자자금의 결정식을 보여주고 있다. 첫째 줄에서는 차익거래자의 1기시점에서 자금운용에 대한 순수익률이 양수이면 2기시점에서 일반투자자의 투자자금이 1기시점의 투자자금보다 더 증가한다. 이처럼 투자자금의 공급함수가 차익거래자의 투자수익에 의존하기 때문에 앞에서 이미 강조한 『성과에 기초한 차익거래』를 반영하고 있다.

차익거래자는 3기시점에서 실현된 투자수익을 일반투자자에게 모두 지불한다. 차익거래자는 위험중립선호를 가지고 있는 전문투자자로 가정하여 자신을 고용한 일반투자자의 기대소득을 극대화하는 것을 목표로 증권투자를 결정한다. 3기시점에서 실현될 투자수익은 비합리적 투자자의 내재가치에 대한 비관적인 평가가 2기시점에서도 그대로 지속되는지에 따라 달라진다. 2기시점에서도 증권이 저평가되면 차익거래자는 가용한 투자자금을 모두 증권투자에 투입한다. 그러나 증권가격이 내재가치와 같아지면 차익거래이득이 사라지기 때문에 차익거래자

표 13-1 차익거래자 대리인모형 (슐라이퍼-비쉬니 모형)

2기시점 자금공급함수		$w_2 = a\left(\left(\dfrac{p_2}{p_1}\right)x_1 + w_1 - x_1\right) + (1-a)w_1$
예상투자소득		$EW = q\left(\dfrac{v}{p_2}\right)\left(a\left(\left(\dfrac{p_2}{p_1}\right)x_1 + w_1 - x_1\right) + (1-a)w_1\right) +$ $(1-q)\left(a\left(\left(\dfrac{v}{p_1}\right)x_1 + w_1 - x_1\right) + (1-a)w_1\right)$
x_1의 계수		$a\left(q\left(\dfrac{v}{p_2}\right)\left(\dfrac{p_2}{p_1}-1\right) + (1-q)\left(\dfrac{v}{p_1}-1\right)\right)$
차익거래자 증권투자의 선택	x_1의 계수가 양수인 경우	$q\left(\dfrac{v}{p_2}\right)\left(\dfrac{p_2}{p_1}-1\right) + (1-q)\left(\dfrac{v}{p_1}-1\right) > 0 \;\rightarrow\; x_1 = w_1$
	x_1의 계수가 음수인 경우	$q\left(\dfrac{v}{p_2}\right)\left(\dfrac{p_2}{p_1}-1\right) + (1-q)\left(\dfrac{v}{p_1}-1\right) < 0 \;\rightarrow\; x_1 = 0$
	x_1의 계수가 0인 경우	$q\left(\dfrac{v}{p_2}\right)\left(\dfrac{p_2}{p_1}-1\right) + (1-q)\left(\dfrac{v}{p_1}-1\right) = 0 \rightarrow 0 < x_1 < 1$
균형조건 (부분투자)	2기시점 시장청산	$p_2 = v - z_2 + w_1 + ax_1\left(\dfrac{p_2}{p_1}-1\right)$
	1기시점 시장청산	$p_1 = v - z_1 + x_1$
	이윤극대화	$q\left(\dfrac{v}{p_2}\right)\left(\dfrac{p_2}{p_1}-1\right) + (1-q)\left(\dfrac{v}{p_1}-1\right) = 0$

주: a는 1보다 작은 양수이고, 차익거래자의 투자성과에 대한 일반투자자의 자금공급의 반응계수를 나타낸다. 한편 EW는 3기시점에서 일반투자자에게 지급될 배당소득의 1기시점에서 형성한 기대값이다. p_1는 1기시점의 증권가격이고, p_2는 2기시점의 증권가격을 나타낸다. 차익거래자가 1기시점에서 일반투자자로부터 조달한 자금은 w_1, 2기시점에서 일반투자자로부터 조달한 자금은 w_2, 1기시점의 증권투자자금은 x_1, 2기시점의 증권투자자금은 x_2이다. 차익거래자의 1기시점에서 증권수요는 (x_1/p_1)이고, 2기시점에서 실현된 증권투자수익은 $(p_2 x_1/p_1)$이다.

는 증권에 투자하지 않고 투자자금을 그대로 가지고 있다가 3기시점에서 일반투자자에게 그대로 지급한다. 위에 설명한 2기시점에서 차익거래자의 선택은 <그림 13-2>에 요약되어 있다. <그림 13-2>를 보면 3기시점에서 차익거래자의 투자수익은 확률적으로 결정된다. 비합리적 투자자의 비관적인 평가가 1기시점에만 발생하는 것인지 아니면 2기시점까지 이어지는 것인지에 따라 달라진다. 차익거래자가 1시점의 증권투자를 결정할 때 2기시점에서 어느 상황이 전개될

그림 13-2 차익거래자의 증권수요와 투자자금의 기간간 변화

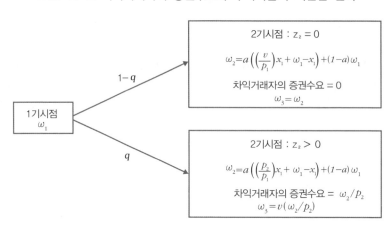

지를 미리 정확히 알지 못한다. 이런 점을 반영하여 차익거래자는 3기시점에서 실현될 투자수익의 기대값을 극대화한다.

<표 13-1>의 둘째 줄은 각각의 상황이 발생할 확률을 반영한 예상투자소득을 보여주고 있다. 이 식에서 EW는 3기시점에서 일반투자자에게 지급될 투자소득의 기대값을 나타낸다. 둘째 줄에서 등호의 오른편 첫째 항은 2기시점에서 비관적 평가가 지속되는 상황이고, 둘째 항은 2기시점에서 비관적 평가가 사라지는 상황이다. 둘째 줄에서 EW는 x_1에 대한 선형함수이기 때문에 x_1에 대한 계수의 부호에 따라 EW를 극대화하는 x_1의 값이 달라진다. 이를 설명하기 위해 x_1에 대한 계수를 <표 13-1>의 셋째 줄에 정리한다. 셋째 줄에 있는 x_1의 계수에 대한 부호에 따라 세 개의 경우로 나누어 생각할 수 있다. 첫째, 계수의 값이 양수이다. 이 경우에는 x_1을 커질수록 EW도 커지기 때문에 가용한 투자자금을 모두 증권투자에 투입한다. 따라서 극대화조건은 $x_1 = w_1$이다. 둘째, 계수 값이 음수이다. 증권투자를 하지 않는 것이 예상투자수익을 극대화하는 것이다. 따라서 극대화조건은 $x_1 = 0$이 된다. 셋째, 계수값이 제로이다. 이 경우는 EW는 x_1의 영향을 받지 않기 때문에 $0 < x_1 < w_1$의 부등호조건과 일치하는 선택과 상충되지 않는다. 차익거래자가 가지고 있는 투자자금의 일부분만 증권

매도에 지출하는 것과 상충되지 않는다는 의미이다. 1기시점에서 부분투자가 선택될 때 어떤 조건이 만족되는가? 1기시점에서 차익거래자가 부분투자를 선택하는 균형에서 <표 13-1>의 여섯째 줄에 있는 조건이 하나의 균형조건이 된다. 이 조건은 셋째 줄에 있는 x_1의 계수가 0이라는 조건이다. 앞에서 설명한 내용을 반영하여 여섯째 줄에 있는 식을 『부분투자의 극대화조건』으로 부르기로 한다.

  다음에서는 균형조건을 세 개의 경우로 나누어 정리한다. 첫째 경우는 1기시점에서 부분투자가 선택되는 경우이다. 둘째 경우와 셋째 경우는 1기시점에서 전액투자된다. 첫째 경우에서는 우선적으로 차익거래자가 위험중립선호를 가지고 있음에도 불구하고 투자자금을 모두 투자하지 않는 이유가 궁금할 수 있다. 그 이유를 다음과 같이 설명할 수 있다. 1기시점에서 차익거래자가 2기시점의 증권가격이 1기시점의 증권가격에 비해 낮아질 것으로 예상한다면 1기시점에서 일부만 증권에 투자하고 나머지 투자자금은 그대로 가지고 있다가 2시점에서 투자하는 투자전략이 3기시점의 투자수익을 더욱 높이는 선택이기 때문이다. 차익거래자의 궁극적인 목표는 3기시점에서 투자자에게 지급되는 투자소득을 극대화하는 것이므로 2기시점에서 증권가격이 1기시점에 비해 더욱 떨어질 것으로 예상되면 1기시점에서는 기다렸다가 2기시점에서 증권투자에 가용한 투자자금을 늘리는 것이 투자이득을 더 크게 할 수 있기 때문이다. <표 13-1>에서 첫째 경우에 대응되는 균형조건은 1기시점의 가격, 2기시점의 가격, 1기시점의 증권투자액 등과 같은 세 개의 변수에 대하여 세 개의 균형조건으로 구성되어 있다. 세 개의 균형조건은 2기시점에서 성립하는 증권시장의 균형조건, 1기시점에서 성립하는 증권시장의 균형조건, 이윤극대화의 결과로 부분투자를 선택할 조건 등이다.

  둘째 경우와 셋째 경우에 대하여 설명한다. 두 경우 모두 전액투자이다. 전액투자를 선택하는 경우 균형조건들은 어떻게 되는가? 1기시점에서 투자자금을 모두 증권에 투자하는 경우 균형조건은 내생변수에 대하여 모두 선형함수가 되므로 부분투자의 경우에 비해 쉽게 균형조건을 풀 수 있다. 2기시점에서도 비합리적 투자자가 계속해서 증권의 내재가치에 대하여 비관적인 평가를 가지고 있는 경우를 보기로 한다. 1기시점의 증권가격은 $p_1 = v - z_1 + w_1$이다. 이를 2기시점의 시장청산조건에 대입하여 2기시점의 증권가격을 도출하면 다음과 같다.

$$p_2 = p_1 \frac{v - z_2 + w_1(1-a)}{v - z_1 + (1-a)w_1}$$

위의 식이 함의하는 중요한 포인트는 비합리적 투자자의 내재가치에 대한 비관적 평가가 지속적으로 증가하면 증권가격도 계속 내재가치와 비교하여 지속적으로 낮아진다는 것이다. 이를 식을 이용하여 설명하면 다음과 같다. $z_2 > z_1$의 부등호가 만족될 때 위의 식은 2기시점의 증권가격이 1기시점의 증권가격보다 더 낮다는 것을 의미한다. 한편, 2기시점의 투자자금은 $w_2 = w_1(1 + a(p_2/p_1 - 1))$이므로 $p_2 < p_1$의 조건이 만족된다면 2기시점의 투자자금이 1기시점의 투자자금보다 더 작다. 이는 비합리적 투자자의 비관적인 평가가 지속적으로 악화된다면 증권가격도 계속해서 내재가치로부터 더 낮게 떨어진다는 것을 의미한다. 차익거래이득이 있음에도 불구하고 차익거래이득을 완전히 소멸시킬 수 있을 만큼의 투자자금이 차익거래자에게 공급되지 않기 때문에 차익거래이득이 계속해서 시장에 남아 있게 된다. 그러나 비관적인 평가가 악화되지 않고 완화되는 방향으로 조정이 될 수도 있다. 예를 들면 $z_1 > z_2$의 부등호가 만족되는 경우이다. 이 경우 차익거래자가 전액투자를 선택할 때 $p_1 < p_2$의 상황이 되고, 차익거래자의 투자자금이 증가하여 $w_2 > w_1$의 부등호가 만족된다.

셋째의 경우는 1기시점에서만 비합리적인 투자자가 증권의 내재가치에 대하여 비관적인 평가를 가지는 경우이다. 이처럼 일시적으로 단 한 시점에서만 비관적인 평가가 발생하는 경우 증권가격도 1시점에서만 내재가치보다 더 낮다. 2기시점에서는 내재가치로 회복되기 때문에 $p_2 = v$이다. 1기시점에서 전액투자가 되기 때문에 $x_1 = w_1$의 조건이 만족되고, 이 조건을 1기시점의 시장균형조건에 대입하면 1기시점의 증권가격은 $p_1 = v - z_1 + w_1$의 등식으로 결정된다. 따라서 1기시점의 증권가격이 내재가치보다 낮기 위해 1기시점에서 발생하는 비관적인 평가의 충격이 1기시점에서 차익거래자에게 주어지는 자금보다 더 크다는 조건이 필요하다. 또한 2기시점에서 차익거래자의 투자자금은 $w_2 = w_1(1 + a((v/p_1) - 1))$의 등식으로 결정되기 때문에 1기시점의 증권가격이 내재가치보다 낮을 때 2기시점의 투자자금이 1기시점의 투자자금보다 더 크다.

<표 13-1>의 슐라이퍼-비쉬니 모형의 함의를 정리하면 다음과 같다. 첫째, 차익거래자의 역할이다. 투기적거래자는 증권시장에 진입하여 증권가격에 대한 변동성을 증대시키기 때문에 금융시장의 안정성을 해친다는 주장을 접할 수도 있다. 이와 같은 주장을 이해하기 위해 투기적거래자는 누구인가의 질문을 던져 볼 수 있다. 제13장의 모형에 의거하여 위의 주장을 이해하려고 한다면 차익거래자를 투기적거래자로 간주해볼 수 있다. 차익거래자는 투기적이득을 얻기 위해 증권시장에 참가하는 것으로 보는 것도 이해가 되는 주장이기 때문이다. 그러면 차익거래자가 금융시장에 진입하여 금융시장의 변동성을 증대시키는 역할을 하는가? 이에 대한 하나의 답변이라고 할 수 있는 프리드만의 주장을 인용한다. "to say that arbitrage is destabilizing is equivalent to saying that arbitrageurs lose money on average." <표 13-1>의 슐라이퍼-비쉬니 모형은 앞에서 인용한 프리드만의 주장을 반영하고 있다. 차익거래자는 증권가격이 내재가치보다 더 낮아져서 시장에서 저평가된 경우에만 시장에 진입하여 매수하기 때문이다. 이들이 시장에 진입하여 저평가된 증권을 매수하면 증권의 수요가 증가하므로 증권가격이 상승한다. 따라서 차익거래자가 차익거래를 통해 이득을 얻는 과정에서 증권가격이 내재가치에서 멀어지지 않고 오히려 더욱 가까이 갈 수 있게 하는 역할을 수행한다는 점을 <표 13-1>의 모형을 통해서 확인할 수 있다. 둘째, 일시적인 운으로 차익거래이득을 얻는 상황을 생각하고 있지 않다면 <표 13-1>의 모형이 함의하는 점 중의 하나는 차익거래이득을 얻기 위해 전문적인 지식과 적절한 정보가 필요하다는 것이다. 그 이유는 내재가치를 정확히 평가하지 못하는 거래자와 내재가치를 정확하게 평가하는 거래자로 구분하여 후자

는 전자로 인하여 발생한 시장가격의 변동을 감소시키고, 이런 결과가 발생하는 과정에서 금전적인 이득을 얻기 때문이다. 셋째, 효율적시장가설(efficient market hypothesis)과 차익거래(arbitrage)의 관계에 대한 함의이다. 효율적시장가설을 옹호하는 사람들이 주장하는 차익거래를 담당하는 사람에 대한 암묵적인 가정은 다음과 같다. 금융시장에 매우 작은 규모의 거래자가 수없이 많이 있다. 이들은 외부차입 없이 소규모의 투자만 실행한다. 차익거래이득이 금융시장에 존재하는 경우 소규모의 수많은 투자자들이 시장에 참가하여 차익거래이득을 제거한다. 따라서 소규모의 수없이 많은 합리적인 투자자의 존재가 시장가격과 내재가치가 균형에서 같아지도록 한다고 가정한다. 그러나 현실의 금융시장에서 볼 수 있는 수없이 많은 소규모의 합리적인 투자자가 존재하지 않는다는 점과 차익거래자도 차익거래이득을 얻기 위해 투자자금이 필요하다는 점이 슐라이퍼-비쉬니 모형에 반영되어 있다. 넷째, 슐라이퍼-비쉬니 모형에서는 정보와 지식이 상대적으로 열악한 일반투자자와 전문적인 차익거래자의 사이에서 발생할 수 있는 정보의 비대칭성을 완화하거나 해소하기 위한 하나의 수단으로서 차익거래자의 투자성과에 의거하여 일반투자자가 자금공급을 조정한다. 그 결과로 차익거래이득이 존재한다고 할지라도 투자자금이 무한정 될 수 없기 때문에 증권가격이 내재가치에 비해 낮아지는 현상이 지속될 수 있다. 다섯째, 비합리적 투자자의 역할이다. 증권가격이 내재가치로부터 벗어나게 되는 이유는 비합리적 거래자에게 증권의 내재가치에 대한 외생적인 충격이 발생하였기 때문이다. 따라서 시장의 불안정성은 비합리적 투자자로부터 발생한다. 그 결과 차익거래이득이 발생하면 차익거래자가 시장에 참여하여 증권가격을 내재가치와 동일한 수준으로 회귀시킨다. 그러나 차익거래자의 이런 역할은 투자자금조달에 대한 제약으로 인해 완전치 못하기 때문에 비합리적 투자자의 비관적인 가치평가가 사라지기 이전에는 내재가치와 증권가격의 괴리가 존재한다. 여섯째, 금융시장의 차익거래는 위험을 수반할 수 있다는 점이다. <표 13-1>의 모형에서는 내재가치가 고정된 상수이지만, 내재가치가 시간이 지나면서 확률적으로 변화할 수 있다면 차익거래에도 위험이 수반된다. 위험을 수반한 차익거래(arbitrage with risk)에서는 손실발생의 가능성을 반영하여 손실발생에 대처할 수 있는 자본금이 필요하다. 따라서 금융시장에서 실행되는 차익거래에서도 자본금이 필요하다는 점은 제12장에서 마진을 분석할 때 언급되었기 때문에 제13장에서는 생략한다.

전환사채시장의 사례

전환사채(convertible bond)의 특징을 간단히 정리한다. 첫째 특징은 보통의 회사채와 마찬가지로 미리 사전에 약정한 이자를 지급한다는 점이다. 둘째 특징은 일정한 조건을 만족시키면 전환사채를 발행한 회사의 주식으로 전환할 수 있는 선택권이 같이 첨가된다는 것이다. 고정된 소득을 보장한다는 채권의 특성을 그대로 가지고 있지만 미리 약정한 조건이 충족된 상태에서 주식전환의 선택기회를 부가하여 투자자에게 투자유인을 제공한다. 전환사채의 매수자는 주식가격이 전환가격을 상회하는 경우 주식으로 전환해서 금전적인 이득을 얻을 수 있다. 또한 유리한 주식전환의 기회가 없을 경우에는 채권형태로 계속 보유하여 약정된 원리금을 받는다. 따라서 전환사채는 채권이 보장하는 확실한 소득과 주식전환에 따른 이득의 가능성을 결합한 증권이다. 한편 발행자의 입장에서도 전환사채의 액면이자율은 보통 일반적인 채권이자율에 비해 낮아서 이자비용이 작은 장점이 있다. 또한 전환사채가 보통주로 전환된다면 원리금에 대한 상환부담이 없어지므로 유리한 점이 있다.

다음에서는 전환사채가격이 결정되는 과정을 설명한다. 구체적인 예를 들어 설명하기 위해 단순한 형태의 채권에 주식으로 전환하는 옵션이 추가되는 경우를 설명한다. 다음시점에서 주식으로 전환하지 않으면 1의 소득을 지불되고, 주식으로 전환하면 한 주의 주식이 제공되는 전환사채의 이론가격을 계산한다. 다음시점의 주식가격은 $[a, b]$의 구간에서 균등분포를 따르는 것으로 가정한다. 여기서 a와 b는 모두 양수이고 $a < b$의 관계가 만족된다. 전환가격은 얼마인가?

전환가격은 주식 한 주로 전환하기 위해 필요한 전환사채의 액면으로 정의된다. 위에서 전환사채의 액면은 1이다. 또한 주식 한 주로 전환되어 포기해야 하는 액면은 1이므로 전환가격은 1이 된다.

　투자자가 전환사채의 전환옵션을 어떻게 사용할 것인가를 정확히 알아야 전환사채를 한 시점 동안 보유하여 얻을 것으로 예상되는 소득을 계산할 수 있다. 이는 전환사채가격은 미래시점의 주식가격에 대한 예측에 따라 달라짐을 의미한다. 현재시점의 주식가격을 s로 표기하고 미래시점의 주식가격을 s'로 표기한다. 앞에서 주식가격은 균등분포를 따르는 확률변수로 가정하였다. 특히 α의 확률로 s' <1이고 $(1-\alpha)$의 확률로 $s' \geq 1$이라고 가정한다. 분석을 단순화하기 위해 할인인자는 상수로 가정하고 β로 표기한다. 현재시점에서 전환사채가격은 어떻게 결정되는가? 우선 미래시점의 예상소득을 계산한다. 투자자는 α의 확률로 전환하지 않기 때문에 1의 소득이 보장된다. $(1-\alpha)$의 확률로 전환하면 확실한 소득을 포기하고 그 대신 미래시점의 주식가격을 소득으로 제공받게 된다. 주식전환을 선택하는 경우 미래시점의 주식가격에 대한 예상치는 s_c^e로 표기한다. 또한 전환가격이 1이므로 전환하여 얻는 이득이 s_c^e이다. 전환가격은 전환사채의 매수시점에서 이미 알려져 있으므로 주식으로 전환하여 얻는 이득이 그렇지 않은 경우보다 더 높다면 주식으로 전환한다. 전환하지 않는 경우의 소득이 1이므로 전환하는 경우의 예상수입이라고 할 수 있는 s_c^e가 1보다 더 커야 한다. 따라서 전환사채의 예상투자소득은 $(\alpha+(1-\alpha)s_c^e)$이고, 여기에 할인인자를 곱하면 현재시점에서 평가된 투자소득은 $\beta(\alpha+(1-\alpha)s_s^e)$이다.[3] 균형에서 차익거래이득이 없다는 조건이 부과되면 (가격＝현재가치)의 등식이 성립한다. 이를 적용하면 전환사채의 가격($=p_c$)은 $p_c = \beta(\alpha+(1-\alpha)s_s^e)$으로 결정된다. 또한 $s_c^e > 1$의 주식전환의 조건이 부여된다.

　다음에서는 전환사채의 액면총수익률을 계산한다. 전환포기의 상황에서 발생

---

3) 지금 분석하고 있는 사례에서는 채권의 액면상환이 1이고 전환가격이 1이다. 또한 주식전환을 선택할 때 채권의 액면상환을 받은 후에 전환가격을 지불하는 것으로 가정한다. 액면상환과 전환가격이 상쇄되기 때문에 주식전환을 위해 지불되는 추가비용은 없다.

할 미래시점의 투자수익을 액면투자수익으로 정의한다. 액면투자수익을 현재시점의 가격으로 나눈 비율을 액면총수익률로 정의한다. 지금 분석하고 있는 사례에서 액면총수익률은 $(1/p_c)$이다. 한편, 전환권이 없는 무위험채권투자의 총수익률은 $(1/\beta)$이고, 전환사채의 액면총수익률은 $1/(\beta(\alpha+(1-\alpha)s_c^e))$이다. 전환사채의 액면이자율은 전환권이 없는 채권의 액면이자율보다 낮다. 그 이유는 같은 크기의 액면투자수익일 경우 전환사채가격이 일반채권가격보다 더 높게 책정되기 때문이다. 전환사채가격이 일반채권가격보다 높은 이유는 전환옵션이 포함되어 있어 전환옵션가치가 전환사채가격에 반영되어 있기 때문이다. 제13장에서 분석하고 있는 사례에서도 (전환사채가격＝일반채권가격＋전환옵션가치)의 등식이 성립함을 확인할 수 있다. 이를 위해 무위험채권의 가격은 $(p_b=\beta)$을 전환사채가격의 식에 대입하여 정리하면 $p_c=p_b+\beta(1-\alpha)(s_c^e-1)$의 등식이 도출된다. 이 식의 우변에서 둘째 항은 미래시점에서 주식가격이 1보다 클 때 전환하여 얻는 순소득의 현재가치를 의미하므로 전환옵션가치를 나타낸다.

   차익거래이득이 없다는 조건이 성립할 때 전환사채가격을 전환사채의 이론가격(theoretic price)으로 정의한다. 현실의 전환사채시장에서 결정되는 가격은 차익거래이득이 없는 상황에서 성립해야 하는 가격과 괴리가 발생할 수 있기 때문에 실제가격과 이론가격은 다를 수 있다. 다음에서는 전환사채의 이론가격과 실제가격의 괴리가 발생하는 사례를 설명한다. 미국의 경우 2005년 초 『전환사채차익거래』에 투자하는 헤지펀드에 투자하였던 기관투자자들이 투자자금을 회수한다. 그 이유는 『전환사채차익거래』에 투자하는 헤지펀드의 수익률이 낮았기 때문이다. 당시 기록에 의하면 2005년 1분기 1/5 정도의 자금이 헤지펀드로부터 빠져 나간 것으로 알려져 있다. 기관투자자의 자금회수로 인해 헤지펀드는 보유한 전환사채를 시장에서 매도하게 된다. 전환사채의 펀더멘탈 자체에는 크게 변한 것이 없지만 투자자들에게 되돌려줄 자금을 마련하기 위해 헤지펀드가 대규모로 전환사채를 시장에 매도하면서 전환사채가격이 크게 하락한다. 따라서 전환사채가격을 이론가격으로 나눈 비율은 1보다 낮아진다. <그림 13-3>에

그림 13-3 전환사채 이론가격 대비 시장가격의 추이: 미국의 사례

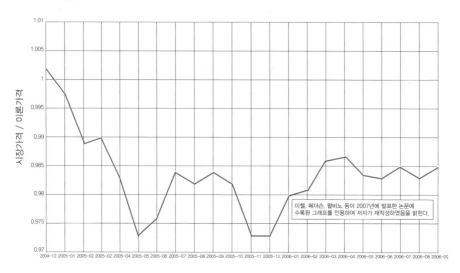

미첼, 페더슨, 펄비노 등이 2007년에 발표한 논문에 수록된 그래프를 인용하여 저자가 재작성하였음을 밝힌다.

서는 미첼, 페더슨, 펄비노 등이 2007년에 발표한 연구논문에 수록된 그림을 그대로 인용하였다. 이 그래프는 2005년 1월부터 2006년 9월 기간 중 전환사채의 시장가격을 이론가격으로 나눈 비율을 나타낸다. 이 기간의 그래프는 지속적으로 1보다 낮은 수치를 보여주고 있다. 2005년과 2006년 기간 중 차익거래이득을 실현할 수 있는 기회가 오랫동안 지속되어 왔음을 의미한다.

앞의 단순모형에서는 전환사채를 보유하여 얻는 수입을 매우 간단하게 설명할 수 있었다. 그 이유는 주식전환의 권한이 단기채권에 부과되어 있었고 발행시점에서는 전환권이 없다고 가정하였기 때문이다. 그러나 앞의 단순모형과 달리 현재시점에서 전환사채를 매수할지라도 현재시점에서 주식전환권이 부여된다면 전환권을 사용할지를 어떻게 결정할 것인가? 현재시점에서 전환권이 있다면 패리티(parity)를 보고 전환권을 사용할지를 판단할 수 있다. 패리티는 주식가격을 전환가격으로 나눈 비율이다. 패리티가 1보다 크다는 것은 주식의 시장가치가 주식전환비용보다 더 크다는 뜻이다. 따라서 패리티가 1보다 클 때 전환권을 사용하면 이득을 볼 수 있다. 전환사채 한 단위를 한 단위의 주식으로 전

환하지 않고 다른 비율로 전환되는 경우를 고려하여 패리티가격의 개념을 이용하여 설명한다. 패리티가격은 전환사채 한 단위를 주식으로 전환할 때 받는 주식의 시장가치로 정의된다. 앞의 단순모형에서는 전환사채 한 단위를 한 단위의 주식으로 전환할 수 있는 것으로 가정했기 때문에 패리티가격은 주식 한 단위의 시장가격이 된다. 그러나 전환비율이 다른 경우에는 패리티가격과 주식가격이 일치할 필요가 없다.

현재시점에서 전환사채를 매수하고, 동시에 현재시점에서 주식전환권이 있다고 한다면 현재시점의 전환사채가격과 패리티가격의 차이가 있을 때 차익거래이득이 발생할 수 있다. 예를 들어 전환사채가격이 패리티가격보다 낮으면 전환사채를 현재시점에서 매수해서 주식으로 전환하면 전환하여 받은 주식의 시장가치가 더 높기 때문에 이득이 발생한다. 그러나 전환사채가격이 패리티가격보다 낮으면 전환사채가 시장에서 저평가되어 있는 상황이다. 전환사채가격이 패리티가격보다 낮으면 현재시점에서 투자자는 주식을 공매도하여 얻은 현재시점의 수입으로 전환사채를 매입하고 다음시점에서 전환옵션을 사용하여 받는 주식으로 공매도를 통해서 빌린 주식을 갚으면 차익거래이득을 얻을 수 있다. 앞에서 설명한 단순모형을 이용하여 이런 상황을 분석할 수 있다. 단순모형에서는 전환되는 주식의 수가 하나이므로 패리티가격이 현재시점의 주식가격($=s$)이다. $p_c < s$의 조건이 성립하는 경우 현재시점에서 투자자가 주식을 공매도하여 얻은 현재시점의 수입으로 전환사채를 매입하면 $(s - p_c)$의 이득이 발생한다. 투자자는 다음시점에서 전환옵션을 사용하여 주식을 받은 후에 이를 갚는다. 이런 방식의 전환사채차익거래로부터 발생하는 이득이 $(s - p_c)$이다.

<그림 13-4>는 한국거래소 홈페이지에 공개되어 있는 자료를 사용하여 추계한 전환사채가격을 패리티가격으로 나눈 비율을 보여주고 있다.[4] 앞에서 설명한 모형에서 전환사채가격이 패리티가격보다 낮으면 전환사채가 시장에서 저평

---

4) KOSIS 국가통계포털의 증권·파생상품시장통계 중 「전환사채가격지표」의 제목으로 저장되어 있는 데이터베이스에서도 동일한 시계열자료를 찾을 수 있다.

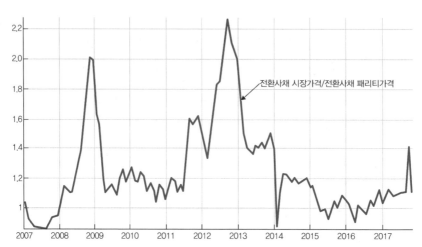

그림 13-4 패리티가격 대비 시장가격의 추이: 한국의 자료

출처: 한국거래소의 홈페이지

가되어 있는 상황으로 간주할 수 있다. <그림 13-4>를 보면 청색선은 2007년 기간 중 지속적으로 1보다 낮은 수치를 기록하고 있음을 확인할 수 있다. 2007년 기간 중 투자자가 주식을 공매도하고 이로부터 얻은 수입을 사용하여 전환사채를 매입하였다면 패리티가격과 전환사채가격의 차이에 해당하는 이득을 얻을 수 있었다는 것이다. 그 이유는 투자자는 다음시점에서 주식전환옵션을 사용하여 주식을 받은 후에 이를 주식공매도에서 빌린 주식을 갚는 데 사용할 수 있기 때문이다. 그 이외의 기간에서도 전환사채가격을 패리티가격으로 나눈 비율이 1보다 낮아지는 상황이 다수 발생한다. 2014년부터 2016년 기간 중 매년 각각 1회 내지는 2회 정도 청색선이 1보다 낮아지는 상황이 발생하고 있지만 지속기간은 길지 않은 것으로 나타난다. 따라서 저속이동자본의 사례로서 상대적으로 적합한 상황은 2007년의 상황이라고 할 수 있다.

합병차익거래

다음에서는 합병의 대상이 되는 기업의 주식가격이 어떻게 결정되는지를 간단히 설명한다. 분석의 단순화를 위해 합병시점은 다음시점이고, 합병발표시점은 현재시점이라고 가정한다. 합병발표시점에서 합병조건을 발표한다. 인수기업이 제안한 주식가격이 s_m이다. 다음시점에서 합병실패가 가능하다는 것을 반영하기 위해 α의 확률로 합병이 실패할 수 있다고 가정한다. 합병실패의 경우 합병대상기업의 주식가격을 s_f로 표시한다. 합병실패의 주식가격은 합병성공의 주식가격보다 낮다는 점을 반영하기 위해 $s_f = ks_m$이고, k는 1보다 작은 양수이다. 앞의 모형과 동일하게 (확률적) 할인인자를 β로 표기한다. <표 13-2>의 첫째 줄은 균형에서 차익거래이득이 없다는 조건을 사용하여 도출한 합병대상기업의 이론주식가격이다. 첫째 줄에서 s는 합병발표시점에서 합병대상기업의 이론주식가격을 나타낸다. $s_f = ks_m$의 조건을 화살표 앞에 있는 첫째 줄에서 균형조건에 대입하고 화살표 뒤에 있는 수식을 도출하면 합병대상기업의 합병발표시점의 주식가격은 합병성공의 주식가격보다 낮다는 것을 확인할 수 있다.

<표 13-2>의 둘째 줄은 (정상적인 예측의) 딜스프레드의 결정을 보여주고 있다. 딜스프레드(deal spread)는 인수기업이 제안한 주식가격과 합병대상기업의 주식가격의 차이로 정의된다. 딜스프레드가 양수일 때 차익거래이득이 존재하는 것인지에 대하여 궁금할 수 있다. 첫째 줄에서 합병대상기업의 이론주식가격을 계산할 때 차익거래이득이 없다는 조건을 이용하였다. 따라서 둘째 줄은 $\beta = 1$일지라도 합병실패의 확률이 1보다 작은 양수이면 차익거래이득이 없는 상황에서도 딜스프레드는 양수가 될 수 있다는 것을 함의한다. <표 13-2>의 셋째 줄은 미래시점의 상황전개에 대한 비관적인 예측이 발생하는 상황을 반영하고 있다. 이런 경우 비관적예측의 정도에 따라서 과도하게 딜스프레드가 커지는 상황이 발생할 수도 있다. 예를 들어 주식가격폭락이 발생하면서 앞으로 예정된 합병이 제대로 성사되지 못할 것이라는 예상이 과도하게 비관적으로 흐르

표 13-2 합병차익거래 모형

합병대상기업 이론주가	$s = \beta(\alpha s_f + (1-\alpha)s_m) \rightarrow s = \beta(1-\alpha(1-x))s_m$
정상적인 예측의 딜스프레드	$D = s_m - s \rightarrow D = (1-\beta(1-\alpha(1-x)))s_m$
비관적인 예측과 합병대상기업 이론주가	$s_p = \beta(1-\alpha'(1-x))s_m \rightarrow s_p = \tau s$
비관적인 예측의 딜스프레드	$D_p = s_m - s_p;\ 0 < \alpha < \alpha' < 1$
딜스프레드 비율	$D_p/D = (1-\tau x)/(1-x);\ x = \beta(1-\alpha(1-x))$
딜스프레드 괴리율	$(D_p - D)/D = x(1-\tau)/(1-x)$

주: $\tau = (1-\alpha'(1-x))/(1-\alpha(1-x))$이다. 첫째 줄의 화살표는 $s_f = ks_m$을 화살표 이전의 식에 대입하는 것을 의미한다. 둘째 줄의 화살표는 첫째 줄의 식을 둘째 줄의 화살표 이전에 있는 식에 대입하는 것을 의미한다. 셋째 줄의 화살표는 첫째 줄의 식을 셋째 줄의 화살표 이전에 있는 식에 대입하는 것을 의미한다. D는 딜스프레드를 나타낸다. α, β, k 등과 같은 계수들은 모두 1 이하의 값을 가지는 양수이면 딜스프레드는 항상 양수가 된다. τ와 x는 모두 1보다 작은 양수이다. 비관적인 예측의 딜 스프레드를 D_p이고, 정상적인 예측의 딜스프레드는 D이다. α는 정상적인 예측의 합병실패확률이고, α'는 비관적인 예측의 합병실패확률이다.

는 경우가 가능하다. 정상적인 예측으로 추정한 합병실패확률은 비관적인 예측으로 추정한 합병실패확률보다 작기 때문에 τ는 1보다 작은 양수이다. 따라서 셋째 줄에서 화살표 뒤에 있는 수식의 함의는 차익거래이득이 없다는 조건이 만족될지라도 비관적인 예측이 반영된 합병대상기업의 주식가격은 정상적인 예측이 반영된 합병대상기업의 주식가격보다 더 낮다는 것이다.

비관적인 예측을 반영한 딜스프레드와 정상적인 예측을 반영한 딜스프레드는 어떤 차이가 있는가? <표 13-2>의 넷째 줄은 비관적인 예측의 딜스프레드의 정의를 보여주고 있다. <표 13-2>의 다섯째 줄은 τ와 x는 모두 1보다 작은 양수이므로 정상적인 예측의 딜스프레드 대비 비관적인 예측의 딜스프레드의 비율이 1보다 작다는 것을 보여주고 있다. 어느 경우에 차익거래이득이 발생하는가? 합리적인 예측의 차익거래자들은 비관적인 예측의 주식가격으로 주식이 거래되고 있다면 주식시장에서 차익거래이득이 발생하였음을 감지할 수 있다. <표 13-2>의 여섯째 줄에서는 두 개의 서로 다른 딜스프레드가 있는 경우 차익거래이득이 있는지를 판단하기 위해 적용할 수 있는 딜스프레드의 괴리율을

계산하는 공식을 보여주고 있다. 합리적인 예측의 차익거래자들은 여섯째 줄의
공식을 이용하여 딜스프레드의 괴리율을 계산하고, 괴리율이 양수이면 차익거래
이득이 있음을 감지할 수 있다.

합병차익거래는 합병이전에 형성되는 합병대상기업의 주식가격과 합병주식가
격의 차이를 이용한다. 합병차익거래는 <표 13-2>에서 분석한 딜스프레드를
사용하여 투자수입을 얻는 투자행위로 간주할 수 있다. 합병형태에 따라서 차익
거래자의 투자방식이 달라질 수 있다. 현금합병과 주식합병이 있다. 현금합병은
인수회사가 합병대상회사의 주식을 현금을 주고 매수하는 방식을 말한다. 주식
합병에서는 인수기업의 주식과 합병대상기업의 주식을 교환한다. 현금합병의 경
우 차익거래자는 합병대상기업의 주식을 매수하여 합병완료시점까지 보유한다.
이는 합병완료시점까지 합병대상기업의 주식가격이 합병주식가격에 비해 낮다
는 점을 이용한 것이다.[5] 주식합병의 경우 차익거래자는 합병대상기업의 주식
을 매수하는 동시에 인수기업의 주식을 공매도한다. 합병완료가 이루어지면 합
병대상기업의 주식과 인수기업의 주식을 교환한다. 이때 합병대상기업의 주식을
앞서 공매도한 인수기업의 주식을 상환하기 위해 양도하는 주식으로 사용한다.

뮤추얼펀드 등 합병대상기업의 주식을 보유한 기관투자자들은 합병이 된다는
발표가 나온 직후에 합병대상기업의 주식을 매도한다. 합병완결이 성사되지 못하
면 주가가 하락하는데 이로부터 발생하는 손실을 부담하지 않기 위하여 미리 매
도하는 것이다. 반대로 합병차익거래를 이용하여 수익을 얻고자 하는 헤지펀드는
합병대상기업의 주식을 매수할 수 있다. 따라서 차익거래이득을 목표로 투자하는
차익거래자인 헤지펀드는 증권거래가 활발하게 이루어지도록 하여 증권시장에서
유동성을 공급하는 역할을 한다. 그러나 차익거래자의 역할이 제대로 이루어지지
못하는 상황이 발생할 수 있다. 차익거래자가 증권거래를 통해 차익거래이득을

---

5) <표 13-2>의 첫째 줄이 제공하는 함의는 합리적으로 예측하는 투자자들도 양수의 합병실패확
률을 인정한다면 차익거래이득이 없을지라도 합병시점의 이전에는 합병대상기업의 주식가격이 합
병주식가격보다 낮아야 한다는 것이다. 그러나 합병실패의 사건이 발생하면 주식가격이 폭락할
수 있다는 위험이 있기 때문에 둘째 줄에서 함의하는 양수의 딜스프레드는 차익거래이득의 존재
를 나타내는 시그널이라고 할 수 없다.

실현할 수 있음을 감지하더라도 자신이 조달할 수 있는 투자자금이 충분하지 않다면 증권거래에 동원할 수 있는 자금이 부족하다. 이 경우 차익거래자는 시장에서 유동성을 충분하게 공급하는 역할을 하기가 어렵다. 오히려 차익거래자들이 유동성을 쌓아야 하는 상황이 발생할 수도 있다. 예를 들어 헤지펀드에 투자하였던 자금을 투자자들이 회수하는 상황이 벌어지면 투자자들에게 투자원금을 돌려주기 위해 헤지펀드에서 보유하고 있는 증권들을 시장에서 매각해야 한다. 이런 상황이 벌어지면 차익거래자들이 오히려 유동성을 저장해야 하는 거래자로 바뀐다. 그 결과 기업합병으로 발생한 차익거래이득도 오랫동안 주식시장에 남아 있게 된다.

CDS-채권 베이시스의 모형

두 개의 거래가능한 채권 중 하나의 채권만 선택하여 투자하는 투자자의 선택을 분석한다. 위험중립선호의 투자자이므로 채권투자의 기대소득이 선택의 기준이다. 다음시점에서 R_b의 총수익률을 약속한 회사채와 다음시점에서 F의 총수익률을 약속한 무위험채권이 있다. 두 채권의 수익률은 모두 실질가치로 측정된다. 회사채의 경우 부도확률은 a이고, 모든 투자자들이 정확하게 부도확률을 알고 있다. 현재시점에서 회사채투자에서는 다음시점에서 $(1-a)R_b$의 소득이 예상되고, 무위험채권투자에서는 F의 소득이 예상된다. 두 개의 투자대안의 예상소득이 서로 다르면 두 채권의 가격도 다르다. 차익거래이득이 없다는 조건이 균형에서 만족되면 균형에서는 두 개의 투자대안의 예상총수익률은 같아져야 한다. 따라서 균형조건은 $(1-a)R_b = F$이다. 회사채스프레드는 회사채이자율에서 무위험채권의 이자율을 뺀 차이를 말한다. 따라서 회사채스프레드는 $R_b - F = (a/(1-a))F = aR_b$ 이다.

다음에서는 신용보험회사의 의사결정과정을 설명한다. 신용보험회사가 판매하는 보험은 회사채를 발행한 회사가 부도나는 경우 R_b의 보험금을 지급하는 보

표 13-3 CDS프리미엄이 외평채스프레드보다 낮은 경우

	현재시점 수입	다음시점의 예상수입
미국국채공매도	+1	-(미국국채이자율+1)
외평채매입	-1	+(외평채이자율+1)×(1-부도확률)
CDS가입계약	-CDS프리미엄	+(외평채이자율+1)×(부도확률)
계	-CDS프리미엄	가산금리

주: 가산금리는 (외평채이자율-미국채이자율)로 정의된다.

험이다. 신용보험시장이 완전경쟁이라고 가정하면 신용보험회사의 예상이윤이 제로가 되어야 한다. 제로예상이윤의 조건이 부과되면 신용보험회사의 보험료는 예상지급액과 같아져야 한다. 보험금지급은 부도가 발생하는 경우에만 발생하므로 예상보험지급액은 αR_b이다. 예상이윤이 제로이므로 보험료도 동일하게 αR_b이다. 또한 신용보험회사의 상품은 신용파산스왑 또는 CDS(Credit Default Swap)로 간주할 수 있다. 신용보험회사의 보험료는 CDS스프레드이다. 식으로 표현하면 CDS스프레드는 αR_b이다. 균형에서 회사채스프레드는 CDS스프레드와 같아진다. CDS-채권 베이시스는 CDS스프레드에서 회사채스프레드를 뺀 차이로 정의된다. 따라서 균형에서 CDS-채권 베이시스는 제로가 되어야 한다는 것이다.

　회사채스프레드와 CDS스프레드가 서로 다르면 어떤 일이 벌어지는가? 회사채스프레드는 신용보험회사의 예상비용을 의미하고 CDS스프레드는 신용보험회사의 수입을 의미한다. 먼저 신용보험회사가 앞으로 지급할 것으로 예상되는 금액이 CDS판매로부터 받는 수입보다 더 큰 경우를 가정하자. 이는 보험료가 상대적으로 낮다는 의미이므로 보험료를 올려야 한다. 반대로 신용보험회사가 지급할 것으로 예상되는 금액이 CDS판매수입보다 더 작은 경우를 가정하자. 이 경우 예상이윤이 양수이므로 더 많은 신용보험회사가 CDS를 공급하려고 한다. CDS스프레드가 낮아져 예상이윤이 제로가 될 때까지 회사가 새롭게 시장에 진입한다. 따라서 비용없이 자유로운 CDS시장의 진입이 보장되면 균형에서 두 개의 스프레드가 같아져야 한다는 것을 이론적으로 확인할 수 있다.

국가가 해외금융시장에서 발행하는 채권에 대해서도 신용보험상품이 가능하다. 다음에서는 정부채권의 스프레드와 이에 대한 CDS프리미엄의 관계를 설명한다. 예를 들어서 한국정부가 달러표시채권을 해외금융시장에서 판매하는 경우를 생각한다. 한국정부채권에 대한 부도확률을 a로 표시하고 총수익률을 R_k로 표시하면 한국정부채권의 스프레드는 $R_k - F = (a/(1-a))F = aR_k$이다. 이 조건은 회사채스프레드와 동일한 방식을 적용하여 도출된 것이다. 바로 위의 a는 국가부도확률이고 회사채모형의 a는 회사부도확률을 의미하기 때문에 서로 다른 의미이지만 사용하는 기호의 숫자를 줄이기 위해 같은 기호를 사용하였다.

한국정부가 발행한 채권에 대한 CDS프리미엄도 차익거래이득이 없는 균형에서는 한국정부채권의 스프레드와 같아져야 한다.[6] 두 스프레드가 같지 않다면 다음과 같은 방식으로 차익거래이득을 얻을 수 있다. 한국정부가 발행한 채권을 외평채라고 하자. 첫째, CDS프리미엄이 외평채스프레드보다 낮은 경우를 보기로 하자. CDS스프레드와 CDS프리미엄은 같은 의미로 사용한다. 미국국채를 공매도하여 현재시점에서 판매한다면 1달러의 수입이 발생한다. 그러나 다음시점에서 원금인 1달러와 미국 국채이자율을 합한 금액을 되돌려 주어야 한다. 여기서는 설명의 편의를 위하여 미국국채를 1달러만큼 공매도할 수 있는 것으로 가정한다. 다음의 작업은 미국국채를 매도하여 얻은 1달러의 수입으로 외평채를 매입하는 것이다. 이 경우 다음시점에서 원금 1달러에 추가하여 외평채의 이자율을 약속받는다. 그러나 다음시점에서 발생할 수 있는 부도가능성을 고려하여 외평채의 예상수입은 약속받은 금액에서 부도확률에 원리금을 곱한 액수를 감해야 한다. 또한 CDS보장을 매입하면 외평채에서 약속한 원리금을 그대로 받을 수 있다. CDS보장을 받기 위해 현재시점에서 지불하는 비용은 CDS스프레드가 된다. 현재시점과 다음시점의 시간거리가 매우 짧아서 할인이 없다고 가정하면 차익거래이득은 (외평채스프레드 − CDS스프레드)이다. 앞에서 설명한 차익거래

---

6) <표 13−3>과 <표 13−4>의 모형에서는 CDS프리미엄과 CDS스프레드를 같은 의미로 사용한다. 실제거래에서는 두 용어의 차이가 있을 수 있으나 두 모형의 내용을 설명하는 데 문제가 없어서 자세한 차이에 대한 설명은 생략한다.

표 13-4 CDS프리미엄이 외평채스프레드보다 높은 경우

	현재시점의 수입	다음시점의 예상수입
외평채공매도	+1	−(외평채이자율＋1)×(1−부도확률)
미국국채매입	−1	+(미국채이자율＋1)
CDS매도계약	CDS프리미엄	−(외평채이자율＋1)×(부도확률)
계	CDS프리미엄	−가산금리

주: 가산금리는 (외평채이자율 − 미국채이자율)로 정의된다.

이득을 실현하는 과정은 <표 13−3>에 요약되어 있다. 외평채스프레드는 외평채이자율에서 동일한 만기의 미국국채이자율을 뺀 차이로 정의된다.

둘째, CDS프리미엄이 외평채스프레드보다 높은 경우를 보기로 하자. 현재시점에서 1달러에 해당하는 외평채의 공매도를 실시한 것으로 가정한다. 이는 <표 13−4>의 첫째 줄에서 볼 수 있듯이 현재시점에서 외평채와 동일한 투자수익을 약속하는 달러표시채권을 현재시점에서 1달러 발행할 수 있다고 가정한 것과 동일하다. 따라서 다음시점에서 예상되는 지출은 외평채에서 약속한 원리금에서 (1−부도확률)을 곱한 금액이다. 외평채를 현재시점에서 판매하면 1달러의 수입이 발생한다. 1달러의 수입으로 미국국채를 매입한다. 다음시점에서 미국국채의 원리금을 받는다. 또한 CDS보장을 매도한다. 그 결과 CDS스프레드의 수입이 발생한다. 지금 설명한 일련의 과정에 대한 현재시점의 수입은 CDS보장을 매도하여 받은 수입이다. 현재시점과 다음시점의 시간거리가 매우 짧아서 할인이 없다고 가정하면 차익거래이득은 (CDS스프레드−외평채스프레드)이다. 앞에서 설명한 차익거래이득을 실현하는 과정은 <표 13−4>에 요약되어 있다.

레버리지 사이클

레버리지 사이클(leverage cycle)은 거시경제의 호황과 불황이 반복되는 과정에서 레버리지비율의 경기순응적인 변동을 의미한다. 거시경제의 호황에서 레버

리지비율이 높아지고 거시경제의 불황에서 레버리지비율이 낮아지는 현상을 말한다. 여기서 레버리지비율은 자산을 순자산으로 나눈 비율이다. 레버리지 사이클은 금융변수인 레버리지비율이 거시경제의 경기순환과 관련이 있다는 것을 함의한다. 레버리지 사이클이 존재하면 그렇지 않은 경우와 비교하여 경기순환의 국면이 변화하면서 자산가격변동이 확대되는 효과가 발생한다.

지나코플로스(John Geanakoplos)는 2010년에 발표한 논문에서 레버리지 사이클의 중요한 원인 중의 하나는 투자자가 가지고 있는 자산의 내재가치에 대한 낙관적인 기대와 비관적인 기대의 변화라는 함의를 담은 모형을 분석한다.[7] 본 절에서는 지나코플러스의 모형에 차익거래자와 증권금융기관의 역할을 추가하여 투자자의 낙관적 기대와 비관적 기대가 균형마진에 미치는 효과를 분석한다. 다음시점에서 증권가격은 내재가치와 같을 수도 있고 또는 내재가치에 비해 낮을 수도 있다. 증권의 내재가치는 1이다. 개별 투자자마다 다음시점의 증권가격이 내재가치와 같아지는 확률을 다르게 평가한다. 예를 들어 투자자는 q의 확률로 다음시점의 증권가격이 내재가치와 같고 $(1-q)$의 확률로 다음시점의 증권가격이 0.3이 되는 것으로 예측한다.[8] 그러나 투자자마다 q의 값을 다르게 평가한다. q가 취할 수 있는 범위는 0과 1을 포함하는 $[0, 1]$ 구간과 같다. 따라서 전체 소비자의 규모는 1이다. 현재시점의 증권가격은 p이다. 각각의 투자자는 현재시점에서 증권을 구매하는 것이 유리한 것으로 판단하면 증권시장에서 매수하고, 판매하는 것이 유리하다고 판단하면 매도한다. 매수자는 매수하는 증권을 담보로 증권금융기관으로부터 증권담보대출을 받을 수 있다. 매도자는 증권금융기관으로부터 증권 대출을 받아서 매도할 수 있다. 모든 투자자는 마진을 감당할 수 있는 순자산을 보유하고 있는 것으로 가정한다. 개별 거래자들은 한 단위의 증권만 거래할 수 있는 것으로 가정한다. 현재시점에서 증권시장의 균형가격을 다음과 같이 계산할 수 있다. q의 확률을 가진 투자자에게 다음시점에서 증

---

7) 지나코플러스의 논문은 제1장에서 인용한 「The Leverage Cycle」이다.
8) 다음시점의 증권가격이 내재가치보다 낮게 실현될 때 반드시 0.3일 필요는 없지만 여기에서는 분석편의를 위해 임의로 하나의 숫자를 선택한다.

권이 제공하는 투자수익에 대한 기대값은 $(q + 0.3(1 - q))$이다. 분석편의를 위해 투자자의 할인인자는 $\beta = 1$인 것으로 가정한다.

증권매수자와 매도자들은 어떻게 결정되는가? 증권매수자는 $q + 0.3(1 - q) > p$의 부등호를 만족하는 q의 값을 가진 사람들이다. 증권매도자는 $q + 0.3(1 - q) < p$를 만족하는 q의 값을 가진 사람들이다. 이제 $q' + 0.3(1 - q') = p$를 만족하는 q'를 계산하면 $q' = (p - 0.3)/0.7$이다. 증권의 매도자와 매수자의 규모를 계산하면 수요와 공급을 계산할 수 있다. $q > q'$인 사람들은 매수자이다. $q < q'$인 사람들은 매도자이다. 개별 거래자들은 한 단위 증권만 거래할 수 있으므로 증권시장의 수요는 $1 - q' = (1 - p)/0.7$이다. 증권시장의 공급은 $q' = (p - 0.3)/0.7$이다. 청산조건을 만족하는 시장가격은 $(1 - p)/0.7 = (p - 0.3)/0.7$을 만족해야 한다. 따라서 증권시장의 균형가격은 $p = 0.65$이다.

균형마진은 얼마인가? 금융대부업자가 차익거래자에게 증권을 담보로 대출한다면 마진을 적용한다. 최악의 상황에서도 대출금을 그대로 회수할 수 있도록 하려면 다음시점에서 실현될 증권가격 중 가장 낮은 가격과 같은 금액을 대출하는 것이다. 부도가 없도록 하기 위해 금융대부업자가 매수자에게 적용하는 마진은 (현재시점의 시장가격 - 다음시점에서 실현될 수 있는 가격 중에서 가장 낮은 가격)이다. 위에서 계산한 결과를 응용하면 마진은 $(0.65 - 0.3) = 0.35$이다. 매도자에게 적용하는 마진은 (다음시점에서 실현될 수 있는 가격 중에서 가장 높은 가격 - 현재시점의 시장가격)이다. 위에서 계산한 결과를 응용하면 마진은 $(1 - 0.65) = 0.35$이다. 레버리지비율은 약 $1.86(= 0.65/0.35)$이다. 다음시점의 증권가격에 대한 투자자의 예측이 낮아지면 현재시점의 증권가격이 낮아지면서 레버리지비율도 낮아진다. 구체적인 예를 들기 위해 q의 확률을 가진 투자자는 q의 확률로 다음시점의 증권가격이 내재가치와 같고 $1 - q$의 확률로 다음시점의 증권가격이 0.2가 되는 것으로 예측한다. 증권매수자는 $q + 0.2(1 - q) > p$를 만족하는 q의 값을 가진 사람들이다. 증권매도자는 $q + 0.2(1 - q) < p$를 만족하는 q의 값을 가진 사람들이다. 여기서 $q' + 0.2(1 - q') = p$를 만족하는 q'를 계산하

면 $q' = (p - 0.2)/0.8$이다. $q > q'$인 사람들은 매수자이다. $q < q'$인 사람들은 매도자이다. 개별 거래자들은 한 단위의 증권만 거래할 수 있으므로 증권시장의 수요는 $1 - q' = (1 - p)/0.8$이다. 증권시장의 공급은 $q' = (p - 0.2)/0.8$이다. 청산 조건을 만족하는 시장가격은 $(1 - p)/0.8 = (p - 0.2)/0.8$을 만족해야 한다. 따라서 증권시장의 균형가격은 $p = 0.6$이다. 매수자에게 적용하는 마진은 (현재시점의 시장가격 − 다음시점에서 실현될 수 있는 가격 중에서 가장 낮은 가격)이므로 위에서 계산한 결과를 적용하면 $(0.6 - 0.2) = 0.4$이다. 매도자에게 적용하는 마진은 (다음시점에서 실현될 수 있는 가격 중에서 가장 높은 가격 − 현재시점의 시장가격)이므로 위에서 계산한 결과를 적용하면 $(1 - 0.6) = 0.4$이다. 매수자의 자산은 0.6이고 이를 위해 자신이 마련해야 하는 마진은 0.4이다. 따라서 레버리지비율은 $1.5(= 0.6/0.4)$이다.

투자자들이 미래시점의 증권가격에 대한 낙관적 기대 또는 비관적 기대를 형성하는지에 따라 현재시점의 증권가격과 레버리지비율에 영향을 미칠 수 있음을 보였다. 또한 증권의 내재가치를 1로 고정시켰지만 미래시점에서 증권의 내재가치에 대한 불확실성이 있는 상황을 생각해 볼 수 있다. 예를 들어 증권의 내재가치가 q의 확률로 1이 되고 $(1 - q)$의 확률로 0.3이 된다고 투자자들이 예측한다. 또는 증권의 내재가치가 q의 확률로 1이 되고 $(1 - q)$의 확률로 0.2가 된다고 투자자들이 예측한다. 증권의 예상내재가치는 후자의 경우가 더 낮다. 후자의 경우가 전자의 경우에 비해 미래시점에서 증권의 내재가치에 대한 비관적 기대를 가지고 있다. 내재가치에 대한 낙관적 기대와 비관적 기대가 현재시점의 증권가격에 미치는 효과를 앞에서 설명한 방식을 사용하여 분석할 수 있다.

연습문제

01 우리나라 정부가 달러표시채권을 해외금융시장에서 발행하는 것으로 가정한다. 외국환평형 기금채권을 발행하고 외국환평형기금을 조성하여 환율을 안정적으로 관리하기 위해 사용한다. 미국의 10년만기 국채의 발행금리는 2.32%이다. 10년만기 외평채의 발행금리는 2.87%이다. 차익거래 이득이 없을 때 외평채를 기초자산으로 하는 10년물 CDS 매도호가를 계산하시오.

02 위의 문제에서 우리나라에서 발행한 외평채를 1억불 매입한 투자자가 자신이 투자한 금액에 대하여 위에서 설명한 CDS 보장매입계약을 체결하였다면 매년 얼마의 비용을 지불하는지를 계산하시오.

03 신주인수권부사채(bond with warrant)는 주식으로 인수하더라도 약속한 액면을 그대로 지급한다는 점이 전환사채와 다른 점으로 알려져 있다. 매수자가 주식을 인수할 때 지불해야 하는 가격을 1이라고 미리 결정하여 신주인수권부사채를 발행하는 경우 본문에서 설명한 전환사채모형을 사용하여 신주인수권부사채의 가격과 전환사채의 가격이 같음을 보이시오.

04 위의 문제에서 신주인수권부사채의 매입자가 주식을 인수할 때의 가격을 m으로 결정하는 경우 신주인수권부사채의 가격을 계산하시오.

05 기업들이 회사채를 발행하면서 동시에 일반회사채가 아닌 신주인수권부사채와 전환사채를 발행하려는 이유에 대하여 설명하시오.

06 베이시스가 플러스 값이면 콘탱고이고 베이시스가 마이너스 값이면 백워데이션으로 부른다. 각각의 경우 차익거래이득을 얻을 수 있다고 한다. 어떻게 차익거래이득을 얻을 수 있는지를 설명하시오. 또한 이론베이시스와 시장베이시스 간의 차이를 설명하시오.

07 스왑베이시스와 스왑스프레드를 설명하시오.

08 인수하는 기업의 주식 한 주당 합병되는 기업의 주식을 ω의 비율로 교환하는 합병을 가정하시오. ω의 값은 1보다 작은 양수이다. 합병이 이루어지는 시점에서 인수하는 기업의 예상주가는 s^e로 표기한다. 제13장에서 설명한 모형을 적용하여 합병되는 기업의 주식가격을 계산하시오.

09 위의 문제에서 가정한 두 기업의 합병 비율이 실제의 합병에서는 어떻게 결정되는지를 설명하시오.

10 스왑베이시스에 관한 설명 중 옳은 항목들을 있는 대로 고르고, 이유를 설명하시오.
   ① 스왑의 대상으로 선정된 채권의 부도위험을 나타내는 지표로 사용된다.
   ② 달러유동성의 상황을 파악할 수 있는 지표로 사용된다.
   ③ CRS금리와 IRS금리의 차이를 말한다.
   ④ 스왑금리와 무위험국채금리의 차이를 말한다.

11 CDS프리미엄이 외평채스프레드보다 클 경우 차익거래이득을 실현시킬 수 있는 거래와 관계가 없는 항목들을 있는 대로 고르고, 이유를 설명하시오.
   ① 미국국채공매도
   ② 외평채매입
   ③ CDS가입계약
   ④ 외평채공매도

12 차익거래자의 역할에 관하여 맞는 설명을 선택한 후 이유를 설명하시오.
   ① 차익거래이득을 추구하는 행위는 항상 금융시장의 불안정성을 증대시킨다.
   ② 금융증권가격의 불안정성을 증가시키는 거래자는 평균적으로 손해를 볼 가능성이 높다.
   ③ 투자전문가에게 위탁투자를 선택하면 투자성과를 반영한 투자자금조정이 전혀 필요 없다.
   ④ 효율적시장가설에서는 소수의 차익거래자가 차익거래이득을 제거하는 것으로 가정한다.

13 전환사채와 관련하여 맞는 설명을 선택한 후 이유를 설명하시오.
   ① 은행이 보유하고 있는 전환사채에 대해 주식전환권을 실행한 이후에도 계속해서 보유하면 자기자본비율이 달라질 수 있다.

　② 전환사채는 주식전환권이 있어서 실제가격이 내재가치보다 더 낮아질 수 없다.

　③ 전환사채의 이자율이 일반사채의 이자율보다 더 낮다.

　④ 전환사채와 신주인수권부사채는 완전대체재의 성격을 가진다.

14 CDS프리미엄이 외평채스프레드보다 작을 경우 차익거래이득을 실현시킬 수 있는 거래와 관계없는 항목을 선택하고 이유를 설명하시오.

　① 외평채공매도

　② 미국채매입

　③ CDS매도계약

　④ 미국채공매도

15 이자율스왑(interest rate swap)에 관하여 맞는 설명을 선택한 후 이유를 설명하시오.

　① 이자율스왑은 투자자의 차익거래이득과 위험기피와 전혀 관련없는 이윤추구를 목표한다.

　② 이자율스왑은 만기시점의 이전에는 이자만 교환하고 만기시점에서는 원금만 교환한다.

　③ 이자율스왑에서 pay 포지션의 비용은 『고정금리×액면』이고, 수익은 『변동금리×액면』이다. receive 포지션의 비용은 『변동금리×액면』이고, 수익은 『고정금리×액면』이다.

　④ 차익거래이득이 없는 균형에서는 『이자율스왑의 고정금리=변동금리의 기대값』의 등식이 성립해야 한다.

16 한국은행과 국민연금의 스왑과 관련하여 맞는 설명을 선택한 후 이유를 설명하시오.

　① 한국은행은 달러화를 국민연금에게 제공하고 국민연금은 한국은행에게 원화를 제공하는 거래이다.

　② 외환시장에서 발생할 국민연금의 달러화수요를 흡수할 수 있어서 원달러환율의 급속한 상승을 완화하는 효과가 있다.

　③ 스왑거래를 영구적으로 연장하지 않는다면 한국은행의 외환보유고에 일시적인 변화만 발생한다.

　④ 원달러환율이 급격히 상승하는 시점에서는 국민연금에게 불리한 결과만 나타난다.

17 통화스왑(Currency Rate Swap 또는 CRS)과 맞는 항목을 선택하고 이유를 설명하시오.

　① CRS금리는 원화자금과 달러자금의 교환에서 적용되는 원화고정금리를 말한다.

　② 거래상대방으로부터 달러화를 받는 대신에 원화를 주는 계약에서 한국의 금융기관이 리보금리를 적용하여 거래상대방에게 이자를 지급하는 대신 거래상대방은 고정금리를 적용하여 이자를 지급한다.

③ CRS의 receive 포지션은 CRS금리를 받는 대신 리보금리를 지불하는 것으로 볼 수 있다.

④ CRS의 pay 포지션은 CRS금리를 지불하는 대신 리보금리를 받는 것으로 볼 수 있다.

제14장

금융중개기관과 통화정책의 전달경로

제14장

금융중개기관과 통화정책의 전달경로

통화정책의 전달경로는 통화정책의 변화가 거시경제의 주요 변수들에 어떠한 과정을 거쳐서 영향을 미치는가를 의미하고 이에 대한 다양한 견해들이 있다. 앞에서 설명한 거시경제모형들은 주로 금리경로의 중요성을 강조하여 통화정책의 실물효과에서 금융중개기관이 어떠한 역할을 하는지에 대하여 자세한 설명이 없었다. 가계와 기업의 경제활동과 실제로 직접적인 접촉을 가지고 있는 곳은 중앙은행이 아니라 은행을 비롯한 금융중개기관이다. 따라서 중앙은행이 결정하는 통화정책의 방향이 변화하더라도 금융중개기관이 정책의 변화를 가계와 기업에 제공하는 신용에 반영하지 않는다면 통화정책의 실물효과가 실효적으로 발생하기 어렵다는 점은 쉽게 짐작할 수 있다.

통화정책의 전달경로에서 금융중개기관의 역할을 강조하는 두 개의 가설에 대하여 소개한다. 첫째, 은행대출경로이다. 중앙은행이 경기부양을 위해 공개시장조작을 통해 시중은행의 여유지불준비금을 증가시키게 되면 그 결과 금융시장의 유동성이 증가한다. 유동성의 증가가 금융시장에만 머무르지 않고 실제로 실물경제에 가시적인 영향을 미치기 위해서 은행대출이 증가해야 한다. 은행대출이 증가하여 기업이 생산설비와 기계 등의 투자를 위한 자금을 예전에 비해 더 쉽게 조달할 수 있다면 총투자가 증가한다. 이제 투자수요의 증가에 의해 총수요가 증가하면 중앙은행이 의도한 실물경제의 경기부양을 기대할 수 있다. 결국 은행대출경로는 통화정책의 전달경로에서 은행대출이 중요한 역할을 한다는 점을 강조하는 견해를 말한다.

그러나 중앙은행이 금리에 대한 목표치를 조정하는 방식을 채택하면 통화공급에 대한 목표치를 조정하는 방식을 실시하던 시대에 비해 은행대출경로의 중요성이 감소할 가능성을 생각해 볼 수 있다. 은행대출경로는 통화량타기팅이 실시되는 경우에는 더 의미가 있고, 중앙은행이 금리를 운용목표로 채택하는 경우에는 효과가 상대적으로 작다고 주장할 수 있다. 이에 덧붙여서 은행이 자금을 조달하는 방식과 영업하는 방식이 시간이 지나면서 달라져 왔다는 점도 은행대출경로의 중요성이 감소할 가능성에 대한 근거로 들 수 있다. 예를 들어 은행은 예금 이외에도 시장성수신을 통해서 자금을 조달하는 비중을 증가시켜왔다. 이 경우 공개시장조작을 통해서 시중은행의 여유지불준비금을 줄이더라도 시장성수신을 통해 대출에 필요한 자금을 조달할 수 있다. 따라서 은행이 공급하는 대출자금의 크기에 대한 중앙은행의 영향력이 감소할 수 있다. 또한 은행의 영업방식을 보면 대출영업 이외의 다른 영업이 차지하는 비중이 상대적으로 증가해왔다. 그 결과 과거에 비해 은행대출경로의 실효성이 감소하였을 가능성도 지적할 수 있다. 마지막으로 기업들의 은행대출에 대한 의존도가 낮아져 왔다. 특히 대기업의 경우 중소기업에 비해 더 손쉽게 기업어음 또는 회사채를 발행할 수 있다.

둘째, 광의의 신용경로이다. 이는 통화정책이 은행대출뿐만 아니라 기업의 채권발행을 통한 외부차입의 크기에도 영향을 미칠 수 있다는 견해이다. 기업이 외부차입을 통해 조달하는 자금의 크기를 결정하는 두 개의 요인을 강조한다. 첫째 요인은 기업이 진행하려는 투자의 예상수익률과 무위험채권의 수익률의 괴리이다. 둘째 요인은 기업의 순자산이다. 동일한 수준의 순자산을 가진 기업들에 대하여 투자의 예상수익률이 무위험채권의 수익률에 비해 더 높을수록 더 많이 차입할 수 있다. 또한 동일한 투자의 예상수익률에 대하여 기업이 보유한 순자산이 클수록 더 많이 차입할 수 있다. 이와 같은 방식으로 기업의 차입이 결정된다는 것은 중앙은행이 통화정책을 통해 무위험채권의 실질이자율을 조정할 수 있다면 기업이 조달하는 투자자금의 크기에 영향을 미칠 수 있다는 함의가 있다. 따라서 광의의 신용경로는 단기금리를 조정하여 인플레이션목표치를 달성하는 인플레이션타기팅제도가 실시되는 국가에서도 작동한다.

  광의의 신용경로와 관련된 다음의 주제는 어떤 이유로 기업의 외부차입이 기업투자의 예상수익률과 무위험채권의 투자수익률의 괴리 그리고 기업이 보유한 순자산의 증가함수가 되는지를 분석하는 것이다. 이런 맥락에서 제14장에서는 정보비대칭성이 존재하는 상황에서 은행과 기업이 체결한 금융계약의 형태로 실행되는 은행대출은 기업투자의 예상수익률과 무위험채권의 투자수익률의 괴리와 기업이 보유한 순자산의 증가함수가 된다는 것을 보인다. 정보비대칭성의 개념이 등장하는 이유는 다음과 같이 설명할 수 있다. 신용시장에서 신용을 제공하는 사람은 자금을 빌려 가는 사람들이 진행하는 투자사업에 대하여 그들만큼 알지 못한다. 따라서 신용을 제공하는 사람은 자금을 공급하는 사람과 자금을 차입하는 사람의 사이에 존재하는 정보비대칭성으로 인해 야기되는 문제들을 완화시켜야 한다. 다양한 수단이 있겠지만 정보비대칭성은 금융계약의 형태에도 영향을 미친다. 예를 들어 타운센드(Robert Townsend)는 자금을 차입하는 사람들이 진행하는 투자의 실현된 수익을 자금을 공급하는 사람들이 확인하기 위해 금전적인 비용을 지불해야 한다면 신용시장에서 자금을 공급하는 사람과 자금을 차입하는 사람 사이에서 가능한 여러 형태의 금융계약이 가능할지라도 최적형태는 부채계약임을 보였다.[1] 여기서 부채계약의 의미는 자금을 차입하는 사람의 상환액이 차입금으로 진행하는 투자의 실현된 성과에 따라 달라지지 않고 미리 결정된다는 것이다.

  또한 금융중개기능이 실물경제의 경기순환을 증폭시키는지 아니면 완화하는지가 궁금할 수 있다. 버냉키, 거틀러, 질크라이스트(Ben Bernanke, Mark Gertler,

---

1) 1987년 Journal of Economic Theory(Vol. 21, pp. 265－293)에 수록된 타운센드의 논문제목은 「Optimal Contracts and Competitive Markets with Costly State Verification」이다.

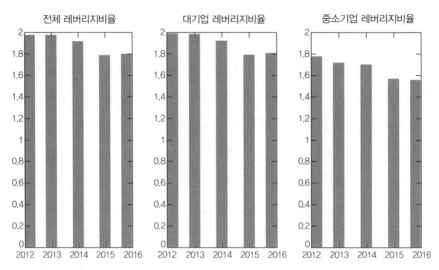

그림 14-1 기업의 자본 대비 자산의 비율: 한국

자료: 한국은행의 기업경영분석

and Simon Gilchrist)는 금융중개기능의 금융가속기(financial accelerator) 효과를 강조한다.[2] 이는 금융중개기능으로 인해 실물경제의 경기순환이 증폭되는 효과가 발생한다는 것을 말한다. 금융중개기능이 존재하기 때문에 실물경제의 경기순환이 증폭되는 이유는 무엇인가? 그 이유는 외부자금조달이 가능해지면 기업이 소유한 순자산의 몇 배가 되는 투자가 가능하기 때문이다. 순자산 대비 자산의 비율을 레버리지비율(leverage ratio)로 정의할 때 금융중개기능을 통해 레버리지비율이 충분히 커지면서 실물자본에 대한 투자의 변동이 증폭될 수 있기 때문이다.

우리나라 기업의 자금조달

<그림 14-1>은 우리나라 비은행기업의 순자산 대비 총자산의 비율을 보여주고 있다. 이 그림에 의하면 순자산 단위당 총자산의 비율은 2012년 200%를

---

2) 이들이 공저한 논문은 1999년 출간된 Handbook of Macroeconomics의 21장에 수록된 「The Financial Accelerator in a Quantitative Business Cycle Framework」이다.

약간 못 미치는 수준이었지만 2015년과 2016년 180% 미만으로 떨어진 것으로
나타난다. <그림 14-1>은 대기업의 순자산 대비 총자산의 비율이 중소기업
에 비해 약간 높은 것으로 나타난다. 대기업의 경우 2012년 200% 근방에서
2015년과 2016년에는 180% 근방으로 떨어진다. 중소기업의 경우 2012년 180%
근방에서 2015년과 2016년에는 150% 근방으로 떨어진다. 총자산을 순자산으로
나눈 비율로 정의되는 레버리지비율은 비은행기업이 자신이 직접 마련한 내부자
금인 순자산 1원당 외부로부터 자금을 조달하여 어느 정도 수준으로 자산을 확
대할 수 있는지를 나타낸다. 따라서 레버리지비율이 높을수록 외부투자자로부터
조달한 자금의 비중이 높다. <그림 14-1>에 따르면 우리나라의 자료에서는
200% 미만인 것으로 나타난다.

사회적으로 바람직한 레버리지비율이 존재하는지에 대하여 질문할 수 있다.
과도한 레버리지의 거시경제적 위험에 대하여 생각해 볼 수 있다. 기업이 과도
한 부채를 쌓아서 무리하게 회사규모를 확장한다면 레버리지비율이 높아진다.
과도하게 높은 레버리지비율을 가진 경제는 경기가 하강할 때 기업의 도산이 크
게 증가하여 경제위기가 발생할 가능성이 높다. 그러나 기술경쟁력이 높은 기업
들이 외부차입을 통해 활발하게 생산활동을 할 수 있다면 거시경제적으로 바람
직한 효과를 기대할 수 있다. 따라서 거시경제적인 관점에서 적정한 레버리지비
율이 존재할 것으로 생각할 수 있다. 구체적으로 몇 퍼센트가 사회적으로 바람
직한 레버리지비율인가를 제시하기는 쉽지 않다. 또한 민간경제주체의 자발적인
참여에 의해서 결정된 부채계약을 통해서 레버리지비율이 결정된다는 점을 고려
해야 한다. 따라서 민간에서 자발적으로 결정한 부채계약의 조건이 반드시 사회
전체의 입장에서 최적조건이 되지 않을 수 있다는 점도 염두에 두어야 한다. 이
런 측면을 반영하여 제14장에서는 기업과 은행 간 정보비대칭성이 존재하는 경
우 최적부채계약모형을 분석한다. 최적부채계약에서 도출된 레버리지비율을 최
적레버리지비율이라고 정의한다. 최적레버리지비율은 기업투자의 예상투자수익
률을 무위험채권의 투자수익률로 나눈 비율의 증가함수이고, 기업의 경영효율성

그림 14-2 기업규모별 은행대출: 한국

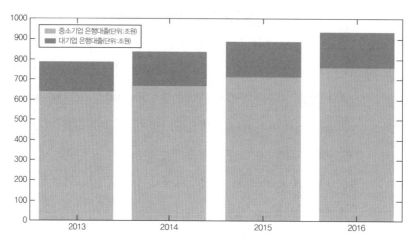

자료: 한국은행의 기업경영분석

이 가지고 있는 특성에도 의존하는 것을 보인다.

다음에서는 기업의 자금조달방식과 관련된 이슈를 설명한다. 일반적으로 기업은 주식 또는 채권을 발행하여 자금을 조달할 수 있다. 또한 금융기관의 대출을 통해 자금을 조달할 수 있다. 기업이 증권을 발행하여 자금을 조달하는 것을 직접금융(direct finance)에 의한 자금조달이라고 한다. 기업이 금융기관을 거쳐서 자금을 조달하는 것을 간접금융에 의한 자금조달이라고 한다. 실제경제에서 어떠한 형태의 자금조달이 더 중요한지에 대하여 궁금해질 수 있다. 2013년에 출간된 미시킨(Mishkin)의 교과서는 미국, 독일, 일본, 캐나다의 비은행기업을 중심으로 직접금융과 간접금융을 통한 외부자금의 비중에 대한 자료를 제시하고 있다. 은행과 비은행금융기관의 대출을 합하여 추계한 간접금융의 비중이 미국 56%, 독일 86%, 일본 86%, 캐나다 74%를 기록하고 있다. 은행대출금은 미국 18%, 독일 76%, 일본 78%, 캐나다 56%이다. 우리나라의 경우도 간접금융의 비중이 작지 않은 것으로 알려져 있다.

<그림 14-2>는 2010년대 기업규모별 은행대출을 보여주고 있다. 청색부분은 대기업에 대한 은행대출의 잔액이고 회색부분은 중소기업에 대한 은행대출

의 잔액이다. 중소기업에 대한 대출 잔액은 2013년 600조 정도에서 2016년 800조에 가깝게 증가하고 있다. 같은 기간 동안 대기업에 대한 대출은 지속적으로 200조 미만이다. 중소기업에 대한 은행대출의 총액이 대기업에 대한 은행대출의 총액을 상회한다. 중소기업의 은행대출에 대한 의존도가 대기업에 비해 훨씬 높다는 점은 쉽게 이해될 수 있다. 사실 일반 투자자의 입장에서도 인지도가 높은 대기업이 발행한 채권을 상대적으로 인지도가 낮은 중소기업이 발행한 채권에 비해 선호할 것으로 쉽게 예측할 수 있다. <그림 14-2>는 은행대출의 감소는 대기업의 자금조달보다는 중소기업의 자금조달에 더 크게 영향을 미친다는 것을 보여주고 있다. 예를 들어 중앙은행이 인플레이션을 낮추기 위해 기준금리를 인상하여 은행대출이 감소하면 이는 대기업보다 중소기업에 더 크게 영향을 줄 수 있다는 것이다. 따라서 기업 규모별로 통화정책이 투자 및 생산에 미치는 효과는 달라질 수 있다.

부채계약과 이해의 불일치현상

기업가는 보유하고 있는 기술을 자본과 결합하여 미래시점에서 소득을 창출할 수 있다. 기업가가 소유하고 있는 순자산의 가치는 N이다. 은행대출을 받아서 조달한 자금과 기업가가 원래 소유하고 있던 순자산을 합쳐서 모은 자금으로 자본을 구매한다. 자본재 한 단위의 가격이 1이라고 가정하고 은행대출을 L로 표시할 때 기업가가 구매한 자본 K의 크기는 $K = N + L$이 된다. 모든 기업가가 동일한 것이 아니라 각각의 기업가는 경영능력에서 차이가 있다. 기업가의 경영능력의 차이는 각 기업의 경영효율성의 차이로 나타난다. 경영효율성의 차이는 개별 기업의 투자성과에 영향을 미친다. 따라서 자본 한 단위당 투자수익은 두 개의 요인에 의해서 결정된다. 경제전체의 평균적인 수익률을 결정하는 것은 거시경제적 요인과 각 기업의 경영효율성이다. 위에서 설명한 개념들을 다음과 같이 수식으로 나타낸다. 개별 기업의 투자 단위당 실현된 수익률은 ωR이다. 평균적인 수익률은 자본스톡 단위당 R이고, ω는 기업의 경영효율성을 나타내는 지표이다. 따라서 미래시점에서 실현되는 기업가의 투자수익은 ωRK이다. 기업의 경영효율성이 높으면 다른 기업과 유사한 투자에서도 보다 더 높은 투자수익을 실현시킬 수 있다. 오랜 기간 낮은 경영효율성을 보인 기업은 장기간 ω의 값이 낮게 실현되는 기업으로 볼 수 있다.

특정한 기업의 경영효율성이 낮아 ω의 값이 매우 낮게 실현된다면 대출계약에서 약정한 원리금을 상환하지 못해 청산된다. 대출계약을 체결하는 시점에서는 경영효율성이 앞으로 어느 정도로 실현되느냐를 은행과 기업 모두 모르는 것으로 가정한다. 그러나 투자수익이 실현되면 기업은 자신의 투자성과를 정확하게 알게 되지만 은행은 회계감사를 실시하지 않는 한 기업의 투자성과를 정확하게 알 수 없다. 따라서 실현된 투자수익에 대하여 정보비대칭성이 존재한다. 정보비대칭성이 적용되는 변수는 ω이다. 경영효율성을 나타내는 지표인 ω는 $[a, b]$구간에서 움직이는 변수이다. a와 b는 모두 양수이고 구간의 길이를 $\Delta = b - a$로 표기한다. 균등분포의 가정을 부과하면 구간 내에 하나의 값을 가지는 확률은 $(1/\Delta)$이다. 기업가는 자신이 직접 소유한 자산을 처분하여 마련한 내부자금에 더하여 외부로부터 자금을 조달하기 위해 투자자와 투자계약을 맺어야 한다. 두 종류의 계약이 가능하다. 부채계약(debt contract)과 주식계약(equity contract)이다. 위에서 가정한 상황에 맞추어 부채계약과 주식계약을 구분하면 다음과 같다. 부채계약은 투자수익이 실현되기 이전에 투자수익이 실현되는 크기와 관계 없이 미리 투자자의 몫을 결정하는 것이다. 예를 들어 기업가가 투자자에게 평균적인 수익률을 투자하는 시점에서 보장하는 것이다. 투자수익이 다음시점에서 실현된 다음 기업가가 약속을 지키면 문제가 없다. 그러나 약속한 수익률에 해당하는 원리금을 투자자에게 지급하지 못하면 부도가 발생하는 것으로 처리된다. 주식계약은 투자자에게 일정한 소득을 미리 약속하는 것이 아니라 투자수익이 높게 실현되면 투자자에게 높은 소득을 배당하지만 투자수익이 낮으면 낮게 배당하는 형태의 계약이다. 이 경우 자본투자의 투자수익에 비례하여 투자소득이 결정되

그림 14-3 부채계약과 기업과 은행의 위험에 대한 선호

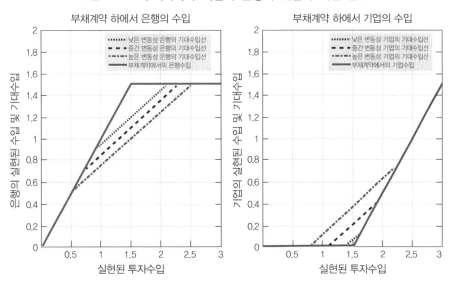

므로 투자자의 투자소득은 자본투자의 실현된 투자수익에 연동되어 결정된다. 부채계약은 원래는 위험중립적인 선호를 가지고 있는 은행과 기업을 각각 위험 기피적인 태도와 위험선호적인 태도를 가진 기관으로 변화시킨다. 즉, 부채계약 의 채무자는 위험선호적인 태도를 보이고 채권자는 위험기피적인 태도를 보이게 된다. 그 결과 부채계약이 체결된 이후 기업이 진행하는 투자의 변동성에 대하 여 기업과 은행의 사이에서 이해의 불일치현상이 발생한다. 그 이유는 대출계약 이 정해지고 나면 기업은 변동성이 높은 투자를 선호하지만, 은행은 변동성이 높은 투자를 기피하기 때문이다.

앞에서 설명한 개념들을 그래프를 사용하여 설명하기 위해 단순한 형태의 부 채계약을 생각해보자. 기업가에게 다음시점에서 실현되는 투자수익은 $\omega R K$이 다. 기업과 은행의 부채계약에서 기업은 은행에게 RK의 소득을 미리 약속한다. 모형의 분석을 단순화하기 위해 ω는 두 개의 값으로만 실현되는 것으로 가정하 였다. $\omega = 1 - \varepsilon$은 경영효율성이 낮은 상황이고 $\omega = 1 + \varepsilon$은 경영효율성이 상대 적으로 높은 상황이다. 또한 두 개의 상황이 실현될 확률은 각각 1/2이다. 경영

효율성의 지표가 낮은 값으로 실현되면 부도가 발생하고, 높은 값으로 실현되면 기업은 미리 약속한 액수를 지급할 수 있다.

<그림 14-3>은 앞에서 설명한 부채계약이 체결된 이후 발생할 기업과 은행의 기대소득을 보여주고 있다. 왼편 그림은 은행의 기대소득이고, 오른편 그림은 기업의 기대소득이다. <그림 14-3>에서는 서로 다른 세 개의 대출계약이 기업이 진행하는 투자수익의 변동성은 다르지만, 기업이 약속한 원리금은 RK로 같다고 가정하고 있다. 서로 다른 대출계약에 대해 은행과 기업의 기대소득을 각각 서로 다른 점선으로 표시하고 있다. 3개의 점선의 높이를 비교하면 은행의 예상소득과 기업투자의 변동성은 서로 반대방향으로 변화하고, 기업의 예상소득과 기업투자의 변동성은 같은 방향으로 변하는 것을 알 수 있다. <그림 14-3>의 함의를 다음과 같이 요약할 수 있다. 부채계약을 맺고 난 후에는 부채계약의 채무자인 기업은 위험선호적인 태도를 보이고, 부채계약의 채권자인 은행은 위험기피적인 선호를 보인다. 특히 <그림 14-3>의 사례에서는 기업은 수익률의 변동성이 높은 투자를 선호하게 되고, 은행은 수익률의 변동성이 낮은 투자를 선호하게 된다는 것을 보였다.[3] 따라서 부채계약이 체결된 이후에는 기업과 은행의 사이에서 이해의 불일치현상이 발생한다.

정보의 비대칭성과 대출계약

은행이 대출을 신청하는 기업에 대한 정보를 완전히 파악할 수 없을 때 기업과 은행의 정보격차가 발생하고 이에 따른 정보비대칭성이 대출계약의 조건에 영향을 미친다. 특히 기업과 은행의 정보격차가 대출계약이 체결되는 시점 이전 또는 이후에 발생하는지의 여부에 따라 정보격차를 이용하는 기업의 행태가 달

---

3) <그림 14-3>의 왼편 패널과 오른편 패널에서 보여주고 있는 3개의 점선을 그리기 위해서 사용한 수식의 도출과정에 관한 자세한 설명은 14장의 연습문제에서 다루고 있다. <그림 14-3>에서 사용한 수치는 $R=1.5, K=1, \varepsilon=0.1, 0.3, 0.5$ 등이다. ε의 값이 커지면 기업투자의 투자수익의 변동성이 증가한다.

표 14-1 은행과 기업의 정보격차

	역선택	도덕적 해이	상황 입증 비용
정보격차의 대상	투자계획의 안정성	기업의 투자선택	실현된 투자성과
정보격차의 시점	대출계약 이전	대출계약 이후 투자 실행 단계	대출계약 이후 투자수익 실현
계약체결 시점을 기준으로 한 구분	사전적 정보비대칭성	사후적 정보비대칭성 (투자성과 이전)	사후적 정보비대칭성 (투자성과 이후)

라지고 이에 대응하는 은행의 대처방식도 달라지게 된다. <표 14-1>은 대출 계약시점과 기업과 은행의 정보격차가 발생하는 시점을 비교하여 세 개의 서로 다른 경우로 구분하였다. 첫째, 역선택의 문제에 해당하는 정보격차는 대출을 신청하는 기업이 가지고 있는 투자계획에 대한 은행의 정보가 불완전하여 발생한다. 둘째, 도덕적해이는 대출계약이 이미 체결된 이후 기업이 대출을 신청할 당시 은행에게 보고한 투자계획을 바꿀 수 있는 선택의 여지가 있을 때 발생한다. 투자의 성과가 나빠서 부도가 발생하더라도 유한책임의 제약으로 인해 투입된 자산만 손해를 본다. 따라서 대출계약이 체결된 이후 은행이 기업의 투자선택을 정확히 모니터 할 수 없는 상황에서 기업은 대출을 신청할 당시 제공한 투자계획보다 더 위험한 투자를 선택하는 것이 이득이 된다. 셋째, 은행은 투자성과가 좋은지 아니면 나쁜지를 비용을 지불하지 않고 정확하게 알 수 없는 상황을 생각할 수 있다. 투자성과에 대한 정확하고 객관적인 정보를 얻기 위해 회계감사와 같이 비용이 수반되는 작업이 필요하다. 따라서 채권자인 은행이 수시로 쉽게 기업의 재무상황을 들여다 볼 수 없다. 이 경우 기업은 이득이 된다면 투자성과에 대하여 거짓으로 보고할 수 있다.

은행은 기업과 은행의 정보격차가 발생하면 대출이자율의 조정이 아니라 대출규모를 조정하여 이를 완화하려고 한다는 점이 널리 강조되었다. 기업이 신청한 규모로 대출이 제공되지 않거나 대출을 전혀 받지 못하는 기업이 있을 수도 있다. 이를 가리켜서 신용할당(credit rationing)이라고 정의한다. 예를 들어서 역선택이 존재하는 경우를 보기로 한다. 투자로부터 예상되는 수익률은 같지만 변동성이 높은 기업은 그렇지 않은 기업에 비해 상대적으로 더 위험한 투자계획을 가진 기업으로 간주할 수 있다. 따라서 대출이자율에 더 높은 프리미엄을 부과해야 한다. 그러나 은행이 어떤 기업이 더 높은 변동성을 가진 기업인지를 정확하게 구분할 수 없다면 일률적으로 같은 대출이자율을 부과할 수밖에 없다. 투자계획의 위험수준이 다를지라도 이를 구분할 수 없는 기업들에 대해서는 모두 같은 수준의 이자율을 부과해야만 한다면 은행은 어떠한 대책이 있을 수 있는지를 생각해 볼 수 있다. 단순히 대출이자율을 올리는 것은 은행의 예상수입을 늘리는 방안이 되지 못한다. 그 이유는 이자율이 높아지면 투자수익의 변동성이 낮은 우량기업은 대출을 신청하지 않기 때문이다. 우량기업은 높은 이자비용을 감당할 수 있는 수준의 높은 투자수익을 낼 가능성이 상대적으로 낮기 때문이다. 따라서 투자수익의 변동성이 높은 기업들만 대출을 신청하게 되어 은행의 부도위험이 더 높아진다. 그러므로 역선택의 문제가 있는 경우 은행이 대출이자율을 올려서 문제를 해결할 수 없고, 그 결과 기업에게 제공하는 대출의 규모를 조정하려는 유인이 발생한다.

대출계약모형

제14장의 대출계약모형은 버냉키, 거틀러, 질크라이스트 등이 1999년 발표한 논문에서 분석한 모형을 단순화한 것이므로 버냉키-거틀러-질크라이스트의 은행대출모형이라고 부르기로 한다.

모형배경설명의 첫째 주제는 부채계약의 형태이다. 채권자는 완전경쟁의 금융시장에서 활동하는 은행이라고 가정한다. 이 경우 대출시장에서 진입과 탈퇴가 자유롭게 비용없이 가능하기 때문에 예상이윤이 양수인 대출계약에는 은행이 자발적으로 참여한다. 은행의 예상이윤은 대출자산의 예상수익에서 만기가 동일한 국채투자의 예상수익을 뺀 차이로 정의된다. 국채투자수익률을 사용하는 이유는 은행도 자금을 조달할 때 최소한 국채수익률에 해당하는 수익률을 지불해야 하기 때문이다. 따라서 은행은 대출로부터 기대되는 예상수입이 국채에 투자하여 얻는 예상수입을 넘는다면 대출계약에 참여한다. 또한 대출규모와 대출이자율에 대한 결정은 채무자가 대출계약에 충분히 참여할 수 있도록 채무자의 예상투자이득을 고려하여 결정한다. 예를 들어, 채무자인 기업의 예상투자이득을 극대화하는 대출금액과 대출이자율을 계산한다. 이렇게 결정된 대출조건으로 은행이 대출할 것인지를 확인해야 한다. 채권자인 은행은 자발적인 대출참여를 위한 조건을 만족시키는 한 이를 받아들인다.

모형배경설명의 둘째 주제는 대출계약의 조건이 결정되는 과정을 좀 더 자세히 설명한다. 기업이 선택가능한 대출조건의 집합과 은행의 자발적 참여를 가능하게 하는 대출조건의 집합이 있다. 두 개의 서로 다른 집합의 교집합이 대출계약이 성사될 수 있는 대출계약의 집합이다. 대출계약이 성사될 수 있는 대출계약의 집합에서 기업의 예상이득을 가장 크게 하는 대출계약을 선택한다. 이러한 방식으로 성사된 대출계약은 기업과 은행의 효용을 합한 사전적 사회후생을 극대화하는 대출계약으로 해석할 수 있다. 그 이유는 다음과 같이 설명할 수 있다. 먼저 채무자가 자신의 효용을 극대화하는 대출계약조건을 선택하도록 한 이유는 대출시장이 완전경쟁이라는 가정에 의해서 은행은 항상 사전적으로 제로이윤을 얻기 때문이다. 그 결과 채무자의 효용이 사전적으로 극대화되는 대출계약조건이 사전적으로 사회후생을 극대화되는 대출계약조건이 된다.[4]

<그림 14-4>에 있는 기업이 실행하는 자본투자의 투자수익이 실현되는 과정을 설명한다. 먼저 기업의 자본투자는 K로 표기한다. 기업의 순자산 N으로 표기한다. 은행대출은 L로 표기한다. 복식부기의 원리 또는 대차 균형의 원리를 반영한다. 대차대조표는 자산과 자본 및 부채 두 부분으로 나뉘어져 있고, 자산

---

[4] 사전적으로 미리 결정한 계약을 그대로 이행하는 것이 항상 은행의 사후적으로 실현될 이윤을 극대화시키는지의 이슈를 제기할 수 있다. 그러나 대출계약은 채권자와 채무자에 대한 커미트먼트가 부과되어 사전적으로 결정된 계약이 사후에 그대로 이행되는 것으로 가정한다. 여기서 사후적이라는 용어는 대출계약 이후를 의미한다.

그림 14-4 자본투자의 투자수익 실현과정

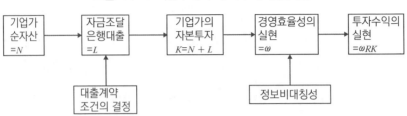

부분의 총합은 부채와 순자산의 합과 같다. 기업은 은행대출 이외의 다른 부채가 없는 것으로 가정한다. 따라서 $K = L + N$의 식이 만족되어야 한다. 기업의 투자이윤을 수식으로 표현하면 다음과 같다. <그림 14-4>에서 사용된 기호를 그대로 사용하면 사후적으로 실현된 기업의 투자성과는 ωRK으로 표기된다. 대출의 총이자율을 Z로 표기하면 은행대출의 원리금은 ZL로 표시된다. 이 때 기업의 사후이윤은 $(\omega RK - ZL)$이다. 사후적으로 원리금상환의 상황과 부도발생의 상황을 구분하기 위해 기업의 사후이윤이 제로가 되는 ω의 값을 계산해야 한다. 기업의 사후이윤이 제로가 되는 상황에서 성립하는 등식은 $\bar{\omega} RK = ZL$이다. 이는 $\omega = \bar{\omega}$의 값이 기업의 사후이윤이 제로가 되도록 하는 경영효율성지표의 값임을 의미한다.

<그림 14-5>는 경영효율성지표와 대출계약의 부도발생의 관계를 보여주고 있다. 경영효율성의 임계치는 기업투자의 예상순이윤이 제로가 되도록 하는 경영효율성의 값이다. 현실경제에서는 은행대출의 원리금상환이 약정한 일시에 제대로 이루어지지 않더라도 은행이 기업에게 일정한 기간을 추가적으로 연장해서 연장한 기간 동안 원리금상환을 할 수 있는 기회를 줄 수 있지만 제14장의 모형에서 이런 부채상환 유예기간이 없는 것으로 가정한다. 따라서 기업투자의 총투자수익이 은행대출의 원리금상환액보다 작으면 부도사건이 발생한다. 그 결과 제로이윤의 임계치로 정의되는 경영효율성의 임계치가 부도사건의 임계치와 같아진다. <그림 14-5>에서 부도확률은 경영효율성의 지표가 균등분포를 따르는 확률변수라는 가정을 반영하여 계산된 것이다. 또한 부도가 발생하면 은행은 기업

그림 14-5 경영효율성과 부도발생

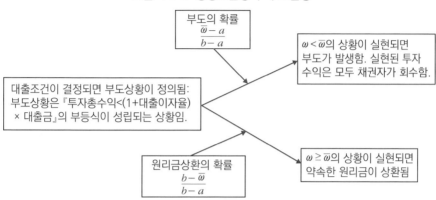

이 소유한 자산을 모두 회수하여 자산시장에서 매도하는 것으로 가정한다.

<표 14-2>는 대출계약조건이 도출되는 과정을 수식으로 보여주고 있다. <표 14-2>의 첫째 줄에서는 대출계약이 체결되었다는 조건을 반영하는 경우의 기업의 예상이윤을 보여주고 있다. 예를 들면 경영효율성지표의 값이 기준점보다 크면 은행부채를 제대로 상환할 수 있다. 그러나 기준점보다 작으면 부도가 발생한다. 대출계약에서 부도발생의 상황에서는 기업은 청산된다. 따라서 기업의 사후이윤은 부도가 없는 상황에서만 양수의 값을 가진다. 특히 부도가 없는 상황에서 실현된 이윤은 $\omega RK - ZL = (\omega - \overline{\omega})RK$이 된다. 따라서 첫째 줄에서는 부도가 없는 상황에서 실현된 이윤의 기대값이므로 실현된 이윤을 적분 안에 대입하여 기업의 예상이윤을 계산한다.

<표 14-2>의 둘째 줄에서는 은행의 예상수입이 결정되는 과정을 보여주고 있다. 대출계약에 참여할 경우 예상되는 은행의 예상수입을 계산하기 위해 부도가 나지 않는 경우와 부도가 발생하는 두 경우를 분리하여 생각해야 한다. 부도가 없는 상황(정상상황)의 은행 수입은 (부도가 나지 않은 확률)×(대출원금과 약정된 대출이자의 합)이다. 단순히 부도가 나지 않은 확률과 대출의 원리금을 곱하여 부도가 없는 상황의 수입을 계산할 수 있는 이유는 기업은 대출계약에 의해 자신의 경영성과에 관계없이 미리 계약한 금액만 상환하는 것으로 대출계

약이 완료되기 때문이다. 이를 수식으로 표시하면 <표 14-2>의 둘째 줄에서 첫째 식에 해당한다. 부도가 발생하면 은행은 기업이 보유한 자산을 모두 청산한다. 부도가 나는 경우 은행의 수입은 기업의 투자성과에 따라 달라진다. 부도가 발생하더라도 대출의 원리금을 어느 정도 회수할 수도 있고 투자성과가 매우 나빠서 거의 회수하지 못할 수도 있다. 또한 은행이 부도기업의 자산을 청산할 때 기업의 자산에 대한 회계감사를 실시한다. 회계감사에 소요되는 비용은 기업이 보유한 자산의 크기에 비례하는 것으로 가정하고 비례상수를 μ로 나타낸다. μ의 값은 1보다 작은 양수로 가정한다. 따라서 부도가 발생한 상황에서 회계감사비용을 제외한 기업의 예상수입은 <표 14-2>의 둘째 줄에서 둘째 식에 해당한다.

<표 14-2>의 셋째 줄은 은행이 대출계약에 자발적으로 참여하기 위해 만족되어야 하는 조건을 보여주고 있다. 은행의 자발적 참가를 보장하는 조건은 위에서 설명한 두 개의 소득의 합이 기업에 대한 대출금을 무위험채권에 투자하여 받는 원리금보다 같거나 커야 한다는 것이다. 은행이 무위험채권의 이자율과 동일한 수준으로 예금이자율을 지불하여 대출에 필요한 자금을 조달하는 것으로 가정한다면 위의 조건은 은행의 예상이윤이 비음수여야 한다는 조건이 된다. 여기에 덧붙여서 은행산업이 완전경쟁이라고 가정하면 균형에서는 위의 비음수조건이 제로이윤의 조건으로 성립해야 한다. 그 이유는 은행대출로부터의 은행의 기대이윤이 양수라면 새로운 은행이 은행산업에 진입하고 그 결과 예상이윤이 하락하기 때문이다. 따라서 무위험채권에 대한 총수익률을 F로 표기하면 은행이 대출계약에 참가할 조건은 <표 14-2>의 셋째 줄에 있는 식과 같이 쓸 수 있다. 셋째 줄에 있는 은행의 참가조건에 $K+L=N$의 식을 대입하여 L을 소거한 후 순자산 단위당 자본투자를 소문자 k로 표기하고 참가조건의 식을 k의 함수로 다시 쓰면 <표 14-2>의 넷째 줄에 있는 식과 같이 k는 w의 이차함수의 역수로 표시된다.

<표 14-2>의 다섯째 줄과 여섯째 줄은 기업의 대출계약 참가조건과 기업

가의 경영참여조건을 보여주고 있다. 기업이 대출계약참여를 선택한다면 이는
선택가능한 다른 대안에서 얻는 효용보다 사전적으로 더 높은 기대효용을 얻는
다는 것을 말한다. 그 이유를 다음과 같이 설명할 수 있다. 선택가능한 다른 대
안은 두 개가 있다. 첫째, 자신의 내부자금으로만 투자하는 것에 비해 은행과의
대출계약에 의거하여 조달한 외부자금과 자신의 내부자금을 합하여 투자하는 것
이 사전적으로 더 높은 효용을 주어야 한다. 이 조건은 기업이 자발적으로 대출
계약에 참가할 조건이다. 은행대출을 받지 않고 내부자금인 순자산만 투자하는
경우 기업의 예상수입은 RN이다. 따라서 수식을 사용하여 앞에서 설명한 기업
의 대출계약 참가조건을 <표 14-2>의 다섯째 줄에 있는 부등호조건으로 나
타낼 수 있다. 둘째, 기업가가 기업을 경영하는 대신 금융소득에 의존하여 살 수
있다. 따라서 기업가가 기업활동을 선택하기 위해서는 순자산을 금융증권에 투
자하여 얻을 것으로 예상되는 수입보다 기업경영을 통해 얻는 이윤의 기대값이
더 커야 한다. 관련문헌에서 자주 부과되는 제약은 기업이 원래 보유하고 있는
순자산이 투자에 필요한 최소투자액에 못 미쳐서 자본투자를 위해서 외부로부터
자금을 차입해야 한다는 제약이다. 기업활동을 하지 않고 순자산으로 무위험증권
인 국채에 투자하는 경우 기업의 예상투자소득은 FN이다. 앞에서 설명한 기업가
가 계속 기업경영에 참여할 조건을 수식을 사용하여 표시하면 <표 14-2>의
여섯째 줄에 있는 부등호조건으로 나타낼 수 있다. <표 14-2>의 모형분석에
서는 통상 앞에서 설명한 부등호제약을 미리 부과하지 않고 균형을 계산한다.
그렇지만 균형에서 제약조건이 강부등호로 만족된다. 따라서 계산할 때 위의 부
등호제약을 미리 부과하지 않고 균형을 계산한다. 그러나 여섯째 줄에서 규정한
조건이 만족되는지를 사후적으로 다음과 같이 확인한다. 첫째, 다섯째줄과 여섯
째 줄에 있는 기업의 예상이윤을 국채투자의 수입으로 나눈 비율로 기업의 예상
이윤을 다시 쓴다. 둘째, 첫째 단계에서 도출한 국채투자수입 단위당 기업의 예
상이윤을 극대화하는 대출계약의 조건을 도출한다. 셋째, 여섯째 줄의 조건이
만족되는지를 확인하기 위해서 둘째 단계에서 계산한 기업의 예상이윤의 최대값

표 14-2 대출계약모형

기업의 예상이윤		$\int_{\underline{\omega}}^{b} (\omega - \overline{\omega})\left(\dfrac{RK}{\varDelta}\right) d\omega = (RK/(2\varDelta))(b - \overline{\omega})^2$
은행의 예상 수입	정상상황	$RK(b{-}w)w/\varDelta$
	부도상황	$(1 - \mu)RK(w^2 - a^2)/(2\varDelta)$
은행의 대출계약 참가조건		$(RK/\varDelta)\left((b - w)w + \dfrac{(1 - \mu)(w^2 - a^2)}{2}\right) = FL$
기업순자산 단위 당 자본투자		$k = \left\{\left(\dfrac{p(1 + \mu)}{2\varDelta}\right)w^2 - \left(\dfrac{pb}{\varDelta}\right)w + 1 + \left(p(1 - \mu)a^2\right)/(2\varDelta)\right\}^{-1}$
기업의 대출계약 참가조건		$\varDelta^{-1}\left(\dfrac{RK}{2}\right)(b - w)^2 \geq RN$
기업가의 경영활동 참가조건		$\varDelta^{-1}\left(\dfrac{RK}{2}\right)(b - w)^2 \geq FN$
순자산 총투자수입 대비 기업이윤		$\pi = \left(\dfrac{pk}{2\varDelta}\right)(b - w)^2$
기업의 예상이윤과 경영효율성임계치		$\pi = \dfrac{p(b - w)^2}{2\varDelta}\left(\dfrac{p(1 + \mu)}{2\varDelta}w^2 - \left(\dfrac{pb}{\varDelta}\right)w + 1 + \dfrac{p(1 - \mu)a^2}{2\varDelta}\right)^{-1}$

주: $p = R/F$로 정의된다. 첫째 줄에서 ω는 경영효율성을 나타내고 $w = \overline{\omega}$는 경영효율성의 부도임계치를 나타낸다. π는 기업가의 순자산을 모두 국채에 투자할 때 발생하는 투자수익 대비 은행대출계약에 참가할 때 기업가의 예상수입을 나타낸다.

이 1보다 큰지를 확인한다.

<표 14-2>의 일곱째 줄은 국채투자수입 단위당 기업의 예상이윤은 기업총자산을 순자산으로 나눈 비율과 경영효율성의 부도임계치의 함수임을 보여주고 있다. 대출계약의 대출조건을 나타내는 두 변수가 기업의 예상이윤을 결정한다는 함의가 있다. 다음에서는 넷째 줄의 식을 <표 14-2>의 일곱째 줄에 있는 기업의 예상이윤의 식에 대입하여 k를 소거한다. 이런 작업의 결과는 <표 14-2>의 여덟째 줄에 정리되어 있다. 여덟째 줄의 기업의 예상이윤은 경영효율성에 대한 임계치의 함수로 표시되어 있어서 직접 손으로 풀 수도 있지만 계산이 복잡하기 때문에 파라미터의 값을 부과한 후 컴퓨터프로그램을 사용하여 극대화의 해를 찾는다.

그림 14-6 경영효율성의 임계치와 기업의 예상이윤

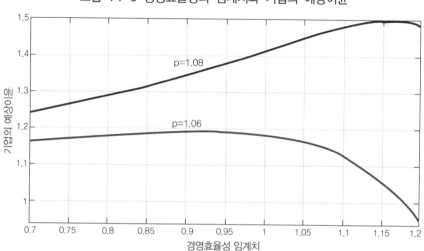

<그림 14-6>은 <표 14-2>의 여덟째 줄에 있는 기업의 예상이윤의 그 래프를 보여주고 있다. 이 그림에서 수평축은 경영효율성의 임계치이고, 수직축 은 기업의 예상이윤을 나타낸다. 두 개의 곡선에 대하여 $p=1.06$과 $p=1.08$로 표기한 것은 자본투자의 총수익률을 무위험증권의 총수익률로 나눈 비율을 1.06 과 1.08로 설정하였기 때문이다. 이 그림에서 소문자 p는 수익률스프레드를 의 미한다. 따라서 두 개의 그래프는 수익률스프레드가 증가하는 경우 최적해에 미 치는 효과를 보여주고 있다. <그림 14-6>의 함의는 다음과 같이 요약할 수 있다. 수익률스프레드가 증가하면 기업의 이윤곡선이 위로 이동하므로 기대이윤 을 극대화하는 경영효율성의 임계치의 값도 증가한다. 따라서 수익률스프레드가 증가하면서 레버리지비율도 증가한다. 수익률스프레드의 증가가 대출의 공급과 수요에 미치는 효과를 다음과 같이 설명할 수 있다. 첫째, 수익률스프레드가 상 승하여 은행의 예상수입이 증가하면 대출의 수익성이 증가하여 은행은 더 많은 기회비용을 부담할 수 있기 때문에 기업대출을 증가시킬 수 있다. 둘째, 수익률 스프레드가 상승하면 기업의 예상이윤이 증가하므로 기업은 은행대출을 증가시 키려고 한다.

정보의 비대칭성과 신용위험의 증가

<표 14-1>에서 정리한 바와 같이 정보비대칭성에 대해서 서로 다른 두 가지 상황이 가능하다. 첫째, 금융계약이 발생하기 이전에 이미 존재하는 정보비대칭성 문제가 있을 수 있다. 이런 경우 <표 14-1>의 첫째 열에 있는 역선택의 문제(adverse selection)가 있다고 한다. 예를 들어 두 개의 서로 다른 기업이 존재한다고 가정하자. 두 기업은 자신이 계획하고 있는 투자사업으로부터 예상되는 투자수익은 같더라도 투자수익의 변동성이 다르다. 은행은 두 개의 기업이 투자수익에 대한 변동성이 다르다는 사실은 알더라도 어느 기업이 더 높은 변동성을 가진 투자사업에 투자하고 있느냐를 미리 알 수 없다. 대출조건이 어느 기업이든 모두 같게 적용된다면 상대적으로 위험이 높은 기업이 보다 적극적으로 대출을 받으려는 유인이 더 크다. 또한 대출이자율이 높은 상황에서 상대적으로 안전한 투자사업을 가진 우량기업보다 위험성이 높은 투자사업을 진행하고 있는 기업이 적극적으로 대출을 받고자 한다.

둘째, 금융계약이 이미 체결된 이후에 발생하는 정보비대칭성이 있다. 이러한 경우 <표 14-1>의 둘째 열에 있는 도덕적해이(moral hazard)의 문제가 있다고 한다. 예를 들어 기업가는 은행대출을 받은 이후 대출을 신청한 당시의 제출한 서류에 기록한 투자프로젝트보다 더 위험한 투자프로젝트를 실행하려는 유인이 있다. 부채의 원리금상환에 대하여 유한책임만 부과된다면 자신이 제공한 자금이 거의 없는 상황에서 다른 사람의 돈이 들어올 때 큰 수익이 실현될 가능성이 높은 사업에 투자하려는 유혹을 받을 수 있다. 유한책임(limited liability)은 일반적으로 회사를 소유한 주주들이 회사가 파산하더라도 회사에 투자한 돈만을 잃고 자신의 집과 다른 재산 등이 차압되지 않고 그대로 소유권을 인정받는 상황을 의미한다. 현재의 모형분석에서는 기업가는 부도가 나는 경우 기업가의 순자산인 N을 모두 잃게 된다. 그러나 은행이 대출할 때 확정된 기업가의 순자산 N에 포함되지 않은 다른 자산을 기업가가 소유하고 있느냐의 여부가 분

석의 결과에 미치는 효과는 없다. 그 이유는 제14장의 모든 분석에서는 정보비대칭성의 내용과 관계없이 유한책임을 가정하고 있기 때문이다.

<표 14-1>의 둘째 열에 있는 정보비대칭성을 <표 14-2>의 대출계약 모형에 추가하여 도덕적해이가 대출계약에 미치는 효과를 분석한다. <표 14-2>의 대출계약모형과는 달리 은행과의 계약 이후 기업이 투자내용을 은행에게 알리지 않고 수정할 수 있다고 가정한다. 기업가가 투자내용을 바꾸면 경영효율성지표의 확률분포가 달라진다. 그 이유는 익숙하지 않은 투자사업을 진행하면 그렇지 않은 경우와 비교하여 경영효율성이 매우 낮아질 수 있을 가능성을 배제할 수 없기 때문이다. 경영효율성지표의 확률분포가 변할지라도 변동성만 달라지고 평균은 그대로 유지되는 것으로 가정한다. 따라서 새로운 투자사업에 대한 경영효율성지표가 평균이 1인 대칭적인 균등분포를 따르는 것으로 가정한다. 투자사업이 달라지면 경영효율성의 상한과 하한이 수정되는 것으로 가정하여 $a = 1 - \varepsilon$이고 $b = 1 + \varepsilon$으로 정의한다. ε의 값은 1보다 작은 양수로 가정한다. 기업가는 대출계약이 체결된 이후 ε의 크기를 조정할 수 있어서 대출계약 당시에 은행에 제공했던 ε의 값과 다른 값을 선택할 수 있다. 기업가가 ε를 변화시키면 기업투자의 투자수익률의 평균에는 영향을 미치지 못하더라도 투자수익률의 변동성을 조정할 수 있다. 기업가에게 대출계약이 체결된 이후 투자수익률에 대한 변동성을 변화시키려는 유인이 있는지를 확인하기 위해 대출계약 조건이 고정된 이후 투자수익이 실현되기 이전의 기업의 예상이윤을 분석한다. 대출계약을 체결할 당시 기업이 은행에 제공한 경영효율성에 대한 정보가 $\varepsilon = \varepsilon^0$이면, 이를 근거로 은행과 기업이 합의한 대출계약의 조건은 레버지리비율을 $k = k^0$로 유지하고 경영효율성에 대한 임계치를 $w = w^0$로 고정하는 것이다. 기업이 $\varepsilon = \varepsilon^0$의 값만 수정하는 경우 기업의 예상이윤은 다음과 같다.

$$pk^o(1 + \varepsilon - w^o)^2 / (4\varepsilon)$$

위의 식을 보면 기업의 예상이윤은 ε의 증가함수이다. 따라서 기업가는 대출계약의 조건을 바꾸지 않고 ε의 크기가 ε^0보다 더 높은 투자사업을 선택하여 기대이윤을 증가시킬 수 있다. 경영효율성뿐만 아니라 기업이 실행하는 투자의 투자수익률에 대한 변동성도 ε의 증가함수이다. 따라서 대출계약이 체결된 이후 기업은 보다 더 위험한 투자프로젝트를 실행하려는 유인이 있다는 것을 확인할 수 있다.

현실의 채무계약에서도 도덕적해이가 발생할 가능성을 완화하거나 없애기 위해 여러 방안이 실시되고 있다. 이와 관련하여 두 개의 방안을 소개한다. 첫째, 채권자와 채무자의 이해관계가 일치하도록 한다. 같은 사업일지라도 차입자의 순자산이 크다면 실패하는 경우 부담해야 하는 손실 중 자신이 부담해야 하는 금액이 커지므로 손해의 가능성을 높여 가면서 보다 더 위험한 사업을 선택하려는 유인이 작다. 또는 담보를 요청하여 손해가 발생할 때 담보를 처분하여 손해를 메꾼다면 손실 중 자신이 부담해야 하는 금액이 더 커지므로 위험한 사업을 선택하려는 유인이 감소한다. 둘째, 대출약정서에 다양한 금지조항(restrictive covenant)들을 포함시켜 채무자의 도덕적해이를 방지할 수 있다.[5] 그러나 금지조항의 실효성은 제한적일 가능성이 높다. 금지조항이 제대로 이행되고 있느냐를 지속적으로 감시해야 하고 금지조항이 이행되지 않고 있음을 인지하면 이를 시정하기 위한 실효적인 조치를 취해야 한다. 결국 금지조항의 실효성을 제고하기 위해 채무자는 비용을 지불해야 하지만 부담이 크지 않기 때문에 금지조항의 실효성이 낮을 수 있음이 지적되기도 한다.

역선택과 신용할당

<표 14-1>의 첫째 열에 있는 역선택의 문제를 <표 14-2>의 대출계약

---

5) 미쉬킨(Frederic Mishkin, 2011)은 바람직하지 않은 행동을 억제하거나 바람직한 행동을 권장하는 조항 및 담보를 제대로 보존하고 정보의 적절한 제공을 유도하는 조항들이 포함되는 것으로 설명하고 있다. (금지조항에 대한) 자세한 내용은 미쉬킨의 교과서인 「The Economics of Money, Banking, and Financial Markets」에서 찾아볼 수 있다.

모형에 추가하여 역선택의 문제가 대출계약에 미치는 효과를 분석한다. 추가되는 중요한 가정은 하나의 은행이 다수의 기업에게 동시에 대출하는 것이다. 은행은 서로 다른 특성을 가진 기업들이 존재한다는 사실은 알고 있으나 개별 기업의 개별적인 특성에 대한 정확한 정보가 없다. 기업마다 서로 다른 특성이 있지만 이를 구분할 수 없는 상황에서 은행은 표준화된 대출상품을 개발하여 기업에게 제공한다. 표준화된 대출상품은 모든 기업에게 동일한 대출이자율을 적용할 뿐만 아니라 순자산 단위당 동일한 크기로 대출액을 제공한다. 따라서 순자산이 많은 기업에게는 대출이자율의 변화없이 순자산이 비례하여 대출액을 늘려준다. 기업은 자신의 투자효율성 등을 고려하여 표준화된 대출계약의 체결 여부를 결정한다. 기업의 경우 <표 14-2>의 모형과 동일한 형태의 투자기회를 보유한다. 구체적으로 다시 설명하면 다음과 같다. 미래시점에 경영효율성이 어느 정도로 실현되는지를 대출계약을 체결해야 하는 시점에서 은행과 기업은 모두 모른다. 또한 투자수익이 실현되면 기업은 자신의 투자성과를 정확하게 알지만, 은행은 회계감사를 실시하지 않는 한 기업의 투자성과를 정확하게 알 수 없다. 따라서 <표 14-2>의 모형과 마찬가지로 실현된 투자수익에 대하여 정보비대칭성은 계속해서 존재하는 것으로 가정한다.

역선택의 문제는 계약이 체결되기 이전에 발생하는 정보비대칭성이다. <표 14-1>의 둘째 열에 해당하는 모형에서는 기업이 ε의 값을 선택할 수 있는 것으로 가정했지만 역선택의 문제가 발생하도록 하기 위해 <표 14-1>의 첫째 열에 해당하는 모형에서는 ε의 값이 기업마다 서로 다른 값이고, 기업이 조정할 수 없는 것으로 가정한다. 따라서 ε의 값이 서로 다른 수없이 많은 기업들이 존재하고, 하나의 기업은 $[\varepsilon_a, \varepsilon_b]$의 구간에 위치하는 한 점에 대응한다. 구간의 상한과 하한은 모두 1보다 작은 양수이고, 각 점에 대응하는 경영효율성의 값을 가진 기업의 수는 $1/(\varepsilon_b - \varepsilon_a)$이다. 은행은 평균적인 기업의 경영효율성분포를 정확히 알고 있지만 개별 기업의 경영효율성지표의 확률분포와 개별 기업에게 실현되는 경영효율성의 값을 정확하게 알 수 없다. 그러나 기업은 자신의 경영효율성지표의 확률분포를 정확히 알고 있다. 은행은 기업의 경영효율성에 대한 정보의 부족으로 인해 표준화된 대출상품을 개발할 때 평균기업의 개념을 적용한다. 평균기업은 경영효율성지표가 기업평균과 같은 수준인 기업을 말한다. 평균 기업이 보유한 ε의 값은 $\bar{\varepsilon} = (\varepsilon_a + \varepsilon_b)/2$이다. 이제 은행이 대출하려는 기업의 경영효율성의 확률분포를 고정시킨 후 최적대출계약조건을 도출하면 <표 14-2>의 모형을 그대로 적용할 수 있다. 평균기업이 아닌 기업이 표준화된 대출계약을 받아들이면 기업의 예상이윤은 다음과 같다.

$$pk^s(1 + \varepsilon - w^s)^2/(4\varepsilon)$$

이 식에서 은행이 표준화된 대출상품을 개발할 때 적용된 경영효율성에 대한 임계치는 w^s로 표기한다. 표준화된 대출상품에서 적용된 기업의 레버리지비율은 k^s이다. 현재의 모형분석에서 k^s는 표준화된 대출상품의 대출액을 결정하는 고정된 계수의 역할을 한다. 예를 들어 순자산이 많은 기업이 대출을 요청하면 순자산에 비례하여 더 많은 대출금을 공급한다. 구체적으로 대출금은 $L = (k^s - 1)N$으로 결정되므로 대출금은 순자산에 비례하고 비례상수는 $(k^s - 1)$이다. 예대금리차는 어떻게 결정되는가? 예대금리차를 대출의 총이자율을 무위험증권의 총이자율로 나눈 비율로 정의하여 $p^z = Z/F$로 표기한다.[6] <표 14-2>의 균형조건을 이용하면 표준화된 대출상품의 예대금리차는 다음과 같이 결정된다.

$$p^z = (pk^s/(k^s - 1))w^s$$

표준화된 대출상품을 설명했으므로 은행이 공급하는 표준화된 대출상품을 수요하는 기업은 어떠한 특성을 가지는지를 분석한다. 이에 대한 답을 먼저 제시하면 경영효율성의 변동성이 낮은 안정적인 기업은 은행이 제공한 표준화된 대출계약에 참여하지 않는다는 것이다. 예를 들어 낮은 ε의 값을 가지고 있는 기

---

6) 대출의 총이자율을 나타내는 변수인 Z는 대출 1원당 원금과 이자의 합으로 볼 수 있다. 동일한 논리를 적용하여 무위험증권의 총이자율은 무위험채권의 투자 1원당 원금과 이자의 합으로 볼 수 있다.

업은 경영효율성의 변동성이 낮은 기업이다. 이런 기업이 보유한 수익률의 특징
은 다음과 같다. ε의 값이 큰 기업과 비교하여 더 높은 수익이 실현될 확률이
작거나 없다. 그러나 다른 기업들이 평균적으로 얻는 수익률을 상대적으로 더
높은 확률로 실현시킨다. 따라서 ε의 값이 작다면 보다 안정적인 기업이다. 은
행의 표준화된 대출상품에서 제시한 계약조건을 그대로 받아들인다면 안정적인
기업은 자신에게 적절한 대출계약에서 제공되는 대출이자율에 비해 더 높은 대
출이자율을 부담하게 된다. 그 결과 안정적인 기업이 표준화된 대출상품을 받아
들이면 자신에게 적절한 대출계약의 기대이윤보다 더 낮은 기대이윤을 감수해야
한다. 기대이윤의 감소폭이 확대되면 최소한 보장 받아야 하는 수준에도 미달하
게 된다. 따라서 표준화된 대출상품이 시장에 공급되면 안정적인 기업들은 대출
계약에 참여하지 않고 변동성이 높은 기업만 대출계약에 참여할 가능성이 있다.
그 결과 은행의 예상이윤이 낮아진다.

　<그림 14-7>은 경영효율성의 표준편차가 증가하면서 표준화된 대출상품
으로부터 얻는 은행의 예상이윤과 기업의 예상이윤이 어떻게 변화하는지를 보여
주고 있다. 은행의 예상이윤은 변동성이 높은 기업과 대출계약을 할수록 낮아진
다. 그 이유는 은행이 위험중립적일지라도 대출계약에 의해서 은행의 사후이윤
이 실현된 기업의 투자수익에 대하여 오목함수의 형태로 바뀌었기 때문이다. 이
는 투자수익의 변동성이 높은 기업과 대출계약을 맺으면 은행의 기대이윤이 감
소함을 의미한다. 특히 표준화된 대출계약은 평균적인 변동성을 가진 기업에게
최적계약조건을 가진 대출상품이다. 또한 평균적인 변동성을 가진 기업에 대해
서 은행이 제로의 기대이윤을 얻도록 설계되었다. 따라서 표준화된 대출계약을
체결한 기업의 투자수익의 변동성이 평균적인 변동성에 비해 더 높으면 은행의
예상이윤은 음수가 된다.

　<그림 14-7>의 왼쪽 패널의 그래프는 대출계약을 체결한 기업의 경영효율
성의 변동성이 은행의 기대이윤에 미치는 효과를 보여주고 있다. 이 그래프에서
수직축은 은행의 기대이윤을 기업의 순자산을 무위험채권에 투자하여 얻는 수입

그림 14-7 역선택이 존재하는 경우 은행과 기업의 예상이윤

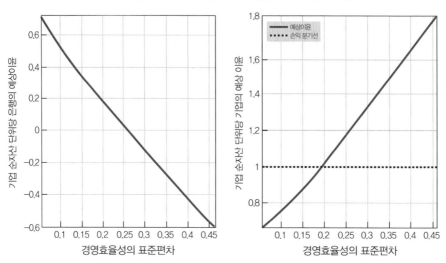

으로 나눈 비율이다. 이렇게 정의된 비율에서 분모는 대출계약에 의해서 영향을 받지 않기 때문에 수직축은 정규화한 수치를 보여주고 있다고 할 수 있다. <그림 14-7>의 왼쪽패널에 있는 그래프의 함의는 경영효율성의 변동성이 커지면서 은행의 예상이윤은 감소한다는 것이다. <그림 14-7>의 오른쪽패널의 그래프는 표준화된 대출계약을 체결한 기업의 경영효율성의 변동성이 기업가의 기대이윤에 미치는 효과를 보여주고 있다. 그래프의 작성에 사용된 식은 다음에 정리되어 있다.

$$\pi^f = pk^s(1 + \varepsilon - w^s)^2/(4\varepsilon)$$

기업의 경영효율성에 대한 변동성을 경영효율성의 표준편차로 측정한다면 경영효율성의 변동성은 $\varepsilon/\sqrt{3}$ 이다. 따라서 위의 식이 함의하는 점은 경영효율성의 변동성이 커지면서 기업의 기대이윤은 증가한다는 것이다. 그런데 기업가가 기업경영을 지속할 것을 선택하기 위해 기업이윤이 국채투자의 예상수입보다 더 높아야 한다는 조건은 기업가의 기업활동에 대한 자발적인 선택에 필요한 예상이윤의 최소값이 있다는 것을 반영한다. 이를 표기하기 위해 그림에서 손익분기선을 도

입한다. 손익분기선은 표준화된 대출계약으로 자금을 조달하여 투자한 기업가가 기업경영을 포기하고 순자산을 모두 무위험채권에 투자하는 경우 예상되는 수입과 동일한 크기의 기업의 예상이윤으로 정의된다. 표준화된 대출계약하에서 손익분기선을 넘는 예상이윤을 가진 기업만 대출계약에 참여한다. 이러한 투자수익의 변동성이 높은 기업들은 은행의 예상이윤을 하락시킨다. 한편, 역선택의 문제로 은행은 개별 기업이 가지고 있는 투자수익의 변동성을 알 수 없다. 따라서 변동성이 높은 기업이 대출계약에 참여하더라도 이를 구별해낼 수 없다.

<그림 14-7>의 그래프에 있는 수치를 가지고 예를 들기로 한다. 따라서 오른편 패널을 보면 손익분기선과 곡선이 만나는 점에서 경영효율성의 변동성은 약 0.19이다. 따라서 경영효율성의 변동성이 0.19 이상이 되는 기업들은 표준화된 대출로 자금을 차입하여 투자하면 예상이윤이 양수이므로 대출계약에 참여한다. 왼편 패널을 보면 은행은 경영효율성의 변동성이 0.26 이상인 기업과 대출계약을 맺으면 예상이윤이 음수이다. 또한 표준편차는 0.46이 최대값이므로 은행은 0.19부터 0.26 미만에 해당하는 기업에게는 양의 예상이윤이 발생하고 0.26부터 0.46까지의 기업에 대해서는 음의 예상이윤이 발생한다. 각 점에 해당하는 기업의 비중은 모두 균등한 것으로 가정하였다. 은행의 예상이윤에 이득을 주는 기업보다는 손해를 주는 기업이 더 많이 대출계약에 참여한다고 볼 수 있다. 따라서 <그림 14-7>이 함의하는 점은 은행이 개별 기업의 경영효율성을 정확하게 모르는 상황이 금융거래 이전에 존재하여 역선택의 문제가 심화하면 금융중개기능이 아예 없어지거나 크게 약화될 수 있다는 것이다.

역선택 문제를 해결하는 방안의 제안과 실제로 실시되고 있는 제도에 대하여 간단히 살펴보기로 한다. 앞에서 설명한 모형의 함의는 금융시장 참가자의 특성에 관한 정확한 정보가 유통될 수 있다면 역선택의 문제를 완화하거나 제거할 수 있다는 것이다. 그러나 정보생산을 누가 하느냐에 따라서 필요한 양의 정보가 생산되는지가 중요하다. 특히 정보의 생산 및 유통을 민간 부문이 담당한다면 무임승차의 문제가 수반되어 필요한 양의 정보가 생산되지 않을 가능성이 높

다는 우려를 제기할 수 있다. 예를 들어, 투자자들이 유용한 정보를 구매하여 특정한 증권에 대규모로 투자하면 거래량이 늘면서 시장가격도 상승한다. 이 경우 정보를 사지 않은 투자자들도 거래가 증가하는 금융증권을 쉽게 확인할 수 있으므로 앞으로 시장가격이 상승한다는 기대감이 있다면 투자에 참여하게 된다. 그 결과 무임승차의 문제가 발생하여 민간시장만으로 충분한 양의 정보가 생성되기 어렵다면 정부가 정보의 생산을 담당하는 방안도 생각할 수 있다. 그러나 미쉬킨은 2011년 출간한 교과서에서 정부가 기업에 대한 부정적인 정보를 투자자에게 공개적으로 제공하는 것은 쉽지 않다는 점을 지적한다. 따라서 정부가 정보의 생산 및 유통을 담당하는 것도 제한적인 효과만 기대할 수 있을 것이다. 미국의 경우 증권거래위원회(securities and exchange commission)는 주식을 상장하는 기업은 회계감사를 받고 재무제표에 대한 정확한 정보를 공개하도록 규제하고 있다. 그러나 신문지상에서 확인할 수 있듯이 회계부정을 완전히 방지하기 어렵다. 이러한 인식을 바탕으로 미쉬킨은 은행과 같은 금융중개기관이 역선택의 문제를 해결할 수 있는 중요한 제도라고 보고 있다. 두 가지 이유를 들 수 있다. 첫째, 기업에 대한 정보를 생산하는 일에 전문성이 생기면 대출을 신청한 기업이 좋은 신용을 가지고 있느냐를 구분하는 데 도움이 된다. 기업에 대한 보다 더 정확한 정보가 있다면 은행은 대출업무의 비용을 줄이고 은행의 대출자산에 대한 안정성을 제고하여 은행이윤을 증가시킬 수 있다. 그러므로 은행은 자발적으로 기업에 대한 정보를 생산 및 축적하려는 유인이 있다. 둘째, 민간 부문에 대한 은행대출들이 독립적으로 거래되는 시장이 없다. 따라서 정보를 축적하지 않은 은행들이 비용을 들여 기업에 대한 정보를 축적한 은행의 대출행위를 비용을 들이지 않고 관측할 수 있는 시장이 없다. 그 결과 대출업무를 통해 쌓은 기업에 관한 정보와 관련한 무임승차의 문제가 발생할 수 없다는 것이다.

연습문제

01 〈그림 14-3〉에서 오른쪽 패널에 있는 기업의 수입을 나타내는 직선의 식은 다음과 같음을 보이시오.

$$y = \begin{cases} x - RK & \text{if} \quad x \geq RK \\ 0 & \text{if} \quad x < RK \end{cases}$$

위의 식에서 y는 기업의 실현된 수입이고 x는 기업이 선택한 투자가 제공하는 실현된 수입을 나타낸다. 〈그림 14-3〉에서 왼쪽 패널에 있는 은행의 실현된 수입을 나타내는 직선의 식은 다음과 같음을 보이시오.

$$y = \begin{cases} RK & \text{if} \quad x \geq RK \\ x & \text{if} \quad x < RK \end{cases}$$

위의 식에서 y는 은행의 실현된 수입이고 x는 기업이 선택한 투자가 제공하는 실현된 수입을 나타낸다.

02 〈그림 14-3〉에서 왼쪽 패널에 있는 은행의 예상수입을 나타내는 점선의 식은 다음과 같다.

$$y^e = \frac{1}{2}x + \frac{1}{2}(1 - \varepsilon)RK$$

이 식에서 y^e는 은행의 예상수입, x는 기업이 선택한 투자가 제공하는 실현된 수입을 나타낸다. 이 식은 $((1-\varepsilon)RK, (1-\varepsilon)RK)$점과 $((1+\varepsilon)RK, RK)$점을 지나는 직선임을 보이시오. $x = RK$에서 은행의 실현된 수입과 예상수입을 비교하고 차이가 나는 이유를 설명하시오.

03 〈그림 14-3〉에서 오른쪽 패널에 있는 기업의 예상이윤을 나타내는 점선의 식을 다음과 같이 가정하시오.

$$y^e = ax + b$$

이 식에서 y^e는 기업의 예상수입을 나타내고 x는 기업이 선택한 투자가 제공하는 실현된 수입을 나타낸다. 이 식은 $((1+\varepsilon)RK, \varepsilon RK)$의 점과 $((1-\varepsilon)RK, 0)$의 점을 지나야 함을 보이시오. 이 조건이 만족되는 a와 b의 값을 계산하시오. $x = RK$에서 기업의 실현된 이윤과 예상이윤을 비교하고 차이가 나는 이유를 설명하시오.

04 제14장에서 분석한 대출계약모형에서 k는 p의 증가함수이다. 이러한 모형의 함의가 맞다면 인플레이션타기팅을 실시하는 중앙은행이 통화정책을 통해서 기업가의 자본투자에 어떻게 영향을 미칠 수 있는지를 설명하시오.

05 어느 경제학자의 아래와 같은 주장을 정보의 비대칭성이 있는 상황을 고려하여 평가하시오.

『중앙은행이 기준금리를 올리면서 시중은행도 대출금리를 높이면 높은 이자비용을 감당할 수 있는 우량기업만 대출을 신청하게 되어 과도한 기업투자를 막을 수 있다.』

06 제14장에서 분석한 대출계약모형을 사용하여 제8장에서 설명한 통화정책의 금리경로가 원활하게 작동하면 통화정책의 광의의 신용경로도 원활하게 작동할 수 있다는 주장을 평가하시오.

07 제14장에서 분석한 역선택의 문제가 발생하는 경제의 대출계약모형을 사용하여 통화정책의 은행대출경로에서 은행의 역할에 대하여 설명하시오.

08 예금금리가 연 10%, 기업의 자본투자수익률은 연 15%, 기업의 레버리지비율은 2, 부도가 발생하지 않게 되는 경영효율성지표의 값은 0.5이다. 위의 조건이 만족될 때 제14장의 대출계약모형이 함의하는 예대금리차를 계산하여 다음의 항목 중에서 고르시오. 그 이유를 반드시 설명하시오.
　① 1%
　② 5%
　③ 10%
　④ 15%

09 통화정책이 실물자본투자에 미치는 경로에 관한 설명 중 옳은 항목들을 있는 대로 고르시오. 그 이유를 반드시 설명하시오.
　① 회사채발행을 통해 자금을 조달하는 기업의 비중이 증가하면 통화정책의 실물자본투자효과는 반드시 감소한다.

② 사전정보비대칭성만 존재하는 경제와 사후적 투자성과에 대한 정보비대칭성만 존재하는 경제에서는 통화정책의 실물자본투자효과는 서로 다르게 나타날 수 있다.

③ 채무자와 채권자 간 정보비대칭성이 나타난다면 대출계약조건에 순자산규모가 반영되는 것은 바람직하지 않다.

④ 부채계약은 채무자와 채권자의 이해관계를 서로 일치시키기 때문에 부도가능성을 감소시키는 역할을 한다.

10 기업의 외부자금조달과 관련된 설명 중 옳지 않은 항목들을 있는 대로 고르시오. 그 이유를 반드시 설명하시오.

① 외부자금조달에 부과되는 이자율이 제로인 주식계약이 항상 사회적으로 바람직하다.

② 개별기업의 특수성이 반영된 맞춤형 대출조건이 적용되는 대출이 항상 가능하다.

③ 부채계약을 통해 외부자금조달이 가능한 경제는 동일한 조건의 그렇지 않은 경제보다 더 높은 평균성장률을 달성하는 동시에 거시경제의 변동성을 완화시킬 수 있다.

④ 주주의 유한책임이 있다면 기업의 외부자금조달비용이 내부자금조달비용보다 더 낮다.

11 기업의 자금조달에 관하여 틀린 설명을 선택하고 이유를 설명하시오.

① 한국의 대기업은 항상 은행대출보다 회사채의 발행을 통한 자금조달에 더 의존한다.

② 미국에서 비금융기업의 순자산 대비 부채의 비율은 불황에 감소하고 호황에 증가한다.

③ 단기로 자금을 조달하여 차환을 통해 장기사업에 자금운용을 하는 금융기법은 위험이 작기 때문에 실물경제과 금융시장의 안정을 증가시키는 효과가 크다.

④ 프로젝트 파이낸싱에서 우발적 채무가 크게 발생하여 비금융기업과 은행의 대차대조표가 동시에 악화되면 실물경제의 불안과 금융불안정이 동시에 나타날 수 있다.

12 정보의 비대칭성과 부채계약의 관계에 관한 맞는 설명을 선택하고 이유를 설명하시오.

① 상황입증비용이 존재하면 부채계약이 주식계약보다 효율적일 수 있다.

② 역선택의 문제가 있다면 대출이자율의 상승보다 대출금액의 조정이 더 효율적일 수 있다.

③ 채무자에 대한 정보생성의 무임승차가 가능하면 적절한 정보생성이 가능하다.

④ 채권자는 대출약정서에 금지조항을 포함시켜 채무자의 도덕적해이를 완화시키려고 한다.

13 부동산 PF에서 건설회사의 효율적인 지급보증을 위해서 제14장의 대출계약모형의 함의를 이용하는 경우와 관련하여 맞는 설명을 선택한 후 이유를 설명하시오.

① 지급보증을 신청하는 기업의 위험도가 높을수록 사업성공을 위해 지급보증을 늘려야 한다.

② 지급보증을 신청하는 기업이 보유한 순자산의 규모가 클수록 지급보증의 규모를 늘려야
한다.

③ 지급보증을 신청하는 기업이 진행하는 사업의 위험성이 높을수록 지급보증의 규모를 늘려
야 한다.

④ 지급보증을 신청하는 기업의 경영효율성에 대한 구체적인 정보를 반영할 필요가 없다.

14 예금금리가 연 10%, 기업의 자본투자수익률이 연 21%, 기업의 레버리지비율은 4, 부도가
발생여부를 판단하는 경영효율성지표의 임계치가 0.5이다. 경영효율성지표는 0.5와 1.5 사
이의 균등분포를 따르는 확률변수이다. 위의 조건이 만족될 때 제14장의 대출계약모형이
함의하는 기업의 예산이윤이 다음의 항목 중에 있다면 선택하고 이유를 설명하시오.

① 1.09

② 1.1

③ 1.13

④ 1.15

15 제14장의 대출계약모형의 함의와 맞지 않는 항목을 선택하고 이유를 설명하시오.

① 정확한 현금흐름을 분석하기 어렵기 때문에 회계감사비용이 많이 드는 기업일수록 외부차
입에 대하여 부채계약보다는 주식계약이 더 바람직하다.

② 기업대출의 계약서에 기업의 현금흐름의 정보를 정기적으로 제공하는 조항과 미리 약정한
이외의 용도로 대출금을 사용하지 않는다는 조항을 포함하는 것이 바람직하다.

③ 공신력이 있는 전문기업에서 작성한 기업의 신용정보를 기업별 대출조건에 반영하는 것이
바람직하다.

④ 경기안정을 담당하는 정책당국은 금융안정을 담당하는 정책당국보다 부도기업의 금융지원
에 대하여 상대적으로 유화적인 태도를 보일 수 있다.

16 기업과 은행의 대출계약에서 발생할 수 있는 역선택문제의 완화를 위한 방안과 맞지 않는
항목을 선택하고 이유를 설명하시오.

① 기업의 ESG 경영효율성지표에 대한 정보가 정확하게 공시될 수 있는 제도를 마련한다.

② 효율적인 기업자료의 축적과 분석을 할 수 있는 기업이 자유롭게 진출하여 기업평가범위
가 많은 중소기업에게로 확장되면서 평가의 정확성도 향상시키는 제도적 장치를 강화한다.

③ 개별 은행은 역선택문제의 해결능력을 갖출 수 없기 때문에 정부가 직접 기업정보를 산출
하도록 하는 방안이 바람직하다.

④ 기업에 관한 정보와 관련된 무임승차의 문제와 부적절한 정보교류로 인한 이해상충의 문
제를 해결하는 제도적 장치를 강화한다.

제15장

금융시장의 변화와 금융위기

제15장
금융시장의 변화와 금융위기

　제15장에서는 그림자은행산업의 성장과 쇠퇴가 실물부문과 어떻게 연결되어 있는지를 단순한 예를 사용하여 이해하고자 한다. 2007년 여름부터 시작된 금융위기의 원인과 전개과정을 설명하는 거의 모든 연구는 2007년 여름 이전의 금융시장을 쉐도우뱅킹(shadow banking) 또는 그림자 은행산업으로 정의하고 금융시장의 금융중개기능이 약화되면서 발생한 거시경제불황이 오랫동안 지속되는 현상이 나타난 것으로 강조하고 있다. 그림자은행산업이 주로 담당해왔던 기능을 요약하여 증권화된 은행업(securitized banking)이라고 정의하기도 한다. 이러한 견해를 반영하여 제15장에서 강조하는 그림자은행산업의 주요 특징은 자산유동화를 통한 유동성변환(liquidity transformation)이다. 자산유동화의 개념을 설명하기 위해 은행대출채권에 기초한 증권화(securitization)과정을 소개한다. 은행으로부터 대출받은 다양한 채무자들이 매월 한 번씩 미리 약정된 대출이자와 원금의 일부를 상환한다. 매달 은행에게 상환되는 원리금보다 더 낮은 금액의 원리금을 약속하는 채권을 발행할 수 있다. 채무자 몇 사람이 약정한 대로 원리금상환이 되지 않을지라도 은행은 안전하게 자신이 약속한 금액을 지급할 수 있다. 이러한 작업을 통해서 은행은 자신이 보유한 대출채권에 기초하여 새로운 증권을 발행한 것이다.

자산유동화증권(asset backed securities)의 역할은 금융시장에 제공되는 투자자금의 공급을 크게 증가시키는 효과가 있다. 그 이유는 자산유동화를 통해 정상적인 금융시장에서 은행예금으로 창출된 대출의 양이 기하급수적으로 증가하기 때문이다. 자산유동화는 하나의 기초자산에 대하여 여러 단계를 거쳐 금융시장에 공급되는 투자자금의 총량을 증가시키는 작업이므로 하나의 주춧돌 위에 여러 단의 벽돌을 올려놓아서 쌓는 건축물을 만드는 작업으로 비유할 수 있다. 아랫부분에 놓인 하나의 벽돌이 부실해지면 그 위의 벽돌은 쉽게 무너진다. 이런 특성으로 자산유동화를 통해 증가된 시장의 풍부한 자금공급은 쉽게 무너질 수 있다. 또한 건축물이 높이 올라갈수록 크게 무너질 수 있다. 이처럼 그림자은행산업이 수행하는 유동성변환의 기능은 내재적인 취약성에 노출되어 있다. 그 결과 기초자산의 수익성 또는 거래상대방의 신뢰성에 대한 불확실성이 발생하면 이에 대하여 강건하게 대응하지 못하고 금융중개기능이 크게 손상되면서 실물경제의 자금조달을 크게 악화시키는 상황으로 이어질 수 있다.

제15장에서는 은행이 자산유동화증권을 발행하는 과정을 단순모형을 사용하여 설명한다. 자산유동화의 결과로 기업이 조달할 수 있는 투자자금이 늘어나기 때문에 투자붐이 발생할 수 있음을 보인다. 그러나 자산유동화를 통해 조성된 풍부한 자금은 금융시장의 불확실성이 증가하면서 쉽게 사라지는 속성이 있으며 최근의 금융위기가 진행되는 과정에서도 관측되었다. 중앙은행은 은행의 은행이라고 한다. 금융시장에서 내재적으로 생성된 유동성이 갑자기 줄어드는 상황에서 중앙은행은 어떠한 역할을 해야 하는가에 대하여 생각해 볼 수 있다. 중앙은행의 최종대부자의 역할은 금융기관의 단기자금 조달이 어려운 상황에서 건실한 금융기관이 금융중개기능을 계속해서 수행할 수 있도록 하는 역할이라고 해석할 수 있다. 미국과 유럽의 중앙은행들이 2007년 하반기에 발생한 금융시장의 유동성위기에 대처하여 어떤 정책대응이 있었는지를 소개한다.

자산유동화증권의 모형

제15장의 앞부분에서는 제14장에서 분석한 버냉키-거틀러-질크라이스트 모형을 사용하여 자산유동화증권이 발행되는 과정을 설명한다. 제15장의 자산유동화모형은 부채담보부증권(collateralized debt obligations)과 유사하다. 부채담보부증권은 금융기관이 보유한 대출채권이나 회사채 등을 특수목적기구로 이전한 후 이를 담보로 하여 특수목적기구가 발행하는 유동화증권을 의미한다. 이는 동일한 기초자산으로부터 나오는 수익에 기초하여 몇 개의 등급을 두고 차별화하여 발행된 금융증권을 판매하는 것을 의미한다.

가장 높은 등급의 부채담보부증권을 매수한 투자자는 기초자산의 원금과 이자 수입에 대한 최우선권을 보장받는다. 이에 대한 대가로 최우선권이 부여된 부채담보부증권을 구매한 투자자에게 주어지는 이자율이 가장 낮다. 바로 아래 등급의 부채담보부증권을 매수한 투자자는 최우선권을 가진 부채담보부증권보다는 우선권이 낮지만, 다른 부채담보부증권에 비해서는 더 높은 우선권이 있다. 이처럼 동일한 담보자산들로 구성된 그룹에서 유동화증권들에 대하여 계층적 등급을 두는 기법에서는 다음과 같이 트랜치(tranche)라는 개념을 이용한다. 원리금을 상환받는 우선권이 서로 다르게 하여 여러 개의 서로 다른 증권들을 발행하는데 이런 의미에서 발행되는 증권의 계층적 등급이 다르게 된다. 우선권에 대한 순서에 따라서 구분하면 상위트랜치(senior tranche), 중위트랜치(mezzanine tranche), 에쿼티트랜치(equity tranche) 등의 순서로 분류한다.

다음에서는 제14장에서 설명한 은행대출모형에 자산유동화증권이 발행되는 상황을 분석한다. 은행이 발행하는 자산유동화증권의 첫째 사례는 무위험채권으로 유동화하는 것이다. 부도위험이 있는 대출자산으로부터 어떻게 무위험채권을 발행할 수 있는지 의아해 할 수 있다. 이런 의문에 대한 답변은 미래에서 발생할 소득의 흐름을 여러 개의 조각으로 분리할 수 있다면 무위험채권의 발행이 가능하다는 것이다. 은행이 대출에 대한 대가로 받는 순소득의 최소값은 $(1 - \mu)(1 - \varepsilon)R_b K$이다. 여기서 R_b는 은행대출을 받는 기업가가 선택한 자본투자의 총수익률을 나타내고 K는 기업가가 소유한 총자산을 나타낸다. 부도가 발생하여 회계감사가 실시된 이후 남은 기업가의 총자산은 은행이 언제든지 청산하는 것으로 가정한다. 따라서 다음시점의 원리금이 $(1-\mu)(1-\varepsilon)R_bK$인 채권을 은행이 발행한다면 어느 상황이 발생하든 이 채권의 원리금을 지급할 수 있다.[1] 위의 설명은 은행은 다음시점에서 발생가능한 소득 중 항상 보장된 소득을 따로 떼어내어 이를 기초로 한 무위험채권을 발행할 수 있음을 의미한다. 현재 설명하고 있는 모형에서는 $(1-\mu)(1-\varepsilon)R_bK$를 액면가로 하는 채권이 상위트랜치에 속한다. 그 이유는 기업대출에서 부도가 나더라도 유동화채권을 발행할 때 약속된 원리금이 그대로 지급될 수 있기 때문이다.

위에서 설명한 채권은 은행이 소유한 대출자산을 기초로 하여 발행된 자산유동화증권이다. 이처럼 자산유동화증권을 발행하면 은행은 예금증가 또는 자기자본증가 없이도 기업에 대출할 수 있는 새로운 자금을 늘리게 되는 효과를 얻을 수 있다. 위의 예를 이용하여 자산유동화를 통해 증가되는 대출자금의 증가분을 계산할 수 있다. 액면이 $(1-\mu)(1-\varepsilon)R_bK$인 무위험채권의 현재시점의 가격은 $(1-\mu)(1-\varepsilon)R_bK/F$이다. 이 식에서 F는 무위험채권의 총수익률을 의미한다. 자산유동화증권을 발행하지 않았다면 대출금이 모두 그대로 묶여 있어야 하지만 은행이 앞에서 설명한 방식에 따라서 무위험채권을 발행하여 채권시장에서 매도하면 그 결과 $(1-\mu)(1-\varepsilon)R_bK/F$의 자금을 얻게 된다.

은행은 자산유동화의 방식에 의거하여 부도위험이 있는 채권도 발행할 수 있다. 이는 중위트랜치 또는 에쿼티트랜치에 속하는 증권이다. 예를 들어 은행은 자산유동화를 통해서 부도 위험이 α인 채권을 발행할 것을 계획하고 있는 것으로 가정하자. $(1-\mu)(1-\varepsilon)R_bK$의 부분에 대해서는 앞에서 증권화를 통해 이미 판 것으로 가정한다. 이제 남은 소득 부분 중에서 경영효율성지표의 최소값인

---

1) 만기가 1기인 유동화채권을 발행하는 것으로 가정한다. 따라서 유동화채권의 원리금은 유동화채권의 총액면가치(face value)를 의미한다.

$\omega = 1 - \varepsilon$과 $\omega = 1 - \kappa\varepsilon$사이에 위치한 부분에 대하여 자산유동화를 진행하는 것으로 가정한다. κ는 1보다 작은 양수로 가정한다.

부도가 난 상황에서도 은행이 확보할 수 있는 수입에 기초하여 발행하는 것으로 가정한다. 따라서 유동화증권이 제공할 수 있는 미래수익을 계산하기 위해 은행은 기업부도가 발생하여 지불해야 하는 회계감사비용을 뺀 소득을 계산해야 한다. 경영효율성지표가 $(1 - \varepsilon)$에서 $(1 - \kappa\varepsilon)$사이에 위치하는 상황에서 발생하는 은행수입을 채권의 형태로 유동화하는 것이므로 이 구간에서 발생하는 수입을 계산한다. 경영효율성지표에 대한 구간의 크기를 계산하기 위해 $\omega = 1 - \kappa\varepsilon$의 값에서 $\omega = 1 - \varepsilon$의 값을 감하면 $\varepsilon(1 - \kappa)$이다. 그 결과 은행이 자산유동화를 통해서 미래시점에서 제공할 것으로 약속할 수 있는 원리금은 $\varepsilon(1 - \mu)(1 - \varepsilon)R_b K$이다.

은행이 약속한 유동화채권의 원리금이 항상 지급될 수 있는 것은 아니다. 은행이 발행한 유동화채권에서도 부도가 발생할 수 있다. 경영효율성지표가 낮게 실현되면 은행이 약속한 유동화채권의 원리금의 전액지급이 불가능하게 된다는 것을 보인다. 앞에서 $(1 - \kappa\varepsilon)$는 기업대출의 부도임계치보다 낮은 것으로 가정하였다. 따라서 경영효율성지표의 값이 $\omega = 1 - \kappa\varepsilon$로 실현되면 기업은 은행에 대한 대출금을 상환하지 못해 부도가 난다. 그럼에도 불구하고 은행은 기업의 자산을 매각하여 조달한 매각대금을 유동화채권의 원리금을 지급하는 데 사용할 수 있다. 또한 경영효율성지표의 값이 앞에서 설정한 구간 안에서 실현되면 유동화채권의 발행자가 약속한 원리금을 모두 지불할 수 없기 때문에 유동화채권의 부도가 발생한다. 그러나 경영효율성지표의 값이 $[1 - \varepsilon, 1 - \kappa\varepsilon]$의 구간보다 위에서 실현된다면 약속한 원리금을 모두 지급할 수 있다. 이 경우 기업의 부도가 발생한다고 할지라도 기업의 자산을 청산하여 유동화채권의 투자자에게 약속한 원리금을 확보할 수 있기 때문에 유동화채권의 부도는 발생하지 않는다. 따라서 두 증권의 부도가 항상 동시에 발생할 필요는 없다. 은행이 발행한 유동화채권에 대한 부도확률은 얼마인가? 경영효율성지표가 균등분포를 따르는 것으로 가정하였기 때문에 이를 이용하면 부도확률은 $(1 - \kappa)/2$이다. 따라서 $\alpha = (1 - $

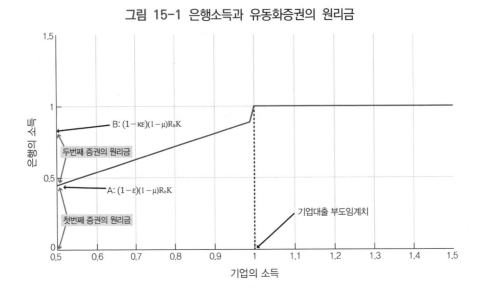

그림 15-1 은행소득과 유동화증권의 원리금

κ)/2의 등식이 만족됨을 의미한다. 또한 ε의 값은 은행이 조정하지 못하고 외생적으로 결정된다. 그 결과 유동화채권의 부도확률은 $\alpha = (1-\kappa)/2$의 등식에 의해서 결정된다. 이는 은행이 유동화채권의 수익을 결정할 때 선택해야 하는 κ의 값이 유동화채권의 부도확률을 결정하게 됨을 의미한다.

<그림 15-1>은 앞에서 설명한 은행수입과 유동화채권의 원리금의 관계를 보여주고 있다. 기업대출의 부도가 발생하는 경영효율성지표의 값을 1로 설정하였다. 청산을 위해 필요한 청산비용은 실현된 투자소득의 $\mu = 0.1$로 설정하였다. 또한 분석의 편의를 위해 $R_b K = 1$로 가정하였다. $\varepsilon = 0.5$로 설정하였기 때문에 기업의 경영효율성이 $\omega = 0.5$로 실현되면 기업의 투자소득이 가장 낮게 나타난다. 그 결과 기업은 은행에 대한 채무를 상환하지 못해 파산한다. $\omega = 1$에서 은행소득의 불연속점이 발생한다. 그 이유는 기업에게 제공한 대출에서 부도가 발생하는 경우 은행은 기업에 대하여 회계감사를 실시하고 그에 따라 회계감사비용과 그 외의 청산비용을 지불해야 하기 때문이다. <그림 15-1>을 보면 가정에 의해서 은행이 자산유동화를 통해 매각하는 부분은 부도가 발생하는 상황에서 은행이 얻는 수입이다. 기업에게 제공한 대출에서 부도가 발생하더라도 은

행은 기업으로부터 인수한 자산과 산출을 청산하여 수입을 얻을 수 있음을 가정
하였다. 따라서 점 A는 가장 확실하게 은행이 보장할 수 있는 소득이므로 이 부
분을 사용하여 무위험채권을 발행한다. 점 A와 점 B 사이의 소득은 미래시점에
서 실현될 수도 있고 그렇지 않을 수도 있다. 따라서 이 부분을 기초로 하여 자
산유동화를 진행한다면 무위험채권을 발행할 수 없다. 따라서 앞에서 설명한 바
와 같이 위험채권을 발행하게 된다.

　<그림 15-2>는 앞에서 설명한 기초자산의 현금흐름과 유동화채권의 원리
금의 관계를 그림으로 보여주고 있다. 첫째 증권에 대한 원리금은 기초자산의 현
금흐름이 어느 정도 실현되는지의 여부에 관계없이 일정한 액수가 보장된다. 첫
째 증권의 원리금은 <그림 15-2>에서는 흑색점선의 수평선으로 나타난다. 이는
기업파산이 발생할지라도 기업자산을 청산하여 원리금지급에 필요한 자금이 보장된
다는 가정을 반영한 것이다. 둘째 증권에서는 기초자산의 현금흐름이 $(1-\kappa\varepsilon)R_bK$이
상이 되면 약정한 원리금의 지급이 가능하다. 이 경우 $(1-\mu)\varepsilon(1-\kappa\varepsilon)R_bK$의 원리
금 지급이 가능하다.[2] 이 부분은 <그림 15-2>에서 수평선으로 표시된다. 기초자
산의 현금흐름이 $(1-\kappa\varepsilon)R_bK$보다 작아지면 유동화증권에서 부도가 발생한다. 이런
경우 기초자산으로부터 들어오는 소득을 그대로 유동화증권의 투자자에게 지급한
다. 이 부분은 <그림 15-2>의 양의 기울기를 가진 직선으로 표시된다.

　은행이 발행한 유동화채권에 대한 가격은 어떻게 결정되는가? 부도위험이 없
다면 국채와 동일한 것으로 간주할 수 있으므로 쉽게 가격을 책정할 수 있다.
그러나 부도위험이 있으므로 이를 고려한 가격이 되어야 한다. 현재의 모형분석
에서는 시장균형에서 차익거래이득이 없다는 조건을 부여하여 시장가격을 다음
과 같이 계산한다. 첫째, 은행은 액면이 $\varepsilon(1-\kappa)(1-\mu)R_bK$인 할인채를 발행하
는 것으로 가정한다. 둘째, 은행이 발행한 채권을 인수하는 투자자의 예상수입

---

2) $w_1=1-\kappa\varepsilon$과 $w_2=1-\varepsilon$로 정의한다. 앞의 설명에서 (w_1-w_2)가 중위권트랜치에 속하는 채권으
　로 유동화되는 부분이다. $(w_1-w_2)=\varepsilon(1-\kappa)$에 해당하는 부분은 은행과 기업의 대출계약에서 부
　도가 발생하는 부분이다. 따라서 은행이 투자자에게 약속할 수 있는 원리금은 부도처리비용을 감
　하고 남는 $\varepsilon(1-\kappa)(1-\mu)$이 된다.

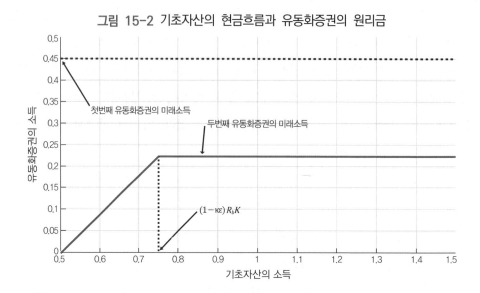

그림 15-2 기초자산의 현금흐름과 유동화증권의 원리금

의 현재가치를 계산한다. 셋째, 은행이 발행한 채권을 인수하는 투자자의 현재
시점의 투자비용을 계산한다. 투자비용은 채권가격에 비례한다. 넷째, 균형에서
차익거래이득이 없다면 은행이 발행한 채권을 매수한 투자자 예상수입의 현재가
치와 현재시점의 투자비용이 같아진다. 따라서 위의 등식이 성립하도록 하는 채
권가격이 은행이 발행하는 자산유동화증권의 가격이 된다.

위에서 설명한 과정에 맞추어 자산유동화증권의 가격을 계산하기 위해 먼저
유동화증권의 매수자에게 제공되는 미래시점의 소득에 대한 예상치를 계산한다.
매수자의 원리금은 기업의 경영효율성지표의 선형함수로 쓸 수 있는데 은행의
최소수입을 감한 값이어야 한다. 실현된 경영효율성지표의 값이 $(1 - \kappa\varepsilon)$의 미
만이면 유동화채권 매수자에게 주어지는 원리금은 경영효율성지표의 값에 맞추
어서 $(1 - \mu)(\omega - (1 - \varepsilon))R_bK$가 된다. 실현된 경영효율성지표의 값이 $(1 - \kappa\varepsilon)$의
이상이면 유동화채권의 발행자가 약속한 원리금인 $\varepsilon(1 - \kappa)(1 - \mu)R_bK$가 지급된
다. 이를 반영하여 유동화채권매수자의 예상투자소득을 두 부분으로 나눌 수 있
다. 첫째, 부도가 발생하는 경우의 예상투자소득이다. 부도가 발생하는 경우는
경영효율성지표가 $(1 - \varepsilon)$과 $(1 - \kappa\varepsilon)$의 구간에서 실현되는 경우이다. 이 구간

표 15-1 자산유동화채권가격의 결정

자산유동화채권의 부도가 있는 경우의 예상소득	$(2\varepsilon)^{-1}(1-\mu)R_b K \displaystyle\int_{1-\varepsilon}^{1-\kappa\varepsilon}(\omega-(1-\varepsilon))d\omega$ $= \left(\dfrac{\varepsilon}{4}\right)(1-\kappa)^2(1-\mu)R_b K$
자산유동화채권의 부도가 없는 경우의 예상소득	$(1-\alpha)\varepsilon(1-\kappa)(1-\mu)R_b K$
총예상소득	$\varepsilon\tau(1-\kappa)(1-\mu)R_b K, \quad \tau=1-\alpha/2$
자산유동화채권가격	$\dfrac{\tau}{F}=p_a \rightarrow p_a=(4F)^{-1}(3+\kappa)=(2F)^{-1}(2-\alpha)$
위험프리미엄	$\dfrac{R_a}{F}=\dfrac{4}{3+\kappa}=\dfrac{2}{2-\alpha}$

주: 총예상소득은 부도가 있는 경우의 예상소득과 부도가 없는 경우의 예상소득의 합을 의미한다. p_a 는 액면 한 단위 당 채권가격을 나타내고, τ는 (총예상소득)/(총액면가)로 정의된다. 유동화채권 의 총액면가는 $\varepsilon(1-\kappa)(1-\mu)R_b K$이다. α는 부도확률을 나타낸다. 넷째 줄에서는 $\alpha=(1-\kappa)/2$ 의 식을 이용하여 τ를 α또는 κ의 함수로 표시하고 있다.

안에서 각각의 점이 발생할 확률이 $(1/(2\varepsilon))$이다. 앞에서 설명한 지급가능액과 발생할 확률의 곱을 부도발생구간에서 적분하여 계산한 부도가 발생하는 상황의 예상투자소득은 <표 15-1>의 첫째 줄에 정리되어 있다. 둘째, 부도가 발생하지 않은 상황의 예상소득은 부도가 발생하지 않을 확률과 발행시점에서 약정한 유동 화채권의 원리금의 곱으로 정의된다. 부도가 없는 경우의 예상투자소득은 <표 15-1>의 둘째 줄에 정리되어 있다. 첫째 줄과 둘째 줄에서 분석한 두 경우를 모두 합하면 총예상소득이 된다. 따라서 <표 15-1>의 셋째 줄에서는 첫째 줄과 둘째 줄의 예상투자소득을 합하여 총예상투자소득을 정의하고 있다.

이제 균형조건을 이용하여 유동화채권의 시장가격을 계산한다. 이를 위해 유 동화채권의 발행자가 약속한 액면이 1인 유동화채권의 시장가격을 p_a로 표시한 다. 유동화채권시장의 균형에서 차익거래이득이 없다는 조건을 부과하여 p_a의 값을 계산한다. 어떤 과정을 거쳐서 차익거래이득이 없다는 조건이 균형에서 만 족되는지를 보이기 위해 투자수익의 현재가치와 현재시점의 투자비용의 상대적 크기에 따라서 세 개의 경우로 구분한다. 첫째 경우에는 $\tau > p_a R$의 부등호가 성립한다. 이 경우 유동화채권의 발행자가 보장하는 미래소득의 현재가치가 현재시점의 투자비용보다 더 크기 때문에 투자자들이 유동화채권을 매수하려고 한다. 그 결과 유동화채권가격은 상승한다. 둘째 경우에는 $\tau < p_a R$의 부등호가 성립한다. 둘째 경우에는 유동화채권의 발행자가 보장하는 미래소득의 현재가치가 현재시점의 투자비용보다 더 작다. 이 경우 투자자들이 유동화채권을 사는 것보다 오히려 시장에서 판매하는 것이 더 이득이 되기 때문에 유동화채권가격이 하락한다. 셋째 경우는 등호가 성립하는 경우이다. 셋째 경우에는 유동화채권가격이 상승하거나 하락하지 않는다. 그 이유는 셋째 경우에는 차익거래이득이 없기 때문이다. 따라서 셋째 경우에서 균형이 달성된다. 균형에서는 등호가 성립하기 때문에 유동화채권의 시장가격은 <표 15-1>의 넷째 줄에 정리되어 있는 균형조건에 의해서 결정된다.

자산유동화채권의 실제수익이 약정한 원리금보다 작게 수익이 발생할 수 있으므로 <표 15-1>의 유동화채권은 위험증권이다. 위험증권인 유동화채권의 위험프리미엄은 얼마인가? 이를 알아보기 위해 유동화채권의 총수익률을 R_a로 표기하고, 유동화채권의 총수익률을 유동화채권가격의 역수로 정의한다. <표 15-1>의 넷째 줄에 있는 균형조건에 유동화채권의 총수익률의 정의를 대입하여 <표 15-1>의 다섯째 줄에 있는 유동화채권의 위험프리미엄이 충족시키는 균형조건을 도출할 수 있다. 다섯째 줄에서 위험프리미엄은 유동화채권의 총수익률을 무위험채권의 총수익률로 나눈 비율로 정의된다. 다섯째 줄에서 k의 값이 1보다 작은 양수이면 유동화채권의 총수익률인 R_a는 무위험채권의 총수익률인 F보다 더 크게 나타난다. 따라서 유동화채권의 총수익률에 양수의 위험프리미엄이 반영되어 있다는 것을 확인할 수 있다.

현재 분석하고 있는 자산유동화모형에 대하여 다음과 같은 두 가지 사항을 지적한다. 첫째, 실제의 자산유동화에서는 특수목적기구라는 법인을 설립하여 기초자산의 법률적 소유권을 양도하는 과정을 밟을 수 있다. 그러나 <표 15-1>의 모형에서는 특수목적기구의 역할을 명시적으로 고려하지 않고 은행이 직접 자산

표 15-2 자산유동화비율

무위험유동화채권 발행비중	$(1-\varepsilon)(1-\mu)\dfrac{pk}{k-1}$
위험유동화채권 발행비중	$\varepsilon(1-\mu)(1-\kappa)\tau\dfrac{pk}{k-1}$
유동화비율	$\varphi = (1-\mu)(1-\varepsilon+\varepsilon\tau(1-\kappa))\dfrac{pk}{k-1}$

주: 유동화비율(=φ)은 은행이 기업에게 제공한 대출액 대비 유동화증권 발행액의 비율을 말한다. 셋째 줄에 있는 유동화비율은 첫째 줄과 둘째 줄의 합이다. 유동화비율은 1보다 작은 양수이다.

유동화를 실행하는 것으로 가정하였다. 이와 관련하여 제15장의 뒷부분에서 자산유동화의 과정에 대하여 자세히 설명한다. 둘째, 은행이 부도위험이 있는 유동화채권을 발행할 때 반드시 <표 15-1>의 모형에서 설명한 방식으로 증권투자수익을 설계하지 않아도 된다는 것이다. 약속한 원리금을 지급하지 못하면 아예 투자수익이 제로가 되도록 설계되는 유동화채권도 생각할 수 있다. 제15장에서 소개하는 자산유동화의 모형은 하나의 가상적인 사례이고, 현실경제에서는 다양한 방식으로 유동화증권의 수익구조가 설계될 수 있다.

자산유동화와 신용창조

앞의 분석내용을 보면 자산유동화증권의 발행은 금융시장전체에 가용한 대출자금을 크게 증가시킬 수 있음을 미루어 짐작할 수 있다. 특히 앞에서 설명한 유동화과정이 지속적으로 반복된다면 신용창조와 유사한 과정이라고 간주할 수 있다. 이런 점을 확인하기 위해 <표 15-2>에서는 자산유동화증권의 발행을 통해 은행이 확보할 수 있는 자금의 총액을 계산한다.

<표 15-2>에서도 기업에 대한 대출금 L을 기초자산으로 하여 자산유동화채권을 발행하는 것으로 가정한다. 무위험증권인 유동화채권과 위험증권인 유동화채권을 발행하는 것으로 가정한다. 먼저 기업에게 제공한 대출액 대비 무위험

유동화채권의 발행수입은 <표 15-2>의 첫째 줄에 정리되어 있다. 첫째 줄의 식을 도출하기 위해 $p = R_b/F$으로 정의하였다. 이 비율은 기업자본투자의 총수익률을 무위험채권의 총수익률로 나눈 비율이므로 기업자본투자의 위험프리미엄으로도 해석할 수 있다.[3] 소문자 k는 기업의 총자산을 순자산으로 나눈 비율을 의미한다. 또한 기업에게 제공한 대출액 대비 위험유동화채권의 발행 수입은 <표 15-2>의 둘째 줄에 정리되어 있다. 위에서 설명한 두 경우를 합하면 은행이 기업에게 제공한 대출액 중에서 유동화를 통해서 회수한 총액이 계산된다. 유동화비율은 자산유동화증권의 발행으로 회수한 총액을 대출금으로 나눈 비율로 정의되고, 유동화비율은 1보다 작은 양수이다. <표 15-1>의 자산유동화 모형이 함의하는 유동화비율의 결정식은 <표 15-2>의 셋째 줄에 정리되어 있다. 이 식을 보면 유동화비율은 은행과 기업이 합의한 대출계약조건들과 기업이 진행하고 있는 자본투자수익률의 함수가 된다는 것을 알 수 있다.

이제 신용창조과정에서 통상적으로 가정하는 것과 유사하게 은행은 자산유동화를 통해서 회수한 자금을 다시 기업대출에 투입하는 것으로 가정한다. 유동화채권으로 회수한 자금과 동일한 크기인 φL의 대출이 증가하게 된다. 이렇게 증가된 대출에 대하여 앞에서 설명한 것과 동일한 방식의 자산유동화가 적용된다면 $\varphi^2 L$의 자금이 다시 회수된다. 이렇게 회수된 자금을 다시 대출하는 과정이 무한히 반복되면 결과적으로 경제전체에 $(1/(1-\varphi))L$의 대출이 이루어진다. 이런 방식이 반복될 때 자산유동화채권의 총공급은 어떻게 되는가? 유동화채권의 총공급은 자산유동화를 통해서 만들어 낸 총자금과 일치하므로 앞에서 계산한 대출총액에서 자산유동화가 전혀 없는 상황의 대출금을 뺀 차이와 같다. 따라서 유동화채권의 총공급은 $(\varphi/(1-\varphi))L$이다.

위에서 설명한 신용창조의 결과가 금융시장의 안정성에 함의하는 바를 다음

---

3) 제14장의 대출계약모형에서는 동일한 변수를 수익률스프레드로 정의하였다. 특히 <그림 14-6>의 소문자 p와 동일한 변수이다. 따라서 <표 15-2>의 셋째 줄에서 보여주고 있는 유동화비율이 통화정책에 의해서 달라질 수 있다는 것을 알 수 있다. 예를 들어 통화정책이 저금리기조를 유지한다면 다른 변수들이 그대로 있다는 조건이 만족될 때 수익률스프레드와 레버리지비율을 증가시켜서 기업대출이 증가하게 되면 유동화비율도 상승한다.

과 같이 요약한다. 자산유동화는 은행에게 유동성을 늘려주는 좋은 효과가 있는 동시에 과도한 유동성증가에 따른 시스템리스크(systemic risk)를 증폭시키는 결과를 초래할 수도 있다. 위의 모형분석에서 볼 수 있듯이 하나의 기초자산에 다수의 유동화가 적용되면 이는 경제전체의 레버리지를 확대시킨다. 하나의 기초자산에 몇 차례의 유동화과정을 거치면서 결국 경제전체의 총부채가 증가하면 시스템리스크를 증가한다. 기초자산이 부실해지는 경우 자산유동화증권에 대하여 신용보증을 제공한 금융기관의 실질적인 지급부담이 증가한다. 기초자산이 부실해지면 피해규모가 레버리지만큼 증폭되면서 그 여파가 대출시장과 자본시장으로 파급된다. 특히 제15장에서 분석한 신용창조는 금융시장의 꼬리위험을 증가시키는 효과가 있다. 여러 기업의 자본투자와 연결되어 있는 기초자산이 동시에 부실화되면 은행은 기업자산을 원활하게 청산할 수 없다. 여러 기업의 자산이 동시에 시장에서 청산되는 상황이 발생하면 자산가격이 갑자기 하락하여 청산을 통해 마련할 수 있는 자금이 감소한다. 따라서 정상적인 상황에서는 투자자들에게 안전한 증권으로 인식되어온 자산유동화증권이 기초자산의 부실가능성이 큰 상황에서는 상당히 위험한 증권이 된다. 이런 상황에서는 유동화증권에 대한 수요가 급격히 감소할 수 있다. 극단적인 상황에서는 유동화증권에 대한 $(\varphi/(1-\varphi))L$의 수요가 금융시장에서 급격하게 사라질 수 있다. 그 여파로 건실한 실물투자에 필요한 은행대출도 막히는 상황이 되어 거시경제의 총투자수요가 큰 폭으로 감소할 수 있다.

신용보험의 가격결정

앞에서 설명한 모형에서는 자산유동화증권의 부도와 기초자산의 부도는 서로 독립적인 사건으로 가정하고 분석하였다. 비록 기초자산에서 부도가 발생하더라도 회수가능한 기초자산을 매각하여 자산유동화증권의 원리금을 지급할 수 있는 것으로 가정하였다. 그러나 현실경제에서 기초자산의 부도는 자산유동화증권의

표 15-3 자산유동화와 신용보험

실현된 보험금	$(1-\mu)(1-\kappa\varepsilon-\omega)R_bK$
유동화채권에 대한 총예상보험금	$(2\varepsilon)^{-1}(1-\mu)R_bK\displaystyle\int_{1-\varepsilon}^{1-\kappa\varepsilon}(1-\kappa\varepsilon-\omega)d\omega$ $=\left(\dfrac{\varepsilon}{4}\right)(1-\kappa)^2(1-\mu)R_bK$
유동화채권에 대한 총보험료	$\dfrac{\varepsilon(1-\kappa)^2}{4F}(1-\mu)R_bK$
유동화채권 액면 단위당 신용보험료	$\dfrac{1-\kappa}{4F}=\dfrac{\alpha}{2F}$

주: 첫째 줄의 실현된 보험금은 경영효율성지표의 값이 ω일 때 지급되는 보험금을 말한다.

부도로 이어질 가능성이 높다. 자산유동화증권의 부도를 염려하는 투자자들을 위해 자산유동화증권의 부도위험에 대한 보험계약을 판매하는 보험회사가 존재하는 것으로 가정한다. 부연하면 보험회사는 은행이 발행하는 자산유동화증권에 투자하는 투자자들을 대상으로 신용보험을 판매할 수 있다. 또는 은행은 자산유동화증권의 부도위험을 제거하기 위해 보험회사가 판매하는 신용보험을 구매하여 자산유동화증권과 함께 묶어서 매도할 수 있다. 부도위험을 완전히 제거할 수 있는 신용보험을 같이 묶어서 자산유동화증권이 판매된다면 이런 증권은 무위험채권과 동일한 증권으로 간주할 수 있다.

보험회사가 판매하는 신용보험의 계약내용은 다음과 같다. 유동화증권을 매도한 이후 미리 약정한 원리금에 못 미치는 금액을 지급할 수밖에 없는 상황이 발생할 때 보험회사는 약정한 원리금이 지급될 수 있도록 차액을 보험금으로 지급한다는 것이다. 구체적인 예를 들기 위해 앞에서 설명한 자산유동화모형에서 부도가 발생하는 상황을 분석한다. 은행은 기업대출의 원리금을 기초자산으로 하여 유동화증권을 발행하면서 $\varepsilon(1-\kappa)(1-\mu)R_bK$의 지급을 투자자에게 약속한다. 은행대출을 받은 기업에서 실현된 경영효율성지표의 값이 $(1-\kappa\varepsilon)$보다 낮아지면, 유동화증권의 부도상황이 발생한다. 유동화증권의 부도상황에서 유동화증권을 매수한 투자자에게 지급될 수 있는 금액은 $(\omega-1+\varepsilon)(1-\mu)R_bK$이고, 보험회사가 지급할 보험금은 유동화증권의 발행자가 약속한 원리금에서 부도상황에서 지급가능금액을 뺀 차이이다. 경영효율성지표의 특정한 하나의 값이 실현되었다는 가정하에서 보험회사가 지급해야 하는 보험금은 <표 15-3>의 첫째 줄에 정리되어 있다. 보험회사의 예상비용은 보험회사가 지급해야 하는 보험금의 기대값이다. 이는 <표 15-3>의 둘째 줄의 식에 정리되어 있다.

신용보험시장은 보험회사의 진입과 탈퇴가 자유로운 완전경쟁시장이다. 이런 경우 시장균형에서 보험회사의 예상수입과 예상비용이 같다. 보험회사의 예상비용은 예상지급액의 현재가치가 된다. 따라서 <표 15-3>의 셋째 줄에서 볼 수 있듯이 보험회사는 예상수입이 예상지급액의 현재가치와 같아지도록 보험료를 책정해야 한다. 또한 <표 15-3>의 셋째 줄에 있는 총보험료를 유동화채권의 액면으로 나누면 자산유동화채권의 액면 한 단위당 보험료를 계산할 수 있다. 이런 조건을 반영하여 계산한 자산유동화채권의 액면 한 단위당 보험료는 <표 15-3>의 넷째 줄에 정리되어 있다. 이 식을 보면 액면 한 단위당 신용보험료는 부도확률에 비례한다는 것을 확인할 수 있다.

위에서 설명한 신용보험모형은 신용파산스왑(credit default swap)과 유사하다. 신용파산스왑거래에서 보장매입자는 보장매도자에게 정기적으로 일정한 프리미엄을 지불한다. 이는 신용보험의 보험료를 지불하는 것으로 간주할 수 있다. 이런 방식의 보험료에 대한 대가로 계약기간 동안 기초자산에 파산 및 부도의 사건이 발생할 경우, 보장매도자로부터 손실액 또는 사전에 합의한 금액을 보상받는다. 계약에 따라서는 문제가 된 채권을 넘기고 채권의 원금을 받기도 한다. 이런 부분은 보험금의 지급에 해당한다. 만약 기초자산에서 파산 또는 부도사건이 발생하지 않으면 보장매입자는 프리미엄만 지불하게 된다.

<표 15-3>에 정리된 신용보험모형은 금융위기가 진행되는 과정을 이해하는 데 도움이 된다. 부채담보부증권을 발행할 때 부채담보부증권의 위험부문을 따로 떼어 내서 신용파산스왑과 결합시킬 수 있다. 예를 들어 골드만삭스 등의

투자은행이 부채담보부증권을 기관 투자자 및 헤지펀드 등에게 매도할 때 부채담보부증권이 잘못될 가능성에 대비하여 부채담보부증권이 제공하는 수익의 일정 부분을 신용파산스왑의 보장매도자에게 지불하는 보험료로 책정하여 이를 AIG와 같은 보험회사에게 지불한다. AIG와 같은 보험회사는 투자은행으로부터 보험료를 받고 부채담보부증권에 부도가 발생하면 부채담보부증권을 보유한 투자자에게 손실액을 보험금으로 지급한다.4) 이러한 과정을 거치게 되면 자산유동화증권과 신용파산스왑의 결합을 통해 투자은행은 투자자에게 안전한 증권을 제공하게 된다. 그러나 증권의 발행이 다단계로 연결된 고리 중에서 최초의 출발점에서 문제가 발생하면 그 뒤로 연결된 모든 증권들이 영향을 받게 된다. 이러한 현상이 미국의 금융위기 과정에서 발생한다. 예를 들어 주택가격의 하락으로 부채담보부증권에 포함되어 있는 주택저당증권이 부실화 된다. 그에 따라 부채담보부증권도 부실화된다. 그 결과 신용파산스왑을 통해 손실을 보장한 보험회사들의 금전적 압박이 발생한다. 이러한 상황을 거치면서 대규모 금융회사들이 파산하는 현상이 발생한다.

자산유동화증권의 종류와 발행과정

자산유동화증권(asset backed securities)의 범주에는 부동산, 매출채권, 유가증권, 주택저당채권 등과 같이 유동성이 낮은 자산을 기초로 하여 발행되는 증권들이 포함된다. 자산유동화증권은 증권의 법적인 성격 및 기초자산의 특성에 따라서 서로 다른 이름으로 불리지만 발행되는 과정은 유사하다. 예를 들어 주택저당증권과 유동화된 기업어음 등은 기초자산이 다르다. 또한 주택저당증권과 커버드본드는 발행자가 달라서 법적인 성격도 다르다. 유동화증권의 발행과정을

---

4) 참고로 '우리나라에서도 IMF 구제금융 이전 회사채를 발행한 기업이 채권의 원리금을 지급하지 못하는 사태를 대비해서 금융기관(은행, 증권회사, 보험회사)이 보험료(원금의 0.5% 내외)를 받고 보증을 해 주었다. IMF 구제금융 당시 다수의 금융기관이 부실화된 원인 중의 하나가 이와 같은 보험때문인 것'으로 지적되기도 하였다.

설명할 때 강조되는 중요한 특징 중의 하나는 기초자산의 보유자가 특수목적기구를 설립하여 이 기구에 기초자산의 법률적인 소유권을 양도한다는 것이다. 앞에서 설명한 모형에 비추어 설명한다면 특수목적기구는 은행이 소유한 대출자산에 대한 법률적 소유권을 은행으로부터 분리하여 독립적인 법인에 맡기기 위해 설립된다. 특수목적기구는 주식회사보다 설립이 간편한 유한회사의 형태로 설립된다.5)

신용보강도 중요한 작업이다. 신용보강은 유동화증권의 부도위험을 줄이기 위해 사용되는 수단을 의미한다. 이는 유동화증권을 설계할 때부터 유동화증권의 원리금상환에 대한 위험이 낮아지도록 원리금의 지급조건을 조정하거나 자산보유자가 스스로 보증하는 방법을 말한다. 신용보강을 위해 자주 사용되는 방법들은 다음과 같이 요약된다. 첫째, 선·후순위 구조화이다. 이는 원리금지급의 우선순위에 따라 선순위채권과 후순위채권을 구분하는 방식이다. 선순위채권은 기초자산에서 나오는 현금흐름이 부족한 경우 후순위채권보다 원리금을 우선적으로 지급한다. 둘째, 초과담보이다. 이는 특수목적기구에 넘겨준 기초자산의 가치가 자산유동화를 통해 조달될 것으로 예상되는 금액보다 크도록 한다는 의미이다. 기초자산의 일부가 부실화되어도 약속한 원금과 이자를 지급할 수 있도록 한다.

대표적인 자산유동화증권은 주택저당증권(MBS: mortgage backed securities)이다. 주택저당증권은 주택저당채권을 기초자산으로 하여 발행된 유동화증권이다. 우리나라의 주택저당채권의 채권유동화는 두 종류가 있다. 첫째, 주택저당채권 유동화회사가 금융기관으로부터 주택저당채권을 양도받아 이를 담보로 하여 주택저당채권 담보부채권을 발행하고 원리금을 지급하는 방식이다. 둘째, 주택저당채권 유동화회사가 금융기관으로부터 주택저당채권을 양도받아 이를 기초

5) 한국의 현행 ABS법에 따르면 자산보유자는 금융기관, 한국자산관리공사(구 성업공사), 한국토지주택공사 및 금융위원회가 인정한 법인 등이 될 수 있다. 특수목적기구는 유동화전문회사, 신탁회사 및 자산유동화를 전담으로 하는 외국법인이 될 수 있다. 기초자산을 특수목적회사에 양도하였음을 금융위원회에 등록해야 한다.

로 주택저당증권을 발행하고 그 주택저당채권의 관리와 운용 및 처분에 의한 수익을 분배하는 방식이다. 주택저당증권은 유동화증권과 유사한 과정을 거쳐서 발행되지만 조기상환위험이 있다는 점이 다른 증권과 구별되는 특성이다. 조기상환위험은 모기지차입자가 대출원금을 만기일 이전에 상환함으로써 발생한다.

주택저당증권과 함께 많이 인용되는 예는 ABCP(Asset Backed Commercial Paper)이다. ABCP는 기업어음(commercial paper)의 형태로 발행되는 유동화증권이다. 많이 인용되는 특성은 기초자산에 비해 더 짧은 만기구조를 사용한다는 점이다. 예를 들어 기초자산에 비해서 만기가 더 짧은 ABCP를 발행한 뒤 이미 발행된 ABCP를 상환하는 방식으로 발행된다. 이와 같은 발행을 주기적으로 반복하여 장기인 기초자산의 만기와 이를 기초로 하여 발행되는 단기 ABCP의 만기구조를 일치시킨다는 것이다.

주택저당증권과 비교할 수 있는 유동화증권은 커버드본드(covered bond)이다. 은행 등의 금융기관이 자신의 대출자산을 기초자산으로 하여 발행한다는 점에서 주택저당증권과 유사하지만 다음과 같은 차이가 있다. 첫째, 커버드본드의 경우 발행자가 특수목적회사(SPC)가 아닌 금융기관이다. 기초자산의 소유권이 특수목적기구로 이전되지 않기 때문에 커버드본드를 발행하는 금융기관의 대차대조표에 그대로 남게 된다. 이러한 이유로 커버드본드는 특수목적기구를 통하여 발행하는 유동화증권과 비교하여 은행의 도덕적해이를 방지할 수 있는 장점이 있다. 둘째, 커버드본드를 소유한 투자자는 커버드본드의 담보자산에 더하여 발행자의 다른 자산에 대해서도 상환청구권을 보유하게 된다. 커버드본드의 특징은 투자자의 이중상환청구권(dual recourse)이다. 커버드본드를 발행할 때 은행은 투자자에게 담보자산에 대한 우선 청구권을 보장한다. 또한 담보자산이 부실해지는 상황이 발생한다면 은행에 대해 원리금의 상환을 요청할 수 있는 상환청구권도 보장된다. 이중상환청구권은 커버드본드에 대한 신용보강의 효과를 발생시켜 커버드본드를 발행한 은행의 자금조달금리를 낮출 수 있게 한다. 셋째, 기초자산을 교체할 수 있다는 점이다.

증권화된 은행업과 금융위기의 전개과정

증권화된 은행업과 그림자금융체제(shadow banking system)라는 용어는 금융위기가 발생할 무렵 금융시장의 상황이 전통적인 은행업과 비교하여 어떻게 다른지를 설명하려는 노력을 반영한다. 그림자금융체제가 증권화된 은행업에 비해 포괄적인 정의라고 할 수 있으나 서로 유사한 점이 많다. 본 절에서는 증권화된 은행업(securitized banking)에 대하여 간단히 설명한다. 고톤과 메트릭 (2009)은 전통적인 은행업과 증권화된 은행업의 차이를 이해하는 것이 2007년과 2008년의 금융위기가 발생하는 과정을 분석하는 데 도움이 된다고 주장한다.[6] 이들이 제시한 증권화된 은행업의 개념을 요약한다. 첫째, 증권화된 은행업의 금융기관에서는 서로 다른 대출들을 묶어서 만든 증권에 기초한 유동화증권을 발행하여 판매하는 영업을 주로 담당한다. 영업에 필요한 자금은 RP거래를 통하여 조달한다. 전통적인 은행업에서는 인출이 자유로운 예금을 받아서 상대적으로 만기가 장기인 대출 또는 장기증권에 투자하였다. 증권화된 은행업에서는 예금 대신 RP거래를 통해 자금을 조달하기 때문에 자금조달방식이 다른 것으로 볼 수 있다. 그러나 만기가 매우 짧은 RP거래에 의존하여 자금을 조달하고 이를 상대적으로 만기가 장기인 자산에 투자하므로 만기불일치의 상황을 피할 수 없다는 측면에서는 공통점이 있다.

둘째, 증권화된 은행업은 베어스턴스(Bear Stearns), 리만브라더스(Lehman Brothers), 모건스탠리(Morgan Stanley), 메릴린치(Merrill Lynch) 등과 같은 투자은행의 주된 업무영역이다. 증권화된 은행업은 전통적인 상업은행에서도 전통적인 은행업무의 보완이 되는 역할을 수행하면서 중요한 역할을 담당한다. 예를 들면 프라임브로커리지(prime brokerage)이다. 이는 투자은행 또는 증권회사가 헤지펀드 또는 전문적인 투자자에게 일체로 제공하는 서비스를 의미한다.

여기에 증권의 수탁관리, 결제업무, 현금관리의 업무, 증권대여, 위험관리 및 회계관련서비스 등이 포함된다. 따라서 헤지펀드는 프라임브로커리지 서비스를 통하여 투자에 필요한 증권과 자금을 빌릴 수 있다. 이들은 중앙화되어 있는 결제서비스를 제공한다. 프라임브로커리지 서비스를 제공하는 금융기관은 골드만 삭스와 JP 모건 등이다.

셋째, 전통적인 은행업에서도 대규모 예금인출사태가 발생하면 은행제도가 무력화되는 상황이 벌어진다. 증권화된 은행업도 유사한 상황이 벌어질 수 있다. 특히 최근의 금융위기는 결국 증권화된 은행업에서 발생한 대규모 예금인출사태라고 간주할 수 있다. 소비자들은 전통적인 은행업에서는 소액 예금주로서 대규모 예금인출사태를 발생시킬 수 있다. 그러나 증권화된 은행업에서는 소액 예금주로서의 소비자들에 의한 예금인출사태가 아니라 금융기관 간 RP거래가 단절되는 현상이 발생한다.

위의 설명에 대한 실제의 예를 금융위기가 전개되는 상황에서 발견할 수 있다. 금융위기 초반 투자자들의 불안심리가 다른 투자자들에게 전달되는 불안심리의 전염 현상이 발생하여 RP거래의 헤어컷(haircut)이 사상 유례없이 높아졌다. 예를 들어 2007년과 2008년에 작성된 헤어컷지수는 금융위기가 진행되는 동안 큰 폭으로 상승하였다. 예를 들어 헤어컷지수는 2007년 초 거의 제로에 가까운 수치였다. 그러나 2008년 하반기 금융위기가 최고조에 이르는 시점에서는 거의 50퍼센트를 기록한다. 이 당시 많은 형태의 담보자산에 대해서는 아예 RP거래가 성사되지 않았다. 이는 증권화된 은행업에서 발생한 대규모 예금인출사태로 간주할 수 있다.

금융시장의 시스템위험은 무엇인가? 금융시장의 시스템위험을 가장 쉽게 이해할 수 있는 사례는 2007년과 2008년에 발생한 금융기관의 연쇄부도현상이다. 예를 들어 리만브라더스와 머니마켓 뮤추얼펀드(money market mutual fund)의 연쇄파산이다. 2008년 9월 15일 리만브라더스가 파산한다. 2008년 9월 15일에서 9월 18일 기간 동안 머니마켓뮤추얼펀드가 파산하는 상황이 발생한다. 9월

16일 리저브 프리이머리 펀드(Reserve Primary Fund)의 순자산가치가 97센트로 떨어지고 그 결과 파산하게 된다.[7] 그 결과 불안을 느낀 투자자들이 투자자금을 대규모로 회수하게 되고 이를 맞추기 위해 머니마켓뮤추얼펀드는 보유자산을 청산하거나 환급액에 대한 상한을 설정하게 된다.

2008년 9월 17일 머니마켓뮤추얼펀드의 기관펀드는 상당한 환매요청을 받고, 소매펀드도 유사한 상황에 부딪힌다. 2008년 9월 19일 미국 재무성은 머니마켓뮤추얼펀드 보호프로그램을 발표한다. 이는 은행예금에 대한 예금보험제도와 같이, 머니마켓뮤추얼펀드 원금보장 프로그램에 수수료를 내고 참여하는 머니마켓뮤추얼펀드에 대해서는 순자산이 1달러 이하로 내려가는 상황이 발생할 경우에 1달러를 보장하는 제도이다. 이러한 보증프로그램은 2009년 9월 18일에 종료되었다.

머니마켓뮤추얼펀드시장에 대한 이해를 위해 머니마켓뮤추얼펀드의 출현과 발전에 대하여 간단히 설명한다. 1971년 미국의 블루스 벤트와 할리 브라운 두 사람이 설립한 리저브펀드(Reserve Fund)가 최초의 머니마켓뮤추얼펀드이다. 공사채와 같은 채권은 투자단위가 크기 때문에 소액투자자인 개인투자자는 채권투자를 할 수 없었지만, 머니마켓뮤추얼펀드의 출현으로 인해 간접투자가 가능하게 된다. 1970년대 초부터 인플레이션으로 인하여 명목이자율이 높아졌으나 예금이자율에 대한 규제(regulation Q)로 인하여 예금이자율이 낮게 유지되었다. 이러한 상황에서 머니마켓뮤추얼펀드는 안전하고 은행예금보다는 수익률이 높은 금융상품으로서 급속하게 성장한다. 80년대 초반 은행판 머니마켓뮤추얼펀드라고 할 수 있는 머니마켓예금구좌(MMDA: Money Market Deposit Account)의 출현으로 다소 부진해지기도 한다. 80년대 이후에는 저금리추세가 장기간 지속되는 가운데서도 성장하여 금융위기 이전 머니마켓뮤추얼펀드는 자산유동화증권

---

7) 머니마켓펀드는 펀드의 순자산가치(NAV)가 1달러 이하로 떨어지면 펀드가 파산한 것으로 간주된다. 이를 "Break the Buck"라고 표현한다. 또한 뮤추얼펀드는 일반적인 펀드와는 다른 특성이 있다. 일반적인 펀드는 계약형이지만 뮤추얼펀드는 주식회사 방식으로 운영된다. 예를 들어 기업의 주식이 증권거래소에서 거래되듯이 뮤추얼펀드도 뮤추얼펀드에서 매매되는 게 아니라 거래소에서 매매된다.

에 투자하는 주요 금융기관이었다. 머니마켓뮤추얼펀드시장은 실물시장에서 활동하는 기업의 자금조달에 중요한 역할을 하였다. 따라서 머니마켓뮤추얼펀드시장의 붕괴는 기업의 투자자금 및 운용자금의 조달이 어려워지는 상황으로 이어졌다.

머니마켓뮤추얼펀드와 기업의 자금조달의 관계를 이해하기 위해 머니마켓뮤추얼펀드가 성장하는 과정을 요약한다. 머니마켓뮤추얼펀드는 소액투자자에게는 전통적인 은행예금과 유사하다. 수표발행, 계좌이체, 현금카드와 신용카드의 발행, 거래내역의 월별 확인 등이 가능하기 때문이다. 이러한 편리한 이점에 더하여 머니마켓뮤추얼펀드의 투자는 안전한 것으로 간주된다. 이와 같은 머니마켓뮤추얼펀드의 장점이 1970년대 머니마켓뮤추얼펀드시장을 급성장시키는 요인이다. 머니마켓뮤추얼펀드가 조달한 자금은 기업어음에 투자된다. 그러므로 머니마켓뮤추얼펀드 시장의 규모가 증가하면서 기업이 발행한 기업어음의 안정적인 수요를 보장하는 주요한 자금출처가 된다. 기업들은 기업어음의 안정적인 수요에 의존하여 장기투자를 위한 투자자금을 단기의 기업어음을 발행하여 충당할 수 있다. 미국의 경우 증권거래위원회(Securities and Exchange Commission)가 머니마켓뮤추얼펀드의 규제와 감독을 담당한다. 증권거래위원회의 주요 초점은 적절한 위험관리 또는 투명한 회계 등이라고 할 수 있다. 그러므로 머니마켓뮤추얼펀드의 역할이 은행과 유사한 금융중개기능을 하고 있음에도 시중은행이 받는 통화량조절 및 신용조절과 관련된 감독과 규제는 적용되지 않는 문제점이 있다고 할 수 있다.

머니마켓펀드(money market fund)는 머니마켓뮤추얼펀드(money market mutual fund)라는 이름과 같이 쓰인다. 이는 미국 재무성의 단기채권과 기업어음 등의 만기가 짧은 단기채권에 투자하는 개방형 뮤추얼펀드를 말한다. 본 절에서는 맥카베(Patrick McCabe)가 2010년 미국 연방준비위원회에서 발간하는 『스태프 연구 논문 시리즈』에 등록한 연구내용을 발췌하여 소개한다.[8] 머니마

---

8) 보다 자세한 내용은 다음의 문서에 수록되어 있다. The Cross Section of Money Market Fund

켓펀드는 줄여서 MMF로 표기된다. 따라서 제15장에서도 MMF로 표기하여 설명한다. 머니마켓펀드를 세 가지 형태로 구분할 수 있다. 첫째, 프라임 머니마켓펀드(prime MMFs)이다. 이는 기업어음, 은행의 예금양도증서, 민간기업의 변동금리부채권(floating-rate note) 등을 포함하는 단기 금융증권에 주로 투자하는 펀드이다. 둘째, 국공채 전문 머니마켓펀드(government-only MMFs)이다. 셋째, 비과세 전문 머니마켓펀드(tax-exempt MMFs)이다. 이는 지방정부가 발행한 채권에 주로 투자한다. 2007년과 2008년에 타격을 많이 받은 머니마켓펀드는 프라임 머니마켓펀드이다. 따라서 제15장에서는 주로 프라임 머니마켓펀드에서 발생한 사건들을 주로 다룬다.

  머니마켓펀드가 전체 금융시스템에서 담당하는 역할을 다음과 같이 요약할 수 있다. 머니마켓펀드의 역할은 소액 투자자는 물론 기관투자자 및 대형투자자의 자금을 받아서 이를 은행에 빌려주는 것으로 볼 수 있다. 따라서 최근 대형글로벌은행들도 머니마켓펀드의 자금공급에 대한 의존도가 높다는 것이다. 머니마켓펀드의 금융중개기능이 약화되거나 붕괴되면 머니마켓펀드를 통해 단기 자금을 확보하던 금융기관 및 비금융기업의 운용자금조달이 크게 어려워진다. 그 여파가 금융시장뿐만 아니라 실물경제에도 전달될 수 있기 때문에 머니마켓펀드의 중개기능은 거시경제의 시스템적 위험에 대한 실질적인 연결성이 있다.

  머니마켓펀드에서 목표하는 안정적인 주당 순자산가치(net asset value)가 어떻게 계산되는지를 단순한 예를 들어 설명한다. 총순자산가치는 자산에서 부채를 뺀 차이로 정의된다. 발행한 주식에 대한 한 주당 순자산가치는 총순자산가치를 발행한 주식의 수로 나눈 비율이 된다. 다음에서 설명하는 가상의 사례에서는 매 분기 말에 머니마켓펀드는 자신이 발행한 주식의 순자산가치를 계산하여 투자자와 증권감독당국에게 보고하는 것으로 가정한다. 머니마켓펀드에서 100주를 분기 초에 1달러의 주당 가격으로 판매하여 확보한 100달러를 만기가

Risks and Financial Crises, 2010 – 51, Finance and Economics Discussion Series, Federal Reserve Board.

3개월인 할인채권에 투자한다. 시장이자를 분기별로 계산하여 1퍼센트라고 가정한다. 액면이 100달러인 할인채권의 분기 초 가격은 99달러이다. 취득한 가격으로 평가한 자산가치는 99달러이다. 3개월이 지난 분기 말 펀드의 자산가치는 액면과 동일한 100달러이다. 분기 초 100주를 판매하였기 때문에 분기 말에 계산한 주당 순자산가치는 1달러이다. 머니마켓펀드에 투자한 투자자에게 돌아가는 투자수익은 1달러가 된다. 프라임 머니마켓펀드에서 실제로 달성하려고 한 안정적인 주당 순자산가치의 목표치도 주당 1달러이다.[9]

　머니마켓펀드를 불안정하게 하는 요인 중의 하나는 머니마켓펀드에 투자한 투자자들이 머니마켓펀드에서 투자한 금융기관에 대해 좋지 못한 뉴스에 대하여 민감하게 반응하여 과도한 환매요청이 발생할 위험이다. 맥카베는 이를 투자자위험(investor risk)이라고 표현한다. 투자자위험을 증가시키는 제도적인 요인이 있다. 특히 머니마켓펀드는 투자자로부터 받는 자금에 추가하여 자본을 보유하고 있지 않기 때문에 투자자에게 투자원금을 보장하는 직접적인 수단을 가지고 있지 않다는 것이다. 비록 투자자의 자금에 더하여 여유자본을 가지고 있지 않더라도 금융감독당국이 부여하는 머니마켓펀드가 보유하는 증권포트폴리오에 대한 규제가 있다. 또한 스폰서 금융기관이 있어서 유사시에 금융적 지원이 가능하다는 점이 있다. 이와 같은 신용보강수단과 함께 머니마켓펀드시장에서 대규모 환매요청사태가 발생하지 않고 시장규모가 지속적으로 증가해왔다. 그러나 투자자 자신이 투자한 돈에 대한 원금상환이 어렵다는 불안심리가 확산되면 대규모 환매요청사태의 발생 가능성은 그대로 남아 있는 것으로 지적된다.

　다음에서는 환매사태가 발생해 순자산가치가 1달러보다 낮아져 머니 마켓 펀드가 파산하는 상황을 단순한 모형에 의거하여 설명한다. 머니마켓펀드가 보유한 자산의 가치를 K로 표시하자. 머니마켓펀드가 자체적으로 가지고 있는 순자

---

9) 머니마켓펀드가 보유하는 자산의 가치를 측정하기 위해 상각원가법(amortization cost method)을 사용하는 것으로 알려져 있다. 상각원가법은 채권을 만기까지 보유하는 경우 취득시점의 가격과 만기시점에서 지급되는 원리의 차이를 취득시점의 시장이자율을 사용하여 대차대조표에 기록되는 채권의 가치를 보정하는 방식을 말한다.

산이 없는 것으로 가정한다. 모든 투자자금은 주당 1달러의 주식을 투자자에게 팔아서 충당하는 것으로 가정한다. N개의 주식을 발행한 것으로 가정한다. 이와 같이 가정한다면 안정적인 순자산가치를 유지하는 것은 $K = N$의 등식을 만족시키는 것을 말한다. 개별 투자자에게 상환되어야 하는 원금의 가치를 보전해야 한다는 제약은 $N \leq K$의 부등호로 표시할 수 있다.

현재시점에서 머니마켓펀드는 가격이 Q인 M개의 증권을 보유하고 있는 것으로 가정한다. 머니마켓펀드가 보유한 자산가치는 $K = QM$이다. 환매가 없는 상황에서 $K = QM = N$의 등식이 만족되는 것으로 가정한다. 그러나 다른 투자자들이 환매를 요청한다고 믿으면 개별 투자자들은 자신도 현재시점에서 환매하여 원금을 찾는 것이 이득이 된다고 생각한다. 그 결과 대규모 환매요청사태가 벌어지면 원금을 지불하기 위해 머니마켓펀드가 현재 보유하고 있는 채권을 만기까지 보유하지 못하고 유통시장에서 판매해야 한다. 머니마켓펀드의 공급이 증가하면 증권가격인 Q의 값이 낮아진다. 환매가 없는 상황에서 시장가격인 Q가 대규모 공급의 증가로 인해 더 낮은 가격인 $Q'(<Q)$로 낮아지는 상황이 벌어진다. 머니마켓펀드가 투자자에게 환불할 수 있는 총자산의 가치는 $K' = Q'M$가 된다. $K' < K$의 부등호가 성립하므로 머니마켓펀드가 투자자에게 환불할 수 있는 금액은 감소하게 된다. 따라서 투자자의 대규모 환매사태가 벌어지면 $(QM/N < 1)$의 상황이 벌어져서 실제로 원금을 되돌려주지 못하는 상황이 발생할 수 있다.

RP시장의 붕괴와 금융위기의 확산

환매조건부채권(이하 RP)거래는 담보제공자와 현금제공자의 사이에서 이루어지는 두 번의 교환으로 구성된다. RP거래를 시작할 때 차입자는 담보로 증권을 맡기고 대출자는 현금을 차입자에게 넘겨준다. 약정한 기간이 지나면 RP거래를 시작할 때와 반대로 대출자는 차입자에게 담보를 돌려주고 그 대신 원리금을 받기 때문에 담보증권의 재소유(repossession) 및 재매수(repurchase agreement)의 약정이 포함된 것으로 볼 수 있다.

미국 RP시장은 은행, 증권회사, 헤지펀드, 지방정부, 연기금, 기업 등 다양한 기관들이 참여하고 있다. 국채전문딜러(primary dealer)는 RP매도를 이용하여 보유하고 있는 채권을 담보로 제공하고 그 대가로 단기자금을 조달한다. 머니마켓뮤추얼펀드와 증권대출업자(securities lenders) 등이 주요한 RP매수기관이다. 미국에서 RP거래는 딜러은행들의 주요 자금조달수단이다.[10] 딜러은행들은 자기계정에서 소유할 증권들을 구매하거나 헤지펀드와 같은 고객에게 제공되는 단기대출에 소요되는 자금을 조달하기 위해 RP거래를 사용한다. 딜러은행들은 헤지펀드로부터 받은 담보증권을 다시 자신들의 RP거래에 담보로 사용하기도 한다. 이를 재담보(re-hypothecate)라고 한다. 그리고 금융위기가 발생하기 이전에는 딜러은행이 소유한 금융증권의 1/2 정도가 RP거래를 사용하여 조달한 자금으로 구매된 것으로 알려져 있다. RP거래는 그림자금융체제(shadow banking system)에 속하는 금융기관들이 단기자금을 조달하여 유동성이 낮은 장기투자를 하기 위하여 사용하였던 자금조달수단이다. 그러므로 RP거래를 하던 금융기관이 갑자기 RP거래를 끊는다면 금융기관이 단기자금을 조달하는 원천이 사라지는 것이다. 이런 상황은 은행이 예금인출사태를 갑자기 겪는 상황에 비유될 수 있다. 금융위기 이전 및 진행과정에서 발생한 RP거래와 관련된 자금흐름은 다음과 같다.

(1) 머니마켓펀드(MMF)와 증권대출업자(securities lenders)는 삼자간 RP거래를 통하여 딜러은행에 자금을 공급했다. 이들은 그림자금융 체제에서 은행의 예금주와 같은 역할을 하였다.

---

[10] 딜러은행은 더피(Darrell Duffie)가 2010년 Journal of Economic Perspectives (Vol.24, No.1, pp. 51–72)에 실은 「The Failure Mechanics of Dealer Banks」에서 제시한 용어이다. 딜러은행은 증권과 파생상품의 거래를 중개하는 은행으로 정의된다. 더피의 2010년 논문에서는 딜러은행의 붕괴가 2008년 금융위기 전개과정에 중요한 역할을 한 것으로 분석하고 있다. 제15장에서는 더피의 논문에서 강조한 딜러은행의 역할을 요약하여 설명하고 있다.

(2) 딜러은행들은 양자간RP거래를 통하여 헤지펀드 또는 다른 딜러은
    행에 자금을 공급하였다.

(3) 금융위기가 발생하면서 머니마켓펀드와 증권대출업자는 딜러은행
    으로부터 자금을 회수하였다.

(4) 딜러은행들은 다른 딜러은행에 대한 대출과 헤지펀드에 제공한 자
    금을 급속하게 회수하였다.

규모가 큰 금융기관들이 삼자간RP거래를 이용하고, 삼자간RP거래를 위한 청산은행(clearing bank)이 있다. 청산은행은 뉴욕멜론은행(Bank of New York Mellon)과 제이피모건은행(J.P. Morgan Chase) 등이다. 삼자간RP거래를 하려면 거래참가자들이 모두 청산은행에 현금계정(cash account)과 담보계정(collateral account)을 가지고 있어야 한다. 청산은행은 제공된 담보가 충분한 가치를 지니고 있으며 담보사용의 필요조건을 만족시키고 있음을 보장한다. 특히 삼자간RP거래에서는 일반담보를 사용한다. 미국 연방준비위원회에서 인정하는 일반담보는 다음과 같은 세 종류가 있다. 시장거래가 가능한 미국국채, 미국 공공기관이 발행한 증권, 특정조건을 만족하는 주택저당증권 등이다. 일반담보를 사용하는 이유는 특정한 증권에 대해 특정한 가격을 책정하지 않고 일반담보의 큰 카테고리만 설정하여 각 카테고리에 속하는 개별 증권들에 대하여 모두 동일한 담보가치를 책정하기 때문이다.

2007년부터 2009년의 금융위기의 진행과정에서 삼자간RP시장의 다음과 같은 문제점들이 지적되어 2014년 2월에 관련제도를 정비하게 된다. 첫째, 오후에 새로운 RP거래가 성사되는 과정에서 딜러은행이 담보증권을 마련하는 과정이다. 둘째, 오전에 청산은행이 자금대출기관에 현금을 되돌려주고 담보로 사용된 증권을 딜러은행의 증권 계좌로 다시 돌려주는 과정이다. 앞에서 지적한 두 개의 항목이 어떠한 문제를 발생시키는지를 요약한다. 청산은행은 RP거래를 종결(unwind)하는 것에 대한 재량권을 가지고 있다. 청산은행이 거래를 종결하지

않는다면 담보증권에 대한 처분권을 그대로 유지할 수 있다. 따라서 청산은행은 자신에게 유리하게 재량권을 사용할 수 있다. 그러나 거래가 종결되지 않는다면 청산은행과 거래했던 금융기관은 이전에 담보로 제공했던 증권이 청산은행에 묶여 있게 되어 다른 금융기관으로부터 자금을 조달할 수 없다. 이런 상황이 발생하면 해당 금융기관에 대한 금융시장의 평가는 하락하여 예전부터 거래를 해온 금융기관들이 갑자기 거래를 끊고 떠나고, 또한 새로운 투자자를 찾기도 어려워진다. 이런 이유로 금융기관이 자금을 조달하지 못하는 것은 전통적인 은행이 예금인출사태를 겪는 것에 비견할 수 있다. 파산가능성이 높다고 판단되면 딜러은행과 아직 거래하고 있는 금융기관도 자금을 회수한다. 이러한 일련의 상황이 발생하면서 결국 금융시장전체의 불안정성이 증폭된다. 이러한 문제점을 해결하기 위해 2011년 8월 22일부터 거래종결시간을 종래의 오전 8시에서 8시 30분 사이의 시간대에서 오후 3시 30분으로 이동시켜 오전 거래종결과 오후 거래시작의 시간차를 제거하는 조치를 취한다. 그 결과 롤오버되는 RP거래에 대한 청산은행종결의 영향력이 사라지게 되어 삼자간RP시장의 안정성이 제고된 것으로 평가된다.

더피(Darrell Duffie)는 앞에서 언급한 2010년의 연구에서 금융위기가 발생하기 이전 딜러은행들이 RP거래를 통해 조달된 투자자금으로 증권매수를 실행하는 방식으로 영업하였다는 점이 금융위기에서 이들이 도산하게 되는 주요인이라고 지적한다. 예를 들어 다음 날 만기가 도래하는 초단기RP거래에 과도하게 의존하여 증권매수자금을 조달하면 매일 연장되어야 하는 RP거래의 규모가 매우 커지는 부담이 있다. 정상적인 상황에서는 큰 문제 없이 연장되는 RP거래이지만 거래상대방에 대한 불신이 급격하게 증폭되는 상황이 발생하면 원하는 모든 RP계약이 그대로 연장되지 않을 수 있다. 이런 맥락에서 더피는 금융위기가 진행되는 과정에서 주목해야 할 점이 RP거래에 대한 의존도가 과도하게 높은 상황에서 RP거래를 통한 단기자금의 공급이 급격하게 차단된 것이 딜러은행의 도산으로 이어졌다는 점을 강조한다. 더피는 베어스턴스 또는 리만브라더스 등과 같은 딜러은행들은 도산하기 직전에 총자산을 순자산으로 나눈 비율로 정의되는 레버리지비율이 30을 넘는 수치를 기록하였고, 이 중에서 상당 부분이 RP거래를 통한 단기차입이라는 점이 자신의 주장을 뒷받침할 수 있는 하나의 실증적 증거라고 지적한다.

코프랜드(Adam Copeland), 더피(Darrell Duffie), 마틴(Antoine Martin), 맥러플린(Susan McLaughlin) 등은 2012년 11월 미국 뉴욕연방은행에서 발간되는 정책리뷰(policy review)에 기고한 논문에서 미국의 삼자간RP시장이 가지고 있는 문제점들이 시스템위험을 확대시키는 데 기여한 것으로 평가한다.[11] RP시장은 거래에 필요한 거래자들의 수에 따라 양자간RP시장과 삼자간RP시장으로 나누어 볼 수 있다. 양자간RP거래와 비교하여 삼자간RP거래에서는 청산은행이 거래의 성사를 위해 추가된다는 것이 차이점이다. 청산은행은 삼자간RP거래에서 담보제공기관과 현금제공기관 간 환매조건부채권거래의 결제를 담당한다. 특별한 증권을 담보로 맡기는 것을 원하는 현금제공기관과 특정한 증권에 대한 관심보다는 단기적인 자금 운용을 위한 현금제공기관 간 선택하는 거래방식에서 차이가 있다. 특별한 증권을 담보로 맡기기를 원하면 양자간RP거래가 보다 더 적절하다. 따라서 삼자간RP거래에서 현금제공기관은 특별한 증권에 대한 선호 없이 담보로 받는 증권이 어느 종류의 증권에 속하는가에만 관심이 있는 투자자들이다.

미국의 경우 양자간RP거래에서 헤지펀드 또는 증권딜러들은 현금을 공급하는 기관의 역할을 수행한다. 양자간RP거래에서 현금공급기관들이 담보로 요청하는 특정한 종류의 증권이 있을 수 있다. 가장 최근에 발행된 미국 재무성의 증권을 담보로 포함해 달라는 요청을 하나의 예로 들 수 있다. 현금을 공급하는 기관이 찾고 있는 증권을 담보로 제공하는 경우 낮은 이자율로 RP거래계약을 체결하기도 한다. 삼자간RP거래에서 머니마켓펀드 또는 증권대출기관들이 현금공급기관의 역할을 수행한다. 이들은 담보로 맡겨지는 증권에 대하여 특별한 증권을 요구하지 않는다. 그 이유는 이들은 단기적으로 안정적인 자금운용수단으로서 RP 거래를 선택하기 때문이다. 삼자간RP거래에서는 담보로 사용되는 개별 증권을 일일이 서로 다른 증권으로 구별하지 않고 미리 분류된 몇 개의 그룹 중에서 어느 그룹에 속하는지에 대해서만 구분하여 서로 다른 이자율과 마진을 적용한다.[12] 이런 방식으로 거래되는 RP를 일반담보증권을 사용한 RP거래라고 한다.

고톤과 메트릭의 연구와 더피의 연구 등을 포함하는 다수의 관련연구들은 2008년에 발생한 금융위기의 중요한 특징 중의 하나를 RP시장에서 발생한 대규모 예금인출사태 또는 거래중단사태로 지적하였다. RP시장에는 앞에서 설명한 양자간RP거래와 삼자간RP거래에 따라 서로 다른 두 개의 시장이 있다고 할 수 있다. 금융위기가 전개되는 과정에서 두 개의 시장은 서로 다른 형태의 반응을 보인 것으로 지적되어 왔다. 양자간RP거래의 마진은 급격하게 증가하는 모습을 보였다. 그러나 삼자간RP거래의 마진은 상대적으로 큰 반응을 보이지 않았다. 그렇지만 삼자간RP거래를 통해 자금을 조달할 수 없는 개별 금융기관들이 있었다. 이런 점을 반영하여 양자간RP거래에서는 시장전체에 걸쳐서 자금공급이 급속히 감소하는 현상이 나타났고, 삼자간RP거래에서는 금융기관별로 자금조달이 아예 막히는 현상이 나타난 것으로 평가되고 있다.

---

12) 일반담보로 사용되는 증권들에 대한 설명은 New York Federal Reserve Bank의 홈페이지에 있는 Tri-Party/GCF Repo에서 찾아볼 수 있다. ABS, Agency MBS, Corporate Securities, US Treasuries, Equities, CDO 외에 다양한 그룹이 정의되어 있다. 또한 자세한 내용은 아래에 있는 인터넷 주소에서 찾을 수 있다.
https://www.newyorkfed.org/medialibrary/media/tripartyrepo/pdf/explanatory_notes.pdf

연습문제

01 신용파산스왑의 프리미엄이 제15장에서 설명한 신용보험의 모형과 동일한 방식으로 결정되는 것으로 가정하시오. 제15장의 모형을 이용하여 자산유동화증권의 액면 1원당 프리미엄은 자산유동화증권의 부도확률에 비례하는 것으로 보이시오.

02 제15장의 모형을 이용하여 자산유동화증권의 예상수익률과 자산유동화증권의 부도확률이 서로 어떠한 관계가 있는지를 수식을 사용하여 설명하시오.

03 제15장의 모형을 사용하여 자산유동화증권의 샤프비율을 계산하시오.

04 어느 경제학자가 중앙은행이 통화정책을 사용하여 무위험채권의 이자율을 낮춘다면 금융기관은 자신이 보유하고 있는 자산을 기초로 한 자산유동화증권의 발행을 증가시키려는 유인이 커진다고 주장하였다. 이와 같은 주장을 제15장의 모형에 의거하여 평가하시오.

05 우리나라 정부가 발행한 5년만기 채권의 신용위험에 대비하기 위한 신용파산스왑에 대해 딜러기관이 프리미엄을 지급할 때에는 77.8bp로 시장에 고시되어 있다. 프리미엄을 수취하는 경우는 81.1bp로 고시되어 있다. 만약 어느 투자은행이 우리나라 정부가 발행한 5년만기 외평채 10억 달러를 보유하고 있고 이에 대한 신용위험에 대비하기를 원한다고 가정한다. 이 투자은행이 딜러기관에 제공하는 수수료를 계산하시오.

06 총수익스왑(total return swap)에 대하여 설명하시오. 신용파산스왑과 비교하여 어떠한 차이가 있는지 설명하시오.

07 제15장의 모형을 사용하여 기초자산의 수익률의 변동성이 상승하면 금융시장에 공급되는 자산유동화증권의 규모에 어떠한 영향을 미치는지를 분석하시오.

08 Bernanke가 주장한 글로벌 과잉저축가설(global saving glut hypothesis)에 대하여 설

명하고 본문에서 분석한 모형이 과잉저축가설을 설명하는 데 도움이 되는지를 평가하시오.

09 어느 경제학자가 최근의 금융위기는 증권화 은행산업에서 발생한 뱅크런(bank run)으로 간주할 수 있다고 주장한다. 이와 같은 주장을 평가하시오.

10 금융위기 전후 그림자은행체제(shadow banking system)의 단기자금흐름과 관련된 설명 중 옳은 항목을 고르고, 이유를 설명하시오.
  ① 머니마켓펀드와 증권대출업자의 자금이 삼자간환매조건부채권거래를 통해 브로커/딜러에게 공급되었지만, 자산유동화기업어음(ABCP)에 투자되지는 않았다.
  ② 자산유동화기업어음은 장기자산유동화증권의 매수자금을 조달하기 위해 발행되었다.
  ③ 만기미스매치(maturity mismatch)현상이 자산유동화기업어음발행과 환매조건부채권거래로 조달된 자금이 장기유동화증권에 투자된 결과로 발생한다.
  ④ 브로커/딜러는 양자간 환매조건부채권거래로 헤지펀드에게 자금을 공급하는 경향이 있다.

11 자산유동화증권에 투자하는 금융기관들이 주의해야 할 위험과 관련된 설명 중 옳은 항목을 고르고, 이유를 설명하시오.
  ① 자산유동화기업어음은 차환위험에 노출될 가능성이 높다.
  ② 주택저당증권은 조기상환위험을 염려하지 않아도 되는 특징이 있다.
  ③ 머니마켓펀드 매니저는 투자자위험을 대비할 필요가 있다.
  ④ 자산유동화증권은 특수목적기구위험에 노출된다.

12 삼자간 환매조건부채권거래에 관한 설명 중 옳은 항목을 고르고, 이유를 설명하시오.
  ① 삼자간 환매조건부채권거래에서는 일반담보가 사용된다.
  ② 양자간 환매조건부채권거래보다 삼자간 환매조건부채권거래의 마진변동이 크다.
  ③ 금융위기 중 삼자간환매조건부채권거래에 의존하는 금융기관의 자금공급이 감소한다.
  ④ 청산은행은 현금계정과 담보계정을 이용하여 담보증권과 현금의 교환을 처리한다.

13 자산유동화의 과정에 관한 맞는 설명을 선택하고 이유를 설명하시오.
  ① 자산유동화를 하면 기초자산보다 더 위험도가 높은 증권을 발행하게 되는 단점이 있다.
  ② 유동화증권의 신용보강을 위해 선·후순위 구조화와 초과담보를 실시할 수 있다.
  ③ 자산유동화를 위한 특수목적기구의 설립은 일반적으로 주식회사의 설립보다 어렵다.
  ④ 주택대출은 자산유동화가 가능하지만 기업대출은 자산유동화가 되지 않는다.

14 머니마켓펀드에 관한 맞는 설명을 선택하고 이유를 설명하시오.

① 중앙은행이 저금리에서 고금리로 전환하면 머니마켓펀드로 유입되는 자금이 증가한다.

② 투자자의 환매요청이 과도하게 나타나지 않도록 자금을 안전한 자산에 투자해야 한다.

③ 머니마켓펀드의 안정적인 자산가치를 유지하기 위한 규제가 부과되고 있다.

④ 2008년의 금융위기 중 투자원금의 손실로 머니마켓펀드의 자금이 대규모로 이탈하는 상황이 발생하였다.

15 예금이자율이 연 10%, 기업의 평균자본투자수익률은 연 11%, 기업의 레버리지비율은 2, 경영효율성지표는 최소값이 0.25이고 최대값이 1.75인 구간의 균등분포를 따른다. 기업정리절차를 진행하기 위해 필요한 회계감사비용은 제로인 것으로 가정하시오. 위의 조건이 만족될 때 추가적인 신용보강이 없을지라도 부도위험이 전혀 없는 자산유동화의 비율을 다음의 항목 중에서 선택하고 이유를 설명하시오.

① 45%

② 50%

③ 55%

④ 60%

제16장

통화정책과 금융시장

제16장

통화정책과 금융시장

제16장의 초점은 통화정책의 변화가 금융시장에 미치는 효과이다. 통화정책이 실물경제에 영향을 미치기 위해 금융중개기관의 역할이 중요하다는 점은 오래전부터 강조되었다. 2000년대 후반에 발생한 금융위기 이후 금융안정(financial stability)의 중요성이 강조되면서 통화정책의 변화가 금융중개기관의 행동에 어떠한 영향을 미치는지도 중요한 이슈 중의 하나가 되었다. 통화정책의 금리경로가 작동하는 과정에서 금융중개기관의 수익성은 어떻게 변화할 것인가를 생각해 보자. 중앙은행이 기준금리를 낮추면 금융중개기관의 자금조달비용이 낮아지기 때문에 대출금리가 더욱 큰 폭으로 떨어지지 않는다면 수익성이 높아질 것으로 예상해 볼 수 있다. 금융중개기관의 수익성이 높아지면서 이들이 보유하고 있는 자산과 부채가 모두 증가할 것이다. 따라서 금융중개기능은 활발하게 수행될지라도 금융중개기관이 부담해야 하는 리스크의 규모가 커질 수 있다.

현실자료에서는 어떻게 나타나는지를 보기로 하자. 1990년대와 2000년대의 미국자료에서는 연방공개시장위원회(Federal Open Market Committee)에서 연방기금금리(Federal Funds Rate)를 낮추면 은행수익성을 나타내는 지표 중의 하나인 순이자마진(net interest margin)이 높아지는 것으로 알려져 있다. 그러나 2010년대에 들어서면서 연방기금금리와 순이자마진의 관계가 달라지는 모습을 보인다. 예를 들어 2010년대 제로금리가 실시되었던 시기에 순이자마진이 서서히 낮아지는 모습을 보이다가 금리정상화가 실시되면서 서서히 증가하는 모습으로 전환된다. 또한 COVID-19가 발생한 2020년 초반에 연방기금금리가 낮아지면서 순이자마진도 하락하는 모습이 나타난다. 우리나라에서는 2010년대에 들어 기준금리가 낮아지면서 순이자마진도 같이 낮아지는 것으로 관측된다. 따라서 중앙은행이 저금리기조를 유지하면 은행수익성이 높아진다는 주장이 모든 나라와 모든 기간에 걸쳐 항상 성립하는 것은 아니다. 이런 맥락에서 제16장에서는 은행수익성을 측정하기 위한 두 가지 척도를 소개한다. 첫째, 순이자마진이다. 둘째, 자산운용스프레드이다. 자산운용스프레드는 금융기관 대차대조표의 기간간 변화를 설명하는 모형을 실제자료에 적용하여 수익성을 측정한 것이다.

　통화정책은 어떠한 과정을 거쳐서 금융기관의 대차대조표에 영향을 미치는가? 중앙은행이 기준금리를 낮추면 자금조달비용이 낮아져 금융기관은 증권투자에 필요한 운용자금을 보다 저렴하게 조달할 수 있다. 그 결과 금융증권의 수요가 늘어나서 증권가격이 상승하게 된다. 금융기관이 보유하고 있는 자산가치도 증가한다. 이 경우 금융기관의 주식가격도 같이 상승하기 때문에 금융기관의 순자산이 증가한다. 금융기관이 이를 기초로 외부차입을 늘리면 부채의 규모가 확대된다. 그 결과 금융기관의 자산과 부채가 모두 증가하면 금융기관의 대차대조표는 더욱 확대된다.

　통화정책은 금융시장의 시스템리스크에 어떠한 영향을 미치는가? 금융시장의 시스템리스크는 금융기관의 대차대조표리스크와 경기순환의 국면변화가 상호작용하여 거시경제의 변동성을 증폭시키는 것을 말한다. 제16장에서는 통화정책의 변화가 어떠한 경로를 거쳐서 금융기관이 부담하는 리스크와 실물경제의 경기순환에 영향을 미치는지를 생각해본다. 예를 들어 저금리기조에서 가계대출과 기업대출이 증가하고 실물경제가 회복되면서 시중은행의 대차대조표에 포함되어 있는 리스크는 경기순응적이 된다. 그러나 시중은행의 대차대조표에 내재되어 있는 위험의 크기가 항상 원만하게 조정되지 않을 수도 있다. 과열된 수준의 위험이 호황국면에서 생성될 경우도 있다. 이 경우 경기국면이 불황으로 넘어가면서 실물경제의 침체가 과도하게 증폭될 수 있다. 그 결과 불황의 깊이가 확대되면서 동시에 장기화될 가능성이 커진다.

제16장에서 다루는 주제가 제공하는 거시경제적 함의를 두 가지로 요약할 수 있다. 첫째, 금융기관의 대차대조표가 가지고 있는 위험과 대차대조표의 크기가 경기순응적으로 변동할 수 있다는 점이 거시경제의 변동성을 증폭시킬 수 있다는 것이다. 둘째, 인플레이션타기팅을 중시하는 통화정책을 실시하더라도 통화정책의 변화가 금융시장의 안정성에 미치는 효과를 전혀 무시하기 어렵다는 것이다. 예를 들어 저금리기조가 지속되면 이는 금융기관의 대차대조표에 영향을 미쳐 결국 실물경제와 인플레이션의 진폭을 크게 하고 아울러 실제인플레이션율이 목표인플레이션율로부터 괴리되는 기간을 크게 늘릴 가능성이 있기 때문이다. 이러한 가능성이 매우 작은 꼬리위험(tail risk)이라고 할지라도 그 가능성이 실제로 나타난다면 장기간 금융시장의 기능은 약화되고, 실제인플레이션이 목표인플레이션에 못 미치는 상황도 오랫동안 지속되기 때문이다. 특히 꼬리위험을 반영하는 적절한 통화정책은 무엇인가에 대하여 생각해야 한다면 금융사이클과 실물경제의 경기사이클의 연계를 통해서 발생하는 꼬리위험을 반영하는 것이 바람직하다.

은행의 정의와 수익성지표

제16장의 앞부분에서는 은행수익성을 측정하는 지표를 설명한다. 은행수익성은 은행업무의 성과로 볼 수 있고, 은행수익성은 결국 은행대차대조표에 반영된다. 이런 점을 반영하여 은행법에 정한 은행업과 대차대조표의 특징을 먼저 설명한다. 은행법 제2조에서 규정한 은행의 정의는 다음과 같다. 은행업은 예금을 받거나 유가증권 또는 그 밖의 채무증서를 발행하여 불특정 다수인으로부터 채무를 부담함으로써 조달한 자금을 대출하는 영업으로 정의된다.[1] 은행은 은행

---

1) 금융감독원의 홈페이지에서 소개하는 불특정 다수인의 정의는 거래의 상대방이 법률이나 규정 또

업을 규칙적이고 조직적으로 경영하는 한국은행 외의 모든 법인으로 규정된다.[2)] 은행법 제5조에서 규정하고 있는 은행업무의 범위는 세 가지이다. 첫째, 예금과 적금의 수입 또는 유가증권, 그 이외의 채무증서발행이다. 둘째, 자금의 대출 또는 어음의 할인이다. 셋째, 내국환과 외국환 업무이다.

제10장에서 강조한 은행의 기능은 만기변환과 유동성변환이다. 은행법에서 규정한 은행의 금융업무는 제10장에서 분석한 은행의 두 가지 기능을 반영하고 있다. 은행법 제31조에 의하면 은행은 상업금융업무와 장기금융업무를 모두 운용할 수 있다. 은행법에 규정된 정의는 다음과 같다. 첫째, 상업금융업무는 대부분 요구불예금을 받아 조달한 자금을 1년 이내의 기한으로 대출하거나 금융위원회가 예금총액을 고려하여 정하는 최고대출한도를 초과하지 아니하는 범위에서 1년 이상 3년 이내의 기한으로 대출하는 업무이다. 둘째, 장기금융업무는 자본금, 적립금 및 그 밖의 잉여금, 1년 이상의 기한부예금 또는 사채나 그 밖의 채권을 발행하여 조달한 자금을 1년을 초과하는 기한으로 대출하는 업무로 정의된다. 또한 은행의 신용공여는 대출, 지급보증 및 자금을 지원하는 성격인 것만 해당하는 유가증권매입, 그 밖에 금융거래상의 신용위험이 따르는 은행의 직접적 및 간접적 거래를 의미한다. 앞에서 설명한 상업금융업무와 장기금융업무는 모두 만기가 짧은 예금으로 조달한 자금을 만기가 더 긴 대출에 운용하는 업무로 규정하고 있다.

은행의 대차대조표를 찾아보면 은행계정과 신탁계정으로 나뉘어 있다. 은행계정은 예금을 받거나 유가증권 또는 그 밖의 채무증서를 발행하여 불특정 다수인으로부터 채무를 부담함으로써 조달한 자금을 대출하는 은행업무와 관련된 대차대조표라고 할 수 있다. 따라서 은행계정은 앞에서 이미 설명한 바와 같이 은행법에 규정된 은행의 고유업무와 관련된 계정으로 간주할 수 있다. 이에 추가하

는 정관 등에 의해 특정되지 않은 2인 이상을 의미하므로 특정 조합원이나 회원만을 대상으로 하는 단위농협, 새마을금고, 신협 등은 은행법상의 금융기관에 해당하지 않는 것으로 해석된다.

2) 은행법 제6조에 의하면 보험사업자와 상호저축은행업무 또는 신탁업무만을 경영하는 회사는 은행으로 보지 아니한다.

여 신탁계정은 은행의 신탁업 겸영으로 인해 추가된 계정이다. 아래에서는 행정
안전부 국가기록원의 홈페이지에 있는 신탁계정에 대한 설명을 발췌하여 요약한
다. 은행은 신탁계정을 분리하고 금전 및 재산을 신탁받은 자금을 기초로 유가
증권, 대출금 등으로 운용하여 그 수익을 분배하는 업무로 발생하는 사항들을
기록한다. 신탁에서는 신탁을 설정하는 사람을 위탁자로 부르고 신탁을 인수하
는 사람을 수탁자로 부른다. 신탁으로 인한 수익을 받는 사람을 수익자로 부른
다. 신탁은 위탁자가 자신이 소유한 특정의 재산권을 수탁자에게 이전하거나 기
타의 처분을 하고 수탁자로 하여금 수익자의 이익을 위하여 또는 특정의 목적을
위하여 그 재산권을 관리 및 처분하게 하는 것을 의미한다. 아울러 신탁업무에
대하여는 지급준비금과 지급준비자산을 보유하지 아니할 수 있다는 조항이 추가
되어 있다.3)

　　제16장의 앞부분에서는 자산운용스프레드의 개념을 정의하고 한국의 은행경
영자료를 사용하여 추계한다.4) 자산운용스프레드는 금융기관이 금융중개활동을
하면서 보유한 자산에서 발생하는 총수익률을 금융기관의 부채에 대한 총이자율
로 나눈 비율이다. 자산운용스프레드는 금융기관의 수익성에 대한 하나의 지표
로 볼 수 있다. 또한 예금부채를 발행하여 금융중개활동을 하는 금융기업의 경
우 자산운용스프레드가 특정한 값보다 낮아지면 뱅크런이 발생할 수 있음을 의
미한다. 자산운용스프레드와 비교가능한 개념은 순이자마진이다. 순이자마진은
이자수익자산의 운용수익과 이자비용부채의 조달비용의 차이를 이자수익자산으
로 나눈 비율로 정의된다. 금융감독원 금융용어사전에서 설명하는 바와 같이 순
이자마진은 은행의 모든 금리부자산의 운용결과로 발생한 은행의 운용자금 한
단위당 이자순수익 또는 운용이익률을 나타낸다. 혹자는 순이자마진의 개념이

---

3) 은행법 제30조에서는 예금에 대한 지급준비금과 금리 등에 관한 준수사항을 규정하고 있다. 제30
　조에 따르면 은행은 「한국은행법」 제55조에 따른 지급준비금의 적립대상이 되는 예금에 대한 지
　급준비를 위해 「한국은행법」 제4장 제2절에 따른 최저율이상의 지급준비금과 지급준비자산을 보
　유하여야 한다는 규정이 있다.
4) 제16장에서 설명하는 자산운용스프레드에 대한 개념과 정의식은 DSGE 연구센터에서 2016년에
　출간된 「거시금융분석」(윤택)에서 설명한 내용을 참고하여 재작성하였다.

표 16-1 자산운용스프레드의 도출

대차대조표의 등식	$QK = D + N$
다음시점 순자산의 결정	$N' = (Z' + Q')K - RD$
은행자산의 총수익률	$R_b' = (Z' + Q')/Q$
순자산 기간간 변화	$N' = R_b'QK - RD = R_b'N + (R_b' - R)D$
자산운용스프레드의 정의	$R_b'/R = \Phi^{-1}((N'/N)(1/R) - 1) + 1$
뱅크런과 자산운용스프레드	$N' = 0 \rightarrow \dfrac{R_b'}{R} = 1 - \Phi^{-1}$

주: R_b'은 다음시점에서 실현되는 위험자산의 총수익률이고, N'는 다음시점의 순자산이다.

많이 인용되는 예대금리차와 어떠한 관계가 있는지 궁금할 수 있다. 예대금리차는 평균대출이자율과 평균예금이자율의 차이로 정의된다. 예대금리차의 추계에서는 외화자금 및 유가증권 등이 제외되어 포괄하는 범위가 제한적이다. 또한 안정적인 내부유보자금 및 요구불예금 등과 같이 이자비용이 낮은 조달수단의 규모에 따라서 자금조달비용이 달라질 수 있다는 점이 예대금리차에는 반영되지 않는다. 순이자마진은 이런 단점들을 보완하기 때문에 은행수익성을 보다 정확하게 나타내주는 지표라고 할 수 있다.

<표 16-1>에서는 은행순자산의 기간간 변화를 이용하여 자산운용스프레드의 개념을 설명한다. 자산운용스프레드와 순이자마진과의 차이는 자산운용스프레드는 대차대조표에서 적용되는 '자산=(부채+자본)'의 대차평형의 원리와 이론모형에서 사용되는 순자산의 식에 의거하여 추계된다는 점으로부터 발생한다. 은행순자산은 외부차입으로 조달된 자금이 아니라 은행내부자금이다. 순자산은 자본에 해당하기 때문에 은행대차대조표에서 부채와 자본은 예금과 순자산으로 구성된다. 은행부채는 D로 표시하고, 은행순자산은 N으로 표시한다. 은행자산은 QK로 표시한다. Q는 자산가격이고 K는 자산의 개수를 의미한다. 대차대조표의 등식은 <표 16-1>의 첫째 줄에 정리되어 있다.

다음시점의 은행순자산은 어떻게 결정되는지를 설명한다. 은행의 금융중개활

동으로 인한 수입은 다음시점에서 실현되는 것으로 가정한다. 금융중개활동을 생산활동으로 간주하여 K의 생산요소를 투입하고 이에 대한 대가로 다음시점에서 산출이 있는 것으로 가정한다. 생산함수의 형태를 선형 함수로 가정하여 다음시점의 산출을 $Z'K$로 표기한다. 이 경우 Z'는 생산활동의 생산성수준을 나타내는 변수로 해석할 수 있다. 그러나 다른 해석도 가능하다. 예를 들어 자산을 한 시점 동안 보유하면서 얻은 배당소득으로 간주할 수도 있다. 또한 다음시점에 들어서면 은행예금에 대한 원리금을 지급하는 것으로 가정한다. 위의 설명을 요약하면 다음시점의 은행순자산은 현재시점에서 보유하고 있는 자산의 미래수익에서 부채에 대한 원리금을 뺀 차이이다. 이를 반영한 은행순자산의 결정식은 <표 16−1>의 둘째 줄에 정리되어 있다. 이 식에서 프라임 기호를 상첨자로 붙이면 다음시점에서 실현되는 변수의 값을 의미한다.

다음에서는 은행이 자산운용을 통해 얻는 총수익률을 설명한다. 은행은 현재시점에서 자산 한 단위를 매수하기 위해 Q의 비용을 지불하고, 한 기 시점이 지난 이후 $(Q' + Z')$의 투자수입을 얻는다. 이런 투자행위로부터 발생하는 총수익률은 R_b'로 표기하고, 수식으로 나타낸 정의식은 <표 16−1>의 셋째 줄에 있다. 자산총수익률을 은행의 예산제약식으로 해석할 수 있는 <표 16−1>의 둘째 줄에 있는 식에 대입하여 정리한다. 그 결과 <표 16−1>의 넷째 줄에 있는 순자산의 기간간 변화의 식을 도출할 수 있다. 이 식은 현재시점에서 가지고 있던 순자산과 다음시점에서 보유할 순자산의 관계를 설명한다.

은행순자산의 증가는 레버리지비율과 자산총수익률에서 부채의 총이자율을 뺀 차이에 의해서 결정된다. 이런 관계가 성립하는 이유는 자산운용스프레드가 높을수록 예금부채로 조달된 자금을 적절히 운용하여 순투자수익을 더 많아지고 그 결과로 은행순자산이 증가하기 때문이다. 레버리지비율은 총자산을 순자산으로 나눈 비율로 정의된다. 이를 식으로 나타내면 $\Phi = QK/N$이다. 은행의 레버리지비율과 은행순자산 대비 예금부채의 비율의 관계를 식으로 표현하면 $\Phi - 1 = D/N$이다. <표 16−1>의 넷째 줄에 있는 식의 양변을 N으로 나눈 후에 레버리지비율의 정의식을 대입하여 정리하면 자산운용의 총수익률을 예금부채에 대한 총이자율로 나눈 비율의 결정식을 도출할 수 있다. <표 16-1>의 다섯째 줄에 있는 식의 좌변이 자산운용스프레드이다. 따라서 <표 16-1>의 다섯째 줄에 있는 식을 자산운용스프레드의 결정식으로 해석할 수 있다. 자산운용스프레드가 충분히 낮아지면 은행순자산은 제로가 되거나 음수가 된다. 이를 수식으로 확인하기 위해 <표 16-1>의 다섯째 줄에 있는 식을 이용하여 <표 16-1>의 여섯째 줄에 있는 식을 도출한다.

이 식이 의미하는 것은 무엇인가? 예금주의 입장에서 전액회수가 가능한 상황과 그렇지 못한 상황을 구분하는 것이 중요하다. 은행이 자산투자로부터 얻는 수익률이 낮다면 예금주에게 예금을 제대로 돌려주지 못한다. 어느 정도의 수익률을 유지해야 예금을 돌려줄 수 있는 상황이 될 것인가를 생각해 볼 수 있다. 예금에 대한 회수율이 100퍼센트가 되는 자산운용스프레드의 임계치는 $1-(1/\Phi)$이다. 부연하면 자산운용스프레드가 $1-(1/\Phi)$보다 낮아지면 예금주의 은행예금에 대한 회수율이 100퍼센트가 되지 않을 수 있다.

<표 16-1>의 여섯째 줄에 있는 레버리지비율과 뱅크런 간의 관계는 부채가 많은 은행은 파산 가능성이 높다는 인식을 반영한 것이다. 앞에서 $1-(1/\Phi)$는 뱅크런 발생에 대한 자산운용스프레드의 임계치로 해석하였다. 자산운용스프레드의 임계치는 은행의 레버리지비율에 의해서 결정된다. 레버리지비율이 높은 은행은 예금의 원리금을 제대로 지급하지 못할 수 있는 상황에 대한 임계치가 상대적으로 더 높다. 그 결과 다른 금융기관에 비해 뱅크런이 발생할 가능성이 높다는 것이다. 자산운용스프레드의 이점은 무엇인가? 은행이 보유하고 있는 자산이 다양하기 때문에 이로부터 발생하는 평균적인 수익률을 측정하기가 쉽지 않다. 은행의 자산에 속해 있는 다양한 자산들에 대한 평균적인 수익률은 쉽게 측정되지 않는 반면 은행의 대차대조표는 분기별로 파악되고 있다. 단기 이자율을 은행의 평균적인 자금조달비용으로 가정하면 은행의 대차대조표 자료에 위의 식을 적용하여 자산운용스프레드를 쉽게 추계할 수 있다.

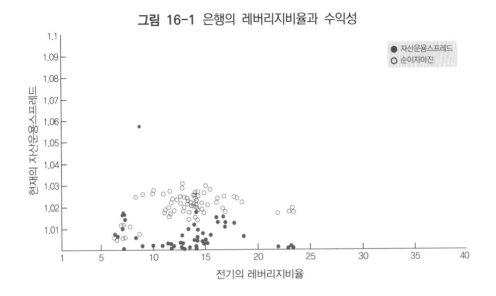

그림 16-1 은행의 레버리지비율과 수익성

이와 같은 방식을 적용하여 자산운용스프레드를 추계하면 실제로 유용성이 있는지에 대한 의구심이 있을 수 있다. 이를 해소하기 위해 실제의 자료를 사용하여 자산운용스프레드를 추계하고 이를 많이 사용되고 있는 지표와 비교한다. 앞에서 이미 설명한 바와 같이 은행의 수익성을 측정하는 척도의 하나로 많이 인용되는 지표는 순이자마진이다. 순이자마진은 은행 등과 같은 금융기관에서 자산을 운용하여 얻은 수입에서 자금조달비용을 차감하여 얻은 액수를 운용자산의 총액으로 나눈 비율의 정의에 의거하여 추계한다. <표 16-1>의 다섯째 줄에 있는 자산운용스프레드의 정의를 은행의 대차대조표에 적용하여 자산운용스프레드를 추계한다.

<그림 16-1>은 레버리지비율과 수익성의 관계를 보여주고 있다. 수평축은 전기시점의 레버리지비율을 나타낸다.5) 또한 수직축은 현재시점의 자산운용스프레드를 나타낸다. ● 점들은 자산운용스프레드를 의미하고, ○ 점은 순이자마진을 의미한다. 그림의 자료들은 금융감독원 홈페이지에 공개된 2010년부터 2014

---

5) <그림 16-1>과 <그림 16-2>는 2016년 DSGE 연구센터에서 출간한 「거시금융분석」(윤택) <그림 2.3>과 <그림 2.4>를 그대로 인용하여 재구성하였다.

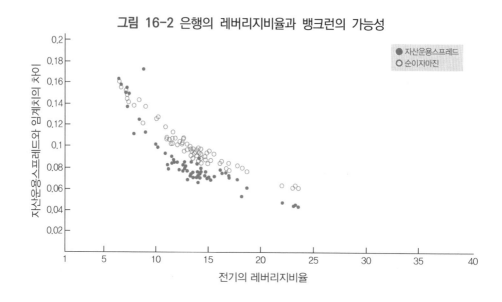

그림 16-2 은행의 레버리지비율과 뱅크런의 가능성

년 사이의 은행경영통계자료를 수집한 후 자산운용스프레드의 정의를 적용하여 작성하였다. 자산운용스프레드는 순이자마진에 비하여 낮게 나타난다. 그 이유는 순이자마진의 정의에서 찾아볼 수 있다. <그림 16-1>의 순이자마진은 명목순이자마진이다. 명목순이자마진의 계산에는 예대금리차로 인하여 발생하는 수익과 채권 등 유가증권에 투자하여 발생하는 이자수익은 포함이 되지만 유가증권 평가이익과 매매이익은 포함되지 않는다. 명목순이자마진 이외에도 실질순이자마진을 정의할 수 있다. 실질순이자마진의 계산에는 명목순이자마진에서 대손충당금 적립금 및 판매관리비 등의 운영경비를 차감한다. 제16장의 분석에서는 획득가능한 자료가 부족하다는 점을 반영하여 명목순이자마진을 사용한다. 순이자마진에 비해 자산운용스프레드가 낮게 나타나는 이유를 유가증권 평가이익과 매매이익이 자산운용스프레드에 반영되어 있기 때문으로 추측해 볼 수 있다. 보다 자세한 분석은 본 책의 범위를 넘기 때문에 생략하기로 한다. <그림 16-1>에서는 한 시점 이전의 레버리지비율이 높거나 낮은 것이 현재시점의 은행수익성에 대하여 일관성있는 뚜렷한 효과가 있는 것으로 보이지 않는다. 그러나 앞에서 설명한 임계치를 추계하고 이를 자산운용스프레드에서 뺀 차이를 비교하면 레버리지비율이 뱅크런의 가능성에 미치는 효과는 명확히 나타난다.

<그림 16-2>에서는 레버리지비율과 자산운용스프레드편차(자산운용스프레드와 임계치의 차이)의 관계를 보여주고 있다. 수평축은 레버리지비율이고, 수직축은 자산운용스프레드편차이다. 또한 <그림 16-2>에서는 레버리지비율과 명목순이자마진 편차(명목순이자마진과 임계치의 차이)의 관계도 보여주고 있다. 순이자마진과 자산운용스프레드 두 개의 척도 모두 레버리지비율이 증가하면 임계치와의 차이가 감소하는 것으로 나타난다. 따라서 레버리지비율과 수익성지표와 임계치의 차이는 음의 상관관계가 있다는 것을 확인할 수 있다. <그림 16-2>에서도 자산운용스프레드편차가 명목순이자마진의 편차에 비하여 낮게 나타난다. 그 이유는 앞에서도 이미 언급한 바와 같이 순이자마진의 정의에는 유가증권 평가이익과 매매이익은 포함하지 않고 자산운용스프레드의 계산에는 자기자본의 증가율을 사용하기 때문인 것으로 추측할 수 있다.

은행경영의 성과를 측정하는 다른 척도들이 있다. 제16장에서는 순이자마진과 자산운용스프레드의 경우 자료에 대하여 분석하지만 다른 척도에 대해서는 단순히 정의만 소개한다. 먼저 자기자본수익률(return on equity)이다. 이는 ROE로 불리기도 한다. 당기순이익을 자기자본으로 나눈 비율로 정의된다. 또한 총자산수익률(return on asset)로서 당기순이익을 실질 총자산으로 나눈 비율로 정의된다. 이는 은행이 총자산을 얼마나 효율적으로 운용했는지의 정도를 파악하는 지표로 해석된다. 위의 비율을 계산할 때 당기순이익은 손익계산서상 수익과 비용 항목 전부를 포괄하여 추계한다. 총자산수익률을 추계할 때 사용하는 총자산의 정의는 은행계정 자산총계, 종금계정 자산총계 및 약정 배당 신탁관련자산 합계액에서 은행계정과 종금계정 및 신탁계정 간 상호거래를 공제한 금액이다. 이와 같이 공제하는 이유는 이중계산을 방지하는 것으로 볼 수 있다. 예를 들면 은행계정의 자산에 기재되어 있는 유가증권을 담보로 신탁계정에서 차입하면 신탁계정의 자산으로 잡힌다. 그 결과 동일한 은행의 총자산이 이중계산이 될 수 있다.

통화정책과 은행수익성

통화정책의 변화가 은행의 수익성에 어떠한 영향을 미치는가? 통화정책의 변화에 대한 예금금리와 대출금리의 상대적인 반응속도와 예금액과 대출액의 상대적인 반응에 따라서 은행의 수익성이 증가하거나 감소할 수 있다는 점으로 인해 명료한 답변을 제시하는 것이 쉽지 않을 수 있다. 일반적으로 대출금리의 반응이 예금금리의 반응보다 더 신속하게 나타나면 금리하락기보다 금리상승기에 은행수익성이 상대적으로 더 높게 나타나야 한다.[6] 앞에서 제기한 실증적인 질문에 대한 하나의 가설을 제시할 수 있다. 두 가지 포인트를 강조할 수 있다. 첫째 포인트는 중앙은행이 조정하는 기준금리는 장·단기금리차에 영향을 미친다는 것이다. 둘째 포인트는 장·단기금리차는 순이자마진과 같은 방향으로 움직인다는 것이다. 두 가지 포인트를 결합하면 중앙은행이 조정하는 기준금리가 순이자마진에 영향을 미치는 과정을 쉽게 이해할 수 있다.

위의 논의에 추가하여 생각해야 할 셋째 포인트는 2023년 전반부에 미국에서 발생한 예금인출사태와 은행도산의 사례이다. 2022년 초반부터 미국의 중앙은행이 금리를 인상하였기 때문에 금리가 상승하면서 은행의 수익성이 높아진다는 가설이 옳다면 은행도산의 사례가 없어야 할 것이다. 그렇지만 고금리기간 중 금융안정에 유의적인 효과가 있는 은행도산의 사례가 실제로 발생했다는 것을 어떻게 설명할 수 있는지의 의문이 가능하다. 하나의 가능한 답변은 제로금리기간 중 은행이 실행한 증권투자에 축적된 시장위험(market rist)을 금리가 빠른 속도로 상승하는 과정에서 신속하게 해소하지 못해 커다란 투자손실을 입게 되면서 예금인출사태가 나타나고 은행도산이 뒤따르는 상황이 발생했다는 것이다. 이에 덧붙여서 제로금리기간 중 실시된 양적완화정책으로 인해 금융기관이 보유하고 있는 유동성이 크게 늘면서 예금보호공사가 보장하는 액수보다 더 큰 금액

---

6) 한국은행의 금융안정보고서(2024년 6월, 참고 3−1)에 수록된 자료에 의하면 2010년부터 2023년까지의 기간 중 금리상승기에 이자순이익(수익−비용)이 증가하는 모습을 보인다. 예대금리차도 같은 기간 중 금리상승기에 증가하는 경향이 나타난다(참고 3−4).

그림 16-3 수익률곡선의 기울기와 순이자마진

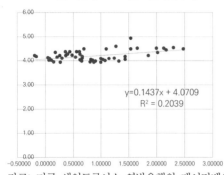

1985년 1분기-1999년 4분기 (미국)

$$y=0.1437x + 4.0709$$
$$R^2 = 0.2039$$

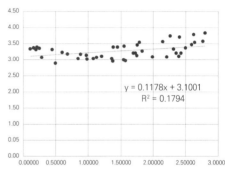

2009년 1분기-2020년 2분기 (미국)

$$y = 0.1178x + 3.1001$$
$$R^2 = 0.1794$$

자료: 미국 세인트루이스 연방은행의 데이터베이스

의 예금들이 많이 예치되었던 점도 예금인출의 원인이 된다는 지적도 있다. 따라서 고금리기간 중 나타나는 은행수익성의 증가로 인해 고금리기간 중 금융안정은 크게 문제가 되지 않는다는 견해는 적절하다고 보기 어렵다고 할 수 있다.

앞에서 설명한 두 가지 포인트에 관한 설명으로 돌아가기로 한다. 첫째 포인트는 통화정책의 금리경로 또는 이자율경로가 작동하고 있다는 것에 대한 믿음과 연결된다. 중앙은행이 기준금리를 낮추는 시점에서 장기금리의 변동이 거의 없고 단기금리인 기준금리가 먼저 하락하는 상황이 발생한다면 장·단기금리차가 커진다. 그러나 중앙은행이 지속적으로 단기금리를 낮추려는 의도가 금융시장의 참가자들에게 제대로 전달되면 장기금리도 하락하게 된다. 이런 맥락에서 이자율경로가 작동하고 있다면 기준금리의 변동은 장·단기금리차에 영향을 미친다는 것이다. 둘째 포인트가 성립한다는 점을 뒷받침하는 근거는 장·단기금리차와 순이자마진의 관계이다. 예를 들어 장·단기금리차는 대출 한 단위의 증가를 통해 얻을 수 있는 수익으로 간주할 수 있고, 순이자마진은 전체 대출의 평균적인 수익성으로 간주할 수 있다. 이런 해석에 따르면 장·단기금리차는 한계수익의 개념이고, 순이자마진은 평균수익의 개념이다. 이런 견해가 맞다면 장·단기금리차의 변화가 발생하여 어느 정도 지속적으로 유지된다면 순이자마진에서도 변화가 나타나야 한다.

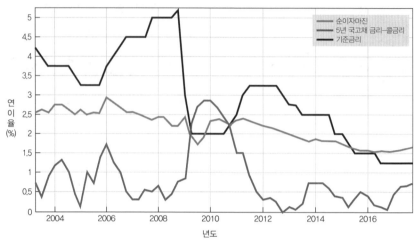

그림 16-4 한국의 기준금리, 장단기 금리차, 순이자마진

자료: 한국은행의 데이터베이스

<그림 16-3>은 미국의 자료에서 나타난 수익률곡선의 기울기와 순이자마진은 양의 상관관계가 있음을 보여주고 있다. 수평축은 수익률곡선의 기울기를 나타내고, 수직축은 순이자마진을 나타낸다. 왼편 패널은 1985년부터 1999년까지의 기간 중 수익률곡선의 기울기와 순이자마진의 관계를 보여주고 있다. 오른편 패널은 2009년부터 2020년까지의 기간 중 수익률곡선의 기울기와 순이자마진의 관계를 보여주고 있다. 따라서 <그림 16-3>의 두 기간 중에는 둘째 포인트가 실증적으로 성립한다는 것을 알 수 있다. 그러나 <그림 16-3>은 수익률곡선의 기울기와 순이자마진의 평균적인 관계를 나타내기 때문에 특정한 시기에는 관계가 약화되거나 발생되지 않을 수 있다는 점을 염두에 두어야 한다. 이런 측면은 첫째 포인트와 둘째 포인트를 기계적으로 연결하여 통화정책의 변화와 순이자마진의 관계에 항상 성립하는 하나의 법칙이 존재하는 것처럼 주장한다면 그대로 성립하지 않는 기간이 있을 수 있는 위험성이 있다는 것을 함의한다.

한국의 실제자료를 이용한 실증분석에서는 장·단기금리차와 순이자마진의 관계는 어떻게 나타나는가? <그림 16-4>는 우리나라의 장·단기금리차, 순이자

마진, 기준금리의 시계열 자료를 보여주고 있다. 흑색실선은 기준금리를 나타낸다. 회색실선은 순이자마진을 나타낸다. 청색실선은 장·단기금리차를 나타낸다. 표본은 2013년 1분기부터 2017년 3분기까지의 분기별 시계열자료이고, 이자율은 분기별평균으로 추계하였다. <그림 16-4>가 함의하는 점을 요약하면 다음과 같다.

  (1) 5년만기의 국고채금리에서 콜금리를 뺀 차이로 측정한 장·단기금리차는 기준금리와 대체로 반대방향으로 움직이는 모습을 보인다.
  (2) 2010년대에는 기준금리가 지속적으로 낮아지면서 순이자마진이 대체로 낮아지는 모습을 보인다.
  (3) 순이자마진은 기준금리가 일정한 수준에서 고정되어 있는 기간의 후반부에 증가하는 모습을 보인다.

다음에서는 기준금리가 장·단기금리차에 미치는 효과에 대하여 간단히 설명한다. <그림 16-4>에서와 같이 5년만기의 국고채이자율에서 콜금리를 뺀 차이를 장·단기금리차로 정의하고 기준금리와의 상관계수를 2003년 1분기부터 2017년 3분기까지의 표본기간에 대하여 추정하면 -0.13이다. 따라서 표본기간 중 장·단기금리차는 대체로 기준금리와 음의 상관관계를 보인다. 이는 한국은행이 기준금리를 인하하면 장·단기금리차가 커지고, 기준금리를 인상하면 장·단기금리차가 감소하는 경향이 어느 정도 있는 것을 말한다.

또한 앞에서 설명한 순이자마진과 기준금리의 관계에 대하여 좀 더 자세히 설명한다. 2009년 1분기부터 2010년 2분기까지 6분기 동안 기준금리가 2.00%에 고정되어 있었다. 2016년 2분기부터 2017년 3분기까지 6분기 동안 기준금리가 1.25%에 고정되어 있었다. 각각 1년 반 동안 기준금리가 낮은 수준에 고정되어 있었다. 이 기간의 후반부에 순이자마진이 증가하는 모습이 나타난다. 2009년은 금융위기로부터 회복하는 시기이므로 순이자마진이 증가하는 폭이 크게 나타난다. 2016년에는 낮은 수준을 그대로 유지하다가 2017년에 들어 서서히 증가하

그림 16-5 미국의 통화정책과 순이자마진

출처: Rajdeep Sengupta and Fei Xue(2022)의 「Do Net Interest Margins for Small and Large
Banks Varg Differently with Interest Rates?(Ecommic Review, FRB of Kansas City)」

는 모습을 보인다. 그러나 기준금리가 낮아지고 있는 기간에는 순이자마진이 추
세적으로 기준금리와 같이 낮아지는 모습을 보인다. 이제 <그림 16-4>의 함
의를 요약하면 기준금리가 낮은 수준에서 일정한 기간에 걸쳐서 고정되어 있어
야 순이자마진이 상승하는 경향이 있다는 것이다.

<그림 16-5>에서는 2009년부터 2021년의 기간 중 미국의 통화정책과 순
이자마진의 관계를 보여주고 있다. 왼편의 수직축은 순이자마진을 나타내고, 오
른편의 수직축은 연방기금금리를 백분율로 나타낸다. 특히 대형은행과 중·소형
은행을 구분하여 은행의 자산규모에 따라 통화정책의 변화에 대응하는 모습이
달리 나타날 가능성을 고려하고 있다. <그림 16-5>의 함의를 다음과 같이
세 개의 기간으로 나누어 요약할 수 있다. 첫째, 2009년 1분기부터 2015년 4분
기까지의 기간 중 제로금리기간에서 중·소은행의 순이자마진은 약간 증가한 후
에 정체되는 모습을 보이고, 대형은행의 순이자마진은 서서히 감소한다. 둘째,
2016년 1분기부터 2019년 2분기까지의 기간 중 금리정상화의 기간에는 대형은
행과 중·소형은행의 순이자마진이 상승한다. 셋째, 2019년 3분기부터 2021년 1

분기까지의 기간 중 연방기금금리가 다시 하락하면서 대형은행과 중소형은행의 순이자마진이 동반하락하는 모습이 나타난다. 요약하면 2015년 말부터 시작된 금리정상화의 기간 중 미국에서는 중앙은행이 조정하는 연방기금금리와 은행의 순이자마진은 양의 관계가 있는 것으로 나타난다고 할 수 있다.

통화정책의 위험부담경로

통화정책의 위험부담경로는 통화정책의 총수요효과가 발생하는 과정에서 금융중개기관들의 대차대조표가 확대되면서 더 큰 위험을 부담하게 된다는 점을 강조하는 견해라고 요약할 수 있다.[7] 제14장에서 설명한 신용경로에서는 기업의 대차대조표를 강조하였기 때문에 제16장에서 설명하는 위험부담경로와의 차이점이 있다. 통화정책의 위험부담경로를 주장하는 사람들은 통화정책의 변화에 의해서 발생하는 자금조달비용의 높고 낮음이 금융기관의 위험에 대한 인지도를 바꾸어서 대차대조표가 어느 정도 위험에 노출이 될 것인가에 대한 금융기관의 결정에 중요한 영향을 미친다는 것을 강조한다. 예를 들어 중앙은행이 저금리기조를 선택하면 금융기관의 대차대조표에 편입되어 있는 위험자산의 비중이 높아져 금융기관이 부담하는 위험수준이 증가한다고 주장한다. 따라서 중앙은행의 통화정책에 관한 결정은 금융기관이 기꺼이 감수하려는 위험부담의 수준에 영향을 미쳐서 실물경제에 대한 가시적인 효과를 얻게 된다는 것이다. 통화정책의 위험부담경로가 존재할 가능성에 대한 주장을 들으면 실제자료에서 통화정책과 위험의 척도의 관계가 어떻게 나타나는지에 대하여 궁금할 것이다. 미국의 자료를 사용한 실증분석의 결과를 소개한다. 베카르트(Geert Bekaert), 호에로바(Marie Hoerova), 로듀카(Marco Lo Duca)는 2013년 발표한 연구에서 금융시

---

7) 통화정책의 위험부담경로(risk-taking channel of monetary policy)를 지적한 초기의 논문은 보리오(Claudio Borio)와 주(Haibin Zhu)가 2008년에 발표한 「Capital Regulation, Risk-Taking and Monetary Policy: A Missing Link in the Transmission Mechanism?」이다. 이 논문은 국제결제은행의 워킹페이퍼 시리즈 No.268로 수록되어 있다.

장의 위험기피정도를 측정하는 척도로서 사용되는 변동성지수를 사용하여 통화
정책의 변화가 금융시장의 위험기피정도에 미치는 효과를 분석하였다.[8] 이들은
경기확장적인 통화정책이 실시되면 통화정책의 충격이 발생하는 시점으로부터
3분기 이후에 금융시장의 위험기피정도가 감소하는 효과가 나타나고 그 효과는
2년 정도 지속된다는 실증적 증거를 제시한다.

<표 16-2>에서는 통화정책의 위험부담경로가 반영된 모형을 소개한다.
<표 16-2>의 모형에서는 금융시장의 참가자를 두 개의 독립된 그룹으로 분
리한다. 첫째 그룹은 자산보유의 다각화를 위해 투자하는 그룹이다. 가계, 연기
금, 뮤츄얼펀드와 같이 증권포트폴리오의 다각화를 위하여 예산제약을 반영하여
무위험증권과 위험증권에 대한 투자를 결정하는 투자자이다. 이들은 자신이 마
련한 투자자금에 주로 의존하므로 자산투자자라고 부르기로 한다. 둘째 그룹은
레버리지투자자이다. 이들은 투자은행과 증권회사와 같이 레버리지를 이용하여
더 높은 수익률을 얻기 위하여 적극적으로 위험증권에 투자하는 투자자이다.

첫째 그룹인 자산투자자의 투자선택에 대하여 설명한다. 자산투자자는 위험기
피선호를 가진다. 다른 금융기관으로부터 차입하지 않고, 자신이 이미 가지고
있는 자금을 안전한 무위험증권에 대한 투자와 위험증권에 대한 투자로 구분하
여 증권투자를 실행한다. 자산투자자의 효용은 다음시점에서 실현될 자산의 크
기에 의해서 결정된다. 다음시점의 자산이 증가할 것으로 예상되면 효용이 증가
하고, 다음시점의 자산에 대한 변동성이 높아지면 효용이 감소한다. 이런 특성
을 반영한 효용함수가 <표 16-2>의 첫째 줄에 정리되어 있다.

<표 16-2>의 둘째 줄에서는 식은 자산투자자의 자산이 시간이 지나면서
어떻게 달라지는지를 보여준다. 자산투자자가 현재시점이 시작될 때 W의 자산
을 보유하고 있었다면 현재시점의 자산투자의 결과로 다음시점에서 보유하는 자
산은 둘째 줄에 정리되어 있다. 자산에 대하여 동일한 기호를 사용할지라도 다

---

8) 이들의 논문은 유럽중앙은행(ECB)에서 발간하는 Working Paper Series No.1565로 출간된
「Risk, Uncertainty and Monetary Policy」이다.

표 16-2 균형가격의 결정

자산투자자	효용함수	$E[W'] - (2\tau)^{-1}VAR(W')$
	순자산결정	$W' = F(W - px) + R'_b px$
	위험증권수요	$x^* = \tau(R^e_b - F)/(p\sigma^2_b)$
위험증권 총수익률 최소값		$\min R'_b = R^e_b - \varepsilon$
레버리지투자자	순자산	$N = pz_{-1}$
	대출금	$L = (\varPhi - 1)N$
	대차대조표	$pz = N + L$
	위험증권수요	$z = \varPhi z_{-1}$
위험증권의 균형가격		$p = \dfrac{\tau(R^e_b - F)}{(1 - \varPhi z_{-1})\sigma^2_b}$

주: $E[W']$는 다음시점의 순자산에 대한 기대값이고, $VAR(W')$는 다음시점의 순자산에 대한 분산이다. τ는 자산투자자의 위험을 인내하는 수준을 나타낸다. 무위험증권의 총수익률은 F, 위험증권의 총수익률 R'_b이다. R^e_b는 위험증권의 예상총투자수익률, σ^2_b은 투자수익률의 분산이다. 위험증권 총수익률은 $[R^e_b - \varepsilon, R^e_b + \varepsilon]$의 구간에서 균등분포를 따르는 확률변수이다. 이 식에서 $R^e_b > \varepsilon$를 만족한다. 또한 $F > R^e_b - \varepsilon$의 조건을 만족한다. 현재시점에서 위험증권가격을 p, 자산투자자의 위험증권의 보유개수를 x로 표기한다.

음시점에서 값이 결정되는 경우 변수에 대하여 프라임을 상첨자로 붙여서 현재시점에서 값이 결정되는 경우와 구분한다. 자산투자자의 위험증권투자는 효용극대화에 의해서 결정된다. 자산투자자는 둘째 줄에 있는 제약식을 반영하여 첫째 줄에 있는 효용함수를 극대화하고, F, W, P, R'_b 등과 같은 변수들은 자신의 결정에 영향을 받지 않는 변수들이라고 간주한다. 효용극대화의 최적화조건을 이용하여 도출된 자산투자자의 위험증권수요는 셋째 줄에 정리되어 있다.

<표 16-2>의 아랫부분에서는 레버리지투자자의 투자결정을 설명한다. 레버리지투자자는 위험중립적선호를 가지고 있어서 기대소득을 극대화한다. <표 16-2>의 모형에서 주요 포인트는 금융기관에 부과되는 규제에 부응하기 위해서 금융기관의 레버리지비율이 고정되는 경우 레버리지투자자의 증권수요는 레버리지비율의 규제에 의해서 결정된다는 것이다. 레버리지투자자의 순자산의 정

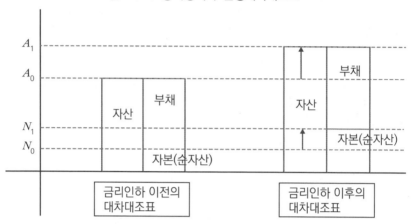

그림 16-6 통화정책과 은행대차대조표

의는 <표 16-2>의 다섯째 줄에 있다. 레버리지비율은 총자산을 순자산으로 나눈 비율이므로 $\Phi = pz/pz_{-1}$의 등식이 성립한다. 따라서 레버리지투자자의 증권수요는 $z = \Phi z_{-1}$으로 결정된다. 이제 위험증권에 대한 자산투자자와 레버리지투자자의 수요를 시장청산조건에 대입하여 위험증권에 대한 균형가격을 계산한다. 위험증권의 총공급은 1로 고정된 것으로 가정하여 도출된 균형가격은 <표 16-3>의 아홉째 줄에 정리되어 있다.

　중앙은행이 단기금리를 낮추면 어떠한 효과가 발생하는가? 단기금리가 낮아지면서 먼저 자산투자자의 수요가 반응한다. 위험증권에 대한 예상수익률은 그대로 있지만 무위험채권의 이자율이 낮아지므로 자산투자자는 자신의 투자자금을 위험증권으로 이동시킨다. 그 결과 위험증권의 시장가격이 높아진다. <표 16-2>의 여섯째 줄에서 레버리지투자자에 대한 금융기관의 대출은 $L = (\Phi - 1)N$으로 결정된다. 레버리지비율을 나타내는 Φ의 값이 고정되어 있는 상황에서 위험증권의 시장가격이 증가하면 이에 비례하여 레버리지투자자에게 제공되는 대출이 증가한다. 레버리지투자자의 총자산은 어떻게 되는가? 레버리지투자자의 총자산은 $p\Phi z_{-1}$이므로 증권가격이 상승하면 총자산의 가치가 늘어난다. 따라서 통화정책은 레버리지투자자의 대차대조표에 영향을 미치게 된다.

　　<그림 16-6>은 중앙은행이 단기금리를 낮출 때 은행대차대조표가 어떻게 반응하는지를 보여주고 있다. 왼편 패널은 중앙은행의 금리하락이 발생하기 이전에 은행대차대조표의 구성과 크기를 보여주고 있다. 오른편 패널은 중앙은행이 금리를 낮춘 이후 은행대차대조표의 구성과 크기를 보여주고 있다. 오른편 패널에서 증권가격이 상승하면 은행이 보유한 순자산의 가치가 상승한다는 점이 화살표로 표시되어 있다. 또한 오른편 패널에서 위의 화살표는 중앙은행의 통화정책이 변화할지라도 레버리지비율이 일정하다면 은행의 순자산이 증가할 때 은행의 부채도 증가하게 된다는 것을 나타낸다. 은행의 총자산도 결국 증가하여 은행대차대조표의 크기가 확대된다. <그림 16-6>에서 보여주고 있는 일련의 과정을 아래와 같이 정리할 수 있다.

$$F \text{ 하락} \rightarrow x^* \text{ 증가} \rightarrow p \text{ 상승} \rightarrow N \text{ 증가} \rightarrow L \text{ 증가} \rightarrow \text{총자산 증가}$$

　　위의 과정은 아드리안(Tobias Adrian)과 신(Hyun Song Shin)이 2011년 발표한 연구에서 제시한 경로와 같다. 금융기관의 대차대조표가 확대되는 과정에서 중앙은행이 단기금리를 낮추면 레버리지투자자의 부채가 먼저 반응하지 않고, 순자산의 가치가 먼저 상승한 이후 부채가 증가하게 되는 순서로 반응이 나타난다.[9] 레버리지비율이 고정되어 있다는 가정을 정당화할 수 있는 근거는 무엇인가? 정부가 금융기관에 레버리지비율의 상한을 부과하고, 동시에 레버리지투자자는 가능한 가장 높은 레버리지비율을 유지하는 경우를 생각해 볼 수 있다. 그러면 은행부문에 레버리지규제가 부과되어야 하는 이유는 무엇인가? 은행의 레버리지에 대한 규제가 정당화되기 위해 주장된 이유들을 다음과 같이 정리해 볼 수 있다. 첫째, 민간경제에서 발생하는 대리인의 문제를 보정하기 위한 수단으로서 은행의 레버리지규제를 도입할 수 있다. 둘째, 정부의 미래선택에 대한 현재약속을 반드시 지키는 것이 어려운 상황에서 은행의 레버리지규제를 도

---

9) 이들의 논문은 Handbook of Monetary Economics의 12장(pp. 601-650)에 수록된 「Financial Intermediaries and Monetary Economics」이다.

입할 수 있다. 은행도산이 당연한 상황에서 은행을 구제하지 않겠다는 약속을 지킬 수 없는 가능성이 있다. 은행도산은 사후적으로 비효율적이기 때문이다. 그러므로 정부가 은행을 구제(bailout)하지 않겠다고 할지라도 약속에 대한 신뢰성을 얻기가 어려울 수 있다.

제16장에서 설명한 모형에서 자산투자자는 연금과 기금을 포함하고 있다고 할 수 있다. 어떤 이유로 연금과 기금을 자산투자자로 분류하였는지에 대하여 궁금할 것이다. 이런 궁금증에 답하기 위해서 연금제도의 자금운용에 대하여 간단히 설명한다. 우리나라의 경우 세 개의 연금제도가 운용되고 있다. 국민연금, 퇴직연금제도, 개인연금제도이다. 국민연금은 전 국민을 대상으로 사회보장의 측면에서 최소한의 기본적인 기초생활을 보장하는 것이 주요 목표이다. 퇴직연금은 근로자들에게 노후소득을 보장하기 위해 사외적립으로 운용되어 왔다. 회사가 도산하더라도 지급보장을 해줄 수 있게 되어 있다. 개인연금제도는 노후의 안정적인 경제 생활을 위해 필요한 소득을 보장하는 것이 주요 목표이다.

앞에서 설명한 세 개의 연금제도에서 적립된 자금은 다양한 자산에 투자되고 있다. 연금의 기금을 운용하는 사람들이 앞 절에서 설명한 모형의 자산투자자로 볼 수 있다. 이들이 처한 제약은 단순한 예산제약으로 설명할 수 있다. 구체적으로 설명하면 다음과 같다. 자산에 투자하기 위해 적립금 이외의 다른 금융기관으로부터 차입하여 자금을 조달하기보다는 연금제도를 통해 적립된 자금을 투자한다. 자산에 투자한 결과로 발생하는 운용수익과 새로 들어온 적립금을 합한 합계액에서 연금의 지급으로 발생한 지출을 감한 금액이 자산에 투자할 수 있는 자금이 된다. 구체적인 사례를 제시하기 위해 국민연금과 퇴직연금의 적립과 운용에 대하여 간단히 설명한다. 먼저 국민연금의 경우 2017년 10월 말 기준 연금보험료에서 478조원과 운용수익금에서 300조원을 합하여 총 778조원을 조성한다. 그 중 연금지급액 153조원과 기타 항목을 제한 나머지 차액이 615조원이다. 이는 국민연금이 운용하는 자금인 기금적립금이다. 또한 기금적립금의 포트폴리오는 다음과 같이 구성되어 있다. 국내주식에 투자한 금액이 134조이고, 해외주식에 투자한 금액이 109조이다. 국내채권에 투자한 금액이 284조이고, 해외채권에 투자한 금액이 24조이다. 대체투자가 64조이다. 대체투자는 부동산, 인프라, 벤처투자, 기업구조조정조합투자, 사모투자 등을 포함한다.

퇴직연금제도는 근로자들의 노후소득보장과 생활 안정을 위해 근로자 재직기간 중 사용자가 퇴직급여를 지급하기 위해 소요되는 재원을 금융회사에 적립하고, 이 재원을 사용자(기업) 또는 근로자가 운용하여 근로자가 퇴직할 때 연금또는 일시금의 형태로 지급하는 제도이다. 세 개의 유형이 있다. 첫째는 확정급여형이다. 이는 근로자가 퇴직할 때 받을 금액이 사전에 확정된 퇴직연금제도이다. 근로자를 고용한 회사가 매년 부담금을 금융회사에 적립하여 책임지고 운용하며, 운용결과와 관계없이 근로자는 사전에 정해진 수준의 퇴직급여를 수령한다. 둘째, 확정기여형이다. 이는 사용자가 근로자계좌에 부담금을 정기적으로 납입하면, 근로자가 직접 적립금을 운용한다. 근로자 본인이 추가로 부담금을 납입하는 것도 가능하다. 근로자가 퇴직할 때 사용자가 납입한 부담금과 운용손익을 최종급여로 지급받는다. 셋째는 개인형퇴직연금제도이다. 이는 취업자가 재직 중에 자율로 가입하거나 이직할 때 받은 퇴직급여 일시금을 계속해서 적립·운용할 수 있는 퇴직연금제도이다. 연간 1,800만원까지 납입할 수 있으며, 최대 700만원까지 세액공제 대상이 된다. 또한 운용기간 운용수익에 대한 과세이연의 혜택이 부과되며, 퇴직급여 수급시 연금 또는 일시금으로 수령할 수 있다. 고용노동부가 제공하는 퇴직연금의 주요 동향 자료에 의하면 2016년 2분기 퇴직연금 적립금은 129조 1,786억원이다. 확정급여형이 86조 2,629억원, 확정기여형이 30조 4,830억원, 개인형퇴직연금이 12조 4,309억원이다. 적립금이 운용되고 있는 현황을 보면 원리금보장상품의 투자비중은 90.4%를 차지한다. 이 중 대부분은 예금, 적금, 보험 등의 형태로 집중되어 있다. 개인연금은 연금저축과 연금보험의 형태가 있다. 연금저축을 들면 소득공제의 혜택이 주어지고 연금보험을 들면 이자소득세를 면제해주는 차이가 있는 것으로 알려져 있다. 연금저축은 운용하는 기관에 따라 달라진다. 은행의 경우 연금저축신탁이다. 자산운용사의 경우

연금저축펀드이다. 보험회사의 경우 연금저축보험으로 구분된다.

통화정책과 금융안정

중앙은행의 통화정책이 은행의 대차대조표가 가지고 있는 위험수준에 어떤 영향을 미치는지를 제11장의 은행모형과 제12장의 위험관리모형을 결합하여 분석한다. 은행의 대차대조표가 담고 있는 위험의 수준은 은행이 자발적으로 결정한 위험증권투자의 크기에 의해서 결정된다. 은행의 위험증권투자는 위험증권투자와 무위험증권투자의 투자수익률을 비교하여 결정되기 때문에 통화정책을 통해서 무위험증권투자의 투자수익률을 직접적으로 조정할 수 있다면 제16장의 은행모형은 통화정책의 변화가 금융안정에 미치는 효과를 분석하는 데 유용하다고 주장할 수 있다. 제11장의 은행모형에서 소비자들이 전기인출자와 후기인출자로 구분되었기 때문에 제16장에서 설명하는 모형에서도 동일한 구조를 그대로 유지한다. 따라서 개인소비자들은 은행예금을 실행한 이후 전기인출자 또는 후기인출자인지를 알게 된다. 제11장의 모형과 다른 점이 있다면 은행은 1기시점에서 전기인출자의 원리금을 지불한 후 남는 자금을 무위험채권과 위험증권에 나누어 투자한다는 것이다. 은행이 무위험채권에 투자하는 비중이 ω이고, 위험증권에 투자하는 비중이 $(1-\omega)$이다.

<표 16-3>의 첫째 줄은 은행이 위험증권에 투자한다면 2기시점에서 예상수입이 어떻게 결정되는지를 나타낸다. <표 16-3>의 둘째 줄은 2기시점에서 후기인출자에게 지불되어야 하는 원리금의 크기를 나타낸다. <표 16-3>의 셋째 줄은 은행의 예상이윤을 나타내고, 첫째 줄과 둘째 줄의 차이에 해당한다. <표 16-3>의 넷째 줄은 은행의 제로예상이윤의 식이다. <표 16-3>에서는 예상투자수익률만 표시하였지만 무위험증권의 투자가 가능한 상황에서 굳이 위험증권의 투자가 필요했는지를 염두에 둔다면 기회비용의 개념을 적용하여 위험증권투자의 (순)수익률이 비록 양수일지라도 무위험증권투자와 비교하여 위험

표 16-3 은행이윤의 결정

예상수입	$(1-\alpha r_1)(F + \omega(R^e - F))$
예금인출	$(1-\alpha)r_2$
예상이윤	$(1-\alpha r_1)(F + \omega(R^e - F)) - (1-\alpha)r_2$
제로예상이윤의 조건	$(1-\alpha r_1)(F + \omega(R^e - F)) = (1-\alpha)r_2$

주: α는 전기인출자의 비중, r_1은 전기인출자 원리금, r_2은 후기인출자 원리금, ω는 위험투자비중, R^e는 위험증권투자의 예상총수익률, F는 무위험채권투자의 총수익률을 나타낸다.

증권투자의 손실이 나는 것으로 간주할 수 있다. 이런 측면을 반영하여 위험증권투자의 손실을 무위험증권 투자수익률과 비교하여 실현되는 위험증권의 투자수익률이 낮아지면 투자손실이 발생하는 것으로 정의한다. 이렇게 정의하는 것은 투자의 기회비용을 반영한 것이므로 회계적인 손실과 다른 것이므로 점을 염두에 두어야 한다. 은행은 위험증권투자로 인해서 손실이 발생할 수 있다는 사실을 인지하고 제12장의 최대예상손실과 신뢰구간의 개념을 적용하여 위험관리를 실행하는 것으로 가정한다. 또한 <표 16-3>의 넷째 줄에 있는 제로예상이윤의 조건을 제11장의 다이아몬드-디빅 모형에 적용할 수 있다. 제11장의 다이아몬드-디빅 모형에서는 은행이 위험증권에 투자하는 상황을 고려하지 않았기 때문에 $\omega = 0$의 경우라고 할 수 있다. 구체적으로 설명하면 <표 16-3>의 넷째 줄에서 $\omega = 0$의 조건을 적용하면 넷째 줄에 있는 제로예상이윤의 조건은 제11장의 사회전체의 생산가능곡선의 조건과 같아진다.

<그림 16-7>은 은행의 위험증권투자에서 발생한 손실의 크기가 위험증권투자의 실현된 투자수익률의 변화에 따라 어떻게 달라지는지를 보여주고 있다. 손실의 크기는 위험증권투자비중과 무위험증권의 투자수익률에서 위험증권의 투자수익률을 감한 차이의 곱으로 정의된다.

<그림 16-7>을 보면 위험증권투자의 손실은 손실의 크기를 수직축에 표시하고 투자수익률의 실현값을 수평축에 표시하는 평면에서 반비례하는 직선으로 나타난다. 이를 손실직선으로 부르기로 한다. 손실직선과 수평축이 교차하는 점

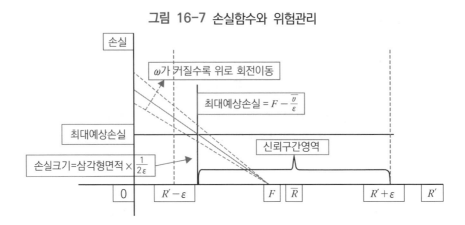

그림 16-7 손실함수와 위험관리

은 위험증권의 투자수익률이 무위험증권의 투자수익률과 같아지는 점이다. 수평축의 절편이 위험증권의 투자비중의 영향을 받지 않는 것으로 가정한다면 위험증권투자의 비중이 증가할수록 손실직선이 위쪽으로 회전이동하게 되기 때문에 위험증권투자의 비중이 늘어나면 위험증권의 투자수익률의 값이 같을지라도 손실의 크기가 커짐을 알 수 있다. 제12장의 최대예상손실의 개념을 적용하면 은행의 위험증권투자의 손실이 최대예상손실과 같아지도록 하는 위험증권투자의 투자수익률을 계산할 수 있다. 따라서 최대예상손실에 대응하는 위험증권투자의 투자수익률의 그래프를 최대예상손실의 선으로 정의한다. 최대예상손실의 값이 결정되면 손실직선과 최대예상손실의 선이 교차하는 점에서 신뢰구간의 하한이 결정된다. 신뢰구간의 영역에 속하는 점들이 실현될 확률들의 합이 신뢰구간의 값이 된다. 무위험증권투자 대비 위험증권투자의 예상손실의 크기는 얼마인가? <그림 16-7>을 보면 손실직선에서 위험증권의 투자수익률의 하한에서 무위험증권투자수익률까지 이르는 구간에서 손실직선보다 아래에 있는 삼각형의 면적에 비례한다는 것을 알 수 있다. 비례상수는 각각의 점이 실현될 확률이다.

<그림 16-7>이 함의하는 위험관리의 의미를 살펴보기로 하자. 최대예상손실을 고정시킨 채 위험투자의 비중을 증가시키면 손실함수가 위로 회전이동하면서 최대예상손실의 선과 교차하는 점의 위치가 위로 올라가므로 신뢰구간의 길

표 16-4 위험증권투자의 결정

위험증권투자의 손실	$L_s = (F - R')\omega$
최대예상손실의 제약	$(F - R')\omega \leq \bar{v}$
위험증권의 분포(균등분포)	$\bar{R} - \varepsilon \leq R' \leq \bar{R} + \epsilon$
신뢰수준의 정의	$\bar{c} = \displaystyle\int_{F - \bar{v}/\omega}^{\bar{R} + \varepsilon} (1/(2\varepsilon)) dR'$
위험증권투자의 비중	$\omega = \dfrac{\bar{v}}{\varepsilon(2\bar{c} - 1) - (\bar{R} - F)}$

주: 전체예금이 소비재 한 단위이므로 $\bar{v}$는 총예금액 대비 최대예상손실액의 비중으로 해석할 수 있다. $\bar{c}$는 신뢰구간을 나타낸다. $\bar{R}$는 위험증권의 총수익률의 평균이고, ε는 위험증권의 총수익률의 변동성을 결정하는 상수이다.

이가 짧아진다. 따라서 정해진 신뢰구간의 값보다 더 작은 수치가 나오기 때문에 이미 결정된 신뢰수준이 주는 제약을 맞추지 못하게 된다. 반대로 최대예상손실을 고정시킨 채 위험투자의 비중을 감소시키면 손실함수가 위로 회전이동하면서 최대예상손실의 선과 교차하는 점의 위치가 아래로 내려가므로 신뢰구간의 길이가 길어진다. 따라서 정해진 신뢰수준보다 더 크게 수치가 나오기 때문에 이미 결정된 신뢰수준이 제공하는 신뢰수준보다 위험의 크기가 낮아진다. 위험의 크기가 낮아지면서 예상이윤이 감소할 수 있어서 예상이윤의 수준과 부담해야할 위험을 동시에 결정해야 한다는 것을 알 수 있다. <그림 16-7>의 그래프에 반영되고 있는 세 개의 가정은 다음과 같다. ① 무위험증권의 투자수익률은 위험증권의 예상투자수익률에 비해 낮게 나타난다. ② 위험증권의 투자수익률은 양수의 최소값을 가진다. ③ 신뢰수준이 1보다 작은 양수가 되기 위한 최대예상손실의 최소값이 있다.

<표 16-4>는 은행이 위험증권투자로 인해 발생할 수 있는 투자손실의 크기를 확률적으로 관리하는 과정과 위험증권투자의 결정을 보여주고 있다. <표 16-4>는 앞에서 설명한 <그림 16-6>의 그래프를 작성하는 데 필요한 식들을 정리한 것으로 해석할 수 있다. 먼저 최대예상손실액과 신뢰구간의 식이다. <표 16-4>의 첫째 줄에서 좌변은 손실이 발생할 때 손실의 크기이고 우변은

표 16-5 은행 대차대조표와 자본규제(1기시점)

대차대조표	자산	부채와 자본
	안전증권 $(1-\alpha r_1)(1-\omega)$	예금부채 $1-\alpha r_1$
	위험증권 $(1-\alpha r_1)\omega+K$	자본 K
레버리지비율규제	$\dfrac{K}{1-\alpha r_1+K}\geq \gamma_L$	
자기자본규제	$\dfrac{K}{(1-\alpha r_1)((1+a)\omega+1-\omega)+K}\geq \gamma_K$	

주: γ_L은 레버리지비율의 규제를 정한 값이고, γ_K는 자기자본비율의 규제를 정한 값을 나타낸다.

최대예상손실액이다. 따라서 첫째 줄은 최대예상손실보다 작거나 같은 손실의 구간을 정의하는 부등호의 조건이다. 둘째 줄은 위험증권의 수익률이 실현될 수 있는 값의 구간을 나타낸다. 구간의 각 점이 나타날 확률은 다 같은 것으로 가정한다. 셋째 줄은 위험증권투자에서 손실이 발생할 때 손실의 크기가 최대예상손실액보다 작을 확률이 신뢰구간의 크기와 일치해야 한다는 조건을 말한다. 넷째 줄은 셋째 줄의 식이 함의하는 위험투자의 비중이다. 이 식을 이용하여 위험증권투자로부터 발생할 손실위험의 크기를 적절히 조절하려는 의도를 가진 은행의 위험투자에 영향을 미치는 요인들이 어떤 것들인지를 알려주고 있다. 특히 <표 16-4>의 넷째 줄의 함의를 다음과 같이 정리할 수 있다. ① 신뢰구간의 크기가 상승하면 위험증권의 투자비중이 낮아진다. ② 위험증권의 수익률변동성이 증가하면 위험증권의 투자비중이 낮아진다. ③ 최대예상손실이 증가하면 위험증권의 투자비중이 높아진다. ④ 중앙은행이 조절하는 단기금리가 위험증권의 평균수익률보다 더 낮아질수록 (위험증권의 예상초과수익률이 증가하여) 위험증권의 투자비중이 증가한다. ⑤ 중앙은행이 조절하는 단기금리가 위험증권의 평균수익률보다 더 크면 위험증권의 투자비중이 증가한다.

<표 16-5>의 윗부분은 1기시점에서 전기인출자의 예금인출이 집행된 이후 은행의 대차대조표를 나타내고 있다. 은행이 마련한 자본이 대차대조표의 오른편에 포함되어 있다. <표 16-5>의 윗부분에 있는 대차대조표를 반영하여

그림 16-8 자기자본규제의 효과

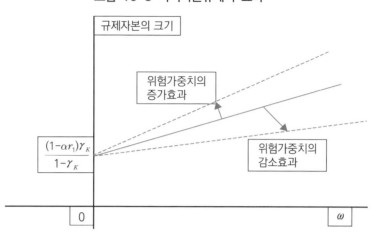

은행에 부과된 레버리지비율규제와 위험가중자산 대비 자기자본비율규제의 제약조건을 <표 16−5>의 각각 둘째 부분과 셋째 부분에서 보여주고 있다.[10) 둘째 부분과 셋째 부분의 부등호 조건을 등식으로 전환한 후 등식을 충족시키는 자본의 크기는 자본규제를 만족하기 위해 필요한 은행자본의 최소값이다. 이를 규제자본으로 부르기로 한다. 위험가중자산 대비 자기자본비율의 규제가 함의하는 규제자본은 은행이 결정하는 위험증권의 투자비중이 증가하면 같이 증가하게 된다.

<그림 16−8>에서는 수평축은 위험증권의 투자비중이고, 수직축은 규제자본의 크기를 나타내는 평면에 자기자본규제가 함의하는 위험증권의 투자비중과 규제자본의 관계를 직선으로 표시하고 있다. 양의 기울기를 가진 직선에서 기울기는 위험자산의 위험가중치의 크기에 따라 달라진다. 위험가중치를 증가시키면 동일한 크기의 위험증권투자비중일지라도 규제자본의 크기가 증가한다. 반대로 위험가중치를 감소시키면 동일한 크기의 위험증권 투자비중일지라도 규제자본

---

10) 은행의 자기자본비율(BIS비율)은 은행의 위험가중자산에 대한 자기자본의 비율을 말한다. 1987년 제정된 국제결제은행(BIS)의 국제통일 기준에서 금융의 자유화, 국제화에 따라 국제적인 경쟁조건의 평준화 및 건전성 규제의 필요성이 높아지자 8%의 최소자기자본비율제도를 도입하였고 국제금융시장에 참여하는 은행들은 1992년 말까지 이를 충족시킬 것을 권고하였다.

표 16-6 부실금융기관의 결정(2기시점)

예금의 원리금상환 순채무	$(1-\alpha)r_2-(1-\alpha r_1)F$
투자손실	$(1-\alpha r_1)(F-R^{'})\omega$
총(상환)채무	$(1-\alpha)r_2-(1-\alpha r_1)F+(1-\alpha r_1)\omega(F-R^{'})$
2기시점의 순자산	$N^{'}=K^{'}-[(1-\alpha)r_2-(1-\alpha r_1)F+(1-\alpha r_1)\omega(F-R^{'})]$
부실금융기관의 정의	$N^{'}<0$

주: $N^{'}$은 2기시점의 순자산을 의미하고, $K^{'}$은 1기시점의 총자산을 의미한다.

의 크기가 감소한다.

<표 16-6>에서는 <표 16-3>에서 설명한 은행모형을 사용하여 부실금융기관이 어떻게 결정되는지를 설명하고 있다. 부실금융기관의 정의를 소개하기 위해 다음과 같이 법률적인 정의를 인용한다. 금융산업의 구조개선에 관한 법률(시행 2021년 12월 30일)에 따르면 다음과 같은 세 개의 경우에 해당하는 금융기관을 『부실금융기관』으로 정의하고 있다. ① 경영상태를 실제 조사한 결과 부채가 자산을 초과하는 금융기관이나 거액의 금융사고 또는 부실채권의 발생으로 부채가 자산을 초과하여 정상적인 경영이 어려울 것이 명백한 경우 ② 「예금자보호법」 제2조 제4호에 따른 예금을 포함한 채권의 지급이나 다른 금융기관으로부터의 차입금 상환이 정지되는 경우 ③ 외부로부터의 지원이나 별도의 차입(정상적인 금융거래에서 발생하는 차입은 제외한다)이 없이는 예금을 포함한 채권의 지급이나 차입금의 상환이 어려운 경우 등이다.[11] 앞의 부실금융기관에 관한 정의와 <표 16-6>의 식을 비교하면 부실금융기관으로 지정되는 상황은 <표 16-6>의 다섯째 줄에서 볼 수 있듯이 넷째 줄에서 계산된 순자산의 값이 음수가 되는 상황을 말한다.

---

11) ①의 경우 금융위원회나 「예금자보험법」 제8조에 따른 예금보험위원회가 결정한 금융기관. 이 경우 부채와 자산의 평가 및 산정(算定)은 금융위원회가 미리 정하는 기준에 따른다는 조항이 있다. ③의 경우 모두 금융위원회나 「예금자보호법」 제8조에 따른 예금보험위원회가 인정하는 경우를 말한다.

연습문제

01 어느 경제학자가 중앙은행의 기준금리가 상승하는 시기에는 시중은행의 대출금리는 예금 금리에 비해 빨리 인상된다고 했다. 그러나 기준금리가 하락하는 시기에는 시중은행의 대 출금리가 예금금리에 비해 늦게 하락한다고 주장한다. 우리나라의 자료에서 이러한 현상 이 발생하는지를 조사하고 실제로 나타나면 그 이유를 설명하시오.

02 제16장의 모형을 사용하여 위험증권의 수익률에 대한 변동성이 높아지면 위험증권의 시장 가격에 어떠한 효과를 미치는지를 분석하시오.

03 VIX지수는 변동성지수(volatility index)를 의미한다. 변동성지수가 상승하면 제16장에서 설명한 모형의 어느 부분에 영향을 미치는지를 설명하시오. 또한 제16장의 모형을 사용하 여 변동성지수가 상승하면 적극적투자자의 레버리지비율에 어떠한 영향을 미치는지를 분 석하시오. 현실의 자료를 사용한 실증분석의 결과와 비교하여 어떠한 차이가 있는지를 설 명하시오.

04 제16장의 모형을 사용하여 변동성지수가 증시지수와 어떠한 관계가 있는지를 분석하시오.

05 어느 경제학자가 금융기관의 레버리지비율에 대한 규제를 도입하면 통화정책의 위험부담 경로의 가능성을 차단한 것이므로 중앙은행이 저금리기조를 장기간 유지하는 경우 레버리 지비율에 대한 규제를 부과하는 것이 바람직하다는 점을 주장하고 있다. 제16장의 모형에 의거하여 위의 주장을 평가하시오.

06 제16장의 위험부담경로를 설명하는 모형에서 위험증권투자의 예상총수익률인 R_b^e는 중앙 은행의 통화정책에 의해서 영향을 받는 것으로 가정하시오. 이 경우 중앙은행이 이자율을 낮출 때 은행의 레버리지비율이 상승하는 결과가 도출되기 위해 추가적으로 모형에 부여 되어야 하는 조건들을 찾아서 설명하시오.

07 제16장의 위험부담경로를 설명하는 모형에서 위험증권투자의 예상총수익률인 R_b^e는 중앙은행의 통화정책에 의해서 영향을 받지 않는 것으로 가정하시오. 증권금융을 담당하는 금융기관이 적극적투자자에게 제공하는 대출의 부도확률을 α로 선택할 때 대출금의 크기를 계산하시오. α의 값은 1보다 작은 양수로 가정하시오. 다음시점에서 실현되는 위험증권수익률 R_b'는 $[R_b^e - \varepsilon, R_b^e + \varepsilon]$의 구간에서 균등분포를 따르는 확률변수로 가정하시오. 또한 $0 < R_b^e - \varepsilon < R$의 조건이 만족되는 것으로 가정하시오.

08 제16장의 위험부담경로를 설명하는 모형에서 레버리지투자자의 자산운용스프레드를 계산하시오. 무위험채권의 총수익률이 낮아질 때 레버리지투자자의 자산운용스프레드가 어떻게 반응하는지를 설명하시오.

09 변동성지수와 관련된 설명 중 옳지 않은 항목들을 있는 대로 고르고, 이유를 설명하시오.
   ① 변동성지수는 주가지수와 서로 반대방향으로 움직이는 경향이 있다.
   ② 변동성지수는 경기침체기에 상대적으로 높아지는 경향이 있다.
   ③ 변동성지수가 증가하면 적극적투자자의 레버리지비율이 상승하는 경향이 있다.
   ④ 기준금리가 하락하면 변동성지수가 상승하는 경향이 있다.

10 통화정책이 민간경제주체의 대차대조표에 미치는 효과와 관련된 설명 중 옳은 항목들을 있는 대로 고르고, 이유를 반드시 설명하시오.
   ① 은행대차대조표효과는 통화공급량의 직접조절방식을 채택하는 경우에만 나타난다.
   ② 은행대차대조표효과는 기준금리의 직접조절방식을 채택하는 경우 나타나지 않는다.
   ③ 은행대차대조표효과가 나타나면 그렇지 않은 경우보다 금융안정을 약화시킬 수 있다.
   ④ 은행대차대조표효과는 기업대차대조표효과가 없다면 발생하지 않는다.

11 현재시점에서 자금조달이자율이 연 10%이다. 1,100%의 레버리지비율을 유지하고 있는 금융기관에게 다음시점에서 완전자본잠식이 시작되는 자산총수익률의 값을 고르고, 이유를 설명하시오.
   ① 0.9
   ② 1
   ③ 1.1
   ④ 1.2

12 순이자마진에 관한 설명 중 옳지 않은 항목들을 있는 대로 고르고, 이유를 설명하시오.

① 변동금리대출과 고정금리대출의 비중이 달라지면 순이자마진과 수익률곡선기울기 또는 순이자마진과 은행간대출금리의 관계가 달라질 수 있다.

② 순이자마진의 크기와 변동성은 은행의 만기변환기능과 관련이 있다.

③ 순이자마진의 정의는 유가증권 평가이익과 매매이익을 포함하지 않기 때문에 자산운용스프레드와 차이가 발생할 수 있다.

④ 순이자마진은 개별은행 수익성지표이므로 중앙은행의 기준금리조정과 관계가 없다.

13 Value-at-Risk의 기법에 의거한 위험관리를 실시하는 은행의 위험증권투자를 틀리게 설명한 항목을 선택하고 이유를 설명하시오.

① 최대예상손실액을 늘리면 위험증권의 투자비중이 증가한다.

② 다른 변수들은 그대로 두고 신뢰수준을 높이면 위험증권의 투자비중이 낮아진다.

③ 예상초과수익률의 크기가 증가하면 위험투자증권의 비중이 증가한다.

④ 중앙은행의 고금리기조와 저금리기조의 선택에 의존하지 않는 경향이 있다.

14 레버리지 비율의 규제와 관련하여 맞는 설명을 선택하고 이유를 설명하시오.

① 투자매매업자 또는 투자중개업자의 경우 레버리지비율은 자기자본에 대한 총자산의 비율을 백분율(%)로 표시한 수치로서 금융감독원장이 정하는 방식에 따라 산정한 것을 말한다.

② 주가연계증권이나 파생결합증권의 신규발행은 증권사의 레버리지 비율이 증가하므로 증권사의 레버리지비율규제를 적절하게 부과하면 위험증권의 과도한 매도를 방지하여 금융불안정의 가능성이 완화된다.

③ 신용카드의 발급을 담당하는 여신전문회사에 대해서도 레버리지비율에 대한 규제가 부과되고 있다.

④ 은행지주회사의 경우에도 기본자본(분자)을 총익스포져(분모)로 나눈 값으로 정의되는 비율의 크기를 공시해야 하는 규제가 부과되고 있다.

15 은행규제와 관련하여 틀린 설명을 선택하고 이유를 설명하시오.

① 여러 국가에서는 자기자본비율과 완충자본의 비율, 유동성커버리지비율규제, 순안정자금조달비율규제, 레버리지비율 등에 대한 규제가 실행되고 있다.

② 완충자본은 자기자본비율규제에 의한 대출의 경기순응성이 확대되는 현상을 완화시킬 수 있다.

③ 총부채상환비율의 규제를 강화하면 상환능력이 있는 사람 위주로 은행대출이 집중된다.

④ 담보인정비율은 100%를 넘는 수치로 책정하는 것이 바람직하다.

물가안정과 금융안정

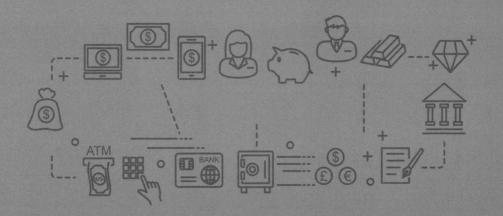

제17장
물가안정과 금융안정

　　제17장에서 다루어질 내용의 현실적인 중요성을 가늠케 하는 간단한 사례를 제시하기 위해 한국은행 홈페이지에 있는 2017년 11월 30일 금융통화위원회의 발표문을 인용한다.

> 『금융통화위원회는 다음 통화정책방향 결정시까지 한국은행 기준금리를 현재의 1.25%에서 1.50%로 상향조정하여 통화정책을 운용하기로 하였다. … 금융통화위원회는 앞으로 성장세 회복이 이어지고 중기적 시계에서 물가상승률이 목표수준에서 안정될 수 있도록 하는 한편 금융안정에 유의하여 통화정책을 운용해 나갈 것이다.』

　　앞에서 인용한 금리결정문의 마지막 문장을 보면 물가안정을 유지하면서 동시에 금융안정에도 유의한다는 의사가 명시적으로 표시되어 있다. 따라서 물가안정제도 또는 인플레이션타기팅제도를 실시하고 있지만, 최근 한국은행은 물가안정뿐만 아니라 금융안정을 같이 유의하여 기준금리를 결정하고 있음을 확인할 수 있다.

　　금융안정이 중앙은행이 중시하는 목표라면 중앙은행뿐만 아니라 일반 사람들도 포함하여 많은 사람들이 공감할 수 있도록 금융안정의 정도를 측정할 수 있는지에 대한 질문이 먼저 나올 수 있다. 물가안정의 경우 다양한 측정방법이 있을지라도 물가안정을 측정하기 위해 물가지수를 사용할 수 있다는 점은 쉽게 이해할 수 있다. 금융안정의 경우에 대해서도 물가지수에 비견할만한 수준으로 공감할 수 있는 금융안정지수를 어떻게 산출할 수 있는가에 대하여 궁금증이 생긴다. 이런 궁금증이 있다는 사실이 의미하는 것은 금융안정의 성과를 쉽게 평가하기 어렵다는 것이다. 특히 금융안정의 성과측정에 사용될 수 있는 객관적인 척도가 없다면 중앙은행이 금융안정을 위해 통화정책을 실행한 결과를 평가하는 과정에서 객관적인 명료성과 책임성을 유지하기가 쉽지 않다. 따라서 물가안정과 금융안정을 동시에 추구해야 한다는 점을 강조할 때 금융안정에 대한 객관적인 척도를 제시하기 어렵다는 특성 때문에 다소 추상적인 설명으로 비추어질 가능성이 높다.

「금융안정에 유의한다」는 표현이 구체적으로 물가안정의 목표달성과 비교하여 금융안정을 상대적으로 어느 정도 중요하게 여기고 있는지를 의미하는가? 두 개의 방향으로 이 질문에 대한 답변을 생각할 수 있다. 첫째 방향은 물가안정이 최상위에 있는 목표이고 금융안정은 차상위의 보완적인 목표로 해석하는 것이다. 둘째 방향은 물가안정과 금융안정은 상대적인 가중치는 어느 정도 차이가 있을 수 있으나 동시에 같은 선상에서 놓고 추구해야 하는 두 개의 목표라고 해석하는 것이다. 제17장에서는 둘째 방향을 반영하는 동시에 다음과 같은 점에서 한국의 상황에 함의가 있는 중앙은행모형을 분석한다. 한국에서는 가계부채문제의 연착륙이 거시적인 금융안정에서 중요한 관심을 받아왔던 부분이기 때문에 민간부채안정과 물가안정을 동시에 반영한 모형을 분석한다.

제17장은 다음과 같은 순서로 진행된다. 첫째 부분에서는 물가안정과 금융안정이 동시에 추구되어야 하는 것인지에 대한 서로 다른 견해를 소개한다. 둘째 부분에서는 앞에서도 이미 설명한 바와 같이 민간부채안정과 물가안정을 동시에 고려하는 모형을 사용하여 다음과 같은 세 개의 이슈를 분석한다. 첫째 이슈는 금융안정목표가 새로 들어오면 물가안정목표에 어떠한 변화가 발생하는가이다.

예전에 비해 더 높은 수준의 목표치로 조정할 수도 있고 아니면 예전에 비해 목표치를 낮추어 잡을 수도 있기 때문이다. 둘째 이슈는 거시건전성정책을 담당하는 정부기관과 중앙은행의 이해상충이다. 두 정책기관의 이해상충이 발생할 가능성을 제기하는 이유는 거시건전성정책을 담당하는 기관의 손실함수와 중앙은행의 손실함수가 다르면 서로 중요하게 여기는 변수가 다르기 때문이다. 셋째 이슈는 중앙은행의 손실함수에서 금융안정에 대한 상대적인 중요성이다. 정책담당자들이 물가안정 또는 실물경제의 안정 등과 비교하여 상대적으로 어느 정도 중요하게 인식하는가에 따라 인플레이션율에 대한 목표치가 달라질 수도 있기 때문이다. 마지막 부분에서는 실제로 사용되고 있는 거시건전성정책의 정책수단을 간단히 소개한다.

금융안정목표과 물가안정목표의 바람직한 운용에 대한 여러 견해

제17장의 첫 부분에서 등장하는 주요 이슈는 중앙은행이 추구해야 하는 물가안정과 금융안정이라는 각각의 목표에 대하여 부여해야 하는 가중치를 어떻게 결정하는 것이 바람직한지이다. 하나의 간단한 수치로 답하기는 어려울 것이라는 주장이 가능하다. 그 이유를 다음과 같이 요약할 수 있다. 첫째 이유는 통화정책이 금융안정을 달성하게 하는 유일한 정책이 아니라는 점이다. 둘째 이유는 통화정책의 전통적인 수단이 금융안정을 달성하기 위해 사용할 수 있는 예리한 칼날과 같은 효과적인 도구가 아닐 가능성이 있다. 위에서 설명한 이슈를 반영하여 중앙은행이 물가안정과 금융안정에 대한 가중치를 부여할 때 고려할 몇 가지 포인트를 제시하기로 한다.

첫째 포인트는 거시건전성정책이 금융안정을 달성하는 데 어느 정도 효율적인지를 먼저 생각해보아야 한다. 거시건전성정책은 통화정책과는 별도로 금융안정을 목표로 실시되는 정책이고, 거시건전성정책을 실제로 담당하는 기관은 나라마다 다르다. 거시건전성정책이 금융안정을 달성하는 데 매우 효율적이면서 동시에 거시건전성정책에 비해 통화정책의 금융안정에 대한 실효성이 낮다면 굳이 통화정책을 사용하여 금융안정을 달성해야 할 필요가 없다. 따라서 거시건전성정책이 금융안정목표를 달성하는 데 어느 정도 효율적인지를 먼저 생각해 볼 필요가 있다. 둘째 포인트는 중앙은행이 물가안정만을 중시하고 이를 달성하기 위해 이미 널리 알려진 방식대로 통화정책을 실시할지라도 금융안정에 영향을 미칠 수 있다는 점이다. 과거에는 이런 점이 구체적으로 강조되지 않았다. 그러나 제15장에서 설명한 통화정책의 위험부담경로에서 주장하는 바와 같이 물가상승률이 목표치보다 낮아서 실시한 기준금리의 인하가 금융기관의 대차대조표를 확대시키는 효과를 발생시킬 수 있다. 만약 기준금리의 인하가 인플레이션율에 미친 영향이 미미한 경우 기준금리의 인하는 금융부문의 안정성을 약화시키는 결과만 초래한 것으로 볼 수 있다. 위의 설명에 따르면 금융안정과 통화정책의 위험부담경로를 고려한다면 물가상승률이 목표치보다 낮은 시기에서도 물가상승률이 낮아진 원인에 따라서 기준금리인하의 여부를 유연하게 결정하는 것이 바람직하다는 것이다. 따라서 금융안정에 대한 가중치를 결정할 때 통화정책의 위험부담경로가 어느 정도 실효적으로 작동하고 있는지를 미리 파악해야 한다. 셋째 포인트는 통화정책수단이 금융안정에 어느 정도 실효성이 있는지에 대한 정확한 이해가 있어야 한다는 것이다. 통화정책수단이 금융안정에 대한 실효적인 정책수단이 아니라면 금융안정을 위해 통화정책을 사용한다는 것은 약효가 없는 약으로 병을 고치려는 것과 같다고 할 수 있다. 이런 경우에는 금융안정에 대한 가중치를 제로로 놓는 것이 바람직할 것이다.

앞의 설명을 요약하면 물가안정과 금융안정에 대한 가중치를 명확히 제시하는 분석을 하기 이전에 해결해야 하는 다음과 같은 선결조건이 있다는 것이다. 첫째, 거시건전성정책에 대한 프레임워크가 구체적으로 결정되어야 한다. 둘째, 통화정책수단의 금융안정에 대한 실효성을 정확하게 이해하여야 한다. 이를 위해 통화정책의 금융안정에 대한 파급경로를 구체적으로 분석해야 한다. 셋째, 중앙은행이 금융안정목표를 물가안정목표와 동시에 추구하는 것 자체가 물가안정목표의 달성에 미치는 효과도 생각해야 한다. 제17장의 뒷부분에서는 앞에서 설명한 선결조건들이 반영된 상황에서 금융안정목표의 추가가 중앙은행의 최적 목표인플레이션율에 미치는 효과를 분석한다.

인플레이션타기팅을 실시하고 있는 국가에서 기존에 있던 물가안정목표에 금융안정목표가 추가되면 다음과 같은 우려가 제기된다.

(1) 금융안정목표를 추구하게 되면 중앙은행의 물가안정목표의 달성의 지에 대한 신뢰성이 감소한다.

(2) 금융안정목표의 달성을 위한 중앙은행의 정책적인 선택이 서로 다른 집단이나 여러 산업에 걸쳐 유의한 효과를 준다면 정치적 압력이 발생하여 중앙은행의 독립성이 약화될 수 있다.

(3) 금융안정과 물가안정의 상충이 심화되어 중앙은행의 정책결정에서 시간불일치성이 발생한다.

(4) 민간경제주체의 부채상환부담을 빙자하여 물가안정을 위한 통화정책을 느슨하게 실행하려는 유인이 발생한다.

거시건전성정책과 통화정책의 상호협조에 관한 세 개의 서로 다른 견해가 있다. 첫째 견해는 중앙은행은 물가안정과 실물경제의 안정에 초점을 맞추고 거시건전성정책을 담당하는 당국은 금융안정에 초점을 맞추어 집중하는 정책을 실시해야 한다. 금융시스템의 극단적 위험이 인플레이션과 실물경제의 전망에 영향을 미치는 상황에서만 금융안정의 고려가 통화정책의 결정에 영향을 미칠 수 있도록 해야 한다. 이런 주장의 배경은 중앙은행이 금융안정의 여부를 파악하고 거시건전성정책당국과 정보교환의 역할을 할 필요가 있다는 것은 인정하지만, 통화정책과 거시건전성정책의 실제적인 상호작용은 그리 크지 않을 것이라는 견해이다. 그 이유는 통화정책의 실물경제효과가 전파되는 경로와 거시건전성정책의 금융안정효과가 전파되는 경로는 중첩되는 부분이 크지 않다고 보기 때문이다. 첫째 견해를 주장하는 사람들은 통화정책의 저금리기조가 2000년 후반에 발생한 금융위기 이전의 금융불균형이 쌓이는 과정에 기여하지 않은 것으로 본다. 그리고 중앙은행이 조절할 수 있는 단기금리는 금융불균형을 조절하는 데 효율성이 낮단 도구라는 견해를 가지고 있다.

둘째 견해는 물가안정을 중앙은행의 최상위목표로 설정하고 금융안정을 차상위목표로 설정하는 것이 바람직하다는 것이다. 이런 견해는 인플레이션타기팅제도의 근간은 유지하면서 금융안정에 대한 고려가 포함되도록 보완 및 수정하자는 주장이다. 이들의 견해를 다음과 같이 요약한다.

(1) 거시건전성정책만을 사용하여 조절하기 힘든 금융사이클이 있고 금융사이클은 실물경기순환과 매우 다양한 방식으로 상호작용한다.
(2) 통화정책의 기조가 변화하면서 금융중개기관의 대차대조표의 위험수준이 달라질 수 있다. 금융중개기능과 실물경제의 밀접한 관계를 고려하면 이런 경로는 통화정책이 물가안정의 달성과 전망에 영향을 미친다.
(3) 금융안정은 통화정책의 차상위목표가 되어야 한다. 금융안정을 차상위목표로 추가시키면 어떠한 효과가 있겠는지에 대하여 궁금할 것이다. 중앙은행이 통화정책을 결정할 때 보다 더 먼 미래시점의 상황까지 고려할 것으로 예상된다. 그 이유는 금융사이클의 주기가 실물경제의 경기순환주기보다 길기 때문이다.

셋째 견해는 위의 두 견해와 비교하여 급진적인 견해로 평가할 수 있다. 이들은 금융안정과 물가안정은 매우 긴밀하게 연결이 되어 있어서 서로 분리하여 생각하기 어렵다고 주장한다. 특히 금융안정이 제대로 달성되면 물가안정도 자연스럽게 달성된다는 견해를 가지고 있다. 따라서 전통적인 통화정책수단 또는 비전통적인 통화정책수단 모두 안정을 추구하는 것을 우선적인 목표로 해서 실행되어야 한다고 주장한다.

제17장에서 분석하는 중앙은행모형에서는 중앙은행의 목적함수를 이차형식의

손실함수로 표현한다. 금융안정목표가 추가되지 않은 상황에서는 중앙은행의 목적함수를 인플레이션율괴리의 자승과 생산갭의 자승의 가중평균으로 정의한다. 금융안정목표가 추가되는 상황에서는 금융안정괴리의 자승을 추가하여 중앙은행의 목적함수를 세 개의 이차항의 가중평균으로 정의한다. 물가안정이 최상위목표이고 금융안정이 차상위목표라는 점을 반영하기 위해 기존의 손실함수를 어떻게 수정해야 하는 것인지에 대하여 궁금할 것이다. 관련문헌에서는 사실 이에 대한 구체적인 방안이 명확하게 제시되지는 않고 있다. 제17장에서 소개하는 중앙은행모형에서는 기존의 손실함수에 금융안정을 나타내는 항을 추가하여 수정된 손실함수를 둘째 견해에 근접한 목표함수로 간주한다. 또한 추가된 금융안정의 손실에 부여하는 가중치는 어느 정도로 해야 하는지 궁금할 것이다. 정확한 수치를 제시하기는 어렵지만 금융안정을 차상위 목표로 간주한다는 것은 금융안정을 나타내는 항에 대한 가중치가 물가안정에 부여된 가중치에 비해 낮다는 것으로 해석한다.

금융안정과 물가안정을 동시에 고려한 통화정책의 운용

제17장에서 소개하는 모형은 스메츠(Frank Smets)가 2014년에 발표한 논문에 수록된 모형을 수정한 것이다.[1] 중앙은행은 자신에게 부여된 손실함수를 최소화하는 통화정책을 선택하여 실시하는 것으로 가정한다. 중앙은행의 손실함수는 현재시점의 사회후생이 최적배분에서 달성할 수 있는 사회후생에서 떨어져 있는 차이의 증가함수로 정의된다. 이와 같은 손실함수의 정의는 이미 제9장에서 설명한 손실함수와 유사하다. 그러나 제9장에서는 인플레이션율과 생산갭의 안정에 대한 고려만 반영되어 있었으나, 제17장에서는 금융안정목표도 추가된다는 점이 다르다. 따라서 제17장에서는 중앙은행의 손실함수는 세 개의 요인으로

---

1) 스메츠의 논문은 International Journal of Central Banking (2014년 6월호, pp. 263-300)에 게재된 「Financial Stability and Monetary Policy: How Closely Interlinked?」이다. 또한 2016년 DSGE 연구센터에서 출간한 거시금융모형분석(윤택)에서도 동일한 모형이 분석되어 있다.

표 17-1 거시건전성정책을 반영한 중앙은행모형

중앙은행의 손실함수	$\frac{1}{2}\left(\pi^2 + a(x-b)^2 + cz^2\right)$
총공급곡선	$x = \kappa(\pi - \pi^e) + \varphi v \rightarrow \pi = \pi^e + (x - \varphi v)/\kappa$
민간부채비율갭의 균형조건	$z = m - (\pi - \pi^e) + \tau v$
커미트먼트와 손실함수	$\frac{1}{2}\left(a(\varphi v - b)^2 + c(m + \tau v)^2\right)$
커미트먼트와 최적통화정책	$\pi = 0;\ x^* = \varphi v^*;\ v^* = (ab\varphi - c\tau m)/(a\varphi^2 + c\tau^2)$

주: 동일한 기호에 대하여 제9장의 정의와 제17장의 정의가 다르다. 첫째줄에서 손실함수에서 인
플레이션의 변동성에 대한 가중치를 1로 정규화할 때 생산갭의 변동성에 대한 가중치는 a이
고, 민간부채비율갭의 변동성에 대한 가중치는 c이다. π는 인플레이션율, x는 생산갭, z는 민
간부채비율갭, m은 명목경직성이 없는 경제에서 부채비율과 최적부채비율의 차이를 나타낸다.

구성된다. 첫째 요인은 인플레이션율괴리의 변동성이다. 둘째 요인은 생산갭괴
리의 변동성이다. 생산갭은 현재GDP와 최적GDP의 차이로 정의된다. 셋째 요
인은 민간부채비율갭의 변동성이다. 민간부채비율갭은 현재민간부채비율에서 최
적부채비율의 차이로 정의된다. 새로 추가되는 변수 중에서 v는 거시건전성정책
당국의 금융완화를 나타내는 것으로 정의한다. 따라서 v가 증가하면 민간부채비
율갭이 상승하고, 기업의 자금조달비용도 낮아진다.

제17장에서 소개하는 중앙은행모형은 <표 17-1>에 요약되어 있다. <표
17-1>의 첫째 줄에는 중앙은행의 손실함수가 정리되어 있다. 손실함수에서
생산갭의 변동성을 나타내는 항에 b가 포함된 이유를 다음과 같이 설명할 수 있
다. 요약해서 설명하면 생산갭을 현재GDP에서 잠재GDP를 감한 차이로 정의할
때 잠재GDP를 달성하는 경제가 사회후생을 극대화하는 최적경제가 아니기 때
문에 b가 포함된다. 제17장에서는 생산물시장이 불완전경쟁의 시장구조를 가지
고 있고, 잠재GDP는 명목경직성이 전혀 없는 경제에서 달성되는 총생산으로 정
의한다. 생산물시장이 불완전경쟁의 시장구조를 가지고 있다면 명목경직성이 전
혀 없는 경제의 총생산은 최적배분을 달성하는 경제의 총생산보다 작다. 이 경
우 생산갭이 제로가 되더라도 현재시점의 총생산은 최적배분에서 달성되는 총생

산보다 낮다. 한편 사회후생의 기준은 최적배분에서 달성되는 사회후생수준이기 때문에 중앙은행의 손실함수가 사회후생을 반영한다면 현재시점의 총생산과 최적총생산의 차이의 증가함수로 정의되어야 한다. 제17장에서는 현재시점의 총생산과 최적총생산의 차이는 생산갭에서 최적총생산에서 명목경직성이 없는 경제의 총생산의 차이를 감한 차이가 된다. 따라서 b를 최적총생산에서 잠재GDP를 뺀 차이로 정의하면 중앙은행의 손실함수는 (생산갭$-b$)의 증가함수가 되어야 한다.

<표 17-1>의 둘째 줄은 총공급곡선을 보여주고 있다. 총공급곡선의 형태와 관련하여 첫째 포인트는 현재시점의 생산갭은 과거시점에서 예상되지 않은 인플레이션율의 증가함수이다. 따라서 과거시점에서 예상되지 않은 디플레이션은 현재시점의 생산갭을 감소시키고, 현재시점의 인플레이션율이 과거시점에서 예상한 인플레이션율과 같다면 인플레이션의 생산갭에 대한 효과는 필립스곡선에서 사라진다. 둘째 포인트는 거시건전성정책의 생산효과이다. 거시건전성정책이 완화되면 기업들은 금융시장에서 유리한 조건으로 자금을 조달할 수 있으므로 생산갭이 증가한다. 따라서 거시건전성정책의 금융완화를 나타내는 변수가 총공급곡선에 포함된다. 거시건전성정책이 완화된다는 의미를 명확히 하기 위해 하나의 구체적인 사례를 든다면 가계부채총량을 조절하기 위해 사용되는 담보인정비율이 상승하면 거시건전성정책을 완화한 것으로 볼 수 있다.[2] 거시건전성정책의 변화를 나타내는 변수가 총공급곡선에 직접 포함되는 이유는 다음과 같은 거시건전성정책의 변화가 인플레이션율에 영향을 미치는 경로가 있기 때문이다. (1) v의 상승이 인플레이션율에 미치는 효과: 거시건전성정책의 완화 → 금융시장유동성증가 → 기업자금조달비용하락 → 생산비용하락 (2) v의 하락이 인플레이션율에 미치는 효과: 거시건전성정책의 강화 → 금융시장유동성감소 → 기

---

2) <표 17-1>의 둘째 줄에서 π^e는 과거시점에서 형성한 현재시점의 인플레이션율에 대한 예상치이고, 양수인 k는 총공급의 인플레이션에 대한 반응을 나타내는 계수이다. 독자의 혼동을 줄이기 위해 동일한 기호일지라도 제9장에서 사용한 기호의 정의와 다른 의미로 사용되었음을 지적해 놓는다. φ는 거시건전성정책수단이 생산갭에 미치는 효과를 나타내는 계수이고 양수로 가정한다.

업자금조달비용상승 → 생산비용상승 등의 과정을 거쳐 거시건전성정책은 제품 가격에 영향을 미친다.

<표 17-1>의 셋째 줄에 있는 민간부채비율갭의 균형조건을 설명한다. 민간부채비율은 세 개의 요인에 의해서 결정된다. 첫째, 민간부채비율은 과거시점에서 예상되지 않은 인플레이션율의 감소함수이다.[3] 둘째, 거시건전성정책이 완화되면 민간부채비율이 증가한다. 셋째 줄에서 v의 한 단위 증가에 따른 민간부채비율이 증가하는 크기는 τ이다. 셋째, 명목경직성이 없는 경제의 부채비율은 최적경제의 부채비율보다 높다. 따라서 z로 표시한 부채비율갭을 현재시점의 부채비율과 최적부채비율의 차이로 정의하면 m으로 표시된 명목경직성이 없는 경제의 부채비율과 최적부채비율의 차이가 부채비율갭의 균형조건에 포함되어야 한다.

<그림 17-1>에서는 금융안정목표가 추가된 중앙은행의 손실함수와 금융안정목표가 추가되지 않은 중앙은행의 손실함수를 비교한다. 벤치마크로 사용하는 손실함수의 그래프는 흑색실선으로 그린 원이다. 흑색실선은 금융안정목표가 추가되지 않은 일반적인 인플레이션타기팅제도에서 발생하는 중앙은행의 손실을 나타낸다. 생산갭의 편기를 나타내는 b의 값을 1로 정규화하였다. 중앙은행의 물가안정에 대한 커미트먼트가 가능한 상황에서 달성되는 최적통화정책의 해는 원점이다. 원의 중심인 (1,0)과 원점인 (0,0)의 거리가 최적통화정책의 점과 중앙은행의 손실을 최소화하는 점의 거리이고, 이는 1이 된다.[4]

<그림 17-1>의 그래프를 사용하여 금융안정목표의 추가로 인한 중앙은행의 손실함수의 변화를 설명한다. 첫째 포인트는 금융안정목표의 추가는 인플레

---

3) 다음과 같은 가정이 반영되어 있다. 예상된 물가상승에 대해서 실질부채를 명목부채를 물가로 나눈 비율로 정의한다. 예상된 물가상승에 대해서는 명목부채와 물가가 동시에 상승하여 실질부채의 크기에 영향을 미치지 못한다. 그러나 과거시점에 예상되지 않은 물가상승에 대해서는 명목부채보다 물가상승이 더 높게 나타나서 실질부채가 감소한다.

4) 생산갭의 편기가 있는 경우 중앙은행이 최적통화정책을 실시할지라도 사회후생을 극대화하는 최적배분을 달성할 수 없다. 따라서 제17장의 모형에서는 최적통화정책에서도 최적배분의 사회후생과 비교하여 사회후생의 손실이 발생한다.

그림 17-1 금융안정과 손실함수

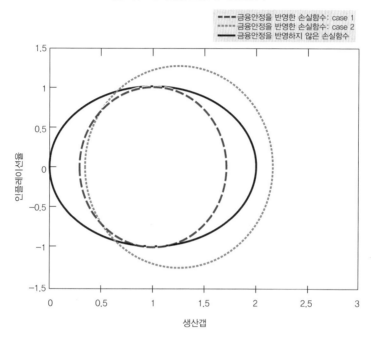

이션율의 변동성에 대한 가중치와 생산갭의 변동성의 가중치를 그대로 유지할지라도 생산갭의 변동성에 대한 상대적 중요성을 증가시키는 효과가 있다. 따라서 금융안정목표를 반영하지 않으면 손실함수의 그래프는 원이지만, 금융안정목표가 추가되면 손실함수의 그래프는 타원이 된다. 따라서 <그림 17-1>에서는 흑색실선의 원과 청색점선의 타원을 비교하고 있다. 최적통화정책의 점인 원점은 금융안정목표가 추가된 손실함수의 그래프인 타원의 외부에 위치한다. 그 이유는 금융안정목표의 추가로 인해 생산갭의 변동성에 대한 상대적인 중요성이 증가하면 수평축의 반경이 줄어들어서 원점은 타원의 외부에 위치하게 되기 때문이다. 둘째 포인트는 금융안정목표에 대한 가중치가 증가할수록 생산갭의 변동성에 주어지는 가중치가 더 증가하여 수평축의 반경이 더욱 줄어든 타원의 그래프로 나타나게 된다. 셋째 포인트는 금융안정목표가 추가되면 금융안정을 달성하기 위해 사용되는 거시건전성정책의 방향과 크기에 따라 인플레이션과 생산

갭의 변동성에 대한 상대적 중요성이 달라진다는 점이다. 셋째 포인트는 <표 17-1>에서 설명하고 있는 중앙은행모형을 이용하여 확인할 수 있다. 예를 들어 거시건전성정책당국이 금융완화기조를 유지하면 민간부채비율갭이 증가하여 중앙은행의 손실함수에서 금융안정괴리의 변동성의 값이 커진다. 이런 과정은 <그림 17-1>에 있는 타원의 중심에 대한 좌표를 우측으로 이동시킨다. 이를 확인하기 위해 <그림 17-1>에서는 단순히 짧은 점선으로 구성된 타원 (case1)과 긴 점선과 짧은 점선을 혼합한 타원(case2)을 보여주고 있다. 혼합된 점선으로 된 타원(case2)의 중심이 단순히 짧은 점선으로 구성된 타원(case1)의 중심에 비해 우측으로 이동한 것으로 볼 수 있다. 결론적으로 거시건전성정책의 정책수단을 어떻게 운영하는지에 따라서 인플레이션변동성과 생산갭 변동성의 트레이드오프에 영향을 미치게 됨을 알 수 있다.

<표 17-1>의 중앙은행모형을 이용하여 보이고자 하는 내용은 다음과 같은 세 가지로 요약된다. 첫째, 중앙은행의 인플레이션율목표치에 대한 커미트먼트가 가능하다면 최적인플레이션율은 제로인플레이션율이다. 금융안정목표와 물가안정목표를 동시에 추구해야 하는 상황일지라도 최적인플레이션율은 제로인플레이션율이다. 따라서 중앙은행의 최적인플레이션율에 대한 커미트먼트가 가능하다면 금융안정목표가 추가될지라도 기존의 목표인플레이션율을 바꾸지 않아도 된다는 것이다. 둘째, 중앙은행의 인플레이션목표에 대한 커미트먼트가 가능하지 않다면 금융안정목표가 추가될 때 중앙은행의 목표인플레이션율에 영향을 미친다. 셋째, 중앙은행의 인플레이션목표에 대한 커미트먼트가 가능하지 않다면 거시건전성정책당국과 중앙은행의 정책협조의 수준에 따라서 목표인플레이션이 달라질 수 있다.

먼저 첫째 결과가 어떻게 도출되는지를 설명한다. 중앙은행의 인플레이션목표에 대한 커미트먼트가 가능하다는 문장의 의미를 명확하게 설명하는 것이 첫째 결과를 이해하는 데 도움이 된다. <표 17-1>의 중앙은행모형에서 예상인플레이션율은 과거시점에서 형성한 현재시점의 인플레이션율에 대한 기대값으로

정의된다. 중앙은행이 가계와 기업의 예상인플레이션율에 영향을 미치기를 원한다면 이들이 미래에 대한 기대를 형성하는 시점에서 발표해야 한다. 커미트먼트가 가능하다는 의미는 인플레이션율에 대한 목표치를 미리 발표할 때 중앙은행이 자신의 발표를 반드시 지키게 하는 제도가 확립되어 있다는 것이다. 따라서 가계와 기업은 중앙은행의 발표를 신뢰할 근거가 있으므로 중앙은행의 발표가 그대로 실현될 것으로 믿게 된다. 그 결과 중앙은행은 가계와 기업의 기대형성에 영향을 미칠 수 있는 능력을 가지게 되므로 이를 최대한으로 이용하려고 한다. 최대한으로 이용하여 얻을 수 있는 중앙은행의 이득은 인플레이션율의 목표치를 제로로 설정하여 인플레이션율변동에 의해서 발생하는 사회후생의 손실이 전혀 없도록 하는 것이다. 중앙은행의 커미트먼트가 가능할 때 가계와 기업의 예상인플레이션율은 중앙은행의 목표인플레이션율과 같아지므로 중앙은행이 최적인플레이션을 추구한다면 가계와 기업의 예상인플레이션율도 제로가 된다.

앞에서 『중앙은행의 인플레이션목표에 대한 커미트먼트가 가능하다면 금융안정목표가 추가될지라도 제로인플레이션율이 계속 최적인플레이션율이다』라고 설명하였다. 그러나 주의할 점은 금융안정목표가 추가되어도 커미트먼트가 가능하다면 최적인플레이션율은 달라지지 않지만 최적생산갭은 달라진다. 그 이유를 다음과 같이 설명할 수 있다. 첫째, 거시건전성정책의 변화는 중앙은행의 손실함수에서 인플레이션율과 생산갭의 트레이드오프에 영향을 미친다. 둘째, 총공급곡선에서 거시건전성정책수단이 제로의 값을 가지지 않는 한 제로인플레이션율에 대응하는 최적생산갭은 제로가 아니다. 따라서 중앙은행의 커미트먼트가 가능하여 최적인플레이션율의 달성이 가능할지라도 금융안정목표가 추가된 상황에서 다음의 문제를 풀어야 하는 추가적인 부담이 발생한다. 거시건전성정책을 어떻게 운영하는 것이 중앙은행의 커미트먼트가 가능한 상황에서 손실함수를 최소화하는 것인가? 중앙은행의 커미트먼트가 가능하면 $\pi = \pi^{\ell}$이다. 따라서 $\pi = \pi^{\ell}$의 조건을 <표 17-1>의 둘째 줄에 있는 총공급곡선에 대입하면 총공급곡선의 식은 $x = \varphi v$가 된다. 또한 $\pi = \pi^{\ell}$의 조건을 <표 17-1>의 셋째 줄에 대입하면 부채비율갭의 식은 $z = m + \tau v$이 된다. 위의 두 식을 제로인플레이션율의 조건과 함께 <표 17-1>의 첫째 줄에 있는 손실함수에 대입하여 정리하면 <표 17-1>의 넷째 줄에 있는 손실함수가 도출된다. 넷째 줄에 있는 손실함수는 중앙은행이 최적인플레이션율을 달성한다는 가정을 반영하고 있다. 또한 넷째 줄에 있는 손실함수는 거시건전성정책의 정책수단의 함수로 표시되어 있다. <표 17-1>의 다섯째 줄은 넷째 줄의 손실함수를 최소화하는 거시건전성정책수단의 조건을 보여주고 있다. 다섯째 줄의 둘째 식은 인플레이션목표에 대한 커미트먼트가 가능할 때 최적생산갭은 거시건전성정책의 정책수단에 비례한다는 점을 반영하고 있다. 따라서 물가안정목표에 금융안정목표가 추가되어 최적통화정책의 내용에서 달라지는 점은 최적생산갭이 양수가 된다는 것이다. 여기에 덧붙여서 중앙은행의 최적인플레이션율에 대한 커미트먼트가 가능하다면 거시건전성정책당국과 중앙은행의 의사결정이 분리되어 있어서 각각의 기관이 담당하고 있는 정책수단의 운용을 서로 독립적으로 선택할지라도 <표 17-1>의 다섯째 줄에 있는 결과는 그대로 성립한다는 점을 강조한다.

금융안정과 재량적 통화정책

<표 17-2>는 중앙은행의 커미트먼트가 가능하지 않은 상황에서 금융안정목표의 추가가 중앙은행의 통화정책과 거시건전성정책당국의 거시건전성정책에 미치는 효과를 요약하고 있다. <표 17-2>에서는 중앙은행이 미리 약속을 했을지라도 훗날 약속을 항상 이행하도록 하는 제도적인 장치가 없다고 가정한다. 국민복지를 염려하는 중앙은행이 어떠한 이유로 약속을 지키지 않고 약속한 것과는 달리 행동하려는 것인가? 민간경제주체들이 중앙은행의 발표를 그대로 믿는다는 사실을 중앙은행이 알고 있다면 중앙은행은 민간경제주체의 기대가 이미 자신의 발표대로 조정된 상황에서 다시 자신에게 가장 이득이 되는 인플레이션율(국민복지를 가장 극대화하는 인플레이션율)에 대한 선택이 무엇인지를 재고

표 17-2 재량적 통화정책과 거시건전성정책

시간불일치성과 손실함수	$\frac{1}{2}(\pi^2 + a(x\pi + \phi v - b)^2 + c(m - \pi + \tau v)^2)$
시간불일치성과 손실함수 $\varphi = c = 0$	$\frac{1}{2}(\pi^2 + a(x\pi - b)^2)$
시간불일치성과 인플레이션 $\varphi = c = 0$	$\pi = abx / (1 + ax^2) > 0$
시간불일치성과 인플레이션 $\varphi \neq 0 \neq c$	$\pi = \dfrac{ac(\varphi + \tau x)(\varphi m + \tau b)}{ac(\varphi + \tau x)^2 + a\varphi^2 + c\tau^2} > 0$
재량적 통화정책과 손실함수	$\frac{1}{2}(\pi^2 + a(x(\pi - \pi^e) + \varphi v - b)^2 + c(m - (\pi - \pi^e) + \tau v)^2)$
인플레이션 최적조건	$\pi + ax(x - b) - cz = 0$
거시건전성 최적조건	$\varphi a(x - b) + c\tau z = 0$
변수의 기대값에 대한 균형조건	$\pi^e + ax(x^e - b) - cz^e = 0$ $\varphi a(x^e - b) + c\tau z^e = 0$ $x^e = \varphi v^e$ $z^e = m + \tau v^e$
균형기대인플레이션	$\pi^e = \gamma(\varphi m + \tau b)$
균형인플레이션	$\pi = \gamma(\varphi m + \tau b) > 0$

주: <표 17-2>에서 시간불일치성은 중앙은행이 제로인플레이션을 발표한 이후 민간경제주체의 기대인플레이션이 $\pi^e = 0$이 되는 상황을 가정하고 있다. $\gamma = ac\tau(\varphi + \tau x)/(a\varphi^2 + c\tau^2)$

할 수 있다. 이런 재고의 여지가 있는 상황에서 시간불일치성이 발생한다. 시간불일치성이 발생하는 것을 보이기 위해 민간경제주체가 중앙은행의 미래인플레이션에 대한 발표를 믿는다는 조건을 균형조건에 대입한다. 구체적으로 설명하면 다음과 같다. 중앙은행이 제로인플레이션을 발표하고 민간경제주체가 이를 믿는다면 $\pi^e = 0$이 된다. $\pi^e = 0$의 조건이 반영된 두 개의 균형조건을 손실함수에 대입하여 <표 17-2>의 첫째 줄에 있는 손실함수를 도출한다. 첫째 줄에 있는 손실함수는 민간경제주체가 중앙은행의 제로인플레이션을 추구한다는 발표를 그대로 믿는다는 조건이 반영된 것이다. 이제 첫째 줄의 손실함수를 최소화하는 인플레이션율은 제로가 아님을 확인할 수 있다. 이런 결과는 중앙은행이 발표한 제로인플레이션과 다른 최적인플레이션율이 도출되는 것을 말한다. 따라서 시간불일치성이 발생했음을 알 수 있다.

시간불일치성이 발생하는 이유는 무엇인가? 이 질문에 답을 단순화된 예를 들어 설명한다. 먼저 $c = 0$이라고 가정하자. 이는 제9장에서 분석한 모형들과 같이 금융안정에 대한 고려가 없는 경우이다. 인플레이션율이 매우 낮다고 가정하자. 그 결과 인플레이션율변동이 매우 낮아서 손실함수의 첫째 항의 값이 매우 작지만, 생산갭의 손실은 아직도 크다. 따라서 인플레이션손실을 약간 높이는 대신 생산갭손실을 어느 정도 낮출 수 있다면 전체손실의 크기를 낮출 수 있다. 이런 배경에서는 양의 인플레이션을 인정하는 것이 제로인플레이션의 약속을 지키는 것보다 손실함수의 값을 낮추는 선택이 된다. 제17장의 모형이 제9장의 모형과 비교하여 다른 점은 거시건전성정책이 총공급에 미치는 효과가 추가되었다는 것이다. 또한 민간부채비율의 변동성을 반영하는 항이 손실함수에 추가되면서 제9장에서 없던 새로운 변수가 손실함수에 등장한다. 여기서 짚고 가야할 점이 있다. 거시건전성정책을 적절하게 운영하면 오히려 인플레이션에 대한 시간불일치성을 제거할 수도 있다는 것이다. $c = 0$인 상황에서 $v = b/\varphi$의 조건이 만족된다면 이전에 약속한대로 제로인플레이션율을 유지하는 것이 사회후생의 손실을 최소화하는 선택이 된다는 것이다. 이 경우에는 인플레이션율에 대한 시간불일치성이 없어지는 결과가 발생한다. 이런 결과가 나타나는 이유는 거시건전성정책이 생산갭에 영향을 미치는 경로는 존재하지만, 금융안정괴리에 대한 손실이 전혀 없기 때문에 거시건전성정책수단을 사용하여 생산갭을 조정하는 것이 사회후생의 손실을 최소화하는 선택이 되기 때문이다. 그러나 제9장에서 이미 분석한 모형과 유사하게 $\varphi = c = 0$의 조건이 성립한다면 시간불일치성이 계속해서 발생하게 된다.

제9장에서 재량적 통화정책이 실시되는 경우 중앙은행의 손실함수를 최소화하는 인플레이션율은 <표 17-2>의 셋째 줄에 정리되어 있다. 중앙은행이 제로인플레이션율을 약속하고 민간경제주체가 중앙은행의 발표를 믿는 상황에서

다시 인플레이션율을 선택하라고 하면 <표 17-2>의 셋째 줄에서 보여준 대로 양수의 인플레이션율을 선택한다. 그러면 금융안정목표가 추가된 $c \neq 0$인 경우 어떻게 되는가? 이 질문에 답하기 위해 <표 17-2>의 첫째 줄에 있는 손실함수를 최소화하는 인플레이션율을 계산하여 <표 17-2>의 넷째 줄에 정리한다. 넷째 줄의 조건이 함의하는 인플레이션율은 양수이다. 따라서 금융안정목표가 추가되는 상황에서 시간불일치성이 발생함을 확인할 수 있다. 금융안정목표가 추가되어 달라지는 점은 생산갭의 편기가 없는 경우에도 시간불일치성이 발생한다는 것이다.

<표 17-2>의 넷째 줄에서 계산한 인플레이션율은 중앙은행의 재량적 통화정책이 실시되는 상황에서 결정되는 균형인플레이션율이 아니다. 그 이유는 $\pi = \pi^\ell$의 조건이 만족되지 않기 때문이다. 합리적기대의 조건을 부과하면 균형에서 $\pi = \pi^\ell$의 조건이 만족되어야 한다. 다음에서는 중앙은행의 재량적 통화정책이 실시되는 상황에서 어떠한 균형조건이 도출되는지를 분석한다. 민간경제주체는 중앙은행이 약속을 지키지 않는다는 것을 알면 중앙은행의 발표를 믿지 않기 때문에 중앙은행은 가계와 기업의 기대를 조절할 수 있는 능력을 잃게 된다. 이런 상황에서 중앙은행은 가계와 기업의 예상인플레이션율을 외생적으로 결정되는 변수로 취급하고 목표인플레이션을 결정해야 한다. 요약하면 결국 커미트먼트와 재량정책을 비교하여 최적인플레이션율이 달라지는 가장 중요한 이유는 예상인플레이션율의 조절가능여부이다. 앞에 설명을 반영하여 재량적 통화정책이 실시되는 경우 중앙은행이 풀어야 하는 문제는 <표 17-2>의 다섯째 줄에 있는 손실함수를 최소화하는 것이다. 이 경우 중앙은행은 예상인플레이션율이 자신의 선택에 의해서 영향을 받지 않는 것으로 간주한다는 것이 요점이다. 두 개의 최적화 조건이 도출된다. 첫째, 현재시점의 인플레이션율에 대한 최적화조건이다. 인플레이션율에 대한 최적화조건은 인플레이션율, 생산갭, 부채비율갭 등의 함수로 표현되고, <표 17-2>의 여섯째 줄에 정리되어 있다. 둘째, 현재시점의 거시건전성정책수단에 대한 최적화조건이다. 이 조건은 생산갭과 부채비

율갭 등의 식으로 표현되고, <표 17-2>의 일곱째 줄에 정리되어 있다. 여기서는 거시건전성정책과 중앙은행의 완전한 정책협조가 이루어지고 있어서 하나의 통합된 정책기관으로 간주한다는 가정을 반영하고 있다.

앞에서 설명한 균형조건들을 모두 모으면 네 개의 균형조건이 된다. 중앙은행이 선택하는 두 개의 최적화조건과 민간경제에서 달성되는 두 개의 균형조건이다. 중앙은행의 최적화조건을 계산할 때에는 중앙은행의 선택에 의해서 영향을 받지 않는 것으로 가정하였지만, 예상인플레이션율은 민간경제주체가 결정하는 변수이므로 내생변수이다. 따라서 예상인플레이션율, 실제인플레이션율, 생산갭, 거시건전성정책의 정책수단, 부채비율갭 등 다섯 개의 내생변수가 있다. 다섯 개의 미지수에 대하여 네 개의 선형식만 있는 셈이 되어 하나의 조건이 더 있어야 내생변수를 외생변수의 함수로 풀 수 있다. 추가되어야 하는 조건은 민간경제주체가 어떻게 예상인플레이션율을 형성하는지를 설명하는 식이다. 이를 위해 민간경제주체가 합리적기대를 형성한다고 가정한다. 합리적기대의 조건은 다음과 같은 두 개의 가정을 의미한다. 첫째, 민간경제주체는 모형구조를 정확히 알고 있다. 이는 총공급곡선의 식과 부채비율갭의 결정과정을 정확히 알고 있다는 것이다. 둘째, 민간경제주체는 중앙은행의 최적화문제와 최적화조건을 정확히 알고 있다는 것이다. 앞에서 설명한 두 개의 가정이 반영된 민간경제주체들의 기대는 <표 17-2>의 여덟째 줄에 있는 식을 만족시켜야 한다.

<표 17-2>의 여덟째 줄은 네 개의 미지수에 대하여 네 개의 방정식이 있는 선형연립방정식이다. 네 개의 미지수는 예상인플레이션율, 예상생산갭, 예상부채비율갭, 예상거시건전성정책의 정책수단이다. 네 개의 미지수에 대하여 네 개의 선형식으로 구성되어 있으므로 이를 풀어서 예상인플레이션율을 계산할 수 있다. 셋째 식과 넷째 식을 첫째 식과 둘째 식에 대입하여 x^e와 z^e 등의 두 변수를 소거하면 두 식은 인플레이션율과 거시건전성정책수단에 대한 연립방정식이 된다. 이를 풀면 예상인플레이션율에 대한 균형조건은 <표 17-2>의 아홉째 줄에 정리되어 있다. 예상인플레이션율에 대한 균형조건을 도출하였기 때문에

이를 이용하여 네 개의 균형조건들을 만족하는 실제인플레이션율, 생산갭, 균형부채비율갭, 거시건전성정책의 정책수단을 계산할 수 있다. 특히 합리적기대가 균형에서 성립한다는 조건을 부과하면 실제인플레이션율의 균형조건은 <표 17-2>의 열째 줄에 있는 수식으로 정리된다. 열째 줄에 있는 균형조건을 보면 재량적 통화정책이 실시되면서 금융안정목표가 추가되면 명목경직성이 없는 경제의 부채비율과 최적부채비율의 괴리가 중앙은행이 결정하는 목표인플레이션율에 영향을 미친다는 것을 알 수 있다.

분권화된 정책결정모형

<표 17-2>에서는 중앙은행과 거시건전성정책당국이 마치 하나의 통합된 정책 당국이 되어 동일한 하나의 손실함수를 최소화하는 인플레이션목표와 거시건전성정책을 선택하는 상황을 분석하였다. <표 17-3>에서는 두 개의 정책당국에게 서로 다른 손실함수가 부여되고 중앙은행은 인플레이션목표만 선택하고 거시건전성정책당국은 거시건전성정책만 담당하는 상황을 분석한다. <표 17-2>의 모형을 협조된 정책결정모형으로 정의하고, <표 17-3>의 모형을 분권화된 정책결정모형으로 정의한다. 또한 <표 17-3>의 모형에서는 중앙은행이 재량적 통화정책만 실시하는 것으로 가정한다.

<표 17-3>의 첫째 줄에는 분권화된 정책결정모형에서 중앙은행에게 부여된 손실함수가 정리되어 있다. 인플레이션타기팅제도를 채택하고 있는 국가의 중앙은행에게 부여되는 손실함수는 <표 17-3>의 첫째 줄에 있는 손실함수의 첫째 항과 둘째 항만 포함하는 것이다. 셋째 항이 포함된 것은 중앙은행이 물가안정목표제도와 금융안정목표를 동시에 추구하고 있는 상황을 반영한 것이다. <표 17-3>의 둘째 줄에 있는 거시건전성정책당국에게 부여된 손실함수는 생산갭괴리와 금융안정괴리의 손실만 포함하고 있다. 따라서 거시건전성정책당국은 인플레이션의 안정과 무관한 것으로 가정한다. 또한 민간경제주체들의 자발

표 17-3 분권화된 정책결정모형

중앙은행 손실함수	$\frac{1}{2}(\pi^2 + a(x-b)^2 + cz^2)$
거시건전성정책당국의 손실함수	$\frac{1}{2}(a(x-b)^2 + cz^2)$
중앙은행의 선택함수	$\pi + ak(x-b) - cz = 0$
중앙은행의 반응함수	$\pi = \dfrac{c\tau - a\varphi}{1+ak+c}v + \dfrac{ab + cm + (ak+c)\pi^e}{1+ak+c}$
거시건전성정책당국의 선택함수	$a(\varphi + k\delta)(x-b) + c(\tau - \delta)z = 0$

주: $\delta(=(\pi'(v)))$는 넷째 줄에 있는 선형반응함수의 기울기를 나타낸다.

적인 선택에 따라 형성되는 총공급곡선과 민간부채비율갭의 균형조건이 중앙은행과 거시건전성정책당국이 정책을 선택할 때 존중해야 하는 제약조건이다. 그 이유는 정책당국들이 정책목표를 정하여 이를 달성하려고 노력할지라도 민간경제주체의 자발적인 선택자체를 간섭하지 않기 때문이다. <표 17-3>의 셋째 줄은 중앙은행이 총공급곡선과 민간부채비율갭의 균형조건의 제약을 반영하여 첫째 줄의 손실함수를 최소화하는 인플레이션율을 선택할 때의 최적해를 보여주고 있다.

거시건전성정책당국의 정책결정 이전에 중앙은행이 먼저 결정하는지의 여부에 따라 거시건전성정책당국의 선택이 달라질 수 있다는 점을 강조한다. 거시건전성정책당국이 중앙은행보다 먼저 거시건전성정책을 발표하고 중앙은행은 발표된 거시건전성정책의 내용을 이미 알고 있는 상태에서 인플레이션목표를 결정하는 상황을 생각할 수 있다. 요약하면 거시건전성정책당국과 중앙은행의 관계에서 거시건전성정책당국이 선도자역할을 하고, 중앙은행은 추종자가 된다는 것이다. 그 이유는 중앙은행이 거시건전성정책의 내용을 반영하여 인플레이션목표를 선택한다는 것을 거시건전성정책당국이 안다면 거시건전성정책당국은 <표 17-3>의 셋째 줄에 있는 중앙은행의 선택함수를 이용하려는 유인이 발생하기 때문이다. 중앙은행의 최적화조건이 함의하는 거시건전성정책에 대한 반응함수

표 17-4 재량적 통화정책과 중앙은행의 최적화조건

금융안정목표가 없는 손실함수	금융안정목표가 추가된 손실함수	
	협조된 정책결정모형	분권화된 정책결정모형
$\pi = -ax(x-b)$	$\pi = -a(x + \dfrac{\varphi}{\tau})(x-b)$	$\pi = -a(\dfrac{\tau}{\tau-\delta})(x + \dfrac{\varphi}{\tau})(x-b)$

주: 세 개의 식은 모두 중앙은행의 최적화조건이다. 세 개의 식은 금융안정목표가 포함된 경우를
　　그렇지 않은 경우와 비교하기 위해 중앙은행의 최적화조건에 포함되어 있는 민간부채비율갭을
　　생산갭의 함수로 대체하여 도출되었다.

는 <표 17-3>의 넷째 줄에 정리되어 있다. 넷째 줄의 우변에서 둘째 항에
예상인플레이션이 포함되어 있는 이유는 <표 17-3>의 모형에서는 재량적 통
화정책을 가정하고 있어서 중앙은행은 민간경제주체가 형성하는 예상인플레이
션율을 주어진 것으로 간주하기 때문이다. 거시건전성정책당국은 거시건전성정
책을 선택할 때 넷째 줄에 있는 중앙은행의 반응함수를 반영한다. 부연하면 거
시건전성정책당국은 중앙은행의 목표인플레이션율의 선택이 거시건전성정책의
변화에 어느 정도 반응하는지를 고려하여 거시건전성정책을 선택한다는 것이다.
따라서 중앙은행과 거시건전성정책당국의 관계를 보면 거시건전성당국은 정책
결정에서 선도자 역할이고, 중앙은행은 추종자가 된다. 이런 시나리오를 반영한
거시건전성정책당국의 최적화조건은 <표 17-3>의 다섯째 줄에 정리되어 있
다. 다섯째 줄에서 δ는 중앙은행의 거시건전성정책에 대한 반응계수를 나타낸
다. 따라서 δ가 거시건전성정책당국의 최적화조건에 포함되어 있다는 것은 거시
건전성정책당국의 정책결정에서 중앙은행의 반응정도를 반영한다는 것을 의미
한다.

　다음에서는 분권화된 정책결정이 물가안정목표달성을 위한 중앙은행의 정책
노력에 어떠한 영향을 미치는지를 분석하기 위해 <표 17-3>의 다섯째 줄에
있는 거시건전성정책당국의 선택함수를 셋째 줄에 있는 중앙은행의 선택함수에
대입하여 민간부채갭비율의 항을 소거한 후 <표 17-4>의 셋째 열에 정리한
다. <표 17-4>에 있는 세 개의 식은 모두 중앙은행의 최적화조건을 나타낸

다. 첫째 열은 중앙은행의 손실함수에 금융안정목표가 포함되지 않은 경우이고, 나머지 두 식은 금융안정목표가 포함된 경우이다. 둘째 열은 금융안정목표가 포함되면서 협조된 정책결정모형이고, 셋째 열은 금융안정목표가 포함되면서 분권화된 정책결정모형이다.[5]

<표 17-4>에 있는 식들을 다음과 같이 해석할 수 있다. 중앙은행에게 부여된 장기인플레이션 목표치는 제로인플레이션이다. 따라서 <표 17-4>에 있는 식들은 실제인플레이션이 장기목표인 제로 인플레이션에서 벗어날 때 중앙은행이 어느 정도 생산갭을 조정할 것인지를 나타내는 것으로 간주할 수 있다. <그림 17-2>는 <표 17-4>에 있는 세 개의 식들이 함의하는 것을 쉽게 이해하기 위해 이들의 그래프를 수평축이 인플레이션율을 나타내고 수직축이 생산갭을 나타내는 평면 위에 그려서 비교하고 있다. 짧은 점선의 직선은 금융안정목표가 중앙은행의 손실함수에 포함되지 않은 경우이다. 대시선과 점선을 혼합하여 표시한 직선은 중앙은행의 손실함수에 금융안정목표가 추가된 상황에서 협조된 정책결정모형을 나타낸다. 실선의 직선은 중앙은행의 손실함수에 금융안정목표가 추가된 상황에서 분권화된 정책결정모형을 나타낸다. <그림 17-2>에서는 주어진 크기의 인플레이션괴리에 대하여 중앙은행이 의도하는 생산갭의 크기를 그림으로 보여주고 있다. 동일한 크기의 인플레이션괴리에 대하여 금융안정목표가 포함되지 않은 정책결정모형에서 함의되는 생산갭의 크기가 가장 크고 이는 수직축에서 선분 AG로 표시할 수 있다. 금융안정목표가 중앙은행의 손실함수에 포함된 상황에서 협조된 정책결정모형이 함의하는 생산갭의 크기는 선분 AF로 표시할 수 있다. 금융안정목표가 중앙은행의 손실함수에 포함된 상황에서 분권화된 정책결정모형이 함의하는 생산갭의 크기는 선분 AE로 표시할 수 있다. 선분의 길이를 비교하면 분권화된 정책결정모형이 함의하는 생산갭의 크기가 가장 작다.

---

5) 두 개의 식은 금융안정목표가 포함된 경우와 포함되지 않은 경우를 비교하기 위해 중앙은행의 최적화조건에 포함되어있는 민간부채비율갭을 생산갭의 함수로 대체하여 도출되었다.

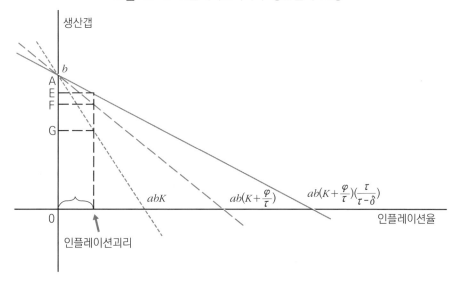

그림 17-2 인플레이션괴리와 생산갭의 조정

<그림 17-2>에서 보여주고 있는 결과가 어떻게 발생하는지를 다음과 같이 요약할 수 있다. 분권화된 정책결정모형에서 거시건전성정책당국의 손실함수는 인플레이션괴리의 손실을 포함하고 있지 않기 때문에 인플레이션괴리가 커지더라도 거시건전성정책당국의 손실함수에 미치는 효과가 없다. 따라서 거시건전성정책당국은 실제인플레이션이 장기목표에서 더 멀어지는 상황이 발생하더라도 생산갭괴리를 더 줄일 수 있는 정책수단을 실행하여 거시건전성정책당국의 손실함수의 값을 감소시키려는 유인이 있다. 여기에 덧붙여서 거시건전성정책당국은 중앙은행이 금융안정목표를 추구하기 위해 거시건전성정책에 반응한다는 점을 거시건전성정책당국에게 부여된 손실함수의 값을 낮추는 데 이용할 유인이 있다. 이것이 <표 17-3>의 다섯째 줄에서 δ가 포함된 이유이다. 그 결과 분권화된 정책결정모형의 중앙은행은 다른 모형과 비교하여 같은 크기의 인플레이션괴리에 대하여 더 낮은 크기의 생산갭을 조정하게 된다.

거시건전성정책의 정책수단

거시건전성정책은 금융부문의 시스템리스크(systemic risk)를 적절하게 관리하는 정책으로 정의할 수 있다.[6] 시스템리스크는 금융기관의 도산과 증권시장의 붕괴 등으로 인해 금융시스템 전부 또는 일부가 파손되어 발생하는 금융중개기능의 장애가 실물경제의 하락으로 이어져 거시경제적인 파급효과가 발생할 위험을 의미한다. 정부가 거시건전성정책을 수행하고 평가하기 위해 시스템리스크를 측정하는 지표가 필요하다. 중앙은행이 물가안정을 추구하기 위해 물가지수의 수준과 변동성을 파악하여 물가안정의 정도를 파악할 수 있다. 그러나 거시건전성정책의 경우 물가지수와 동일한 정도로 많은 사람들이 공감하는 하나의 지표를 제시하기 어렵다. 이에 대한 두 가지 이유를 들 수 있다. 첫째, 거시건전성정책을 강조하는 기간이 상대적으로 짧다는 것이다. 글로벌금융위기 이후 거시건전성의 중요성이 강조되었기 때문에 거시건전성을 위해 실시된 정책들의 성공과 실패에 대한 경험적 사례가 아직 충분히 축적되지 않았다는 점을 지적해볼수 있다. 둘째, 시스템리스크가 발생하는 경로와 실물경제로 파급되는 과정이 다양하고 복잡하다. 이 경우 하나의 대표적인 지수를 보고 판단하는 것보다는몇 개의 서로 보완되는 지표를 개발하여 분석하는 것이 더 바람직할 수도 있다. 금융안정을 측정하는 구체적인 지수들의 작성과 실효성에 대한 자세한 논의는본 책의 범주를 넘기 때문에 다루지 않기로 한다.

제17장에서 소개한 중앙은행모형에서 거시건전성정책의 효과가 포함되어 있다. 이론의 현실설명력을 이해하기 위해 모형의 거시건전성정책과 현실에서 실제로 실시되고 있는 거시건전성정책이 어떻게 연결되는지가 궁금할 수 있다. 이러한 궁금증을 해소하기 위해 거시건전성정책의 몇 가지 사례를 소개한다. 먼저은행의 건전성규제에 대하여 간단히 소개한다. 가장 널리 알려진 것이 은행에

---

6) 제17장에서는 systemic risk를 「시스템리스크」로 번역하였지만 동일한 단어를 「시스템적 리스크」로 번역하여 사용하는 사례도 많이 있다. 따라서 「시스템리스크」로 번역하는 것이 단 하나의 적절한 번역이라고 주장하지 않는다는 것을 밝힌다.

대한 자기자본비율규제이다. 자기자본비율의 정의는 단순히 설명하면 (자기자본
/위험가중자산)×100이다.[7] 1988년에 제정된 국제결제은행의 자기자본비율규
제에서는 위험가중자산의 8% 이상을 자기자본으로 보유할 것을 요구하였다. 그
이후 자기자본비율을 계산할 때 사용하는 위험가중자산의 개념에 대한 수정이
지속적으로 이루어졌다. 초기에는 위험가중자산을 계산할 때 신용위험만 고려하
여 보완이 필요하다는 지적이 있었다. 신용위험만 고려한다면 은행이 보유하고
있는 유가증권 등의 가치평가하락에 따른 손실위험을 제대로 감안하지 못하는
문제가 있기 때문이다. 그 결과 증권시장의 급격한 가격변동으로 인해 발생하는
위험에 대비하여 은행이 자기자본을 보유하는 것도 필요하다고 인식하게 된다.
따라서 신용위험뿐만 아니라 시장위험을 고려한 위험가중자산을 사용하여 자기
자본비율을 추계할 것을 권고하게 된다. 이에 더하여 최근에는 적절하지 못한
은행경영으로 발생할 수 있는 자산가치의 손실위험이 추가된 새로운 위험가중자
산의 정의를 적용하여 자기자본비율을 계산한다. 자세한 내용은 본 책의 범위를
넘으므로 생략하기로 한다.

자기자본비율의 경기순응성이 최소자기자본비율규제에 대한 문제점으로 지적
되어왔다. 그 이유는 자기자본비율의 경기순응성이 있다면 이는 은행건전성을
보장하기 위해 부과한 자기자본비율규제가 대출의 경기순응성을 확대시키기 때
문이다. 이와 관련하여 2004년 카시얍(Anil Kashyap)과 스타인(Jeremy Stein)
이 지적한 문제점을 요약한다.[8] 이들의 주장을 뒷받침하는 두 가지 포인트는 다
음과 같이 요약할 수 있다. 첫째 포인트는 불황국면에서 대출의 부도가 더 많이
발생하므로 은행의 자본잠식이 상대적으로 더 크게 발생한다는 것이다. 둘째 포
인트는 불황국면에서 정상적으로 원리금을 상환하고 있는 기업들에 대한 신용평
가도 낮아진다는 것이다. 두 가지의 포인트가 자기자본비율에 미치는 효과는 다

---

7) 금융위원회 홈페이지에 있는 금융용어사전에 따르면 자기자본은 (기본자본＋보완자본－공제항목)
   으로 정의된다. 기본자본은 자본금, 자본준비금, 이익잉여금 등으로 구성된다. 보완자본은 회계상
   자기자본은 아니지만 자기자본에 포함될 수 있다고 인정되는 항목들로 구성된다.
8) 이들의 논문은 미국 시카고 연방은행이 발간하는 Economic Perspectives (Vol. 28, pp. 18－31)
   에 수록된 「Cyclical Implications of the Basel Ⅱ Capital Standards」이다.

음과 같다. 첫째 포인트는 불황국면에서 자기자본의 크기가 감소한다는 것이다. 둘째 포인트는 불황국면에서 신용위험의 증가로 인해 위험가중자산의 크기가 증가할 수 있다는 점이다. 따라서 불황국면에서 분자는 감소하고 분모는 증가하기 때문에 은행의 자기자본비율은 불황국면에서 낮아진다. 이것이 자기자본비율의 경기순응성이다. 자기자본비율의 경기순응성에 의해서 은행의 자기자본비율이 불황국면에서 은행감독당국이 부과한 최소자기자본비율보다 낮아질 가능성이 더 높다.

다음에서는 자기자본비율의 경기순응성과 은행의 대출공급의 관계에 대한 설명으로 넘어간다. 은행은 자기자본을 늘리기 위해 주식 등을 발행하여 외부로부터 자기자본을 늘려야 한다. 그러나 불황국면에서는 주식발행에 의거하여 외부자금을 조달하는 것이 쉽지 않다. 따라서 은행은 정해진 자기자본비율을 맞추기 위해 자기자본을 늘리기보다는 대출을 줄일 가능성이 더 높다. 이는 자기자본비율에 대한 규제가 부과되면서 경기불황과 경기호황에 따라 발생하는 은행대출의 차이가 더욱 벌어진다는 것을 의미한다. 결론적으로 은행의 건전성을 보장하기 위해 부과한 자기자본비율규제가 은행대출의 경기순응성을 확대하는 역기능이 있다는 것이다.

앞에서 설명한 시나리오를 이해한다면 자기자본규제의 경기순응성을 어떻게 완화할 것인지를 생각하게 된다. 은행이 보유하는 자기자본의 크기가 최소자기자본규제에서 제시하는 크기에 비해 호황국면에 상대적으로 여유있게 유지되면 앞에서 설명한 시나리오가 작동할 가능성이 낮아진다. 이와 같은 인식에 의거하여 자본규제에 대한 개념을 수정한다. 수정된 개념은 은행이 최소한 보유해야 하는 자기자본에 대한 규제만 부과하는 것이 아니라 이에 추가하여 자기자본을 더 보유하도록 한다는 것이다.

완충자본(capital buffer)의 개념을 도입하여 필요한 최소자기자본에 추가적인 자본의 보유를 요구하고 있다. 두 종류의 완충자본으로서 자본보전완충자본과 경기대응완충자본이다. 경기대응완충자본은 앞에서 이미 설명한 자기자본비율의 경기순응성으로 인한 문제를 완화하기 위한 대응책으로 간주할 수 있다. 예를 들어 은행이 호황국면에서 주식발행 등을 통해 자기자본의 조달이 상대적으로 쉽다면 호황국면에 은행이 최소자기자본보다 더 보유하게 한다. 그리하여 불황국면에 자기자본비율을 맞추기 위해 은행대출을 과도하게 줄여야 할 가능성을 낮추자는 것이다. 경기대응완충자본에 대한 규제는 정부의 감독기관이 자신의 재량적 판단에 따라 필요한 시기와 규제의 정도를 조절할 수 있기 때문에 경기 호황과 불황이 진행하는 과정에 따라 탄력적으로 운영할 수 있다. 자본보전완충자본의 경우 자본의 종류와 크기를 미리 정하여 준수하도록 한다는 점이 경기대응완충자본과 다르다. 예를 들어 평상시에도 위험가중자산의 2.5%를 추가하여 보통주자본으로 적립하도록 하는 것이다.

　다음에서는 레버리지비율규제를 설명한다. 여기서 레버리지비율규제를 설명하는 이유는 다음과 같은 두 가지로 요약할 수 있다. 첫째, 레버리지비율규제에서 정의하는 레버리지비율이 제14장에서 설명한 은행의 기업대출모형에서 정의한 기업의 레버리지비율과 용어는 같지만 서로 다르게 정의되고 있다는 점이다. 앞에서 정의한 레버리지비율은 기업의 총자산을 순자산으로 나눈 비율이다. 그러나 레버리지비율규제에서 정의되는 레버리지비율은 은행이 보유한 기본자본을 은행대차대조표의 항목과 난외 항목을 모두 포함하여 계산된 총자산으로 간주할 수 있는 총익스포저로 나눈 비율이다.[9] 따라서 어떠한 맥락에서 레버리지비율의 용어를 사용하는지를 명확히 구분할 필요가 있다. 둘째, 레버리지비율규제가 도입된 이유이다. 레버리지비율규제에서 정의하고 있는 총익스포저는 위험가중자산이 아니라 서로 다른 자산에 대하여 같은 가중치를 적용하여 그대로 합산하여 계산한다. 따라서 레버리지비율규제의 레버리지비율은 은행이 보유한 기본자본을 위험가중치를 적용하지 않고 추계한 총자산으로 나눈 비율로 단순하게 이해할 수 있다. 이는 자산별 위험에 대하여 동일한 가중치를 적용하여 계산한 자

---

9) 레버리지비율규제에서 정의되는 레버리지비율에 대한 상세한 내용은 한국은행, 금융위원회, 금융감독원이 2014년에 발간한 「바젤Ⅲ 레버리지비율기준서」에 설명되어 있다.

기자본비율로 간주할 수 있다. 앞에서 이미 설명한 바와 같이 레버리지비율규제
는 각 자산별로 서로 다른 위험가중치를 부과하기 위해 신용위험의 평가를 위한
모형을 사용하여 자기자본비율을 계산할 때 발생하는 문제점을 보완하는 자기자
본비율의 규제로 간주할 수 있다.[10]

　다음에서는 은행의 유동성확보에 대한 거시건전성정책에 대하여 요약한다. 은
행이 안정적으로 유동성을 확보하고 있는지를 판단하기 위해 은행이 보유하고
있는 유동성의 크기를 측정할 수 있는 지표가 있어야 한다. 이를 위해 두 종류
의 유동성지표를 정의할 수 있다. 첫째, 단기유동성지표인 유동성커버리지비율
이다. 둘째, 중장기유동성지표인 순안정자금조달비율이다.[11] 단기유동성에 대한
규제는 유동성커버리지비율규제이다. 이는 국공채 등 고유동성자산을 향후 30일
간 순현금유출액으로 나눈 유동성커버리지비율이 100% 이상이어야 한다는 규
제이다. 유동성커버리지비율규제의 개념은 단기적으로 발생하는 유동성위기에
대비하여 은행은 시장에서 쉽게 처분할 수 있는 유동성이 높은 자산을 일정 수
준 이상 보유해야 한다는 것이다. 예금을 취급하는 은행에 대해서 부과되는 필
요지불준비금이 있어서 예금의 일정 비율을 중앙은행에 예치하도록 규정하고 있
다. 이러한 지불준비금도 고유동성자산의 하나로 간주된다. 그 이외에도 현금은
물론 정부와 중앙은행이 발행하는 채권도 고유동성자산에 포함된다. 중장기유동
성에 대한 규제는 순안정자금조달비율에 대한 규제이다. 순안정자금조달비율은
안정적으로 조달할 수 있는 가용한 자금의 크기를 추계하여 이를 안정적으로 조
달해야 하는 최소한의 자금으로 나눈 비율로 측정한다. 순안정자금조달비율의
분자를 가용안정자금으로 부르고 분모를 필요안정자금으로 부른다. 분자와 분모
에 모두 안정이라는 단어가 포함되어 있으므로 은행이 자금의 안정성을 어떻게

---

10) 바젤II의 규제에서는 기존의 바젤I의 규제와 달리 자본규제를 받는 은행이 스스로 제시한 자료를
　　사용한 신용위험평가모형에 의거하여 산출한 신용위험을 위험가중자산을 계산하는 데 반영하도록
　　하였다.
11) 유동성커버리지비율의 정의는 금융감독원 홈페이지의 금융용어사전에 수록되어 있다. 순안정자
　　금조달비율에 대한 자세한 설명은 「바젤III 순안정자금조달비율 기준서(2014년 한국은행 및 금융
　　감독원)」에 수록되어 있다.

평가할 것인가에 대하여 궁금할 것이다. 다양한 자금조달수단 중에서 만기가 높은 수단을 통해 조달한 자금의 안정성이 더 높은 것으로 평가된다. 따라서 같은 금액으로 조달하더라도 만기가 더 긴 채권을 발행하여 자금을 조달한다면 순안정자금조달비율이 더 높게 나타난다.

　많은 사람들은 주택시장의 호황과 불황으로 인해 경제전체의 경기순환에 미치는 효과가 작지 않다는 점을 인정한다. 일반은행의 대출 중에서 부동산의 매매와 관련된 대출이 높은 비중을 차지한다. 은행의 대차대조표에서 자산부분에 영향을 미치는 규제의 일환으로 담보인정비율(Loan-to-Value ratio, LTV ratio)에 관한 규제와 총부채상환비율에 관한 규제를 설명한다. 첫째, 담보인정비율은 자산의 담보가치 대비 대출금액의 비율로 정의된다. 은행이 담보대출을 취급할 때 적용하는 하나의 기준이다. 예를 들어 가계와 기업에게 제공한 대출에서 부도가 발생하는 경우 은행은 담보자산을 처분한다. 담보자산을 처분하여 얻은 수입이 대출의 원리금과 비교하여 부족하지 않도록 담보인정비율을 적용한다. 담보인정비율을 어느 정도로 정해야 하는가? 다음과 같은 두 종류의 위험에 대비하여 상식적으로 100%보다 낮다. 첫째, 일반적으로 부도가 발생하여 경매로 처분해야 하는 경우 대출담보로 제공된 자산은 시장에서 거래될 수 있는 가격보다 낮은 수준에서 낙찰가격이 결정된다는 것이다. 둘째, 대출담보로 제공된 부동산의 가격이 큰 폭으로 하락하여 대출원금보다 더 낮아질 가능성이 있다는 것으로 고려해야 한다. 담보자산의 가치가 대출원금보다 낮아지면 채무자가 가치가 낮은 자산을 되찾으려는 유인이 없어진다. 총부채상환비율(debt-to-income)은 대출이 원리금상환액이 채무자의 소득에서 차지하는 비율로 정의된다. 대출이 실행된 이후 채무자가 미리 약정한 이자와 원리금을 제대로 상환하지 못하면 부도가 발생한다. 예를 들어 이미 일정 수준 이상의 부채가 있어서 현재 진행하고 있는 대출에 대한 이자비용이 추가되면 앞으로 원활하게 상환하기 어려울 수 있다. 부도위험을 적절하게 조정하기 위해 총부채상환비율에 대한 적정수준을 책정하여 이보다 더 높은 채무자의 대출신청을 거절하는 규제를 시행할 수 있다.

앞에서 설명한 담보인정비율규제는 대출대상이 되는 스톡변수의 가치와 관련된 규제이다. 이에 반하여 총부채상환비율규제는 소득 대비 원리금상환 및 이자비용 등을 포함하는 유량변수에 대한 규제이다.

연습문제

01 어느 경제학자가 다음과 같이 주장한다. 현재 은행이 적립해야 하는 대손충당금은 경기 순응적으로 변동한다. 그 결과 은행대출의 경기순응성이 증폭된다. 이와 같은 문제점을 해소하기 위해 동태적 대손충당금제도로 전환해야 한다. 동태적 대손충당금제도를 설명하고 위의 주장을 평가하시오.

02 제17장에서 설명한 거시건전성정책의 여러 수단은 각각 목표하는 정책효과가 있다. 그러나 많은 사람들은 거시건전성정책을 실시하면 의도하지 않은 정책효과가 발생할 가능성도 있음을 지적한다. 제17장에서 설명한 각각의 거시건전성정책에 대하여 어떠한 형태의 의도되지 않은 정책효과가 나타날 수 있는지를 분석하시오.

03 어느 경제학자는 물가는 장기적으로 외부화폐의 스톡에 비례하고 내부화폐의 스톡과는 연관성이 작거나 없어서 물가안정과 금융안정을 동일하게 간주하는 견해는 물가의 결정을 정확히 이해하지 못한 주장으로 지적한다. 이와 같은 주장을 평가하시오.

04 우리나라에서 실시되어 온 외환파생상품포지션 규제에 대하여 설명하고 이 규제가 어떤 의미에서 거시건전성정책의 하나라고 주장할 수 있는지를 설명하시오.

05 금융사이클의 진폭과 지속성을 완화하는 것이 거시건전성정책을 실시하는 목표라고 볼 수 있다. 제17장에서 제시한 다양한 거시건전성정책을 사용하더라도 금융사이클을 조절하기 어렵다는 견해를 뒷받침하는 사례들을 설명하시오.

06 제14장에서 분석한 기업대출 모형에서 담보인정비율이 어떻게 결정되는지를 설명하시오. 정부에서 부과한 담보인정비율이 기업대출모형에서 결정되는 담보인정비율보다 낮다면 균형에서 어떠한 상황이 발생하는지를 분석하시오.

07 순안정자금조달비율을 계산할 때 만기가 동일하다면 대기업의 예금보다 개인 또는 중소기

업의 예금이 보다 더 안정적인 것으로 간주된다. 그 이유를 설명하시오.

08 거시건전성정책의 효과를 반영하는 제17장의 모형을 사용하여 다음의 질문에 답하시오.

(1) $u = (\varphi/z)(z - m)$을 정의하고, 기대를 고려한 필립스곡선의 식이 아래와 같음을 보이시오.

$$x = \lambda(\pi - \pi^e) + u$$

또한 위의 식에서 λ의 값은 (k, φ, τ)의 함수임을 보이시오.

(2) 위의 문제에 대한 답을 이용하여 중앙은행의 손실함수는 아래와 같음을 보이시오.

$$\pi^2 + (x - b)^2 + c(n u + m)^2$$

또한 위의 식에서 n은 τ와 φ의 함수임을 보이시오.

(3) 문제 (1)과 문제 (2)의 답을 사용하여 정부의 커미트먼트가 가능할 때 최적인플레이션과 최적생산갭의 값을 계산하시오.

09 제17장에서 설명한 분권화된 정책결정모형에서 $\tau > \delta$의 부등식이 충족될 조건을 도출하시오. 분권화된 정책결정모형의 균형에서 거시건전성정책이 δ의 값이 달라지면서 어떻게 반응하는지를 설명하시오.

10 〈그림 17-2〉의 그래프를 사용하여 인플레이션괴리가 1일 때 선분 AE의 길이를 계산하시오. 또한 선분 AF의 길이를 계산하시오.

11 물가안정책무가 주어진 중앙은행의 최적화문제를 맞게 설명한 항목을 선택하고 이유를 설명하시오.

① 인플레이션율목표과 생산갭목표의 근방에서 인플레이션율과 생산갭의 변동성이 커지면 사회후생이 감소하기 때문에 중앙은행에게 이들의 변동성을 줄이는 목표를 부여하는 것이 바람직하다.

② 미국과 같이 중앙은행의 이중책무(dual mandate)를 강조하는 국가에서는 인플레이션율의 변동성과 생산갭의 변동성에 부여되는 가중치가 실효적으로 서로 같다.

③ 준칙에 의한 통화정책이 실시되면 중앙은행의 기대인플레이션율의 조정이 가능해진다.

④ 중앙은행의 생산갭목표의 값이 양수이면 준칙에 의한 통화정책을 실시할 수 없다.

12 중앙은행의 금융안정책무와 관련하여 맞는 설명을 선택하고 이유를 설명하시오.
① 중앙은행이 금융안정의 수준을 정확하게 평가하기 위해 자산가격의 압력, 가계와 기업의 과도차입, 금융기관의 과도차입, 자금조달위험 등의 분석이 필요하다.
② 금융시스템 전반의 안정책무가 부여되어 있지만 금융감독권이 없는 중앙은행들이 다수 존재한다.
③ 미국, 영국, 독일, 프랑스, 이태리 등의 국가에서는 중앙은행이 금융감독권을 주도적으로 행사한다.
④ 중앙은행이 금융감독권을 주도적으로 행사하면 금융안정의 상충현상이 발생한다.

13 금융안정을 위한 거시건전성정책에 관한 틀린 설명을 선택하고 이유를 설명하시오.
① 여러 국가에서는 자기자본비율과 완충자본의 비율, 유동성커버리지비율규제, 순안정자금조달비율규제, 레버리지비율 등에 대한 규제가 실행되고 있다.
② 완충자본은 자기자본비율규제에 의한 대출의 경기순응성이 확대되는 현상을 완화시킬 수 있다.
③ 총부채상환비율의 규제를 강화하면 상환능력이 있는 사람 위주로 은행대출이 집중된다.
④ 담보인정비율은 100%를 넘는 수치로 책정하는 것이 바람직하다.

14 자기자본비율규제에 관한 옳은 설명을 선택하고 이유를 설명하시오.
① 자기자본비율의 경기순응성이 존재한다.
② 위험가중자산을 계산할 때 신용위험과 시장위험을 모두 반영하는 것이 바람직하다.
③ 자기자본비율의 분자는 경기순응적이고, 분모는 경기역행적이다.
④ 자기자본비율규제는 금융부문의 시스템적 리스크와 관련이 없다.

15 신축적인 인플레이션타기팅제도를 실시하는 국가에서 금융안정책무가 중앙은행에게 추가되는 경우에 발생할 수 있는 상황에 관한 옳은 설명을 선택하고 이유를 설명하시오.
① 중앙은행의 경기부양에 대한 의지가 예전에 비해 상대적으로 강하게 나타난다.
② 중앙은행의 목표인플레이션율에 대한 커미트먼트가 확고할지라도 목표인플레이션율이 상대적으로 높게 나타난다.
③ 중앙은행의 목표인플레이션율에 대한 커미트먼트가 불가능한 경제에서 정책결정과정에서 거시건전성정책당국과 중앙은행의 상호협조가 원활할수록 중앙은행의 목표인플레이션율이 높아진다.
④ 목표인플레이션율에 대한 커미트먼트가 없는 경제에서 금융안정책무의 추가는 예외없이 시간불일치현상으로 이어진다.

16 거시건전성정책의 개념과 적절한 실행에 관한 틀린 설명을 선택하고 이유를 설명하시오.

① 금융당국이 담보인정비율을 100%보다 낮아야 한다는 규제를 시중은행들에게 부과하게 되면 금융안정을 위해 유동성커버리지비율규제를 추가적으로 부과하지 않아도 된다.

② 자산가격버블과 담보인정비율은 항상 같은 방향으로 변화한다.

③ 은행의 레버리지비율규제와 자기자본비율규제는 서로 관계가 없다.

④ 은행이 보유하는 자본보전과 경기대응의 완충자본이 증가하면 은행대출의 경기순응성이 강화된다.

제18장

기업의 구조조정과
금융의 역할

제18장
기업의 구조조정과 금융의 역할

제18장의 초점은 금융이 장기적인 경제성장에 미치는 효과보다는 거시경제의 중기적인 변화에 미치는 효과이다. 이를 굳이 구분해야 하는 이유가 무엇이냐고 묻는다면 두 개의 주제가 서로 연결성은 있지만 다른 이슈이기 때문이다. 지속적인 경제성장을 일인당 실질국민소득의 성장률이 영구적으로 증가하는 현상으로 정의하고 금융부문이 지속적인 경제성장에 어느 정도 기여하는지에 대한 분석과 제18장의 분석을 구분하기 위해서이다. 제18장의 초점은 금융이 산업 또는 기업의 구조조정에 미치는 효과이다.

산업 및 기업의 구조조정이 거시경제에 미치는 효과가 작지 않음을 지적한다. 제18장에서는 산업 및 기업의 구조조정은 거시경제의 잠재성장률에 영향을 미칠 수 있다는 점을 강조한다. 기업의 구조조정이 거시경제에 미치는 효과는 총생산함수의 생산성효과를 통해서 나타날 수 있다. 기업의 구조조정은 이전부터 사용해온 생산기술을 포기하고 보다 더 생산성이 높은 새로운 생산기술을 제품생산에 적용하는 것으로 정의할 수 있다. 이는 기업의 구조조정이 지연되면 새로운 기술을 채택하는 기업의 비중이 상대적으로 낮아짐을 의미한다. 기업의 구조조정이 지연되면 그렇지 않은 경우에 비해 총생산함수의 생산성이 증가하는 속도가 상대적으로 낮아져 거시경제의 잠재성장률도 하락한다. 생산성이 낮은 기업들이 생산성향상이 없을지라도 계속 생산활동을 할 수 있다면 기업들의 구조조정에 대한 유인이 작아지기 때문에 기업의 구조조정이 지연된다.

생산성이 낮기 때문에 이미 부도청산되어야 하지만 금융기관의 적절하지 않은 금융혜택에 의존하여 계속 기업활동을 유지하고 있는 기업을 '좀비기업'으로 정의한다. 제18장의 주제는 좀비기업과 잠재성장률 간의 관계이다. 카발레로(Ricardo Caballero), 호쉬(Takeo Hoshi), 카쉬얍(Anil Kashyap) 등은 2008년에 발표한 연구에서 좀비기업의 비중이 더 높은 부문은 일자리 창출이 상대적으로 낮고 이미 있던 일자리 중에서 사라지는 일자리가 더 많다는 점을 지적하고 있다.[1] 아울러 총요소생산성의 증가율이 상대적으로 낮을 가능성도 같이 제시한다. 좀비기업의 증가는 기업의 구조조정이 지연되면서 발생하는 현상이다. 따라서 이들의 연구는 기업의 구조조정이 지연되고 잠재성장률이 낮아진다는 가설의 실증적인 증거로 간주할 수 있다. 구체적으로 어떠한 경로를 거쳐서 이런 좀비기업과 잠재성장률의 관계가 발생하는지에 대한 의문을 제기할 수 있다. 카발레로, 호쉬, 카쉬얍 등은 좀비기업이 발생시키는 부의 외부효과는 다음과 같은 세 개의 경로를 통해서 나타날 수 있다고 주장한다. 첫째, 좀비기업이 존재하여 다른 기업의 이윤에 미치는 효과이다. 좀비기업이 생산하는 제품들은 적정가격에 비해 낮은 가격으로 시장에 출시하는 경향이 있다는 것이다. 이는 결국 생산성이 상대적으로 높은 기업들의 이윤을 감소시키게 한다. 둘째, 좀비기업이 존재하여 다른 기업들의 생산비용을 적정수준 이상으로 높이는 효과이다. 좀비기업에 근무하는 작업 생산성이 낮아진 근로자들이 계속 고용되면서 시장임금이 그렇지 않은 경우에 비해 높다는 점을 지적한다. 이는 상대적으로 높은 생산성을 가진 기업들의 생산비용도 같이 상승시키는 결과를 초래하게 된다. 셋째, 좀비기업이 존재하여 다른 기업의 금융비용에 미치는 효과이다. 좀비기업이 많아지면서 새로운 기업의 시장진입과 설비 및 장비의 투자가 위축된다. 그 결과 건

---

1) 이들의 논문은 American Economic Review(Vol. 98, No.5, pp. 1943-1977)에 수록된 「Zombie Lending and Depressed Restructuring in Japan」이다.

전한 은행들이 건전한 대출을 공급할 기회를 감소시키는 효과가 발생한다. 위에서 요약한 외부효과의 거시경제적 함의는 좀비기업의 비중이 충분히 높아져 다른 기업에 대한 부의 외부효과가 충분히 커지게 되면 거시경제전체의 생산능력에 실효적인 영향을 미치게 된다는 것이다. 따라서 기업의 구조조정이 지연되면서 잠재성장률이 하락하는 현상이 발생할 수 있다.

제18장의 주제인 금융의 중기적 거시경제효과는 은행이 기업에게 제공하는 대출에 대하여 적정수준보다 관대한 계약조건이 광범위하게 지속적으로 적용되는 상황에서 발생한다. 제18장의 구조는 다음과 같이 요약할 수 있다. 첫째 주제는 우리나라의 자료에서도 잠재성장률이 낮아지면서 한계기업의 비중이 증가하는 현상이 나타나고 있음을 보인다. 한계기업은 영업이익으로 이자비용을 감당하지 못하는 기업으로 정의되기 때문에 좀비기업에 대응되는 개념으로 간주할 수 있다. 둘째 주제는 우리나라의 주거래은행제도와 국책은행 제도이다. 셋째 주제는 기업의 새로운 기술도입에 시간이 소요된다는 가정이 부과된 이론모형에서 잠재 GDP의 결정을 분석하는 것이다. 기업의 기술경직성은 은행이 기업에 제공하는 대출조건에 의해서 영향을 받을 수 있다. 따라서 기업에 대한 과도한 금융혜택이 잠재성장률을 낮출 수 있다. 예를 들면 일본경제가 장기간 침체를 겪은 원인 중의 하나는 일본의 은행들이 좀비기업에게 제공한 금융혜택이다. 일본의 일반 은행들은 부실기업에 대하여 엄격한 기준을 적용하여 부도의 가능성이 높은 기업에게도 대출을 줄이거나 회수하지 않고 오히려 금융혜택을 제공하여 기업들이 구조조정을 지연했다는 것이다.

한계기업의 증가와 잠재성장률의 하락

한국경제는 최근 10여 년간 잠재성장률이 지속적으로 하락해온 것으로 지적되어 왔다. 2015년과 2016년에는 산업구조조정에 대한 필요성이 강조되었다. 이러한 우려가 실제상황을 잘 반영하고 있는지 여부를 자료에 의거하여 확인하

표 18-1 우리나라의 잠재성장률과 한계기업 비중의 추이

	2001년 - 2005년	2006년 - 2010년	2011년 - 2014년
잠재성장률	5.3%	3.8%	3.3%
총요소생산성증가율	2.0%	1.4%	0.8%
한계기업: 대기업	7.7%	10.0%	13.5%
한계기업: 중소기업	13.5%	14.9%	14.1%
국내은행 마크업비율	9.4%	7.8%	14.1%
순이자마진	2.7%	2.3%	2.0%
부실대출	2.4%	1.3%	1.6%

자료: 한국은행 및 금융감독원의 발표자료 및 저자의 추정결과(「거시금융 모형분석」(DSGE 연구센터, 윤택)에 수록된 <표 1.1>의 인용).

기 위해 <표 18-1>은 우리나라의 한계기업의 비중과 잠재성장률의 추이를 요약하고 있다.[2] <표 18-1>에서는 한국은행에서 발표한 우리나라 한계기업의 비중에 대한 추이를 인용하고 있다. 한계기업은 외부감사를 받는 기업들 중에서 (영업이익/이자비용)의 값이 지난 3년간 1보다 낮은 기업으로 정의된다. 따라서 한계기업은 영업이익으로 이자비용을 감당하지 못하는 기업을 의미한다.[3] 대기업의 경우 한계기업의 비중이 2006년~2010년 기간 연평균 10%에서 2011년~2014년 기간에는 연평균 13.5%로 상승한다. 중소기업의 한계기업 비중이 대기업의 한계기업의 비중보다 더 높다. 그러나 2006년~2010년의 기간에서 2011년~2014년 기간 중 대기업의 한계기업 비중은 상승하고 중소기업 중 한계기업의 비중은 다소 감소하고 있다. 이와 같은 수치는 2010년대 전반기에 대기업의 구조조정에 대한 필요성이 더 증가해왔음을 의미한다.

금융산업에서도 영업의 수익률이 낮아져 왔음을 알 수 있다. 예를 들어 순이자마진은 2000년대 초반 2.7%에서 2010년대 초반 2.0%로 낮아진다. 다른 척도

---

2) 2016년 DSGE 연구센터에서 발간한 「거시금융 모형분석」(윤택)의 <표 1.1>의 내용을 재편집하여 작성하였음을 지적한다.
3) 영업이익은 매출액에서 매출원가 및 판매비와 관리비를 뺀 차이를 말한다. 이자보상비율은 영업이익을 이자비용으로 나눈 비율을 말한다.

로 측정해도 비슷한 결과를 확인할 수 있다. 국내은행의 마크업률의 정의는 '(영업수익 – 영업비용)/영업비용'이다. 이는 국내은행의 수익성을 나타내는 지표이다. 국내은행의 마크업률은 2000년대 초반에 비해 2010년대 초반 약 2% 정도 하락한 것으로 나타난다. 따라서 은행산업에서도 영업수익성이 실효적으로 하락하였음을 확인할 수 있다. 잠재성장률과 총요소생산성의 증가율도 계속해서 감소해왔음을 알 수 있다. 잠재성장률은 2000년대 초반 5.3%에서 2010년대 초반 3.3%로 감소한다. 총요소생산성의 증가율도 같은 기간 2.0%에서 0.8%로 감소한다. 따라서 <표 18 – 1>의 수치를 보면 한국경제에서도 표본기간 동안 한계기업의 비중이 증가하면서 총요소생산성의 증가율과 잠재성장률이 동시에 하락하는 현상이 나타난다. 그러나 이 표에 수록된 수치들이 가능성이 있음을 짐작하게는 하지만 한계기업의 증가가 생산성을 저하시키는 요인이라는 주장을 확실하게 뒷받침하는 실증적 증거라고 확신할 수 없다는 점을 지적한다.

<표 18 – 1>의 함의는 결국 한계기업의 비중과 경제성장률 간의 음의 상관관계가 있다는 것이다. 여기에 덧붙여서 총요소생산성의 증가율이 낮아지면서 잠재성장률도 하락했다는 점이다. 이는 2000년 이후 한계기업의 비중이 지속적으로 증가하면서 거시경제의 생산성이 증가하는 속도가 감소한 것을 반영한다고 볼 수 있다. 제18장의 서론에서 기업의 구조조정이 지연되면 거시경제의 생산성이 증가하는 속도도 낮아질 수 있음을 지적하였다. 기업의 구조조정이 지연된다는 것은 한계기업의 비중이 증가하는 것으로 나타난다고 볼 수 있다. 따라서 한계기업의 비중과 총요소생산성의 증가율은 서로 음의 상관관계가 있을 것이라고 추측해 볼 수 있다. 이를 확인하기 위해 총요소생산성의 증가율을 한계기업의 비중에 대하여 회귀분석한 결과를 설명한다.[4] 회귀분석에 사용된 자료는 2002년부터 2014년 기간 동안 한국의 총요소생산성의 증가율과 한계기업의 비중에 대한 연도별 자료이다. 총요소생산성의 증가율은 콘퍼런스보드의 데이터베이스로부터 다

---

4) 제18장에서 소개하는 두 개의 회귀분석결과는 2016년 DSGE 연구센터에서 발간한 「거시금융 모형분석」(윤택)에 수록된 결과를 그대로 인용하였음을 지적한다.

운로드 받은 자료이다. 한계기업에 관한 자료는 한국은행의 발표자료에서 수집한 대기업 중 한계기업의 비중이다. 첫째 회귀분석의 식은 다음과 같다.

$$(총요소생산성의\ 증가율) = 5.67\ -\ 0.39\ (한계기업의\ 비중)$$

첫째 회귀분석의 결과를 보면 총요소생산성증가율의 한계기업비중에 대한 반응계수는 −0.39이며 90%의 신뢰구간에서 유의하다. 둘째 회귀분석의 식은 첫째 회귀분석의 식과 동일하지만 총요소생산성의 성장률과 한계기업비중의 자료에 HP필터를 적용하여 추출한 추세부분으로 분석한 결과를 보여주고 있다.

$$(총요소생산성의\ 증가율) = 5.67\ -\ 0.39\ (한계기업의\ 비중)$$

총요소생산성의 증가율의 한계기업비중에 대한 반응계수에 대한 추정치는 첫째 경우와 거의 같다. 그러나 HP필터에 의해서 추계된 추세는 두 변수 모두 거의 직선에 가깝기 때문에 한계기업의 비중이 총요소생산성의 증가율을 설명하는 정도를 측정하는 척도인 R^2은 첫째 회귀분석에 비해 크게 증가한다. 앞에서 설명한 추정결과는 인과관계를 나타내는 실증적인 증거로 해석하기에는 불충분하다. 특히 표본기간이 짧기 때문에 추정결과의 강건성을 어느 정도 확신하기 위해서는 보다 더 많은 시행이 필요하다. 그럼에도 불구하고 한계기업이 증가하면서 총요소생산성증가율이 하락하고 있다는 점을 한국자료에서 확인할 수 있다.

한계기업의 증가와 총요소생산성증가율의 하락이 동시에 발생할 수 있는 상황은 우리나라에만 국한된 것은 아닐 수 있다. 이와 관련하여 카발레로, 호쉬, 카쉬얍 등이 2008년에 발표한 일본의 좀비기업에 대한 실증분석결과를 소개한다. 좀비기업은 은행대출의 이자비용이 비정상적으로 낮게 책정된 기업으로 정의된다. 특정한 기업이 좀비기업인지의 여부를 자료를 사용해 확인하는 방법은 그 기업이 은행으로부터 금융보조금을 받는지 여부를 조사하는 것이다. 관련 문헌에서는 은행이 기업에게 제공하는 금융보조금의 크기를 측정하는 척도를 다음과 같이 정의한다.

$$금융보조금 \ 비율 = (적정이자율 - 차입이자율)/(차입이자율)$$

위의 식은 카발레로, 호쉬, 카쉬얍 등이 기업별 자료에서 사용한 좀비지수다. 또한 산업별 자료에서 사용한 좀비지수는 좀비기업이 보유한 자산이 산업 내의 기업이 보유한 총자산에서 차지하는 비중으로 정의하였다. 이들의 실증분석결과에 따르면 제조업 부문보다는 비제조업 부문에서 상대적으로 좀비기업이 차지하는 비중이 높다. 예를 들면 건설업, 도소매업, 서비스 부문, 부동산중개업 등에서 좀비기업의 비중이 더 높은 것으로 나타난다. 이처럼 산업별로 좀비지수가 다르게 추정되는 두 가지 이유는 무엇인가? 첫째 이유는 좀비기업의 비중이 높은 산업들은 대체로 해외기업과의 경쟁이 상대적으로 작다는 것이다. 둘째 이유는 외생적인 충격의 강도가 산업별로 다르다는 것이다. 예를 들어 주택가격버블의 붕괴와 후속되는 부동산시장의 장기침체가 직접적으로 타격을 준 산업은 상대적으로 크게 악화되었다. 또한 은행의 대출관행이 산업별로 다르게 적용되었다는 점도 지적되었다.

주거래은행과 국책은행

기업과 은행의 지속적인 관계는 두 가지 측면에서 설명할 수 있다. 첫째, 국책은행과 기업의 관계이다. 둘째, 민간 은행과 기업의 관계이다. 민간은행과 기업의 관계와 관련하여 많이 알려진 제도는 주거래은행제도(main bank system)이다. 국책은행과 기업의 관계에서 중요한 역할을 하는 금융기관은 산업은행과 수출입은행이다. 산업은행의 경우 한국산업은행법 제1조의 규정에 따라 설립된 국책은행이다. 제1조에서는 산업의 개발과 육성, 사회기반시설의 확충, 지역개발, 금융시장의 안정 및 그 밖에 지속가능한 성장의 촉진 등에 필요한 자금을 공급 및 관리하는 한국산업은행을 설립하여 금융산업 및 국민경제의 건전한 발전에 이바지함을 목적으로 한다고 밝히고 있다. 또한 제5조에서는 한국산업은행의 자본금은 30조원 이내에서 정관으로 정하되, 정부가 100분의 51 이상을 출자하는 것으로 명시하고 있다. 수출입은행의 경우 산업은행과 마찬가지로 수출입은행법 제1조의 규정에 따라 설립된 국책은행이다. 제1조에서는 한국수출입은행을 설립하여 수출입, 해외투자 및 해외자원개발 등 대외경제협력에 필요한 금융을 제공함으로써 국민경제의 건전한 발전을 촉진함을 목적으로 한다고 밝히고 있다. 또한 제4조에서는 수출입은행의 자본금은 15조원으로 하고, 정부, 한국은행, 한국산업은행법에 따른 한국산업은행, 은행법 제2조 제1항에 따른 은행, 수출업자의 단체와 국제금융기구가 출자하되, 정부출자의 시기와 방법은 대통령령으로 정하는 것으로 명시하고 있다.

국책은행제도가 반드시 필요한 것인가? 이러한 의문에 대하여 다양한 방식으로 답변을 생각해 볼 수 있겠지만 제18장에서는 국책은행제도가 거시경제적으로 어떠한 측면에서 유익한지를 생각해보기로 한다. 일반은행들로 구성된 대출시장에서 시장실패가 발생하면 국책은행을 설립하여 이를 보완하는 것이 바람직하다는 논리를 제시할 수 있다. 사회적으로 유용한 투자프로젝트가 있지만 일반은행이 감당할 수 없는 경우가 있을 수 있다. 도로 및 항만 등 사회간접자본을 건설하는 경우 투자수익률이 낮고 투자비용의 회수기간이 매우 길어서 일반 은행의 입장에서 수익성이 없을 수도 있다. 따라서 국책은행을 설립하여 회임기간이 길지만 사회적으로 또는 거시경제적으로 외부성이 높은 대규모 투자프로젝트에 대한 신용제공을 담당하게 하는 것이 국민후생을 증가시키는 제도가 될 수 있다. 그러나 도덕적해이로 인한 국책은행의 과도한 위험부담이 발생할 가능성도 주장될 수 있다. 국책은행은 실질적으로 정부보호를 받기 때문에 국책은행이 공급한 대출의 부실이 심화되어 문제가 발생하더라도 정부가 개입하여 국책은행을 보호할 것이라는 안이한 예상에 노출될 수 있다. 느슨한 위험관리로 인해 사회적인 선기능을 감안하더라도 과도한 신용위험을 부담하게 될 가능성이 있다는 것이다. 그 결과 주기적으로 국책은행에 자금을 공급해야 하는 상황이 발생하게 된다면 사회후생의 기준에서 이득보다는 오히려 손실이 상대적으로 커질 수 있다.

　　제18장에서 사용하고 있는 용어인 주거래은행은 「메인 뱅크」를 한국어로 번역한 것이다. 주거래은행제도는 다수의 은행이 기업대출을 위한 신디케이트를 구성하여 기업에 대규모의 자금을 공급하고 주거래은행으로 지정된 은행이 신디케이트에 참여한 다른 은행들의 위임을 받아 기업경영을 모니터하는 역할을 수행하는 제도이다. 전통적으로 일본기업은 영국 또는 미국에 비해 상대적으로 증권시장의 발달이 미흡하여 회사채 또는 주식을 발행하기보다는 은행대출을 통해 더 많은 외부자금을 조달해왔다. 특정 기업의 주거래은행이라는 표현으로부터 기업과 은행의 지속적인 관계를 감지할 수 있다. 지속적으로 대차거래를 하는 기업이므로 주거래은행은 기업에 대한 정보를 장기간에 걸쳐 축적하게 된다. 그 결과 채무자와 채권자의 사이에서 발생할 수 있는 정보비대칭성의 문제를 완화시킬 수 있는 가능성이 높다는 것이다. 이는 주거래은행제도의 장점으로 볼 수 있다. 기업에 지속적으로 자금을 공급하는 대신 주거래은행이 기업경영을 모니터하여 규제하는 역할을 수행한다. 이러한 배경 속에서 주거래은행제도는 일본에서 널리 사용되던 제도이다.

　　우리나라의 주거래은행제도는 1974년에 시작된 여신관리 제도와 관련이 있다. 계열기업군이 은행대출을 통해 조달할 수 있는 자금규모를 관리하기 위해 실시된 제도이다. 정부의 감독당국은 계열기업군에 대한 주거래은행을 통해 여신관리 제도를 운영하였다.[5] 주거래은행의 역할은 주거래은행제도의 실효성에 대해서는 논란이 있지만 기업에 대하여 부동산 및 기업 투자의 제한, 결산 협의, 기업경영분석, 재무구조개선지도 등의 업무를 담당하도록 되어 있었다. 주거래은행은 주채권은행의 역할과 유사한 점이 있어서 주채권은행의 역할을 소개한다. 주채권은행은 담당 주채무계열 또는 그 소속기업체에 관한 여신상황을 포함한 기업정보를 종합적으로 관리하고 다른 채권은행에게 제공한다. 또한 주채권은행은 재무구조가 취약한 계열에 대해서는 재무구조개선을 유도하여야 한다.

---

5) 주거래은행은 어떻게 선정되는가? 여신관리 대상기업에 대한 여신규모 등을 감안하여 거래은행 간의 협의에 의하여 선정된다. 또한 계열기업군 전체의 주거래은행은 원칙적으로 계열 주기업체의 주거래은행이 담당토록 되어 있다.

담당 주채무계열 또는 그 소속기업체의 경영이 악화되어 여신의 부실화가 우려되는 경우 다른 채권은행과 채권은행협의회를 구성하여 처리대책을 수립하고 이를 추진하여야 한다.

정부가 금융부문의 구조조정에 개입해야 한다면 어떠한 형태로 진행하는 것이 바람직한지에 대하여 서로 다른 견해가 있을 수 있다. 예를 들어 정부가 은행주식을 매입하여 은행자본을 보강시켜주는 것이 바람직한가 아니면 은행이 발행한 채권을 매입하는 것이 더 바람직한지에 대하여 서로 다른 견해가 가능하다. 우리나라의 사례는 은행자본확충펀드이다. 2008년 하반기 글로벌 금융위기가 전 세계로 확산되면서 이에 대응하여 정부가 은행권의 자본확충을 독려하기 위해 마련된 방안이다. 2009년 2월 정부가 발표한 은행자본확충펀드 조성 및 운영방안의 내용을 보면 다음과 같이 요약된다.

(1) 은행자본확충펀드는 한국은행(10조원) 및 산업은행(2조원)의 대출금, 기관 및 일반투자자(8조원)로부터 조달한 20조원으로 조성된다.
(2) 정부는 은행자본확충펀드를 사용하여 신종자본증권, 후순위채권 등을 인수하고 이 중 후순위채를 중심으로 유동화증권을 발행(8조원 수준)하여 기관투자자 등에 매각할 방침이다.
(3) 이는 보통주를 매입해 은행을 국유화하기보다는 정부가 자금을 투입하되 경영권간섭을 배제함으로써 민간금융의 성격을 유지하기 위함이다.

기술선택의 경직성과 GDP의 결정

제18장의 모형에서 GDP는 서로 다른 생산성을 가진 다양한 생산기술에 의해서 생산된 제품들로 구성되어 있다는 점을 강조한다. 이 중에서 생산성이 높은 최근의 기술을 사용하여 생산된 제품도 있지만 오래 전부터 사용되어 온 생산성

이 상대적으로 낮은 생산기술에 의해서 생산된 제품도 있다.[6] 따라서 GDP는 생산성이 높은 기술과 생산성이 낮은 기술로 생산된 제품들을 모두 포함한다. 앞에서 설명한 측면을 집중적으로 부각하기 위한 단순화의 가정은 GDP가 다양한 생산성수준의 가중평균이라고 정의하는 것이다. 이를 합리화하기 위해 개별 기업의 생산함수를 단순한 형태로 가정한다. 기업가는 자신이 소유한 생산기술을 제품생산에 적용하기 위해 한 단위의 노동과 생산기술을 결합한다. 생산기술의 생산성은 생산과정에 투입되는 노동 단위당 생산되는 제품의 수로 정의된다. 각각의 시점에서 최신기술의 생산성수준은 계속 증가하는 것으로 가정한다. 매기시점마다 최신기술의 생산성수준은 달라지므로 다음과 같이 표기한다. 현재시점에서 최신기술의 생산성수준을 $A(0)$로 표시한다. 현재시점으로부터 k개의 기간의 과거시점에서 최신기술의 생산성수준을 $A(-k)$로 표시한다. 최신기술의 생산성증가율을 θ로 표시하고 양수로 가정한다. 이와 같은 가정이 반영된 최신기술의 생산성수준의 기간간 변화는 <표 18-2>의 첫째 줄에 정리되어 있다.

  기업가는 생산성이 낮다면 생산성이 높은 기술을 채택하여 생산성을 높이면 된다. 기업가가 제품생산에 항상 최신기술을 적용하지 못하는 이유는 무엇인가? 그 이유는 기업가가 생산성을 높이기 위해 기존에 사용해오던 기술을 버리고 새로운 생산기술로 대체하기 위해 비용을 지불해야 하기 때문이다. 따라서 기술경직성이 존재한다.[7] 기술경직성은 현재시점에서 최신기술을 제품생산에 적용하지 못하고 과거에 채택한 상대적으로 생산성이 낮은 기술을 그대로 사용해야 하는 상황이 발생하는 것을 말한다. 앞에서 설명한 기술경직성으로 인해 각 기업의 생산성은 기업이 제품을 생산하는 공장을 설립한 시점에 따라 달라진다. 현

---

6) 제품생산에 적용된 시점이 다른 기술들의 생산성이 다를 수 있다는 가능성을 반영한 모형은 카발레로(Ricardo Caballero)가 2007년에 출간한 저서인 「Specificity and the Macroeconomics of Restructuring」의 제9장에서 찾아볼 수 있다. 제18장의 모형은 카발레로의 연속시간모형을 이산시간모형으로 수정한 것으로 볼 수 있다. 또한 2016년 DSGE 연구센터에서 출간한 「거시금융 모형분석」(윤택)에서도 동일한 분석을 찾아볼 수 있다.
7) 현재시점에서 다양한 서로 다른 생산기술이 존재하지만 생산기술을 바꿀 때 모두 동일한 비용이 들기 때문에 생산성이 가장 높은 최신기술로 교체하는 것이 효율적인 선택이다.

표 18-2 GDP의 결정

최신기술의 변화	$A(0) = \exp(\theta)A(-1)$
현재시점의 GDP결정	$Y(0) = (1-\alpha)\sum_{i=0}^{\infty} \alpha^i A(-i)$
과거시점의 GDP결정	$Y(-1) = (1-\alpha)\sum_{i=1}^{\infty} \alpha^{(i-1)} A(-i)$
GDP의 기간간변화	$Y(0) = (1-\alpha)A(0) + \alpha Y(-1)$
생산갭의 결정	$X(0) = 1 - \alpha + \alpha X(-1)\left(\dfrac{A(-1)}{A(0)}\right)$
생산갭 기간간변화	$X(0) = 1 - \alpha + kX(-1)$
장기균형조건	$Y = \dfrac{1-\alpha}{1-k}A$

주: 모형의 가정에 의해서 $k(=\alpha\exp(-\theta))$는 1보다 작은 양수이다 또한 α도 1보다 작은 양수이고 θ는 비음수이다. $X(0)$는 0기시점의 생산갭이고, $X(0) = Y(0)/A(0)$이다.

재시점에서 공장을 설립한 경우 가장 최신기술을 제품생산에 반영하므로 $A(0)$가 산출량이 된다. 이전시점에 설립된 공장의 산출량은 $A(-1)$이다. 두기시점 이전에 설립된 공장의 산출량은 $A(-2)$이다.

기술경직성이 존재하는 경우 일부 기업은 새로운 기술로 대체할 수 있지만 나머지 기업은 그대로 예전의 기술을 사용해야 한다. 이전시점에서 제품을 생산했던 공장 중에서 일부는 폐쇄되고 일부는 그대로 남아서 생산활동을 지속하는 것으로 가정한다. 구체적으로 설명하면 매기시점마다 $(1-\alpha)$의 비중으로 기존의 공장이 폐쇄되고, α의 비중으로 기존의 공장이 생산기술의 변화없이 생산활동을 계속하는 것으로 가정한다. 매기시점마다 새로 건설되는 공장의 수는 $(1-\alpha)$이므로 한기시점 이전에 건설된 공장 중에서 현재시점에서도 제품을 생산하는 공장의 수는 $\alpha(1-\alpha)$이다. 두기시점 이전에 건설된 공장 중에서 현재시점에서도 제품을 생산하는 공장의 수는 $\alpha^2(1-\alpha)$이다. 따라서 k기시점 이전에 건설된 공장 중에서 현재시점에서도 제품을 생산하는 공장의 수는 $\alpha^k(1-\alpha)$이다.

앞에서 GDP는 서로 다른 생산성수준을 가진 여러 종류의 공장들이 생산한 산출량의 가중평균이 된다. 현재시점의 GDP를 $Y(0)$로 표시하면 앞에서 설명한 정의를 반영한 GDP의 결정식을 <표 18-2>의 둘째 줄과 같이 정리할 수 있다. 이전시점의 GDP는 $Y(-1)$로 표기하면 이전시점에서 산출된 GDP의 결정식은 <표 18-2>의 셋째 줄에 정리되어 있다. 현재시점의 GDP의 결정식과 이전시점의 GDP의 결정식을 서로 결합하여 인접한 두 시점 간 GDP의 변화를 나타내는 식을 도출할 수 있다. 인접한 두 시점에서 산출되는 GDP의 관계를 수식으로 표현하여 <표 18-2>의 넷째 줄에 정리한다. 넷째 줄에서 현재시점의 GDP는 현재시점의 최신기술에 의해서 생산되는 제품의 산출량과 이전시점의 GDP의 가중평균이 된다는 것을 보여주고 있다.

모든 공장들이 최신기술로 제품을 생산하는 경우의 GDP는 $A(0)$이다. 현재시점에서 산출된 GDP를 기술경직성이 전혀 없는 가상의 경제에서 산출된 GDP로 나눈 비율을 생산갭으로 정의한다. 이와 같은 생산갭의 정의는 IS-LM에서 정의한 생산갭과는 차이가 있다. IS-LM 모형에서 정의한 생산갭은 GDP 중에서 단기적인 거시경제정책에 의해서 결정되는 부분으로 정의되지만, <표 18-2>의 생산갭은 거시경제정책의 영향을 받지 않는다. 사실 <표 18-2>의 생산갭은 생산성의 갭으로 간주할 수 있다. 그러나 IS-LM모형에서는 모든 기업이 항상 최신기술을 채택할 수 있으므로 생산성의 갭이 발생하지 않는다.

다음에서는 생산갭의 기간간 변화가 어떻게 결정되는지를 설명한다. 현재시점의 생산갭은 $X(0)$로 표기한다. 먼저 <표 18-1>의 넷째 줄에 있는 조건의 양변을 $A(0)$로 나눈다. $A(0)$로 나누는 이유는 생산갭의 정의가 GDP를 총요소생산성으로 나눈 비율이기 때문이다. 그 결과 도출되는 식을 <표 18-2>의 다섯째 줄에 정리한다. 첫째 줄의 균형조건을 다섯째 줄에 대입하여 정리하여 <표 18-2>의 여섯째 줄에 있는 생산갭에 대한 차분방정식을 도출한다. 이 식에서 k는 현재시점의 생산갭의 이전시점의 생산갭에 대한 반응계수를 의미한다. $k = \alpha \exp(-\theta)$로 정의되기 때문에 α가 1보다 작은 양수이고 또한 θ가 양수일 때 k의 값은 1보다 작은 양수이다. 차분방정식은 거시경제학에서 동일한 변수의 인접한 두 시점에서 값이 어떠한 관계가 있는지를 설명하는 데 사용된다. 여섯째 줄에서는 현재시점의 생산갭은 이전시점의 생산갭과 상수의 합이다. 이전시점의 생산갭에 대한 증가분이 1인 경우 그에 따라 늘어나는 현재시점의 생산갭의 크기는 k이다.

도출한 <표 18-2>의 여섯째 줄에 있는 선형차분방정식을 어떻게 분석하는지를 설명한다. 최초시점에서 생산갭에 대한 초기값이 주어지면 여섯째 줄에 있는 차분방정식을 이용하여 다음시점의 생산갭을 계산한다. 이와 같이 계산한 생산갭의 값을 새로운 초기값으로 하여 차분방정식을 다시 이용하면 새로운 다음시점의 생산갭을 계산할 수 있다. 앞에서 설명한 작업을 무한히 반복하면 생산갭이 수렴하는 하나의 값이 존재한다는 것을 확인할 수 있다. 생산갭이 장기적으로 수렴하는 값을 생산갭의 장기균형값으로 정의한다. 균제상태(steady state)의 개념은 시간이 변화하더라도 변수들의 값이 그대로 고정되어 있는 상황으로 정의된다. 변수의 값을 예상치 못한 방향으로 갑자기 외생적으로 이동시키는 확률적 변동이 발생하지 않는다면, 장기적으로 변수의 값들은 균제상태의 값으로 수렴한다. 또한 수렴이 되면 균제상태의 값에서 벗어나지 않는다. 이러한 의미에서 균제상태의 값을 장기균형값으로 정의한다. 생산갭의 장기균형값은 $X = (1-\alpha)/(1-k)$이다. 생산갭이 이 값에 도달하면 외생적인 충격이 없는 상태로 무한히 시간이 변화하더라도 더 이상 다른 값으로 이동하지 않고 이 값에 그대로 머물러 있다.

장기균형은 안정적인가? 장기균형이 안정적인지를 알아보기 위해 어떠한 초기값에서 출발해도 장기균형으로 수렴하는지를 확인해야 한다. 이를 위해서 페이즈-다이어그램(phase diagram)을 사용한다. 페이즈-다이어그램은 수평축은 이전시점의 변수값을 표시하고, 수직축은 현재시점에서의 변수값을 표시하는 평면에서 그려진 차분방정식의 궤적을 의미한다. <표 18-2>의 여섯째 줄에 있는 생산갭의 차분방정식에 대한 그래프는 <그림 18-1>에 있다. <그림 18-1>에서 45도선과 차분방정식의 그래프가 만나는 점이 장기균형점이다. 장기균형점에서 평가한 차분방정식의 그래프의 기울기는 45도선의 기울기보다 작다. 이 경우 장기

그림 18-1 GDP의 기간간변화

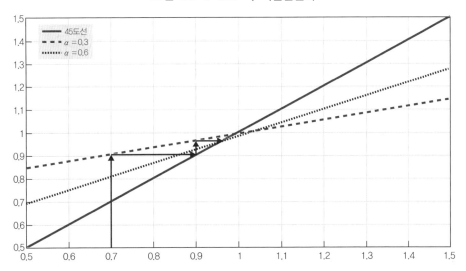

균형점은 안정적이다. <그림 18-1>에서는 장기균형점의 오른편에서 출발하거나 왼편에서 출발해도 제로가 아닌 점에서는 모두 장기균형점으로 수렴함을 알 수 있다. 이는 어떠한 이유로 장기균형점에서 벗어나는 상황이 발생하더라도 시간이 지나면서 장기균형점으로 회귀한다는 것을 의미한다. 장기균형점의 GDP는 어떻게 결정되는가? 장기균형에서 생산갭의 값은 그대로 고정되어 있어서 변화하지 않는다. 그러나 장기균형에서 GDP의 값은 지속적으로 변화한다. 생산갭에 대한 장기균형조건을 사용하여 도출되는 장기균형의 GDP는 <표 18-2>의 일곱째 줄에 정리되어 있다. 일곱째 줄의 균형조건이 의미하는 것은 장기균형에서 GDP는 모든 기업이 최신기술을 사용하여 제품을 생산하는 상황에서 달성할 수 있는 GDP의 값에 비례한다는 것이다. 장기균형의 경제성장률은 어떻게 결정되는가? 일곱째 줄의 조건에 있는 균형조건은 장기균형의 경제성장률은 최신기술이 진보하는 속도와 같다는 것이다. 그러나 염두에 두어야 할 점은 장기균형의 경제성장률은 모든 기업이 최신기술을 사용하여 제품을 생산하는 상황의 경제성장률과 같게 결정될지라도 GDP의 수준은 차이가 난다는 것이다. 그 이유는 기술경

직성의 정도에 따라서 GDP의 수준은 달라질 수 있기 때문이다.[8]

기술선택의 경직성과 잠재성장률의 결정

다음에서는 잠재성장률의 기간간 변화를 분석한다. <표 18-2>의 모형에서는 단기적인 거시경제정책에 의해서 결정되는 총수요의 변화를 고려하지 않고 있기 때문에 <표 18-2>의 모형에서 결정되는 경제성장률을 잠재성장률로 간주할 수 있다. 한편, <표 18-2>의 모형에서는 생산갭이 항상 고정되어 있는 장기균형에서 경제성장률은 최신기술의 생산성이 증가하는 속도와 같다. 따라서 생산갭이 변화하지 않는 장기균형의 잠재성장률은 최신기술의 생산성증가율과 같다고 할 수 있다. 이런 맥락에서 <표 18-3>은 잠재성장률의 모형으로 해석할 수 있다.

<표 18-3>의 첫째 줄에서는 경제성장률과 최신기술의 증가율이 정의되어 있다. <표 18-3>의 둘째 줄에서는 경제성장률은 최신기술의 증가율과 생산갭의 증가율의 곱으로 표시된다는 것을 보여주고 있다. <표 18-3>의 둘째 줄이 함의하는 포인트는 생산갭의 증가율이 성장률갭과 같다는 것이다. 성장률갭은 경제성장률에서 최신기술의 생산성증가율을 뺀 차이로 정의된다. 현재시점에서 생산갭의 기간간 비율이 $V(0)$로 표시하면 <표 18-3>의 셋째 줄은 성장률갭의 지수함수는 생산갭의 기간간비율과 같다는 것을 보여주고 있다. 성장률갭의 장기균형점은 단 하나 존재하는가? 생산갭에 대해서는 단 하나의 안정적 장기균형점이 존재한다는 것을 보였다. 그러나 성장률갭에 대해서는 두 개의 장기균형점이 존재할 수 있음을 보인다. 따라서 <표 18-2>와 <표 18-3>의 경제성장모형은 성장률갭에 대해서는 복수의 균형점이 존재하는 다균형모형이

---

8) <표 18-2>의 일곱째 줄에 있는 장기균형조건이 함의하는 점은 기술경직성의 변화는 장기적으로 국민소득수준에는 영향을 미칠 수 있지만 국민소득성장률에는 영향을 미치지 않는다는 것이다. 따라서 기술경직성의 변화는 장기적으로 소득수준효과(level effect)는 있지만 성장효과(growth effect)는 없다고 할 수 있다.

표 18-3 잠재성장률의 결정

경제성장률과 최신기술의 생산성증가율		$\dfrac{Y(0)}{Y(-1)} = \exp(g(0)); \quad \dfrac{A(0)}{A(-1)} = \exp(\theta)$
경제성장률과 생산갭		$\exp(g(0)) = \exp(\theta)\dfrac{X(0)}{X(-1)}$
성장률갭과 생산갭의 성장률		$V(0) = \dfrac{X(0)}{X(-1)} = \exp(g(0) - \theta)$
성장률갭의 기간간 변화	1단계	$V(0) - k = \dfrac{1-\alpha}{X(-1)} \rightarrow X(-1) = \dfrac{1-\alpha}{V(0) - k}$
	2단계	$V(-1) - k = \dfrac{1-\alpha}{X(-2)} \rightarrow X(-2) = \dfrac{1-\alpha}{V(-1) - k}$
	3단계	$V(0) = -\dfrac{k}{V(-1)} + k + 1$

주: $k(=\alpha\exp(-\theta))$는 1보다 작은 양수이다. 또한 α는 1보다 작은 양수이고, θ는 비음수이다.

다. 이러한 경우 모든 균형점이 안정적인 균형점인지에 대한 의문이 생긴다. 이에 대한 답변은 하나는 안정적인 균형점이고 다른 하나는 불안정한 균형점이라는 것이다.

다음에서는 생산갭에 대한 차분방정식을 사용하여 성장률갭에 대한 차분방정식을 도출한다. 이와 같은 작업을 하는 이유는 잠재성장률의 기간간 변화를 명시적으로 분석하는 데 도움이 되기 때문이다. 첫째 단계에서는 <표 18-2>의 여섯째 줄에 있는 생산갭의 기간간 변화를 나타내는 식의 양변을 과거의 생산갭으로 나눈다. 그 결과 <표 18-3>의 넷째 줄에 있는 1단계의 식이 도출된다. 둘째 단계에서는 첫째 단계와 동일한 방식을 이전시점의 생산갭에 적용한다. 그 결과 <표 18-3>의 넷째 줄에 있는 2단계의 식이 도출된다. 이제 1단계와 2단계의 식을 다시 <표 18-2>의 여섯째 줄에 대입한 후 정리하면 <표 18-3>의 넷째 줄에서 3단계에 해당하는 성장률갭에 대한 기간간 변화를 나타내는 식을 도출할 수 있다. <표 18-3>의 넷째 줄에서 세 개의 단계를 거쳐서 도출된 결과는 성장률갭에 대한 비선형차분방정식이므로 페이즈-다이어그램을 이용하여 성장률갭에 대한 기간간 변화를 분석할 수 있다.

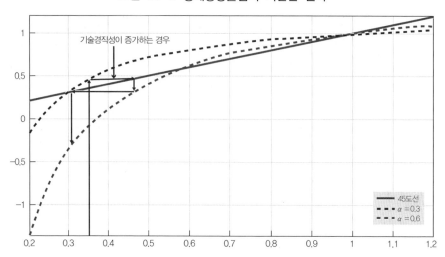

그림 18-2 경제성장률갭의 기간간 변화

페이즈-다이어그램을 설명하기 이전에 먼저 <표 18-3>의 모형이 함의하는 장기균형점이 어떻게 결정되는지를 설명하기로 한다. 두 개의 장기균형점이 존재할 수 있음을 보인다. 첫째, $V(-1) = 1$의 값을 성장률갭의 차분방정식에 대입하면 $V(0) = 1$이 된다. 첫째 장기균형에서 성장률갭의 값은 1이다. 둘째, $V(-1) = k$의 값을 성장률갭의 차분방정식에 대입하면 $V(0) = k$의 등식이 성립한다. 따라서 둘째 장기균형에서 성장률갭의 값은 k이다. 두 개의 서로 다른 장기균형은 각각 어떠한 상황인가? $V(0) = 1$의 등식은 $g(0) = \theta$를 의미하고, $V(0) = k < 1$의 등식은 $g(0) < \theta$를 의미한다. 따라서 첫째 장기균형에서는 경제성장률이 최신기술의 생산성증가율과 같다. 둘째 장기균형에서는 경제성장률이 최신기술의 생산성증가율보다 낮다. 두 개의 장기균형 중 어느 것이 안정적이고 어느 것이 불안정한 것인가? 안정적인 균형은 균형에서 벗어날지라도 다시 그곳으로 수렴하는 경우이고, 불안정적인 균형은 균형을 벗어나면 다시는 돌아가지 않는 경우이다. <그림 18-2>는 성장률갭의 차분방정식의 그래프를 보여주고 있다. 수평축은 $V(-1)$을 표시하고 수직축은 $V(0)$를 표시한다. 또한 흑색점선은 기술경직성이 낮은 경우이고 청색점선은 기술경직성이 높은 경우이다. 하나의 기술경직성의 값이 결정되면 그에 대응하는 하나의 그래프가 있다. 예를 들어 $\alpha = 0.3$에 대해서는 흑색점선이다. $\alpha = 0.6$에 대해서는 청색점선이다. 흑색실선은 성장률갭이 시간에 지남에 따라 변화하는 경로로 나타낸 것이다. 최초 생산갭의 기간간비율은 0.36이다. <그림 18-2>에서 볼 수 있듯이 $V(0) = 0.36$에서 수직선을 위로 그어서 $\alpha = 0.3$에 대응하는 흑색점선과 만나는 점이 다음시점의 성장률갭이다. <그림 18-2>에서는 기술경직성의 값이 $\alpha = 0.3$에서 $\alpha = 0.6$으로 증가하는 상황을 가정한다. 그 이유는 갑작스럽게 기술경직성이 증가하는 상황에서 잠재성장률이 어떠한 반응을 하는지를 보여주기 위함이다. 이 경우 성장률갭이 청색점선을 따라 이동하면서 불안정적인 장기균형의 왼편에 위치하게 된다. 그 결과 다음시점에서 생산갭의 기간간비율은 떨어지는 모습을 보인다. 이는 성장률갭도 낮아지는 것을 의미한다. 따라서 안정적인 장기균형으로 수렴하여 더 높은 잠재성장률로 가지 못하고 낮은 잠재성장률을 지속적으로 보이는 현상이 관측된다.

은행의 금융보조금과 기술경직성의 심화

다음에서는 기술경직성이 내생적으로 결정되는 과정을 설명한다. 앞에서는 기술경직성을 측정하는 척도인 α의 값이 외생적으로 결정되는 것으로 취급하였다. 그러나 앞의 모형을 확장하여 기업의 기술선택에 대한 의사결정이 반영된 모형을 분석한다. 이를 위해 기업이 언제든지 자유롭게 자신이 운영해온 기존의 공장을 폐쇄하고 새로운 공장을 설립할 수 있다는 가정이 추가된다. 기업가는 새로운 공장을 설립할 때 투자비용을 지출해야 하므로 미래시점의 투자수익을 반영하여 투자할 것인지의 여부를 결정한다. 또한 기술을 교체하는 시점에 대한 결정을 내생화하는 작업은 그 자체로도 의미가 있지만 제18장의 서론에서 설명한 좀비기업과 잠재성장률의 관계에 대한 함의를 도출하기 위해서 기업에 대한 과도한 금융적 지원이 기술선택의 경직성에 미치는 효과도 분석한다. 은행이 기업에게 과도하게 금융보조금을 지원하면 기업들이 새로운 기술을 채택하려는 유인이 감소하여 기술선택의 경직성이 증가한다는 것을 보인다. 특히 최신기술의 생산성이 지속적으로 상승하는 경제일지라도 인위적으로 기술경직성의 척도인 α의 값이 상승하게 되면 경제성장률이 하락하는 현상이 발생한다.

앞에서는 은행의 역할이 없었지만, 다음의 모형에서는 기업은 새로운 기술도입에 소요되는 투자비용을 조달하기 위해서 은행의 금융중개기능에 의존하는 것으로 가정한다. 또한 기업가는 공장을 가동하기 위해 매기마다 제품 단위당 고정된 비율로 기술사용료(로열티)를 지불해야 한다. 그 이유는 기업가가 기업을 설립할 시점의 최신기술을 도입하기 위해 특허권자에게 제품을 판매하여 얻는 수입의 일정한 부분을 지불할 것을 약속하는 계약을 맺었기 때문이다. 기업가는 로열티의 일부를 은행대출로 차입하여 마련한 자금으로 지불하는 것으로 가정한다.

이제 어느 시점에서 공장을 설립하는지를 구분하지 않고 설명을 진행하기 때문에 시간을 나타내는 기호를 각각의 변수에 상첨자나 하첨자로 붙이지 않는다. 그 이유는 동일한 형태의 균형조건이 모든 시점에서 새로운 공장을 설립하는 기업가에게 그대로 적용되기 때문이다. 이런 특성을 반영하여 α는 내생변수이지만 α의 값이 매기마다 동일하게 결정되기 때문에 상수로 취급할 수 있다는 점을 지적한다. 내생화되는 α의 값이 상수가 되는 이유는 산출량은 공장설비에 구체적으로 체화되는 기술의 생산성에 비례하기 때문이다. 기업은 제품생산 및 판매활동을 지속하는 한 제품 단위당 φ의 기술사용료를 지불해야 한다. φ의 값은 1보다 작은 양수이다. 순자산이 충분한 기업가는 자신의 자금으로 기술사용료를 지급한다. 그러나 순자산이 충분하지 못한 기업가는 외부투자자로부터 자금을 차입하기 위해 금융계약을 맺는다. 생산이 시작되면 판매수입이 발생한다. 판매수입 중에서 기업가의 순자산으로 흘러 들어가는 자금은 제품 단위당 ε인 것으로 가정한다. ε은 개별 기업가의 특수성을 반영한 변수로서 기업가마다 서로 독립인 확률변수로 가정한다. 따라서 동일한 기술로 제품을 생산하더라도 순자산이 서로 다를 수 있다. 그 이유는 기업가의 영업 및 관리능력에 따라 소요되는 영업비용과 관리비용이 다르기 때문이다. 확률변수인 ε에 대하여 확률밀도함수는 $f(\varepsilon)$로 표기한다.

기술사용료로 지급되는 비용이 기업가의 순자산과 외부로부터 조달한 금액을 넘지 않아야 한다. 이는 기업가의 생산활동이 지속되기 위한 조건이다. 기술사용료인 로열티를 지급하면 생산이 지속되고 이를 지급하지 못하면 생산이 중단된다. 생산이 지속되는 기업의 경우 <표 18-4>의 첫째 줄에 있는 부등식이 성립해야 한다. 이 식에서 φ는 기업가가 지불하는 기술사용료를 나타내고 d는 은행으로부터 조달한 차입을 나타낸다. 생산을 중단해야 하는 기업의 경우 <표 18-4>의 둘째 줄에 있는 부등식이 만족되어야 한다. 생산을 계속하는 선택과 공장을 폐쇄하고 생산을 중단하는 선택에 대하여 무차별한 경우는 ε의 값이 <표 18-4>의 셋째 줄에 있는 등식을 만족하는 경우이다.

다음에서는 현재시점까지 생산을 계속해온 기업 중 자신의 공장을 폐쇄하는 기업의 비중에 대하여 설명한다. ε의 값이 $(\varphi-d)$보다 작은 기업들은 공장을 폐쇄한다. 따라서 공장을 폐쇄하는 기업의 비중은 ε의 값이 $(\varphi-d)$보다 작은 기업들의 비중을 계산하면 된다. 앞에서 ε에 대한 확률밀도함수를 $f(\varepsilon)$으로 정의한 것을 상기하면 a의 값은 <표 18-4>의 넷째 줄에 있는 조건을 만족해야 한다. <표 18-4>의 넷째 줄은 기술사용료를 마련하지 못해 폐쇄하는 공장의 비중에 대한 균형조건이다. 또한 기술경직성의 정도를 나타내는 a에 대한 균형조건으로도 해석할 수 있다. 기술경직성을 결정하는 요인들의 효과를 구체적으로 분석하기 위해 ε의 확률밀도함수에 대한 구체적인 함수형태를 가정한다. 분석의 편의를 위해 단순한 함수형태를 가정한다. 예를 들어 ε의 분포가 $[a,b]$의 구간에서 정의되는 균등분포인 것으로 가정한다. 이 경우 확률밀도함수는 $1/(b-a)$로 주어진다. <표 18-4>의 다섯째 줄은 앞에서 설명한 가정들을 넷째 줄의 균형조건에 대입하면 기술경직성의 균형조건을 단순한 형태로 정리할 수 있음을 보여주고 있다.

다음에서는 <표 18-4>의 다섯째 줄에 있는 기술경직성의 결정조건의 의미를 자세히 설명한다. 이를 위해 <표 18-4>의 여섯째 줄에서는 a_0와 a_1의 두

표 18-4 기술경직성 모형

생산결정	생산지속	$\varphi \leq \varepsilon + d$
	생산중단	$\varphi > \varepsilon + d$
	임계치결정	$\varepsilon = \varphi - d$
기술경직성 균형조건		$1 - \alpha = \int_{-\infty}^{\varphi - d} f(\varepsilon)d\varepsilon$
균등분포와 기술경직성		$\alpha = \dfrac{b - \varphi + d}{b - a}$
계수의 정의		$\alpha_0 = \dfrac{b - \varphi}{b - a}; \ \alpha_1 = \dfrac{1}{b - a}$

주: 모형의 해가 존재하도록 $b > \varphi > a > 0$의 조건이 부과된다.

계수를 정의한다. 두 계수는 모두 양수로 가정한다. 따라서 여섯째 줄의 계수를 다섯째 줄에 있는 기술경직성의 결정조건에 대입하면 다음의 관계가 성립한다는 것을 보일 수 있다.

$$기술경직성 = \alpha_0 + \alpha_1(외부차입금)$$

위 식에서 α_1은 기술경직성의 외부차입금에 대한 반응계수고, 양수이다. 이 식의 함의는 제품 단위당 외부차입금이 많을수록 기술경직성이 높아진다는 것이다. 은행의 금융보조금은 동일한 기술수준의 기업에 대하여 과도한 외부차입금으로 나타난다. 이는 기술경직성을 높이는 결과를 초래한다. 또한 기술사용료인 φ의 값이 클수록 기존의 공장을 폐쇄해야 할 확률이 높기 때문에 α의 값은 낮아진다. 반면에 새로운 기술로 교체되는 공장의 비중은 더 높아진다. 그 이유는 예전부터 사용해오던 생산기술을 그대로 사용하는 데 소요되는 비용이 클수록 새로운 최신기술로 교체할 유인이 크기 때문이다.

다음에서는 <표 18-4>의 내용을 그림으로 요약한다. <그림 18-3>의 그래프는 생산활동을 계속한 기업가가 현재시점에 들어서서 자신이 사용했던 기존의 생산기술을 그대로 사용할 것인지 여부에 대한 결정을 할 때 어떻게 선택하는

가를 설명하고 있다. 기업가는 기술사용료를 지불할 수 있으면 생산활동을 계속한다. 기업가가 보유한 순자산이 기술사용료에서 외부차입금을 제외한 금액보다 더 커야 기술사용료를 지불할 수 있다. 따라서 생산기술을 바꾸지 않고 계속 생산활동을 선택하기 위한 순자산의 기준점이 있다. 기업가의 순자산이 기준점보다 크거나 같으면 기술사용료를 지불하고 생산기술을 그대로 사용하여 생산한다. 그러나 기준점보다 작으면 기술사용료를 지불할 수 없기 때문에 공장을 폐쇄한다. <그림 18-3>에서 BE점선이 시장이자율로 차입이 가능한 경우의 기준점이다. 시장이자율로 차입하는 경우 EF에 해당하는 순자산을 가진 기업가들은 기존의 생산기술을 사용하여 생산을 계속한다. 따라서 기존의 기술을 사용하여 계속 생산하는 기업의 비중은 BEFC의 사각형에 해당한다. 이 사각형의 넓이가 은행이 기업에게 시장이자율로 대출하는 경우 기술경직성의 크기에 해당한다. 대출이자율이 낮아지면 동일한 크기의 미래상환액에 대하여 현재시점에서 은행대출금은 증가한다. <그림 18-3>에서 대출이자율이 시장이자율보다 낮은 경우의 은행대출금을 d'로 표시하고 있다. 동일한 크기의 기술사용료 하에서 은행대출금이 늘어나면 기술사용료를 지불하기 위해 소요되는 순자산의 크기는 감소한다. 앞에서 설명한 공장폐쇄의 여부를 결정하는 순자산의 기준점도 달라진다. <그림 18-3>을 보면 대출이자율이 낮아지는 경우 기준점은 AD점선에 해당한다. BE점선보다 왼쪽에 있다. 따라서 대출이자율이 시장이자율보다 낮은 경우 기존의 기술을 그대로 사용하여 생산을 계속하는 기업의 비중도 늘어난다. <그림 18-3>에서는 대출이자율이 시장이자율보다 낮은 경우를 금융보조금이 지원되는 것으로 나타나고 있다. 여기서 기존의 기술을 그대로 사용하여 생산하는 기업의 비중은 ADFC이다. 시장이자율 하에서 측정한 사각형 BEFC에 비해 ADFC의 넓이가 더 크다는 것을 알 수 있다. 따라서 금융보조금이 지원되면 새로운 기술을 받아들여야 하는 기업의 비중이 감소하여 기술경직성이 증가한다.

금융보조금의 지원은 기업에 대한 은행의 대출금이 증가하는 효과를 가져다준다. 어떠한 의미에서 금융보조금이라고 하는가? 이를 위해 제18장에서 적용하

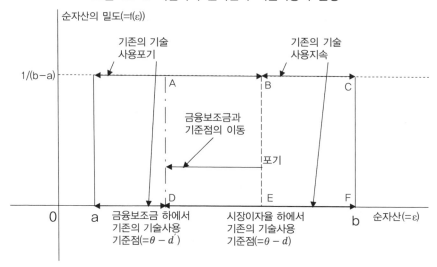

그림 18-3 기업가의 순자산과 기술사용의 결정

는 개념은 기업가가 미래시점에서 얻는 동일한 크기의 소득을 담보로 현재시점에서 은행이 기업가에게 빌려주는 자금의 양이 클수록 은행은 기업가에게 관대한 조건으로 대출하는 것으로 평가하는 것이다. 기업가가 다음시점에서 받는 소득을 π로 나타낸다. 금융시장의 균형에서 결정된 시장이자율을 r로 나타낸다. 현재시점에서 은행은 미래시점에 기업가가 상환할 수 있는 소득의 현재가치만큼 대출하는 것으로 가정한다. 따라서 $d = \pi/(1+r)$의 등식이 성립한다. 이 식은 은행이 대출이자율을 시장이자율과 동일한 수준으로 선택하는 경우의 대출금이다. 대출이자율을 시장이자율보다 더 낮게 책정하는 경우 은행은 동일한 수준의 미래소득에 대하여 더 많이 대출하게 된다. 은행이 책정한 대출이자율을 r'이라고 나타낸다. 대출이자율이 시장이자율보다 낮은 경우 $r > r'$의 부등식이 만족된다. 따라서 은행대출금은 $d' = \pi/(1+r')$이다. 또한 대출이자율이 시장이자율보다 낮기 때문에 $d < d'$의 부등식이 만족된다. 위의 설명을 요약하면 금융보조금이 지원된다는 것은 시장이자율보다 낮은 대출이자율을 기업에 적용하는 것을 말한다.

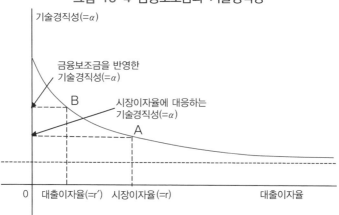

그림 18-4 금융보조금과 기술경직성

    <그림 18-4>의 그래프는 금융보조금의 지원이 기술경직성에 미치는 효과를 보여 주고 있다. 기업가에게 적용되는 대출이자율과 기술경직성은 반비례 관계가 있다. 그 이유를 설명하면 다음과 같다. 대출이자율이 낮아지면 은행대출금이 증가한다. 은행대출금이 증가하면 기술사용료를 지불하는 데 필요한 순자산의 크기가 감소하여 더 낮은 순자산을 가진 기업가도 기존에 사용했던 생산기술을 계속 사용하여 생산을 지속할 수 있기 때문에 기존의 기술을 사용하여 생산하는 기업의 비중이 높아진다. 결과적으로 대출이자율이 떨어지면 기술경직성이 증가하고, 반대로 대출이자율이 상승하면 기술경직성이 감소한다. <그림 18-4>에서 수평축은 대출이자율이고 수직축은 기술경직성이다. 실선의 곡선은 앞에서 설명한 대출이자율과 기술경직성의 반비례관계를 나타낸다. <그림 18-4>에서 A는 대출이자율이 시장이자율과 같을 때 기술경직성을 나타낸다. B는 금융보조금이 지원되어 대출이자율이 시장이자율보다 더 낮은 경우이다. <그림 18-4>에서 볼 수 있듯이 대출이자율이 시장이자율보다 낮은 경우 곡선을 따라서 기술경직성은 더 높게 나타난다.

연습문제

01 최신기술의 증가율이 $e^\theta = 1.5$의 식을 만족하고 기술경직성이 $\alpha = 0.5$이다. 이 조건들을 만족할 때 앞에서 설명한 생산갭의 차분방정식에 대한 그래프를 그리시오. 그래프에서 직선의 기울기와 절편의 값을 계산하시오. 장기균형에서 생산갭의 값을 계산하시오.

02 문제 1에서 도출한 답을 사용하여 다음의 질문에 답하시오. 최초시점에서 생산갭이 1일 때 다음시점과 두시점 이후 생산갭의 값을 계산하시오. 최초시점에서 생산갭의 값이 0.5일 때 다음시점에서의 값과 두 시점 이후 생산갭의 값을 계산하시오. 앞에서 분석한 두 경우 차이가 있는지를 살펴보고 차이가 있다면 설명하시오. 장기균형에서 생산갭의 값을 계산하시오.

03 현재시점에서 이전시점에 예측하지 못한 과학기술의 발견으로 최신기술의 발전 속도가 갑자기 증가한다. 최신기술의 생산성증가율이 $e^\theta = 1.5$의 식을 만족하고 있다가 $e^\theta = 2$의 식을 만족하는 것으로 알려졌다. 이러한 변화가 생산갭의 기간간 변화에 미치는 효과를 생산갭의 차분방정식에 대한 그래프를 사용하여 설명하시오. 이전시점에서 장기균형에 있었던 것으로 가정하시오.

04 제18장에서 분석한 잠재성장률모형을 사용하여 금융보조금지원이 있는 경우 잠재성장률이 낮아질 수 있음을 보이시오.

05 이자보상비율의 정의를 쓰시오. 제18장에서 정의한 금융보조금의 비율을 찾아서 설명하시오. 영업이익을 대출금으로 나눈 비율이 금융보조금의 지원과 독립적으로 결정된다는 가정하에서 금융보조금의 지원이 있는 경우의 이자보상비율을 적정이자율로 평가한 이자보상비율로 나눈 비율은 금융보조금 비율의 증가함수임을 보이시오. 금융보조금의 지원이 있는 경우 한계기업이 아닌 기업도 적정이자율로 평가하면 한계기업이 될 수 있음을 보이시오.

06 어느 경제학자가 저금리기조가 지속되면 잠재적인 한계기업은 증가하지만 통계자료에서
   나타나는 한계기업은 감소하는 현상이 나타나기 때문에 구조조정의 필요성이 감소하면서
   저금리기조에서 벗어나는 것을 더욱 어렵게 할 수 있다고 주장한다. 제18장의 모형을 사
   용하여 이 주장을 분석하시오.

07 이자보상비율이 낮더라도 영업외수익이 높은 기업을 한계기업으로 분류해야 하는지에 대
   하여 의문이 있을 수 있다. 따라서 매출액 경상이익률을 기준으로 한계기업을 정의하자는
   주장이 있을 수 있다.
   (1) 어떠한 기업이 이자보상비율이 낮더라도 영업외수익이 높을 수 있는 지에 대하여 예를 들
      어 설명하시오.
   (2) 손익계산서에 정의되는 영업이익과 경상이익의 차이를 설명하고 위의 주장을 평가하시오.
      또한 당기순이익에 대해서 설명하고 위의 주장을 평가하시오.

찾아보기

저자약력

윤택

현재 서울대학교 경제학부 교수로 재직 중이다. 미국 시카고대학에서 경제학 박사학위를 받은 후 국민대학교 교수와 미국 FRB(연방준비제도 이사회)의 시니어 이코노미스트로 재직하였다.

- 교수 2011.2 - 현재 서울대학교
- Senior Economist, 2005.5 - 2011.1, Federal Reserve Board(미국중앙은행)
- 부교수 1996.9 - 2010.8, 국민대학교
- Visiting Professor, 2023.10 - 2024.3, Keio University
- Adjunct Professor, 2015.8 - 2015.12, Columbia University
- Adjunct Professor, 2008.1 - 2008.6, Georgetown University
- Visiting Professor, 2004.6 - 2005.4, University of Southern California
- 부연구위원 1995.8 - 1996.8, 한국경제연구원

학위 · 전공
- 경제학 박사 1994, University of Chicago
- 경제학 석사 1988, 서울대학교
- 경제학 학사 1983, 서울대학교

대표 논문
Optimal Monetary Policy with Relative Price Distortions, American Economic Review, Vol. 95, No. 1, pp. 89 - 109, 2005. 3.

Nominal Price Rigidity, Money Supply Endogeneity, and Business Cycles, Journal of Monetary Economics, Vol. 37, No. 2, pp. 245 - 379, 1996. 4.

최근 저서
『상태공간모형에 의거한 한국의 잠재GDP추정』, DSGE 연구센터, 2016.
『정보의 역할을 고려한 거시경제모형』, 서울대학교출판사, 2017. (2018년 세종도서 학술부문 선정)
『설득의경제학: 거시경제학적 접근』, 박영사, 2017.
『거시금융경제학』, 박영사, 2019. (2020년 세종도서 학술부문 선정)
『거시경제학: 뉴케인지언 거시경제모형과 자연율경제』, 박영사, 2021.

제2판

거시금융경제학

초판발행	2019년 7월 26일
제2판발행	2025년 2월 28일

지은이	윤 택
펴낸이	안종만·안상준

편 집	배근하
기획/마케팅	최동인
표지디자인	BEN STORY
제 작	고철민·김원표

펴낸곳	(주) **박영사**
	서울특별시 금천구 가산디지털2로 53, 210호(가산동, 한라시그마밸리)
	등록 1959. 3. 11. 제300-1959-1호(倫)
전 화	02)733-6771
f a x	02)736-4818
e-mail	pys@pybook.co.kr
homepage	www.pybook.co.kr
ISBN	979-11-303-2182-0 93320

정 가   33,000원